GB

한길그레이트북스

인 류 의 위 대 한 지 적 유 산

GB
한길그레이트북스

인류의위대한지적유산

이 익

—

성호사설

—

최석기 옮김

한길사

인류의 위대한 지적유산

Sŏngho Sasŏl

—

Lee Ik

—

Translated by
Choi Seok-ki

Published by Hangilsa Publishing Co., Ltd.
Seoul, Korea, 1999

경세치용학파의 거장 성호 이익(李瀷, 1681∼1763).
성호는 정치적으로 불우한 운명에 놓여 제대로 뜻을 펴지 못하고 평생 독서인으로 자처하며
학문 연구로 일생을 보냈다. 그러나 그는 당시 사회의 경제적 빈곤과 정치적 모순에 대해 예리한 비판과
탁월한 정책을 전개해나간 조선 후기의 대표적인 사상가였다. 그는 성리학과 실학의 맥을 잇는
경세치용학파의 거장이라는 이름에 걸맞게 폭넓은 분야에 걸쳐 방대한 양의 저술을 남겼으며,
경학 연구에도 천착하여 사서삼경 등 11종의 질서(疾書)를 저술하기도 하였다.

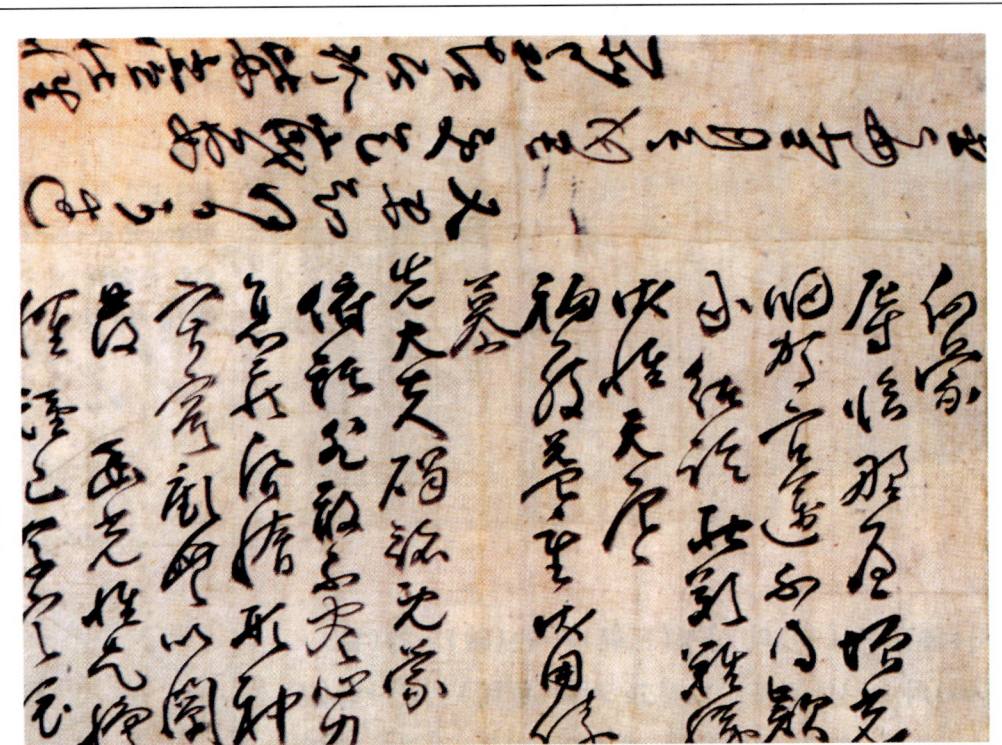

성호의 유묵(遺墨). 경남 밀양 쌍매당(雙梅堂) 소장.
성호 이익은 당시 중요하게 읽히던 사서(四書)·삼경(三經)과 성리서(性理書)에 대해 전면적인 재해석을
시도하였다. 그것은 그가 기존의 경전 해석에 안주하지 않고, 자기 시대를 변혁할 새로운 이념과 사상을
이룩하고자 했기 때문이다. 경전의 재해석은 중세적 사고를 극복하고 근대를 지향하는 길목에서
필수적으로 요구되었다.

『성호선생문집』목판본(위)과 그 판목이 저장되어 있는 서고(아래).
밀양시 부북면 퇴로리 소재 장판각(藏板閣)에 보관되어 있다.

조선시대에 그려진 작자 미상의 「경직도」.
성호 이익은 생재(生財)의 원천을 토지에 두고 근검절약을 강조하였다.
그는 사농합일(士農合一)을 주장하며 농업에 힘쓰지 않으면 재정의 부족을 초래한다고 우려했다.

김홍도가 그린 「논갈이」.
성호는 한 가족이 최저생활을 할 수 있는 영업전(永業田)의 매매를 금지하는 것을 골자로 하는
토지제도의 개혁을 주장했다. 그는 이를 통해 대토지 소유자들의 토지겸병을 막을 수 있다고 생각했으며
이것은 그의 저술인 『곽우록』「균전론」에 제시되어 있다.

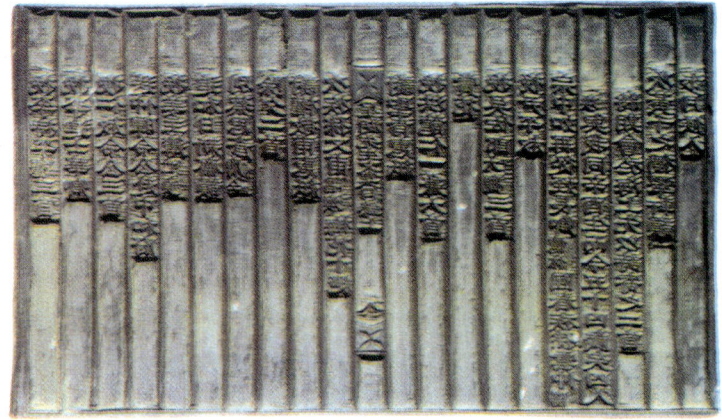

『성호선생문집』서간의 판목(위), 『성호선생문집』권7 서간문의 판목(가운데),
『성호선생문집』목차 부분의 판목(아래).

隨錄卷之二十三

兵制攷說

周禮小司徒乃會萬民之卒伍而用之五人為伍五
伍為兩四兩為卒五卒為旅五旅為師五師為軍以
起軍振以作田役以比追胥以令貢賦（後鄭玄曰伍謂
兩也鄉之軍皆眾之名此皆先王因農事而定軍令
卒也○欲興師眾足相救眼各相別異作同聲相應相
州欲敗卹也卒役切力之事追逐踵五比為閭四閭為族五
五族為鄉之制五比故卹五家為比五家相保相受
州為鄉之制

大司馬凡制軍萬有二千五百人為軍王六軍大國
三軍次國二軍小國一軍軍將皆命卿二千五百人

『반계수록』 목판본(위)과 『반계수록』 권23에 실린 「병제고설」(아래).
경남 밀양의 이가묵장(李家墨莊) 소장. 실학의 비조(鼻祖)로 일컬어지는 반계 유형원(柳馨遠, 1622~73)은
중농사상에 입각한 토지 개혁론을 주장했다. 그는 전세·조세 등 현실적인 제반 문제에 대한
개혁안을 제시, 본격적으로 실학시대를 연 성호 이익에게 큰 영향을 미쳤다.

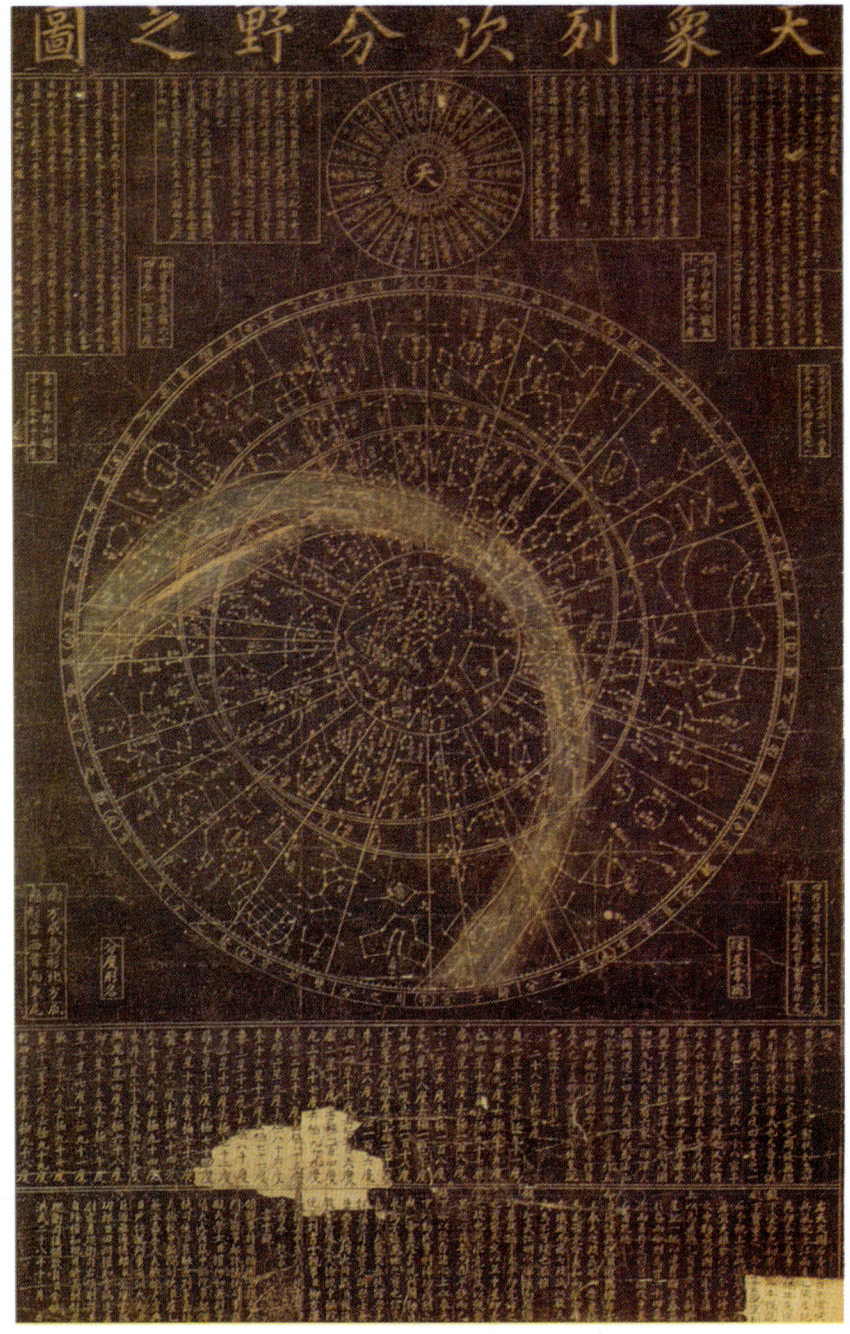

조선 태조 4년(1395년)에 제작된 천문도 「천상열차분야지도」(天象列次分野之圖).
서학의 영향으로 천문·지리·역법에도 관심이 많았던 성호는 「방성도」 등의 천문도를 보면서
별의 관측과 그 운행에 대한 기사를 쓰기도 했다.

경상북도 안동시에 위치한 도산서원 전경.
성호는 그의 둘째형 이잠(李潛)이 화를 당한 후 벼슬에 뜻을 버리고 삼각산·관악산·백운동서원·
도산서원·청량산 등을 유람하며 침잠의 세월을 보냈다. 한편 그는 퇴계 이황(李滉)을 존모하여
그의 언행록인 『이자수어』(李子粹語)를 편찬하기도 하였다.

경기도 안산시에 있는 성호 이익의 묘소.

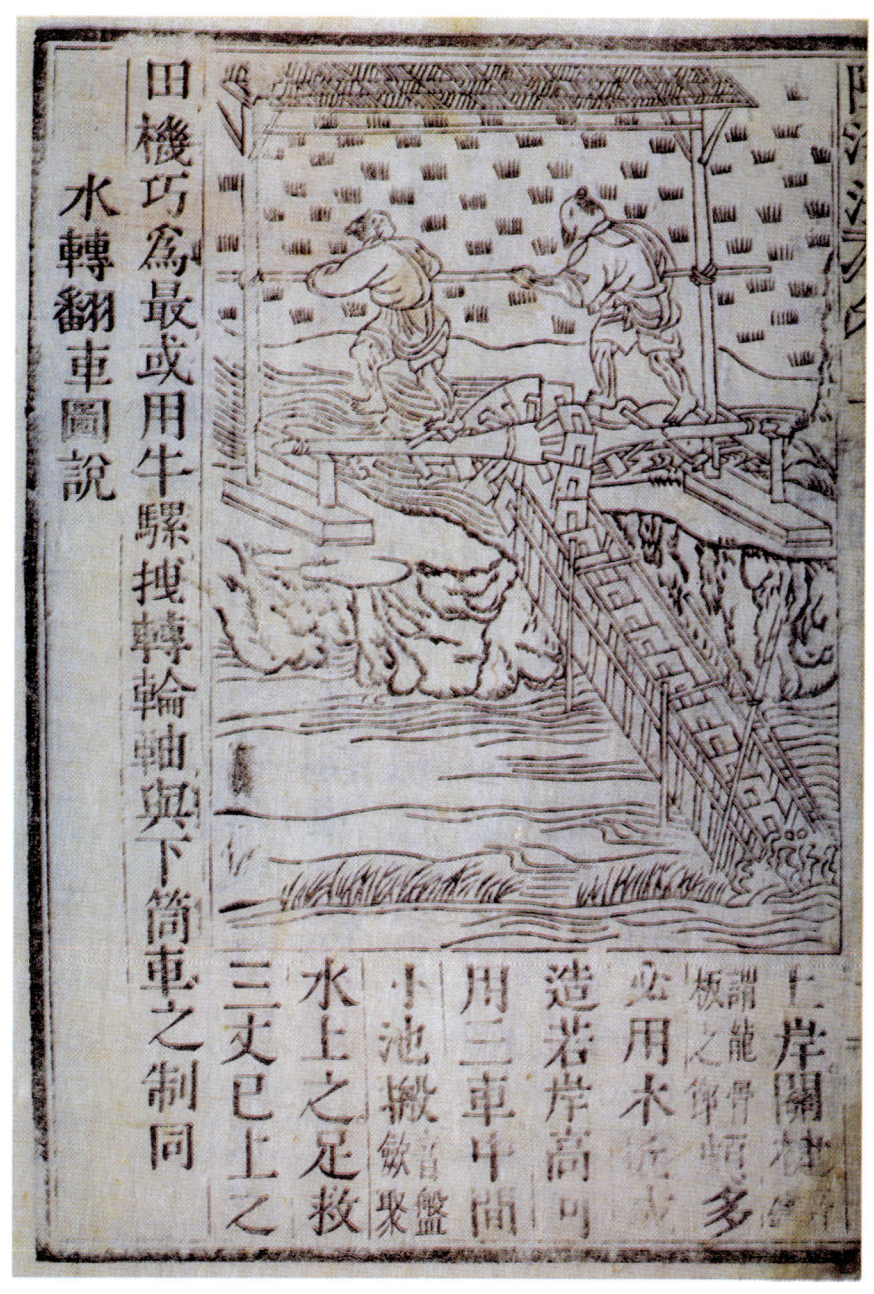

혜강 최한기(崔漢綺)가 편한 『육해법』에 실린 수차(水車)의 그림.
높은 언덕까지 몇 단계에 걸쳐 물을 자아올리도록 설계된 기계와 시설의 모형도이다.
성호는 농사에서 수리(水利)의 중요성을 거듭 강조하면서 물을 가두었다가 끌어올릴 때 쓰는
용미차(龍尾車)와 같은 수차의 이로움을 역설했다.

옮긴이 **최석기**(崔錫起)는 성균관대학교 한문교육과를 졸업하고 같은 대학교 대학원에서 문학박사 학위를 받았다. 또한 한국고전번역원 연수부 및 상임연구원 과정을 졸업하고 국역실 전문위원을 역임했다. 현재 경상대학교 인문대학 한문학과 교수로 있다. 논문으로 「성호 이익의 시경학(詩經學)」 등 90여 편이 있으며, 역서로 『남명집』 『유교경전과 경학』 『조선시대 선인들의 지리산유람록』 등 20여 종이 있다. 저서로는 『한국경학가사전』 『조선시대 대학장구 개정과 그에 관한 논변』 『우리가 꼭 알아야 할 공부』 『남명과 지리산』 등 30여 종이 있다.

GB
한길그레이트북스

인류의 위대한 지적유산

이 익

성호사설

최석기 옮김

한길사

성호사설(星湖僿說) · 차례

- 도를 얻어 인간현실을 이롭게 하는 실득지학 25
- 일러두기 43
- 자서(自序) 45

제1장 천지문(天地門) ———————————————— 47

기지아동(箕指我東) 49
도성(都城) 50
살생제천(殺生祭天) 52
백두 정간(白頭正幹) 54
동방 인문(東方人文) 56
단기강역(檀箕疆域) 57
고죽·인시(孤竹安市) 59
방성도(方星圖) 60
우(雨) 63
홍예 음수(虹蜺飲水) 64

노결위상(露結爲霜) 65
수리(水利) 66
역상(曆象) 67
일만 이천 봉(一萬二千峰) 69
지구(地毬) 71
윤관 비(尹瓘碑) 72
신라 시말(新羅始末) 74
벽골제(碧骨堤) 77
울릉도(鬱陵島) 80
한민명전(限民名田) 87

제2장 만물문(萬物門) ———————————————— 89

남초(南草) 91
곤충 가식(昆蟲可食) 92
정곡(正鵠) 94

논화형사(論畵形似) 111
피지상심(披枝傷心) 112
병기(兵器) 113

도필(刀筆) 95

탐라 과품(耽羅果品) 97

수판(手板) 98

양마(養馬) 99

은화(銀貨) 101

염철론(鹽鐵論) 103

마정(馬政) 106

봉순(蜂巡) 109

관물(觀物) 110

학사 단간(鶴沙短簡) 115

절지(竊脂) 117

마가귀(馬價貴) 119

민수(敏樹) 121

왜도(倭刀) 122

악수 살인(惡獸殺人) 124

금은(金銀) 125

목면(木綿) 127

숙(菽) 129

제3장 인사문(人事門) 1 ——————————— 131

과천 합일(科薦合一) 133

병비(兵備) 136

한학(漢學) 139

송구영신(送舊迎新) 141

공사천(公私賤) 142

방술(方術) 143

서독승면론(書牘勝面論) 144

증구(拯救) 146

백대붕(白大鵬) 148

해자웅(蟹雌雄) 150

균전(均田) 151

설재 상인(雪齋上人) 156

옹수개전(壅水漑田) 158

천현(薦賢) 159

경부수막(輕賦受瘼) 161

노비 환천(奴婢還賤) 163

출처지의(出處之義) 166

소식 점심(小食點心) 166

저인대용(貯人待用) 184

잡역미(雜役米) 185

인법 상유(人法相維) 187

진파・적전(眞派嫡傳) 190

종면법(種綿法) 191

와옥(瓦屋) 194

천발견묘(薦拔畎畝) 196

개역도명(改易道名) 199

조적(糶糴) 200

용유난절(用裕難節) 202

서인 가례(庶人家禮) 205

양로(養老) 208

위관택인(爲官擇人) 210

칠극(七克) 211

역전과(力田科) 213

강도왕 건(江都王建) 215

인정국(人情國) 216

왜지수성(倭知守城) 217

작서모(雀鼠耗) 167
규곤지계(閨壼之戒) 169
선희학(善戱謔) 171
붕당(朋黨) 172
대동(大同) 175
퇴계·남명(退溪南冥) 177
하 송정(河松亭) 180
문정(問政) 182

충신 살신(忠臣殺身) 219
서원(書院) 220
조 현곡(趙玄谷) 222
광해 식체(光海識體) 223
탕평(蕩平) 224
변법(變法) 226
문치·무비(文治武備) 230

제4장 인사문(人事門) 2 ——————————— 233

육두(六蠹) 235
준선왕(遵先王) 237
노비(奴婢) 242
제노문(祭奴文) 243
불상족성(不尙族姓) 245
개자(丐者) 247
취여(取與) 248
기한작도(飢寒作盜) 249
금민매노(禁民賣奴) 250
사암 능양(思庵能讓) 251
유상 수산(柳相手傘) 253
최 완림 방노(崔完林放奴) 254
강릉속(江陵俗) 257
영남 오륜(嶺南五倫) 257
이어유치(以御喩治) 260
덕행·문사(德行文詞) 262
속유 척불(俗儒斥佛) 263
집법(執法) 264
삼유(三遊) 266

풍문 논인(風聞論人) 295
아조 팔폐(我朝八弊) 296
지기(知己) 298
침희신진(侵戱新進) 299
삼비(三費) 301
수작(酬酌) 302
족하(足下) 302
접대유생(接對儒生) 304
황 금계(黃錦溪) 306
정형(政刑) 308
부사·형사(父事兄事) 311
양묵 승도(楊墨僧徒) 313
둔전(屯田) 315
종수개근(種樹漑根) 317
성묘 양재(成廟養才) 318
제사지리(祭祀之理) 319
급량·잡단(及梁雜端) 322
육경·시무(六經時務) 323
장상 구현(將相求賢) 325

의자하기(議自下起) 267
종군자법(種君子法) 270
예양병(預養兵) 271
색욕(色欲) 272
주공지재(周公之才) 275
유구독서(有求讀書) 276
간인 경재(奸人罄財) 277
천현(薦賢) 280
파용관(罷冗官) 285
유민 환집(流民還集) 291

구현치민(求賢治民) 328
군자 존심(君子存心) 331
결울(決鬱) 332
민빈(民貧) 334
일본 충의(日本忠義) 338
신생아 충정(新生兒充丁) 341
이 우상 완(李右相浣) 342
여헌 봉건질(旅軒奉巾絰) 343
양니파(揚泥杷) 343
식소(食少) 345

제5장 경사문(經史門) ──────── 349

지행 합일(知行合一) 351
맹자 수업(孟子受業) 353
강목(綱目) 355
정복심(程復心) 357
요·금 예악(遼金禮樂) 358
사민여제(使民如祭) 359
잡패(雜佩) 361
거저(居諸) 363
불현·무역(不顯無射) 365
야합(野合) 370
유학(儒學) 371
정성(鄭聲) 374
고사 선악(古史善惡) 376
독사료성패(讀史料成敗) 379
뇌재기중(餒在其中) 380
구거작소(鳩居鵲巢) 381
박혁(博奕) 382

사륙 가금(四六可禁) 426
군신 상구(君臣相求) 428
경해(經解) 431
문도(聞道) 434
성현 전도(聖賢傳道) 436
거이소지(擧爾所知) 437
제연좌법(除連坐法) 440
복식(卜式) 441
가례(家禮) 443
육생시(六笙詩) 446
충서(忠恕) 450
작무각(雀無角) 451
기여이(其如台) 452
정성·영인(鄭聲佞人) 453
유교무류(有敎無類) 455
책비현자(責備賢者) 459
변화(變化) 461

고경 반어(古經反語) 383
성인지언(聖人之言) 385
송시(誦詩) 387
주례(周禮) 388
이아(爾雅) 392
논어 수장(論語首章) 393
관저(關雎) 396
유문 금망(儒門禁網) 399
불치하문(不恥下問) 401
무아(毋我) 404
일관(一貫) 405
도불행장(道不行章) 409
증점지대(曾點之對) 411
요산 · 요수(樂山樂水) 413
토저(兎罝) 414
인심(因心) 417
곽 망우(郭忘憂) 418
진현 상상(進賢上賞) 420
안연 진지(顔淵進止) 422
도문학(道問學) 425

여추방돈(如追放豚) 462
과학 해도(科學害道) 464
산시(刪詩) 465
선유 서명(先儒書名) 467
해망(偕亡) 468
식진호인(識盡好人) 470
전당(錢唐) 471
안수유(顔讐由) 472
일본도가(日本刀歌) 473
성우(城隅) 476
사과(四科) 477
대학출어역(大學出於易) 479
편언 절옥(片言折獄) 480
우인(虞人) 482
상민력(傷民力) 483
궁경(窮經) 484
애일고(愛一袴) 487
작소 · 치효(鵲巢鴟鴞) 488
조수초목명(鳥獸草木名) 489

제6장 시문문(詩文門) —————————— 491

비단유백(鼻端有白) 493
정인홍 시(鄭仁弘詩) 494
초당 시성(草堂詩聖) 495
해성(諧聲) 496
삼창시(三昌詩) 497
이두석두(以杜釋杜) 498
맹학사 · 왕장군(孟學士王將軍) 499

겸개선(謙開善) 514
조고전장문(弔古戰場文) 515
안주(安酒) 516
비조 · 이손(鼻祖耳孫) 516
사륙(四六) 517
고금 문장(古今文章) 518
남명 선생 시(南冥先生詩) 519

음선(飮仙) 501
동파 시(東坡詩) 502
율시 노정(律詩路程) 503
시가 조회(詩家藻繪) 506
율부(律賦) 508
유여(猶與) 509
생애(生涯) 511
묘계질서(妙契疾書) 511
순자 해폐편(荀子解蔽篇) 512

백사 시(白沙詩) 520
시가 증광(詩家增光) 521
한 석봉(韓石峰) 522
간용병서(諫用兵書) 524
사시사(四時詞) 526
이백 고풍(李白古風) 527
연명 책자(淵明責子) 528
백사 만인시(白沙挽人詩) 529

• 성호 이익 선생의 연보 531
• 옮긴이의 말 535
• 찾아보기 539

도를 얻어 인간현실을 이롭게 하는 실득지학

• 이익과 성호사설

최석기 경상대 교수·한문학

1. 성호의 생애와 저술

이익(李瀷, 1681~1763)의 자(字)는 자신(子新), 호는 성호(星湖)이며, 본관은 여주(驪州)이다. 성호는 1681년(숙종 7) 음력 10월 18일 부친이 귀양 가 있던 평안도 운산(雲山)에서 이하진(李夏鎭, 1628~82)의 막내아들로 태어났다. 어머니는 안동 권씨(安東權氏)로, 권대후(權大後)의 따님이다.

성호의 8대조 이계손(李繼孫, 1423~84)은 병조 판서를 지냈으며, 증조 이상의(李尙毅, 1560~1624)는 의정부 좌참찬에 올랐고, 조부 이지안(李志安, 1601~?)은 사헌부 지평을 지낸, 남인계(南人系)의 명문이었다. 부친 이하진은, 1680년(숙종 6) 남인을 몰아내고 서인(西人)이 집권한 이른바 경신대출척(庚申大黜陟)으로, 대사간(大司諫)에서 진주 목사(晉州牧使)로 좌천되었다가, 이윽고 평안도 운산으로 유배되었다. 그는 그곳에서 1682년 음력 6월 14일 향년 55세를 일기로 세상을 떠났다.

성호는 부친이 별세한 뒤로, 고향인 경기도 안산군(安山郡) 성촌(星村 : 당시 행정구역상 광주부(廣州府)에 속해 있었으므로 광주 첨성리(瞻星里)라고도 한다)으로 돌아와 홀어머니 슬하에서 자랐다. 그는 어려서 체질이 허약한데다가 병이 많아 어머니가 항상 약주머니를 가지고 다니며 돌보았다고 한다. 그 때문에 어려서 글을 배우지 못하다가, 10여 세가 지나서야 비로소 글을 배우기 시작하였다. 그는 둘째형인 이잠(李潛, ?~1706)에게서 글을 배웠는데, 스스로 분발하여 종일 책을 손에서 놓지 않았다고 한다.

성호는 25세 되던 해인 1705년(숙종 31) 증광시(增廣試) 초시(初試)에 나아가 대책(對策)으로 뽑혔으나, 이름을 쓰는 것이 격식에 맞지 않는다는 이유로 탈락되어 회시(會試)에 나아가지 못하였다.

그 다음해 둘째형 이잠이 상소를 올렸다가 역적으로 몰려 장살(杖殺)당하는 화가 있었다. 성호는 이때부터 세상에 나아갈 뜻을 버리고, 과거 공부를 그만두었다. 그리고 셋째형 이서(李漵,1662~1723)나 사촌형 이진(李濬)과 종유(從遊)하며 학문에 전념하여 도를 구하겠다는 뜻을 세웠다. 그래서 그는 경전(經傳)과 정자(程子)·주자(朱子)의 글, 퇴계 선생(退溪先生)의 글에 침잠하였다. 그리하여 한 글자라도 잘못되거나 한 가지 뜻이라도 이치에 어긋난 것이 있으면, 분명히 분별하여 자세히 알아내고야 말았다.

성호는 둘째형 이잠이 화를 당한 다음해인 1707년에 삼각산(三角山)과 관악산(冠岳山)을 유람하였다. 그리고 2년 뒤인 1709년 경상도로 내려가 백운동서원(白雲洞書院)·도산서원(陶山書院)을 둘러보고, 청량산(淸凉山)을 유람하였다.

성호는 30세가 넘도록 아들을 두지 못하다가, 33세 되던 해인 1713년에 아들을 얻고 맹휴(孟休)라고 이름하였다. 당시 성호는 경전에 대한 재해석을 시도하여, 우선 『맹자』에 대한 정밀한 해석을 하고 있었다. 그때 마침 기다리던 아들을 얻어 '맹자가 아름다운 재산을 내려주었다'[孟錫嘉用]는 뜻으로, 맹휴라고 이름을 지었다.

성호는 35세 되던 해인 1715년 어머니의 상을 당하여 삼년상을 치렀다. 그 뒤로 배우러 찾아오는 사람들이 점점 많아져 후진을 양성하면서, 학문 연구로 평생을 보냈다. 47세 되던 해인 1727년(영조 3)에 명성이 조정에까지 알려져 선공감 가감역(繕工監假監役)에 제수되었으나, 나아가지 않았다.

성호는 평생 초야에 묻혀 경전을 재해석하고, 사회제도의 불합리한 점을 개혁하고자 하여 실학을 연구하는 데 몰두하였다. 그러나 그의 만

년의 삶은 평탄하지만은 않았다. 가세(家勢)가 기운데다 외아들 맹휴가 신병(身病)이 있어 시름 속에서 나날을 보내야 했기 때문이다. 그의 나이 71세 되던 해인 1751년, 아들 맹휴는 마침내 병세가 악화되어 39세에 생을 마치고 말았다. 이맹휴는 1742년(영조 18) 정시(庭試)에 장원 급제하여 벼슬길에 나아가, 예조 정랑을 거쳐 만경 현령(萬頃縣令)을 지냈다.

이후 성호의 삶은 더욱 곤궁하여 기근과 질병에 시달리는 고난의 연속이었다. 83세 되던 해인 1763년(영조 39) 나라에서 노인을 우대하는 은전을 베풀어, 그를 첨지중추부사(僉知中樞府事)에 제수하였다. 그러나 그해 12월 17일 성호는 83세를 일기로 세상을 뜨고 말았다.

이상에서 살펴보았듯이, 성호는 정치적으로 불우한 운명에 놓여 뜻을 펴보지 못하고 평생 독서인으로 자처하며 학문 연구로 일생을 보냈다. 그가 남긴 방대한 저술은, 그의 이런 학문적 자취를 잘 대변해주고 있다. 성호의 저술은 경학(經學) 및 실학(實學)에 관한 저술에서부터 예설(禮說)·시문(詩文)·악부(樂府)·언해(諺解)에 이르기까지 매우 폭넓다. 성호가 저술한 책의 대체적인 면을 열거해보면 다음과 같다.

- 『성호선생문집』(星湖先生文集) 50권 27책
- 『성호선생속집』(星湖先生續集) 17권 9책
- 질서류(疾書類) :『맹자질서』(孟子疾書) 3책
  　　　　　　　 『대학질서』(大學疾書) 1책
  　　　　　　　 『소학질서』(小學疾書) 1책
  　　　　　　　 『논어질서』(論語疾書) 2책
  　　　　　　　 『중용질서』(中庸疾書) 1책
  　　　　　　　 『역경질서』(易經疾書) 2책
  　　　　　　　 『서경질서』(書經疾書) 1책
  　　　　　　　 『시경질서』(詩經疾書) 3책
  　　　　　　　 『근사록질서』(近思錄疾書) 1책
  　　　　　　　 『심경질서』(心經疾書) 1책
  　　　　　　　 『가례질서』(家禮疾書) 2책

- 『성호사설』(星湖僿說)　　　　　　　　　　　30책
- 『사칠신편』(四七新編)　　　　　　　　　　　1책
- 『예설류편』(禮說類編)　　　　　　　　　　　7책
- 『곽우록』(藿憂錄)　　　　　　　　　　　2권 1책
- 『관물편』(觀物編)　　　　　　　　　　　　　1책
- 『백언해』(百諺解)　　　　　　　　　　　　　1책

이밖에도 목록에는 들어 있으나 지금은 전하지 않는 『향거요람』(鄕居要覽)·『도보』(稻譜) 등이 있으며, 퇴계(退溪)의 예설(禮說) 및 언행(言行)·문답(問答) 등을 엮어놓은 『이선생예설』(李先生禮說)·『이자수어』(李子粹語) 등이 있다.

이 가운데 질서류(疾書類)는, 『맹자』(孟子)·『대학』(大學)·『소학』(小學)·『논어』(論語)·『중용』(中庸)·『근사록』(近思錄)·『심경』(心經)·『주역』(周易)·『서경』(書經)·『시경』(詩經) 등의 경전에 대해 새로운 시각으로 재해석을 해놓은 것이다. 특히 그는 『주역』과 『시경』에 대해서는 전에 저술한 것을 버리고 만년에 다시 고쳐지을 정도로 심혈을 기울였다. 그리고 『주자가례』(朱子家禮)에 대해서도 수십 년 동안 기록해둔 것을 바탕으로 자신의 생각을 정리해놓았다.

여기서 알 수 있듯이, 성호는 당시에 중요하게 읽히던 사서(四書)·삼경(三經)과 성리서(性理書)에 대해 전면적인 재해석을 하였다. 이는 무엇을 의미하는 것일까? 왜 성호는 주요 경전에 대해 재해석을 시도하였을까? 그것은 기존의 해석에 안주하지 않고, 자기 시대를 변혁할 새로운 이념과 사상을 경전 해석을 통해 이룩하고자 했기 때문이다. 경전의 재해석은 중세적 사고를 극복하고 근대를 지향하는 길목에서 필수적으로 요구된 것이었다.

'질서'(疾書)란 말은 본래 주자(朱子)가 지은 '장횡거화상찬'(張橫渠畵像贊)의 '묘계질서'(妙契疾書)라는 말에서 따온 말이다. 곧 책을 읽다가 묘하게 와닿는 생각이 떠오르면 잊지 않기 위해 빨리 적어둔다는 뜻이다. 따라서 이 말만 언뜻 보면, 성호가 글을 읽다가 떠오르는 생각을 그때그때 적어놓은 것처럼 보인다. 그러나 실제로는 그렇지 않다. 그 내용을 들여다보면, 철저한 고증과 합리적 사고, 그리고 그의 경세적 의지가 담겨 있다. 책이름을 '질서'라고 붙인 것은 어디까지나 그의 겸손한 표현에 지나지 않는다. 이 점에 대해 독자들의 오해가 없길 바란다.

『사칠신편』은 조선조 성리학의 주요 논쟁거리였던 사단칠정(四端七情)에 대해 자기의 견해를 피력한 것이며, 『예설류편』은 사대부의 허례허식적인 예를 지양하고 절검(節儉)의 원칙 위에 합리적인 예를 주장한 예학(禮學)에 관한 설이며, 『곽우록』은 그의 경세치용(經世致用)과 우국충정(憂國衷情)의 실학 사상을 담은 글이며, 『관물편』은 주변의 사물 특히 자연에 대한 관찰을 통해 느낀 점을 기록해놓은 것이며, 『백언해』는 우리나라 속담을 한역(漢譯)하여 운(韻)을 달아 문장에 활용할 수 있도록 한 것이다.

2. 성호의 학문 성향

1) 학문적 사고의 변화

성호의 학문은 당시 학풍에 대한 반성에서 비롯되었다. 그는 당시의 학자들이 경건한 마음으로 경전에 담긴 성현의 깊은 뜻을 탐구하려 하지 않고, 입으로만 성인을 말하고 성인의 도를 논하는 세태에 대해 매우 개탄하였다. 그래서 그는 학문하는 자들이 떡의 모양은 잘 형용할 수 있지만 떡의 맛은 실제로 알지 못한다는 비유를 들어, 당시 학문의 허구성을 비판하였다.

이와 같이 학자들이 실질을 추구하지 않고 형식적으로 장구(章句)나 암송하는 당시의 학문 폐단에 대해, 성호는 그 원인을 우선 과거의 폐해에서 찾고 있다. 그는 과거제도가 생긴 뒤부터 선비들이 헛된 과거 문체에만 힘을 써 세상의 도가 쇠퇴하였다고 하면서, 과거제도의 폐단에 대해 다각도로 깊이 있게 지적하고 그 대책을 논하였다. 그는, 경과(經科)의 형식적인 암송(暗誦)이 학문을 황폐화시키고 있고, 문사(文

詞)로써 사람을 뽑는 것이 학문을 황폐화시키고 있다고 지적하면서, 사류문(四六文)의 폐해에 대해 극론하였다.

그리고 그는 보다 근본적인 문제로, 당시의 학문이 형이상학적인 문제에만 몰두하고 실천을 소홀히 하는 점과 학문의 교조성(敎條性)에 대해 지적했다. 성호는 당시 학자들이 송유(宋儒)들의 주석을 맹목적으로 믿고 따르며 '한 글자라도 의심스럽게 여기면 망령된 것이고, 이것저것 상고하여 대조하면 죄를 짓는 것이다'라고 하는 학문 자세에 심한 염증을 느끼고 있었다. 그래서 그는 유문(儒門)의 금망(禁網)이 후세에 더욱 심해졌다고 비판하였다.

성호는 이와 같은 당시 학풍에 대한 반성을 통하여 변화(變化)에 대해 인식하게 되었다. 그래서 그는 "성왕(聖王)의 유의(遺意)를 따르되, 줄일 것은 줄이고 더할 것은 더해 시대에 맞게 하며, 퇴폐한 것을 바꾸고 도탄에 빠진 것을 구제하는 것이 어찌 군자가 하고자 하는 바가 아니겠는가? 팔짱을 끼고 편안하게 거처하며 백성들의 질고를 앉아서 보기만 하고 구제해 살려주려고 하지 않는 것과 같은 짓을 어찌 차마 하겠는가? 이는 마치 산길에 초목이 무성하고 들길에 물이 터졌는데도 옛길만을 고수해 길을 가다가 넘어지거나 빠지는 것을 면치 못하는 것과 같다"고 하였다.

이런 변화에 대한 인식은 시의론(時宜論)으로 나타나고, 변법사상(變法思想)으로 이어진다. 그는 "법이 오래되면 폐단이 생기게 마련이니, 폐단이 생기면 반드시 고치는 것이 당연한 이치이다"라고 하여, 시의에 맞게 법을 고쳐야 한다는 변법론을 주장하였다. 그는 『주자가례』(朱子家禮)를 예로 들면서, 이를 사서인(士庶人)이 모두 통용하는 규례로 삼는 것은 잘못이라고 하며, 서인가례(庶人家禮)를 만들어 벼슬아치가 아닌 자들이 널리 준행하도록 해야 한다고 하였다.

이런 그의 변법사상은 선대의 제도를 고쳐서는 안된다는 고정불변적 사고가 사회 발전을 정체시키고 있다고 판단하여 이를 극복하고자 한 것으로, 사회제도 개혁론의 기반이 되고 있다. 그는, 우리나라 사람들은 시무(時務)를 알지 못하는 것이 단점이라고 하면서, 우리의 실정에 맞도록 사회제도를 보완해야 한다고 주장하였다.

이런 변화에 대한 인식은 그의 세계관의 확대를 가져왔다. 그는 청나라에서 들어온 직방외기(職方外紀) 등 세계지도를 보고 중국을 중심으로 한 세계를 전부로만 인식하던 종래의 세계관에서 탈피하여 새롭게 세계를 인식하게 되었다. 그리하여 그는 조선이 중국을 중심으로 한 지도상에서 동북방에 있는 하나의 점으로 표시되어 있듯이, 중국도 세계 지도상에서 보면 조선과 마찬가지로 세계의 일부분에 불과하다는 것을 자각하게 된다. 곧 중화(中華)의 문명만을 지상에서 유일한 것으로 여기던 중세적 틀을 깨고, 다른 세계의 다른 문물을 인정하는 방향으로 시야가 넓어진 것이다.

성호는 이와 같이 시야가 확대됨으로써 역사 인식에서도 중국 중심의 역사에 매몰되지 않고, 자국의 역사에 대한 뚜렷한 주체성을 갖게 되었다. 그는 "동국(東國)은 독자적으로 동국이니, 그 규모·제도·체제·형세가 저절로 중국의 역사와 구별된다"고 하여, 우리의 역사와 중국의 역사를 별개의 독자적인 것으로 보아 중국에 예속된 역사 인식에서 탈피한 모습을 보여주고 있다. 성호의 세계관의 확대는 결국 역사에 대한 주체적 자각을 불러일으켰고, 사대주의에서 벗어나 우리 역사에 대한 애정을 불어넣었다. 또한 이와 같은 세계관의 확대를 통해 서양의 자연과학 사상을 적극 수용하려는 자세도 보여주고 있다.

2) 실득(實得)·실용(實用)의 학문 추구

앞에서 살펴보았듯이, 성호는 자기 시대의 학문에 대해 다각도로 진단하고, 그 원인과 폐해에 대해 하나하나 지적하였다. 이 가운데 몇 가지 점을 들어 그가 학문의 목표를 어디에 두고 있으며, 어떤 학문을 추구하였는지를 살펴보도록 하겠다.

성호는 학문이 지나치게 형이상학적인 명제를 탐구하는 쪽으로 흘러 일상의 실천적인 측면과 괴리되고 있는 것에 대해 심도 있는 비판을 가하였다. 성호가 활동하던 18세기 전반기는 이기논쟁(理氣論爭)·사칠논쟁(四七論爭)·예송논쟁(禮訟論爭) 등을 거치면서 학문이 극도로 사변화되어 있을 때였다. 성호는 이런 당시의 학풍에 대해, "지금 세상은 사풍(士風)이 한결같이 변해, 오로지 본원(本源)에만 뜻을 둘 뿐, 실지(實地)로 물러날 줄은 모르고 있다. 그들의 기상을 보면 단정하고 엄숙하여 모두 좋지만, 또한 하나하나 발휘하여 모두 쓸 수 있도록 하는 점에 대해서는 모르고 있다"고 꼬집었다.

조선 후기의 학술적 분위기는 이처럼 실천을 뒤로 한 채 사변화의 길을 걸으면서, 또 한편으로는 집권층의 이념을 공고히 하는 방향으로 나아가 사고의 경직성을 드러내고 있었다. 곧 주자학 이외의 학문은 이 땅에 발을 붙이지 못하게 하는 풍조가 거세게 불고 있었다. 성호는 이런 학풍에 대해, "주자(朱子)의 장구(章句)가 세상에 행해진 뒤로 사람들이 그것을 존중하기를 일월(日月)처럼 하고, 믿기를 사시(四時)처럼 하고, 사랑하기를 골육(骨肉)처럼 하고, 두려워하기를 부월(鈇鉞)처럼 한다"고 하였다. 또 그는 "그 뜻에 대해 다른 생각을 하면 망령되다 하고, 의심을 하면 참람하다고 하며, 발휘하면 군더더기라고 한다. 한 자 한 치 정도밖에 안되는 일체의 비근한 것도 옥죄어 금망을 삼으니, 어리석은 사람이나 지혜로운 사람이나 구별이 없다"고 하였다. 이처럼 성호가 살던 시대는 주자서를 절대적으로 믿고 따르는 풍조가 형성되어 있었으니, 주자학은 이미 하나의 학문과 사상으로 존재하는 것이 아니라 절대적 이념으로 군림하였다.

이렇게 학문이 한 시대의 정신을 지배하는 이념으로 권위화되고 나면, 그 다음에는 내실을 추구하지 못하고 공허해지게 마련이다. 맹목적 존신(尊信)의 경직된 사고 속에서, 학자들은 주자의 정신은 뒤로 한 채 형식적인 겉치레 학문만을 일삼고 있었다. 성호는 주자학을 맹신하고 있는 사람들의 학문 자세를 '신이불의'(信而不疑)·'존이불숙'(尊而不熟)·'치이불념'(置而不念)으로 표현하였다. 맹목적 존신은 결국 불의(不疑)·불숙(不熟)을 낳고, 그래서 결국은 경전의 본지(本旨)를 팽개쳐두고 생각하려 하지 않는 상태로 나아간다는 것이다.

성호는 이러한 풍조를 어떻게든 바로잡아 실질을 숭상하고 실천이 뒤따르는 학문으로 돌려놓으려 하였다. 그래서 그는 학습한 것이 실천으로 이어지기 위해서는 실득지학(實得之學)이 필요하다고 주장하였다. 이 실득의 학문은 현실에 공허하지 않은 실질적이고 실천적인 학문을 말한다. 그리고 그는 '궁경(窮經)의 목적은 치용(致用)에 있다'고 하여, 궁극적으로 학문의 실용성을 강조하였다.

나아가 그는 공자(孔子)가 천하를 주유(周遊)했던 이유가 도를 행하는 데 있었다고 전제한 뒤, "무엇을 도라 하는가?"라고 스스로 묻고, 그에 답하기를 "그 요점은 온 천하에 곤궁한 백성이 없게 하는 것이 바로 그것이다"라고 하였다. 곧 성호는 도를 형이상학적인 고원한 이치로 보지 않고, 천하에 곤궁한 백성이 없게 하는 뜻으로 풀이하였다. 그렇다면 성호가 생각하는 학문의 목적은 바로 이런 도를 얻는 데 있으며, 그 도는 인간의 삶을 보다 풍부하게 할 수 있는 실질적인 것을 가리킨다고 하겠다.

3) 학문 연구방법

위에서 살펴보았듯이, 성호가 추구한 학문의 목적은 도를 얻어 그것을 현실에 유용하게 쓰는 데 있다. 그렇다면 이 도를 얻기 위해서는 어떤 방법으로 경전을 연구해야 할까? 성호는 우선 이 도를 얻기 위해서는 경전의 본지(本旨)를 탐구해야 한다고 생각했다. 그런데 당시의 학풍은 장구(章句)의 지엽적인 문제에 매달려 동이득실(同異得失)을 따지는 데 골몰해 있었다.

그는 경전의 본지를 올바로 탐구하기 위한 방안을 몇 가지 제시하였는데, 그 가운데 핵심을 이루는 것이 회의 정신(懷疑精神)이다. 이 회의 정신은 정설(定說)에 따라 경전의 문구를 해석하는 것이 아니라, '성인이 왜 그렇게 말씀하였을까?'라는 진지한 물음을 갖고 깊이 그 본뜻을 캐 들어가는 학문 정신이다. 그는 "의심을 적게 하면 적게 진보하고, 의심을 크게 하면 크게 진보한다"는 주자(朱子)의 말에 깊이 공감하면서, 의심을 하는 것은 의심을 없애기 위한 것이라고 하였다. 곧 의심은 본지 탐구(本旨探究)를 통해 자득(自得)을 하기 위한 전제조건이라고 할 수 있다.

　이러한 그의 회의 정신은 전대의 주석은 물론, 성현의 말씀에 대해서조차 의문을 제기함으로써 철저한 본지 탐구 정신을 보여주고 있다. 이와 같은 관점을 분명히 가지고 있었기에, 그는 주자와 같은 선현의 주석이라 할지라도 그것을 무비판적으로 수용하지 않았다. 그래서 그는 "전주(箋註)라는 것은 공부하는 사람을 인도하여 그 노맥(路脈)을 지시하는 것에 불과할 뿐, 목적지에 도달하여 마음으로 통달하는 것은 독자에게 달려 있는 것이다"라고 하여, 아무리 훌륭한 주석이라도 그것은 경전의 본지로 인도해주는 노맥에 불과하다고 보았다.

　이처럼 성호는 주자의 주석에 매몰되지 않고, 그것을 길을 안내해주는 이정표로 인식하였다. 그래서 그는 송나라 때의 정자(程子)・주자(朱子) 등을 진파(眞派)로 보고, 사서(四書)를 적전(嫡傳)으로 보고, 육경(六經)을 정종(正宗)으로 보는 명나라 때 학자 채청(蔡淸)의 설을 인용하여, 진파를 따라 거슬러올라가 적전에 이르고 궁극적으로는 정종에 이르러야 한다고 하였다. 이 말은 매우 중요한 의미를 갖는다. 당시 사서(四書) 위주로 주자학에 경도되어 있던 학풍을 쇄신하여, 육경(六經)의 본지를 추구하는 쪽으로 방향전환을 꾀한 것이다.

　그 다음 본지 탐구를 위해 의문을 갖고 경전의 문구를 대할 때, 어떤 방법으로 접근해야 할까? 성호는 이 문제에 대해 우선 '널리 사례(事例)를 모아 광범위하게 그 뜻을 찾을 것'을 요구하고 있다. 이것이 바로 성호가 본지 탐구를 위한 방법으로 내세운 '방채박구'(旁采博求)이다.

　그리고 또 하나 중요하게 제기한 것이, 그 터득한 본지를 널리 증명하여 객관적 설득력을 갖도록 해야 한다는 것이다. 곧 박구(博求)와 아울러 중시한 것이 방증(旁證)의 방법이다. 그는 곳곳에서 '도저방증'(到底旁證)이니 '박채방증'(博采旁證)이니 하는 말을 자주 쓰고 있는데, 이는 객관적이고 합리적인 그의 학문 정신을 보여주는 중요한 언급이 아닐 수 없다. 즉 학문적 사고가 근대적 사유로 전환되고 있음을 입증하는 단서라고 보여진다. 성호가 널리 증명할 것을 여러 곳에서 강조하고 있는 이유는 실득・실용을 염두에 두고 있기 때문이다.

　그는 기본적으로 이와 같은 학문 방법을 견지하고 있었기 때문에 그의 글을 살펴보면, 다음과 같은 몇 가지 특성이 잘 나타나 있다.

첫째, 합리적 사고이다. 그는 선유(先儒)의 정설(定說)이라고 하여 그대로 수용하는 것을 거부하고, 합리성 여부를 검증하여 비합리적이라고 생각되면 일단 의심을 갖고 그 원의(原義)를 궁구하였다. 이와 같은 성호의 학문 자세는 특히 경전 해석에서, 정자·주자의 설을 일방적으로 따르던 당시의 사고를 극복하고 있다. 예컨대 무지개에 대해 예전부터 '무지개가 물을 마신다'는 말이 있었는데, 성호는 경험적 관찰에 의해 이를 부정하면서 주자의 설에 대해서 다음과 같이 그 부당성을 지적하고 있다.

주자는 말하기를 "무지개는 엷은 비가 햇볕에 비쳐 생기는 것인데, 또한 형체가 있어 물도 마시고 술도 마신다"고 하였고, 또 "물을 마실 수 있는 것으로 보아 반드시 창자도 있을 것이다"라고 하였는데, 나는 이 대목을 더욱더 이해할 수 없다.

성호는, 무지개는 태양의 반대쪽에 나타나며, 습기가 햇볕에 반사되어 나타난다는 것을 관찰을 통해 잘 알고 있었다. 따라서 무지개가 물을 마신다든지, 술을 마신다든지, 창자가 있다든지 하는 등의 설에 대해서 그것이 터무니없는 말임을 논변한 것이다.

이와 같은 합리적인 생각은 곳곳에서 눈에 띈다. 이처럼 성호는 종래의 설을 그대로 수용하지 않고 그것이 이치에 맞느냐, 맞지 않느냐를 철저히 따져 합리적인 방향으로 의미를 찾았는데, 이러한 자세는 결국 과학적이고 고증적인 학문 정신을 촉발시켰다. 또한 이런 합리적 사고는 서양의 자연과학 사상을 수용함으로써 더욱 과학적인 면으로 진전되었다.

둘째, 고증적 태도이다. 그의 종자(從子) 이병휴(李秉休)는 『성호사설』에 대해 "모두 고증함이 있고 세도(世道)에 도움이 있어 만록(漫錄)이 있은 이래 이와 비견할 것이 없다"고 하였다. 질서류(疾書類)의 경전 해석이나 사설(僿說)에 실린 글은, 어느 하나 고증을 통하지 않은 것이 없다고 해도 과언이 아니다. 성호가 방증 자료로 인용한 것은 주로 고전(古典)들이다. 그가 청대(淸代)의 고증학적 성과물에 대해서는 미처 접하지 못했지만, 열람이 가능했던 고적(古籍)에 대해서는 두루 관련된 증거를 찾아 논증을 하고 있다는 사실을 알 수 있다. 또한 명대(明代) 학자들 중 양계성(楊繼盛)·허신(楊愼)·주선(朱善) 등의 설이 몇 군데 보이는 것으로 미루어보아, 부분적으로 이들의 연구 성과까지도 참고한 것으로 보인다. 즉 주자(朱子) 이후의 설도 참조했다는 사실을 알 수 있다.

물론 성호의 설은 청대 고증학이 아직 본격적으로 이 땅에 들어오기 전의 일이므로, 후대의 고증학적 성과에 미치지 못하는 것이 사실이다. 예컨대 다산(茶山) 정약용(丁若鏞, 1762~1836)의 경전 주석에 비하면 고증적인 면이 부족한 것을 발견할 수 있다. 그러나 기본적으로 고증을 통하여 접근하려는 자세를 가지고 그 많은 양의 저술을 남겼다는 것은, 조선학술사에서 학문의 흐름을 바꾸어놓은 중요한 계기가 되었다고 여겨진다.

셋째, 성호는 어느 하나의 설을 바탕으로 하여 사고체계를 수립하지 않았기 때문에, 객관적 합리주의를 바탕으로 여러 설을 수용하기도 하고 비판하기도 하였다. 실례로 경전 해석의 경우를 보면, 송대의 신주(新註)가 지배하던 시대에 구주(舊註)·신주를 두루 참작하였으며, 어느 한 가지 설에 편중하지 않았다. 그리하여 신주나 구주를 비판하기도 하고, 주자(朱子)의 주를 보완하기도 하고, 다른 설을 지지하기도 하였다.

넷째, 자신의 경세적 의지를 드러내고 있다. 특히 위정자(爲政者)의 자세에 관해 언급한 것이 많은데, 대체로 위민부모(爲民父母)로서의 역할을 강조하며 민생을 보살펴야 한다는 것이 주를 이룬다. 이런 사고는 전통적인 유가(儒家)의 기본 이념에서 유래한 것이지만, 시대를 걱정하고 백성의 삶을 근심하는 그의 경세적인 면모를 충분히 엿볼 수 있다. 현실에 쓸모 있는 학문을 해야 한다는 그의 학문적 전제는, 철저히 현실 문제에 고민을 하게 했고, 그 병폐의 원인을 찾아 치유책을 내놓게 했다. 이런 내용도 질서류와 사설의 주된 내용을 이루고 있다.

3. 『성호사설』의 편찬 경위와 내용

1) 『성호사설』의 편찬 경위와 『성호사설유선』

『성호사설』(이하 『사설』이라 칭함)은, 성호가 애초 저술을 목적으로 집필한 것이 아니다. 독서를 하거나 어떤 일을 만났을 때 보고 들어서 안 것이나 사색을 통해 터득한 것을 비망록(備忘錄) 형식으로 그때그때 기록해둔 것이다. 그러기를 약 40년 가까이 하다 보니, 어느덧 많이 쌓이게 되어 처음에는 찾아보기 쉽게 조목별로 배열하였다가, 뒤에 다시 문류별(門類別)로 분류하여 책으로 만든 것이다. 성호의 나이 80이 다 되어 집안의 조카를 시켜 베끼게 하였다고 한다.

'사설'(僿說)이란 말은 '소소한 이야기'라는 뜻으로, 성호가 겸손하게 이름을 붙인 것이다. 이 『사설』은 단편적인 주제에 대한 작자의 생각을 기록한 것으로, 일종의 만록(漫錄) 내지 잡저(雜著)에 해당하는 글이라고 하겠다.

이 『사설』은 애초 선사 정본(繕寫定本)이 만들어지지 않고 집안의 조카가 그대로 베낀 관계로, 성호 자신의 말처럼 잘못 옮기고 빠진 부분이 많고, 또 중복되는 항목도 상당수 있다. 또한 각 항을 세밀히 검토하여 문류별로 분류하고, 다시 편차를 검토해 만든 것이 아니다. 그러므로 크게 다섯 개의 문(門)으로 분류해놓았을 뿐, 편차는 아무런 원칙이 없이 그냥 나열해놓은 것이다.

그리고 현재 몇 종의 사본(寫本)이 남아 있는데, 이느 것이 진본(眞本)인지도 정확치 않다. 국립중앙도서관에서 간행한 『선본해제 Ⅱ』에는 국립중앙도서관 소장본을 자필 고본으로 추정하고 있으나, 확증이 없다. 한우근(韓㳓劤) 선생의 설에 의하면, 이돈형(李暾衡) 씨 소장본과 국립중앙도서관 소장본의 천지문(天地門)만 비교해봐도, 전자에 있는 것이 20항목이나 후자에 빠져 있고, 후자에 있는 것이 15항목이나 전자에 빠져 있다고 한다.

이 『사설』은 30권 30책으로, 5문(門) 3,007항목으로 되어 있는데, 각 문별(門別) 권수(卷數) 및 항목 수는 다음과 같다.

- 천지문(天地門)：　3권　　223항
- 만물문(萬物門)：　3권　　368항
- 인사문(人事門)：11권　　990항
- 경사문(經史門)：10권　1,048항
- 시문문(詩文門)：　3권　　378항

순암(順庵) 안정복(安鼎福, 1712~91)은 성호 문하의 고제(高弟)이다. 그는 35세 때 성호를 찾아뵙고 제자가 되었는데, 당시 성호의 나이는 66세였다. 순암은 『사설』이 만들어진 뒤에 간정(刊正)을 청하여, 그 일을 시작해 성호가 세상을 떠나기 1년 전에 완성하였다. 그렇게 해서 만들어진 것이 『성호사설유선』(星湖僿說類選, 『유선』으로 칭함)이다.

『사설』은 문별(門別)로 분류하기만 한 것인데, 『유선』은 문(門) 대신 편(篇)으로 분류하고, 다시 내용 위주의 문(門)으로 분류해놓았다. 또한 항목도 3,007항목을 1,382항목으로 약 2분의 1 가량 줄였다. 『유선』의 편별 문목(門目) 및 문별(門別) 항목 수는 다음과 같다.

- 천지편(天地篇)　┬ 천문문(天文門)　45항
　　　　　　　　├ 지리문(地理門)　54항
　　　　　　　　└ 부(附) 귀신문(鬼神門) 14항
- 인사편(人事篇)　┬ 인사문(人事門)　56항
　　　　　　　　├ 논학문(論學門)　53항
　　　　　　　　├ 논례문(論禮門)　58항
　　　　　　　　├ 친속문(親屬門)　34항
　　　　　　　　├ 군신문(君臣門)　50항
　　　　　　　　├ 치도문(治道門) 246항
　　　　　　　　├ 복식문(服食門)　36항
　　　　　　　　├ 기용문(器用門)　19항
　　　　　　　　└ 기예문(技藝門)　27항
- 경사편(經史篇)　┬ 경서문(經書門) 203항

```
          ┌─ 논사문(論史門) 293항
          ├─ 성현문(聖賢門)  39항
          └─ 이단문(異端門)  10항
 • 만물편(萬物篇) ┬─ 금수문(禽獸門) 19항
          └─ 초목문(草木門) 12항
 • 시문편(詩文篇) ┬─ 논문문(論文門) 55항
          └─ 논시문(論詩門) 59항
```

2) 『성호사설』의 내용

『사설』은 내용을 중심으로 천지문(天地門)·만물문(萬物門)·인사문(人事門)·경사문(經史門)·시문문(詩文門)으로 크게 분류해놓은 것이다. 여기서는 문별로 그 내용을 간략히 알아보도록 하겠다.

천지문(天地門)은 모두 223항으로 되어 있다. 거의 모두 천문(天文)과 지리(地理)에 관한 내용인데, 지리에 관한 내용이 더 많다. 성호는 중국에서 발달한 동양의 천문학은 물론, 서양의 천문학에 대해서도 상당한 식견을 가지고 있었다. 그는 「방성도」(方星圖)에서 동양에서 전래한 천문도는 평면도로서 천체(天體) 전체의 그림이 아닌데, 방성도는 상하·사방을 다 살펴볼 수 있고 또 정교하게 만들어져 훨씬 우수하다는 평가를 하고 있다. 또한 「역상」(曆象)에서는 "모든 기구와 수리(數理)의 법은 후대에 만들어진 것이 더 정교하다. 아무리 통명한 지혜를 가진 성인일지라도 극진하지 못한 점이 있다"고 하면서, 후대 사람이 그것을 토대로 보완해나가면 시대가 내려갈수록 더욱 정밀해지게 마련이라는 진화론적 세계관을 피력하였다. 그리고 서양인 탕약망(湯若望 : 독일인 아담 샬)이 만든 시헌력(時憲曆)에 이르러 역법이 극치에 달하였다고 하였다.

또한 성호는 역사와 지리의 고증에 지대한 관심을 가지고 있었다. 특히 우리나라의 강역(疆域)에 깊은 관심을 보여, 울릉도(鬱陵島)·안시성(安市城)·철령위(鐵嶺衛)·윤관비(尹瓘碑)·발해황룡부(渤海黃龍府)·대마도정벌(對馬島征伐) 등에 대해 자세하게 고증을 해놓았다.

이처럼 천지문에 실린 글에서 우리는, 성호가 중국에서 들어온 서양의 천문·역법·지도 등을 통해 서양의 자연과학 사상을 적극 수용하려 한 측면을 알 수 있고, 그런 견문과 지식을 통해 종래의 중화(中華) 중심의 사고에서 벗어나 세계관이 확대되었음을 알 수 있다. 또한 지리(地利)나 수리(水利)를 이용해 백성의 생활을 넉넉하게 할 수 있는 그의 경세치용적 사상도 엿볼 수 있다.

만물문(萬物門)은 모두 368항으로 되어 있다. 이 만물문에는 인간의 일상생활과 관련된 온갖 사물에 대해서 변증(辨證)을 해놓은 글들이 들어 있다. 몇 가지 예를 들어보면, 「절지」(竊脂)에서는 절지새가 글자 그대로 기름을 훔쳐먹길 좋아하는 까닭에 그렇게 이름이 붙여진 것이라는 종래의 설에 대해 해박한 문헌학적 고증을 통해 논변하고 있고, 「왜도」(倭刀)에서는 우리나라 사람들의 칼 만드는 기술에 비해 왜인들의 칼 만드는 기술이 우수한 점에 대해 언급하고 있고, 「목면」(木綿)에서는 목면이 매우 유용한 것인데도 사람들이 습속에 젖어 제대로 재배하지 못하는 병폐에 대해 논하고 있다. 이처럼 이 만물문에서도 그의 실용주의적 실학사상을 엿볼 수 있다.

인사문(人事門)은 모두 990항으로 되어 있다. 이 인사문에는 정치·경제·사회·제도 등 인간사의 제반 문제에 대해 그의 경세론적 실학사상을 피력한 글들이 들어 있다.

성호는 당시 사회제도의 불합리한 점을 정확히 진단하고 그 대안을 제시하였다. 그는 과거제도와 관련하여, 과거가 장구(章句)나 암송하고 사장(詞章) 위주로 시험을 치러 학문을 황폐화시킨다고 보고, 과거와 천거를 병용하는 과천합일(科薦合一)을 주장하였다. 아울러 어진 이를 천거하는 것이 나라를 잘 다스리는 요점이라고 여러 곳에서 역설하였다. 또한 그는 벌열을 숭상하는 폐단을 바로잡고, 문관과 무관의 차별을 없앨 것을 주장하였다.

그는 토지제도와 관련하여 한 가구가 최소한의 생계를 유지할 수 있는 영업전(永業田)을 두고, 이에 대해서는 매매를 금지하는 한전제(限田制)를 주장하였다. 이런 그의 균전론(均田論)은 부호가들의 대토지

점유를 막고 자영농이 소작인으로 몰락하는 것을 방지하자는 것으로, 토지제도 개혁의 근간을 이루고 있다. 그는 조세제도의 모순에 대해서도 다각도로 그 폐해를 진단하며 개혁을 주장하였는데, 그 가운데서도 특히 환곡(還穀)의 폐단에 대해 극론하고 있다.

그는 또한 신분제도와 관련하여 우리나라의 노비법은 천하의 악법이라고 하면서, 노비세습제를 철폐해야 한다고 하였다. 그래서 그는 한 사람이 소유할 수 있는 노비의 수를 제한하고, 노비의 매매를 금하며, 일정한 햇수를 정해 사역시키도록 해야 한다고 주장하였다.

성호는 생재(生財)의 원천을 토지에 두고, 근검절약을 강조하였다. 그는 사농합일(士農合一)을 주장하며, 농업에 힘쓰지 않으면 재정의 부족을 초래한다고 하였다. 그래서 그는 「육두」(六蠹)에서 생산에 힘쓰지 않는 여섯 가지 좀벌레와 같은 경우를 노비·과거·벌열·기교(技巧)·승려·유타(遊惰)로 규정하였다. 인사문에 실린 이러한 내용들은 『곽우록』(藿憂錄)에 실린 것과 함께 그의 실학사상을 살펴볼 수 있는 중요한 자료들이다.

경사문(經史門)은 1,048항으로 되어 있다. 이 경사문에는 성호의 경전과 역사에 대한 해박한 지식과 광범한 고증을 통한 탁견이 들어 있다. 앞에서 살펴보았듯이, 성호는 궁경(窮經)의 목적을 치용(致用)에 두고 있다. 이를 뒤집어보면, 경세치용을 위해서는 경전에 담긴 성현의 말씀을 깊이 터득해야 한다는 뜻이 들어 있다. 그래서 그는 경전을 재해석하기 시작했고, 그런 과정에서 당대 현실에서 느낀 자신의 경험적 사고를 통해 그 의미를 더욱 새롭게 자각하게 되었다. 이 경사문의 경전에 관한 글들이 비록 단편적인 내용이기는 하지만, 그 속에는 그의 이와 같은 생각들이 짙게 깔려 있다.

성호는 역사에 대해서도 깊은 관심과 통찰력을 가지고 있었다. 그래서 그는 실증주의적 자세로 사료(史料)를 고증하고 비판하였다. 그는, 역사는 일의 성패에 따라 성공한 쪽의 시각에서 씌어지기 때문에 그 상황을 꿰뚫어볼 수 있는 안목이 있어야 한다고 생각하였다. 즉 역사에 기술되어 있는 대로 단순히 선악과 시비를 보고 거울로 삼을 것이 아니라, 그 당시의 역사적 상황이 어떠했는가를 살피는 일이 중요하다고 보았다.

또한 성호는 중화 중심의 역사 인식에서 탈피하여 각 민족 국가의 역사에 대한 자각을 하고 있었다. 그래서 그가 우리나라의 역사에 대한 고증을 한 것이 상당수 눈에 띄며, 자국의 역사에 대한 애정도 각별해 국사를 과거 시험과목에 넣자고 주장하였다. 그는 새로운 국사를 만들어볼 생각을 가지고 있었으나 완성하지 못하고, 제자인 안정복의 손에 의해 『동사강목』이 이루어졌다.

시문문(詩文門)은 모두 378항으로 되어 있다. 대체로 시(詩)와 문(文)에 대한 고증과 비평으로 되어 있는데, 중국의 시문이 약 3분의 2 가량을 차지하고 있다. 또한 시문에 대한 총체적인 견해를 밝힌 글보다 단편적인 시어(詩語)나 시구(詩句)에 대한 변증이 대부분이어서, 그의 고증적 태도를 여실히 보여주고 있다. 그러나 이 시문문에도 그의 백성을 걱정하고 시대를 근심하는 경세적 사고를 엿볼 수 있는 내용이 상당수 있다.

이상에서 각 문의 내용을 개략적으로 살펴보았는데, 그 의의를 종합적으로 정리해보면 다음과 같다. 첫째, 그의 경세치용적 실학사상이 잘 나타나 있다. 둘째, 민생을 걱정하는 위민사상(爲民思想)이 짙게 깔려 있다. 셋째, 중화 중심의 세계관에서 벗어나 자기의 독자성을 인정하는 쪽으로 의식이 확대되어 있다. 넷째, 성현(聖賢)을 절대적으로 추종하는 중세 정체적 사고에서 벗어나 진보와 변화의 논리를 펴고 있다. 다섯째, 한 글자라도 의심이 들면 철저하게 캐들어가는 고증적 태도를 엿볼 수 있다. 여섯째, 객관적이고 합리적인 학문 정신을 엿볼 수 있다.

일러두기

1. 이 책은 이돈형(李暾衡)씨 소장 필사본 『성호선생사설』(星湖先生僿說)을 대본으로 하고, 『국역 성호사설』(1977, 민족문화추진회)을 참고하여 번역하였다.

2. 이 책은 위 『성호선생사설』 중 성호의 학문과 사상을 단적으로 드러낼 수 있고, 일반인들이 쉽게 읽을 수 있는 글을 문류별(門類別)로 뽑아 번역한 것이다.

3. 번역은 평이한 현대어로 옮기되 원의(原義)에 충실하도록 했으며, 한글 전용을 원칙으로 하고, 필요한 경우 한자(漢字)를 괄호 속에 넣었다.

4. 맞춤법과 띄어쓰기는 한글맞춤법 통일안을 따랐다.

5. 제도상의 용어나 관용어 등은 그대로 쓰고, 필요에 따라 주석을 달았다.

6. 글의 제목은 우리말로 풀이하지 않고 그대로 썼다. 다만 독자의 편의를 위해 띄어쓰기를 하거나 중간점(·)을 사용하기도 하였다.

7. 인용문은 두 따옴표(“……”)를 써서 구분하되, 별행으로 처리하지 않았다. 다만 문장이 긴 경우나 기타 필요한 경우, 독자의 편의를 위해 별행으로 단락을 구별하여 처리하기도 하였다.

8. 대화체의 글은 독자의 편의를 위해, 두 따옴표(“……”)를 써서 별행으로 처리하였다.

9. 주석은 각주(脚註)로 처리하였다. 주석문도 한글 전용을 원칙으로 하였으며, 필요한 경우 한자를 괄호 속에 넣었다.

10. 원문에 오류가 있다고 판단된 경우는 교감 내용을 주석에 밝혀 놓았다.

11. 인명(人名)의 경우, 성(姓)과 이름(名)은 붙여쓰고, 성(姓)과 자(字)·호(號)·시호(諡號)·봉호(封號) 등은 띄어써서 구별하였다.

12. 번역문 뒤에 원문을 붙여 참고하도록 하였다. 독자들의 편의를 위해 띄어쓰기를 하였으며, 긴 문장은 단락을 나누어놓았다.

13. 이 책에 사용한 부호는 다음과 같다.

『   』: 책명

「   」: 편명

"   ": 인용문이나 대화체에 사용

'   ': 간접 인용문이나 강조하기 위한 경우에 사용

[   ]: 음이 다른 한자 및 번역문 뒤에 원문을 명시할 경우에 사용

·: 병렬형의 단어 중간에 사용

……: 중간 부분을 생략할 경우나 뒷말을 줄일 경우에 사용

, . ? ! : 일반 용례에 따름

자서(自序)

　『성호사설』은 성호옹(星湖翁)이 장난삼아 쓴 것이다. 옹이 이 사설을 지은 것은 무슨 뜻에서인가? 별다른 뜻이 없다. 뜻이 없다면 왜 이런 설을 지었는가? 옹은 한가로운 사람이다. 독서의 여가와 세상살이를 하면서 전기(傳記)·자집(子集)·시가(詩歌)·전문(傳聞)·회해(詼諧)[1] 등에서 얻은 것으로, 웃고 즐길 만하여 옆에 두고 열람할 만한 내용을 붓 가는 대로 적어두었는데, 어느덧 많이 쌓이게 되었다.

　처음에는 비망록(備忘錄)을 만들어두고 기록하였는데, 뒤에 다시 조목을 만들어 조목별로 배열하였다. 또 두루 다 열람할 수 없어서, 다시 문류별(門類別)로 분류하여 드디어 책으로 만들었다. 그리고 이름이 없을 수 없어 '사설'(僿說)이라고 이름을 붙였는데, 형세가 그런 것이지 별다른 뜻이 있는 것은 아니다.

　옹은 20년 동안 경서를 연구하면서 성현(聖賢)이 남긴 뜻을 보고 이해한 대로 각각 설을 지었다. 또 저술을 즐겨 사물을 접하고 느낀 소감, 다른 사람과 수창(酬唱)한 것, 서(序)·기(記)·논(論)·설(說)을 별도로 채집하였다. 그러나 이 사설은 이런 유(類)에 넣을 수 없는 것이니, 쓸데없는 용잡한 말임에 틀림없다. 그렇지만 속담에 "제가 먹기는 싫어도 버리기는 아깝다"는 말이 있으니, 『사설』이 생긴 것도 그런 이유에서이다.

　삼대(三代)[2]는 그 숭상함을 달리하여 문(文)에 이르러 그쳤는데, 문

---

1) 회해는 익살스런 이야기라는 뜻.

의 말세에는 소인들의 자질구레한 것들이 판을 쳤다. 그래서 주나라 이후로 문이 순수한 데로 돌아가지 못한 지가 오래되었다. 그러니 하민(下民)의 덕에 폐단이 심해지게 된 것은 당연하다. 우리 같은 소인배가 세속에 함께 살면서 걸핏하면 말이 많아지는 것을 깨닫게 되는데, 이 책에서 그 점을 징험해볼 수 있다.

그러나 지극히 천한 똥덩어리나 지푸라기일지라도, 밭에 거름으로 주면 아름다운 곡식을 기를 수 있고, 아궁이에 불을 때면 아름다운 반찬을 만들 수 있다. 이 책도 잘 살펴보는 자가 그런 점을 채택한다면, 백에 하나라도 쓸 만한 것이 없으리라는 것을 어찌 알겠는가?

自序

僿說者 星湖翁之戲筆也 翁之作是說也 何意 直無意 無意 奚其有此哉 翁乃優閒者也 讀書之暇 應世徇俗 或得之傳記 得之子集 得之詩家 得之傳聞 得之詼諧 或可笑可喜 可以存閱 隨手亂錄 不覺其至於多積 始也 爲其排忘錄之卷 旣又爲之目 列於端目 又不可以徧覽 乃分門類入 遂成卷帙 又不可無名 名之以僿說 勢也 非意之也 翁窮經二十年 凡見解聖賢遺意 各有成說 又喜著書 其寓物酬人序記論說 別有采輯 如僿說者 不堪載之向之數者 則其爲無用之冗言 定矣 鄙諺云 我食屬厭 棄將可惜 此僿說所以起也 夫三代更尙 至文而止 文之末造小人瑣細 自周以降 文之不返淳 久矣 下民之德 宜乎其弊甚 吾輩小人 與世同流 動覺多言 於此書 可見 然糞壤草芥 至賤物也 或輸之田隴 養成嘉穀 取之廚灶 資爲美饌 此書者 善觀者 采之 亦安知百無一收也乎

2) 삼대는 하(夏)나라·은(殷)나라·주(周)나라 시대를 가리킴. 하나라는 충(忠)을 숭상하고, 은나라는 질(質)을 숭상하고, 주나라는 문(文)을 숭상하였다.

제 1 장

천지문【天地門】

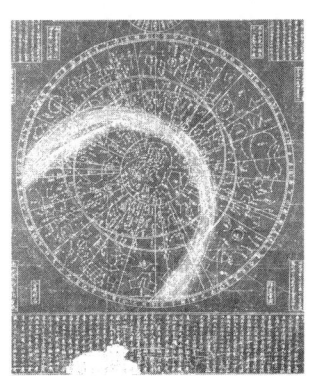

기지아동(箕指我東)[1]

맹자(孟子)께서 말씀하시기를 "기자(箕子)[2]·교격(膠鬲)[3]·미자(微子)[4]·미중(微仲)[5]·왕자 비간(王子比干)[6]이 있다"[7]고 했는데, 분명히 기(箕)·미(微)·왕(王)은 땅이름이고, 자(子)는 벼슬의 이름이고[8], 교격·미중·비간은 이름이다. 맹자께서 또 말씀하시기를 "교격은 물고기를 잡고 소금을 굽는 사람들 사이에서 등용되었다"[9]고 하였는데, 물고기를 잡으면서 소금 굽는 것을 함께 언급하였으니, 이는 해변을 가리키는 것이다. 이렇게 말한 것은, 예전에 서민이었기 때문인 듯하다.

은나라의 제도에, 왕의 아들이라 할지라도 원근(遠近)을 돌아다니게 하여 민간의 고통을 체험하게 하였으니, 무정(武丁)[10]의 경우를 서적에서 살펴볼 수 있다. 그렇다면 기자의 경우도 고기를 잡고 소금을 굽는 데에서 등용되지 않았으리라는 것을 어찌 장담할 수 있겠는가?

기(箕)나라 지역은 곧 우리나라 지역을 가리킨다. 분야(分野)[11]로 따

---

1) 기자(箕子)가 봉(封)으로 받았던 기(箕) 땅은 우리나라를 가리킨다는 뜻임.
2) 기자는 은(殷)나라 마지막 왕인 주(紂)의 숙부라고 하기도 하고, 친척이라고 하기도 하는데, 사마천(司馬遷)의 『사기』(史記)에는 친척으로 되어 있다. 이름은 서여(胥餘)이다.
3) 교격은 은나라 마지막 왕인 주의 신하.
4) 미자는 은나라 마지막 왕인 주의 숙부라고 하기도 하고, 서형(庶兄)이라 하기도 하는데, 『사기』에는 서형으로 되어 있다. 이름은 계(啓) 또는 개(開)라고 한다.
5) 미중은 미자의 동생으로, 이름은 연(衍)이다.
6) 왕자 비간은 은나라 마지막 왕인 주의 숙부라고 하기도 하고, 친척이라고 하기도 한다.
7) 이 대목은 『맹자』「공손추 상」(公孫丑上) 제1장에 보인다. 『맹자』에는 "미자·미중·왕자 비간·기자·교격이 있다"로 되어 있는데, 여기서는 그 순서가 조금 바뀌었다.
8) 자(子)는……이름이고 : 자는 주(周)나라 때 제후의 작급(爵級)인 공(公)·후(侯)·백(伯)·자(子)·남(男) 가운데의 자를 말함. 종래의 설은 일반적으로 '자'를 상대방을 존칭하는 말로 보고 있는데, 성호는 이를 벼슬로 본 것이다.
9) 이 부분은 『맹자』「고자 하」(告子下) 제15장에 보인다.
10) 은나라 제20대 임금인 고종(高宗)의 이름.
11) 이는 고대 중국에서 별자리 28수(宿)에 따라 지역의 방위를 구분하는 것을 말

진다면, 우리나라 지역은 기성(箕星)과 미성(尾星)의 자리에 해당되는데, 우리나라 서쪽 지역이 기성의 위치가 된다. 그러니 내 생각으로는, 단군(檀君) 왕조 말기에 기자가 이 기성의 분야에 해당하는 지역을 돌아다녔는데, 마침내 이 지역에 봉(封)을 받은 듯하다. 그렇지 않다면, 이른바 '바닷가에서 물고기를 잡고 소금을 굽는다'는 것은 무엇을 가리켜 말한 것이겠는가?

또 기(箕)가 다른 지방이라면, 어찌 굳이 자기가 봉작(封爵)을 받은 곳의 지명을 버리고 그 칭호를 썼겠는가? 은나라의 역사에 쓴 칭호는, 봉작을 받은 것으로 말한 것이지, 봉작을 받기 전에 그런 칭호가 있었던 것은 아니다. 만약 그렇다면 우리나라는, 은나라 주(紂)가 망하기도 전에 벌써 기자가 교화시켜준 은택을 받은 것이 된다.

箕指我東

孟子謂箕子 · 膠鬲 · 微子 · 微仲 · 王子比干 分明是箕 · 微 · 王者 地也 子 爵也 膠鬲 · 微仲 · 比干 名也 孟子又云 膠鬲擧於魚鹽之中 魚而幷鹽言之 謂海濱也 此恐舊爲小人故也 殷之制 雖王者之子 必使之遊遜遠近 俾知艱難 於武丁 可見 安知非箕子之擧於魚鹽耶 箕之爲國 指我東也 以分野驗之 我東正當箕尾之躔 而西道爲箕 則意者箕子於檀君之末 遊行箕躔之分 而卒乃受封於此也 不然則所謂魚鹽海者 何指而云耶 又若箕是他方 則何必舍所封而爲稱 殷史所稱 以受封爲言 非未受封之前 已有此躔也 然則我邦不待紂亡 而已被其過化存神之澤也夫

도성(都城)

맹자는 '3리의 성(城)과 7리의 곽(郭)'이라 하였다.[1] 성을 굳게 지키려고 하면 반드시 넓은 것을 꺼린다. 한 퇴지(韓退之)[2]의 "줄을 맞잡고 잡아당기면 반드시 끊어지는 곳이 있다"라는 말은 좋은 비유이다. 끈이 아무리 질겨도 10자나 100자 정도 되는 긴 끈을 양쪽에서 잡아당기면, 어찌 끊어지지 않을 리가 있겠는가?

_____

한다.
1) 이 부분은 『맹자』「공손추 하」(公孫丑下)에 보인다.
2) 당(唐)나라 때 문장가인 한유(韓愈)를 가리킴. 퇴지는 그의 자(字)이다.

지금 서울의 성(城)은 고려조 송도(松都)의 성과 마찬가지이다. 송도는 전후 천 년 가까이 외적의 침입에 한번도 앉아서 지켜본 적이 없다. 그러니 그 전철을 거울로 삼을 수 있겠다. 송(宋)나라의 변도(汴都)는 견고하고 완전하지 않은 것이 아니었으나, 사람들이 지금까지 이강(李綱)[3]을 비난하고 충사도(种師道)[4]의 계책을 쓰지 못한 것을 한스럽게 여기고 있다. 이 역시 지혜로운 사람은 생각해보아야 한다.

나는 이렇게 생각한다. 가령 성이 견고하고 병졸이 많더라도 성안에 사는 사람들의 8~9할이 축적된 식량이 없어서 아침에 벌어 저녁에 먹고, 어제 마련하여 오늘 먹고 사는 실정이라면, 그 많은 남녀 노소를 조정(朝廷)에서 식량을 공급하여 먹여 살릴 수 있겠는가? 며칠이 못 가 굶주림과 아우성이 일어날 것이다. 그렇게 되면 성문을 열고 적을 맞아들이는 상황을, 손가락을 꼽아가며 기다리게 될 것이다. 그리고 성을 지킬 수 없게 된 뒤에야 비로소 서울을 버릴 것을 계획한다면, 임금을 적에게 내주는 것과 무엇이 다르겠는가?

종전에 난리를 만나 임금이 피난길에 오를 때, 남은 백성들을 성안에 둔 채 성문을 닫아걸고, 아무 힘도 없는 중신(重臣)[5]을 유도 대장(留都大將)[6]으로 임명해놓았으니, 이게 무슨 꼴인가? 나라에서 도성을 내버렸는데, 저 병사도 없는 외로운 사람들이 무슨 재주로 허물어진 판국을 수습하겠는가?

아마도 당 명황(唐明皇)[7]이 피난을 떠날 때, 백성들을 모두 주작교(朱雀橋)까지 건네주었던 것만 못하리라. 그의 지난 일은 논하지 않더라도, 그가 백성들을 건네준 이 한 가지 사실만으로도 거의 백성들의 마음을 수습하게 된 것이다. 당나라가 망하지 아니한 것은, 이 한 점 어진 마음에서 비롯된 것이 아니겠는가?

고려 홍두적(紅頭賊)[8]의 난에 공민왕(恭愍王)이 복주(福州)[9]로 피난

---

3) 북송(北宋) 말 남송(南宋) 초기의 인물임.
4) 북송 말기의 장수.
5) 정2품 이상의 중요한 직책에 있는 신하를 말한다.
6) 수도에 머물러 도성을 지키는 장수를 말한다.
7) 당(唐)나라 현종(玄宗)을 가리킴.
8) 머리에 붉은 띠를 두룬 홍건적(紅巾賊)을 가리킨다.

을 떠날 때, 경성(京城)의 부녀자와 늙고 어린 사람들을 먼저 성밖으로
내어 보냈으니, 후대에 백성들을 성안에 남겨둔 채 성문을 닫아건 것
과는 상당한 차이가 있다고 하겠다. 어떤 이는 "태조(太祖)[10]가 처음 도
성을 쌓을 때 성이 지나치게 큰 것을 문제삼지 않은 것은, 평상시에
안팎을 방호하기 위한 것이었을 뿐, 비상시에 성을 떠나지 않고 결사
적으로 지키려는 계책은 아니었던 듯하다"고 하는데, 그 말이 지극히
옳다.

都城

孟子謂三里之城 七里之郭 苟欲牢守 必忌廣濶 如退之所謂引繩而絶之 必有
其處者 善喩也 繩雖靭 引十尺百尺之長 則豈有不絶之理 今京師之城 如勝國之
松都 首尾近千歲 凡外寇之至 一無坐守 前轍可鑑也 如宋汴都 非不堅完 而人至
今非李綱而恨不用种師道焉 智者宜審也

余謂雖使城堅而卒衆 其城內居民 八九無居積 朝謀而夕餒 昨辦而今食 其無限
老幼男婦 朝廷能計糧而餬口耶 吾知不日而饑餓號怨矣 其開門迎敵 可屈指待也
至不可守 然後始圖去邪 此何異以其君與敵也 從前遇難播遷 或閉門鎖閉餘民 又
差無勢重臣 稱留都將大將 是甚光景 國尙棄之 彼無兵匹夫 將何以勾當敗局耶 殆
不如明皇之導民盡濟朱雀橋也 已事且置 此一着 庶幾收拾民情 唐之不殄 兆胅於
一點仁心乎 前朝紅頭之亂 恭愍王將避兵福州 使京城婦女老幼 並先出城 輿後之
閉門鎖閉 亦有間矣 或曰 聖祖初意不憚都城之過大者 只爲平時內外防護而已 非
效死不去之策 其說極是

살생제천(殺生祭天)[1]

교제(郊祭)[2]를 지내면 천신(天神)이 내려오고, 묘제(廟祭)[3]를 지내면
인귀(人鬼)가 흠향한다. 사람이 죽으면 귀신이 된다. 사람은 음식을 먹
고 살기 때문에 제물을 성대히 차려놓는 것은, 모두 그 귀신이 살아 있

---

 9) 안동(安東)의 옛 이름임.
10) 조선조 태조인 이성계(李成桂)를 가리킨다.
 1) 희생(犧牲)을 잡아 하늘에 제사지낸다는 뜻임.
 2) 천자가 천신(天神)과 지신(地神)에게 지내던 제사.
 3) 사당에 지내는 제사.

을 때와 같이 섬기는 뜻이다. 천신은 이치로 말한 것이다. 이치가 어찌 음식을 필요로 하겠으며, 또 어찌 내려와 생뢰(牲牢)[4]와 서직(黍稷)[5]을 흠향할 리가 있겠는가? 이는 사람의 도리로 하늘을 대우하는 것이니, 거기에 특별한 의미는 없는 듯하다.

예컨대 산귀신이나 나무귀신은 어떤 기운이 엉켜서 생긴 허깨비에 불과한 것인데, 음식을 차려놓고 기도를 하는 경우도 있으니, 어찌된 일인가? 귀신은 사람이 받들어주는 것을 좋아하기 때문에 인도(人道) 로 받드는 것이다.

기운은 하늘에 근본하고, 형체는 땅에서 갖추어진다. 귀신도 땅의 산 물(産物)이니, 반드시 형체를 드러낸다. 그러므로 음식이 아니면 의탁 할 곳이 없다. 그래서 음식을 차려놓고 기도를 하는 것이지, 사람이 음 식을 먹고 사는 것처럼 저 허깨비가 음식을 먹고 배를 채우는 것을 말 하는 것은 아니다. 저 높은 곳에 있는 상제(上帝)가 짐승을 잡아 차린 피묻은 생고기를 내려와 흠향하리라고 바랄 수 있겠는가? 더구나 태 (胎)를 쪼개고 어린 생명을 죽이면 기린이 교외에 나타나지 않는다는 데,[6] 갓 뿔이 난 어린 송아지를 잡아서 제물로 쓰는 일을 차마 할 수 있겠는가? 끝내 알 수 없는 점이 있어서 또한 기록해둔다.

殺生祭天

郊焉而天神格 廟焉而人鬼享 人死爲鬼 人嘗飮食 故鼎俎齊盛 皆所以事之如 生也 天神者 以理言也 理何嘗待食哉 又豈有降歆於牲牢黍稷 是則以人待天 恐無是義 今有山魅木妖 不過氣聚幻像 而或用食物禱祀者 何也 凡鬼道好人之 尊奉 故以人道奉之 凡氣本於天 形具於地 鬼亦地産 必露形質 故非飮食 靡所 依托也 非謂彼幻像之取 以充腹 如人之待食而生也 彼上帝之尊 而庶幾來享於 牲殺血肉之間哉 況刳胎殺夭 麒麟不至 牛角繭栗 又可忍耶 終有不可曉者 且 置之

---

4) 제사에 올리는 희생(犧牲).
5) 제사에 올리는 기장이나 피[稷]로 지은 밥.
6) 이 말은 『사기』 「공자세가」(孔子世家)에 보인다. 『성호사설』에는 '기린부지'(麒 麟不至) 다음에 '교'(郊)자가 빠져 있다.

백두 정간(白頭正幹)[1]

백두산은 우리나라 산맥의 조종(祖宗)이다. 철령(鐵領)에서 서쪽으로 뻗은 여러 산맥은 모두 서남쪽으로 치닫는다. 철령에서 뻗어내린 산맥은 태백산(太白山)과 소백산(小白山)에 이르러서 하늘 높이 치솟았는데, 이것이 본 줄기이다. 그 중간에 있는 여러 갈래는 모두 서쪽으로 갈려 나가니, 이것은 풍수가(風水家)에서 말하는 '버들가지'[楊柳枝]라는 것이다. 그들의 말에 "오동나무 잎에는 반쪽 씨가 달리고, 버들가지 끝에는 알맹이가 열린다"고 하는데, 그 알맹이에 해당되는 곳이 바로 영남(嶺南)이다. 아마도 이 지역은 안동(安東)과 예안(禮安) 사이를 벗어나지 않을 것이다.

태백산·소백산 위쪽의 산세는 이처럼 백두대간에서 서쪽으로 뻗어내려, 물이 여러 갈래로 갈라져 흐른다. 그런데 영남 지방만은 산맥이 좌우로 싸고돌아 동래(東萊)와 김해(金海)가 그 문간이 된다. 이는 곧 산맥이 끝난 곳에 물이 모인 형국으로, 거칠고 사나운 살기(殺氣)가 흔적도 없이 제거된 곳이다. 왼쪽 곁의 동해가 하나의 큰 호수처럼 자리하고 있어, 백두대간과 그 시종(始終)을 함께 하고 있다. 여기서 거북·자라·교룡·물고기 등이 생산되며, 재물이 여기서 번식한다. 그러므로 이곳에서 무한한 인재가 양성되었다.

밖은 일본열도(日本列島)가 둘러 있고, 백두대간은 남쪽으로 뻗고 서쪽으로 뻗어내려 물의 입구를 감싸고 있으며, 다시 바다를 훌쩍 뛰어넘은 산맥이 크고 작은 섬들을 형성하고 있다. 오른쪽 산맥은 두류산(頭流山)에서 그쳤는데, 그 형세가 바다를 뚫고 나온 것 같다. 그 웅장하고 광대한 기상은 두려워할 만하다.

이 고장에서 태어난 인물로 말하면, 고려 이전까지는 미개한 문명을 아직 다 타파하지 못해서 오랑캐의 풍속이 남아 있었는데, 우리 왕조에 들어와서 중화(中華)의 풍속으로 새롭게 변하였다. 그래서 퇴계(退溪)[2]

---

1) 백두산에서 뻗어내린 바른 산줄기라는 뜻으로, 곧 백두대간(白頭大幹)을 말한다.
2) 조선 중기의 유학자인 이황(李滉, 1501~70)의 호이다.

가 태백산과 소백산 밑에서 출생하여 우리나라 유학(儒學)의 종장(宗匠)이 되었다. 그 학통을 이어받은 인물들은 자신을 깊이 함양(涵養)하여 농축된 빛을 발하며, 겸손하게 처신하고 겸양할 줄 알며, 문채가 찬란히 빛나니, 그들에겐 수사(洙泗)의 유풍(遺風)[3]이 있다.

남명(南冥)[4]은 두류산 밑에서 태어나 우리나라에서 기절(氣節)[5]이 가장 뛰어난 분이 되었다. 그 학통을 이어받은 사람들은 정신이 강하고 실천에 용감하며, 의(義)를 기꺼워하고 삶을 가볍게 여기며, 어떤 이로움으로도 그들의 뜻을 굽힐 수 없고, 어떤 해로움으로도 그들의 지조를 바꿀 수 없으니, 그들에겐 우뚝한 절조가 있다. 이것이 영남의 북부와 남부가 다른 점이다.

대체로 그 일직선의 큰 산맥이 백두산에서 시작하여 중간에 태백산이 되고 두류산에서 끝났으니, 당초에 '백두대간'이라고 이름을 붙인 것도 의미가 있었던 듯하다. 그리고 인재가 이곳에서 배출된 점으로 보아도, 이 지역이 인물의 창고라 할 수 있다. 그러니 필경 국가에서 의존할 수 있는 바는 반드시 다른 데에 있지 않을 것이다.

옛날 전국시대(戰國時代) 때, 위(衛)나라에 훌륭한 인물이 가장 많았다. 그러므로 강대국들이 치열하게 싸우는 판국에서도 나라를 잘 유지하여 진 이세(秦二世)[6] 때에 가서야 망했다. 그 근원이 「간모」(干旄)[7]에 보이는 많은 인재를 양성한 데에서 비롯된 것이다.

우리나라는 삼국시대에 영남의 가야국(伽倻國)이 작은 나라였는데, 고구려와 백제가 세력 다툼을 하던 때에 잘 버티어 오랫동안 세계(世系)를 전했으니, 그 사정이 위(衛)나라와 서로 비슷하다. 가령 천만 년의 세월이 지난 뒤 나라가 위태로운 국면을 당했을 때, 지모(智謀)를 가진 사람이 이 고장에서 나올 것이며, 충절(忠節)을 가진 사람이 이 고장에서

---

3) 수사의 유풍이란 공자(孔子)가 남긴 풍교(風敎)를 가리킨다. 수사는 중국 노(魯)나라의 수수(洙水)와 사수(泗水)로, 공자가 제자들을 가르치며 살던 곳이다.
4) 조선 중기의 유학자인 조식(曺植, 1501~72)의 호이다.
5) 의기(義氣)와 절조(節操)를 가리킴.
6) 진나라 제2대 임금을 말함. 이름은 호해(胡亥)이다.
7) 이는 『시경』 용풍(鄘風)에 들어 있는 시의 편명. 『성호사설』에는 '간모'(竿旄)로 되어 있는데, '간'(竿)은 '간'(干)의 오자이다.

배출될 것이다. 이는 장담하고 기다려도 틀림없을 것이다.

白頭正幹

白頭 是東方山脉之祖也 自鐵嶺以西 衆枝皆西南走 自鐵嶺 至太小白 而峻極 于天是爲正幹 其間衆枝 皆西走 術家所謂楊柳枝也 其言曰 梧桐葉上 生偏子 楊 柳枝頭 結正心 然則所謂正心 惟嶺南當之 意者 此不外於安禮之間乎 太小白以 上 山勢如此 故水皆散流 惟嶺南左右圍抱 東萊金海爲捍門 是卽山盡水會 而鷧 厲殺氣 脫去無迹也 左旁東海 乃凝定一大湖 與白頭大幹 同其始終 鼅鼊蛟龍魚 鼈生焉 貨財殖焉 所以養盛無限人材 外周日本 大幹迤南迤西 圍抱水口 飛霞過 脉 爲島爲嶼也 右幹止於頭流 其勢若截溟而過者 雄渾磅磚 氣像可畏

以人物論 則高麗以前 天荒猶未盡破 尙有夷裔之風 至聖朝 而一變華俗 退溪生 於太小白之下 爲東方之儒宗 其流 深涵濃郁 損遜退讓 文彩彪暎 有洙泗之風焉 南冥生於頭流之下 爲東方氣節之最 其流 苦心力行 樂義輕生 利不能屈 害不能移 有特立之操焉 此嶺南上下道之有別也 盖其一直大幹 始於白頭 中於太白 終於頭 流 當初命名 亦恐有意 而人材之出於是 爲府藏 畢竟國家所賴 必不在乎他也

昔戰國之際 衛最多賢 故獨能扶持於龍唉虎噬之間 至秦二世而亡 其源兆朕 於竿旄一詩養成許多人物也 我三國之際 嶺南之伽倻 亦一小國 亦能撑保麗濟 雲屯雷馳之世 傳世久遠 其事相類 設或千萬歲後 國値危亂 訏謨在斯 忠節在 斯 可執左契以待矣

동방 인문(東方人文)[1]

단군(檀君)시대는 원시적인 상태를 아직 벗어나지 못했다. 그 뒤 천여 년이 지나서 기자(箕子)가 우리나라에 봉해진 뒤에야[2] 미개한 상태에서 벗어나게 되었는데, 그것도 한강 이남까지는 미치지 못하였다. 그 뒤 900여 년을 지나 삼한(三韓)[3]시대에 이르러서야 이 지역이 모두 개

---

1) 우리나라의 인문(人文)이라는 뜻임.
2) 기자는 은나라 주왕(紂王)의 삼촌으로 이름은 서여(胥餘)이다. 주왕에게 간언을 하였으나 받아들이지 않자 거짓 미친 체하여 노예가 되었다. 주(周)나라 무왕 (武王)이 주왕을 무찌르고 나서 조선(朝鮮)의 제후로 봉해주고 신하로 삼지 않았다. 무왕이 천도(天道)로 방문하자, 「홍범」(洪範)을 지어 바쳤다고 한다. 『서경』에 「홍범」이 실려 있다.
3) 마한(馬韓)·진한(辰韓)·변한(卞韓)을 가리킨다.

척되었고, 그 뒤에 삼국의 경계가 정해졌다. 그로부터 또 천여 년이 지나, 우리 왕조[4]가 창건되면서 문화가 비로소 열렸다.

중세 이후에 퇴계(退溪)가 소백산 밑에서 태어났고, 남명(南冥)이 두류산 동쪽에서 태어났는데, 모두 영남 지역이다. 북도는 인(仁)을 숭상하고, 남도는 의(義)를 주로 하였다. 그리하여 유교의 교화와 기절(氣節)을 숭상함이 바다처럼 넓고, 산처럼 우뚝하게 되었다. 우리나라의 문명이 여기서 절정에 달하였다.

나는 이 두 분의 후대에 출생하였으니, 아직 이 문명이 땅에 떨어지지 않은 때이다. 그러나 지금부터는 여울을 내려가는 배처럼, 그 형세가 걷잡을 수 없이 흐를 것이다. 다시 몇 차례의 격류와 웅덩이를 지나게 될지 모르겠다. 후대 사람들은 반드시 나를 보고 부러운 생각을 하게 될 것이다.

東方人文

檀君之世 鴻濛未判 歷千有餘年 至箕子東封 天荒始破 不及於漢水以南 歷九百餘年 至三韓 地紀盡闢 爲三國之幅員 歷千有餘年 聖朝建極 人文始闢 中世以後 退溪生於小白之下 南冥生於頭流之東 皆嶺南之地 上道尙仁 下道主義 儒化氣節 如海濶山高 於是乎 文明之極矣 余生兩賢之後 猶是文未墜地 自此以後 如下灘之船 其勢難住 不知更有幾重激湍坎窞在也 後來者 必將企余而起羨

단기강역(檀箕疆域)[1]

순(舜)임금이 처음으로 12주(州)를 설치하고, 12산(山)을 봉하였다.[2] 또 12주의 목민관(牧民官)을 임명한 가운데 유주(幽州)도 그 중에 들어 있다. 『한서』(漢書) 「지리지」(地理志)에 "유주는 그 산이 의무려(醫巫閭)이고, 그곳에서 생산되는 이로운 것은 물고기와 소금이다"라고 하였으니, 지금의 요양(遼陽)과 심양(瀋陽)이 아니고 어디이겠는가?

단군은 요(堯)임금과 같은 시기에 임금 노릇을 하였으니, 순임금이

---

4) 조선 왕조를 가리킴.
1) 단군과 기자가 다스렸던 지역이라는 뜻임.
2) 이 대목은 『서경』 「순전」(舜典)에 보인다.

12주를 설치할 때는 그로부터 100년이 지난 뒤이다. 그 영토의 경계를 알 수는 없지만, 기자가 단군의 뒤를 이어 임금이 되었고, 그의 후손은 조선의 제후였다. 때로 연(燕)나라와 힘을 겨루었는데, 연나라가 서쪽 지역을 공략하여 2천여 리의 땅을 빼앗아 만반한(滿潘汗)까지를 국경으로 정하였다. 조선은 이로부터 약소국이 되었다.

연나라는 동쪽 지역이 본래 얼마 되지 않았다. 만반한은 바로 지금의 압록강(鴨綠江)이다. 만반한의 '만'(滿)은 만주(滿洲)를 뜻하고, '반'(潘)은 '심'(瀋)의 오자(誤字)이다. 압록강 밖에서 산해관(山海關)까지의 거리가 1천여 리에 불과하니, 연나라에 빼앗긴 지역은 요양과 심양이 아니고서는, 달리 그에 해당하는 지역이 없다. 그렇다면 단군시대에도 순임금이 다스리던 교화권 안에 있었을 것이니, 우리나라가 미개사회에서 중국 문화를 받아들인 지가 오래된 것이다. 순임금은 본래 동이(東夷) 사람이니, 저풍(諸馮) · 부하(負夏)도 동방 구이(九夷) 가운데 들어 있었을 것이다.[3]

기자가 평양(平壤)에 도읍하였으나 연나라와 국경을 접하고 있었고, 고죽국(孤竹國)[4]의 유허(遺墟)도 그 안에 있었다. 이 지역은 요 · 순시대부터 중국 내지(內地)와 같이 보았고, 단군 · 기자 · 백이(伯夷) · 숙제(叔齊)의 교화를 거쳤으니, 성인의 가르침을 받은 곳치고 이와 같은 지역이 없다. 지금 압록강 밖의 지역은 지리적 형세나 사람들의 풍속으로 보아 다시는 우리와 합할 수 없게 되었다. 물러나 압록강으로 국경을 삼게 됨으로써 영토의 일부를 완전히 잃고, 한 지역만 보전하게 되었다. 그러나 예전의 문화를 잃지 않고 있는 것도 이 세상에 사는 한 가지 즐거움이리라.

檀箕疆域

舜肇十有二州 封十有二山 又在十有二牧咨命之中 幽州居其一 按漢地理志 幽州其山醫巫閭 其利魚鹽 非今遼瀋而何哉 檀君與堯並立 至十二州時 已百年

---

3) 순임금은……것이다. : 『맹자』「이루 하」(離婁下) 제1장에 "순(舜)은 저풍에서 태어나시고, 부하로 옮기셨다가, 명조(鳴條)에서 돌아가셨으니, 동이 사람이시다"라고 하였다.

4) 연나라 지역에 있던 은대(殷代)의 나라 이름. 백이 · 숙제가 고죽국의 왕자였다.

矣 雖未知疆土遠近 而箕子継立 其後孫朝鮮侯 時與燕爭强 燕攻其西 取地二千
餘里 至滿潘汗爲界 朝鮮邃弱 自燕以東 本無許多地 滿潘汗卽今鴨綠水 則滿者
是滿州 潘是瀋之誤也 鴨綠之外 距山海關 不過千有餘里 其爲燕所侵奪者 遼瀋
之外 更無其地 然則檀君亦必在虞廷風化之內 而東那之變夷爲夏 久矣 舜本東
夷之人 則諸馮・負夏 亦必九夷之中也 箕子雖都平壤 而與燕接界 而孤竹之墟
又在其中 自堯舜之世 視作內服 閱檀箕夷齊之風化 聲敎所迄 莫有此若也 今也
鴨綠以外 地勢人風 有不可以更合 退以江流爲界 金甌全缺 保全一方 不失衣冠
舊俗 亦天地間一樂爾

고죽・안시(孤竹安市)[1]

우리나라 해주(海州)에 수양산(首陽山)이 있다. 『수서』(隋書) 「배구전」(裴矩傳)에 "고려(高麗)[2]는 본래 고죽국(孤竹國)이다"라고 하였다. 이첨(李詹)[3]도 "수양산은 지금의 해주에 있다"고 하였는데, 이는 이첨이 「배구전」에 의거해 잘못 안 것이다. 고죽국은 영평부(永平府)[4]에 있었다. 고죽국 세 임금의 무덤과 백이(伯夷)・숙제(叔齊)의 사당이 그곳에 있다. 생각건대 요동(遼東)은 본래 고구려의 땅인데, 고죽국의 땅도 당시에 고구려에 병합되었던 것 같다. 그러므로 「배구전」에 이를 혼동하여 말한 듯하다.

『고려사』를 살펴보니, 성종(成宗) 12년(993년) 거란(契丹)의 소손녕(蕭遜寧)이 우리나라를 침략하였을 때, 서희(徐熙, 942~998)가 국서(國書)[5]를 가지고 기란 진영에 갔다. 고려가 자기네 영토를 침범했다는 것으로써 소손녕이 서희에게 문책하자, 서희가 말하기를 "만일 국경을 가지고 따진다면 귀국의 동경(東京)도 우리의 영토이며, 압록강 안팎도 우리의 영토인데, 어째서 우리가 침범했다고 하는가?"라고 하니, 소손녕은 대답을 하지 못했다.

---

1) 고죽국과 안시성을 말함.
2) 고구려(高句麗)를 가리킨다.
3) 고려 말기의 문신으로 자는 중숙(中叔), 호는 쌍매당(雙梅堂)이다.
4) 중국 요동 지방에 있던 고을 이름.
5) 임금이 보내는 친서(親書).

또 살펴보건대, 안시성은 곧 지금의 봉황성(鳳凰城)이다. '봉황'(鳳凰)을 우리나라에서는 '아시새'[阿市鳥]라고 한다. 이 '아시'(阿市)와 '안시'(安市)는 음이 서로 비슷하다. 그러므로 '안시성'이라고 이름붙여진 것이다. 오늘날의 중화군(中和郡)[6]에 안시성이 있었다고 하는 것은, 명나라 사신 진가유(陳嘉猷)가 지은 시에 기록되어 있다. 이는 그 지역 사람들에게 잘못 전해오는 이야기를 그대로 따라 쓴 것으로, 잘못을 분변하지 못했으니 가소로운 일이다. 후인들이 와전되거나 잘못된 것을 분변하지 않고 그대로 이어받아 쓰는 것이 왕왕 이와 같다.

孤竹安市

我國海州 有首陽山 按隋裵矩傳云 高麗本孤竹國 李詹云 首陽山 今海州 此因裵傳而誤也 孤竹國在永平府 孤竹三君之墓及夷齊廟 亦在焉 意者 遼東本高麗之地 孤竹之地 時爲高麗所幷 故矩傳混以稱焉 按麗史 成宗十二年 契丹蕭遜寧來侵 徐熙奉國書 往丹營 遜寧責其侵蝕 熙曰 若論地界 則上國之東京 皆我境 且鴨綠江內外 亦我境內 何謂侵蝕乎 遜寧不能答 又按 安市城 卽今鳳凰城也 鳳凰 東俗謂阿市鳥 阿市 與安市 音近 故名之也 今中和郡有安市城 明使陳嘉猷有詩記之 卽因土人之訛傳而爲之 不能辨其誤 殆可笑矣 後人承訛襲謬 往往如此

방성도(方星圖)[1]

『예기』「제법」(祭法)에 "제곡(帝嚳)[2]이 별의 운행을 관측하여 절기(節期)를 정해서 대중에게 알렸다"고 하였다. 지금의 천문도(天文圖)[3]가 어느 시대에 만들어진 것인지는 알 수 없으나, 그 기원은 제곡에게서 비롯되었다. 요(堯)[4]가 해·달·별의 운행을 관찰하여 책력(冊曆)을

---

6) 평안남도에 있는 고을 이름.
1) 서양 사람이 그린 여섯 폭으로 된 천문도.
2) 중국 고대 전설상의 제왕으로, 일명 고신씨(高辛氏)라고도 한다. 이름은 윤문(允文)이며, 황제(黃帝)의 증손이다.
3) 별자리를 그린 그림.
4) 요는 제곡(帝嚳)의 아들로, 일명 도당씨(陶唐氏)라고도 한다. 그의 덕화가 사방에 미쳐 공이 크기 때문에 후세에 방훈(放勳)이라고 한다. 유가(儒家)에서는 가장 이상적인 정치시대를 연 고대의 성군(聖君)으로 일컫는다.

만들게 한 것[5]은, 아들이 아버지의 일을 조술(祖述)한 것[6]에 불과하다.

지금 천문도를 살펴보건대, 여러 별이 바둑알처럼 널려 있는데 각기 서로 연결되어 있고, 그 연결은 한 성좌(星座)만 밝힐 뿐 아니라 가로 세로로 교차되어 있기도 하니, 별자리에 반드시 이와 같은 점이 있기 때문에 옛 사람이 그렇게 그려 넣은 것일 것이다. 애초에 성인(聖人)이 만들었을 터이니, 성인은 특별한 시력(視力)을 가진 분이다. '오문(吳門)에 빨아 넌 흰 비단이 있다'[7]는 고사에서 징험할 수 있다. 즉 일반 사람들이 보지 못하는 것을 성인은 유독 본 것이다. 혹 그것을 분변할[8] 수 있는 정교한 기구가 있었는지 알 수 없다.

지금 서양에서 나온 방성도(方星圖)[9]를 보면 중국의 것과는 다르다. 혹 연결한 선만 있고 별은 없는데, 이는 그곳에서 망원경으로 관측한 것이다. 예컨대 금성(金星)이 달보다 더 크다든지, 태양이 지구보다 더 크다든지, 은하는 별의 빛이라든가, 금성과 목성(木星)에 둥근 고리가 달려 있다든지 하는 설은 눈으로 보아 알 수 있는 것이 아니다. 이는 결코 터무니없는 말이 아니니, 그대로 따라야 한다.

또 예전부터 전해오는 천문도는 하늘의 평면도(平面圖)로서, 천체(天體) 전체를 그린 그림에 미치지 못한다. 인간은 대지의 한쪽 구석에 살

---

5) 『서경』「요전」(堯典)에, 요가 희씨(羲氏)·화씨(和氏)에게 명해 일월성신(日月星辰)을 살펴 책력을 만들어서 백성들에 시기를 알려주게 했다는 말이 보인다.

6) 요가 제곡의 아들이고, 또 제곡이 하던 일을 이어서 했기 때문에 그렇게 말한 것이다.

7) 이 말은 『한시외전』(韓詩外傳)에 나오는 고사이다. 공자(孔子)와 제자 안연(顏淵)이 노(魯)나라 동산(東山)에 올라 오창문(吳昌門)을 바라보다, 안연이 "하얗게 빨아 넌 비단 1필이 보이고, 그 앞에 남초(藍草)가 보입니다"라고 하자, 공자가 "그렇지 않다. 그것은 흰 말과 갈대를 베어다놓은 꼴이다"라고 하였다.

8) 분변할 : 『성호사설』 원문에는 '판'(辦) 자로 되어 있으나, 이는 '변'(辨) 자의 오자인 듯하다.

9) 성호가 본 방성도는, 구체적으로 누가 그린 어떤 그림인지 불분명하다. 이원순(李元淳)의 『조선서학사연구』(朝鮮西學史硏究)에 의하면, 성호의 저술에 나오는 천문도로는 「방성도」·「육편방성도」(六片方星圖)·「성토개탁도」(星土開坼圖)·「서국혼천도」(西國渾天圖) 등이 있는데, 성호가 본 것이 누가 그린 천문도인지 불분명하다고 하였다. 대체로 북경에 와 있던 서양인 탕약망(湯若望, 1591~1666 : 아담 샬)이 그린 그림일 것으로 추측하고 있다.

고 있으니, 전체를 두루 볼 수 없는 것은 당연하다. 그로 인하여 아래쪽에 또 한 면이 있다는 사실을, 살면서도 인식하지 못하였다. 보고 듣는 것에 국한된 도도한 그 형세가 이와 같다.

천체는 원형(圓形)인데, 그림은 평면으로 나타난다. 그러므로 평면도는 그 형세가 어쩔 수 없이 중간 부분은 촘촘하고 바깥 부분은 엉성하게 된다. 그러나 천체의 실체는 그렇지 않다.

방성도는 여섯 폭으로 나누어 만들었다. 대체로 말해, 일반 사람이 눈으로 볼 수 있는 범위는 사방의 일면에 불과하다. 천체의 동서로 이어지는 적도(赤道)가 360도면 남북도 마찬가지인데, 눈으로 볼 수 있는 것은 상하·좌우의 90도에 불과하다. 이를 90도씩 나누어 만든 방성도는 상하가 두 폭, 사방이 네 폭으로 되어 있다. 멀고 가까움, 성글고 촘촘함이 일정하여 차이가 나지 않으니, 그 생각이 매우 세밀하다.

그러나 이 여섯 폭의 그림은 원형과 평면의 구별이 있다는 문제점이 있다. 그러므로 다시 하나로 합친 그림을 새로 만들어 가운데는 연결시키고 양쪽은 손가락을 벌린 것처럼 펼쳐놓았다. 이렇게 하여 척도(尺度)에 유감이 없게 되었으니 또한 정교하다.

方星圖

祭法云 帝嚳能序星辰 以著衆 今之星文圖 不知備自何世 而其源自帝嚳始 堯之曆象 不過子述父作也 今按 衆星碁布 各有連絡 其絡也 不獨明其爲一宿 或縱橫交加 必有如此 而古人著之也 其初卽聖人創成 聖人目力自別 吳門白練 可驗衆人之所不見 而聖人獨見之也 又或有巧器 可以辨此 未可知也

今見西國方星圖 與中國差別 又或有有絡而無星者 此卽其地視遠鏡之所燭也 如金星大於月 日大於地球 銀河爲星氣 金木二星有珥之類 非目力可得 此斷非鑿空 當從之 且舊圖 只是盖天圖 不及於渾天全圖 人居大地一隅 其不能遍觀 則固也 因此而生不識更有下面一片在者 滔滔其局 於見聞 如此 天體穹圓 而圖便平鋪 故盖天圖其勢不得已中密外疎 其實不然也

方圖分爲六片 盖謂凡人目力所及 不過四方之一面 天東西赤道 三百六十度 則南北亦同 目力之及上下左右 不過九十度 離作九十度方圖 上下爲二圖 四方爲四圖 遠近疎密 井井不差 其意極細 然猶嫌六圖之猶有穹平之別 故又刱爲坼圖 中連而兩端坼開 如撒指樣 於是而尺度無憾 亦巧矣

우(雨)

비에 대한 학설이 아직 제대로 연구되지는 않았지만, 요컨대 비는 찬 기운과 더운 기운이 서로 충돌하여 생기는 것임에는 의심할 나위가 없다. 그렇지 않고서야 저 허공에서 어디로부터 이렇게 많은 물이 내리겠는가? 술을 달일 때, 이슬 같은 물방울이 생기는 것을 보면 이를 징험할 수 있다.

대체로 양(陽)은 따뜻하고 음(陰)은 차며, 양은 부드럽고 음은 단단하며, 양은 퍼져 나가고 음은 모여 엉키는 성질이 있다. 날씨가 후텁지근하여 기운이 위로 올라가면 음의 성질을 가진 구름이 엉키는데, 그 기운은 반드시 차다. 음이 극에 달하면 양이 생긴다. 그러므로 차가운 기운 가운데 뜨거운 기운이 있으니, 이것이 바로 음과 양이 서로 구원해준다는 것이다. 두 기운이 서로 대등하여 발산되거나 새어나가지 못하면 비가 되는데, 양이 많고 적음은 구름의 가볍고 무거운 분량에 따른 것이다.

음은 엉키고 양은 솟구치는 성질이 있는데, 엉킨 음 속에서 양이 뚫고 나오며 충돌해 생기는 것이 천둥과 번개이다. 혹 음만 있고 양이 내부에 간직되지 않거나, 음이 엉켰더라도 단단하지 못하여 안팎으로 드문드문 새어나가는 경우는 비가 되지 않는다.

혹 용(龍)이 화가 나서 싸우면 물을 퍼붓듯이 비가 쏟아진다고 하지만, 그렇게 되지는 않을 듯하다. 그러나 사람이 열병을 앓을 때, 차가운 약재를 쓰면 땀을 뻘뻘 흘린다. 용은 순전히 양성(陽性)의 짐승이다. 두터운 구름이 감싸 음의 기운이 엉키면,[1] 용은 반드시 싸울 것이다. 양이 안에서 빠져 나오려고 분발하면 그 형세가 서로 부딪칠 것이니, 그로 인하여 많은 비가 쏟아지는 것은 이상할 것이 없다.[2]

---

1) 엉키면 :『성호사설』원문에는 '의'(疑) 자로 되어 있는데, 이는 '응'(凝) 자의 오자인 듯하다.
2) 동양의 전통적인 사유 속에서 용은 양의 성질을 가진 것으로 보았다. 이 말은, 성호가 용의 실체를 염두에 두고 한 것이라기보다는 용이 양의 성질이므로 구름의 음의 성질과 양의 성질이 서로 충돌하여 비가 내린다는 설을 주장하기 위해 한 말로 보는 것이 좋을 듯하다.

눈도 마찬가지다. 한 칸 방에서도 외부가 차고 내부가 더우면 벽에
성에가 가득 서린다. 이런 점을 가지고서도 비가 내리는 원리를 서로
미루어 헤아릴 수 있다.

雨

雨澤之說 雖曰未究 要是爲寒熱相射 則無疑 不然 彼虛中 何從而有許多水來
哉 觀燒酒爲露 可驗 盖陽溫而陰冷 陽柔而陰堅 陽舒而陰翕 蒸濕氣騰 陰雲凝結
其氣必冷 陰極生陽 故冷中有熱 是謂陰陽互濟也 兩相敵均 不能發洩 便成雨澤
而多少由其輕重分數也 其陰翕而陽奪 決裂而衝發者 爲雷電 或純陰而陽不藏內
者 及陰凝不堅 表裡疎洩者 不成雨 又或蛟螭怒鬪 注下若流 疑若不至於此 然人
患熱疾 冷劑灌襲 汗出滔滔 彼龍者 至陽之獸 重雲擁護陰凝 必戰 陽奮於內 其
勢相搏 無怪其水澤之許多也 雪亦然 今一間屋 外寒內燠 則凝澌滿壁 可以互推

홍예 음수(虹蜺飮水)[1]

옛사람들은 "무지개가 물을 마신다"고 하는데, 내가 징험해본 바로는
그렇지 않은 듯하다. 습한 운무가 앞에 있을 때, 사람이 해를 등지고 그
것을 바라보면 무지개가 보이는데, 습기가 멀고 가까운 데에 따라 무지
개가 멀리 보이기도 하고 가깝게 보이기도 한다. 사람이 한 걸음 앞으로
나아가면 무지개도 한 걸음 멀어진다. 무지개는 애초 정해진 위치에 나
타나는 것이 아니다. 습기가 다 없어진 곳까지 가면 무지개는 보이지 않
는다. 무지개가 물을 마신다는 설은, 일시적인 이변일 것이다. 어찌 무
지개가 일정한 한 곳에서 물을 마셔 다 빨아들일 리가 있겠는가?

주자(朱子)[2]는 "무지개는 엷은 비에 해가 비춰서 나타나는 것이다.
그러나 또한 형상이 있어 능히 물도 마시고 술도 마신다"고 하였고, 또
"능히 물을 마실 수 있는 것으로 보아 반드시 창자도 있을 것이다"라
고 했는데, 이 한 대목은 더욱 이해할 수 없다.

虹蜺飮水

古稱虹蜺飮水 以愚驗之 殆非也 濕雲在前 人負日而望 則見之 以其濕氣之遠近

---

1) 무지개가 물을 마신다는 뜻임.
2) 중국 남송(南宋) 때의 주희(朱熹)를 말함. 성리학(性理學)을 집대성한 학자이다.

爲虹之遠近 而人進一步 則虹亦遠一步 初非有定處 至濕氣盡處 則不見矣 彼所謂
飮水者 或是一時灾異 豈有定在一所 飮啜水盡之理 朱子曰 蠟蝀只是薄雨爲日所
照成 然亦有形狀 能吸水吸酒 又曰 旣能啜水 亦必有腸肚 此一般 尤不可曉解

노결위상(露結爲霜)[1]

정씨(程氏)의 유서(遺書)[2]에 "이슬이 맺혀서 서리가 되는 것은 아니
다"라고 하였다. 이는, 서리가 생길 때 먼저 이슬이 되었다가 서리로
변하는 것이 아니라 바로 이슬 상태에서 응결되어 서리가 된다는 것을
말한 것이지, 서리와 이슬이 전혀 다르게 생겨난다는 것을 말한 것은
아니다.

기후가 따뜻하면 이슬이 되고 날씨가 추우면 서리가 되니, 그 근본
은 다르지 않다. 구름이 가리면 내리지 않는 것으로 보아, 별과 달의
기운이 서로 감응하여 생기는 것임을 알 수 있다. 별과 달이 비추더라
도 처마가 가리면 내리지 않는 것으로 보아, 공중에서 내린다는 것을
알 수 있다. 바람이 불면 내리지 않는 것으로 보아, 땅의 습기가 증발
해 만들어진다는 것을 알 수 있다. 높은 산꼭대기에는 내리지 않는 것
으로 보아, 하늘과 가까우면 생기지 않는다는 것을 알 수 있다.

이슬과 서리는 비와 눈과의 관계와 같다. 그러나 생물을 죽이는 데
는 서리가 눈보다 더 지독하다. 그러므로 "눈은 보리에 유리하지만, 서
리는 풀을 죽인다"고 하는 것이다.

露結爲霜

程氏遺書云 露結爲霜 非也 此謂霜之生 不是先爲露 便從露凝結 爲霜也 非
謂霜露之所從出 異路也 氣暖而爲露 天寒則爲霜 苗脉則不別 雲蔽則不成 知其
爲星月之氣相感也 星月雖照 檐陰則不成 知其自空下也 風吹則不成 知其地氣
蒸成也 高巓則不成 知其近天 則無有也 露之於霜 如雨之於雪 然其於殺物 霜甚

---

1) 이슬이 맺혀 서리가 된다는 뜻임.
2) 정씨는 북송(北宋) 시대의 학자인 정호(程顥)·정이(程頤) 형제를 가리키고, 유
   서는 이들이 남긴 글을 말한다. 뒤에 주희가 이 유서를 모아 『이정유서』(二程遺
   書)를 편찬하였는데, 정씨의 유서는 이 책을 가리킨다.

於雪 故曰 雪宜麥而霜殺草

수리(水利)

　인간의 삶에 이로운 것으로는 물의 이로움보다 더 큰 것이 없다. 사람의 생명은 먹고 입는 데 달려 있고, 먹고 입는 것은 홍수가 지고 가뭄이 드는 것에 달려 있다. 하늘이 하는 바는 사람이 어떻게 할 수 없지만, 사람의 힘으로도 오히려 할 수 있는 길이 있다.

　물에는 비로 내리는 물이 있고, 우물에서 솟아나는 물이 있고, 개천에 흐르는 물이 있다. 비가 내려 물이 넘칠 때는 그 물을 가두어두었다가 유용하게 쓸 수 없는 것이 안타깝고, 우물에서 솟아나는 물은 항상 괴어 있으나 그것을 퍼 올릴 수 없는 것이 안타까우며, 개천에 흘러내리는 물은 물길을 터서 끌어다 쓰지 못하는 것이 안타깝다. 만일 쓸모 없는 물건을 효과 있게 쓸 수 있도록 한다면, 어찌 사람들이 굶주리고 추위에 떨 염려가 있겠는가?

　우리 왕조[1] 초기에 제방을 쌓아 물을 가두었는데, 지금 그 유허지(遺墟地)가 곳곳에 있다. 그러나 지금은 벌써 메워지고 무너진 것을 다시 보수하지 않아 모두 토호(土豪)들의 개간한 농토가 되고 말았다.

　물을 끌어올리는 작업은 수차(水車)[2]에 달려 있다. 용미차(龍尾車)[3]와 같은 제도는 서양에서 나온 것인데, 그 이로움이 매우 큰데도 우리나라에서는 아직 모르고 있다. 물길을 터서 여러 곳으로 흐르게 하는 방법은 시행하는 경우가 많다. 그러나 사람들이 혹 사재(私財)를 가지고 시도하다가 힘이 다해 중지하고 마니, 대개 재산만 없애고 성과는 거두지 못함을 면치 못한다.

　김제(金隄)[4]의 벽골제(碧骨隄)[5]와 같은 것은 신라 흘해왕(訖解王)[6] 때에

---

1) 조선 왕조를 가리킨다.
2) 물을 퍼올리는 기구를 말함. 일명 '무자위'라고도 한다.
3) 물을 끌어올리는 기구. 둥근 통 안 가운데 굴대가 있는데, 이를 돌려서 물을 퍼 올린다.

처음 만들어진 뒤로, 우리 왕조에 와서는 태종(太宗) 때에 중수하였다. 수로(水路)를 다섯 곳으로 나누어 1만 결(結)[7]의 논에 물을 대게 하였다. 반계(磻溪) 유형원(柳馨遠, 1622~73)[8]은 "만약 벽골제와 같은 저수지를 두세 곳만 견고하게 만든다면 노령산맥(蘆嶺山脈) 이남은 흉년이 없을 것이다"라고 하였다. 지금은 모두 못쓰게 되어 이용하지 못하고 있으니, 국가가 빈궁하고 백성이 못살게 되는 것이 또한 당연하지 않은가?

水利

利莫大於水利 生民之命 懸於衣食 衣食繫乎水旱 天之所爲 民不能 奈何 其在人力 猶有可致之道 夫有雨澤之水 有井泉之水 有川溪之水 雨澤時溢 恨不能儲以待也 井泉恒瀦 恨不能挈以上也 川溪流下 恨不能決以分也 苟使無用之物 歸之有用 斯民 豈有饑寒之患哉 國初築隄儲水 今遺址處處皆有 已淤塞廢壞 不復修治 悉爲豪民墾畝也 挈水之功 在乎水車 如龍尾之制 出自西洋 其利博大 我邦未之知也 決水旁流 間多行者 人或以私財圖之 力盡而止 率不免產破而功虧也 如金隄之碧骨隄 刱自新羅訖解王時 聖朝太宗時重修之 分爲五渠 漑田萬結 柳磻溪馨遠云 若堅修碧骨等數三隄 則蘆嶺以外 無凶歉矣 今時則都廢而不擧 國貧民竭 不亦宜乎

역상(曆象)[1]

『한서』(漢書) 「율력지」(律曆志)에는 "황제(黃帝)[2]가 역서(曆書)를 만

---

4) 지금의 전라북도 김제(金堤)를 말함.
5) 전라북도 김제에 있던 관개용 저수지의 이름. 지금도 그 유지(遺址)가 남아 있다.
6) 신라 제16대 임금으로 310년부터 356년까지 재위(在位)했다.
7) 결은 농지의 면적을 나타내는 단위로, 토지를 기준으로 측량한 단위가 아니라 수확량에 따른 단위이다. 조선시대 결부법(結負法)에 따르면, 1결은 100부(負), 1부는 10속(束), 1속은 10파(把)이다.
8) 조선 중기의 학자로 자는 덕부(德夫), 호는 반계, 본관은 문화(文化)이다. 흔히 실학(實學)의 비조(鼻祖)라고 일컬어지는 인물로, 전제(田制)·조세(租稅) 등 현실적인 제반 문제에 대한 개혁안을 제시하였다. 본격적으로 실학시대를 연 다음 시대의 성호 이익에게 큰 영향을 끼쳤다. 저서로 『반계수록』(磻溪隨錄)이 전한다.
1) 역법(曆法)과 상수(象數)를 말함.
2) 중국 고대 전설상의 황제(皇帝)로, 헌원씨(軒轅氏)라고도 함. 복희씨(伏羲氏)·신

들었다"고 하였으며, 『세본』(世本)[3]에는 "용성(容成)[4]이 역서를 만들었다"고 하였으며, 『시자』(尸子)[5]에는 "희씨(羲氏)·화씨(和氏)[6]가 역서를 만들었다"고 하였다. 용성은 황제의 신하이며, 희씨·화씨는 요(堯)의 신하이다. 요가 희씨·화씨에게 명하여 해·달·별의 운행을 측정해 책력을 만들어서 공경히 사람들이 생활할 수 있는 절기를 내려주라고 하였다.[7]

생각건대 역법(曆法)은 황제 때에 시작되어 요 때에 와서 정밀하게 만들어진 듯하다. 요는 제곡(帝嚳)의 아들이다. 살펴보건대 『예기』「제법」(祭法)에 "제곡이 별의 운행을 관측하여 절기를 정해서 대중[8]에게 알렸다"고 하였으니, 제곡 이전에는 별의 운행을 관측하여 절기를 정한 사람이 없었음을 알 수 있다. 별의 운행을 관측하여 그 차례를 알지 못하고서, 어떻게 역법에 밝을 수 있겠는가?

요가 제곡이 이루어놓은 것을 배워 해·달·별의 운행을 관측하였기 때문에 더 정밀하게 만든 것이지, 요가 처음으로 지혜를 발휘해 창안한 것은 아니다. 모든 기구(器具)와 수리(數理)의 법은 후대에 만들어진 것이 더 정교하다. 아무리 통명(通明)한 지혜를 가진 성인일지라도 극진하지 못한 점이 있다. 후대 사람이 그것을 토대로 더 보완해나가면 시대가 내려갈수록 더욱 정밀해지게 마련이다.

한(漢)나라가 개국한 이래 400년 동안 다섯 번이나 역법을 고쳤고, 위(魏)나라에서 수(隋)나라에 이르기까지 열세 번이나 역법을 고쳤으며, 당

농씨(神農氏)와 더불어 삼황(三皇)이라고 하며, 도량형(度量衡)·역법(曆法)·음악(音樂)·잠실(蠶室) 등 많은 문물 제도를 확립하였다고 한다.

3) 고서(古書)의 이름. 『한서』「예문지」(藝文志) 등에 그 이름이 전하나, 지금은 전하지 않는다.

4) 중국 고대 전설상의 인물. 황제(黃帝)의 사관(史官)으로 율력(律曆)을 만들고, 장생술(長生術)을 터득하였다고 한다.

5) 고서의 이름. 중국 전국시대 초(楚)나라 시교(尸佼)가 지었다고 함. 이 책은 송(宋)나라 때까지 전해졌는데, 그 뒤에 없어졌다고 한다.

6) 희씨와 화씨는 요임금의 신하로 천문(天文)을 관측하고 책력을 만들었다고 한다. 『서경』「요전」(堯典)에 보인다.

7) 이 대목도 『서경』「요전」에 보인다.

8) 대중 : 『성호사설』에는 '상'(象) 자로 되어 있는데, 이는 '중'(衆) 자의 오자이다.

(唐)나라에서 주(周)나라[9]에 이르기까지 열여섯 번이나 역법을 고쳤고, 송(宋)나라는 3백 년 동안 열여덟 번이나 역법을 고쳤으며, 금(金)나라 희종(熙宗)부터 원(元)나라에 이르기까지는 세 번이나 역법을 고쳤다.

명(明)나라가 개국한 뒤 유기(劉基)의 건의로 대통력(大統曆)을 실시했는데, 이는 건국 초기에 감정(監正)[10] 원통(元統)이 정한 것이지만, 사실은 원(元)나라 태사(太史)[11] 곽수경(郭守敬)이 만든 수시력(授時曆)이다.

지금에 실시하는 시헌력(時憲曆)은 서양 사람 탕약망(湯若望, 1591~ 1666)[12]이 만든 것인데, 여기에서 역법은 극치에 달하였다. 해와 달의 교차 및 일식·월식이 조금도 틀리지 않는다. 성인이 다시 태어난다 하더라도 반드시 이 법을 따를 것이다.

曆象

漢律曆志 黃帝造曆 世本容成造曆 尸子羲和造曆 容成卽黃帝之臣 羲和又帝堯之臣 堯命羲和 曆象日月星辰 敬授人時 意者 曆法 始於黃帝 而精於帝堯也 帝堯 乃帝嚳子也 按 祭法云 帝嚳能序星辰 以著象 帝嚳之前 未有能序者 可知 星辰未序 而其能明於曆象耶 堯能修嚳之功 曆象日月星辰 所以加密 而非堯之刱智爲之也 凡器數之法 後出者工 雖聖智 有所未盡 而後人因以增修 宜其愈久 而愈精也 自漢興四百年 五改曆 由魏訖隋 十三改 由唐至周 十六改 宋三百餘年 至十八改 由金熙宗訖元 三改 明興 劉基奏 行大統曆 乃國初監正元統所定 而其實元太史郭守敬所造授時曆也 今行時憲曆 卽西洋人湯若望所造 於是乎 曆道之極矣 日月交蝕 未有差謬 聖人復生 必從之矣

일만 이천 봉(一萬二千峰)

가정(稼亭) 이곡(李穀, 1298~1351)[1]이 지은 장안사(長安寺) 비문(碑

---

9) 여기서의 주나라는 당나라 이후 오대(五代)의 후주(後周)를 가리킨다.
10) 감정이란 흠천감(欽天監)의 장(長)을 일컫는다. 흠천감은 명나라 때 천문·역수(曆數)·점후(占候) 등을 맡아보던 관청이다.
11) 태사(太史)는 천문(天文)·역법(曆法) 등을 담당하는 관리이다.
12) 탕약망은 독일인 천주교 선교사로 명나라에 들어왔다가 청조(淸朝)에서 흠천감 정(欽天監正)이 되어 역법을 새로 제정한 사람이다. 본래 이름은 샬 폰 벨 (Johann Adam Schall von Bell)이다.
1) 이곡은 고려 말기의 학자로, 자는 중부(中父), 호는 가정(稼亭), 본관은 한산(韓

文)에 "금강산(金剛山)의 빼어난 경치는 천하에 이름이 났을 뿐만 아니라, 실제로 불경(佛經)에도 기록되어 있다. 『화엄경』(華嚴經)[2]에 '동북쪽 바다 가운데 금강산이 있는데, 담무갈보살(曇無竭菩薩)[3]이 1만 2천 보살과 더불어 항상 반야(般若)[4]를 설법하였다'고 한 것이 바로 그것이다"라고 하였다. 여기서 말하는 '1만 2천'이란 보살의 숫자인데, 우리나라 사람들은 1만 2천 봉우리가 있다고 생각하여, 예나 지금이나 그대로 따라 쓰기 때문에 변경할 수가 없다. 나도 일찍이 이 산을 유람한 적이 있는데, 봉우리가 아무리 많다고 하더라도 어찌 1만 2천 봉우리에 이를 수야 있겠는가?

생각건대 예전의 풍속이 어리석고 우둔하여 불경에 '1만 2천'이란 글자가 있는 것만 보고, 그대로 봉우리의 숫자라고 여긴 것이다. 그리고 그 말이 나오는 서적을 찾아 확인하지 않고 무심히 들은 대로 말한 것이니, 가소로운 일이다.

이 산의 본 이름은 풍악(楓嶽)이었는데, 승려들이 불경의 말을 따다 고의로 금강(金剛)이란 이름을 붙여놓았다. 또 불경에 "금강산은 동쪽 바다 가운데 있는데, 거리가 8만 유순(由旬)[5]이다"라고 하였는데, 하륜(河崙, 1347~1416)[6]이 그 산이 풍악이 아님을 변론해놓았다.

내가 살펴보건대, 『만국전도』(萬國全圖)[7]에 "지구의 둘레는 9만 리에

山)이다. 중국에서 과거에 급제해 벼슬살이를 하였고, 귀국해 정당문학(政堂文學)을 지냈다. 저서로 『가정집』(稼亭集)이 전한다.
2) 이는 『대방광불화엄경』(大方廣佛華嚴經)의 약칭으로, 석가가 도를 깨달은 뒤 부처의 만행(萬行)·만덕(萬德)을 칭송한 불경이다.
3) 담무갈보살은 건타월성(揵陀鉞城)에 주석하며 반야바라밀(般若波羅蜜)을 설법하던 보살의 이름. 담무갈은 범어(梵語)로 법성(法盛)·법상(法上) 등의 뜻이다.
4) 반야란 지혜를 말한다.
5) 유순은 고대 천축국(天竺國)에서 사용하던 이수(里數)의 이름. 대체로 하루에 행군하는 일정을 의미하는데, 길이 평탄하고 험한 것에 따라 다르기 때문에 상·중·하 세 등급으로 구분되어 있었다고 한다.
6) 하륜은 조선 초기의 문신으로, 자는 대림(大臨), 호는 호정(浩亭), 본관은 진주이다. 저서로 『호정집』(浩亭集)이 있다.
7) 16세기 말 17세기 초 중국에서 제작된 세계 지도로는 이마두(利瑪竇)의 『지여만국전도』(地輿萬國全圖) 방적아(龐迪我)·웅삼발(熊三拔)의 『만국지해전도』,(萬國地海全圖), 애유략(艾儒略)의 『직방외기』(職方外紀)에 들어 있는 「만국전

지나지 않는다."고 하였으니, 어찌 8만 유순[8]이 있을 수 있겠는가? 이는 불가(佛家)의 과장하는 말에 지나지 않으니, 반드시 근거하여 믿을 만한 것이 못된다.

一萬二千峰

李稼亭長安寺碑云 金剛之勝 非獨名天下 實載之佛書 其華嚴經所說 東北海中 有金剛山 曇無竭菩薩與一萬二千菩薩 常說般若者 是也 一萬二千者 即菩薩之數 而東人謂有一萬二千峯 古今循用 不可變矣 余曾遊此山 峯巒雖多 何至此數乎 意者 舊俗愚蠢 只見有一萬二千字 而依俙作峯看 不勘於本書 悠悠塗說 可笑 此山本名楓嶽 僧徒以佛書 故目之以金剛 佛書又謂 東海中 八萬由旬 河崙辨其非楓嶽 余考萬國全圖 大地一周 不過九萬里 豈復有八萬由旬 此不過佛氏誇張之語 不必據以爲信

지구(地毬)[1]

지구의 아래·위에 사람이 살고 있다는 말은, 서양 사람들에 의해 비로소 자세하게 되었다. 근세에 어떤 사람이 이시언(李時言)을 천거하면서, 장수로서의 재주가 있다고 하였다. 그러자 김 하담(金荷潭)[2]이 말하기를 "내가 듣자하니, 이 아무개는 서양의 학설을 믿는다고 한다. 이 사람은 서양의 학설이 잘못된 줄도 모르는데, 어떻게 적을 살펴보고 변란을 제지할 수 있겠는가?"라고 하였다.

하담은 본디 밝고 지혜로운 사람으로서 억측으로 들어맞는 일이 많다고 이름이 난 사람이다. 그런데 이 점에 대해서는 그런 줄을 몰랐으니, 그의 식견이 깊지 못한 것을 짐작할 수 있다.

도」 등이 있는데, 성호가 본 것이 어느 것인지는 자세하지 않다. 이원순(李元淳)의 『조선서학사연구』(朝鮮西學史研究) 참조.

8) 하유순(下由旬)이 30리라는 설과 40리라는 설이 있는데, 최저인 30리로 잡아도 8만 유순은 240만 리가 된다. 따라서 지구의 둘레가 9만 리라면 인도에서 금강산까지 240만 리가 된다는 설은 성립하지 않는다.

1) 지구(地球)와 같은 말이다.

2) 김 하담은 조선 중기의 문신인 김시양(金時讓, 1581~1643)을 말함. 하담은 그의 호이다.

참판(參判)을 지낸 김시진(金始振, 1618~67)도 지구의 위·아래에 사람이 살고 있다는 말을 몹시 그르게 여겼다. 남극관(南克寬, 1689~1714)이 글을 지어 변증하기를 "여기에 계란 한 개가 있는데, 개미가 계란 껍질 위에 올라가 두루 돌아다녀도 떨어지지 않는다. 사람이 지구 표면에 사는 것도 이와 무엇이 다르겠는가?"라고 하였다.

나는, 남극관이 김시진을 나무란 것은 그릇된 말로 잘못된 점을 공격한 것이라고 생각한다. 개미가 계란 껍질 위에 붙어서 떨어지지 않는 것은, 개미의 발로 붙들고 있기 때문이다. 가령 발이 없는 벌레가 있다고 하자. 그 벌레는 벽에 오르려고 꿈틀대다가 곧바로 떨어지고 만다. 이런 비유를 가지고 어떻게 다른 사람을 깨우칠 수 있겠는가?

이 문제는 지심론(地心論)을 따라야 한다. 한 점 지구의 중심은, 상하·사방이 모두 안으로 지심(地心)을 향하고 있다. 지구가 허공에 떠 있는 것을 보건대, 중앙에 있으면 조금도 움직이지 않는다는 사실을 미루어 알 수 있다. 계란은 지구 한쪽에 붙어 있으니, 계란도 땅에서 분리되기만 하면 바로 떨어지고 만다. 계란의 아래쪽에서 도리어 개미가 기어다닐 수 있겠는가?

地毬

地毬上下有人之說 至西洋人始詳 近世或薦李時言 有將才 金荷潭謂 吾聞某崇信西說 此猶不知其非 況窺敵制變耶 荷潭素稱明智 多所臆中 而此猶不知其然 則其識之不深 可想 金參判始振 亦深非其說 南斯文克寬著說辨之云 今有一卵 蟻從皮殼上周行 不墜 人居地面 何以異是 余謂南之誚金 以非攻非也 蟻附於卵 能無墜者 以蟻足粘著也 今有虫豸 緣壁失足 便墜 何以曉人 此宜以地心論從 一點地心 上下四旁 都溱向內 觀地毬之大懸 在中央 不少移動 可以推測也 卵在地毬一面 卵亦離地 便墜下矣 卵之下面 顧可以附行耶

윤관 비(尹瓘碑)[1]

윤관(尹瓘, ?~1111)[2]의 비는 선춘령(先春嶺)에 있으니, 두만강 북쪽

---

1) 『성호사설』 제3권 「공험비」(公嶮碑)에도 이와 유사한 내용이 실려 있다.
2) 윤관은 고려 문종(文宗)·예종(睿宗) 때의 문신이자 장군으로, 자는 동현(同玄),

700리 되는 곳이다. 그 비에 새긴 글을 호인(胡人)[3]이 긁어버리기는 했지만, 옛날 흔적이 아직 다 없어지지 않았다.

윤관은 육성(六城)[4]을 설치하고 공험진(公嶮鎭)을 개설하였다. 고령진(高嶺鎭)으로부터 두만강을 건너 소하강(蘇下江) 가에 이르기까지 그때의 성터가 남아 있다. 그곳은 선춘령의 동남쪽이고, 백두산의 동북쪽이다. 그는 이처럼 국경을 멀리 개척해놓았다. 지금 두만강으로 국경을 정한 것은 김종서(金宗瑞, 1390~1453)[5]로부터 시작되었다.

전에 목극등(穆克登)[6]이 와서 국경을 정할 적에 왕명을 받들고 나간 우리측 대표가 이 윤관의 비를 가지고 옛날 서희(徐熙)가 소손녕(蕭遜寧)에게 했듯이, 그렇게 따져보았는지 모르겠다.

윤관이 병마령할(兵馬鈴轄)[7]인 임언(林彦)으로 하여금 그때의 일을 기록하게 하였는데, 그 기록에 "이 땅은 동쪽으로 바다에 이르고, 서북쪽으로 개마산(蓋馬山)과 접해 있으며, 남쪽으로 장주(長州)·정주(定州) 두 고을과 접해 있는데, 산천이 수려하고 토지도 비옥하다. 본래 고구려 땅으로 옛날의 비석과 유적이 아직도 남아 있다"고 하였다.

지금 그곳이 어느 지역인지 잘 모르겠으나, 두만강 밖에 있는 것만은 틀림이 없다. 그렇다면 그곳에는 윤관의 비만 있는 것이 아니고, 윤관 이전에 고구려에서 세운 비가 있었던 것이다.

尹瓘碑

尹瓘碑在先春嶺 豆滿江北七百里 其所勒書 雖爲胡人剝去 而舊跡尙猶未盡泯也 瓘置六城 設公嶮鎭 自高嶺鎭 渡豆滿江 至蘇下江濱 有古基 卽先春嶺之東南 白頭山之東北 其拓界之遠 如此 今以豆滿爲界者 自金宗瑞始也 頃年 穆克登之

본관은 파평(坡平)이다. 문과에 급제하여 한림학사(翰林學士) 등을 지냈으며, 1107년 여진(女眞) 정벌의 원수가 되어 여진을 정벌하고 9성을 쌓았다.
3) 여진족을 가리키는 듯하다.
4) 육성(六城) : 기존의 연구에 의하면, 윤관이 여진을 정벌하고 9성을 쌓은 것으로 되어 있다. 성호가 6성이라고 한 것은 어디에 근거한 것인지 자세하지 않다.
5) 김종서는 조선 초기의 대신으로, 자는 국경(國卿), 호는 절재(節齋), 본관은 순천(順天)이다. 벼슬은 좌의정에까지 이르렀으며, 6진을 개척하였다. 단종(端宗)을 끝까지 보위하다 수양대군에게 피살되었다.
6) 목극등은 청(淸)나라 때 오라총관(烏喇總管)을 지낸 인물임.
7) 고려 때 무관의 관직 이름.

來定界也 未知奉命者 能擧此爲言 如徐熙之於蕭遜寧耶 瓘使兵馬鈴轄林彦 記
其事云 其地 東至于大海 西北介于蓋馬山 南接于長定二州 山川秀麗 土地膏腴
本高句麗之所有 其古建遺迹 尙有存云云 今不知此地定在何地 而要是豆滿以外
也 然則不獨尹碑 尹之前 已有高句麗之所勒銘耳

신라 시말(新羅始末)[1]

삼국시대에 신라가 제일 먼저 나라를 세웠고, 제일 뒤에 망하였다. 신
라는 나중에 삼국을 통일했으나, 처음에는 강토가 가장 작았다. 지금의
경상도 지역이 신라의 옛 강토이다. 경상도에는 모두 67개의 군(郡)·현
(縣)이 있다.

『고려사』「지리지」(地理志)를 살펴보건대, 경상도의 동북쪽에 있는
영천(榮川)·예안(禮安)·순흥(順興)·봉화(奉化)·청송(靑松)·진보(眞
寶)·영해(寧海)·영덕(盈德)·청하(淸河) 아홉 고을은 고구려의 땅이
었고, 서남쪽에 있는 진주(晉州)는 백제의 땅이었다고 되어 있다. 백제
가 사천(泗川)·하동(河東) 등 여러 고을을 건너뛰어 진주를 소유하지
는 않았을 것이다.

「지리지」에는 진주에 부속된 군(郡)이 둘인데, 강성(江城)과 하동이
라고 하였다. 강성은 지금의 단성(丹城)이다. 또 진주에 부속된 현(縣)
이 일곱인데, 사주(泗州)·악양(岳陽)·영선(永善)·진해(鎭海)·곤명
(昆明)·반성(班城)·의령(宜寧)이라고 하였다. 사주는 지금의 사천(泗
川)이다. 악양은 하동이 거느린 현이 되었고, 영선은 고성(固城)이 거
느린 현이 되었다. 곤명은 지금의 곤양(昆陽)이다.

그렇다면 의령·진해·고성·사천·곤양·단성·하동 및 진주의 여
덟 고을은 신라가 소유했던 것이 아니다. 경상도 67고을 가운데 이 17고
을을 빼고 나면, 나머지는 50고을이다. 오늘날 충청도와 인접한 청산(靑
山)·보은(報恩)·옥천(沃川)·영동(永洞)·황간(黃澗) 다섯 고을이 신라
의 군현이었다고 해도, 신라의 영토는 모두 55고을이 될 뿐이다.

---

1) 신라의 건국부터 나라가 망하기까지를 말함.

또한 신라 유리왕(儒理王) 18년에 수로왕(首露王)이 김해(金海)에서 일어났는데, 나뉘어 육가야(六伽倻)가 되었다. 김해는 가야국(伽倻國)이 되고, 고령(高靈)은 대가야(大伽倻)가 되고, 고성(固城)은 소가야(小伽倻)가 되고, 성주(星州)는 벽진가야(碧珍伽倻)가 되었는데 혹 성산가야(星山伽倻)라고도 하며, 함안(咸安)은 아나가야(阿那伽倻)가 되고, 함창(咸昌)은 고령가야(古寧伽倻)가 되었다. 이 육가야의 영역은, 동쪽으로는 황산강(黃山江)으로 경계를 삼고, 서남쪽으로는 바다에 이르고, 서북쪽으로는 지리산(智異山)으로 경계를 삼고, 동북쪽으로는 가야산(伽倻山)으로 경계를 삼았다. 지금의 가야산은 성주(星州) 남쪽에 있으니, 이 점은 의심스럽다. 아마도 가야산이 동쪽으로 뻗어 금오산(金烏山)이 되었는데, 예전에는 이를 통틀어 가야산이라고 했던 듯하다.

그렇다면 신라가 처음 나라를 세웠을 때는, 낙동강으로 경계를 삼았을 따름이니, 동쪽은 신라가 되고 서쪽은 육가야의 땅이 되었던 것이다. 또한 신라 초기의 역사에, 비지국(比只國)·다벌국(多伐國)·초팔국(草八國) 등을 쳐서 합했다는 기록이 있는데,[2] 이 지역이 어느 곳인지는 모르겠으나 신라 중기에 얻은 것이다. 또한 지금의 청도(淸道)는 이서국(伊西國)이었는데 유리왕 때에 취한 것이고, 경산(慶山)은 압량국(押梁國)이었는데 지미왕(祗味王) 때에 취한 것이다. 의성(義城)은 소문국(召文國)이었고, 동래(東萊)는 장산국(萇山國)이었다. 『삼국사기』「지리지」에 보이는 것은 이와 같을 뿐이다.

그런데 신라는 날로 점점 영토를 개척해 낙동강 서쪽까지 이르렀고, 육가야의 땅을 통합하게 되었으며, 삼국을 통일하기에 이르렀다. 이것이 신라가 나라를 세운 시말이다.

그러나 파사왕(婆娑王) 8년조에 "서쪽으로는 백제와 이웃하고, 남쪽으로는 가야와 접했다"고 했으니, 이때는 가야가 일어난 지 40여 년밖에 되지 않던 시기이다. 아마도 가락국(駕洛國) 이외의 다섯 가야는 나

---

2) 이 대목은 『삼국사기』「신라본기」(新羅本紀) '파사 이사금'(婆娑尼師今) 29년조에 보인다.

라를 세우고 나서 곧 망했거나, 신라에 복속되어 자립할 수 없었기 때문에 그렇게 말한 듯하다.

또한 실직국(悉直國)은 지금의 삼척부(三陟府)인데 신라에 항복했던 나라이다. 땅의 형세로 살펴보건대, 동북쪽의 여러 고을을 뛰어넘어 그 땅을 소유하지는 않았을 것이니, 동북쪽의 여러 고을은 처음부터 고구려의 땅이 아니었다. 고구려 태조왕(太祖王) 4년에, 동옥저(東沃沮)를 쳐서 그 땅을 취해 읍으로 삼고 국경을 개척해 동쪽으로 바다에까지 이르렀다고 하였으니, 고구려가 경상도 동북쪽의 여러 고을을 취한 것은 반드시 이때 이후일 것이다.

신라가 삼국을 통일했다는 이름을 얻기는 했으나, 고구려와 백제의 남은 불씨가 다시 타올라 끌 수가 없었다. 신라 말기에 북쪽은 궁예(弓裔)에게 위축되고, 서쪽은 견훤(甄萱)에게 위축되었다. 견훤이 또 거창(居昌) 등 20여 성을 빼앗아, 낙동강 서쪽 지역을 잃어버렸다. 그래서 통치할 수 있는 지역은 낙동강 동쪽에 불과했다. 신라 말기에는 미약하기가 이와 같았으니, 왕씨(王氏)[3]가 궁예와 견훤의 땅을 통합했을 때 신라가 항복하지 않았다고 하더라도 어찌 버틸 힘이 있었겠는가?

고구려와 백제가 망하자, 서쪽·북쪽 두 지역은 발해(渤海)에게 합해졌다. 궁예가 일어날 때에도 압록강 안팎까지는 미칠 수 없었으니, 국력의 강약이 현격해진 것이다. 발해가 진(震)이라는 국호를 썼기 때문에, 궁예는 처음에 국호를 마진(摩震)이라고 하여 구별하였다. 왕씨가 수복한 땅도 압록강 동쪽 지역에서 그쳤으니, 요동(遼東)의 옛 땅은 모두 거란(契丹)에 빼앗겼다.

新羅始末

三國之際 新羅立國最先 衰亡最後 其季也 統三爲一 然其始疆域最小 今慶尙道 乃新羅之舊邦也 道內郡縣 合六十七 按高麗地理志 其東北榮川·禮安·順興·奉化·靑松·眞寶·寧海·盈德·淸河九邑 卽高句麗之地 其西南晉州 卽百濟之地 百濟不應越泗川·河東諸縣 而有晉也 地理志 晉州屬郡二 江城·河東 江城卽今之丹城也 屬縣七 泗州·岳陽·永善·鎭海·昆明·班城·宜寧

---

3) 고려를 세운 왕건(王建)을 가리킴.

泗州今之泗川也 岳陽是河東領縣 永善爲固城領縣 昆明今之昆陽也 然則宜寧
·鎭海·固城·泗川·昆陽·丹城·河東及晋州八邑 非新羅之有也 合減十七
邑 則餘五十也 今之忠淸道界靑山·報恩·沃川·永同·黃澗五邑 爲新羅郡縣
則合五十五邑而已也

　且新羅儒理王十八年 首露王起於金海 分爲六伽倻 金海爲伽倻國 高靈爲大伽
倻 固城爲小伽倻 星州爲碧珍伽倻 或稱星山伽倻 咸安爲阿那伽倻 咸昌爲古寧
伽倻 東以黃山江 西南以海 西北以智異山 東北以伽倻山爲界 今伽倻山在星州
之南 是可疑也 意者 自伽倻山東迤 爲金烏山 古者 必通指爲伽倻也 然則新羅之
始立國 不過以洛東江爲界 東爲新羅 西爲六伽倻之地 又其始史所云 比只·多
伐·草八之類 不知何地 而中世取之 又淸道爲伊西國 儒理取之 慶山爲押梁國
祗味取之 義城爲召文國 東萊爲萇山國 其見於志者 不過如此 日漸開拓 以至於
洛江之西 以至於幷呑六伽倻之地 以至於統三爲一 此新羅樹國之始末也

　然婆娑王八年云 西隣百濟 南接伽倻 是時伽倻之興 不過四十餘年 意者 駕洛
之外五國 旣立旋亡 或服屬新羅 不能自立故云爾 且悉直今三陟府 而服於新羅
者也 以地勢考之 不應越東北諸縣 而有其地 則東北諸縣 其初非句麗地也 句麗
太祖王四年 伐東沃沮 取其地爲邑 拓境東至滄海 則麗之取慶尙道東北諸縣 必
在此時之後乎

　新羅雖有統三之名 麗濟餘燼復燼 不能制 其末也 北蹙於弓裔 西蹙於甄萱 萱
又取居昌等二十餘城 洛江以西 已失之矣 所統不過洛江之東 微弱如此 王氏合
裔萱之地 羅雖不降 其有撐度之勢耶 麗濟之亡 西北二邊 皆爲渤海所幷 弓裔之
興 不能及鴨江內外 其强弱相懸 渤海以震號國 故裔始國號曰摩震 以別之 王氏
之所復者 止於鴨綠以東 其遼東舊境 皆陷契丹

벽골제(碧骨堤)[1]

　반계 선생 유형원이 말하기를 "호남에 황등제(黃登堤)[2]·벽골제·눌
제(訥堤)[3]를 수축한다면, 노령산맥(蘆嶺山脈) 이남은 흉년이 없을 것이
다"라고 하였다. 이 세 저수지 중에서도 벽골제가 가장 크다.

　벽골제는 신라 흘해왕(訖解王) 21년(330년)에 처음으로 축조했고,[4] 고

---

1) 신라 제16대 임금인 흘해왕 때 만든 관개용 저수지로, 전라북도 김제읍에 그 유
　허지가 남아 있다.
2) 지금의 전라북도 익산군 황등면(黃登面) 지역에 있던 저수지의 이름.
3) 지금의 전라북도 정읍군 고부면(古阜面) 지역에 있던 저수지의 이름.

려시대에 증축했다.[5] 길이는 6만 8백여 척(尺)이고, 둘레는 7만 7천여 보(步)며, 다섯 개의 수로(水路)가 설치되어 있었는데 모두 9,840결(結)의 논에 물을 댈 수 있었다. 그 뒤 인종(仁宗)[6]이 병이 들었을 때, 무당의 말을 듣고 내시(內侍)를 보내 그 둑을 허물어버렸다. 우리 왕조에서 다시 수리하긴 했지만,[7] 끝내 예전의 모습을 회복하지 못하여 지금은 폐기되었다. 인종은 천명을 알지 못한 사람이라고 할 만하다. 땅에서 나는 곡식은 백성의 생명이 달려 있는 것인데, 그 하찮은 병으로 인해 민생의 큰 이로움을 버렸으니, 하늘이 어찌 도와주겠는가? 아, 슬픈 일이다.

碧骨堤

磻溪柳先生馨遠曰 湖南若修築黃登・碧骨・訥堤 則蘆嶺以下 無凶歉矣 三者之中 碧骨其最大也 始於新羅訖解王二十一年始築 高麗增修 長六萬八百餘尺 周七萬七千餘步 有五渠 皆跨水漑田九千八百四十結 及仁宗有疾 聽巫言 遣內侍 決之 我朝雖重修 終不能復 今已廢棄 仁宗可謂不知天命矣 土穀者 民命之所繫 因其末疾 棄生靈之大利 天其保佑哉 噫

울릉도(鬱陵島)

울릉도는 동해 가운데 있는데, 일명 우산국(于山國)이라고도 한다. 육지에서의 거리가 700~800리쯤 되며, 강릉・삼척 등지의 높은 곳에 올라가 바라보면 울릉도의 세 봉우리가 가물가물 보인다.

신라 지증왕(智證王)[1] 12년(511년)에 울릉도 사람들이 강한 형세를 믿고 복종하지 않자, 하슬라주(何瑟羅州)[2]의 군주(軍主)[3] 이사부(異斯

---

4) 이 부분은 『삼국사기』(三國史記)「신라본기」 '흘해 이사금'(訖解尼師今) 21년조에 보인다.

5) 조선조 태종(太宗) 15년(1415년) 10월에 세운 김제군 부량면 초혜산(草鞋山) 기슭에 있는 중수비(重修碑)에는 고려 현종(顯宗)・인종(仁宗) 때에 중수한 것으로 기록되어 있다.

6) 고려 제17대 임금인 인종을 말함.

7) 김제군 부량면 초혜산 기슭에 있는 중수비에 의하면, 조선조 태종 15년에 중수했다고 되어 있다.

1) 신라 제22대 임금.

夫)⁴⁾가 나무로 만든 사자의 위력으로 정복했다.⁵⁾ 하슬라주는 곧 오늘날의 강릉이다.

고려 초에 지방의 특산물을 가지고 와서 바쳤다.⁶⁾ 의종(毅宗) 11년(1157년)에 김유립(金柔立)을 우릉도(羽陵島)⁷⁾에 보내어 탐사하게 하였는데, 산마루에서 바다까지 동쪽으로는 1만여 보(步), 서쪽으로는 1만 3천여 보, 남쪽으로는 1만 5천여 보, 북쪽으로는 8천여 보였다.⁸⁾ 마을이 있던 빈터가 일곱 곳이 있었고, 석불(石佛)·철종(鐵鍾)·석탑(石塔)이 있었으며, 땅에 바위가 많아 사람이 살 수 없었다. 이를 보면 그 당시에 벌써 아무도 살지 않는 땅이 되었던 것이다.

우리 왕조에 이르러, 도망친 사람들이 많이 들어가 살았다. 그래서 태종(太宗)·세종(世宗) 때에 가서 낱낱이 수색하여 모두 잡아온 일이 있다.⁹⁾ 『지봉유설』(芝峰類說)¹⁰⁾에 "울릉도는 임진왜란 뒤에 왜적에게

---

2) 강원도 강릉(江陵)의 옛 이름임.

3) 군주는 신라시대 각 주(州)의 군사를 통솔하던 장관을 말함.

4) 이사부의 '사' 자가 『성호사설』에는 '사'(師) 자로 되어 있는데, 이는 '사'(斯) 자의 오자이다.

5) 『증보문헌비고』(增補文獻備考) 제14권 「여지고」(輿地考)에도 이와 같은 내용의 기록이 보이는데, 다만 정복 연대가 지증왕 13년(512년)으로 되어 있다. 이사부가 울릉도를 정복한 연대에 대해 『삼국사기』 제44권 「이사부열전」(異斯夫列傳)에는 지증왕 13년으로 되어 있고, 『고려사』(高麗史) 제58권 「지리지」(地理志)에는 지증왕 12년으로 되어 있어, 차이가 있다.

6) 『고려사』 제58권 「지리지」에 의하면, 고려 태조 13년(930년)에 울릉도 사람이 와서 특산물을 바친 것으로 기록되어 있다.

7) 우릉도는 울릉도의 다른 이름. 아마도 음(音)에 따라 표기할 적에 우릉도라고도 쓴 것 같다.

8) 『증보문헌비고』에 이와 같은 내용이 보이는데, 다만 산 정상에서 북쪽으로 바다까지의 거리가 '1만 보'로 되어 있다.

9) 『증보문헌비고』 제31권 「여지고」에 의하면, 태종 때 김인우(金麟雨)를 보내 도망한 사람들을 잡아오고, 세종 20년(1438년)에도 남호(南顥)를 보내 70여 명을 잡아온 것으로 기록되어 있다.

10) 조선 중기 문신이자 학자인 이수광(李睟光, 1563~1628)이 지은 책 이름. 이 책은 천문(天文)·지리(地理) 등 25부분 3,435항목으로 된 백과사전식 저서이다. 이수광의 자는 윤경(潤卿), 호는 지봉(芝峰), 본관은 전주이다. 문과에 급제하여 이조 판서에까지 올랐다.

노략질을 당하여 다시 인적이 끊어지게 되었다. 근래 들으니 왜적이 의죽도(礒竹島)를 점거했다고 하는데, 혹자는 의죽도가 바로 울릉도라고 한다"[11]고 하였다.

어부 안용복(安龍福)이 국경을 넘어 침범한 일로 왜인(倭人)이 와서 따질 때, 『지봉유설』에 있는 말과 예조(禮曹)에서 회답한 문건 가운데 '귀국은 죽도(竹島)를 경계로 한다'는 말을 가지고 증거로 삼았다. 조정에서 무신 장한상(張漢相)을 울릉도로 보내 살피게 했는데, 그의 보고에 "울릉도는 남북이 70리, 동서가 60리입니다. 이 섬에는 동백나무·붉은 박달나무·측백나무·황벽(黃蘗)나무·홰나무·유자나무·뽕나무·느릅나무 등이 있고, 복숭아나무·오얏나무·소나무·상수리나무 등은 없습니다. 새는 까마귀·까치가 있고, 짐승은 고양이·쥐가 있습니다. 물고기로는 가지어(嘉支漁)가 있는데 바위틈에 숨어 살며, 비늘은 없고 꼬리는 있으며, 몸통에는 네 개의 다리가 있는데 뒷다리가 매우 짧아 육지에서는 잘 달리지 못하나 물에서는 나는 듯이 빠르고, 소리는 어린아이의 울음소리와 같으며, 그 기름은 등불을 켜는 데 사용할 수 있습니다"라고 하였다. 이때 조정에서는 장황한 말을 주고받으며 겨우 무마시켰다.

내 소견으로는, 이 일은 담판하기 어려울 것이 없다고 생각한다. 당시에 왜 다음과 같이 말하지 못했단 말인가?

울릉도가 신라에 예속된 것은 지증왕 때부터이다. 당시 귀국은 계체(繼體)[12] 6년(512년)이었는데, 위덕(威德)이 멀리까지 미쳤다는 얘기를 들어본 적이 없다. 역사책에 살펴볼 만한 특별한 기록이 있는가? 고려시대에 이르러 그 지방 특산물을 바친 적이 있다거나 그 섬을 비운 일이 있다거나 하는 기사들이 역사책에 끊이지 않고 기록되어 있는데, 1천여 년을 내려온 오늘에 와서 무슨 이유로 갑자기 이 분쟁을 일으키는가?

우릉도라고 하든, 의죽도라고 하든 어느 칭호를 막론하고, 울릉도

---

11) 이 대목은 『지봉유설』 제2권 지리부(地理部)에 보인다.
12) 계체는 일본 왕의 명칭. 506년부터 531년까지 재위했다.

가 우리나라에 속한 섬이라는 사실은 너무나도 명백하다. 그리고 그 부근의 여러 섬도 울릉도에 부속된 섬에 불과하다. 이 섬은 귀국과 멀리 떨어져 있다. 그런데 틈을 타고 몰래 점거했으니 부끄러워할 일이지, 자랑할 것이 못된다. 가령 중간에 귀국이 함부로 탈취했더라 도 두 나라가 신의로 화친을 맺은 뒤에는 예전의 영토를 서둘러 돌 려주어야 마땅하다. 하물며 귀국의 영역에 속한다는 기록이 전혀 보 이지 않는데, 말해 무엇하겠는가? 이 섬이 우리나라의 강토였으니, 우리나라 사람들이 물고기를 잡기 위해 왕래하는 것은 참으로 당연 한 일이다. 어찌 귀국에 관여된 일이겠는가?

이와 같이 말했더라면, 저들이 아무리 잔꾀를 잘 부릴지라도 다시는 입을 열지 못했을 것이다.

안용복은 동래부(東萊府)의 전선(戰船)에 예속된 노군(櫓軍)[13]이었는 데, 왜관(倭舘)에 출입하여 왜어(倭語)에 능숙하였다. 숙종(肅宗) 19년 (1693년)인 계유년 여름에 풍랑에 밀려 울릉도로 표류했는데, 왜선 7척 이 먼저 와서 섬을 다투는 분쟁을 일으키고 있었다. 그때 안용복이 왜 인들과 따지자, 왜인들이 노하여 안용복을 잡아가지고 오랑도(五浪島) 로 돌아가 구금하였다. 그곳에서 안용복이 도주(島主)에게 "울릉도·우 산도(芋山島)[14]는 원래 조선에 속한 섬이다. 조선은 가깝고 일본은 멀 리 떨어져 있는데, 무슨 까닭으로 나를 잡아 가두고 돌려보내지 않는단 말인가?"라고 하였더니, 도주가 백기주도(伯耆州島)로 송치하였다.

백기주도의 도주는 손님을 대접하는 예로 그를 대우하고, 많은 은 (銀)을 주었는데, 그는 사양하고 받지 않았다. 도주가 "그대가 바라는 것이 무엇인가?"라고 묻자, 안용복이 전후 사실을 말하고 나서 "침략을 금지하고 이웃 나라끼리 친선을 두텁게 함이 나의 소원이다"라고 하였 다. 도주가 이를 승낙하고, 에도막부(江戶幕府)에 보고하여 약속한 문

---

13) 노군이란 전함에서 노를 젓는 병사이다.
14) 우산도는 우산도(于山島)라고도 표기한다. 울릉도의 다른 이름이라는 설도 있 는데, 아래 문장에 '양도'(兩島)라는 말이 나오는 것으로 보아 이 글에서는 각 기 다른 섬으로 쓰고 있다.

건을 발급해주고 돌려보냈다.

그가 장기도(長埼島)에 이르자, 도주가 대마도와 작당하여 그 문건을 빼앗고 대마도로 압송하였다. 대마도의 도주가 그를 구금하고 에도막부로 보고하였는데, 에도막부에서 다시 문건을 만들어 울릉·우산두 섬을 침략하지 못하게 하고, 본국으로 호송하게 하였다. 그런데 대마도의 도주는 다시 그 문건을 빼앗고 50일 동안 가두어두었다가 동래부 왜관(倭舘)으로 압송했는데, 왜관에서 또 40일을 억류했다가 동래부로 돌려보냈다.

안용복이 돌아와 이 사실을 모두 호소하였는데, 동래부사는 상부에 보고하지 않고, 다른 나라 국경을 침범했다는 이유로 2년의 형벌을 내렸다. 을해년(1695년) 여름에 안용복이 울분을 참을 수 없어 떠돌이 중 5명과 사공 4명과 배를 타고 다시 울릉도에 이르렀다. 우리나라 상선(商船) 3척이 먼저 와 고기를 잡으며 대나무를 베고 있었는데, 왜선이 마침 이르렀다. 안용복이 여러 사람을 시켜 왜인들을 포박하려 했으나, 여러 사람들이 두려워서 따르지 않았다. 그러자 왜인들은 "우리들은 송도(松島)에서 고기잡이를 하다 우연히 이곳에 이르렀을 뿐이다"라고 하고서 곧 물러갔다. 안용복이 "송도도 본래 우리 우산도에 속한 섬이다"라고 하고서 다음날 우산도로 좇아갔는데, 왜인들이 돛을 올리고 달아났다. 안용복이 그들을 뒤좇아 옥기도(玉岐島)까지 갔다가, 내친김에 백기주도까지 갔다.

백기주도의 도주는 그를 관대하게 맞이하였다. 안용복이 울릉도 수포장(搜捕將)[15]이라 자칭하고, 교자를 타고 들어가 도주와 대등한 예로 대하였다. 그리고 전후의 일을 소상히 말하고 나서, "우리나라에서 해마다 쌀은 1석(石)에 반드시 15두(斗)씩, 면포(綿布)는 1필에 35척(尺)씩, 종이는 1권(卷)에 20장씩 숫자를 다 채워 귀국에 보냈다. 그런데 대마도에서 떼어먹고 쌀은 1석에 7두씩, 면포는 1필에 20척씩 보내왔다고 하고, 종이는 뚝 잘라 3권만 보내왔다고 보고하고 있다. 내가 이 사실을 관백(關白)[16]에게 곧장 전달하여 그의 속인 죄를 다스리게 하겠

---

15) 범인을 수색하여 체포하는 장수를 말함.

다"라고 하였다.

마침 동행한 사람 가운데 글을 쓸 줄 아는 사람이 있어, 그로 하여금 소장(疏章)[17]을 짓게 하였다. 그리고 그것을 도주에게 보여주었다. 그러자 대마도 도주의 아비가 그 소문을 듣고 백기주도의 도주에게 애걸하여, 그 일이 드디어 결말을 짓게 되었다. 백기주도의 도주가 위로하고 돌려보내며 말하기를 "섬을 가지고 다툰 일은 모두 그대의 말대로 하겠다. 만약 약속을 어기는 자가 있으면 마땅히 중벌에 처할 것이다"라고 하였다.

안용복이 가을 8월[18]에 양양(襄陽)[19]으로 돌아왔다. 방백(方伯)[20]이 장계(狀啓)를 올려 보고하고, 안용복 등 일행을 잡아 서울로 보냈다. 이들의 공초(供招)[21]가 한결같자, 조정에서는 다른 나라 국경을 침범해 분쟁을 야기시켰다는 죄로 참형(斬刑)[22]에 처하려 하였다. 오직 영돈녕부사(領敦寧府事) 윤지완(尹趾完, 1635~1718)이 "안용복이 죄를 짓기는 하였으나, 대마도가 예전부터 사기를 친 것은 단지 우리가 에도막부와 직접 통할 수 없었기 때문입니다. 이제 별도로 다른 길이 있음을 알았으니, 대마도에서 반드시 겁을 먹고 두려워할 것입니다. 그러니 지금 안용복을 처벌하는 것은 좋은 계책이 아닙니다"라고 하였다.

그리고 영중추부사(領中樞府事) 남구만(南九萬, 1629~1711)은 "대마도가 속여온 일은, 안용복이 아니었더라면 모두 드러나지 않았을 것입니다. 그의 죄에 대한 판결은 우선 보류해두고, 울릉도를 두고 다툰 일에 대해서 이번 기회에 분명히 따져 통렬히 물리치지 않을 수 없습니다. 대마도에 '우리 조종에서 에도막부에 특별히 사신을 보내 그간의

---

16) 『성호사설』에는 '백'(伯) 자로 되어 있는데, 이는 '백'(白) 자의 오자이다. 관백은 옛날 일본에서 천황을 보좌해 국정을 총괄하던 관직명이다. 대체로 막부(幕府)의 장군이 이 직을 겸했는데, 실제로 권력의 실권자가 차지하였다.

17) 상소하는 글을 말함.

18) 가을 8월이란 음력으로 8월을 가리킴. 예전에 쓰던 음력으로는 7, 8, 9월이 가을에 해당된다.

19) 강원도 양양군에 속한 읍.

20) 각 도의 관찰사(觀察使)를 가리킴.

21) 죄인이 범죄 사실을 진술한 말.

22) 목을 베는 형벌.

허와 실에 대해 직접 알아보겠다'고 서신을 보낸다면, 대마도에서는 반드시 크게 두려워하여 그간의 죄를 자백할 것입니다. 그런 뒤에 안용복의 일에 대해서는 그 경중을 서서히 논의하더라도 늦지 않을 것입니다. 이것이 상책(上策)입니다. 그렇게 하지 않으려면 동래부를 시켜 대마도에 서신을 보내되, 먼저 안용복이 마음대로 글을 올린 죄상을 말하고 나서, 다음에 대마도에서 죽도(竹島)를 자기네 땅이라고 거짓말한 것과 공문을 탈취한 잘못을 따진 뒤, 회답을 기다리는 것입니다. 그리고 안용복을 죄줄 뜻은 절대로 서신에 써서는 안될 것입니다. 이것이 중책(中策)입니다. 만약 대마도에서 간교하게 속여온 죄를 따지지 않고 먼저 안용복을 죽여 저들의 마음을 유쾌하게 해준다면, 저들은 반드시 이를 구실로 우리를 업신여기며 협박할 것입니다. 그러면 우리가 어떻게 감당하겠습니까? 이것이 하책(下策)입니다"라고 하였다.

이때 조정에서는 중책을 채택하였다. 그러자 대마도 도주가 과연 스스로 굴복하고, 허물을 전 도주에게 돌렸다. 그리고 다시는 울릉도에 왕래하지 않았다. 조정에서는 안용복의 죄를 감하여 사형시키지 않고 귀양보냈다.

내가 살펴보건대, 안용복은 따질 것 없이 영웅과 짝이 될 만한 사람이다. 미천한 일개 군졸로서 만 번 죽을 계책을 내어 국가를 위해 강한 적과 대항하였다. 그래서 그들의 간사한 마음을 꺾어버리고, 여러 대를 끌어온 분쟁을 그치게 했으며, 한 고을의 땅을 회복했다. 이는 부개자(傅介子)[23]・진탕(陳湯)[24]에 비하여도 더욱 어려운 일이니, 걸출한 자가 아니면 능히 할 수 없는 일이다. 그런데 조정에서는 그에게 상을 주지 않았을 뿐만 아니라, 사형에 처하려다 뒤에 귀양을 보냈다. 그의 기상을 꺾어버리기에 겨를이 없었으니, 애통한 일이다.

울릉도는 척박한 땅이라고들 한다. 하지만 대마도의 경우를 생각해 보아야 한다. 대마도 또한 한 조각 농토가 없는 곳이지만, 왜인의 소굴

---

23) 중국 한(漢)나라 소제(昭帝) 때의 무신으로, 누란국(樓蘭國)과 귀자국(龜玆國)을 꾸짖어 복종시킨 장수이다.
24) 중국 한나라 원제(元帝) 때의 무신으로, 외국에 사신으로 가서 조칙(詔勅)을 가칭하고 군사를 동원해 오랑캐를 물리친 장수이다.

이 되어 역대로 골칫거리가 되고 있다. 울릉도를 한번 빼앗기게 되면 또 하나의 대마도가 늘어나는 것이니, 앞으로 닥칠 화란(禍亂)을 어찌 이루 다 말할 수 있겠는가?

이런 점을 가지고 논한다면, 안용복은 한 시대의 공적을 세운 것뿐만이 아니다. 예로부터 지금까지 장순왕(張循王)[25]의 화원 노졸(花園老卒)[26]을 호걸이라고 하는데, 그가 이룩한 바는 크게 재산을 불린 큰 장사꾼에 지나지 않는다. 국가를 위한 계책에서 그가 꼭 뛰어난 공적을 이룩한 것은 아니다. 국가의 위급한 때를 만나, 안용복과 같은 사람을 병졸에서 발탁하여 장수로 등용해서 그의 뜻을 펼 수 있게 했더라면, 그가 이룩한 공적이 어찌 이 정도에서 그쳤겠는가?

鬱陵島

鬱陵島在東海中 一名于山國 遠可七八百里 自江陵・三陟等地 登高望之 三峯縹緲隱見 新羅智證王十二年 其人恃强不服 何瑟羅州軍主異斯夫 以木獅威服 何瑟羅卽今江陵也 高麗初 來獻方物 毅宗十一年 遣金柔立 往審羽陵島 從山頂 東行至海 一萬餘步 西行一萬三千餘步 南行萬五千步 北行八千步 有村落基址 七所 有石佛・鐵鍾・石塔 地多岩石 不可居 然則是時已成空地矣 本朝遺民多 入居 太宗・世宗時 皆往搜盡刷還之 芝峯類說云 鬱陵島 壬辰後 被倭焚掠 無復 人煙 近聞 倭占據礒竹島 或謂礒竹卽鬱陵也

倭以漁氓安龍福犯越事 來爭 以芝峯類說及禮曹回答有貴界竹島之語爲證 朝廷遣 武臣張漢相往審之 南北七十里 東西六十里 木有冬栢・紫檀・側栢・黃蘗・槐・椴 ・桑・楡 無桃・李・松・橡 禽獸有烏・鵲・猫・鼠 水族有嘉支魚 穴居巖磧 無鱗 有尾 身魚四足 而後足甚短 陵不能善走 水行如飛 聲如嬰兒 脂可以燃燈云 於是 朝 廷費辭往復 彌縫乃止

余謂此事非難判 當時 胡不曰 鬱陵之服屬新羅 自智證王始 時卽貴邦 繼體之 六年 未知威德遠被 史乘特書有可以考見者耶 至於高麗 或獻方物 或空其地 史 不絶書 今千有餘年 今者 何故突然惹此爭端 卽無論羽陵・礒竹之何指 鬱陵之 屬我邦 則百分明白 而其旁近島嶼 亦不過鬱陵之屬島 與貴邦絶遠 其乘隙占據 所宜羞吝 而不合誇言者也 設或中間爲貴邦冒奪 兩國約和誠信之後 悉宜還其舊 田之不暇 況未曾著在貴邦之版籍也耶 既在我界 則我氓之漁獵往來 理固宜然

---

25) 중국 송나라 고종(高宗) 때의 인물인 듯한데 분명치 않다.

26) 화원 노졸은 화원을 관리하던 늙은 병졸인 듯한데, 구체적으로 어떤 일을 한 인물인지는 분명치 않다. 『성호사설』제21권에 「화원 노졸」이란 글이 있는데, 이를 보면 뛰어난 능력을 가졌지만 재주를 펴지 못한 인물인 듯하다.

何與於貴邦 如是 則彼雖巧黠 將無復容其喙矣

安龍福者 東萊府戰船櫓軍也 出入倭館 善倭語 我肅廟十九年癸酉夏 漂泊鬱
陵島 倭船七艘先到 時倭已惹爭島之端 龍福與倭辨詰 倭怒執以歸 拘五浪島 龍
福謂其島主曰 鬱陵‧芋山 本屬朝鮮 朝鮮近而日本遠 何故拘執我不歸 島主送
諸伯耆州 伯耆島主待以賓禮 賚銀許多 辭不受 島主問 汝欲何爲 龍福又言其故
曰 禁止侵擾 以厚交隣 是吾願也 島主許之 稟于江戶 成契券與之 遂遣還 行到
長掎島 島主黨馬島 奪其券 送之馬島 馬島主囚之 聞于江戶 江戶復爲書契 令勿
侵兩島 且令護送 馬島主復奪其書契 囚五十日 押送東萊倭館 又留之四十日 送
之東萊府

龍福悉訴之 府使不以聞 以犯越 刑之二年 乙亥夏 龍福憤鬱不已 誘販僧五人
及棹工四人 復至鬱陵 我國三商船 先泊 漁採斫竹 有倭船適至 龍福令諸人縛執
諸人懼不從 倭云 我等漁採松島 偶至此 卽去 龍福曰 松島 本我芋山島 明日 追
至芋山島 倭擧帆走 龍福追之 漂泊于玉岐島 轉至伯耆州 島主款迎 龍福自稱鬱
陵搜捕將 乘轎入 與島主抗禮 言前後事 甚詳 且云 我國歲輪米一石必十五斗 綿
布一匹三十五尺 紙一卷二十張 馬島偸損 謂米石七斗 布匹二十尺 截紙爲三卷
吾將欲直達于關白 治欺詆之罪 同行有稍解文字者 製疏 示島主 馬島主父聞之
乞憐於伯耆州 事遂已 慰諭送還日 爭地事 悉如汝言 有不如約者 當重罰之

秋八月 還泊襄陽 方伯狀聞 拿致龍福等于京 諸人納供如一 朝議以犯越挑釁
將斬之 惟領敦寧尹趾完曰 龍福雖有罪 馬島從前欺詐者 徒以我國不得專通江戶
故耳 今知別有他路 勢必恐怯 今誅龍福 非計也 領中樞南九萬曰 馬島之欺詐 非
龍福 無以畢露 其罪之有無 姑置 爭島事 不可不因此機會 明辨痛斥之 書問馬島
曰 朝廷將別遣使 直探其虛實云爾 則馬島必大恐服罪 然後龍福事 徐議其輕重
未晚 此上策也 不然 使萊府送書島中 先陳龍福擅自呈文之罪 次陳本島假稱竹
島 奪取公文之失 待其回答 而龍福斷罪之意 決不可及於書中 此中策也 至若不
問馬島奸欺之狀 而先殺龍福 以快其心 彼必以此藉口 侮我脅我 將何以堪之 此
下策也

於是 朝廷用中策 島主果自服 罪歸於前島主 不復往來鬱陵 朝廷乃減龍福死
配去云 愚按 安龍福直是英雄儔匹 以一卒之賤 出萬死之計 爲國家 抗强敵 折奸
萌 息累世之爭 復一州之土 比諸傳介子‧陳湯 其事尤難 非傑然者 不能也 朝廷
不惟不之賞 前刑後配 摧陷之不暇 哀哉 鬱陵縱云土薄 馬島亦土無數尺 而爲倭
所窟宅 歷世爲患 一或見奪 是增一馬島也 方來之禍 何可勝言 以此論之 龍福
非特一世之功也歟 古今稱張循王花園老卒 爲人豪 然其所辦 不過大賈販殖之間
其於國家計策 未必優焉 若龍福者 當危難之際 拔之行伍 借之翼角 得行其志 則
所就 豈止於此

한민명전(限民名田)[1]

개인이 소유할 수 있는 농지를 제한하자는 설[2]은 동중서(董仲舒)[3]에게서 비롯되었다. 그리고 서한(西漢)[4] 말기에 공광(孔光)·하무(何武)가 이를 시행하자고 아뢰었는데, 매매할 수 없도록 제한한 농지는 30경(頃)에 지나지 않았고 기한은 3년이었으며, 이를 범하는 자는 토지를 관청에서 몰수하도록 되어 있었다.[5] 그런데 그 당시에 정부(丁傅)가 권력을 독점하고, 동현(董賢)이 세력 있는 귀족이었으므로 이 일은 마침내 시행되지 않았다.

원(元)나라 때 정개부(鄭介夫)가 정전론(井田論)에 대해 아뢰기를 "30경은 주(周)나라 장정 30명이 받는 토지에 해당되니 이는 너무 많으며, 3년의 기한은 너무 촉박합니다. 그러니 소유 제한을 10경으로 하고, 매매할 수 없는 기한은 5년으로 하소서. 그리고 10경을 넘게 소유한 경우는, 법령에 따라 쪼개서 형제·자식·조카·인척에게 그 나머지 땅을 나누어주도록 하소서. 이 법을 범하는 자가 있으면 그 땅을 관청에서 몰수하여 가난한 사람에게 팔아, 반은 국고에 넣고 반은 지주에게 돌려주도록 하십시오"라고 하였다.

그러나 토지가 많으면 권력이 강해지고, 권력이 강하면 법을 무너뜨리게 된다. 초과 소유분의 땅을 가난한 백성에게 팔려고 하더라도, 그들의 위력이 그 고장에 행해지고 있는데, 누가 감히 그 땅을 사려고 하겠는가? 더구나 형제·자식·조카는 모두 그의 친족이니, 명의상으로만 나누어준 것처럼 하고 실제로 그 이익을 마음대로 휘두른다면, 무슨 방법으로 규찰하겠는가? 저 몇 사람들이 그 폐단을 너무도 잘 알고 있었기 때문에 부득이 이런 설을 주장하였지만, 실행할 수 없는 것은 뻔

---

1) 이 말은 백성이 자기 명의로 가질 수 있는 땅을 제한한다는 뜻임.
2) 성호는 농민이 최저 생활을 유지할 수 있는 농지, 즉 영업전(永業田)은 매매를 금지시켜야 한다는 설을 주장하였다.
3) 전한(前漢) 때의 학자. 한 성제(漢成帝) 수화(綏和) 2년(BC. 7)에 토지소유를 제한하자는 설을 주장하였는데, 대체로 겸병(兼幷)을 막자는 의도에서 비롯되었다.
4) 전한(前漢)을 말함.
5) 공광과 하무의 건의도 전한(前漢) 성제 수화 2년의 일이다.

한 일이다.

아, 국가에서 베풀어주는 혜택은 삼대(三代)[6]보다도 더 많지만, 힘을 가진 사람들의 탐학한 짓은 망한 진(秦)나라 때보다도 더 심하니, 이 점이 바로 천하가 다시 다스려지지 않는 까닭이다. 내가 일찍이 균전론(均田論)을 저술했는데,[7] 또한 이런 점을 살펴 기한을 느슨하게 잡아 놓았으니 오랜 세월이 흐른 뒤에야 비로소 효과를 볼 것이다.[8] 그러나 그 사이에 반드시 방해하는 자가 있을 것이니, 그 제도를 시행할 수 없는 것은 마찬가지일 것이다. 그러나 사람들이 이 제도를 준수하며 바꾸지 않는다면, 반드시 도움이 되는 방법일 것이다. 따로 논설해놓은 것이 있으므로, 여기서는 군더더기 말을 하지 않겠다.

限民名田

限民名田 始於董仲舒 西京之末 孔光·何武奏行之 田不過三十頃 期盡三年 犯者沒入官 時丁傅用事 董賢隆貴 遂寢之 元時 鄭介夫者 上井田論 三十頃 周民三十夫之田 爲太過 三年之期 太迫 宜以十頃爲制 期以五年 其有十頃之外者 聽令分析 或與兄弟子姪姻黨 犯者沒入官 賣與貧民 以其價一半輸官 一半給田主 然田多則力强 力强則敗法 雖欲賣與貧民 彼威行於閭里 誰敢買之 況兄弟子姪 皆其親屬 名爲分與 而陰主其利 何以察識 彼數子者 深探弊源 不得已而爲此說 其不得行 定矣 噫 國家之惠 優於三代 而豪覇之虐 甚於亡秦 此天下之不復治也 余嘗爲均田論 亦涉稽綏期 以久遠而後 方效 其間必有沮謀者 其不行 均也 然人或守而不渝 則必益之道也 別有說 不贅

---

6) 하(夏)나라·은(殷)나라·주(周)나라 시대를 말한다.
7) 성호의 저서인 『곽우록』(藿憂錄)에 보인다.
8) 성호는 한 가족이 최저 생활을 할 수 있는 영업전의 매매를 금지하는 것을 주로 삼고, 그 이외의 농지는 자유로운 매매를 허락하도록 하였다. 그는 영업전의 매매를 금지하기 때문에 토지 겸병을 막을 수 있다고 생각하였고, 대토지 소유자는 자손들에게 분할 상속할 것이기 때문에 세월이 지나면 저절로 토지를 고르게 소유할 수 있다고 생각하였다.

제 2 장
만물문【萬物門】

남초(南草)[1]

우리나라에 담배가 널리 유행하게 된 것은 광해군(光海君) 말년[2]부터 비롯되었다.[3] 세상에 전하기로는, 남쪽 바다 한가운데 담파국(湛巴國)이 있는데, 이 담배가 그 나라에서 들어온 까닭에 속칭 '담배'[湛巴]라고 한다는 것이다.

어떤 이가 태호 선생(太湖先生)[4]에게 묻기를,

"지금 유행하는 이 담배란 물건이 사람에게 유익한 점이 있습니까?"

라고 하자, 태호 선생이 답하기를,

"담배는, 가래가 목구멍에 붙어서 아무리 뱉어도 나오지 않을 때 유익하며, 비위가 거슬려 구역질이 날 때 유익하며, 먹은 음식이 소화가 안 돼 누울 수 없을 때 유익하며, 가슴이 답답하고 체해 신물이 올라올 때 유익하며, 한겨울 추위를 막는 데 유익합니다."

라고 하였다. 그 사람이 또 묻기를,

"그러면 담배는 사람에게 유익하기만 하고 해는 없습니까?"

라고 하여, 태호 선생이 답하기를,

"이로움보다는 해로움이 더 심합니다. 안으로 정신을 해치고, 밖으로 귀와 눈을 해칩니다. 담배 연기를 쐬면 머리카락이 희어지고, 얼굴이 검푸르게 되고, 이[齒]가 쉽게 빠지고, 살이 마르게 되니, 사람을 빨리 늙도록 만드는 것입니다. 내가 이 담배에 대해 이로움보다는 해로움이 더 심하다고 하는 것은, 냄새가 독해 재계(齋戒)하면서 신명(神明)과 통할 수 없는 것[5]이 첫째이고, 재물을 축내는 것이 둘째이며, 이 세상에는 할

---

1) 담배를 일컫는 말로, 남쪽 나라에서 들어왔다고 하여 남초라고 한다.
2) 광해군은 1608년 즉위하여 1623년까지 왕노릇을 했으니, 광해군 말년은 1620년 전후를 가리킨다.
3) 계곡(谿谷) 장유(張維)는 1635년 『계곡만필』(谿谷漫筆)의 자서(自序)를 썼는데, 그때를 기준으로 약 20여 년 전에 담배가 들어와 퍼지기 시작하여, 공경(公卿)부터 목동(牧童)까지 피우지 않는 사람이 없다고 하였다. 담배가 광해군 말년부터 널리 유행하기 시작하였다고 하는 성호의 설은 계곡의 설과 거의 일치한다.
4) 성호가 자신을 그렇게 일컬은 것이다.
5) 예전 사람들은 사람이 죽으면 혼(魂)은 하늘로 올라가고, 백(魄)은 땅으로 돌아

일이 너무 많아 걱정인데, 요즘 사람들은 상하 노소를 막론하고 일년 내내 하루 종일 담배 구하기에 급급하여 잠시도 쉬지 못하는 것이 셋째입니다. 이런 마음과 힘을 옮겨 학문을 한다면 반드시 크게 어진 이가 될 것이고, 글을 짓는다면 훌륭한 문장을 이룰 것이고, 살림을 돌본다면 부자가 될 것입니다. 『주역』에 '상륙(上六)은 오르는 이치에 어두우니, 곧고 바른 마음을 잠시도 늦추지 않아야 이롭다[6]'고 했습니다."
라고 하였다.

南草

南草之盛行 自光海末年始也 世傳 南海中洋 有湛巴國 此草所從來 故俗稱湛巴云 有問於太湖先生曰 今之南草 益乎 曰 痰在喉 咯不出 則益 氣逆而涎潮 則益 食不消而妨臥 則益 上焦停飮而吐酸 則益 隆冬禦寒 則益 曰 益而無害乎 曰 害尤甚 內害精神 外害耳目 髮得之而白 面得而蒼 齒得之而凋 肉得之而削 令人能老 余謂害尤有甚焉者 臭惡 不得齋戒而交神 一也 耗財 二也 世間固患多事 人無上下老少 終歲終日 役役不得休 三也 若移此心力 爲學 則必至於大賢 爲文 則成章 治產 則致富矣 易曰 上六冥升 利于不息之貞

곤충 가식(昆蟲可食)[1]

곤충 따위에도 먹을 수 있는 것이 많다. 『예기』「내칙」(內則)에 "임금의 잔칫상에 올리는 음식으로 참새[爵]·종달새[鷃]·조(蜩)·범(范)이 있다. 조는 매미이고, 범은 벌이다[2]"라고 하였으며, 『회남자』(淮南子)「설산」(說山)에 "매미를 잡는 자는 불을 밝게 비추는 데 요령이 있

간다고 생각하였다. 따라서 제사지낼 때 향을 사르고 술을 땅에 붓는 것은 혼백을 불러오는 의식이다. 담배 연기는 너무 독하기 때문에 신을 맞이할 수 없다는 것이다.
6) 이는 『주역』 승괘(升卦) 상육효(上六爻)의 효사(爻辭)에 있는 말이다. 곧 담배를 구하는 데 급급해 정신을 팔지 말고, 마음을 곧게 가지고서 자기가 마땅히 해야 할 일을 하는 것이 이롭다는 뜻으로 비유한 것이다.
1) 곤충도 먹을 수 있다는 뜻임.
2) 조(蜩)는……벌이다.: 이 구절은 『예기』 본문에 있는 말이 아니고, 정현(鄭玄)의 주(註)에 있는 말인데, 성호가 본문에 있는 말처럼 그대로 인용해 쓴 것이다.

고, 물고기를 낚는 자는 미끼를 향기롭게 하는 데 힘쓴다"라고 하였다.
아마도 예전에 불을 밝히고서 매미를 잡는 방법이 있었던 모양인데, 그
것은 반찬을 마련하기 위한 것이었던 듯하다.

또 달팽이 젓[蝸醢]·개미 알 젓[蚳醢]이 있는데,[3] 와(蝸)는 달팽이
고, 지(蚳)는 개미 알이다. 그리고『주례』(周禮)에도 "잔칫상에 올리는
음식으로 조개[蜃]·개미 알[蚳]·메뚜기 새끼[蚔] 등이 있다"[4]고 하였
는데, 연(蚔)은 메뚜기 새끼이고, 지(蚳)는 개미집 속에 있는 흰 좁쌀처
럼 생긴 알이다. 이 개미 알은 매우 작아서 모으기가 어렵다.

그러나『시경』에 '황새가 개미 둑에서 운다[鸛鳴于垤][5]고 하였는데,
구설(舊說)[6]에 "황새는 개미가 나오면 잡아먹으려고 하기 때문에 개미
둑에서 운다"고 하였다. 대체로 북쪽 지방에는 매우 큰 개미가 있는데
황새에게 잡아먹히기 때문에, 주자(朱子)가 이를 인용하여 '개미집을
세심히 지킨다[折旋蟻封][7]는 말을 증명하였다. 그렇다면 개미 알 또한
구해서 음식을 만들 수 있는 것이다.

『이아』(爾雅)「석충」(釋蟲)에 "연(蚔)은 복도(蝮蜪)다"라고 하였는데,
그 주에 "이는 메뚜기 새끼[蝗子]로서 날개가 아직 생기지 않은 것이
다"라고 하였다. '황'(蝗)은 메뚜기이다. 메뚜기도 크고 작은 것이 있어
한 가지 종류가 아니다. 더듬이가 길고 다리가 긴 놈은 잘 뛴다. 빛깔
이 푸른 것, 검은 것, 알록달록한 것 등 여러 가지 색깔이 있는데, 지금
풀숲에서 날아다니는 벌레이다. 우리나라에서도 남쪽 지방 사람들은
메뚜기를 잡아 날개와 다리는 떼어버리고 구워서 반찬으로 만드는데,
맛이 매우 좋다고 한다.

그러나 자서(字書)[8]에는 "메뚜기는 떼를 지어 날아다니며 벼싹을 파

---

3) 와해(蝸醢)와 지해(蚳醢)는『예기』「내칙」에 보인다.
4) 이 부분은『주례』천관(天官)「해인」(醢人)에 보인다.
5)『시경』빈풍(豳風)「동산」(東山)에 보인다.
6) 송(宋)나라 때 주희(朱熹)의『시집전』(詩集傳)이 나온 뒤로 이를 신주(新註)라
   하고, 그 이전 한(漢)·당(唐) 때의 주석을 구주(舊註) 또는 구설(舊說)이라고
   한다. 구설은 십삼경주소본(十三經注疏本)에 들어 있는 모형(毛亨)의 고훈전(古
   訓傳), 정현(鄭玄)의 전(箋), 공영달(孔穎達)의 소(疏)를 다 말한다.
7) 출전 미상.

먹는다"라고 하였다. 우리나라 메뚜기는 벼의 싹과 잎을 파먹기는 해도 재앙이 되지는 않으니, 이상한 일이다. 자서에 또 "풍뎅이·메뚜기 등은 모두 먹을 수 있다"라고 하였다.

昆虫可食

昆虫之屬 可食者多 內則云 爵·鷃·蜩·范 蜩 蟬也 范 蜂也 淮南子云 爝蟬者 務在明其火 釣魚者 務在芳其餌 盖有明火取蟬之術 而爲備饌故也 又有蝸蠃·蚳醢 蝸是蝸牛 蚳是蚍蜉子也 周禮饋食之豆 蜥·蚳·蝝 蝝是蝗子也 蚳乃蟻穴中卵 如白粟者 是也 此物微小而難聚 然詩云 鸛鳴于垤 舊說 鸛欲候蟻出而食之 故鳴于垤 盖北方蟻有絶大者 爲鸛所食 故朱子引此 證折旋蟻封之語 然則蟻子亦可取而爲食矣 爾雅云 蝝 蝮蜪 註 蝗子未有翅者 蝗 螽也 螽大小不一 長角修股 善跳躍 有青黑斑數色 卽今草中飛虫 我國南州人 去翅足 炙以爲需 味甚佳云 然字書又云 蜇飛食苗 我國 雖食苗葉而不爲災 是爲異耳 字書又云 蜚蠊·負蠜之類 皆可食

정곡(正鵠)[1]

활 쏘는 데에는 정곡(正鵠)이 있다. 정씨(鄭氏)[2]는 "곡(鵠)은 간곡(鳱鵠)에서 이름을 취한 것인데, 간곡은 작은 새로 맞추기가 어렵다"[3]고 했다. 자서(字書)를 살펴보니, '간'(鳱)은 기러기[鴈]와 같고, '곡'(鵠)도 작은 새가 아니라고 하였다. 일설에 곡(鵠)은 큰 새로 힘이 있어 멀리 날기 때문에 맞추기 어려움을 취한 것이라고 한다.

그러나 나의 견해는 다르다. 새를 쏘아 잡는 자들이 반드시 기러기와 따오기를 들먹이는 것은, 이 새들을 잡아서 쓸모가 있기 때문이다. 활쏘기는 기예(技藝)를 익히는 것이다. 그러므로 반드시 늘 취하는 것으로써 표적을 삼는다.

---

8) 자전(字典)을 말한다.
1) 과녁의 한가운데를 말함. 과녁의 한가운데 고니[鵠] 모양의 가죽을 붙였기 때문에 생긴 용어이다.
2) 한(漢)나라 때 유학자 정현(鄭玄)을 가리킨다.
3) 이 말은 『의례』(儀禮) 「대사」(大射)의 주에 보이는 내용을 성호가 요약해서 쓴 것이다.

'정'(正)[4]은 주(註)[5]에 "정(正)은 새 이름이다. 제(齊)나라와 노(魯)나라 사이에서 제견(題肩)이란 새를 정(正)이라고 부른다"라고 하였다. 자서에는 "제견(題肩)은 제견(鶗鳺)이니, 새매[鷂]이다. 정(正)은 정(鴊)과 같으니, 제나라 사람들이 격정(擊征)이라고 부르는 새이다"라고 하였으니, 『예기』(禮記)「월령」(月令)에 "정조(征鳥)는 사납고 빠르다"고 한 것이 이것이다. 몸집은 매[鷹]보다 작지만 잽싸게 날아 맞추기 어렵다.

그러나 이런 두 종류의 새로 표적을 삼지는 않았을 것이다. 정(正)은 '고르고 바르게 한다'는 뜻으로, 과녁 한복판에다 설치해놓는데, 이는 상하·좌우를 모두 고르게 한다는 의미이다.

正鵠

射有正鵠 鄭氏云 鵠者 取名於鳱鵠 鳱鵠小鳥而難中 按字書 鳱與鴈同 鵠又非小鳥也 一說 鵠鳥之大者 有力飛遠 故取其難中 余謂 凡射鳥者 必擧鴈鵠 爲其取以有用也 射所以習藝 故必以所常取者 爲的也 正 註云 鳥名 齊魯之間 名題肩 爲正 按字書 題肩 作鶗鳺 鷂也 正同鴊 齊人謂之擊征 月令所謂征鳥厲疾 是也 小于鷹 飛疾難中 然不應以兩物爲的 正乃均正之義 置在侯之正中 上下·左右 均也

도필(刀筆)[1]

『한시』(漢書)에 "소히(蕭何)와 조참(曹參)[2]은 모두 진(秦)나라의 도필리(刀筆吏)[3]로 있다가 기용되었다"라고 하였다. 도필이란 제도는 『문헌통고』(文獻通考)[4]에 보이는데, "금으로 만드는데, 비수(匕首)처럼 생겼다"고 하였다. 아마도 옛날에는 간첩(簡牒)[5]을 썼는데, 사람들이 모

---

4) '정곡'(正鵠)의 '정'(正)을 가리킨다.
5) 『의례』「대사」(大射)의 정현의 주를 말한다.
1) 옛날 종이가 발견되기 전에 죽간(竹簡)에 문자를 새겨넣던 칼을 말한다.
2) 이 두 사람은 모두 한 고조(漢高祖)의 신하로, 한나라를 세우는 데 큰 공헌을 한 인물들이다.
3) 글자만 쓰던 중국 고대의 하급 관리를 말한다. 종이가 발명되기 전에는 죽간이나 목간(木簡)에다 문자를 기록하였다.
4) 중국 송나라 때 마단림(馬端臨)이 지은 책 이름.
5) 죽간을 여러 개 엮어 만든 서판(書板)을 가리킨다.

두 도필을 가지고 다니며 대쪽에 새겨넣었던 듯하다. 『시경』에 "어찌 돌아가길 생각지 않으리요마는, 이 간서(簡書)[6]를 두려워하기 때문에 돌아가지 못하네"[豈不懷歸 畏此簡書][7]라고 하였으니, 삼대(三代)[8] 때 이미 대쪽에 새겨 쓰는 제도가 있었던 것이다. 진(秦)나라 때부터 한(漢)나라 때까지도 이 제도를 사용하였다.

그러나 진나라 때 몽염(蒙恬)[9]이 일찍 붓을 만들어 썼는데, 한나라 때 이르러서도 오히려 도필을 말하고 있으니, 그때까지 도필로 쓰는 것이 완전히 없어지지 않고 아직 남아 있었던 듯하다. 내 소견으로는, '도'(刀)라 하지 않고 '도필'(刀筆)이라고 하였으니 당시에 붓이 있었지만 칼을 붓 대신 쓴 것이고, 칼로 새겨 쓴 것은 먹을 찍어 붓으로 쓴 것과 구별이 있어 고치기 어려운 까닭에 관부(官府)에서 사용했던 듯하다.

어떤 이는 말하기를, "옛날에는 죽간을 말려서 옻[柒]으로 글자를 썼는데, 옻은 잘 엉켜서 글자의 획이 제대로 되지 않는다. 그러므로 옻이 마른 뒤에 다시 이어 써서, 글자의 모양이 흡사 올챙이[科斗]처럼 되었다"라고 한다. 과연 그렇다면 이 방법은 도필에 비해 더욱 사용하기 어렵다. 혹 옛적에 두 가지 방법이 모두 있어서 관부에서는 도필을 사용하고, 서사(書史)는 옻으로 썼는데 후세에 그것을 따라 붓으로 쓰게 된 것일까?

刀筆

漢書 蕭曹 皆起秦刀筆吏 刀筆之制 見於文獻通考 云 制金 若刀匕也 盖古者 用簡牒 則人皆以刀筆自隨 而削書 詩云豈不懷歸 畏此簡書 在三代時 固已有削 書矣 自秦抵漢 亦復用之 然在秦時 蒙恬已嘗造筆 而至漢尙言刀筆 疑其時未能 全革 猶有存者耳 愚謂 不曰刀 而曰刀筆 則時已有筆 而以刀代筆者也 削書與毫 墨有別 難於竄改 故爲官府之所用耶 或云 古時 竹簡去汗 用柒作字 柒凝濁 不 能成劃 故柒盡復續 其形似科斗 若然則比刀筆 尤難其用也 或者 古時兼有兩法 官府用刀筆 書史用柒書 而後世因之耶

---

6) 죽간에 새긴 계명(戒命)을 말한다.
7) 『시경』 소아(小雅) 「출거」(出車)에 보인다.
8) 중국 하나라·은나라·주나라 시대를 가리킨다.
9) 진시황(秦始皇) 때의 장수이다.

탐라 과품(耽羅果品)[1]

『탐라지』(耽羅志)[2]에 몇 가지 이상한 과실이 적혀 있다.

첫째, 연복자(燕覆子)[3]이다. 이 과일은 목통(木通)[4]의 별종으로 열매는 모과(木瓜)만큼 크고, 맛은 아주 달콤하다. 오늘날의 목통 열매는 모과에 비해 현격히 작은데, 『본초강목』(本草綱目)[5]에 "작은 모과와 같다"고 하였다. 생각건대 이것이 제일 진품(眞品)이고, 세간에서 쓰는 것은 열등품(劣等品)일 뿐이다. 연해(沿海)의 여러 고을에도 이 과일이 있다고 한다.

둘째, 오미자(五味子)이다. 빛깔은 새까맣고, 크기는 머루와 같으며, 맛은 새콤하다. 그 지방 사람들은 이 오미자를 술안주로 쓴다. 마를수록 맛이 더 진하니, 이상한 과실이다.

셋째, 청귤(靑橘)이다. 이 과일은 가을·겨울에는 너무 시어서 먹을 수 없다. 겨울이 지나고 2~3월이 되어야 신맛이 조금 가신다. 5~6월이 되면, 노랗게 농익은 묵은 열매와 싱싱하게 푸른 새 열매가 한 가지에 함께 달린다. 이 과일의 맛은 새콤한 초에다 꿀을 탄 것처럼 새콤달콤하다. 7월이 되면 열매 속의 씨가 변해 물이 되는데 맛은 여전히 달다. 8~9월이 지나고 겨울이 되면 열매가 도로 푸르러지고, 씨가 다시 생기며, 신맛은 새 열매와 다름이 없다. 처음에는 너무 시어서 사람들이 천하게 여기고 먹지 않았다. 과실 중에 이상하기로는 이 청귤보다 더한 것이 없을 듯하다.

지금 『본초강목』에는 이 과실들이 모두 실려 있지 않다. 혹 풍토가 각기 달라서일까? 아니면 빠뜨린 것일까? 생각건대 의원(醫院)에서 쓰는 청피(靑皮)가 바로 이 청귤의 껍질인 듯하다.

---

1) 탐라에서 생산되는 과일의 품목이라는 뜻임.
2) 조선조 효종(孝宗) 때 이익한(李翊漢, 1609~68)이 편찬한 제주도의 지방지(地方誌).
3) 으름과 비슷한 종류의 과일이다.
4) 으름덩굴을 말한다.
5) 명(明)나라 때 이시진(李時珍)이 지은 의서(醫書).

耽羅果品

耽羅志 載果品奇異數種 一是燕覆子 卽木通別種 實大如木爪 味濃 今之木通 實比木爪 懸小 而本草云 如小木爪 意者 此最爲眞 而世所用 特劣品耳 沿海諸 邑 亦有之云 二是五味子 深黑 大如蘡薁 味又濃甘 土人以充盃盤之用 乾之滋潤 異常 三是靑橘 秋冬極酸 不可食 經冬 至二三月 酸味稍減 至五六月 舊實爛黃 新實靑嫩 同在一枝 味甘 如和蜜釅醋 至七月 則實中之核 化爲水 而味仍甘 歷 八九月 至冬 實還靑 核更成 味酸 與新實無異 方始酸 人賤而不食之 盖果品之 異常 無過於此 今本草中 皆不載此 或土風各異耶 彼或有漏耶 意者 醫家靑皮 卽此物之皮矣

수판(手板)[1]

배우는 데 있어 '옛것을 익히고 새것을 아는'[溫故知新][2] 것보다 더 나은 방법은 없다. 그런데 새것을 알기는 그래도 쉽지만, 옛것을 익히기는 더욱 어렵다. 배우는 사람치고 누군들 옛것을 모두 익히려고 하지 않겠는가마는, 기억력이 못 미치는데 어찌하겠는가? 사람의 정신 중에 혼(魂)은 앞으로의 일을 알아차리고, 백(魄)은 지나간 일을 기억한다. 그러므로 지난 일을 쉽게 잊어버리는 자는 백의 기운이 부족하기 때문이다.

성인(聖人)[3]은 훌륭한 말을 들을 때마다 "애들아, 기록해두어라"라고 하셨는데, 이는 성인 자신이 그것을 잊어버리지나 않을까 하고 두려워해서 한 말씀이 아니고, 문인들이 그 말에 힘입어 자신을 경각(警覺)시키도록 권면한 말이다. 그래서 책(策)[4]에다 기록한 자도 있고, 좌우(座右)[5]에다 기록한 자도 있고, 심지어는 띠[紳]에다 기록한 자도 있었다. 그런데 책은 수중에 가지고 있지 않아서 볼 수 없을 때가 있고, 앉은자리 좌우에 기록한 것은 거처를 옮길 경우 보지 못할 때도 있다. 그렇지만 띠에다 기록한 것만은 움직이든 가만히 있든 간에 늘 몸에

---

1) 일종의 비망록(備忘錄)임.
2) 이 말은 『논어』 「위정」(爲政)에 보인다.
3) 공자(孔子)를 가리킨다.
4) 간책(簡册)을 말함.
5) '앉은자리의 오른쪽'이란 뜻으로, 책상머리나 벽 등을 가리키는 말이다.

서 떠나지 않게 된다. 이렇게 하면, 어찌 잊지나 않을까 하는 걱정이 있겠는가?

홀(笏)이란 어떤 일을 홀연히 잊어버릴 것에 대비한 것으로, 조정에서 조회(朝會)를 볼 때나 제사를 지낼 때에 사용하던 것인데, 그 뜻이 매우 좋다. 오늘날 예전에 쓰던 이 홀의 제도에 준해 나무를 깎아서 수판(手板)을 만들고, 거기다 연분(鉛粉)을 칠해 옛날의 연참(鉛槧)[6]이란 것과 같게 해서 늘 몸에 지니는 물건으로 삼는다면, 학문을 힘쓰는 데 한 가지 도움이 될 것이다.

手板

學莫尙于溫故而知新 知新猶易 溫故尤難 凡學者 孰不欲故者皆溫 奈記性不逮何哉 魂者 知來 魄能藏往 故易以忘失者 魄氣之不足也 聖人每聞善言 輒曰 小子 記之 非聖人自懼其或忘也 卽勉門人之賴此而警覺也 故有記於策者 有記於座右者 甚則有記於紳者 策則或目有所不及 坐則或居有所不同 惟紳動靜不離也 至此 寧復有遺失之可憂 笏之爲言 備忽忘 朝祭用之 此意甚好 今若削木爲手板 準古笏度 鉛粉塗定 如古所謂鉛槧 爲隨身之物 乃務學之一助耳

양마(養馬)

마정(馬政)은 북쪽 지방의 풍속을 본받아야 제대로 될 수 있다. 북쪽 변방에서는 말을 기를 적에 콩을 삶아 먹이거나 죽을 끓여 먹이지 않고, 마음대로 돌아다니며 산야의 갈대를 뜯어먹도록 놓아둔다. 그리고 지붕을 덮은 마구간을 만들거나 짚을 깔아주지도 않고, 바깥에서 자도록 내버려둔다. 그래서 비록 살찌고 윤택한 모습은 없을지라도, 성질이 억세고 사나우며 추위와 굶주림을 잘 견디어, 배부르지 않아도 멀리 달릴 수 있다.

수컷은 모두 거세(去勢)를 하기 때문에 온순하게 길들여 부리기가 쉽고, 굴레를 풀어놓아도 달아나지 않고, 서로 물어뜯거나 발길질을 하지 않는다. 한 사람이 수십 필씩 몰고 다녀도 무리를 어지럽히지 않고

---

6) 연분으로 칠을 한 나무 판자를 말함.

마음대로 다스릴 수 있다. 타고 달릴 때면 재갈을 물리거나 굴레를 씌우지 않아도 사람이 지시하는 대로 달린다. 호랑이나 범이 앞을 가로막아도 두려워하지 않고 앞으로 달려 나아간다.

우리나라에서 말을 기르는 것은, 따뜻하게 해주고 배부르게 먹이고 거처를 마련해주는 것이 한결같이 사람과 같다. 그러므로 반나절만 빨리 몰면 입에서 거품을 토하고, 전신에 구슬땀을 흘린다. 게다가 성질이 나빠 잘 싸우고, 대오를 이탈해 떼를 지어 울부짖으니, 제어할 대책이 없다.

북쪽 사람들은 무사할 때는 말을 완전히 휴양시킨다. 그 말의 발굽은 아무리 빨리 달려도 말발굽이 이지러지지 않는다. 우리나라 사람들은 말발굽에 편자를 박는데, 그 방법을 누가 처음 만들었는지 알 수는 없지만 그렇게 하지 않는 말이 없다. 이 때문에 말발굽이 단단하지 못하고, 편자가 닳아 이지러지면 걷지도 못한다. 이런 말을 군대에서 사용한다면, 어느 겨를에 편자를 갈아 끼울 수 있겠는가?

이뿐만이 아니다. 장사꾼이 부리는 말은 하루도 쉴 새가 없어서, 쉽게 늙고 오래 살지 못한다. 또 귀한 사람이 타는 말은 달리는 데에 익숙하지 못해서 급한 일이 있을 경우에는 사용할 수 없다.

제주에서 생산되는 말은 본래 대완(大宛)[1]에서 들여온 것인데, 몸집이 높고 크며 번식도 잘 된다. 지금 그 가운데 꽤 좋은 말은 모두 몰아다 복역을 시키고, 남아 있는 것은 모두 노둔하고 약한 것들뿐이다. 그래서 종자가 점점 나빠지고 연약해진다. 북쪽 지역의 나라에서는 암컷이나 거세를 하지 않은 수컷은 매매를 금하고 있다. 이는 대체로 좋은 종자가 외지로 나가는 것을 바라지 않기 때문이다. 그러나 가끔씩 그런 말을 사 오는 사람도 있다. 서북쪽 변방은 인가가 서로 인접해 있으니, 어찌 구해 올 길이 없겠는가?

만약 암수 몇 필을 사다가 섬 안에서 별도로 길러, 과하마(果下馬)[2]와 섞이지 않도록 한다면, 십여 년 뒤에는 점차 늘어나 내빈(騋牝)[3]·

---

1) 서역에 있는 나라 이름. 이 나라에서는 좋은 말이 많이 생산된다고 한다.
2) 우리나라에서 생산되는 몸집이 매우 작은 말을 가리킴.
3) 키가 일곱 자 이상이나 되는 큰 암말을 말함. 『시경』 용풍(鄘風) 「정지방중」(定

경모(駉牡)[4]와 같은 성대함이 있을 것이다. 그러나 우리나라 사람은 이런 계획을 세우는 사람이 없다. 제주에서 생산되는 말은 원(元)나라 때 들여온 것이다. 지금 이런 이유를 들어 상국(上國)[5]에 청한다면 반드시 허락해줄 것이다. 정축년(인조 15, 1637년) 약조(約條)[6]는 지금 고치지 않은 것이 없는데, 오직 이것만 굳게 지키는 것은 무슨 까닭인가?

養馬

馬政 宜倣北俗 爲得 塞外育馬 不飼烹菽 不飲熱粥 任其自吃山野蘆葦 不盖以屋 不被以薦 任其露處 雖無肥澤 性剛勇 耐饑寒 可以不飽而遠達也 牝者皆騸故馴良易使 脫羈靮不逸 不相蹄齧 一人驅數十頭 而惟意不亂羣 騎馳則不待銜勒 隨人指向 雖虎豹當前 亦敢衝冒也 我國之養馬也 溫飽居止 一與人同 故疾驅半晌 已口沫而汗珠 性惡善鬪 亂伍羣嘶 制御無策也 北人 無事則完養 其蹄 駿奔而無缺 我國蹄鐺之術 不知刱自何人 而無馬不然 蹄爲之不靭 鐺缺則廢行 若在軍旅間 何暇施此爲也 不獨於此 商買之畜 無一日之息 馬易衰疲而無壽者 貴廐之養 不習馳驟 緩急 不可賴也 濟州之種 本自大宛 形軀高大 種產繁息 今則其稍駿者 皆驅出服役 留者 皆駑劣細少 漸至惡弱 北市禁牝及不騸者 盖不欲駿產之在外也 然人家往往得之也 西北之界 煙火相接 豈無可求之路 若得牝牡若干 別養於島中 不與果下相亂 十數年間 必將漸繁 有駊牝駉牡之盛矣 但東人之計謀 無能出此耳 濟產 自元祖始 今若擧此 奏請上國 必亦見許 丁丑約條 無不變改 而此獨膠守 何也

은화(銀貨)

재물이 없는 것을 가난이라고 하니, 창고가 텅 비면 가난한 나라가 된다. 곡식과 베만 귀중할 뿐만이 아니라, 금은보화도 마찬가지이다. 이 보화는 완구나 사치품으로 이용하기 위해서가 아니고, 군대에서 빼

之方中)에 "키가 일곱 자 이상이나 되는 큰 암말이 삼천 필이나 된다"[駊牝三千]고 하였다.

4) 살이 찐 수말을 말함. 『시경』 노송(魯頌) 「경」(駉)에 '살이 찐 수말'[駉駉牡馬]이라는 말이 보인다.

5) 청(淸)나라를 말함.

6) 인조(仁祖)가 남한산성에서 항거하다가 나와 삼전도(三田渡)에서 청나라 태종(太宗)에게 항복할 때 맺은 조약을 말한다.

놓을 수 없는 것이다. 제갈량(諸葛亮)¹⁾의 「출사표」(出師表)에 "남쪽 지방이 평정되고, 무기가 넉넉하다"고 했으니, 그 당시 무기가 넉넉해진 것은 반드시 남방의 재물 덕택에 그렇게 된 것이리라.

이뿐만이 아니다. 장간지(張柬之)는 말하기를 "제갈량이 5월에 노수(瀘水)를 건너 금·은·소금·베를 거두어 군수품을 늘리고, 장백기(張伯岐)로 하여금 굳세고 용감한 병졸을 뽑아 무비(武備)를 늘리게 하였습니다. 그러므로 『촉지』(蜀志)²⁾에 '제갈량이 남쪽을 정벌한 뒤로부터 나라의 재정이 부유해지고 무기가 넉넉해졌다'고 하였습니다"³⁾라고 하였다. 대체로 제갈량이 먼 오랑캐 지방에서 괴로움을 겪으면서 칠금(七擒)의 노고⁴⁾를 꺼리지 않은 것은 이런 일을 하기 위해서였던 것이다.

보화 가운데는 금·은이 제일이다. 수고한 병사들에게 상을 주고 격려할 적에 이 금·은이 아니면 불가하다. 더구나 군사를 일으켰을 때 소요되는 군량미는 계속 조달하기가 어려우니, 심산유곡의 산간 마을에서 많은 양이건 적은 양이건 곡식을 사려면 금·은이라야 당장 변통할 수 있다.

우리나라의 은화는 모두 연경(燕京)으로 들어가 다른 물건을 사 오는 데 쓰이고 있다. 하늘이 낸 이 보화를 가지고 비단·음식물·그릇·완구 따위를 먼 나라에서 사들여 옴으로써, 오래지 않아 은화가 다 없어지고 만다. 그리하여 우리나라에서 생산되는 은으로는 부족하기 때문에 일본의 은을 어렵게 사들여 충당한다. 그러므로 국고가 바닥이 난다. 가령 전쟁이라도 일어나게 되면, 어떻게 처치할 것인가?

요즘 연경에서 무역하는 것을 금한다는 소문이 있는데, 무늬가 있는 비단의 수입만 금하고 나머지는 모두 그대로 놔둔다고 하니, 무슨 보탬이 있겠는가? 어떤 이는 깃발이나 의복 같은 것 때문에 무역이 불가피하다고 핑계를 댄다. 그러나 예전에는 수(繡)놓은 것만 있고 비단은 없

---

1) 중국 삼국시대 촉(蜀)의 유비(劉備)를 도와 큰 공을 세운 장수이다.
2) 중국 삼국시대의 역사서인 『삼국지』(三國志) 가운데 촉(蜀)나라 역사를 말함.
3) 이 말은 『신당서』(新唐書) 제120권 「장간지열전」(張柬之列傳)에 보인다.
4) 제갈량이 남쪽 지방을 정벌할 적에 맹획(孟獲)을 일곱 번 사로잡았다가 일곱 번 놓아준 일을 말한다.

었다. 수놓은 것 역시 가는 베에다 수놓은 것이지, 짜서 만든 것이 아니었다. 당시에 이로 인해 일을 하지 못했다는 말은 들어본 적이 없다. 더구나 생사(生絲)는 누에고치에서 나오고, 비단을 짜는 깁[紗]은 생사에서 나오는데, 어째서 비단 짜는 기술은 배우지 않고 굳이 은화로 사오는 것만 중히 여긴단 말인가? 일을 잘 모르는 것이 가끔 이와 같다.

銀貨

無財曰貧 府庫空虛 爲貧國 不獨粟布爲重 貨寶亦與焉 貨寶者 非爲玩好侈靡之用 軍旅之所 不可闕也 諸葛表曰 南方已定 兵甲已足 兵甲之足 必賴南方而得 不獨此也 張柬之曰 諸葛 五月渡瀘 收其金銀鹽布 以益軍儲 使張伯歧 選其勁卒勇兵 以增武備 故蜀志云 自亮南征 而國以富饒 甲兵充足 盖辛苦於不毛之地 不憚七擒之勞者 爲此故也 貨寶者 金銀爲最 其賞勞激勸 非此莫可 又況軍興 所需饋飽難繼 深谷窮閭 多藏少蓄 惟金銀 可以立致也 我國銀貨 盡入於燕貿 以天生寶錠 遠貿錦綺・食物・器皿・玩好之物 不日而弊盡 土産不足 故艱圖日本之銀 以足之 而國儲皆椊 設有兵禍 將何以處之 近聞 有燕貿之禁 而禁止於有紋之錦 餘皆依舊 終何補哉 人或以旗旆章服 爲誘 古者 有繡而無錦 繡亦絺繡 而非刺紋也 當時 未見闕事 況絲出於蠶 錦穀出於絲 何不效學其術 而必以銀貨重貿耶 其魯莽 種種如此

염철론(鹽鐵論)[1]

내가 「염철론」(鹽鐵論)을 살펴보건대, 그 당시에 초빙된 어질고 문학이 있는 이들은 정치하는 방법을 아는 훌륭한 선비들이었다. 그런데 애석하게도 그들을 파직시켜 돌려보내고, 다시는 그들의 의견을 듣지 않았다.

이 「염철론」의 내용은, 검소함을 숭상하고 간사함을 금지하여 백성과 더불어 좋고 나쁨을 함께 하자는 것에 지나지 않으니, 가의(賈誼)[2]

---

1) 전한(前漢) 소제(昭帝) 때 소금과 쇠에 대해 국가에서 전매(專賣)하는 문제를 논한 책이다. 당시 승상 차천추(車千秋), 어사대부 상홍양(桑弘羊) 등과 전국에서 초빙된 60여 명의 학자들이 조정에 모여 토론한 것을 환관(桓寬)이 엮어 편찬한 것이다.
2) 한 문제(漢文帝) 때 태부(太傅) 벼슬을 지낸 인물로, 나라를 다스리는 방안에 대

의 상소와 그 뜻이 같다. 당시 한(漢)나라는 건국된 지 오래지 않았다. 한 문제(漢文帝) 때의 검소하게 절약하는 풍조를 이어받은 시점인데, 무엇 때문에 사치한 풍속이 이 지경에까지 이르렀단 말인가?

이 「염철론」의 내용에 다음과 같은 말이 있다.

예전에 평민들은, 집안에서는 잔치하며 즐긴다는 소문이 없었고, 문밖으로 나와서는 편안하게 놀러 다니는 것을 볼 수 없었다. 나다 닐 때는 식량을 짊어지고 다녔고, 머물러 있을 때는 김을 맸다. 용도를 절약하여 재물이 넉넉했고, 근본을 닦아 백성이 부유했다. 상(喪)을 당해도 슬픔을 앞세우고 화려하게 하지 않았으며, 부모를 봉양할 적에도 정도를 알맞게 하고 사치하게 하지 않았다.

그런데 지금의 평민들은 무늬가 있는 술잔을 쓰고, 그림이 그려진 탁자를 쓴다. 종과 첩들도 비단옷을 입고, 실로 짠 신발을 신는다. 평범한 서민들도 쌀밥과 고기를 먹는다. 재물이 없으면서도 있는 척하고, 가난하면서도 잘 사는 척한다. 부모가 살아 계실 때는 잘 봉양하지 않으면서, 죽고 나면 후하게 장사지낸다. 그래서 장사를 치르고 나면 집안 살림이 다 없어지고 만다. 그리고 딸을 시집보낼 때에도 수레에 가득 실어 보낸다. 부유한 자는 지나치게 하려고 하고, 가난한 자는 그런 풍속을 따라가려고 애쓴다. 그러므로 백성들은 흉년이 들면 살아남기 힘든데, 부끄러움을 알고 청렴하게 하는 이가 적다.

부유한 자가 말 한 필을 기르는 데 중간층 여섯 식구의 식량이 소비되고, 장정 한 사람의 일이 허비된다. 예전에는 서민들이 좁쌀밥과 나물국으로 끼니를 이었다. 향음주례(鄕飮酒禮)[3]를 베풀 때나 누제 (腰祭)[4]·납제(臘祭)[5] 때가 아니면 술과 고기를 먹지 못했다. 그런데

해 상소를 올린 것으로 유명하다.

3) 주(周)나라 때 지방에서 3년 동안 학업을 닦은 사람 가운데 우수한 자를 임금에게 천거했는데, 그를 송별할 때 그 고을의 대부들이 베풀어주던 연회를 말한다.

4) 8월에 곡신(穀神)에게 지내는 제사임.

5) 섣달에 선조에게 지내는 제사임.

지금은 마을에 아무 일도 없는데 짐승을 잡아가지고 야외에서 모인
다. 그래서 곡식을 짊어지고 가고, 고기를 둘러메고 간다. 돼지 한 마
리 값을 따지면, 평년에 수확하는 열다섯 말의 곡식과 맞먹고, 장정
한 사람의 반달치 식량이 없어지는 것이다.

예전에는 사람이 죽어 장사를 지낼 때 무덤도 만들지 않고 나무도
심지 않았으며, 침실에서 제사를 지내고 위패를 사당에 모시지도 않
았다. 그런데 후세에는 서인의 무덤도 그 높이가 반 길쯤 되어 사람
이 숨을 만하며, 지금의 부유한 자는 흙을 쌓아 산처럼 크게 무덤을
만들고, 나무를 심어 숲을 이루게 한다. 부모가 살아 계실 때는 사랑
과 공경을 극진히 하지 않다가, 돌아가시면 무덤을 화려하게 만드는
것을 서로 숭상한다. 부모의 상을 당해 슬퍼하는 마음이 없더라도
장사를 후하게 지내고 폐백을 중히 하는 것을 효도라고 생각한다.

궁실을 사치하게 하는 것은 재목의 좀이고, 기구를 사치하게 하는
것은 재물의 좀이고, 의복을 화려하게 하는 것은 옷감의 좀이고, 개
와 말에게 사람의 음식을 먹이는 것은 오곡(五穀)의 좀이고, 입맛에
맞도록 맛있는 것만 먹는 것은 어육(魚肉)의 좀이고, 수입보다 지출
이 많은 것을 금하지 않는 것은 전야(田野)의 좀이고, 비용을 절약하
지 않는 것은 창고의 좀이고, 상(喪)을 당하고 제사를 지낼 때에 절
도가 없는 것은 삶을 해치는 좀이다.

눈으로는 오색(五色)을 다 보고, 귀로는 오음(五音)을 다 듣고, 몸
에는 가볍고 화려한 비단옷을 입고, 입에는 맛있고 연한 음식을 먹
으며, 쓸데없는 일이나 하고, 급하지 않은 데에 재물을 탕진한다. 그
러므로 나라가 병드는 것이다.

「염철론」에 실린 말을 다 기록할 수 없다. 이는 모두 오늘날 우리나
라의 풍속과 흡사하다. 지극히 경계하고 살펴볼 일이니, 신중하게 보아
야 할 것이다.

鹽鐵論

余考鹽鐵論 其所招賢良文學 必是識治之高賢 惜乎 罷還 不復聞也 其大要
不過崇儉禁邪 與百姓同其好惡 實與賈傳疏同條共貫也 是時 漢興不久 承文帝

節損之餘 何故俗之侈靡 至於此極 其言曰 往者 常民 入無宴樂之聞 出無佚遊之
觀 行則負贏 止則鉏耘 用約而財饒 本修而民富 送死 哀而不華 養生 適而不奢
今常民 文杯畫案 婢妾衣紈履絲 匹庶粺飯食肉 無而爲有 貧而强夸 生不養 死厚
葬 葬死殫家 遣女滿車 富者欲過 貧者欲及 是以 民年急歲促 寡恥而少廉 富者
一馬伏櫪 當中家六口之食 亡丁男一人之事 古者 庶人糲飯藜藿 非鄉飲酒・臘
臘祭祀 無酒肉 今閭巷 無故烹殺 相聚野外 負粟而往 挈肉而歸 一豕之肉 得中
年之收十五斗粟 當丁男半月之食 古者 不封不樹 祭於寢 無廟堂之位 後則庶人
之墳 半仞其高 可隱 今富者 積土成山 列樹成林 生不能致愛敬 死以奢侈相高
雖無哀慽之心 厚葬重幣者 以爲孝 宮室奢侈 林木之蠹也 器械奢侈 財用之蠹也
衣服靡麗 布帛之蠹也 狗馬食人食 五穀之蠹也 口腹縱恣 魚肉之蠹也 漏籍不禁
田野之蠹也 費用不節 府庫之蠹也 喪祭無度 傷生之蠹也 目修五色 耳營五音 體
極輕薄 口工甘脆 功積於無用 財盡於不急 故國病矣 其說 不可盡錄 此皆方之今
俗 極爲警省 宜諦看

마정(馬政)[1]

당(唐)나라 때에 장만세(張萬歲)에게 암말 3천 필을 맡겨 농우(隴右)
지역에서 기르게 했는데, 잘 번식하여 70만 필에 이르렀다. 이는 수백
배가 넘는 셈이니, 그 당시에는 비단 한 필로 말 한 필을 바꾸던 때이
다. 당 현종(唐玄宗)이 왕모중(王毛仲)에게 명하여 내외의 모든 말 기
르는 곳을 감독하게 했는데, 뒤에 43만 필의 말을 보유하게 되었다. 두
보(杜甫)[2]의 「사원행」(沙苑行)이란 시에 다음과 같은 구절이 있다.

옛날 태복(太僕)[3] 장 경순(張景順)[4]은,
망아지를 잘 키워 준마로 만들었네.
천육(天育)이라는 우두머리 종을 시켜,
재빠르고 좋은 말을 각별히 기르게 했네.

---

1) 국가에서 말을 기르는 정사(政事).
2) 중국 당나라 때의 유명한 시인.
3) 말이나 수레 등을 맡아 다스리던 벼슬 이름.
4) 장만세를 가리킴. 경순은 그의 자(字)이다.

당시에 늘어난 말 40만 필이 넘었으나,
장공은 그의 재주가 낮다고 탄식했네.

왕모중은 본래 고려 사람으로서 당 현종의 궁노(宮奴)가 되었다가, 공을 세워 지위가 장군에까지 오른 사람이다. 그래서 송경(宋璟)[5]은 그와 같은 자리에 앉는 것을 부끄럽게 여겼다. 그러나 그에게는 비자(非子)[6]와 같은 공이 있고, 또 훌륭한 재주가 많았기에 두보가 그의 이름[名]을 말하지 않고 자(字)를 일컬은 것이리라.

대체로 좋은 말은 서역(西域)에서 생산되니, 월지국(月底國)이나 대완국(大宛國) 같은 나라에서 징험할 수 있다. 고려에서 생산되는 과하마(果下馬)는 예로부터 키는 작아도 재빠름은 천하에 으뜸이라 일컬었다. 이는 지역적 특성 때문에 그런 것이다. 그런데 목장에서 기르는 말은 적고, 집에서 기르는 말은 많다. 들에서 방목하는 말은, 물을 마시고 풀을 뜯어먹는 데에 불편함이 없고, 치달리는 데에도 익숙해서 전쟁에 쓸 수가 있다. 그러나 집에서 기르는 말은, 부지런히 더러운 오물을 털어주고 꼴이나 콩을 배부르게 먹이며, 추우면 덮어주고 더우면 가려주어 풍상(風霜)에 시달리지 않기 때문에 근육이나 골격이 연약하다. 이런 말을 하루아침에 갑자기 황야에 풀어놓는다면, 반드시 여위고 병들어 무력하게 될 것이다.

또 이보다 더 해로운 것이 있다. 말발굽에 쇠로 된 편자를 박아 부려서, 일년 내내 쉴 겨를이 없다. 집에 들어오면 우리 안에 가두고, 밖으로 나가면 무거운 짐을 짊어지고 다니니, 어찌 쉽게 늙어 죽지 않겠는가? 그러므로 맨 처음 말발굽에 편자를 박는 방법을 창안해낸 자는 마정(馬政)의 죄인인 것이다.

요즘 호랑이의 피해가 날로 심해지고 있다. 인명(人命)에만 피해가 많을 뿐 아니라, 목장에도 반드시 큰 걱정이 될 것이다. 예전에는 산골짜기 높고 건조한 곳에 목장을 설치한 까닭에 말이 굳세고 용감하였다.

---

5) 당나라 때 어진 정승으로 이름난 사람이다.
6) 주(周)나라 효왕(孝王)의 신하로 말을 잘 길렀다고 함. 이름은 성보(成父)이다.

그런데 지금은 반드시 바다에 있는 섬에다 목장을 설치하니, 말의 품질이 점점 연약하게 되는 것은 당연한 일이다.

경기도 어느 고을에서는 호랑이에게 물려 간 사람이 셀 수 없이 많다고 한다. 이것이 외적의 침입과 무엇이 다르겠는가? 주공(周公)[7]은 동쪽 지방을 정벌할 적에 사나운 짐승부터 몰아냈다.[8] 지금도 반드시 호랑이를 제거하는 제도를 별도로 세워 군공(軍功)을 세운 것과 같이 해야 한다. 그리하여 공을 세운 사람은 변방을 지키는 장수로 삼고, 차례대로 승진시켜 그 지방의 수령으로 삼아야 한다. 그리고 호랑이의 씨를 말린 뒤에, 목장을 널리 열어야 한다. 장만세나 왕모중처럼 말을 잘 기르는 자가 있으면, 위로와 포상을 아끼지 말아야 한다. 이것이 바로 오늘날의 급선무로서 방치할 수 없는 일이다.

馬政

唐時 以牝馬三千匹 命張萬歲 掌牧於隴右 繁息 至七十萬匹 則數百有餘倍 當時以一縑易一馬矣 玄宗命王毛仲 監內外閑廐 後有馬四十三萬匹 杜甫沙苑行 所謂伊昔太僕張景順 考牧攻駒閱淸駿 遂令大奴字天育 別養驥子憐神俊 當時四十萬匹馬 張公嘆其才盡下者 是也 毛仲本高麗人 爲玄宗宮奴 以功位至將軍 宋璟恥作座客 然有非子之功 其才有足多者 甫所以稱字也 大抵善馬出於西國 如月氏・大宛 可驗 古稱高麗產果下馬 其細小 冠於天下 土性然也 加之場牧尠 而家畜多 牧於野者 安於水草 習於馳驟 爲臨敵之用 養於家者 勤剪拂 飽菽豆 寒衣而暑蔭 不識風霜 筋骨脆弱 若一朝放之荒野 必羸瘁無力矣 又有甚害者 蹄有鐵鐕 終歲無休息 入則牢閉 出則負重 馬安得不易以老死 故始作蹄鐕者 馬政之罪人也

近世 虎害日甚 不獨人命多損 必爲牧場之大患 古者 設牧於山峽高燥之地 馬所以剛勇 今必在海島中 稟氣之弱劣 宜矣 畿縣之中 民爲虎噉者 無筭 與外寇何別 周公之東征 必先驅猛獸而遠之 今必別立除虎之制 與軍功等 爲邊堡管將 以次陞之守令 至虎無子遺 然後廣開牧場 得如萬歲・毛仲者 不惜勞賞 卽時務之不可已者

---

7) 중국 주나라 문왕(文王)의 아들로 주나라의 문물제도를 완비한 사람이다. 공자가 이 분을 대단히 흠모하였으며, 후대에 성인으로 일컫는다.
8) 주공은 문왕・무왕(武王)・성왕(成王)을 도와 주나라 왕실을 안정시킨 사람으로, 조카 성왕이 즉위한 뒤 동쪽 지방에 있던 회이(淮夷)가 반역하자, 나아가 이들을 정벌하였다.

봉순(蜂巡)[1]

나는 벌을 기르면서, 옛날 천자(天子)가 순수(巡狩)[2]한 데에는 그 의미가 있다는 것을 알았다. 벌 가운데 왕벌이 있는데, 이 왕벌은 다른 벌들을 비호해주고 방어해줄 지혜와 힘이 있는 것이 아니다. 단지 편안하게 살면서 아랫벌들이 먹여주기를 기다릴 뿐이다. 그러나 아랫벌들은 이 왕벌을 친히 여기고 기꺼이 죽기까지 하는데, 마치 그렇게 하고 싶어서 그러는 듯하다. 그렇지만 이 왕벌이 없다면, 다른 벌들은 떼를 이룰 수 없어서 목숨을 보전할 길이 없다.

그 벌들이 날마다 하는 짓을 살펴보건대, 왕벌은 아무것도 마음을 쓰는 것이 없는 듯하다. 그러나 아랫벌들은 왕벌의 동정(動靜)을 반드시 지켜보는 모양이다. 벌들이 떼를 지어 윙윙거리며 날 때에, 왕벌이 그 안에서 순행을 하고 있음을 알 수 있다. 날마다 한낮이 지나면 반드시 그렇게 한다. 이런 뜻으로 미루어보건대, 왕벌도 한 마리 벌일 뿐이다. 왕벌이 한 구멍에 처박혀 있기만 하고 아무런 지모(智謀)도 없다면 아랫벌들이 무엇으로 왕벌이 있는지 없는지를 알겠는가?

왕벌이 때때로 나와 순행을 하며 경계를 하여 마음과 뜻을 서로 통하게 하고 위와 아래가 서로 견고해지도록 하는 것은, 그만둘 수 없는 일이다. 그렇지 않다면 비록 흙으로 빚거나 나무를 깎아서 왕벌의 형상을 만들어놓더라도, 벌들이 또한 그것을 떠받들며 깨닫지 못할까? 어찌 이런 이치가 있겠는가?

蜂巡

余養蜂 而知古者巡狩之有其義也 蜂之有君 非有智與力之能庇禦于衆 特安居而待其下之供給 其下之親上死長 如嗜欲然 然無此君蜂 亦不能成羣 無以保守永命也 迹其日用事 爲其君 疑若無所用心 然君之動靜 衆必以之觀 羣蜂喧鬧飛繞 則知其君之內有巡動也 每日過亭午 則必然 以意推之 君亦一蜂耳 蟄在一窠 無所猷爲 羣下何從而知其有無 必時出巡警 使心意相接 上下相固 不可以但已者也 不然 雖搏土刻木 像其形而投之 蜂亦共尊而不覺耶 寧有是理

---

1) 왕벌의 순행(巡行).
2) 임금이 나라 안을 두루 돌아다니며 정치의 잘잘못을 살피던 일.

관물(觀物)[1]

『주역』에 "지향하는 것이 같으면 끼리끼리 모이고, 사물은 부류로 나누어진다"[方以類聚 物以群分][2]고 하였다. 이는 이 세상의 모든 형상이 다 그렇다. 그래서 눈길이 닿는 곳마다 그런 것을 느끼게 된다.

나는 어느 날 우연히 늪에 나갔다가 물새가 떼를 지어 모여드는 것을 보았다. 거기에는 기러기·오리 등이 모두 함께 있었다. 그들은 모두 물을 좋아하고 구하는 먹이가 있기 때문에 놀 때에도 함께 무리를 지어 논다. 이것이 『주역』에 이른바 '지향하는 것이 같으면 끼리끼리 모인다'는 것이다.

또한 그들은 타고난 생김새가 각각 다르기 때문에 기러기는 기러기를 따라다니고, 오리는 오리를 좇아날면서 무리[3]를 이루었다. 이는 『주역』에 이른바 '사물은 부류로 나누어진다'는 것이다.

새들은 구름 속을 날기도 하고 물가에 내려앉기도 하면서 그 사이를 마음대로 오가며 사는데, 그들의 의향이 모두 같지는 않을 것이다. 그러나 한 기러기가 일어나면 뭇 기러기가 그를 따르고, 한 오리가 내려앉으면 뭇 오리가 함께 내려앉는다.

날아갈 때에도 한 마리가 동쪽으로 날아가면 모두 그 뒤를 따라 동쪽으로 날아가고, 하나가 서쪽으로 날아가면 모두 역시 그렇게 하기 때문에 떼를 지어 난다. 이는 사사로운 마음이 없어서 그런 듯하다. 또 깃들이어 잘 때에도 무리가 많지 않으면 내려가고 싶어도 내려가지 않고, 반드시 무리가 많이 모인 데를 찾아간다. 이는 서로 화합하는 것인 듯하니, 그 정상이 기뻐할 만하다. 사물을 보면 터득함이 있다는 말이, 어찌 빈말이겠는가?

觀物

易日 方以類聚 物以羣分 萬象皆然 觸眼有覺 一日 偶至陂澤之地 水鳥羣至 鴈鴨之屬 咸在 其志皆喜水而有求 故其遊戱與同 方以類聚也 分形旣別 故鴈從

---

1) 사물을 관찰한다는 뜻임.
2) 이 대목은 『주역』「계사 상」(繫辭上)에 보인다.
3) 『성호사설』에는 '대진'(隊陳)으로 되어 있는데, 이는 '대진'(隊陣)의 오자인 듯하다.

鴈行 鴨從鴨飛 各有隊陣 物以羣分也 彼居雲水之間 任往任來 其意向 未必皆同
而一鴈起 則羣鴈從之 一鴨至 則羣鴨與同 其飛也 一東則衆隨而東 一西則衆亦
如之 所以成羣 此似無私 其止宿也 羣不多 則欲下而不下 必尋衆聚而歸焉 此似
於和同 情狀可喜 觀物有得 豈虛語哉

논화형사(論畵形似)[1]

소 동파(蘇東坡)[2]의 시에 다음과 같은 구절이 있다.

그림은 형체만 같게 그리면 된다고 하는데,
이런 소견은 어린애의 소견과 다를 바 없다.
시를 지을 때도 경물을 그대로 노래하니,
이런 사람은 정말 시를 모르는 사람이다.

후세의 화가들이 이 시를 종지(宗旨)로 삼아 연한 먹물로 거칠게 그
림을 그려서, 그 사물의 본질과 어긋나게 되었다. 지금 "그림을 그릴
적에는 형체가 같지 않아도 되고, 시를 지을 때에는 실제의 경물(景物)
을 노래하지 않아도 된다"고 한다면, 그것이 말이 되겠는가?

우리 집에 소 동파가 그린 묵죽(墨竹) 한 폭이 있다. 가지 하나, 잎
하나 모두 실제의 대나무와 꼭 같다. 이것이 바로 진경(眞景)을 그렸다
는 것이다. 정신(精神)은 형체 속에 들어 있다. 형체가 같지 않으면, 그
속에 정신이 제대로 전해질 수 있겠는가? 소 동파의 위의 시는, 대체로
형체만 같게 하고 정신이 결핍되면 비록 실물과 같을지라도 광채가 없
다는 점을 말하고자 한 것이다.

나는 이렇게 생각한다. 그림은 정신이 담겨야 하는데 형체가 같지
않으면 어찌 실물과 같을 수 있겠으며, 또 광채가 있어야 하는데 다른
물건처럼 되면 어찌 실물이라 할 수 있겠는가?

---

1) 그림을 그릴 적에 형상만 같게 한다는 것을 논함.
2) 송나라 때의 문인인 소철(蘇轍)을 말함.

論畵形似

東坡詩云 論畵以形似 見與兒童隣 賦詩必此物 定非知詩人 後世畵家 得以爲宗旨 淡墨麤畵 與眞背馳 今若曰 論畵形不似 賦詩非此物 其成說乎 余有家藏東坡墨竹一幅 一枝一葉 百分肖似 乃所謂寫眞也 神在形中 形已不似 神可得以傳耶 此云者 盖謂形似而乏精神 雖此物而無光彩也 余則曰 精神而形不似 寧似 光彩而他物 寧此物

피지상심(披枝傷心)[1]

시골에 사는 사람이 과일나무를 심는데, 처음부터 아주 총총히 심었다. 어떤 사람들이 그것을 보고 말하기를, "나무를 너무 총총히 심으면 열매가 열리지 않습니다." 하였다.

그가 대답하기를, "처음부터 총총히 심으면 가지가 많이 생기지 않습니다. 가지가 많이 생기지 않으면, 나무가 반드시 잘 자라게 됩니다. 나무가 점점 자라난 뒤에, 그 가운데서 발육 상태가 좋지 않은 것을 가려 일정한 간격을 두고 뽑아버립니다. 이와 같이 하면, 나무가 오래 살고 열매도 많이 맺히며, 목재로 쓰는 이로움도 있습니다. 이렇게 하지 않고 처음부터 간격을 넓게 심으면, 자라기도 전에 가지만 많아지고, 반드시 높게 자라지도 않습니다. 그래서 옆으로 뻗은 가지를 베어버리게 되는데, 그러면 그 때문에 병충이 생겨 나무가 곧바로 말라죽게 됩니다." 하였다.

내가 이 말을 듣고 실험해보았더니, 과연 그랬다. 가지를 잘라낸 곳은 반드시 썩는다. 또 물이 썩은 곳을 통해 들어가면, 나무 속까지 상하게 된다. 점점 썩어감에 따라 벌레가 그 안에 생기게 되니, 나무가 어찌 오래 살 수 있겠는가?

내가 우연히 「범수전」(范雎傳)[2]을 읽다가, 다음과 같은 말을 보았다. "나무에 열매가 많이 열리면 가지를 부러뜨리게 된다. 가지가 부러지면

---

1) 나무는 가지를 꺾으면 속이 상한다는 뜻.
2) 사마천(司馬遷)이 지은 『사기』(史記)의 「범수열전」(范雎列傳)을 말함. 범수는 전국시대 위(魏)나라 사람이다.

나무 속까지 상하게 된다." 이는 대체로 나무에 열매가 많이 열리면 가지가 부러진다는 말인데, '부러진다'[披]는 말은 가지를 꺾어 찢어버린다는 뜻이다. 가지가 부러지게 되면 바로 썩게 되어 벌레가 생기고, 속까지 썩어 말라죽게 된다. 이런 이치를 예전 사람들은 먼저 깨달았던 듯하다.

披枝傷心

鄕社有人 種果樹 始甚密 人曰 樹密則不實 答云 始密則枝不繁 枝不繁則長必苗 竢其漸長 而別其劣者 間去之 如此 樹壽而多實 兼有用材之利也 不然 稚而多枝 長必不高 隨而刊除旁柯 則因此病蠹 而樹便枯死矣 余聞而驗之 果然 凡有斫枝 其痕必朽 水從朽入 其心必傷 駮駮然腐敗 而蠹生其間 樹安得壽哉 偶讀范雎傳 云木實繁者 披其枝 披其枝者 傷其心 蓋實繁則枝折 披者 折而披裂之謂也 俄成朽蠹 至於心傷而枯死 古人 蓋先得耳

병기(兵器)

병기(兵器)는 성인(聖人)이 신중히 여긴 것이다. 병기가 편리하고 날카롭지 않으면, 전쟁할 때 자기의 군사를 적에게 내주는 격이 되기 때문이다. 『주례』(周禮) 동관(冬官)[1]에는 군대에서 쓰이는 수레·갑옷·창·활·화살 따위의 병기들에 관해 많이 적어놓았는데, 그 재료의 좋고 나쁨, 제도의 길고 짧음, 그리고 가볍고 무겁고, 두껍고 얇고, 강하고 약하고, 굽고 휘고, 작고 크고 한 것들에 대해 분촌(分寸)을 비교하고 미세한 부분까지 살펴 상세하면서도 신중하게 기록해놓았다. 그런데도 오히려 실제로 쓰는 데 흠이 있지나 않을까 두려워하고 있으니, 그 뜻이 지극히 깊다.

지금 우리나라의 경우, 각 고을은 말할 것도 없고, 서울의 무기 창고에 쌓아둔 병기조차도 어느 하나 쓸 만한 것이 없다. 우선 화살제도를 가지고 시험삼아 말해보겠다. 평상시 활 쏘는 연습을 할 때, 모두 촉이 없는 화살을 사용하기 때문에 집집마다 화살을 많이 저장해두어 좋은

---

1) 『주례』는 천관(天官)·지관(地官)·춘관(春官)·하관(夏官)·추관(秋官)·동관(冬官)으로 구성되어 있는데, 동관은 일찍이 없어지고 대신 고공기(考工記)로 보충해놓았다. 동관은 후대의 관제(官制)로 치면 공조(工曹)에 해당된다.

대나무만 허비하고 있다. 이는 예전에 없었던 제도이니, 매우 애석하게 여길 만한 일이다.

또 유엽시(柳葉矢)란 것이 있는데, 이는 모두 대나무를 불에 달궈 껍질을 벗겨내고 만든 것이다. 그러므로 비나 이슬을 맞게 되면 쓸 수가 없다. 심지어 군중(軍中)에서 쓰는 물건 중에 호창(虎韔)이라는 것이 있는데, 이는 독수리 날개의 깃을 써서 문채 나게 꾸민 것으로 대우전(大羽箭)이라 한다. 이는 값이 보통 화살보다 10배나 더 비싼데, 아무리 멀리 쏘아도 1백 보(步)를 날아가지 못한다. 이런 물건을 과연 어디에 쓰려고, 귀한 돈을 허비하면서 만든단 말인가?

태조(太祖)[2]도 동정(東亭)[3]과 함께 황산(荒山)[4]에서 왜(倭)를 칠 때, 모두 대우전을 사용하였다. 살펴보건대, 「용비어천가」(龍飛御天歌)[5]에 "태조는 큰 초명적(哨鳴鏑)[6]으로 쏘길 좋아했다. 싸리나무로 대를 만들고, 학의 깃으로 넓고 길게 날개를 달았으며, 사슴뿔로 촉을 만들었는데 크기가 배[梨]만 하였다. 촉이 무겁고 대가 긴 것이 보통 화살과 같지 않았다"[7]라고 하였다. 이는 정신과 용력(勇力)이 뛰어난 사람만이 썼던 듯하니, 보통 사람들이 쓰던 제도로 예를 들 수는 없다.

화살은 깃을 많이 달면 날아가는 힘이 더디고, 깃을 적게 달면 날아가는 힘이 빠르다. 그러므로 깍지에 끼고 흔들어서 그 깃의 많고 적음을 살핀다. 그러나 옛날과 지금은 풍속이 다르고 사람의 하는 일도 점점 솜씨가 더해지는 법인지라, 싸리나무로 만든 화살과 돌로 만든 화살촉은 지금 하등(下等)의 물건이 되었으니, 이 또한 알 수 없는 일이다.

화살을 만들 적에는 무신(武臣)으로 하여금 좋은 재료를 가리고, 만

---

2) 조선 왕조의 태조인 이성계(李成桂)를 가리킨다.
3) 고려말의 권신 염흥방(廉興邦, ?~1388)의 호이다.
4) 현 전라도 남원군 운봉면에 있는 산 이름. 이성계는 1380년 전라도·경상도 지방을 노략하던 왜구를 황산에서 크게 물리쳤으니, 이른바 황산대첩(荒山大捷)이다.
5) 세종(世宗) 때 정인지(鄭麟趾, 1396~1478) 등이 왕명에 의해 만든 이조(李朝)의 창업을 찬양한 노래이다.
6) 쏘면 소리가 나게 되어 있는 화살.
7) 이 대목은 「용비어천가」 제5권 제27장에 보인다.

드는 공정을 잘 살피게 해서, 무딘 것은 버리고 날카로운 것만 취해 쓰도록 해야 한다. 그리고 옛 서적을 이리저리 참고하여 고공기(考工記)[8]의 설처럼 별도로 한 편의 글을 만들어서 왕부(王府)[9]에 간직해두고 살펴보면, 반드시 그를 통해 병기를 만드는 표준을 삼을 수 있을 것이다. 기타 쓸모 없는 병기는 일절 만들지 못하도록 법으로 금지시킨다면, 어찌 도움이 되지 않겠는가?

兵器

兵者 聖人之所愼 器不便利 以其卒與敵也 周禮冬官一篇 大抵多軍旅之需 車·甲·矛·戟·弓·矢之類 其用材之苦良 制度之長短 輕重·厚薄·鴻殺·倨勾·細大 較其分寸 察其微密 詳錄而謹書 惟恐其或失於實用 意至深也

今我國 則州縣勿論 只京師武庫之儲者 無一可用 試以矢制言 平時習射 皆用無鏃 家家多藏 虛費良竹 此古所無者也已 甚可惜 而又有柳葉矢者 皆火鍛竹幹 剝去其皮 至暴露雨露 則不可用 至軍中虎韔之需 鷔翎彩飾 爲大羽箭 價重十倍 而遠不及百步 此物 果何爲 而費錢造成乎 太祖東亭及荒山之擊倭 皆用大羽箭 按龍飛御天歌 太祖好射大哨鳴鏑 以楛爲幹 羽之以鶴翎 濶而長 麋角爲哨 大如梨 鏃重而幹長 不類常矢 此恐神勇所用 不可以常規例之

凡矢 羽豐則遲 羽殺則趮 是以 夾而搖之 以視其豐殺之節也 然古今殊俗 人功漸巧 楛矢石弩 於今爲下 是未可曉也 宜令武臣 擇材審工 舍鈍取利 參互古書 別爲文字 如考工記之說 藏之王府閱視 則必擧以爲準 其他無用之器 有法禁絶 豈不有補乎

학사 단간(鶴沙短簡)[1]

무슨 일이든 근본을 잊지 않는 것이 예(禮)이다. 모든 물건은, 옛날에는 검소하던 것이 지금 와서는 사치해졌다. 그러므로 예전의 것을 생각하면 사치한 마음이 줄어들지만, 요즘에 유행하는 것만 따르면 사치하는 마음이 점점 높아지게 마련이니, 결국 어떤 일인들 못할 짓이

---

8) 『주례』 동관이 없어진 뒤 대신 보충해놓은 글. 주로 각종 병기를 만드는 방법과 제도에 대해서 기록한 것이다.
9) 궁중의 서고(書庫)를 말함.
1) 학사(鶴沙) 김응조(金應祖, 1587~1667)가 보낸 짧은 편지.

없게 될 것이다.

옛날에는 문자를 쓸 때, 대쪽[竹簡]에다 옻으로 썼기 때문에 글자 모양이 올챙이[蝌蚪]처럼 되었다. 그 당시 글자를 쓰기 어렵고 괴롭던 상황을 상상해볼 수 있다. 요즘 사람들은 문방구가 지천으로 흔해 종이를 마구 쓰며 조금도 아끼지 않으니, 이는 옛것을 생각지 않는 데서 생긴 폐단이다.

우리 왕고(王考)[2]께서 성천부사(成川府使)[3]로 계실 때, 방백(方伯)[4]이 바로 학사(鶴沙) 김응조(金應祖)[5]였다. 그분이 우리 왕고에게 보내온 편지 한 장이 지금까지 상자 속에 보관되어 있는데, 그 크기가 주척(周尺)[6]으로 세로는 9치(寸), 가로는 1자[尺] 2치에 불과하며, 종이도 품질이 얇고 거칠다. 평안도는 서쪽의 부유한 지방이고, 감사는 존귀한 신분인데 재정을 이와 같이 절약했으니, 당시의 풍속을 짐작할 수 있겠다.

요즘 수령들이 친구에게 보내는 편지를 보면, 품질이 가장 나쁘다는 종이도 길이·넓이·두께가 이보다 갑절이나 되니, 종이 값만 따져도 예전 것보다 7~8배는 될 것이다. 그런데 권력을 가진 귀한 신분의 사람에게 보내는 편지는 이보다 더 좋은 것을 쓰니, 값을 따지면 몇 곱절이나 더 비쌀 것이다. 중국 사람이 쓴 편지를 보면, 어찌 이렇게 호화로운 종이에 쓴 것이 있던가? 종이는 사대부 자신이 직접 만드는 것이 아니다. 종이를 만드는 비용은 반드시 민간에서 나오는데, 윗사람은 이 점을 걱정하지 않는다. 백성들의 살림을 어렵게 하는 정사를 이 종이 한 가지만 봐도 알 수 있다.

정치를 하는 데 밝지 못함은 공정하지 못한 데서 연유하고, 공정하지 못함은 청렴하지 못한 데서 연유하며, 청렴하지 못함은 검소하지 못

---

2) 돌아가신 할아버지를 일컫는 말로, 여기서는 성호의 조부인 이지안(李志安)을 가리킨다.
3) 성천(成川)은 평안도에 속한 고을이다.
4) 각 도(道)의 감사(監司)를 말함. 여기서는 평안도 관찰사를 가리킨다.
5) 자는 효징(孝徵), 호는 학사(鶴沙), 본관은 풍산(豊山)이다. 1587년에 출생하여 1667년에 졸하였다. 유성룡(柳成龍)·장현광(張顯光)에게 배웠으며, 문과 시험에 합격하여 대사간(大司諫)·한성부 우윤(漢城府右尹) 등을 지냈다.
6) 주(周)나라 때 쓰던 자[尺].

한 데서 연유하고, 검소하지 못함은 안분(安分)하지 못하는 데서 연유한다. 참으로 안분하려고 한다면, 근본을 생각하는 것이 가장 중요하다. 물건은 반드시 검소함을 근본으로 하고, 몸은 반드시 천함을 근본으로 한다. 자신이 귀하게 되어도 지난날 천할 때를 생각하여 검소함을 행한다면, 공명(公明)이 저절로 그 속에 있을 것이다. 그러면 나라를 다스리는 데 무슨 어려움이 있겠는가?

옛날 진시황이 저울로 글의 무게를 달아 하루의 할당량을 정해주었다[7]고 하니, 이는 당시의 서책에 반드시 일정한 무게가 있었기 때문일 것이다. 지금도 종이의 무게를 일정하게 정해서 어기는 자에게 가차없이 죄를 준다면, 백성들에게 반드시 도움이 될 것이다. 우연히 소장품을 보다가 느낀 점이 있어서 적어놓는다.

鶴沙短簡

事不忘本 禮也 凡物 古儉今奢 故念故則侈心節 循今則轉轉相高 將無所不至矣 古者 寫字用竹簡柒汁 形似科斗 其艱苦可想 今人文房之具 已濫矣 爛用紙片無所顧惜 此不念古之害也 余王考 任成川府時 方伯卽金鶴沙應祖 其投抵一簡留在篋中 以周尺度之 縱九寸 橫不過尺二寸 紙亦薄劣 以西方之富饒 監司之尊貴 節財如此 時俗可知 今之守宰贈遺知舊 其甚劣者 長廣厚薄 必倍加於是 則費格七八倍矣 其於權貴 又不啻數倍 余見中華人札翰 何嘗如此 此物 非士大夫所自作 必財出於民 而上不恤也 民之煩費 擧隅可見 夫爲治 不明由不公 不公由不廉 不廉由不儉 不儉由不安分 苟欲安分 念本爲要 物必本儉 身必本賤 以賤行儉公明自在其中 於爲國 何有 昔秦始皇 以衡石自程 當時方策 必有輕重之數故也今亦量定輕重 違者抵罪不貸 於民 必有所濟 偶閱舊藏 感而題

절지(竊脂)[1]

『이아』(爾雅)에 "상호(桑鳸)는 절지이다"[2]라고 했는데, 정현(鄭玄)[3]·

---

7) 사마천의 『사기』「진시황본기」(秦始皇本紀)에 "천하의 일은, 크고 작은 일 할 것 없이 모두 상(上)이 결재하는데, 심지어 저울로 글의 무게를 달아 하루의 분량을 정해주어서, 할당량을 채우지 못하면 쉴 수 없었다"고 하였다.

1) 우리말로 '콩새'라고 하는 새인데, 성호는 이 글에서 '절지'라는 말의 어원에 대해 논증하고 있다.

곽박(郭璞)[4]·육기(陸機)[5] 등 여러 학자들은 모두 "기름을 훔쳐먹길 좋아하는 까닭에 붙여진 이름이다"라고 하였다. 그런데 형병(邢昺)[6]은 절모(竊毛)·절현(竊玄)·절황(竊黃)의 예를 인용해, 절지를 천백색(淺白色)이라고 하였으니.[7] 그럴듯하다.

그러나 나의 의견으로는, 절(竊)과 천(淺)은 또한 차이가 있는 듯하다. 어렴풋이 어떤 생각이 떠오르면서도 감히 드러내놓고 정론(定論)을 내세울 수 없는 경우에 '절'(竊)이라고 하니, 이는 절공(竊恐)의 뜻이다. 또 남에게 의탁할 경우 감히 드러내놓고 그와 동등하게 처신하지 않을 적에 '절부'(竊附)라고 한다. 그렇다면 색깔이 은은하게 드러나는 것을 절현(竊玄)·절황(竊黃)·절지(竊脂)라 한 것이다. 또 털이 작고 가늘어서 있는지 없는지 분명치 않은 것을 절모(竊毛)라고 한다.

지(脂)와 백(白)도 차이가 있다. 만약 절지새의 빛깔이 흰 눈이나 흰 종이의 흰색과 같다면, 곧바로 '희다'[白]고 해야 옳다. 그런데 왜 굳이 '지'(脂)라고 했겠는가? '지'(脂)는 짐승의 기름이 엉킨 것이다. 그러니 '절지'란 그 새의 털이 윤기가 나며 부드러운 것을 가리키는 말이다.

竊脂

爾雅 桑扈竊脂 鄭玄·郭璞·陸機諸儒 皆謂 好盜竊脂膏 故名也 邢昺引竊毛·竊玄·竊黃之例 謂淺白者 然矣 愚意 竊與淺 亦有間 凡暗默念起 不敢顯立定者 曰竊 謂竊恐也 凡依託 而不敢顯與齊同 曰竊附也 然則凡色之隱隱揚彩者 曰竊玄·竊黃·竊脂也 毛之淺細 而疑於有無者 曰竊毛也 脂與白 亦有間 若其白雲·白紙之白 則直曰白 可也 何必脂也 脂者 獸畜之凝脂 是也 卽指其滋澤而溫柔者 是也

---

2) 『이아』 「석조」(釋鳥)에 보인다.
3) 한(漢)나라 때의 학자.
4) 진(晉)나라 때의 학자.
5) 진(晉)나라 때의 학자.
6) 송(宋)나라 때의 학자로, 『이아』의 소(疏)를 지었다.
7) 형병은 '절'(竊) 자를 '천'(淺)의 고자(古字)로 보아 절현(竊玄)을 옅은 검은색, 절람(竊藍)을 옅은 푸른색, 절황(竊黃)을 옅은 노란색, 절단(竊丹)을 옅은 붉은색으로 설명하였다. 그리고 그는 '지'(脂)를 흰색으로 보아, '절지'를 옅은 흰색으로 풀이하였다.

마가귀(馬價貴)¹⁾

제주에서 나는 말은 본래 대완국(大宛國)의 종자를 원 세조(元世祖)가 내려준 것이다. 그런데 말의 체구가 점점 작아지고 힘도 약해져서 지금은 좋은 종자가 없다. 아마도 풍토와 기후가 달라서 그런 듯하다. 우리나라에서 옛날 공물로 바치던 과하마(果下馬)는, 백 보의 거리를 걷자면 발굽을 천 번 옮길 정도로 작아서 연약한 여자들이 타고 다니기에 알맞다고 한다. 그러니 제주에서 생산되는 말이 차츰 작아진 것은 당연한 것이다.

또 상인(商人)들은 암말을 이용하는데, 새끼를 낳으면 부리는 데 방해가 되기 때문에 망아지는 죽여버리고 어미 말만 부린다. 그러므로 말을 기르는 사람들이 이런 아무 쓸모 없는 말을 헐값으로 사들여, 잃어버리거나 저절로 죽은 수만큼 채워넣는다. 그러니 본래의 좋은 종자에 비하면 훨씬 못 미치는 것이다.

지금 듣자 하니, 수십 년 전에는 국가에서 기르던 말이 9천여 필이었는데, 지금은 3천 7백 필이 더 늘어났다고 한다. 이는 엄청나게 많은 숫자이다. 그러나 나라 안의 말 값은 자꾸 치솟아, 옛날에 비하면 거의 갑절도 더 올랐으니 어째서인가? 제주 안에 있는 세 고을만 해도, 개인이 사사로이 기르는 말이 얼마든지 많다. 부유한 사람은 수백 필의 말을 길러 온 국내에 두루 매매하고 있다. 국가에서 기르는 말은, 단지 서울에 공물로 바칠 뿐이다.

제주의 한라산은 아주 높고 험해서, 한 해 동안 떨어져 죽는 말이 1백 필이나 된다. 그런데 말을 기르는 사람들은, 죽은 말의 가죽을 나라에 바쳐야 벌을 면하게 된다. 그래서 말가죽을 구하지 못할 경우에는 개인이 기르는 말을 사서 대신 바친다. 그러므로 국가에서 기르는 말은 점점 늘어났지만, 말을 기르는 사람들은 유지하기 어렵게 되었다.

국가에서 기르건 개인이 기르건 상관없이, 본래 기르는 숫자가 정해져 있다면 값이 오르고 내리는 차이가 없을 듯하다. 그런데 지금 그렇지 않

---

1) 말의 값이 비싸다는 뜻임.

은 이유는, 국가에서 기르는 말이 민간에서 기르는 말만 못하기 때문이다. 유약(有若)[2]이 말하기를 "백성이 넉넉하면 임금은 누구와 더불어 부족하겠으며, 백성이 넉넉하지 못하면 임금은 누구와 더불어 넉넉하겠습니까?"[3]라고 하였다. 국가에서 세금을 과중하게 거두어들이면 그 나라는 반드시 가난하게 된다. 오늘날의 사정이 이와 무엇이 다르겠는가?

해마다 공물로 바치는 말만 해도 매우 많다. 제주에서 순풍을 기다리자면 여러 날이 걸리고, 또 천리 먼 길을 건너와야 한다. 그러자니 꼴조차 제대로 먹을 수 없어, 서로 갈기를 핥으며 지낸다. 비쩍 마른 말들이 지쳐 쓰러지기도 하니, 죽지 않는 것만도 다행이다. 이렇게 운송된 말을 각 고을에 나누어주어, 그들로 하여금 꼴과 콩을 자체적으로 마련해 살을 찌우고 윤기를 나게 한 다음 다시 바치라고 하니, 또한 국가의 체통이 말이 아니다.

그리고 공이 있는 여러 신하에게 나누어주는 경우도 사람의 수는 많고 말의 숫자는 적으니, 무엇으로 다 충당할 수 있겠는가? 말을 내려준다는 문건만 받고 수십 년 동안 말을 구경도 못한 자가 있다. 그러므로 이 말을 내려준다는 첩문(帖文)을 탁주 한 병과 바꾸는 자도 있다. 뒤에 혹 태복시(太僕寺)[4]의 관리에게 뇌물을 바치고 겨우 말을 얻는 자도 있다. 우리나라 풍속에 빈 문건만 남발하고 실상이 없는 경우가 이와 같이 많다.

馬價貴

濟州之馬 本大宛種 元世祖所賜 日漸細弱 今無駿產 或者 風氣所育 我國舊貢果下馬 所謂百步千蹄 爲細女之騎乘云 其濟產之降殺 宜爾 又商賈用牝 而產則妨役 故殺其駒而役其母 牧子以賤價得之 以補儅損及自斃之數 視本種 遠矣 今聞數十年前 官畜九千餘匹 今增三千七百匹 不啻多矣 然國中馬價聳貴 視古 幾乎倍增 何也 島中三邑 私畜許多 富民之畜 或至數百匹 買賣遍於國內 官馬只貢于京師 漢羅峻險 其墜傷死者 一歲百餘匹 牧子 求得其皮者 免罰 不得則輒以私畜替納 故官畜所以漸增 牧子所以難支也

勿論以官以私 在馬則原有此數 疑若無貴賤之別 而今不然者 在官不如在民也

---

2) 공자의 제자로 자는 자유(子有)이다.
3) 이 대목은 『논어』 「안연」(顏淵) 제9장에 보인다.
4) 국가의 말이나 수레 등을 관장하는 기관.

有若曰 百姓足 君孰與不足 百姓不足 君孰與足 重斂入國 其國必貧 何以異是 歲貢亦許多 自島候風 費日 又千里得達 吃草不得 只相與吃其謷鬣 贏憊顚倒 不斃 幸耳 於是 分與列邑 使之自備蒭豆 肥澤而後還進 亦非國體 分賜羣臣之有勞者 賜多而馬少 何以賠數 有受其賜 而數十年不見馬者 故御賜之帖文 但易一壺濁醪 後或有因緣太僕賂而僅得者 國風之虛文無實 多如此

민수(敏樹)[1]

　　나라에서 어진 마음으로 어진 정사를 행하면, 백성들의 호응은 마치 북채를 들고 북을 치면 바로 소리가 울려퍼지는 것과 같다. 그러므로 "덕화(德化)가 널리 퍼지는 것이 역마(驛馬)로 왕명을 전하는 것보다 더 빠르다"[2]라고 한 것이다. 그런데 그 요점은 자기의 마음으로 남의 마음까지 헤아려, 자신이 그 일을 솔선하는 데 달려 있다.

　　무엇으로 징험할 수 있을까? 예컨대 그릇에 물을 담아놓고 거기에 먹물을 한 방울 떨어뜨리면 순식간에 두루 퍼져 온 그릇이 검게 물들고, 방안에서 향(香) 한 조각을 피우면 온 방안에 향기가 가득 차게 된다. 어진 이의 덕화가 퍼져나가는 것이 이와 무엇이 다르겠는가?

　　정사를 부지런히 하는데도 백성이 호응하지 않는 것은, 모두 진실한 덕과 진실한 행동이 아니기 때문이다. 공자께서 말씀하시기를, "산에서 10리나 내려왔는데도 오히려 매미 울음소리가 귓전에 남아 있다"[3]고 하였으니, 이는 대체로 정사는 백성이 호응하는 것만한 것이 없음을 비유해서 한 말씀이다.

　　『중용』에 "인도(人道)는 정사에 민첩하고, 지도(地道)는 나무에 민첩하다"고 했는데, '민첩하다'는 것은 빠르다는 뜻이다. 땅에 사는 나무의 경우, 봄비가 내려 적셔주면 바로 싹이 터서 날마다 무럭무럭 자란다. 그러나 뿌리가 드러나 마르게 되면 그 나무는 바로 말라죽게 된다. 그

---

1) 지도(地道)는 나무에 민첩하게 나타난다는 뜻.
2) 『맹자』「공손추 상」(公孫丑上) 제1장에 "공자께서 말씀하시기를 '덕이 흘러가는 것은 역말을 바꿔 타고 왕명을 전하는 것보다 더 빠르다' 하였다"고 하였다.
3) 『공자가어』(孔子家語) 「자로초현」(子路初見)에 보인다.

잎이 마르는 것은 뿌리에 먼저 병이 생겼기 때문이다. 그러니 잎이 마르기 전에 뿌리에 물을 주어야 한다. 그렇게 하지 않으면, 뿌리가 마른 뒤에는 서강(西江)[4]의 물을 끌어다댈지라도 아무 소용이 없다.

백성들이 못살겠다고 나라를 원망하는 것은, 바로 잎이 병들기 시작하는 것과 마찬가지이다. 임금이 된 자가 당장 편한 것만 생각하고 백성은 돌보지 않다가, 백성들이 반란을 일으키게 되면 그들에게 온갖 혜택을 준다고 할지라도 무슨 소용이 있겠는가?

또한 가지들이 무수히 뻗어 잘 자란 큰 나무와 윤기나는 잎들이 무성한 긴 넝쿨도 그 뿌리와 줄기를 끊어버리면 얼마 가지 않아서 말라죽게 된다. 여기에서 '지도는 나무에 빠르다'는 한 증거를 확인할 수 있으니, 두려워할 만하다.

敏樹

國有仁心仁政 其應如桴鼓影響 故曰 德之流行 速於置郵而傳命 其要在絜矩 以身先之也 何以驗之 今有一盞水 以黑一點投之 須臾和遍盞中 房中香一炷 亦氣無不遍也 何以異是 有政而無應 皆非實德實行 孔子曰 違山十里 猶聞蟪蛄之聲 盖政莫如應之也 中庸云 人道敏政 地道敏樹 敏者 速也 樹木在地 春雨膏之於是 便有萌動 日滋長而 出土暎乾 則便又枯死 其葉枯者 根已先病矣 又須及未枯而灌之 不然 雖移西江之水 無補也 民生愁怨 卽葉之始枯 爲人上者 姑息而不養 至于叛亂 則雖加十惠九澤 何及哉 又若蔓草大樹 千枝百葉 一一沃若 斷其根株 則俄見盡瘁 此見敏樹之一證 可懼

왜도(倭刀)

왜인들이 만든 칼은, 칼날이 왼쪽으로 비스듬하고 예리하다. 그래서 칼날이 무디어지면 그 비스듬한 쪽만 갈아도 날카로워진다. 그러므로 갈기가 쉬운 반면 오래 쓸 수 있다. 그들은 칼을 제조할 때, 강한 쇠는 왼쪽으로, 연한 쇠는 오른쪽으로 붙여서 만들기 때문에 늘 날카롭고 잘 무디어지지 않는다.

칼을 만들 때, 날이 너무 얇으면 쉽게 이지러지고, 등이 너무 두꺼우

---

4) 한강(漢江)을 가리킴.

면 무거운데다 쇠가 많이 든다. 왜인들은 칼의 두께를 알맞게 하고, 칼날도 한쪽으로 비스듬하게 하니, 여러 모로 연구해 아주 잘 만든 것이다. 우리나라 사람이 왜인들의 칼을 손에 넣으면, 반드시 비스듬한 한 면은 갈아 없애버리니, 이는 쓰는 방법을 모르기 때문이다.

우리나라에는 칼을 만드는 데, 쇠를 녹여 붓는 기술이 없다. 쇠는 연하기만 하고 강하지 않으며, 칼등은 두껍지 않고 칼날은 너무 얇다. 그러므로 망가지기가 쉽다. 그리고 한 면은 반드시 도랑처럼 홈을 파는데, 무슨 이유로 그렇게 만드는지 모르겠다. 생각건대 옛날에는 물건을 만들면 반드시 그 물건을 만든 사람의 이름을 새겨넣었는데, 금이나 은으로 도금(鍍金)을 하였다. 홈에다 이름을 새겨넣은 것은 닳아 없어지지 않게 하려는 까닭이다. 그런데 후세에 와서 그 본뜻은 잃어버리고, 도랑처럼 홈을 파는 제도만 남게 된 것이리라.

왜인들은 대부분 칼에다 꽃을 새겨넣기도 하고, 어떤 물건의 형체를 새기기도 하는데, 아무리 갈아도 없어지지 않는다. 꽃을 새겨넣을 때는 금사반(金絲礬)을 쓰는데, 새긴 꽃에 백반으로 물을 들이면 모양이 선명해지고 갈아낼수록 빛이 깨끗해진다. 그런데 위조품은 새긴 꽃의 빛깔이 검게 드러난다고 한다. 이 금사반이란 것이 어떤 물건인지 모르겠으나, 오늘날의 백반(白礬)·녹반(綠礬)과 같은 종류에 불과한 듯하다.

이것이 자질구레한 일이기는 하지만, 어떤 물건을 쓰면서 그 이름이 무엇인지 모르는 것은 군자로서 부끄럽게 여기는 까닭에 기록해둔다.

倭刀

倭人爲刀 刃在左斜 其尖尖 鈍則只磨其斜一分而刃利 故易治而用久 其造也 鋼鐵在左 柔者在右 所以恒利不鈍也 其制刃太薄則易缺 脊太厚則體重而費鐵 停其厚薄 斜剡其刃 用意極巧也 東人得之 必磨去其剡 則失其用矣 國中造刀 鑄鐵無術 柔而不鋼 脊不厚而刃益薄 所以易敗 其一面 必嵌入爲溝 此不知何意 意者 古時 物必勒其工名 鍍金鍍銀 爲字鑴在溝中 爲其不磨 後失其本志 而溝獨有遺制耶 倭人多爲起花爲物形 磨而不去 起花者 用金絲礬 礬之其花 則見而打磨光淨 其假造者 是黑花云 金絲礬 不知何物 而不過如今白礬·綠礬之類耳 此雖細事 用物而不知其名 君子恥之 故錄之

악수 살인(惡獸殺人)[1]

맹자가 일치(一治)·일란(一亂)을 논할 때, 난세(亂世)를 논하면서도[2] 모두 금수(禽獸)를 말했고, 치세(治世)를 논하면서도[3] 모두 금수를 말했으며, 그 밑에 내려와서도[4] 역시 조수(鳥獸)를 말하였다.[5] 짐승은 호랑이·표범·물소·코끼리 같은 것들로 모두 사람을 해치는 동물이다. 그러나 새는 반드시 사람을 죽이거나 물지는 않는다. 그런데 왜 이렇게 여러 번 말했을까? 아마도 새가 오곡을 쪼아먹거나 손상시켜 백성이 먹고 살수 없게 한다면, 이 역시 한번 난세가 닥칠 것이기 때문이리라.

대체로 금수는 타고난 기질을 우선으로 한다. 그래서 사람과는 음(陰)·양(陽)의 구별이 있다. 양기가 쇠하면 음기가 왕성해져서 괴상한 새와 이상한 짐승들이 떼를 지어 모이게 된다. 이렇게 되면 민생이 어떻게 그들의 삶을 누릴 수 있겠는가? 그러므로 성인이 그때 태어나서 금수를 몰아낸 다음에야 사람들이 사람다운 삶을 얻게 되었다. 옛날에는 사람과 귀신이 한데 섞여 살았으니, 이 또한 한번 어지러운 세상이었다. 금수가 사람을 해친다는 것이 바로 이런 예이다.

주(周)나라 이후에는 귀신과 금수가 세상을 어지럽혔다는 말을 듣지 못했으나 중화(中華)와 오랑캐가 한데 섞여 살게 되었으니, 이보다 더 큰 혼란이 없었다. 그러므로 맹자는 다시 이단(異端)을 금수에 해당시켜, 인간이 금수와 같은 삶을 살게 될 것이라고 말하였다.[6]

요즘 수십 년 동안 사람을 해치는 사나운 짐승이 온 나라에 두루 퍼져 있다. 그런데도 무신(武臣)들은 희희낙락 앉아서 구경만 하며, 백성

---

1) 포악한 짐승이 사람을 죽인다는 뜻임.
2) 은(殷)나라 주왕(紂王) 때의 사정을 논한 것임.
3) 요·순(堯舜) 시대의 일을 논한 것임.
4) 맹자가 자기 시대의 일을 논한 것. 맹자는 양주(楊朱)·묵적(墨翟)의 도를 논하면서 이들의 주장을 금수와 다름이 없다고 하였다.
5) 맹자가……말하였다. :『맹자』「등문공 하」(滕文公下) 제9장에 보인다.
6) 맹자는 당시 이단의 폐해로 양주(楊朱)와 묵적(墨翟)의 설을 가장 경계하였다. 그래서 그는 "양주와 묵적의 설을 물리칠 수 있도록 말을 잘하는 사람은 성인의 무리이다"라고 하였다.

들이 죽어가는 것을 한결같이 내팽개쳐두고 있으니, 어찌된 일인가?
모두들 이 사나운 짐승을 잡을 계책이 없다고 한다. 그러나 나는 다음
과 같이 말한다.

각 병영에서 군사를 훈련시키고 창고에 무기를 보관해두는 것은
유사시에 쓰려고 하는 것이다. 그리고 그것을 쓰는 데에는 이 백성
을 구제하는 것보다 더 좋은 일이 없다. 저 숲 속으로 돌아다니는 짐
승을 제거하는 데 어찌 방법이 없겠는가? 실제로 그렇다면, 강한 외
적(外賊)이 칼을 휘두르고 포탄과 화살을 쏘며 처들어올 때 어떻게
막아내겠는가? 가소로운 일이다.

惡獸殺人

孟子論一治一亂 亂皆云禽獸 至治皆云驅禽獸 下又云鳥獸 獸則虎豹犀象 是
害人之物 鳥未必殺人噉人 意者 喙傷五穀 俾民無食 則亦一亂之會也 盖禽獸得
氣之先 與人有陰陽之別 陽氣衰則陰便盛 怪禽異獸 所以羣集 民生 安得遂其生
故聖人出於其間 驅以去之 然後人得爲人 昔者 人神雜糅 是亦一亂 禽獸之害 卽
其例也 自周以後 鬼神禽獸 或未之聞 而華夷雜處 其亂莫大也 孟子又以異端當
之 謂將與禽獸同歸矣 今數十年來 惡獸殺人 遍于域中 武臣嬉笑坐觀 一任生靈
之隕命 何哉 皆謂屛之無術 余謂 營府養兵 武庫蓄械 以待用也 用莫善於救民
彼草間虫獸 除豈無路 若然 勍敵强寇 鋒鋩砲矢之間 何以抵當 可哂

금은(金銀)

평상시의 재물과 보화(寶貨)는 곡식과 베에 지나지 않는다. 그러나
이런 것을 오래 사용하다 보면 싫증이 나서, 먹는 음식은 점점 별난 진
미를 찾게 되고, 의복은 점점 고운 비단을 쓰게 된다. 이런 폐단을 막
는 요령은, 쓰는 용도를 금지하고 억제하여 함부로 하지 못하게 하는
데 달려 있을 따름이다.

불행히도 난리가 일어나 무기를 쓰게 되면, 군사들을 격려하고 공을
세운 자에게 상을 줄 적에 금·은이 가장 소중한 것이 된다. 국고에 저

장된 금·은이 바닥이 나면 또한 부유한 나라라고 할 수 없다. 군사를 일으키게 되면 반드시 금·은 같은 가벼운 보물이 필요하게 되므로, 지혜로운 사람이 마음을 써야 할 일이다. 의복과 음식은 날마다 필요로 하는 것으로, 오래도록 보존하길 기대할 수 있는 것이 아니다. 그러나 금·은은 한번 광산에서 캐내면 영원히 보존되는 것이다. 외국으로 내보내지만 않는다면 어찌 모이지 않겠는가? 분명히 국경을 넘어 다른 나라에 가지 않더라도 얼마든지 구할 수 있을 것이다.

그러나 땅에서 나는 것이 많은데도 국가건 개인이건 넉넉하게 저축을 하지 못하고 있는 것은, 조처하는 방법이 잘못되었기 때문이다. 그 요령도 사치하지 않고 검소한 생활을 하는 것에 불과하다. 사치하는 데 허비하는 것은 대체로 모두 기호품이거나 화려한 물건들로, 먼 지방에서 생산되어 구하기 어려운 물품들이다. 예컨대 특이한 음식, 진귀한 의복, 기이한 노리개, 화려한 그림 따위로 모두 금·은을 주고 사들여 오는 것이다.

외국으로 내보낸 금·은은 되돌아오지 않고, 국내로 들여온 것들은 쉽게 없어지니, 나라가 어찌 가난하지 않을 수 있겠는가? 변방의 고을에 금지령을 내려 특이한 음식, 진귀한 의복, 기이한 노리개, 화려한 그림 등을 사들이지 못하도록 한다면 몇 해 안 가서 나라가 부강해질 것이다.

『상자』(商子)[1]에 말하기를 "곡식의 값이 살아나면 금값이 떨어지게 되고, 곡식의 값이 하락하면 금값이 살아나게 된다. 금 1냥이 나라 안에서 살아나게 되면 곡식 12섬이 나라 밖에서 죽게 된다. 그러므로 나라에서 국내의 금값을 살리길 좋아하면 금과 곡식이 둘 다 죽게 되고, 나라에서 국내의 곡식값을 살리길 좋아하면 금과 곡식이 둘 다 살아나게 되어 나라가 부강해진다"라고 하였다.

곡식을 금에 비교하면 곡식이 더 소중하고, 금을 특이한 음식이나 진귀한 의복에 비교하면 금이 더 소중하다. 나라 안팎에서 값이 살아나고 죽는다는 『상자』의 이 설은, 비유를 잘한 것이다.

---

1) 전국시대 상앙(商鞅)이 지은 책 이름. 상앙은 진 효공(秦孝公)을 도와 진나라를 부국으로 만든 인물이다.

金銀

平時財寶 不過粟布 久則食漸於珍異 衣漸於錦綺 其要在禁抑撙節 使不得肆
而已 不幸而用武 激衆賞功 金銀爲最 府藏旣竭 亦不可謂富國 軍旅之際 必須輕
寶 故智者之所致意也 衣食者 日日所需 非久遠之可待 金銀産於礦一出 則恒存
苟不流散域外 何故不積 必也不越境而可求矣 然地出無窮 而公私之貯 不贍者
處之失其道也 其要亦不過曰儉而不侈 侈之所費 率皆玩好浮靡 遠方難得之物
異味也 珍服也 奇玩也 華采也 皆金銀之所貿也 出者不還 入者易弊 國如何不
貧 若能設禁邊郡 使異味·珍服·奇玩·華采 不得入 不數年而國富矣 商子曰
粟生而金死 粟死而金生 金一兩生於境內 粟十二石死於境外 國好生金於境內 則
金粟兩死 國好生粟於境內 則金粟兩生而國强 以粟比金 則粟重 以金比異味·珍
服 則金重 生死內外之說 善喩矣

목면(木綿)

목면은 고려 말기부터 수입되어 지금은 온 나라에 거의 퍼지게 되
었다. 그러나 아직도 심지 않는 지방이 많다. 지방에 따라 풍토와 기후
가 같지 않아서 심지 못한다고 말하는 것은 잘못인 듯하다. 황해도 황
주(黃州)·봉산(鳳山), 충청도 문의(文義)·옥천(沃川) 등지는 목면이
토질에 알맞아서 가장 많이 심는데, 경기 지방에 이르러서는 점점 줄
어든다.

내가 바닷가에 살면서 근처의 실태를 살펴보니, 수원(水原)에 속한
쌍부면(雙阜面)에는 한 집도 심는 사람이 없었다. 어찌 40~50리밖에
안되는 거리인데, 토질이 이처럼 현격히 다를 수 있겠는가? 내가 살고
있는 우명(牛鳴)이란 곳도 바닷가의 한 구석진 지방으로 역시 심지 않
는다. 그러나 실제로는 습속이 바뀌지 않아서이지, 그 지방에서 생산되
는 물산이 그렇게 다른 것은 아니다. 사방을 두루 살펴보면 산골이건
바닷가건 목면이 생산되지 않는 곳이 없으니, 이는 책임이 사람에게 있
는 것이다.

호남지방에는 소마(蘇麻)[1]가 없어서 수유(茱萸) 나무 열매로 기름을

---

1) 알려지지 않음. 대나무의 일종이라는 설이 있으나 대나무에서는 등유(燈油)를

짜서 등불을 켠다. 남과(南瓜)[2]가 생산되기 시작한 것도 거의 백 년이
다 되었는데 아직도 호남지방에는 보급되지 않았으니, 목면이 생산되
지 않는 것도 역시 이와 마찬가지일 것이다.

달걀이 닭이 될 수 있지만 암탉이 둥우리 속에서 품지 않으면 병아
리가 될 수 없고, 누에가 실을 만들 수 있지만 뽕잎을 먹이지 않으면
고치를 만들 수 없다. 달걀을 품도록 해주지 않고 누에를 먹이지 않으
면서, 병아리가 부화되고 고치가 만들어지길 기다리는 것이 옳겠는가?

간혹 목면을 시험삼아 심어보는 사람이 있기는 하지만, 끝내 습속에
젖어 마땅한 방법을 잃고 미련하게 재배하다가 잘 되지 않으면 그만두
고서 '토질이 맞지 않는다'고 하니, 어찌 그렇겠는가? 나는 왜 그런지
안다. 그들은 습관이 고질처럼 된데다 가꾸는 솜씨마저 생소해, 끝내
제대로 키우는 방법을 터득하지 못했기 때문이다.

지금 북쪽지방에서는 목면을 심지 않는다. 북쪽지방 일대는 모두 바
닷가에 접해 있어서 기호(畿湖)지방의 산간 마을보다 도리어 기후가 따
뜻하다. 목면을 심는 기술만 있다면 반드시 생활에 보탬이 될 것이다.
그런데 삼베옷과 가죽옷을 입는 습관에 젖어 힘을 쏟으려고 하지 않는
다. 이들을 잘 지도하여 목면을 재배하는 습속을 정착시킬 사람이 있다
면, 바로 황시(皇始)[3]나 문익점(文益漸)과 같은 공이 있게 될 것이다.

木綿

木綿自麗末來 幾遍於國中 然不種處 尙多 謂風氣不同者 殆非也 西路之黃
州·鳳山 湖中之文義·沃川等 是宜土最豐 至畿內漸不殖 余居濱海 驗於近地
水原之雙阜一面 皆不種 豈四五十里之間 土性若是相懸耶 余所居牛鳴之墟 濱
海一片地 亦然 其實俗習不改 而非物産爾殊也 周觀四方 則峽裡海堧 無處不産
則貴在人也 湖南之地 無蘇麻 只以茱萸樹實 取油供燈 南爪之生 亦近百年 尙不
及於湖南 則綿之不生 亦與此同矣 卵可以爲鷄 而非窠伏 則不成 蠶可以爲絲 而
非桑飼 則不成 卵不窠 蠶不飼 而待其成 可乎 雖間有試者 終緣習俗 失宜魯莽
減裂而止 曰地不宜也夫 豈然哉 余知此 而習痼手生 終亦不得如法矣 今北路無
綿 北路一帶 莫不濱海 其暄暖反勝畿湖之山郡 若種之有術 亦必有補 而習於衣

만들어낼 수 없으므로 대나무 종류는 아닌 듯하다. 인도에서 나는 소마나(蘇摩
那)라는 식물에서 기름을 짜낸다고 하는데 혹 이를 가리키는 것이 아닌가 싶다.
2) 호박을 가리킴.
3) 중국에 목면을 들여온 사람.

麻·衣皮 不肯致力 有人能誘導而成俗 卽有黃始·文益漸之功矣

숙(菽)[1]

콩은 오곡(五穀) 중 하나인데, 사람들이 귀하게 여기지 않는다. 그러나 곡식이 사람을 살리는 것을 주로 한다면 콩의 공이 가장 크다. 후세 사람들 가운데 잘사는 사람은 적고, 가난한 사람은 많다. 좋은 벼나 맛있는 음식은 다 귀하고 현달한 자에게로 돌아가니, 가난한 백성이 목숨을 보전할 수 있는 것은 오직 콩뿐이다. 값을 따지자면 콩값이 헐할 때는 벼와 서로 맞먹는다. 벼 한 말을 찧으면 쌀 네 되를 얻는데, 이는 한 말의 콩으로 네 되의 쌀을 바꾸는 셈이다. 그러나 실제로는 5분의 3이 더 많은 것이니, 이는 큰 이익이다.

또 맷돌에 곱게 갈아서 그 즙으로 두부를 만드는데, 남은 찌꺼기가 많이 나온다. 그 비지로 국을 끓이면 맛이 있어 먹을 만하다. 그리고 싹을 내서 콩나물로 만들면 몇 곱절이 더해진다. 가난한 사람들이 맷돌에 콩을 갈고 그 즙에다 콩나물을 넣고 끓여서 죽을 쑤어 먹는데, 배를 채울 수 있다. 나는 시골에 살아서 이런 일들을 익히 알기 때문에 이를 기록해서, 백성을 기르는 사람들이 여기서 그 방도를 터득하길 기다린다.

菽

菽居五穀之一 而人不之貴也 然穀以生人爲主 菽之爲功 最大 後世民人 富少
貧多 如嘉禾殄味 萃歸貴顯 殘氓所賴以活 惟菽也 菽價賤 與稻相直 稻一斗而得
米四升 菽乃以一斗換之 其實增五分之三 此大利也 又磨細 取其精液 爲豆腐 則
餘滓亦許多 烹爲羹湯 味嘉可食 又長芽爲黃卷 增數倍 貧者 磨其粒而挫其芽 竝
爲饘粥之材 足以充腹 余居鄕村 熟知其事 記之以竢牧民者得焉

---

1) 오곡의 하나인 콩을 말함.

제 3 장
인사문【人事門】1

과천 합일(科薦合一)[1]

과거 시험을 보는 것은 인재를 등용하려고 하는 것이다. 과거 시험만 보고 인재를 등용하지 않는다면, 시험을 보인 것은 무슨 의도란 말인가? 우리나라 제도에 자(子)·오(午)·묘(卯)·유(酉)가 든 네 해로 식년(式年)[2]을 삼아, 문과(文科)에 33명, 생원과(生員科)·진사과(進士科)[3]에 각각 1백 명씩 뽑는다.

벼슬길에 나갔다가 물러나는 기간을 대략 30년으로 잡으면, 이 30년 동안에 문과 및 생원·진사과에 합격하는 인원이 모두 2천 330명이 된다. 지금 내직(內職)[4]은, 병조(兵曹)에서 관장하는 자리를 제외하고 이조(吏曹)에서 3명의 후보자를 추천해 올리는 자리가 4백 자리가 채 되지 않는다. 외직(外職)도 이와 비슷하다. 그런데 그 가운데 무과(武科)·선음(先蔭)[5]·천문(薦聞)[6]·유품(流品)[7] 따위의 300자리가 그 안에 들어 있으니, 나머지는 5백여 자리에 불과하다. 이 500여 자리로 2천 330명을 두루 다 대우할 수는 없다. 그러므로 생원·진사는 권귀(權貴)나 근신(近臣)에게 연줄을 대 벼슬을 얻는다. 문과에 합격한 자일지라도 끌어주는 힘이 없으면, 한번 체직된 뒤에는 다시 나아가지 못한다.

요즘 항간에는 관원도 평민도 아닌 생원·진사로 늙어 죽는 자가 이루 헤아릴 수 없이 많다. 그래도 목을 늘이고 침을 흘리면서 그 나머지 자리라도 얻고 싶어, 농촌에서 사는 자신의 분수에 안주하지 못하고 있다. 그리고 그 자손 역시 그 음덕(蔭德)으로 민역(民役)을 면하게 된다.

---

1) 과거로 사람을 뽑는 것과 천거로 인재를 등용하는 것이 합일된다는 말임.
2) 정규적으로 시험을 보이는 해.
3) 생원·진사과는 소과(小科)·사마과(司馬科)라고도 하는데, 이는 벼슬길에 나아갈 수 있는 시험이 아니라 자격 시험의 일종이다. 생원과는 경술(經術)을 시험하고 진사과는 문장(文章)을 시험하였는데, 조선시대 사대부 계층은 학문이나 문사(文詞)를 공식적으로 인정받아야 행세를 할 수 있었으므로 이 시험을 대단히 중요하게 생각하였다.
4) 중앙 조정에서 근무하는 벼슬자리를 말함.
5) 선대의 공덕으로 벼슬길에 나아가는 것.
6) 학행(學行)이나 은일(隱逸)로 소문이 나 천거되는 것.
7) 정일품(正一品)부터 종구품(從九品)까지 품계를 가지고 있는 관원.

이것이 첫번째 폐해이다.

간혹 벼슬길에 나아가는 자도 뇌물을 바치거나 아첨함으로써 벼슬자
리를 얻으니, 이미 사(士)로서의 본분을 잃은 것이다. 따라서 그들은
정사를 돌볼 적에는 청탁을 감히 거절하지 못하고, 백성을 다스릴 적에
는 함부로 착취함을 면치 못한다. 그들은 권력을 가진 자에게 잘 보여
자신을 살찌우려 할 것이다. 이것이 두번째 폐해이다.

인재를 취하는 데 너무 용잡(冗雜)하고, 외람되게 차지하는 자리가
지극히 많기 때문에 서로 본받으며 가만히 심지(心志)를 곤두세운다.
마음이 어지럽고 눈이 혼미한 자는, 조급히 움직이지 않는 자가 없다.
그래서 재물로 벼슬자리를 얻기도 하고, 문필로 자신을 팔기도 한다.
그들은 고무래·호미를 버리고 분주히 길을 오가다 결국 가문을 망치
고 만다. 이것이 세번째 폐해이다.

그런데 오늘날에는 더욱 심한 점이 있다. 식년시(式年試) 이외에도
과거 시험의 명칭이 10여 가지나 된다.[8] 그래서 3년 동안 문과에 오른
자가 1백여 명에 이르기도 한다. 조정에서는 사류(士類)를 위안하는 것
으로 그 의미를 삼고 있으나, 실제로는 원망을 사는 데 이보다 더 심한
것이 없다. 두루 다 기쁘게 해줄 수 없게 되면,[9] 일은 같지만 자취는 다
르게 된다. 저 사람은 벼슬자리를 얻지만 나는 버려진 사람이 되니, 어
찌 기꺼운 마음을 갖는 자가 있겠는가?

힘이 균등해지면 다투게 되고, 지위가 핍박받게 되면 시기하게 된다.
좌우로 살펴보아도 이로운 구멍은 하나뿐인데, 그 구멍을 뚫고 들어오
는 사람이 8~9명이나 된다. 따라서 서로 패가 갈려 붕당이 형성되는
것은 자연스런 형세이니, 조금도 이상하게 여길 것이 없다. 요점은, 인
원을 적게 선발하면서 정선(精選)에 힘쓰는 것보다 더 좋은 방법이 없
다. 어떤 이는 이미 뽑은 사람이 많아서 어떻게 조처할 길이 없다고 핑
계를 대지만, 이는 7년 된 병에 3년 묵은 쑥을 구하는 격이다.[10] 그것이

---

8) 임금이 문묘(文廟)에 참배하고 치르는 알성시(謁聖試)나 국가에 경사가 있을
   때 치르는 증광시(增廣試) 등을 말한다.
9) 과거에 합격한 사람이 모두 벼슬길에 나아갈 수 없음을 가리켜 한 말이다.
10) 7년……격이다. :『맹자』「이루 상」(離婁上) 제10장에 보인다.

잘못되었다고 느끼면 즉시 그만두는 것이 옳다.

만약 부득이하다면 한 가지 방법이 있다. 과거 시험에 뽑힌 사람 중에서 인재를 고르고 덕을 숭상하게 하는 방법을 붙이는 것이다. 육조(六曹)[11]와 한성부(漢城府)의 장관·차관, 양도(兩都)[12]의 유수(留守), 팔도의 감사(監司)로 하여금 3년마다 문과에 급제한 사람 몇 명씩 천거케 한다. 그리고 각각 제목(題目)을 만든 뒤에, 임금과 정부의 고관이 추천서를 친히 심사하되, 한곳에 모여 점수를 매긴다. 그리하여 2점 이상을 받은 문학·덕행이 있는 사람을 경석(經席)[13]에 불러들이되 관록(舘錄)[14]의 법규는 없앤다. 재능이 있고 실무를 아는 사람에게는 정사를 맡기고, 오로지 벌열(閥閱)을 숭상하며 귀족과 노니는 자는 법으로 입사(入仕)를 금지시킨다. 일단 선발된 뒤에는, 죄를 지어 쫓겨나는 경우를 제외하고는 버려두는 일이 없도록 한다. 몇 해 동안만 이와 같이 하면 거의 해결될 것이다.

무과(武科)의 범람은 더욱 심하다. 서북지방[15]은 궁마(弓馬)[16]를 숭상하는 고장이다. 집집마다 무과 출신(武科出身)[17]이 있는데, 위로는 병법을 운용하는 참모가 되지 못하고, 아래로는 병졸을 거느리는 장교가 되지 못한다. 이들은 국가에 소속되지 못하기 때문에, 원한을 품고 분개하다 일생을 마친다. 이들 역시 3년마다 무경(武經)과 무예(武藝)를 다시 시험보여 50~60명을 뽑아서 차례로 임용해야 한다. 이렇게 일정한 규정을 만들어놓고 어기지 않는다면, 벼슬자리를 얻지 못하는 자도 자신이 임용되지 못하는 것에 대해 감히 원망하지 않을 것이다. 그리고 수령과 곤번(閫藩)[18]도 이상의 예와 같이 천거로 임용한다. 이것이 곧

---

11) 조선시대 중앙 행정관청인 이조(吏曹)·호조(戶曹)·예조(禮曹)·병조(兵曹)·형조(刑曹)·공조(工曹)를 가리킨다.
12) 강화(江華)와 개성(開城)을 가리킨다.
13) 임금 앞에서 경전을 강하는 경연석(經筵席)을 말함.
14) 홍문록(弘文錄)을 말함. 홍문관 부제학 이하의 관원이 모여 홍문관 관원이 될 만한 자를 가려 뽑은 문건을 홍문록이라 한다.
15) 황해도와 평안도를 가리킨다.
16) 활을 쏘고 말을 타는 것으로, 무예를 뜻함.
17) 무과 시험에 합격한 사람을 말함. 출신(出身)은 과거 시험에 합격했으나 아직 벼슬길에 나아가지 못한 사람을 가리키는 말이다.

과천 합일(科薦合一)의 설이다.

科薦合一

科試 將以進用也 試而不用 所試何意 國制 以子午卯酉四年爲式 文取三十三人 生員·進士各至百人之多也 其入仕·致仕 槪以三十年爲率 則一世而二千三百三十人也 今之內職 除西銓所掌 吏曹注望 不滿四百窠 外職亦稱是 而武科·先蔭·薦聞·流品之類 又參在其間 則不過五百有餘窠 以五百有餘窠 待二千三百三十人 其勢有不能遍 故生員·進士之類 惟攀援貴近者 得官 雖文科 苟非汲引之力 一遞而不復進

今閭里間 不做官 不爲民 老死生進者 不可勝數 而猶延頸朶頤 庶幾沾其餘瀝 不安乎隴畝之己分 而其子若孫 又有垂蔭 免於民役 其害 一也 其或入仕 或以財賄 或以媚諂 已失士子習俗 而至於行政 不敢違於干托 治民 不能免於掊克 將以悅於人 而裕於己 其害 二也 取人太冗 濫占極夥 故轉轉觀效 竊竊挑志 蓬心眛目者 莫不躁動 或以貨取 或以筆售 含其欀鉏 莽鶩道路 至於破落家戶 其害 三也

目今 尤有甚焉 式年之外 凡科試之名 殆十餘條 三年之間 文科或至百人 朝廷專以慰悅爲意 其實斂怨媒讟 莫此爲甚 旣不能遍悅 則事同而迹殊 彼得而我廢 其有甘心者乎 力均則爭 位逼則忌 左窺右伺 利竇惟一 而鑽入者 八九 分朋分黨 勢也 非異也 其要莫如選少而務精也 說者 以選旣多無以處之爲諉 是所謂七年之病 而始求三年之艾也 覺其非 則斯已焉 可矣 無已則有一焉 就科選之中 寓掄才尙德之術 使六曹·京兆長貳之官 兩都留守 八道監司 每三年 各擧文科數人 又各爲題目 然後主上與政府官 親閱薦書 聚以加點 取二點以上 文學·德行之類 引入經席 而廢舘錄之規 其才能·識務之類 畀之庶政 其專尙閥閱貴遊者 法有禁入 選之後 除罪廢外 無得置散 經歲如是 庶幾近之

武科之濫 尤甚 如西北 弓馬之鄕 家戶出身 上不補韜鈐 下不編卒伍 不屬於國家 怨憤終其身者也 此亦每三年 重試經與藝 取五六十人 以次付職 以爲定規 無或違誤 則其不得者 不敢稱屈 其字牧·閫藩之類 亦用薦刻如右例 是則科薦合一之說也

병비(兵備)[1]

병사는 백년 동안 쓰지 않아도 좋지만, 하루라도 방비를 잊어서는 안된다. 병사란 침입하는 적을 방비하기 위해 두는 것이다. 적은 반드

---

18) 변방의 울타리를 지키는 병사(兵使)나 수사(水使)를 가리킨다.
 1) 국방력을 튼튼히 하여 적의 침입에 대비한다는 말.

시 치밀한 계획을 세워 쳐들어오지만, 우리는 갑자기 놀라 대응하게 된다. 그런데 성이 완전하지 못하고, 군량이 비축되어 있지 않고, 무기가 날카롭지 못하고, 갑옷이 견고하지 못한 상태에서 마음이 해이해진 장수로 하여금 눈동자가 풀린 군사를 거느리게 한다면, 어찌 요행히 적군을 이길 수 있겠는가?

비유컨대, 사람이 강한 것을 씹을 적에는 놋쇠나 강철도 부수지만, 모래가 밥 속에 섞여 있을 때는 그것을 씹다 이빨을 부러뜨리기도 한다. 또 사람이 용기를 내어 뛸 적에는 큰 구덩이도 건너뛸 수 있지만, 어두운 밤에 발을 잘못 디디면 지척에 있는 구덩이에도 다리를 다칠 수 있다. 이는 무심함이 관심을 두는 것만 못함을 뜻한다.

병사에는 기병(奇兵)과 정병(正兵)이 있다. 뜻하지 않은 데서 갑자기 나타나는 것을 기병이라 한다. 다 같은 병졸이지만, 기병을 쓰고 정병으로 돌격하면 삼군(三軍)[2]도 얼굴빛을 변하게 되니, 이는 방비에 무심하기 때문이다. 무심은 적이 쳐들어올 것을 잊고 방비하지 않는 것이다. 천백년토록 병사를 쓰지 않는 것이 어찌 크게 원하는 바가 아니겠는가? 다만 이웃 나라의 적이 우리의 마음과 같지 않은 것이 걱정이다. 큰 나라를 잘 섬기고 이웃 나라와 화목하여 그들이 쳐들어오지 못하도록 하지도 못하고, 병졸을 훈련시키고 무기를 수선하여 대비하지도 못하니, 졸졸 흐르는 물이 큰 강물이 되지 못하고, 두 잎의 어린 싹이 도끼 자루를 만들 수 있도록 자라지 못하리라는 것을 어찌 알겠는가?

『주역』 췌괘(萃卦) 상사(象辭)에 "병기를 수선해두었다가 뜻하지 않은 변에 대비한다"[除戎器 戒不虞][3]고 하였으니, 이는 대체로 뜻하지 않은 변이 일어날 때를 미리 대비해야 한다는 말이다. 성인(聖人)[4]의 마음이 이와 같다.[5]

옛날 주(周)나라 강왕(康王)이 새로 즉위하자, 태보(太保)[6]가 경계하

---

2) 본디 제후국의 군대를 뜻하는 말인데, 여기서는 대군(大軍)을 뜻한다.
3) 『성호사설』에는 '비'(備) 자로 되어 있는데, 이는 '계'(戒) 자의 오자이다.
4) 공자(孔子)를 가리킨다.
5) 『주역』의 상사(象辭)를 공자가 지었기 때문에 그렇게 말한 것이다.
6) 주나라 때 태사(太師)·태부(太傅)와 함께 삼공(三公)의 하나임.

는 말을 올렸는데, 첫머리에 "육사(六師)⁷⁾를 크게 베풀어 우리 선왕의 얻기 어려웠던 천명을 무너뜨리지 마십시오"라고 하였다. 강왕이 그에 답한 말에도 첫머리에 "또한 곰처럼 용감한 병사와 두 마음을 품지 않는 신하가 왕실을 보호하였다"고 하였다.⁸⁾

이때는 천하가 평정되어 형벌을 쓰지 않은 지 오래였으니, 무기를 풀어놓기에 겨를이 없었을 듯하다. 그런데 이보다 더한 경우가 없을 정도로 임금과 신하가 서로 이 점을 경계하고 있다. 그러니 중간에 주나라가 잘 다스려진 이유를, 군사 훈련을 게을리하지 않았던 데서 찾아볼 수 있다.

한두 세대 동안 다행히 화를 면했다 하여, 무사를 노예처럼 보고 병기를 똥막대기처럼 천히 여기며, 조정에서 강론하는 것은 문벌의 고하에 불과하고 선비들이 하는 일은 문장의 교묘함과 졸렬함을 따지는 데 지나지 않는다면, 이웃 나라에 이런 소문이 들릴 것이니, 어찌 문단속을 소홀히 하여 도둑을 들어오게 하는 격이 되지 않겠는가?

나는, 귀중한 보물을 지닌 자는 밤에 길을 가지 않고, 큰 일을 맡은 자는 적을 가볍게 보지 않는다고 들었다. 이는 겁 없이 위태한 곳으로 가서는 안되고, 안일에 빠져 전쟁을 잊어서는 안된다는 말이다. 혹 막중한 종묘 사직을 천백년토록 길이 이어나갈 수 있는 계책을 강구하지 않고 우선 편안한 것을 다행으로 여긴다면, 어찌 잘못이 아니겠는가?

兵備

兵可百年不用 不可一日忘備 兵者 將有以備寇 寇必積慮而來虐 我乃忽瞠焉 應之 城不完 糧不蓄 刃不利 革不堅 使蓬心之將 帥眯眼之卒 其有幸耶 譬之 人能嚼剛 鎔鐵爲之泐碎 而沙礫和在濡飯之中 或以之齒折 人能距躍 坑谷可超 而昏夜誤蹕 咫尺之坎 或以之病脚 是無心之不及有心也 兵有奇正 出其不意之 謂奇 均是卒也 而用奇突正 三軍爲之變色 無心故也 無心者 忘而不之備也 苟使 千百年 而不用兵 豈非所大願 但患隣敵不如我心 旣不能事大睦隣 而弭其所以 來 又不能練卒繕械 以待之 亦安知涓涓之不成江河 兩葉之不尋斧柯哉 萃之象 除戎器備不虞 盖謂除治於不虞之時也 聖人之意 如此 昔康王之新立 太保進戒 首曰 張皇六師 無壞我高祖寡命 康王之答 亦首曰 亦有熊羆之士 不二心之臣 保 乂王家 是時 天下旣平 刑措已久 宜若偃武之不暇 而君臣相戒 莫尙乎是 則中間

---

7) 천자의 군사를 뜻하는 육군(六軍)과 같은 말이다.
8) 이 대목은 『서경』(書經) 「강왕지고」(康王之誥)에 보인다.

周室之义安 其不懈於詰戎 可以見矣 苟使一世二世 幸免刱殘 於是 視武士爲奴
隸 賤兵器如矢樅 廊廟所講 不過門族之高下 儒士所逞 無出雕篆之工拙 隣國有
聞 豈不爲慢藏而誨盜乎 吾聞 懷重寶者 不以夜行 任大功者 不以輕敵 此言 不
以無刦而行殆 不以狃安而忘戰也 或以宗廟社稷之重 不爲千百年計 而姑息爲幸
則豈不誤哉

한학(漢學)[1]

신숙주(申叔舟, 1417~75)·성삼문(成三問, 1418~56)이 사역원 제조
(司譯院提調)[2]가 되었을 때, 사대 교린(事大交隣)을 자신의 임무로 삼
았다. 한학 강의를 개설해 중국어를 익히게 하고, 사역원 안에서는 우
리말로 이야기를 하지 못하게 하였다. 근세 완평부원군(完平府院君) 이
원익(李元翼, 1547~1634)과 백헌(白軒) 이경석(李景奭, 1595~1671)
같은 이가 사역원 제조가 되어서는 사역원의 관원들이 일을 보고할 때
마다 반드시 중국어로 하게 하였다. 예전 사람들이 실질을 힘쓴 것이
이와 같았다.

지금은 세력과 문망(文望)[3]이 있는 자로 한학 교수(漢學教授)를 삼
는데, 이는 후한 이득이 있기 때문이다. 그들이 어찌 일찍이 『노걸대』
(老乞大)·『박통사』(朴通事)[4]에 있는 한 구절의 말이라도 통한 적이 있
던가? 능력도 없으면서 외람되게 자리를 차지하고 있는 것이 도도하게
흐르는 세류(世流)이다. 아, 재능이 없으면서도 전형(銓衡)[5]을 맡고, 학
문이 없으면서도 함부로 강연(講筵)[6]에 나아가고, 무예가 없으면서도

---

1) 한문 전반에 대한 학문이라는 뜻이 아니고, 중국어 공부를 가리키는 말임.
2) 사역원은 조선시대 중국어·일본어·만주어 등 외국어를 번역하고 통역하는 일
   을 담당하던 관청이다. 사역원 제조는 사역원의 우두머리 격으로 2품 이상의 고
   급 관료가 겸임하였다.
3) 글을 잘 짓는다는 명망.
4) 모두 중국어 학습서의 이름이다.
5) 관리의 인사를 담당하는 일. 조선시대 문관은 이조(吏曹)에서, 무관은 병조(兵
   曹)에서 담당하였다.
6) 임금에게 경전을 강의하는 것. 경연(經筵)과 같은 말이다.

무관의 자리를 차지하고 있으니, 어찌 한학만 그런 것이겠는가?

옛날 성종(成宗) 때 치적(治績)이 있는 자를 발탁하여 이조 참의(吏曹參議)로 삼자, 대간(臺諫)[7]이 이를 논박하였다. 그러자 성종은 다시 그를 발탁하여 이조 참판(吏曹參判)으로 삼았다. 그러자 대간의 논박이 드디어 그치게 되었다. 성종은 구종직(丘從直, 1427~77)이 춘추학(春秋學)에 밝은 것을 알고 교서관 정자(校書館正字)[8]에서 발탁하여 옥서(玉署)[9]에 두자, 대간의 논박이 또 일어났다. 그러자 성종은 모든 강관(講官)을 불러 『춘추』를 외우게 하였는데, 모두 능통하지 못하였다. 그런데 구종직의 차례가 되자, 막힘 없이 배송(背誦)[10]하였다. 성종이 여러 신하들에게 말하기를 "『춘추』에 능통한 저 사람을 허락하지 않으면, 능통하지 못하면서 직무를 맡고 있는 이 사람들은 어찌하란 말인가?"라고 하니, 모든 신하들이 굴복하였다.

세조(世祖)[11] 때, 역관 김유례(金有禮)가 2품의 중추부(中樞府)[12] 관료로서 부경사(赴京使)[13]에 선출되고, 참의(參議) 이예(李芮, 1419~80)가 부사(副使)가 되었다. 그때 문충공(文忠公) 신숙주가 이들을 나란히 앉히자고 아뢰었는데, 임금이 허락하지 않았다. 국초에는 재능 있는 이를 귀히 여김이 이와 같았으니, 인풍(人風)이 어찌 발흥(勃興)되지 않았겠는가?

漢學

申叔舟・成三問 爲司譯提調 以事大交隣爲己任 設漢學 講肄習 院中不許鄕談 近世 如李完平元翼・李白軒景奭 爲提調 每院官之稟事 必令漢語 古人之務實 如此 今時 以勢力・文望者 爲漢學敎授 有厚利故也 彼何嘗通老乞大・朴通

---

7) 조선시대 간언(諫言)의 책임을 맡았던 사헌부(司憲府)・사간원(司諫院)의 관리를 통칭하는 말이다.
8) 조선시대 경적(經籍)의 인쇄・반포 등을 맡아보던 관청의 정9품직.
9) 홍문관(弘文館)의 별칭. 홍문관은 조선시대 궁중의 경서・사적・문서 등을 관리하고 왕의 자문에 응하는 역할을 담당하였다.
10) 책을 시관(試官)이나 스승 앞에 놓고, 돌아앉아서 외우는 것.
11) 『성호사설』 원문에는 '광묘'(光廟)라고 되어 있는데, 이는 세조의 능이름이 광릉(光陵)이므로 그렇게 쓴 것이다.
12) 조선시대 일정한 사무가 없는 당상관 관원의 벼슬자리.
13) 명나라 조정에 파견되는 사신을 일컫는데, 여기서는 정사(正使)를 가리킨다.

事一句語耶 滔滔是不笀而濫側者也 噫 不才而任銓衡 無文而叨講筵 不武而居
笠轂 奚獨漢學也乎 昔成廟 擢有治績者 爲吏曹參議 臺諫論之 又擢爲參判 臺論
遂止 知丘從直善治春秋學 自校書正字 拔置玉署 臺評又發 命召諸講臣 使誦春
秋 皆不能 次至從直 背誦無滯 上曰 彼能不許 則此不能而供職 何也 諸臣愧屈
光廟時 譯官金有禮 以二品中樞 充赴京使 參議李芮 爲副 申文忠啓 宜令連坐
上不聽 國初之貴才 如此 人風 豈不勃興

송구영신(送舊迎新)[1]

각 고을에서 퇴임하는 수령을 보내고 새로 부임하는 수령을 맞이하
는 것이, 예나 지금이나 통용되는 폐단이다. 그때 필요한 인부와 말, 허
다한 비용을 모두 민간에서 징수하니, 이 점이 더욱 난감한 일이다.
『고려사』를 살펴보건대, 최석(崔碩)이 순천(順天)의 수령이 되었다 돌
아갈 때, 그 고을에서 관례대로 여덟 필의 말을 주었는데, 최석이 서울
에 돌아와 그 말을 돌려보냈다. 그 고을 사람들이 비석을 세워 그를 칭
송하였는데, 그것을 팔마비(八馬碑)라 한다. 이로부터 떠날 때 말을 주
는 폐단이 없어졌다. 그러나 지금은 말을 주는 폐단이 변하여 고마(雇
馬)[2]가 되었는데 그 수가 전에 비해 배나 되니, 그 폐단이 아직까지 남
아 있는 것이다.

유형원(柳馨遠, 1622~73)의 『반계수록』(磻溪隨錄)에 "인부와 말은
그 도의 경계까지만 배웅하게 하고, 도의 경계를 벗어나서는 역말을 바
꿔 타고 가게 한다"고 하였다. 그렇게 주장한 의도는, 백성을 넉넉하게
하려는 한 가지 단서이며, 또한 배웅하는 아전들로 하여금 지체하며 돈
을 낭비하는 걱정거리를 없애려고 한 것이다.

送舊迎新

縣邑之送舊迎新 古今通弊 其夫馬 許多所需 皆攤徵民間 此尤難堪 按麗史
崔碩爲順天倅 其還 例贈馬八匹 碩到京 還之 邑人立石頌之 號八馬碑 自是 贈
馬之弊 遂絶 然今贈馬 變爲雇馬 而厥數倍之 弊猶不除也 柳磻溪隨錄云 夫馬

---

1) 구관(舊官)을 보내고, 신관(新官)을 맞이한다는 뜻.
2) 시골 관청에서 민간으로부터 말을 빌려쓰는 것.

只令候於道境 境外 舘驛遞送 此意 亦優民之一端 且使候吏 無遲滯費錢之患矣

공사천(公私賤)[1]

우리나라 풍속에 내노(內奴)[2]·시노(寺奴)[3]·역노(驛奴)[4]·교노(校奴)[5] 따위를 공천(公賤)[6]이라 하고, 일반인의 노비를 사천(私賤)[7]이라 한다. 사천의 부역은 공천보다 무거울 뿐만이 아니다. 사천은 반드시 군대에 충원되니, 그것을 속오군(束伍軍)[8]이라 한다. 공천은 군역(軍役)에 대해 논하지 않으니, 국내에서 사천보다 더 불쌍한 것이 없다.

그러므로 사천 가운데 공천으로 투신하는 자가 많아, 속오군은 인원이 줄어들고 있다. 반면 역노의 일이 가장 가볍기 때문에 그 수가 점점 많아지고 있다. 그들이 바치는 돈은 찰방(察訪)[9]의 개인 주머니로 들어가는 데 불과하다. 찰방이 그런 뇌물을 갈취하고 있는데도 조정에서는 금하지 않고 있으니, 이 무슨 도리인가?

임금은 온 백성을 하나같이 균일하게 보니, 어찌 차등을 두어 고락을 달리하게 할 수 있겠는가? 나는 이렇게 생각한다. 공천도 사천과 같이 군대에 충원하면, 백만의 군사를 잠깐 사이에 얻을 수 있을 것이다. 그리고 사천의 일도 별도로 조정하는 법도를 만들어 주인이 잔학하게 할 수 없도록 하면, 민생이 조금은 소생할 것이다. 어찌할 수 없다고

---

1) 국가에 소속되거나 개인이 소유한 노비를 말함.
2) 궁중에 소속된 노비.
3) 봉상시(奉常寺)·종부시(宗簿寺)·예빈시(禮賓寺) 등 각 시(寺)에 소속되어 있는 노비들을 말함.
4) 역참(驛站)에 소속된 노비.
5) 향교에 소속된 노비.
6) 공공 기관에 딸린 노비.
7) 개인적으로 소유하고 있는 노비.
8) 조선 선조(宣祖) 때, 지방에서 역(役)이나 벼슬이 없는 15세 이상의 양인(良人)과 천민으로 조직한 군대. 평소에는 군포(軍布)를 바치고, 훈련할 때나 유사시에는 군역을 치르게 하였다.
9) 몇 개의 역을 관할하며 교통·체신 등의 일을 담당하던 종6품직의 관원.

내버려두는 것은 백성의 부모된 도리가 아니다. 자기 자식이 구렁에 나뒹구는데 구제해주겠다는 생각을 하지 않는 부모가 어디 있겠는가?

公私賤

國俗 內奴・寺奴・驛奴・校奴之類 謂之公賤 士庶之奴 謂之私賤 私賤之役 不啻重於公賤 然私賤必充軍額 謂之束伍 公賤則勿論 域中可哀 莫私賤若也 故 冒投公賤者多 而束伍 亦縮額矣 驛奴之役 最輕 故其數漸夥 其貢錢 不過察訪之 私橐 而取之無禁 此何道理 王者 一視群生 是何苦樂之殊科 余謂 公賤一如私賤 之充額 百萬之衆 指顧可得 私賤貢役 別有調度 使不得殘虐 則民生稍蘇矣 若置 諸無可奈何者 非爲民父母之道 子塡於溝壑 而其有不思所以拯救者耶

방술(方術)[1]

음양(陰陽)[2]과 방술(方術)은 예로부터 있었고, 의약(醫藥)과 복서(卜筮)[3]는 성인(聖人)이 남긴 뜻이다. 그밖에 상술(相術)[4]은 주(周)나라 때부터 시작되었고, 간지(干支)[5]로 운명을 추리하는 일은 이허중(李虛中)에게서 나왔고, 묘를 쓰고 복을 구하는 것 또한 당나라 때에 성했다. 『맹자』에 "천시(天時)는 지리(地利)만 못하고……"[6]라고 하였는데, 그 주(註)[7]에 천시를 고허(孤虛)・왕상(旺相)[8]으로 풀이하였다. 혹 이런 이치가 있다면 사람의 운명을 판단하는 사주(四柱)도 그런 유일 것이다.

귀신의 복(福)이 사람에게 미친다는 설에 대해서, 감여가(堪輿家)[9]들

---

1) 신선이 되기를 추구하는 도사들의 술법.
2) 여기서는 음양가의 설을 말함.
3) 거북이나 시초 등으로 점을 치는 기술.
4) 관상 보는 술법.
5) 천간・지지(天干地支)의 준말로, 천간은 갑(甲)・을(乙)・병(丙)・정(丁)……이고, 지지는 자(子)・축(丑)・인(寅)・묘(卯)……이다.
6) 이는 『맹자』「공손추 하」(公孫丑下) 제1장에 있는 말이다.
7) 주희(朱熹)의 집주(集註)를 말한다.
8) 고허는 병법가들이 행군할 적에 방위(方位)와 일시(日時) 등을 보던 방법이고, 왕상은 음양가에서 쓰는 말로 오행(五行)이 사시(四時) 사이에서 서로 교대해가며 소멸했다가 성장하는 것을 말한다.
9) 집터나 묘자리를 잡는 설을 주장하는 사람들, 즉 풍수가를 말한다.

의 말에 "이 설이 전한(前漢) 때 비롯되었는데, 꼭 들어맞는지는 징험할 수 없다. 그러나 파도가 퍼지듯, 풀이 바람에 휩쓸리듯 온 세상 사람들이 그 설을 추종해 다시는 금할 수 없게 되었다"고 한다.

나는 이렇게 생각한다. 이런 따위의 설에 군자는 조금이라도 마음을 두어서는 안된다. 그 설이 맞는 것은 적고, 맞지 않는 것은 많다. 그 설이 정밀하지 않은 것은 아니더라도, 그 이치가 꼭 맞지 않다면 굳이 할 필요가 없다. 천하의 이치는 다 궁구할 수가 없고, 천하의 일은 다 행할 수가 없다. 당연한 것도 오히려 다할 겨를이 없는데, 그 밖의 것이야 어찌하겠는가? 나는 이런 설을 배우고 싶지 않다. 그 길에 들어가 그 술법에 정신을 쏟다 보면, 아무리 중후한 어른일지라도 허탄하고 망령된 말을 거리낌없이 하니, 이는 해서는 안될 일이다. 마지막에는 길이 험난해져서 문제를 일으켜 왕왕 이로 인해 명예를 손상하고 몸을 해치는 자가 있으니, 감히 해서는 안될 일이다.

方術

陰陽・方術 自古有之 醫藥・卜筮 聖人遺意也 其餘相術 肇自成周 支干推命 出於李虛中 葬埋求福 亦盛於李唐 孟子曰 天時不如地利 註以孤虛・旺相 釋之理或有是 則人命四柱 亦其類也 鬼福及人之說 堪輿家謂 本於西京 無以驗其必然 然波奔風盪 不可得以復禁矣 余謂 此類 君子不宜略接心術 其說 中少而不中 多 非爲之者不精 其理無必中 則不必爲也 天下之理 不能盡窮 天下之事 不能盡 行 於當然者 尙且不遑 況其他乎 此不欲爲也 旣涉此塗 務神其術 雖重厚長者 誕妄之辭 不憚爲之 此不可爲也 末路險巇 抵隙搆釁 往往有因此喪名殺軀者 則 不敢爲也

서독승면론(書牘勝面論)[1]

학문하는 데는 연속적으로 공부하는 것을 중히 여긴다. 한번이라도 그 맥이 끊어지게 되면 정신이 새어나가고 성의가 흩어져버리니, 어떻게 깊이 온축된 뜻을 꿰뚫어볼 수 있겠는가? 벗끼리 북돋워주는 것으

---

1) 학문을 강론하는 데 있어 벗끼리 편지를 주고받으며 질의하고 토론하는 것이 만나 이야기하는 것보다 더 낫다는 말임.

로는 함께 모여 학문을 강론하는 것보다 더 나은 것이 없다.

그러나 퇴계(退溪)는 말하기를 "가슴속에 가득 차 있는 풀리지 않는 의문이나 난해한 부분에 대해서 서로 만나 질문하고 싶은 마음이 반드시 있게 마련이다. 그러나 막상 만나고 나면 그것을 말로 다 표현할 수 없고, 또 며칠 지나고 나면 마음속에 있는 생각과 입으로 하는 말이 서로 다르게 나온다"라고 하였으며, 또 "얼굴을 마주하고 강론하는 것이 좋기는 하지만, 항상 마음속의 생각을 다 드러내지 못하고 만다. 그러니 의문이 드는 부분을 뽑아 기록해서 벗에게 보내, 전일한 마음으로 자세히 살펴볼 수 있게 하는 것만 못하다"라고 하였으니, 그 뜻이 참으로 옳다.

대개 말이란 하기는 쉬우나 흔적이 없다. 그러나 편지는 신중하게 생각해 이리저리 살펴보는 점이 있다. 따라서 그 도는 깊은 경지에 나아갈 수 있다. 아무리 친해도 만나는 때보다는 헤어져 있는 때가 더 많다. 그러니 나날이 의문스러운 것을 모아두었다 글로 써서 서로 편지를 주고받으며 다시 생각하고 고쳐 나간다면, 자주 만나지 못하는 걱정을 면할 수 있을 것이다. 그러므로 "헤어진 뒤에 끝없이 합치되는 생각이 있다"고 하는 것이다.

이는 유자(儒者)들이 꼭 알아두어야 할 일이다. 동네의 서당에서도 오히려 그래야 하는데, 하물며 임금 앞에서 법도에 따라 강의하는 데 있어서랴? 임금은 지위가 높고 세력이 워낙 다르다 보니, 공경하고 두려워하는 마음만 앞서게 된다. 따라서 지식과 식견이 있을지라도 감히 다 말하지 못하고 만다. 그리고 강의가 끝난 뒤에는 마치 하늘과 연못처럼 현격하게 떨어져 있게 된다. 혹 3일이나 5일 동안 보고 들은 바가 책 속에 있는 내용의 실제적 비유가 되지 못하니, 어떻게 끊임없이 그 의미를 하나하나 풀어내 도움이 될 수 있도록 할 수 있겠는가?

경연관(經筵官)이 고사(古事)를 써서 올리는 규정이 있었지만 폐지하고 시행하지 않으며, 또 임금이 그것을 살펴보고 받아들이는지도 알 수 없다. 그런 법이나 사례가 없다면, 갑자기 새롭게 바꿀 수도 없을 것이다. 그러나 다음과 같이 할 수 있다.

경연이 열리지 않더라도 임금은 질문할 조목을 기록해두어야 한다. 꼭 강의하는 책이 아니더라도, 경전이나 역사 가운데 날마다 두세 조목씩 반드시 하문(下問)하여, 숙직하는 관원으로 하여금 각기 자기의 의견대로 답변하게 한다. 임금이 질문하는 조목 이외의 것일지라도 경연관은 일에 따라 글을 써서 올린다. 임금은 이를 받아 보고 판별하여 취사선택하는데, 마치 서로 마주앉아 문답하는 것처럼 한다. 그리고 이를 합해 기록해서 대신(大臣)·중신(重臣)에게 두루 보인다. 그 가운데 이치에 어긋나고 정도가 아닌 것이 있으면, 대신이나 중신은 그 점을 임금에게 아뢰어야 한다. 이렇게 하면 임금의 학문이 날로 증진될 뿐만 아니라, 신하들 또한 감히 빈말만 하며 세월을 보내지 못할 것이다.

書牘勝面論

凡爲學 貴乎工夫接續 一或間斷 精神漏泄 誠意消散 如何能透看底蘊 朋友麗澤 宜莫如盍簪講訂 然退溪則曰 滿腹疑難 必有相見質問之心 及其見之 不能形於言 至三五日 心與口 不相應 又曰 面論雖好 恒未盡意 不如抄寫寄示 可以專意細考 其意良是 蓋口談 易發而無迹 書牘 愼思而有考 其道 可以深造也 逢時少而別時多 日日提掇 合成文字 反覆商訂 則可免十寒之憂矣 故曰 別後 有無限合商量也

此爲儒術者之所當知 閭塾尙然 況人主法講乎 位尊勢絶 敬畏偏勝 雖有知見固不敢盡 旣罷之後 隔若天淵 或三日五日所見聞 皆非卷中事 如何能紬繹不間得有進益乎 筵臣 雖有書進古事之規 亦廢而不擧 人主省納與否 又未可知 不有式例 無以振刷 筵雖不開 人主宜錄問目 不必當講之書 或經或史 每日必下數三條 使直宿者 各以己見對 雖問目之外 筵臣又必隨事書進 人主從而辨別取舍 如相對響答 合以錄之 遍示大臣·重臣 苟有違理不經者 亦宜執奏 如是 不但問學日增 諸臣亦不敢架漏度歲矣

증구(拯救)[1]

어린아이가 도탄(塗炭)[2]에 빠졌을 때, 부모로서는 그를 구하기에 급급하여 어떠한 수단과 방법도 가리지 않는다. 낭떠러지에 매달리거나 불에 휩싸이거나 물에 빠졌을지라도, 온갖 방법을 강구하여 그 아이가

---

1) 물에 빠지거나 불 속에 있는 사람을 건져 구제한다는 말로, 어려움에 처한 사람을 구제해준다는 뜻임.
2) 진흙탕과 숯불 구덩이, 즉 위험한 상황에 처했을 때를 말한다.

살아날 수 있기를 바라지, "일이 어찌할 수 없게 되었으니, 편안히 앉아서 죽기를 기다리자"라고 말하지는 않을 것이다.

예컨대 어떤 사람이 반드시 어느 곳으로 가려고 할 경우, 수레가 있으면 수레를 타고 갈 것이고, 수레가 없으면 말을 타고 갈 것이고, 말이 없으면 도보로 달려갈 것이고, 다리가 불편하다면 기어서라도 갈 것이다. 일단 가기로 마음먹었다면, 끝내 그곳으로 가지 못할 리가 어찌 있겠는가?

오늘날 백성의 생활이 극도로 곤궁에 빠져, 어린아이가 우물에 기어 들어가는 것보다 더 위태로운 상황이다. 그런데 조정에서 정치를 한다는 사람들은 방법이 없다고 핑계하고 못 본 체 그냥 지나치니, 어찌 옳은 일이겠는가? 그들이 하는 일 또한 가지를 당겨 잎을 따는 것 같은 지엽적인 것일 뿐, 근본은 건드리지 않는다. 마치 대장장이가 쇠붙이를 다루는 일과 흡사하다. 대장장이는 시원찮은 불에다 쇠를 달구어 겉만 두드려 기구를 만드는데, 전혀 뜻대로 되지 않는다. 그런데 어떻게 무쇳덩이를 마음대로 주물러 둥글거나 모난 그릇을 만들 수 있겠는가? 그렇게 만들려면, 펄펄 끓는 용광로 속에 쇳덩이를 집어넣고 벌겋게 달구어서 쇠가 녹아 형틀로 흘러내리게 해야 한다.

천지는 생성(生成)의 이치로 만물을 만들어내니, 순리대로 생성하는 것이 곧 천지의 본심이다. 그런데 병폐가 쌓이는 것은, 사람이 하는 일에 올바른 방법을 잃었기 때문이다. 병폐가 그 가운데서 생겨났으니, 변통해 나가는 계책도 반드시 그 가운데 있을 것이다.

어떤 사람이 닭을 기르는데, 잘 번식되지 않았다. 그래서 자세히 살펴보니, 기와 조각이나 돌멩이에 맞아서 상처를 입은 것도 있고, 쥐나 살쾡이에게 잡혀 죽은 것도 있고, 먹이를 제대로 주지 않아 굶어 죽은 것도 있었다. 닭을 잘 기르는 노인을 찾아갔더니, 그렇게 내버려두지 않았다. 닭을 덮어주고, 먹여주고, 보호해주는 데 모두 계책이 있었다. 그러니 닭이 어찌 잘 번식하지 않겠는가?

그러므로 정치를 하는 데 있어, 세금을 각박하게 거두어들이는 것은 닭이 돌멩이에 맞아 다쳤는데도 돌보지 않는 것과 같고, 탐관오리들을 징계하지 않는 것은 쥐나 살쾡이가 마음대로 잡아먹게 놔두는 것과 같고, 홍수가 지고 가뭄이 들어도 백성을 구휼하지 않는 것은 먹이를 제대로 주지 않는 것과 같다. 그런데 어찌 방법이 없다고 말한단 말인가?

　성인(聖人)[3]이 편히 쉴 겨를도 없이 들판에서 자고 밥을 빌어먹으며 돌아다닌 것은, 도(道)를 행하는 데 뜻이 있었기 때문이다. 무엇을 도라 하는가? 그 요점은 온 천하에 곤궁한 백성이 없게 하는 것이다. 그러므로 한 사람만 제 살 곳을 얻지 못해도 마치 자신이 저잣거리에서 매를 맞는 것처럼 부끄럽게 여겼다.[4] 그런데 하물며 온 나라 사람이 모두 그 폐해를 받는 데 있어서이겠는가? 아, 슬프다.

拯捄

赤子塗炭 慈父·慈母 急於拯捄 無所不至 雖阽焚溺 猶且百道思量 庶幾其或生 必不曰事無奈何而安坐待死也 如人將必往某地 有車 乘車往 無車 騎馬往 無馬 徒步走 足躄 匍匐行 期於一到 豈有終不達之理 今之時 民生方困 不啻入井 謀獻廟朝者 諉諸無術 瞑然忍行 奚可哉 其所施措 亦不過扳枝捏葉 根株不動 亦與鑄金 相似 以略略火 爛得外面 全然生梗 如何得摶成團掯成匭 須是大火中 鍛鍊通紅 鎔汁瀉錠也 天地 以生理造物 順理生成 卽天地之本心 然而弊瘼膠積 卽人事失其道也 弊瘼旣生於其中 變通之策 亦必在於其中也 今有養鷄 鷄不殖 審之 則瓦石擲傷也 鼠狸攫殺也 哺飼不勤也 訪諸祝鷄翁 則不然 覆育之 防護之 皆有其策 鷄 惡乎不逡 故斂納刻割者 擲傷不恤者也 貪墨不懲者 鼠狸任噬者也 水旱不賑者 餔飼吝施者也 何謂無術哉 聖人鶉居穀食 不遑安息者 志在行其道也 何謂道 其要使天下無窮民 是也 故一夫不得其所 若撻于市 況域內受其弊乎 噫

백대붕(白大鵬)[1]

천인(賤人) 백대붕(白大鵬)의 시에 "백발로 풍진을 무릅쓰는 전함사

---

3) 공자(孔子)를 가리킨다.
4) 이 대목은 『서경』「열명 하」(說命下)에 보이는 "내가 능히 이 임금을 요·순(堯舜)처럼 만들지 못하면 저잣거리에서 종아리를 맞는 것처럼 부끄럽게 여길 것이고, 한 사람이라도 제 살 곳을 얻지 못하면 이는 나의 허물이라고 말할 것이다"라는 말에서 따다 쓴 듯하다.
1) 조선조 선조 때의 천인(賤人)으로 시를 잘 지었다. 일찍이 통신사 허성(許筬, 1548~1612)을 따라 일본에 가서 시로써 이름을 날렸으며, 임진왜란 때 상주(尙州)에서 전사하였다.

(典艦司)[2]의 종 신세"[白首風塵典艦奴]라고 하였으니, 나는 그를 매우 가엾게 여긴다. 나라의 법에 종은 과거에 응시할 수 없도록 되어 있다. 따라서 아무리 기이한 재주가 있더라도 한 평생 천인으로 살아야 한다. 이 1구(句)의 시에서, 그의 원통해하고 억울해하는 뜻을 엿볼 수 있다.

백대붕은 유희경(劉希慶, 1545~1636)[3]과 절친한 사이로, 주고받은 시가 한 질이나 되었으며, 당시의 공경(公卿)·대부(大夫)들이 모두 그를 허여하였다. 학사(學士) 허성(許筬, 1548~1612)[4]이 일본으로 사신 갈 때, 그와 함께 갔다. 뒤에 이일(李鎰, 1538~1601)[5]이 그가 왜인들의 일을 잘 안다고 하여 전장(戰場)에 데리고 갔는데, 전쟁에 패하여 군중(軍中)에서 죽었다. 그러나 그의 출신이 한미하기 때문에 드러나지 못했다.

유몽인(柳夢寅, 1559~1623)[6]이 말하기를 "서기(徐起, 1523~91)[7]·박인수(朴仁壽)·권천동(權千同)·허억건(許億健)이 모두 학행(學行)으로 일컬어졌다"고 하였다. 그런데 고청(孤青)[8] 서기만 이름이 나고, 나머지 사람들은 어떤 사람인지도 모른다. 이들처럼 알려지지 않고 파묻혀버린 사람들이 얼마나 많겠는가?

白大鵬

賤人白大鵬詩云 白首風塵典艦奴 余甚悲之 國法 奴不敢赴試 雖有奇才 止於賤而已 此一句 亦可見冤悶鬱抑之志矣 大鵬與劉希慶友善 多唱酬 成帙 當時卿大夫 皆許之 許學士筬 使日本 與之俱 後李鎰 以備諳倭中事 帶往 兵敗 死於軍

---

2) 조선시대 전함(戰艦)을 수리하고 관리하는 일을 맡아보던 관청.
3) 자는 응길(應吉), 호는 시은(市隱), 본관은 강화(江華)이다.
4) 자는 공언(功彦), 호는 산전(山前), 본관은 양천(陽川)이다. 허엽(許曄)의 아들로 문과에 급제하였다.
5) 자는 중경(重卿), 본관은 용인(龍仁)이다. 무과에 급제하여 병마절도사를 지냈다. 임진왜란 때 상주·충주 등지에서 왜적을 맞아 싸우다 패배하였으나, 평양을 방어하는 데 공을 세웠다.
6) 자는 응문(應文), 호는 어우(於于), 본관은 흥양(興陽)이다. 문관에 급제하여 황해도 관찰사·예조 참판 등을 지냈다.
7) 자는 대가(待可), 호는 고청(孤青), 본관은 이천(利川)이다. 서경덕(徐敬德) 등에게 배웠다. 재주가 빼어났으나 천한 신분으로 태어나 뜻을 펴지 못하고 유랑하다가 만년에는 계룡산 밑에서 후진을 양성하였다.
8) 고청은 서기의 호임.

中 以其地微 故不顯 柳夢寅云 徐起・朴仁壽・權千同・許億健 以學行稱 惟徐
起孤青 有聞 不知餘子爲何人 此類之湮滅 又何限

해자웅(蟹雌雄)[1]

옛날 어떤 노성한 이가 해변 고을의 원으로 나가 있을 때, 서울에 있
는 친구들에게 게를 두루 선물하였다. 그가 뒤에 서울로 돌아오자, 친
구들이 다 모였다. 그때 한 사람이 "게는 어찌하여 수컷이 많고 암컷이
적은가?"라고 묻자, 대답하기를 "게의 암놈과 수놈을 어찌 알 수 있겠
는가?"라고 하여, 온 좌중이 모두 웃음을 터뜨렸다. 이어 그 자리에 모
인 사람들에게 두루 물어보았지만, 누구 하나 아는 이가 없었다.

조정에서 벼슬하던 한 친구가 늦게 오는데, 그는 본래 세상의 일을
잘 알기로 소문이 나 있었다. 좌중에 있던 사람들은 여전히 의혹되어,
어떤 이는 앞에 있는 큰 발로 구별한다고 하고, 어떤 이는 다리의 마디
로 구별한다고 하고, 어떤 이는 껍질로 구별한다고 하였는데, 오직 눈
에 대해서는 아무도 말하지 않았다. 늦게 온 그 친구가 "그 구별은 어
렵지 않으니, 바로 눈으로 한다"고 하여, 온 좌중은 또 한 차례 배를 움
켜쥐고 웃었다. 그러나 이런 데에서도 당시 사대부의 풍습이 소활하여
세밀한 부분까지 자세히 관찰하지 않았던 점을 알 수 있다.

그런데 요즘 40~50년 사이에 젊은 선비들이, 이리저리 머리를 굴리
며 문학에는 힘을 쓰지 않고 비루하고 자질구레한 일에 대해서는 모르
는 것이 없지만, 밤낮으로 꾀하는 일은 이해(利害)를 따지는 것에 지나
지 않는다. 『시경』에 "장사가 3배의 이익을 남기는 것을, 군자가 그 까
닭을 아는 것과 같다"[2]고 하였으니, 이와 같다면 세도(世道)가 어찌 투
박해지지 않겠는가?

그러나 『광아』(廣雅)[3]에 "게는 수놈을 낭의(蜋螘)라 하고, 암놈을 박대

---

1) 게의 암컷과 수컷을 말함.
2) 『시경』 대아(大雅) 「첨앙」(瞻卬)에 보인다.
3) 위(魏)나라 때 장읍(張揖)이 지은 책.

(博帶)라 한다"고 하였는데, 그 주(註)에 "배꼽이 둥근 놈은 암컷이고, 배꼽이 뾰족한 놈은 수컷이다"라고 하였으니, 사물에 해박한 사람은 그것을 식별할 수 있을 것이다. 『주례』 천관(天官) 포인(庖人)[4]의 직분 가운데, "제사에 쓰이는 좋은 음식을 장만한다"는 것이 있는데, 정현(鄭玄)은 그 주에서 "청주(靑州)에서 나는 해서(蟹胥)와 같은 것이다"라고 하였다. 해서는 게장으로 암컷은 맛이 좋고, 수컷은 맛이 떨어진다. 좋은 음식을 만드는 사람은, 게의 암놈과 수놈을 분별하지 않을 수 없다.

蟹雌雄

昔有一長老任海縣 以螃蟹 徧遺親友 後至京 親友皆會 一人曰 蟹何雄多而雌少 曰 蟹雌雄 可知乎 四座發笑 仍徧詰四座 皆不知 一朝士後到 素以習事稱 衆仍惑之 或謂其別在螯 或謂在跪 或謂在甲 惟不及目 朝士乃曰 其別不難 卽在目 四座又捧腹 然此亦可見 當時士大夫 風習疎雅 不察細務 今四五十年間 章甫少年 百伶百俐 緩於文學 鄙功瑣事 無不貫穿 日夜所猷爲 不離於利害 詩云 如賈三倍 君子是識 世道 安得不偸 然廣雅云 雄曰蜋蟣 雌曰博帶 註 團臍者牝 尖臍者牡 博物者 宜識別 天官庖人之職 供祭祀之好羞 鄭玄謂若靑州之蟹胥 蟹胥者 蟹醢也 雌好而雄劣 掌其好羞 不容不辨

균전(均田)[1]

왕정(王政)이 토지의 경계를 바르게 하는 데로 귀결되지 않으면, 모두 구차할 뿐이다. 빈부가 고르지 못하고 강약의 형세가 다르면, 어떻게 나라를 공평하게 다스릴 수 있겠는가? 이 사람의 것을 빼앗아 저 사람에게 줄 수 없는 것은, 각자 자기가 점유하고 있는 토지를 자기의 소유라고 여기기 때문이다. 듣고 본 것이 습관화되었기 때문에 한번 바꾸려고 하면 놀라 시끄럽게 떠들 뿐, 왕자(王者)[2]가 천하를 안정시킨 그 큰 뜻을 전혀 모른다.

모든 천하의 토지는 모두 임금의 땅이다. 백성들이 각각 차지하고

---

4) 주나라 때 왕실의 육류를 담당하던 관직 이름이다.
1) 토지를 고르게 분배한다는 뜻임.
2) 왕도정치를 편 임금을 가리킨다.

있는 땅은 임금의 땅을 일시적으로 강점하고 있는 것에 불과하니, 원래 본 주인은 아니다. 비유컨대, 아버지의 집기를 자식들이 나누어 가질 때 많이 가진 자도 있고 적게 가진 자도 있을 경우, 아버지가 골고루 나누어 가지라고 분부하면 많이 가진 자가 감히 그대로 점유하지 못하는 것과 같다.

왕망(王莽)의 일[3]은, 그 뜻은 훌륭했다. 드디어 천하의 토지를 왕전 (王田)이라고 이름하였으니, 토지는 개인의 사유물이 아니라는 것을 먼저 밝히려고 한 것이다. 그런 뒤에 부자의 토지를 빼앗아 가난한 자에게 주려고 하였다. 그의 뜻이 과연 이루어졌다면, 성인이 남긴 뜻을 시행하는 데 해가 되지 않았을 것이다. 그러나 권세가와 호족들이 그것을 받아들이려 하였겠는가? 백성들의 마음은 대체로 이(利)를 따르고, 해 (害)를 피하게 마련이다. 그래서 천하가 시끄러워졌고, 왕망도 패하여 죽었다. 후세의 임금들 가운데 토지를 분배해주는 제도를 만든 경우는 있지만, 그 의도가 이와 같은 데 불과하였을 뿐 개혁한 실상은 없었다.

나는 옛날의 정전법(井田法)[4]도 반드시 널리 시행된 것은 아니라고 생각해왔다. 사람들은 매양 진(秦)나라 상앙(商鞅)[5]이 정전법을 폐지했다고 비방한다. 그러나 상앙의 힘으로 진나라의 토지는 변혁할 수 있었지만, 온 천하에 두루 미치지는 못하였다. 등(滕)나라는 중국의 한가운데 있었는데 맹자(孟子)시대에 이미 정전의 경계가 자세치 않았으니, 이를 어찌 설명할 것인가? 구혁(溝洫)[6]이 깊고도 넓은데 어찌 하루아침에 다 없앨 수 있겠는가?

---

3) 왕망은 전한(前漢) 말기의 권신(權臣)으로, 평제(平帝)를 시해하고 왕위를 찬탈하여 신(新)나라를 세웠다가 후한(後漢) 광무제(光武帝)에게 망한 사람이다. 여기서 말하는 '왕망의 일'은 왕망이 시행한 토지 개혁을 말한다.
4) 주(周)나라 때의 토지제도. 사방 1리의 농지를 정자(井字) 모양으로 9등분하여 가운데 한 구역을 공전(公田)으로 삼고, 주위의 8구역을 사전(私田)으로 삼아 8가(家)에 나누어준다. 그리고 8가에서 공전을 공동으로 경작하여, 그 수확을 나라에 세금으로 바치게 했다.
5) 진 효공(秦孝公)을 도와 패자(覇者)가 되게 한 인물이다. 법가(法家)의 사상을 가졌던 사람으로, 형법을 엄히 시행하였다.
6) 농지와 농지 사이에 설치한 도랑을 말한다.

이로써 본다면, 옛날에도 정전법이 온 천하에 두루 시행되지 않은 것이 명백하다. 그렇다면 저 왕망은 왕전(王田)을 만들다 스스로 죽은 것이다. 그러나 천하를 다스리는 임금은 모든 백성을 한결같이 어린아이처럼 여겨 돌보아야 한다. 그 마음을 잠시도 잊어서는 안되는데, 어떻게 해볼 수 없다고 내버려둔다면 어찌 옳겠는가?

내가 전에 균전론(均田論)[7]을 지었는데, 그 대략은 다음과 같다.

농지 몇 묘(畝)로 한계를 정하여 한 농부의 영업전(永業田)[8]을 만든다. 농지를 많이 소유한 자의 것을 빼앗지 않고, 농지가 없는 자를 추궁하지 않는다. 영업전으로 정한 몇 묘 이외의 농지는 마음대로 사고 팔게 한다. 단 농지를 많이 가진 자가 남의 영업전을 취해가지고 있을 경우에는, 그 문권(文券)을 빼앗아 불사른다. 관청에서는 토지 장부를 보관해두고 싼값으로 팔지 못하도록 한다. 그러면 농지가 없는 자들이 얼마 안되는 농토라도 얻을 수 있을 것이다. 영업전으로 매매를 제한한 것만 위의 예와 같이 하고, 나머지는 따지지 않는다. 이와 같이 할 따름이다.

농지를 파는 자는 반드시 가난한 집이다. 가난하지만 자기의 농토를 팔 수 없게 하면 겸병(兼幷)하는 것도 마음대로 할 수 없을 것이다. 가난한 농부가 영업전을 경작하여 수입이 있고 지출이 없으면, 가난한 집은 재산을 다 탕진하지 않을 것이다. 농지가 많은 자에게 여분의 땅을 팔 수 있도록 허락해주면 자식들이 나누어 점유할 것이고, 변변치 못한 자들은 파산할 것이니, 점차 농지가 고루 나누어지게 될 것이다.

이에 대해 따로 논해놓은 것이 있어서,[9] 여기서는 그 대략만 기록하였다.

---

7) 『성호선생문집』 제30권과 『곽우록』(藿憂錄)에 들어 있다.
8) 한 농부가 영구적으로 농사를 지어 생계를 유지할 수 있는 최소한의 땅을 말함. 성호는 이 땅의 매매를 금지하는 것을 골자로 토지제도 개혁을 꾀하였다.
9) 성호의 저술인 『곽우록』에 「균전론」이 있다.

뒤에 송(宋)나라 임훈(林勳)의 『본정서』(本政書)를 보니, 내 설과 대략 합치되었다. 『본정서』는 선유(先儒)들이 허여한 바이다. 이 설은 부강(富强)한 자들의 마음을 크게 거스르지 않을뿐더러, 오늘 시행하면 내일 반드시 그 혜택을 받게 되는 자가 있을 것이다.

원위(元魏)[10] 효문제(孝文帝) 때, 조서(詔書)를 내려 "균전(均田)에 뽕나무 50그루를 심어 모두 세업(世業)으로 삼되, 모자라는 자는 종목(種木)을 법대로 받게 하고, 넉넉한 자는 남는 것을 팔 수 있게 하라"고 하였는데, 그 뜻이 대개 이와 같다.

어떤 사람은 말하기를 "영업전을 팔지 못하게 하면, 상(喪)을 당해 장례(葬禮)를 치를 때처럼 부득이한 경우에는 어떻게 조처하겠는가? 이는 반드시 시행되지 못할 것이다"라고 하는데, 나는 이 말이 본래의 취지를 제대로 알지 못한 데에서 나온 잘못이라고 생각한다. 주자(朱子)는 말하기를 "천하의 제도에 완전히 이롭기만 하고, 해가 전혀 없게 하는 방법은 있을 수 없다. 단지 그 제도를 시행함에 있어 이해(利害)가 어떠한지를 살필 뿐이다. 만약 해로운 점만 지적하여 이로운 점을 시행하지 않는다면, 가만히 앉아서 아무 일도 하지 않는 것이나 다름없다"고 하였다.

옛날에는 백성들에게 모두 농지를 주었지만, 사적으로 농지를 파는 경우는 없었다. 그 당시 상을 당해 장례를 치를 때 어떻게 했겠는가? 오늘날 한 치의 땅도 없는 가난한 사람들이 상을 당해 장례를 치를 때, 또 어떻게 하고 있는가? 결단하여 영업전을 만들면, 이것이 바로 옛날 백성에게 농지를 나누어주던 제도일 것이니, 어찌 마음대로 팔 수 있겠는가? 영업전은 공전(公田)[11]의 정신에 비추어 만든 것이니, 이를 벗어나면 바로 농지가 없는 집이 생긴다는 사실을 미루어 알 수 있다.

『본정서』에는 농지 밑에 주인의 성명을 기록하였는데, 이는 농지가 어머니가 되고 사람이 아들이 된다는 뜻이다. 주자는 그 뜻이 매우 좋

---

10) 중국 남북조시대 북조(北朝)의 북위(北魏)를 가리킨다. 효문제 때 탁발(拓跋)을 고쳐 성(姓)을 원(元)으로 하고, 북위도 원위(元魏)로 칭하였다.
11) 토지의 소유권이 원칙적으로 국가에 귀속된 것을 말한다.

다고 칭찬하였다. 이것이 오늘날 시행하는 제도인데 농지의 등급을 덧붙이고, 그 주위에 있는 땅의 주인 이름까지 기록해두니, 더욱 치밀한 것이다. 그러나 주위에 있는 농지의 주인 이름이 명확하게 기록되지 않은 경우도 있으니, 명(明)나라 때의 어린도(魚鱗圖)[12]만 못하다. 토지를 측량하는 자는 이 점을 알아야 할 것이다.

均田

王政 不歸於經界 皆苟而已矣 貧富不均 强弱殊勢 如何能平治國家 不能奪此與彼者 徒以各自占據 視作己有 耳目旣習 故一欲變動 嘩然以駭 殊不知王者定天下 凡天下之田 莫非其土 黎庶之各名其田 不過就王土中 一時强占 原非本主 比如 父有什器 諸子分占 或多或少 至父命分俵 則多者不敢據有也 王莽之事 志則大矣 遂名天下田 爲王田 蓋欲先明其非私物 然後將奪其富 而與其貧 若使其志果成 亦不害爲聖人之遺也 然鉅室豪族 其肯堪之耶 民情 大抵趨利而避害 於是 天下騷然 莽亦敗死 後辟或定爲授田之制 不過意度如此 未曾有變革之實 余嘗謂 古之井法 亦未必遍行者也 人每謗秦鞅之廢開 然鞅之力 足以變秦地 不及于天下 縢是中國之一處 而孟子時 已不詳其經界 何也 溝洫深廣 其可一朝而夷滅乎 是古亦不能盡擧也 明矣 然則彼莽也 宜有以自戕也 夫雖然 君天下者 一視赤子 其心 不可但已 將置諸無可奈何而已 可乎

余昔爲均田論 其槪謂 以田幾畝定限 爲一夫永業田 多者不減 無者不賣 幾畝之外 任其買賣 但多者 取其中幾畝永業 焚毁券文 只官藏其籍 使不得斥賣 無者或得寸得尺 在永業之限者 如右例 其餘勿問 如斯而已 凡賣者 必貧室也 貧而不得賣 則兼幷不得售矣 永業有入無出 則貧室無蕩産矣 多田者 許其賣 則衆子分占 或不肯破落 稍稍歸於均一矣 別有說 只錄其槪 後見宋林勳本政書 與此略相符 而先儒之所許也 此非大拂富强之心 而今日行之 明日必有受其澤者耳 元魏孝文時詔 均田種桑五十株 皆爲世業 不足者 受種如法 盈者 得賣其贏 意蓋如此

人謂 永業不賣 則其喪葬大不得已者 何以處之 此必不行 愚謂 此未達之過也 朱子曰 天下制度 無全利而無害底道理 但看其利害分數如何 若但擧其害 而沮其利 則安坐不做事而已 古者 民皆授田 未有私賣之地 當是時 喪與葬 將如何 今有貧甚無田者 有喪有葬 又將如何 旣斷爲永業 則便是古之授田 其可任賣乎 永業視作公田 外此 便是無田之室 推此可見 本政書 田下註人姓名 是田爲母人爲子 朱子稱其甚好 此卽今行者 而加以第次 又識四旁田主之名 則益密矣 然只註四旁田主之名 亦或不明 又不若大明之魚鱗圖也 量田者 宜知之

설재 상인(雪齋上人)[1]

종형(從兄) 양계 선생(良溪先生)[2]이 나를 위해 다음과 같이 말하였다.

일찍이 설재 상인이 도에 대해 강설하는 태도를 본 적이 있다. 상인은 항상 구석진 방에 거처하는데, 그 방에는 조그만 문이 있어 강당(講堂)과 통하게 되어 있다. 승려들이 아침밥을 먹은 뒤, 경쇠 치는 소리가 세 번 울리면 각자 불경을 가지고 강당에 모인다. 그런 뒤에 상인을 사석(師席)으로 모셔온다. 그때 궤장(几杖)[3]을 가진 자가 앞에서 인도하는데, 걸어오는 동안 경쇠를 친다. 상인이 자리에 이르면, 승도들은 모두 머리를 조아려 절을 한다. 그리고 공양을 올린 뒤, 승도들은 각기 불경을 가지고 엎드려 기다린다.

먼저 한 종류의 불경을 상인의 앞에 있는 책상 위에 올려놓는다. 불경의 뜻이 얕은 것에서부터 깊은 것에 이르기까지 모두 갖추어놓는데, 깊은 것은 밑에 두고 얕은 것은 위에 올려놓는다. 상인이 먼저 맨 위의 불경을 펴놓고, 몇몇 승도에게 질문이 있는지 없는지를 묻는다. 질문할 것이 없다고 하면 그만두고, 질문할 내용이 있다고 하면 시원스레 한번 읽은 다음, 그 뜻을 아주 자세하게 해석해준다. 그러면 승도들은 함께 그 말씀을 듣는다. 다시 두번째 불경을 들어서 앞의 경우와 같이 문답하고 해석해준다. 그와 같은 방법으로 맨 마지막 불경까지 강설한다.

그런 뒤에 상인이 바로 일어나 자신이 거처하는 구석진 방으로 돌아간다. 그때 궤장을 들고 경쇠를 치며 인도하기를, 상인이 나올 때의 의식처럼 한다. 그러고 나서 승도들은 다시 강당에 모여 함께 강론을 하는데, 또한 뜻이 얕은 것에서부터 시작하여 난해한 점을 서로 토론한다. 강론을 마친 뒤에는 각자 뜻이 애매한 부분에 쪽지를 붙여 가

---

1) 조선 숙종 때의 승려. 호는 월담(月潭)이고, 속성(俗姓)은 김씨이다. 상인(上人)은 승려를 높여 부른 말이다.
2) 성호의 사촌형인 이진(李潾)을 말함.
3) 안석(案席)과 주장자를 말함.

지고 차례로 상인의 구석진 방에 가서 질문을 한다. 그들의 모든 동
정(動靜)이 다 볼 만하니, 유가(儒家)에서 따라갈 수 없는 점이다.

나도 절에 가서 승려들과 이야기를 나눌 때마다 느끼는 것이, 그들
이 지극한 성심으로 부처를 신봉하고 있다는 사실이다. 이것이 바로 우
리 유가에서 이른바 '예쁜 여색을 좋아하듯이 선(善)을 좋아하여 자신
을 속이지 말아야 한다'[4]는 것이다. 유자(儒者)들이 선성(先聖)[5]에 대해
겉으로는 숭배하며 받드는 듯하지만, 이들처럼 깊이 신봉하지 않는다.
이는 밖으로 물욕의 유혹을 받기 때문이다.

물욕과 성심은 서로 상반된다. 그러므로 그 얕고 깊음의 구분은, 물
욕이 9분이면 성심이 1분이고, 물욕이 1분이면 성심이 9분이 된다. 그
욕망의 찌꺼기를 다 씻어버린 자를 언제 본 적이 있던가? 저 승도들은
이런 물욕에 얽매인 바가 없어서 정일(精一)을 지키며 이리저리 의혹
되지 않는다.

물욕이 9분이고 성심이 1분일 때는 그래도 괜찮지만, 영화와 벼슬에
급급하며 재물에 연연하는 자가 있다. 이런 자들은 경전의 말씀을 영화
의 수단으로 삼아 한결같이 재물을 얻는 데 뜻을 둔다. 그리하여 재물
을 얻고 나면, 그 그릇을 버린다. 이들은 대중을 따라 성인의 말씀을
입에 올릴 뿐 성인이 무슨 일을 하였는지는 모르니, 그런 자들이 현명
하고 불초함에 있어 과연 어떤 사람이겠는가? 이들은 실로 승려들의
죄인인 것이다.

雪齋上人

從兄良溪先生 爲余道 曾見雪齋上人講道之儀 上人常處曲房 房有戶 與講堂
通也 諸僧徒朝日飯後 擊磬三聲 各以梵經 會于講堂 然後邀上人於師席 執几杖
者 前導 其折旋皆鳴磬 至席 僧徒皆參謁頂禮 進蔬飯 訖 僧徒各執經俯伏而竢
先以經一件 置上人前几上 由淺至深 皆具 而深者下而淺者上 上人 於是 先展最
上梵經 問某在否 答否則已 答有則快讀一過 解釋其義 極仔細 僧徒共聽之 又擧

---

4) 『대학』(大學)에 "이른바 자기의 마음을 성실하게 한다는 것은, 스스로 속이지
　않는 것이다. 악취를 미워하는 것처럼 악을 미워하고, 예쁜 여자를 좋아하는 것
　처럼 선을 좋아하는 것, 이것을 스스로 만족하는 것이라 한다"고 하였다.
5) 공자를 가리킨다.

第二經 問答解釋 如例 至最下梵經 然後上人便起歸曲房 其執几杖鳴磬導行 如
來儀 然後衆僧徒還堂 相與講論 亦自淺者始 互有發難 講畢 各自付籤疑義 以次
復至曲房 質之 其一動一靜 咸有可觀 儒家所不及也

余亦每至山寺 與僧言 其信佛 卽十分誠心 所謂如好好色而無自欺也 儒者之
於先聖 雖外似崇奉 未有深信如此 此由外誘物欲故也 物欲與誠心 相與乘除 故
其淺深之分 欲九則誠一 欲一則誠九 何嘗見有滌盡其累者耶 彼僧徒 無此纏繞
所以守精而無歧惑也 其在九分一分之際 則猶可矣 又有急榮仕而憐財賄者 特以
經訓爲囮 一意咕物 物得則棄器 但隨衆談聖 而不識聖之爲何事者 其於賢不肖
果何如也 此實僧徒之罪人也

옹수개전(甕水漑田)[1]

천하에 가장 애석한 것은 쓸모 있는 것을 쓸모 없는 것으로 만들어
버리는 것이다. 재물은 농사에서 나온다. 농사에 해를 끼치는 것으로는
가뭄이 가장 심하다. 만약 냇물을 끌어다 농토에 댈 수만 있다면, 거의
가뭄 피해를 면하게 될 것이다. 사방의 들판은 타들어가는데 냇물을 바
다로 그냥 흘려보내니, 어찌 애석한 일이 아니겠는가?

지금 물을 막아 농토에 대는 자들은, 물이 낮고 들판이 높거나, 물살
이 너무 빨라 둑이 쉽게 무너지는 것을 항상 걱정한다. 그러나 이는 모
두 힘을 들이지 않아서 하는 걱정이다. 물은 산에서 내려오기 때문에
그 근원은 반드시 높다. 그러나 오랜 세월을 흘러내리다 보면 땅이 패
어 형세가 낮아진다. 오랜 세월 동안 돌을 쌓아 물길을 메워 점차 물살
을 막으면, 모래와 흙이 바닥에 쌓여 물길도 따라서 점점 높아질 것이
다. 물길이 높아짐에 따라 둑을 더 높이 쌓으면, 어찌 논에 물을 대지
못할 리가 있겠는가? 다만 여러 해 동안 추진해야 일이 이루어진다.

쉽게 무너진다고 말하는 것 또한 그렇지가 않다. 중국은 양자강(揚子
江)이나 황하(黃河) 같은 큰물도 수문이 있어 그때그때 담았다 뺐다 하
는데, 나라가 작다고 하여 어찌 수력(水力)에 다름이 있겠는가? 우리나
라 사람들은 재정을 투자하는 데는 매우 인색하고, 환난에 대처하는 데

---

1) 흐르는 물을 막아 농토에 댄다는 말임.

는 대책이 없다. 둑을 쌓는 일을 구차하고 어렵게 여기면서, 그 둑이 영원히 견고해지길 바라니, 어찌 옳겠는가?

비가 오면 물이 넘치고, 가물면 논밭이 타들어가니 또한 쓸모 있는 것이 쓸모 없는 것이 되고 마는 것이다. 물을 담아두는 정책을 국초에 세웠는데, 지금 모두 폐지되고 말았으니 탄식할 만한 일이다.

壅水漑田

天下最可惜者 以有用歸之無用 財出於農 農之害 旱乾爲尤甚 若使川溪之水 灌于農畝 庶其免害夫 四野枯槁 而川溪公然注海 豈非嗟惜 今壅水漑田者 恒患 水深野高 或水駛易潰 此皆不費力之患也 水從山下 其源必高 久則鑿開而勢低 矣 若積以歲月 累石塡坑 以漸遏流 則沙土澱淤 水道亦將隨而漸高 隨高增築 豈 有不可灌之理 但期以累年 方諧耳 其易潰云者 亦不然 中國 雖江河之大 亦有壩 閘 以時畜洩 國雖小夫 豈水力之有別乎 只輸財則甚慳 防患則無術 欲以苟艱 望 其永固 可乎 且雨則水溢 旱輒焚焦 亦有用之歸無用也 瀦水之政 國初所立 而今 皆廢弛 可歎

천현(薦賢)[1]

하육(夏育)[2]은 막강한 힘이 있었지만 자신을 천거할 수 없었으니, 형 세상 천거할 수 없는 점이 있다. 도를 가진 선비가 자신을 파는 것은 불가하다. 그러나 임금이 앉아 있는 곳의 계단은 천릿길보다 머니, 다른 사람이 그를 천거해주지 않으면 임금이 어떻게 그의 재주를 듣고 알아서 끌어다 쓸 수 있겠는가? 비유컨대, 무거운 짐을 실은 수레가 가파른 언덕에 오를 때, 건강한 소가 앞에서 끌고 힘센 사람이 뒤에서 밀다가, 소가 피곤하고 그 사람이 지쳤을 적에 수레를 괴어놓고 쉬지 않으면, 수레가 미끄러져 구렁텅이에 떨어질 것은 분명한 것과 같다. 그런데 하물며 애초 끌어당기고 밀어주는 자가 없는 경우이겠는가?

임금은 지극히 높은 지위에 있다. 그런데 위에서는 꼭 인재를 구해야겠다는 뜻이 없고, 아래서는 꼭 인재를 불러올 마음이 없으면서 세상

---

1) 어진 이를 천거한다는 뜻임.
2) 중국 주대(周代) 위(衛)나라의 용사(勇士)로, 3만 근의 무게를 들었다고 한다.

160

에 인재가 없다고 한다면, 어찌 옳겠는가? 다스려지지 않는 세상은 있어도, 선비가 없는 시대는 없다. 주옥은 발이 없어도 구르고, 명예는 날개가 없어도 날아간다. 그러므로 죽은 뼈가 한번 팔리자 천리마가 갑자기 이르렀던 것이니,[3] 이것이 그 징험이다. 인재를 얻었더라도 깊이 알아주지 않고 전적으로 일을 맡기지 않는다면 부질없는 짓일 뿐이니, 무슨 이익이 있겠는가?

전국시대 제(齊)나라 관중(管仲) 같은 사람은 포숙아(鮑叔牙)가 아니었으면 천거되지 못했을 것이고, 환공(桓公)이 아니었으면 일을 전적으로 맡기지 않았을 것이다. 관중이 관중답게 된 것은, 삼권(三權)[4]을 얻어서 그렇게 된 것이다. 그렇지 않았으면 단지 노(魯)나라의 고해(枯骸)[5]나 제나라의 필부가 되고 말았을 것이다. 관중의 공은 환공의 힘 때문이었고, 환공의 힘은 포숙아의 지혜 때문이었다.

관중보다 뒤에 재능을 드러내 공을 이룬 사람은 고구려의 을파소(乙巴素)이다. 안유(晏留)는 어진 이를 천거한 공으로 높은 벼슬을 상으로 받았고, 을파소는 자기에게 내려진 벼슬자리로는 일을 마음대로 할 수 없다고 여겨 곧바로 국상(國相)에 제수되었다.[6] 이는 위무지(魏無知)에

---

3) 옛날 어떤 임금이 천금을 가지고 천리마를 구했으나 3년이 지나도 얻지 못했다. 그러자 궁중에서 청소하던 사람이 자청하고 나서 석 달 만에 천리마를 만났는데, 안타깝게도 말이 죽은 뒤였다. 그는 그 죽은 말의 뼈를 5백 금을 주고 사 왔는데, 1년이 채 안되어 천리마가 3필이나 모여들었다. 『전국책』(戰國策) 「연책」(燕策)에 보인다.

4) 세 가지 권력, 즉 높은 지위, 넉넉한 재산, 임금의 신임을 가리킨다. 제 환공은 관중을 등용한 뒤 그의 말을 받아들여, 그를 상경(上卿)으로 삼아 지위를 높게 해주고, 제나라 세금 1년치를 주어 재산을 넉넉하게 해주고, 중부(仲父)로 삼아 임금의 신임을 드러내자, 제나라가 잘 다스려졌다고 한다. 『설원』(說苑) 「존현」(尊賢)에 보인다.

5) 고해(枯骸)는 마른 해골이란 뜻으로, 천한 사람의 죽음을 의미한다. 관중이 본디 노나라 사람이기 때문에 제나라에 등용되지 못하고 천한 신분으로 살다가 죽었다면 노나라의 땅에 뒹구는 해골이 되었을 것이라는 말이다.

6) 을파소는 고국천왕(故國川王) 때 안유의 천거로 등용되어 우태(于台)에 제수되었는데, 그 자리로서는 자기의 뜻을 펼 수 없다고 여겨 벼슬자리를 사양하였다. 그러자 왕이 그 뜻을 알아차리고 국상으로 삼았다. 『삼국사기』 「을파소열전」에 보인다.

게 먼저 상을 준 것[7]이나, 관중을 높여 중부(仲父)로 삼은 것과 동일하게 중요한 일이다.

안유가 지위를 양보한 것은 포숙아보다 못하지 않고, 을파소가 자중(自重)한 것은 관중보다 더 나았으니, 어진 이가 있는데 등용되지 않거나 재능이 있는데 그 재능을 다 펴지 못하는 점은 염려할 바가 아니다. 그러니 모든 일이 잘 이루어진 것은 당연하다.

薦賢

夏育多力 不能自擧 勢有所不可也 有道之士 自術不可 人主居位堂陛 遠於千里 非賴人之擧之 安得聞而知之 引而用之 比之 任重之車 上阧峻之阪 健犉前引 力士後推 或犉疲士倦 撑度不住 車退而陷落坑谷 必矣 又況未始有引以推之者乎 人主在極高之地 上無必求之志 下無必致之心 而謂世之無人 可乎 夫有無治之世 而無無士之時 珠玉 不脛而走 名譽 無翼而飛 故死骨一售 千里便至 此其驗也 苟使得之 或知之不深 任之不專 亦徒爲耳 何益之有

如齊之管仲 非鮑子 無以擧 非桓公 無以任 仲之 所以爲仲 得三權爲重 不然 特魯之枯骸 齊之匹夫而止 是管仲之功 桓公之力也 桓公之力 鮑子之智也 後管仲而見其功能者 句麗之乙巴素 是已 晏留 以薦賢 賞之高爵 巴素 以薄其位 直授國相 卽與先賞無知 尊爲仲父 同一關棙 晏留之讓位 無遜鮑子 巴素之自重 過於管仲 有賢不進 有才不盡 非所慮矣 庶績之凝 宜矣

경부수막(輕賦受瘼)[1]

농지세(農地稅)가 수확량의 10분의 1이 안되는 것을, 대맥(大貊)에 소맥(小貊)이라 하였는데,[2] 이는 성왕(聖王)이 절충한 것이다.[3] 후세에

---

7) 위무지는 한 고조(漢高祖)의 신하로, 진평(陳平)을 천거하고 후한 상을 받았다. 『한서』(漢書) 「장진주왕전」(張陳周王傳)에 보인다.
1) 세금을 가볍게 하여 폐해를 받는다는 뜻임.
2) 대맥(大貊)에……하였는데 : 이 말은 『맹자』 「고자 하」(告子下)와 『춘추공양전』 (春秋公羊傳) 선공(宣公) 14년조에 보인다. 『춘추공양전』의 소(疏)에 "수확량의 14~15분의 1을 취하는 것은 대맥의 도이고, 12~13분의 1을 취하는 것은 소맥의 도이다. 그러므로 10분의 1보다 적게 취하는 것을 대맥에 소맥이라고 한다" 라고 하였다. 대맥과 소맥은 모두 나라이다. '대맥에 소맥'이란 소맥의 조세 방법이 대맥의 조세를 본뜬 그 아류라는 말이다.

20분의 1을 받거나 30분의 1을 받는 경우도 있었는데, 이는 세금을 적게 받는다는 명분만 취했을 뿐, 끝내는 그 피해가 있었을 것이다. 어째서 그런가? 그 정도의 세금만 받아가지고서 관리들의 봉록, 종묘의 제사, 외교의 경비, 국방의 비용을 무엇으로 충당하겠는가?

우리나라는 산이 많고 들이 적어서, 경작할 수 있는 땅이 7분의 1에 불과하다. 게다가 세금마저 수확량의 10분의 1에 차지 않는다. 관리들은 그 봉록으로 집안 식구를 먹여 살리기에 부족하고, 서리(胥吏)들은 봉록도 없이 일을 한다. 그러므로 어떤 일이 있을 때마다 반드시 여러 고을에 추렴하여 거두어들인다. 여러 고을에서는 그것을 빙자하여 함부로 거두어들이며 이리저리 뜯어간다. 그 때문에 백성은 더욱 곤궁해지니, 세금을 가볍게 한다는 취지가 어디에 있겠는가? 지금 세율(稅率)을 늘려 10분의 1을 징수한다면, 농지를 가진 자만이 손해일 뿐 빈민은 상관이 없다. 그러나 지금처럼 세금을 가볍게 하고 별도로 거두어들이는 것이 있다면, 가난한 자는 더욱 곤궁하게 될 것이다.

조선은 예로부터 인정국(人情國)이라 칭한다. 인정이란 뇌물이다. 뇌물의 수수를 일절 금한다면, 관리들은 집안을 꾸려갈 수 없게 되고, 서리들은 굶어 죽게 될 것이다. 이는 아마도 이른바 '이[蝨]는 옷의 솔기에 붙어사는데, 이가 사람을 물지 않자니 굶어 죽겠고, 물면 반드시 사람에게 발각되고, 발각되면 죽게 된다'는 격이다. 지금 부정을 하나도 남김 없이 다 들춰낸다면, 안팎의 벼슬아치로서 죽을 죄에 걸리지 않을 자가 없을 것이다.

輕賦受瘼

稅田不及什一者 大貉小貉也 此聖王之折衷也 後世或有三二十稅一者 抑恐徒取輕賦之名 而畢竟有受瘼之地 何也 百官·宗廟·交隣·禦敵 將何所需待乎 如我邦山多野少 民食之地 不過七分之一 而稅又不滿什一之數 百官俸祿 不足以贍其家 而至胥吏之徒 無祿供役 凡有事 必攤徵列邑 列邑憑依濫徵 節節刀蹬 民所以益困 安在乎輕賦 今什一而加賦 則有田者有損 而貧民不與焉 輕賦而別

---

3) 대체로 하(夏)·은(殷)·주(周) 삼대의 조세는, 구체적으로는 조금씩 다르지만 10분의 1의 세금을 받는 것이 기준이었다. '성왕이 절충했다'는 것은 하·은·주 시대의 성왕들이 10분의 1보다 적게 받는 경우와 많이 받는 경우를 절충해 10분의 1로 표준을 삼았다는 말이다.

有徵斂 則貧者益困矣 朝鮮自古稱人情之國 人情者 貨賄也 苟使一功禁抑 百官
無以爲家 而胥徒飢死 殆所謂蝨處衣縫 蝨不咬人則飢死 咬必人覺 覺則戮矣 今
若悉搜無隱 則中外之官 莫不帶當戮之辜矣

노비 환천(奴婢還賤)[1]

  우리나라 노비법은 기자(箕子)의 "남의 재물을 도둑질한 자는 적몰
(籍沒)하여 그 집의 노비로 삼는다"[2]는 데서부터 비롯되었다. 기자는
성인이니, 생각이 원대하고 지극하였을 것이다. 따라서 반드시 오늘날
의 법처럼 대대로 노비로 만들지는 않았을 것이고, 그 자신만 노역(奴
役)을 하게 하여 부끄러움을 주는 데 지나지 않았을 것이다.

  그 뒤 고려 태조(太祖) 때, 전쟁에 나갔던 자가 잡아온 포로는 그가
소유할 수 있도록 하였는데, 그 관례가 변해 대대로 노비를 삼는 규정
이 만들어졌다. 그래서 한번 천한 종이 되고 나면, 천만 년이 가도 그
신세를 면치 못하게 된다. 이러한 학대와 고통은 천하 고금을 통하여
아직 없는 일이다.

  대체로 노(奴)란 명칭이 전기(傳記)에 나타나는 것은, 은(殷)나라로
부터 시작된다. 기자(箕子) 역시 거짓 미친 체하여 노가 된 적이 있다.
기자의 8조목 가르침 가운데 확인할 수 있는 것은 세 가지뿐인데,[3] 이
는 곧 한 고조(漢高祖)의 삼장(三章)의 법[4]이다. 그런데 이 한 고조의
금법에는 막연히 '죄를 준다'고만 헸을 뿐이다. 적몰하여 종으로 삼는
법은, 아마도 기자가 은나라 제도를 사용한 듯하다. 은나라 제도도 대

---

1) 노비였다가 속량(贖良)한 사람을 다시 노비로 환원시킨다는 말임.
2) 이 말은 기자의 범금팔조(犯禁八條)에 들어 있는 내용으로, 『한서』(漢書) 「지리지」
   (地理志)에 보인다.
3) 남아 있는 세 조항은, 사람을 죽인 자는 그 당시에 죽이고, 사람을 상해한 자는
   곡물로 배상케 하고, 남의 물건을 훔친 경우 남자는 적몰하여 그 집의 종으로
   삼는다는 것이다. 『한서』 「지리지」에 보인다.
4) 한 고조가 관중(關中)에 들어가 진(秦)을 이기고 선포한 세 가지 간략한 법. 곧
   사람을 죽인 자는 사형에 처하고, 남을 상하게 하거나 도둑질한 자는 죄를 준다
   는 것이다. 『사기』(史記) 「고조본기」(高祖本紀)에 보인다.

대로 물려가며 종으로 삼은 것은 분명히 아니었을 것인데, 이 법이 한 번 제정되자 갈수록 와전되고 심해져서 너무 잔혹하게 부려 참을 수 없는 지경에까지 이르렀으니, 법을 만들 때 신중하게 하지 않을 수 없는 점이 이와 같다.

고려 태조가 포로를 석방하여 양인(良人)을 만들고자 한 적이 있지만, 공신들의 마음을 동요시킬까 염려하여 편의에 따를 것을 허락하고 말았다. 정종(定宗) 5년에 비로소 '천한 자는 어미의 신분을 따른다'는 법을 제정했으니, 처음에는 반드시 아비의 신분을 따랐기 때문이다. 천인은, 어미는 알아도 아비가 누군지 모르는 경우가 많다. 그러므로 이들은 위엄과 세력을 두려워하기도 하고, 이해에 꾐을 당하기도 한다. 변란이 이들에게서 생겨 인륜의 기강을 무너뜨리며, 송사(訟事)가 이 때문에 자주 일어난다. 이 제도를 그만둘 수 없다면 도리어 어미의 신분을 따르는 것이 더 나은 것만 못하다.

성종(成宗) 6년에 노비환천법을 제정하였다. 속신(贖身)[5]하여 양인이 된 자들이, 연대가 차츰 멀어지면 본 주인을 경멸하는 경우가 있기 때문에 마침내 명을 내려 다음과 같이 법을 정하였다.

이미 속량(贖良)되었다 할지라도 본 주인에게 욕설을 하거나, 본 주인의 친족과 맞서는 자는 도로 천인을 만들어 사역시킨다.

이와 같이 하면 노비의 행패를 막는 것이 지극하다 하겠다. 하지만 본 주인이 이를 미끼로 공연히 일을 만들어 자신의 강한 세력으로 약한 사람을 제압하여 강제로 다시 종을 만든다면, 이를 무슨 수로 금지시키겠는가? 그 법도 혹독하다 하겠다. 만약 그와 같은 일이 있다면 관청에서 조사해 다스리면 될 것인데, 어찌하여 굳이 노비로 다시 만들고 만단 말인가?

그 뒤에 찬성사(贊成事) 안축(安軸, 1282~1348)이 말하기를 "내 평생에 아무것도 일컬을 만한 것이 없으나, 네 번 사사(士師)[6]가 되었을

---

5) 종의 신분을 풀어주는 것.

적에 평민으로서 굴욕적으로 노비가 된 자들은 반드시 다스려 양인으로 만들었다"고 하였으니, 아마도 그럴 만한 이유가 있어 그렇게 말한 듯하다. 이는 어진 군자의 마음이라 할 만하다. 안축의 아우는 정당문학(政堂文學)을 지낸 안보(安輔, 1302~57)이다. 형제가 함께 원(元)나라 제과(制科)[7]에 뽑혀 한 시대의 명신(名臣)이 되었다.

내가 순흥부(順興府)[8]에 이르러 사현정(四賢井)을 찾아가 보니 비석이 있는데, 그 비석에 "안석(安碩)의 세 아들 축(軸)·보(輔)·집(輯)이 함께 살던 옛터이다"라고 씌어져 있었다. 안축은 아우 안보와 함께 문성공(文成公) 안향(安珦, 1243~1306)을 모셔놓은 서원(書院)[9]에 배향되어 천년 동안 혈식(血食)[10]하고 있으니, 그 보답을 받는 것이 마땅하다 하겠다.

奴婢還賤

我東奴婢之法 始自箕子 盜人財物者 沒爲其家奴婢 箕子聖人 其慮遠也至矣 必不使世傳如今法 不過使其身爲之服役而羞愧之也 後王太祖時 從軍得俘者 得以有之 轉作世傳之規 一爲賤隷 千萬世 不能免焉 虐使困苦 天下古今之未始有 也 蓋奴之名 見於傳記者 自殷始 箕子亦嘗佯狂爲奴也 八條之敎 可考者三 卽漢 高祖三章之法 漢只云抵罪 其沒爲奴 則蓋箕子用殷制也 殷制亦必不使之傳世 而此法旣立 轉訛轉深 以至於殘虐不忍 則作法之不可不愼 如此

高麗太祖 嘗欲放俘爲良 而慮動功臣之意 許令從便 定宗五年 始立賤者 從母 法 其始必從父故也 賤人多知母而不知父 或怵於威勢 或誘於利害 變亂自出 敗 敗倫常 獄訟以之繁興 苟不可以已之 則反不若從母之爲愈也 成宗六年 定奴婢 還賤法 其贖爲良人者 年代漸遠 則或輕侮本主 故遂下敎定法 雖已贖 尙或罵詈 本主 及與本主親族相抗者 還賤役使 如是 則其所以防閑奴婢者 至矣 本主之因 緣生事 以强制弱 勒還爲奴者 何得以禁之 其法亦酷毒矣 苟有如此 官府審以治 之 足矣 何必還賤而後已耶

---

6) 옥송(獄訟)을 다스리는 장관을 가리킨다.
7) 천자가 직접 시행하는 원나라 과거제도의 한 종류임.
8) 고려 때 경상북도 풍기·봉화 지역에 설치했던 행정구역의 이름이다.
9) 경상북도 풍기군에 있는 소수서원(紹修書院)을 가리킴. 이 서원은 우리나라 최초의 서원으로, 1543년 풍기군수였던 주세붕(周世鵬)이 세웠다.
10) 혈(血)은 제사에 쓰이는 희생을 뜻함. 혈식은 나라의 법으로 희생을 종묘에 바치고 제사를 지내는 것을 말하는데, 여기서는 서원에서 유림이 지내는 향사(享祀)를 의미한다.

其後贊成事安軸 嘗曰 吾平生 無可稱 但四爲士師 凡民之被屈爲奴者 必理而
良之 蓋有爲而發也 殆可謂仁人君子之心 軸弟政堂文學輔 兄弟俱擢元朝制科
爲一代名臣 余至順興府 訪至四賢井 有碑云 安碩三子軸・輔・輯 同居舊址也
軸與弟輔 配食安文成公書院 血食千載 其食報 宜爾

출처지의 (出處之義)[1]

장 여헌(張旅軒)[2] 선생이 보은현감(報恩縣監)에 제수되었을 때, 문인
(門人)이 출처(出處)의 의리에 대해 묻자, 대답하기를 "배워서 학식이
넉넉하면 나아가 벼슬하고, 임금이 예로써 대우하는 뜻이 있으면 나아
가 벼슬하고, 집은 가난하고 부모가 늙었을 경우 나아가 벼슬한다. 벼
슬하지 않는 데에 두 가지 부끄러운 점이 있으니, 자기 자신만을 깨끗
이 하고자 하여 인간의 큰 윤리를 어지럽히는 것이 첫번째 부끄러움이
고, 은둔의 이름을 빌려 그에 상응하는 대가를 구하는 것이 두번째 부
끄러움이다"라고 하였다. 출처의 의리에 대해 논한 것 가운데 이보다
더 구비된 말은 없다. 마땅히 밖으로 드러내야 할 말이다.

出處之義

張旅軒先生 除報恩縣監 門人問出處之義 曰 學而優則仕 有禮意則仕 家貧親
老則仕 不仕有二恥 欲潔其身 亂大倫 一恥也 欲假其名 索其價 二恥也 論出處
之義者 莫備於此 宜表著之

소식 점심 (小食點心)[1]

「소명태자전」(昭明太子傳)[2]에 "수도에 양곡이 귀하여 상찬(常饌)[3]을

---

1) 출(出)은 벼슬길에 나아가는 것이고, 처(處)는 나아가지 않고 물러나 은거하는
   것을 말함. 곧 나아가 벼슬하고 물러나 은거하는 것에 대한 의리를 의미한다.
2) 조선 중기의 학자인 장현광(張顯光, 1554~1637)을 가리킴. 여헌은 그의 호이다.
1) 소식하는 것이 점심이라는 말.
2) 『양서』(梁書) 「소명태자통전」(昭明太子統傳)을 말함. 소명태자는 중국 남북조시
   대 남조(南朝) 양(梁)나라 무제(武帝)의 장자(長子)로, 이름은 소통(蕭統)이다.

고쳐 소식(小食)이라 했다"고 하였고, 당(唐)나라 정삼(鄭傪)이 강회(江淮)의 유후(留後)가 되었을 때 부인이 "당신 점심(點心)을 드시오"라고 하였다. 후세에는 이른 새벽에 소식하는 것을 점심이라 한다.『가례』(家禮)[4]의 「거가잡의」(居家雜儀)에 "부인이 새벽의 음식을 갖춘다"고 했는데, 이것이 곧 세속에서 말하는 점심이다.

우리나라에서는 오찬(午餐)을 점심이라고 하는데, 이 또한『의례』(儀禮)「사상례」(士喪禮)의 소(疏)에 나타나 있다. 그러나 이를 점심이라고 한 것은 아니다. 혹 낮에 대식(大食)을 하기 때문에 그렇게 부르게 되었다고도 한다. 점심이란 소식(小食)의 명칭이다. 오찬(午餐)이라도 소식을 하면 점심이라 해도 된다. 그러나 낮에 대식을 하면서도 점심이라 하면, 이는 마치 "고(觚)가 고답지 않으면 고이겠는가? 고이겠는가?"[5]라는 말과 같다.

小食點心

昭明太子傳 京師穀貴 改常饌爲小食 唐鄭傪爲江淮留後 夫人曰 爾且點心 後世 以早晨小食爲點心 家禮居家雜儀 婦具晨羞 俗謂點心 是也 我國則以午饌爲點心 此亦見士喪禮疏 然不以此爲點心 或日中亦大食故云爾 點心者 小食之名 午饌而小食 則謂之點心 亦可 當午大食 猶稱點心 則觚不觚哉

작서모(雀鼠耗)[1]

한(漢)나라[2] 은제(隱帝)[3] 때 왕장(王章)[4]은 세금을 거두어들이는 것

그는 주(周)나라 이후의 시문(詩文)을 모아『문선』(文選)을 편찬하였다.
3) 정상적으로 차려 먹는 음식.
4) 주희의『주자가례』(朱子家禮)를 말함.
5) 고(觚)가……고이겠는가? :『논어』「옹야」(雍也)에 "고(觚)가 고답지 못하면 고이겠는가, 고이겠는가?"[觚不觚 觚哉觚哉]라고 한 말에서 따다 쓴 것인데, 여기서는 뒤의 말이 생략되었다. 고는 본디 모난 술잔인데 모가 나지 않으면 그것이 본래의 모습이겠는가라는 말로, 이름과 실질이 맞지 않는 것을 상징한 말이다.
1) 흔히 창고에 저장해둔 곡식이 참새나 쥐 때문에 소모된다는 뜻으로 이해하는데, 성호는 '작서'(雀鼠)를 참새와 쥐로 보지 않고 곡식을 파먹는 벌레로 보았다. '작서모'란 곡식이 소모되는 것을 예상해 그 만큼 더 거두어들이는 것을 가리킨다.

이 각박하였다. 옛 제도에는 전세(田稅)를 거둘 때 한 가마당 두 되씩 더 내게 하였는데, 그것을 작서모(雀鼠耗)라고 했다. 그런데 왕장이 처음으로 두 말씩 더 내도록 법을 고쳐 그것을 생모(省耗)라 하니, 백성들이 근심하고 원망하였다.

후주(後周) 태조(太祖)[5] 때에 이르러, 말로 될 때 모(耗)라고 더 거두는 제도를 없앴다. 그리고 세종(世宗)[6] 현덕(顯德) 2년(855년)에 가마당 모곡(耗穀) 한 말씩 더 내게 하였다. 이는 대체로 곡식을 배로 운송할 때, 모곡을 거두지 않으면 운송하는 곡식을 축냈다는 이유로 강리(綱吏)[7]들이 사형을 받는 경우가 많기 때문이었다.

우리나라 조적(糶糴)[8]에서 매양 10분의 1씩 첨가하여 모(耗)라 하는데, 또한 작서(雀鼠)를 칭탁하여 말한다. 그러나 추가로 더 거둔 것은 도리어 관청에서 쓰고, 작서로 결손된 분량에 대해서는 작은 말로 나눠주어 백성으로 하여금 그 모자란 부분을 배상케 한다. 그리고 가을에 또 모(耗)에 대한 모(耗)를 거두어들이니, 백성이 그 모를 이중으로 바치는 셈이다. 더 거두어들이고자 한다면, 어찌 다른 이유가 없기에 굳이 작서를 핑계하여 자기를 욕되게 한단 말인가? 이는 천하 후세에 알려서는 안될 일이다. 이는 일상적인 인정이 잘못된 점을 깨닫지 못하고 그대로 따르는 것에 지나지 않는다.

나는 이렇게 생각한다. 조정에서 그 근본을 살펴서 공사간의 문자에는 반드시 '작서모'라 쓰게 하고, 이를 생략하여 단지 '모'(耗)라고만 쓰는 경우는 처벌한다. 그렇게 하면 귀로 듣고 눈으로 보는 사이에 송구스럽게 여겨 부끄러움을 아는 자가 반드시 있을 것이다. 부끄러움을 알

---

2) 중국 오대(五代) 때의 후한(後漢)을 가리킴.
3) 중국 오대 때 후한 은제는 948년부터 950년까지 재위했다.
4) 중국 오대 후한 은제 때의 인물로 태위(太尉)를 지냈다.
5) 후주(後周)는 중국 오대 때의 왕조 이름. 후주 태조는 951부터 953년까지 재위했다.
6) 중국 오대 때 후주의 세종을 가리킴.
7) 배로 화물을 운송하는 일을 관리하는 하급 관리.
8) 환곡(還穀)의 출납을 뜻하는 말로, 조(糶)는 곡식을 내주는 것이고, 적(糴)은 곡식을 받아들이는 것을 말한다.

게 되면 전철을 고치자고 위에 아뢰는 자도 있을 것이다.

작서는 창고 속에서 곡식을 갉아먹는 벌레를 가리킨다.『이아』(爾雅)
의 주(註)에 보인다.

雀鼠耗

漢隱帝時 王章聚斂刻急 舊制 田稅每斛更輸二升 謂之雀鼠耗 章始令更輸二斗
謂之省耗 百姓愁怨 至周太祖 罷斗餘稱耗者 世宗顯德二年 每斛給耗一斗 蓋漕運
不給斗耗 綱吏多以虧欠抵死故也 我國糶糴 每添十之一 謂之耗 亦託雀鼠而云爾
然所添者 却爲官府之用 至雀鼠所損 則頒以小斗 使民賠其朒 秋又斂其耗之耗 則
是民重輸其耗也 苟欲加斂 亦豈無說 而必以雀鼠辱己乎 此不可聞於天下後世者
也 此不過常情因循不覺也 余謂 朝廷推原其本 使公私文字 必稱雀鼠耗 而其省文
但稱耗者 有罰 則耳聞目見 必有惕惕然知恥者矣 旣恥則亦或有上奏易轍矣 雀鼠
倉中食穀虫 見爾雅註

규곤지계(閨壺之戒)[1]

우리나라 풍속에, 부녀자들은 항상 규방에 거처하며, 출입할 적에는
가마를 타고 다닌다. 이는 아름다운 풍속이다. 그런데 간혹 임금의 거
둥이 있거나 외국의 사신이 오게 되면, 길가의 여염집으로 달려가 죽
늘어서서 그 모습을 구경하는 경우도 있다.

옛날 한 재상이 있었는데, 그 이름은 생각나지 않는다. 하루는 딸이
사람들 틈에 끼여 그런 구경을 하려 하였다. 그러자 재상이 딸에게 다
음과 같이 말하였다.

우선 거기 앉아 내 말을 들어라. 예전에 외국에서 온 중이 길거리
에다 나무를 꽂아놓고 이렇게 말하였다. "오직 정조를 지킨 열녀만이
이 나무를 뽑을 수 있다." 그러자 여러 사람이 몰려와 그 나무를 뽑으
려 하였으나, 모두 그 나무를 움쩍도 해보지 못했다. 마지막으로 한
여자가 와서 말하기를 "나는 이 나무를 뽑을 수 있다"고 했다. 그러나
그 나무는 잠시 움직일 뿐, 넘어가지 않았다. 그러자 그 여자는 마침

---

1) 부녀자들이 경계해야 할 일.

내 하늘을 우러러 울부짖으며 평생 고되게 지켜온 절개를 갖추어 호
소하면서 "하늘도 내 마음을 몰라준다"고 하였다. 그러자 그 중이 "당
신은 다시 한번 잘 생각해보세요. 혹시 당신 마음에 꺼림칙한 생각을
한 적이 없었습니까?"라고 하자, 그 여자가 "어느 날 문틈으로 아름다
운 장부가 지나가는 것을 엿보고서, 마음속으로 몰래 그의 풍모를 생
각한 적이 있습니다. 이 한 가지 일이 있었을 따름입니다"라고 하니,
중이 "그래서 그런 것입니다. 당신이 다시 한번 뽑아보세요"라고 하
였다. 그 여자가 나무에 손을 대자마자, 그 나무가 바로 넘어졌다.

이 말을 듣고 재상의 딸은 구경하러 가지 않았다. 이 이야기는 규중
(閨中)의 한 경계로 삼을 만하다.

근래 청나라 사신이 왔을 때, 어떤 부녀자가 누대 위에서 발[箔]을
걷고 얼굴을 내놓고서 구경하고 있었다. 그러자 그 사신이 그녀를 가리
키며 하는 말이 "조선에는 예쁜 여자가 많다고 들었는데 참으로 그렇
구나"라고 하였다. 그래서 사대부들 사이에 조소 거리가 되었다.

옛말에 "부인에게는 삼상(三上)·삼중(三中)·삼하(三下)[2]가 있다"
고 했다. 곧 장상(墻上)·마상(馬上)·누상(樓上), 여중(旅中)·취중(醉
中)·일중(日中), 월하(月下)·촉하(燭下)·염하(簾下)이다. 이런 경우
에는 모두 아름답게 보이기 쉽다. 그 여자가 누대 위, 발 아래 있었기
때문에 그렇게 말한 것이다.

근래 외모가 부인처럼 생긴 한 박수[3]가 여자 복장을 하고 공경(公
卿)·재상의 집을 출입하며 무당 노릇을 하였다. 그는 부녀자들과 잠자
리를 같이하다가 발각되었는데, 심문 받는 과정에서 모든 사실을 다 자
백했다. 그런데 옥관(獄官)이 발설하지 않고 비밀에 부쳤다고 한다. 이
런 유의 사람에 대해서는, 가정에서 잊지 말고 경계심을 가져야 한다.

---

2) 여자가 예쁘게 보이는 세 가지 요소를 각각 말함. 삼상(三上)은 담장 위에 얼굴
을 내밀었을 때, 말을 타고 있을 때, 누대 위에 있을 때를 말하고, 삼중(三中)은
여행 중에 있을 때, 취중에 있을 때, 밝은 태양 아래 있을 때를 말하며, 삼하(三
下)는 달빛 아래 있을 때, 촛불 아래 있을 때, 발[箔] 아래 있을 때를 말한다.
3) 남자 무당을 가리킴.

閨壼之戒

東俗婦女 常處閨壼 出入乘轎 此美風也 或國有行幸 若外使之至 必奔走於道
旁閭舍 聚觀威儀 昔有一宰相 忘其名 一日 其女將隨衆往觀 宰相曰 且住聽吾言
昔有胡僧 於街上立木 謂惟貞烈可拔 於是 群至試之 皆不動 最後一女來言 吾可
以拔矣 木又乍動不倒 女乃仰天號慟 備訴平生苦節 謂天不知心 僧云 爾更試思
之 或嘗有慊於心者 在耶 女曰 一日窺戶 見道過美丈夫 心內嘿道其風儀 惟此一
事而已 僧曰 然是也 儞更試之 始應手倒 宰相之女 不果行 此可爲閨中一戒也
近時 北使之至 有一婦女 於樓上 褰箔露面 通望 使指示曰 聞朝鮮多美色 信矣
遂爲士大夫間譏笑 古語云 婦人有三上·三中·三下 墻上·馬上·樓上 旅中·
醉中·日中 月下·燭下·簾下 皆易以爲美 彼在樓上廉下 所以云爾也 近又有
一覡 貌類婦人 女服賣術 出入卿相家 與婦女寢處 事覺 訊刑悉服 獄官秘不洩云
此類人 家宜存警不忘

선희학(善戱謔)[1]

백호(白湖) 임제(林悌, 1549~87)는 기상이 호방하여 예절에 구애되
지 않았다. 그가 병이 들어 죽게 되었을 때 아들들이 슬피 울자, 그가
말하기를 "이 세상의 모든 나라에서 황제라고 부르지 않는 나라가 없
는데, 우리나라만 예로부터 그렇게 부르지 못하고 있다. 내가 이처럼
누추한 나라에서 태어났는데, 죽는다고 무엇이 애석하단 말인가?"라고
하고서, 곡하지 말라고 명하였다. 또한 그는 항상 농담삼아 "내가 오대
(五代)[2]나 육조(六朝)[3] 시대에 태어났더라면 마땅히 돌림천자[4]가 되었
을 것이다"라고 하였는데, 그 말이 한 세상의 웃음거리가 되었다.

임진왜란 때, 한음(漢陰) 이덕형(李德馨, 1561~1613)이 명나라 장

---

1) 우스갯소리를 잘하는 것.
2) 중국 당나라 이후의 후량(後梁)·후당(後唐)·후진(後晉)·후한(後漢)·후주(後
周)를 가리킴. 이들 왕조는 2~4대를 내려가다 곧 망하였다.
3) 중국 위진 남북조(魏晉南北朝) 때 오(吳)·동진(東晉)·송(宋)·제(齊)·양(梁)
·진(陳)을 가리킨다.
4) 돌아가면서 천자 노릇을 하는 것. 중국 위진 남북조 시대나 오대 때에는 왕조가
오래 지속되지 못하고 자주 바뀌었다. 그러므로 자기도 그런 시대에 태어났더
라면 돌아가면서 하는 천자가 되었을 것이라는 말이다.

수[5]를 맞이하러 나갔다. 명나라 장수는 한음을 대단히 추앙하여, 심지어 감히 말해서는 안될 말[6]까지 하였다. 일이 비록 진정이 아닐지라도, 그런 농담을 들은 한음은 스스로 편치 못하였다.

백사(白沙) 이항복(李恒福, 1556~1618)은 농담을 잘하였다. 어느 날 야대(夜對)[7] 때 민간의 풍속을 기탄 없이 다 아뢰며 즐거운 환담을 나누다 마침내 임제의 일에까지 미치자, 임금이 웃음을 터뜨렸다. 백사가 또 아뢰기를 "근세에 또 웃기는 사람이 있습니다"라고 하니, 임금이 "누구인가?"라고 묻자, 백사가 아뢰기를 "이덕형이 왕의 물망에 올랐다고 합니다"라고 하여, 임금이 껄껄 웃었다. 백사는 이어 아뢰기를 "성상의 큰 덕과 깊은 어짊이 아니면 제놈이 어찌 감히 이 천지 사이에 용납되오리까?"라고 하자, 임금이 "내 어찌 가슴속에 담아두겠는가?"라고 하였다. 그리고 빨리 그를 불러오게 하여 술을 내리고 실컷 즐기다 파하였다. 『시경』에 '농담을 잘한다[8]'고 하였는데, 백사가 그런 재주를 지녔다.

善戲謔

林白湖悌 氣豪不拘檢 病將死 諸子悲號 林曰 四海諸國 未有不稱帝者 獨我邦 終古不能 生於若此陋邦 其死 何足惜 命勿哭 又常戲言 若使吾値五代·六朝 亦當爲輪遞天子 一世傳笑 及壬辰之變 漢陰李相 伴接天將 天將奬許之 至有不敢言之說 事雖非情 亦不自安 李白沙善詼諧 一日夜對 閭巷俚俗 無不奏陳 以爲樂 仍及林事 上爲之發笑 白沙又白云 近世更有可笑之人 上曰 誰也 對曰 李德馨 擬於王望矣 上大噱 白沙仍白曰 非聖上之大德深仁 渠安敢容貸覆載之間乎 上曰 吾豈置懷耶 遂促召錫爵 盡歡而罷 詩云 善戲謔兮 白沙有焉

붕당(朋黨)

옛날 당(唐)나라 문종(文宗)이 "하북(河北)의 적은 제거하기 쉽지만,

---

5) 이여송(李如松)을 말함.
6) 이덕형의 용모가 임금의 상이라든가, 이덕형에게 왕이 될 기상이 있다든가 하는 따위의 말을 가리킨다. 이는 기휘(忌諱)에 저촉되는 말이므로, '말해서는 안될 말'이라고 한 것이다.
7) 임금이 밤에 신하를 불러 경연(經筵)을 여는 일.
8) 위풍(衛風) 「기욱」(淇澳)에 보인다.

조정의 붕당은 제거하기 어렵다"고 했다. 임금이 상벌(賞罰)·생살(生殺)의 권한을 쥐고서도 생(生)을 탐하고 귀(貴)를 즐기는 마음을 변화시킬 수 없다면, 이는 제거해야 한다는 사실만 알고 제거할 방법은 모르는 것이다. 그 요령에 어두우면, 그 폐단을 제거할 방법만 단지 증가할 따름이다.

붕당의 반대는 탕평(蕩平)[1]이다. 탕평을 외치면 금방 붕당의 폐해가 제거될 듯한데, 근세에는 또 '탕평당'(蕩平黨)이라는 것이 있다. 이쪽도 아니고 저쪽도 아닌 중간에 서서 붕당을 만든다. 이들은 사람을 천거할 적에는 양쪽에서 다 취하고, 발언을 하면 쌍방을 다 비난한다. 마치 송(宋)나라 때에 삭당(朔黨)[2]이 낙당(洛黨)[3]·촉당(蜀黨)[4] 사이에 처했던 것처럼, 암암리에 세상의 환심을 사자는 것이다. 요컨대 이는 치우치거나 기울어짐이 없는 도는 아니다.

내가 전에 「붕당론」(朋黨論)[5] 한 편을 지었다. 향배(向背)의 기미를 밝혀서 끝내 이익을 추구하는 구멍을 막고 백성의 뜻이 안정되도록 하며, 그런 뒤에 상을 주어 권장하고 벌을 내려 위엄을 보이도록 하였다. 이와 같이 하면 충분하다. 상은 반드시 재물이나 보배로 주지 않고 품계를 더해주는 것으로 하며, 벌은 반드시 죽이는 것으로 하지 않고 품계를 강등시켜 다시는 올라가지 못하게 한다. 영달을 꾀해 다른 자리로 발탁하는 길이 일체 사라지면, 아무리 붕당을 만들라고 종용해도 그렇게 할 수 없을 것이다.

옛날 장 여헌(張旅軒, 1554~1637) 선생의 상소에 "이 세상에는 하나

---

1) 어느 쪽에도 치우치지 않고 공평하게 처한다는 뜻으로, 『서경』 「홍범」(洪範)의 "치우침도 없고 편당도 없으면 왕도가 넓고 넓으며, 편당도 없고 치우침도 없으면 왕도가 평평할 것이다"[無偏無黨 王道蕩蕩 無黨無偏 王道平平]라고 한 문구에서 따온 말이다.
2) 송 철종(宋哲宗) 원우 연간(元祐年間)의 삼당(三黨)의 하나임. 이 당은 유지(劉摯)·양도(梁燾) 등이 이끌었다.
3) 송 철종 원우 연간의 삼당의 하나임. 이 당은 정이(程頤)·주광정(朱光庭) 등이 이끌었다.
4) 송 철종 원우 연간의 삼당의 하나임. 이 당은 소식(蘇軾) 등이 이끌었다.
5) 성호의 저서인 『곽우록』에 들어 있다.

의 도리가 있을 따름입니다. 선·악이 각기 한 가지 유이고, 사(邪)·
정(正)이 각기 한 가지 유이고, 시(是)·비(非)가 각기 한 가지 유입니
다. 선악·사정·시비가 함께 대립하고 작용하고 행하면서 이 도와 이
치가 어긋나지 않는다는 말은 들어보지 못했습니다"라고 하였으며, 당
시에 현감 정원석(鄭元奭)의 상소에도 "군자라면 백 명이 붕당을 만들
더라도 나라에 유익하지만, 소인이라면 한두 사람이 붕당을 만들어도
반드시 정치에 해로울 것입니다"라고 하였다.

　가령 사흉(四凶)[6]·십란(十亂)[7]을 한 조정에 두고서 공화정치(共和政
治)를 한다는 것은, 그 형세상 불가능하다. 그러나 나에게 물건의 무게
를 다는 저울이 없다면, 군자와 소인을 어떻게 구별할 수 있겠는가? 명
철한 임금이 세상을 다스리고, 어진 정승과 훌륭한 보필이 잘 조종하여
자취도 없이 변화시키는 경우라면, 소인의 취향을 바꾸어 군자의 궤도
에 들어가게 하는 것이 어찌 불가하겠는가?

　단지 어진 이는 진출시키고 간사한 자를 물리치는 것에만 마음을 둔
다면, 어진 이를 소인이라 하고 간사한 자를 군자라 하지 않을 자가 적
을 것이다. 그러므로 법을 세우는 것이 상책이다. 법이 위에서 서게 되
면 풍속이 아래에서 바뀌게 된다. 「붕당론」에 있는 내용은 여기서 거론
하지 않겠다.

朋黨

　昔唐文宗之言曰 去河北賊 易 去朝廷朋黨 難 人主操賞罰·生殺之權 而不能
變貪生嗜貴之心 則是徒知必可去 而不知其所以去也 苟昧其要 其所以去之者 適
所以增之也 朋黨之反 則蕩平 以蕩平爲號 疑若可以亟去 而近世又有所謂蕩平黨
者 不彼不此 居中立朋 擧人則兩取 出言則雙非 如趙宋之朔 居于洛蜀之間 闇然
取寵於世 而要非無偏無側之道也 余昔作朋黨論一篇 以明向背之機 而畢竟歸之
於利寶塞·民志定 然後賞以勸之 罰以威之 如是 足矣 賞不必財寶 增其祿秩 罰
不必誅殛 降階而不復陞 凡媒榮遷擢之路 一齊廢格 則雖慫慂 使爲黨 亦不得矣

---

6) 순(舜)임금 때 정사를 어지럽히던 네 명의 흉악한 사람, 곧 환두(驩兜)·삼묘(三
　苗)·공공(共工)·곤(鯀)을 가리킨다.『서경』「순전」(舜典)에 보인다.
7) 여기서의 '난'(亂)은 어지럽다는 뜻이 아니고, 어지러움을 다스린다는 뜻이다. 십
　란은 주나라 무왕(武王) 때 정사를 잘 다스린 10명의 신하, 곧 주공(周公)·소
　공(召公)·태공(太公)·필공(畢公)·영공(榮公)·태전(太顚)·굉요(閎夭)·산의
　생(散宜生)·남궁괄(南宮适)·읍강(邑姜)을 가리킨다.

昔張旅軒先生上疏日 宇宙間 一道理而已 善惡 各一類 邪正 各一類 是非 各
一類 善惡·邪正·是非 未聞並立並作並行 而此道此理不悖者也 當時 又有縣
監鄭元奭上疏日 君子 雖百人爲朋 有益於國 小人 雖一二人爲朋 必害于治 若使
四凶十亂 同朝共和 其勢不能也 然若在我無程物之權度 君子·小人 又何以辨
別 哲辟御世 良相賢輔 操縱有術 轉移無迹 則獨不可換小人之趣 入君子之軌乎
若但以進退賢邪爲心 則其不以賢爲小人 而邪爲君子也者 鮮矣 故曰立法爲上
法立於上 而風易於下 其在朋黨論者 不擧

대동(大同)[1]

우리나라 초기의 전세(田稅)는 그해 농사가 풍년이 들었는가, 흉년
이 들었는가에 따라 9등급으로 나누어, 상지상(上之上)은 해마다 1결
(結)의 농지에서 20두(斗)를 거두고, 하지하(下之下)는 해마다 1결의
농지에서 4두를 거두어 국가의 경비에 충당했다. 그런데 중세에 이르
러 농사의 풍·흉을 따지지 않고 하지하를 따르는 관례가 생겨 백성의
힘을 펴게 하였으니, 이 또한 그렇게 거두어도 재정이 넉넉할 수 있기
때문이었다.

임진왜란 때 군사들의 식량을 조달하기 위해 1~2두를 더 거두었는
데, 그것을 삼수량(三手粮)이라 하였다. 이것이 바로 추가로 거두는 세
금이다. 그 뒤 공물로 바치는 물품들이 날로 더욱 불어나, 백성이 견딜
수 없게 되었다. 문성공(文成公) 이이(李珥, 1536~84)가 공안(貢案)[2]의
개정을 절실한 심정으로 부지런히 추진했으나, 성취하지 못하고 말았다.

그 뒤 영의정 김육(金堉, 1580~1658)이 국가 재정에 충당하는 4두의
전세 이외에 따로 대동법을 만들었는데, 봄·가을로 내는 것을 합쳐 모
두 12두를 내면 그만이었다. 이 법은 전세(田稅)는 가볍고 공물은 무거

---

1) 대동법(大同法)을 말함. 대동법은 현물(現物)로 내던 공물(貢物)을 곡물(穀物)로
   환산해 내게 하던 제도이다. 임진왜란 이후 민폐를 덜고 국가의 재정을 재편하
   기 위해 선조 41년(1601년)에 경기지방부터 실시하여 나중에는 전국적으로 시
   행하다가, 고종(高宗) 때 폐지하였다.
2) 조선조 때 공물의 품목과 수량을 적은 예산표이다.

웠으나, 백성은 오히려 이 법을 편하게 여겼다. 지금 각 관청의 일진(日進)[3] 및 이른바 기인(其人)[4]의 역(役)이 그것이다.

그러나 대동미 이외에도 각 도나 각 읍에서 각종의 명목으로 사사로이 거두어들이는 것이 더욱 많아져, 백성이 견디지 못할 지경이었다. 근년에 어떤 재상이 잡역상정법(雜役常定法)을 만들어 다시 6~7두를 거두어 관용(官用)으로 삼았는데, 백성이 또 그 제도를 편하게 여겼다. 그렇지만 사방에서 철마다 바치는 공물은 저절로 있게 마련이다. 국가에 연향이 있으면 거두고, 상(喪)을 당했을 때 거두고, 외국의 사신이 오면 거두고, 중국에 사신을 보낼 때 거둔다. 각 관청에서는 이를 본떠 일만 있으면 거두고, 각 도의 감사도 이를 본떠 일만 있으면 거둔다. 거두어들일 적에는 반드시 각 읍에 책임을 지우고, 각 읍은 백성에게 책임을 지워서 그 세세한 명목을 이루 다 기록할 수 없다. 건국 초기의 일정한 제도와 비교해볼 때 어떻겠는가?

국가의 경비에는 다섯 가지가 있으니, 곧 내공(內貢)[5]·반록(班祿)[6]·제향(祭享)·양병(養兵)·조빙(朝聘)[7]이다. 이 가운데 어느 것 하나 경비가 아니겠는가? 그런데 정세(正稅) 이외에 탕장(帑藏)[8]처럼 별도로 공물의 명목을 만드는 것은 무엇인가? 이는 도리어 풍·흉을 막론하고 상지상의 1결에 20두씩 거두는 제도를 일률적으로 따라, 내외의 크고 작은 수요에 한결같이 응하게 하고, 백성에게는 다시 거두지 않는 것만 못하다.

백성을 다스리는 요점은, 관청과의 접촉을 드물게 하는 데 있다. 그런데 어찌하여 대동법은 봄·가을로 각각 바치게 하고, 각 읍은 한 읍에서 각각의 창고에 나누어 바치게 하여, 허다한 사사로운 뇌물이 횡행하게 한단 말인가? 전세와 공물을 합쳐서 한 창고에 동시에 바치게 한다면, 국가로 봐서도 허비가 없고 백성도 혜택을 받게 될 것이다.

---

3) 조선시대 날마다 관청에 나아가서 잡일을 하던 사람들을 가리키는 듯하다.
4) 조선시대 서울의 각 관아에서 쓰던 탄목(炭木)을 바치던 사람들을 가리킨다.
5) 궁중의 운영에 필요한 경비.
6) 벼슬아치들의 봉록.
7) 중국에 사신을 보내는 일.
8) 내탕고(內帑庫)에 넣어두는 물건. 내탕고는 임금의 사사로운 물건을 넣어두는 창고를 말한다.

大同

國初田稅 視歲豊歉 分爲九等 上上 年一結 收二十斗 下下 年收四斗 以爲經
費 至中世 不問豊歉 每從下下爲例 以抒民力 此亦可以取足故也 壬辰之際 爲士
卒廩食 加收一二斗 謂之三手粮 便是加賦也 其後內貢各物 日益繁滋 民不能堪
李文成勤勤懇懇於改貢案 而未及就 至金議政垍 四斗經費之外 別爲大同之貢法
合春秋十二斗則已 是稅輕而貢重 民猶便之 今各司日進及所賣其人之役 是也

然大同之外 各道各邑 私斂各種益繁 民又不堪 近歲 作宰者 爲雜役常定法
更收六七斗 爲官用 民又便之 然四方時物之貢 自在 凡有宴饗則斂 有喪威則斂
外使則斂 朝聘則斂 諸司效尤 有事則斂 監司效尤 有事則斂 必賣於各邑 邑賣於
民 其碎瑣名目 不可殫記 視國初定制 爲何如也 國之經費 有五 內貢也 班祿也
祭享也 養兵也 朝聘也 此孰非經費 而正稅之外 別立貢名 若帑藏然者 何也 反
不如不問豊歉 一遵上上二十斗之制 爲一應內外鉅細之需用 而民不復與焉也 治
民之要 在於使之罕接官府 奈之何 大同則春秋各輸 各邑則一邑分輸各倉 不免
有私賄之許多也 若合稅與貢 同時倂輸於一倉 則國無費 而民受賜矣

퇴계 · 남명(退溪南冥)[1]

황 금계(黃錦溪, 1517~63)[2]가 퇴계에게 편지를 보내, 남명이 의리에
투철하지 못한 점에 대해서 논하였다. 그러자 퇴계가 답하기를 "이런
유의 사람들은 흔히 노장(老莊)이 빌미가 되어, 우리 유학에 대해서는
으레 깊지 못하다. 그러니 그가 의리에 투철하지 못한 점에 대해 무엇
이 이상하겠는가? 요는 그 장점만 취하면 된다"라고 하였다.

부제학(副提學)을 지낸 개암(開岩) 김우굉(金宇宏, 1524~90)이 이
편지를 보고 깜짝 놀라, 퇴계에게 다음과 같은 글을 올렸다.

남명 선생은 우도(右道)[3]에서, 선생은 좌도(左道)에서 해나 달과

---

1) 조선 중기의 대학자인 퇴계 이황(李滉)과 남명 조식(曺植)을 가리킴.
2) 황준량(黃俊良)을 말함. 금계는 그의 호이다.
3) 경상 우도를 말함. 조선시대에 낙동강을 중심으로 서울에서 보아 오른쪽을 경상
   우도, 왼쪽을 경상 좌도라고 불렀다. 편의로 붙인 이름일 뿐 행정구역상의 명칭
   은 아니다.

같은 존재로, 모두 사문(斯文)[4]을 흥기시키는 것을 자기의 임무로 삼고 계십니다. 그래서 선비의 풍습이 일변하여 도에 이를 수 있음이, 마치 황하에서 물을 마셔 배를 채우는 것과 같습니다. 비록 옹졸한 소인일지라도 말이 미덥고 행실이 과감합니다. 조 선생은 아래서부터 차근차근 배워 올라가는 것을 주로 삼아서, "학문을 하는 것은 어버이를 섬기고 형을 따르는 것에서 벗어나지 않는다. 이를 힘쓰지 않으면, 인사(人事)에서 천리(天理)를 구하는 것이 아니니 끝내 소득이 없을 것이다"라고 말씀하셨습니다.

조 선생의 말씀은 한 마디도 허무에 가까운 것이 없는데, 선생께서는 지금 말씀하기를 "노장이 빌미가 되어 학문이 깊지 못하다"고 하셨습니다. 저의 망령된 소견으로는, 학문은 인륜의 일상 생활 속에서 존심(存心)·성찰(省察)하는 데에 벗어나지 않으니, 그 일에 익숙한 뒤에야 실득(實得)이 된다고 생각합니다. 감히 여쭙건대, 우리 학문이 이 밖에 어디 있습니까? 지금 선생께서 거리낌없이 비방하고 배척하시면서 심지어 이단에 비유하기까지 하시니, 선생의 큰 도량에 손상이 될 듯합니다. 원컨대 이 점에 대해 시원한 답변을 내리시어, 저의 매우 의혹된 마음을 풀어주십시오.

그러자 퇴계가 답하기를 "내가 조모(曺某)를 매우 우러러 사모하는데, 어찌 거리낌없이 비방하고 배척하겠는가? 다만 내가 입에 넘치는 칭찬을 잘 못하는 까닭에 하유(下帷)의 평(評)[5]과 순수하지 못한 의논이 있게 된 것일 뿐이다"라고 하였다.

경오년(1570년)에 남명이 퇴계가 세상을 떠났다는 소식을 듣고, 슬픔을 이기지 못하고 눈물을 흘리며 "나기도 같은 해에 났고, 살기도 같은 도에 살면서 칠십 평생 동안 서로 만나보지 못했으니, 어찌 명이 아니랴? 이 사람이 떠났다고 하니, 나도 곧 갈 것이다"라고 하였는데, 2년 뒤인 임신년(1572년)에 남명이 돌아갔다.

---

4) 유학을 가리킴.
5) 실제의 일을 잘 모르고 논평한 것을 말함. 하유란 장막을 친다는 뜻으로, 외부의 일을 듣지 않고 깊이 들어앉아서 독서만 하는 것을 가리킨다.

　대체로 퇴계가 남명에 대해 허여하지 않은 것이 이 한 마디 말만이
아니었지만, 남명은 퇴계에 대해 한 구절도 언급한 바가 없다. 퇴계만
이 한 점 흠도 없는 순수한 덕을 지녔을 뿐만 아니고, 남명도 한 점 혐
의가 없었다는 것을 여기서 볼 수 있으니 본받을 만하다.

　남명에 대해 정 한강(鄭寒岡, 1543~1620)[6]은 말하기를 "남명이 어찌
우리나라에 다시 태어날 인걸이겠는가?"라고 하였고, 이 율곡(李栗谷,
1536~84)은 말하기를 "남명이 세도(世道)를 바로 돌려놓은 공은, 우리
나라 여러 선현의 아랫자리에 있지 않을 것이다"라고 하였다.

　그의 천 길 우뚝한 기상은 완부(頑夫)[7]를 청렴케 하고 나약한 자가
뜻을 세울 수 있게[8] 하였으니, 백세의 스승이라 하겠다. 요즘의 유자(儒
者) 가운데 혹 퇴계의 평으로 인하여, "남명은 유학자가 아니다. 처사
(處士) 가운데 의협(義俠)스런 기상을 가진 사람이다"라고 말하는 사람
이 있으니, 가소로운 일이다.

　『대학』에 "뜻이 성실해진 뒤에 마음이 바르게 된다"고 하였다. 그러
나 뜻이 성실하더라도 마음이 정당한 데서 벗어날 때가 있다. 그러므로
주자(朱子)가 말하기를 "마음이 온전히 맑아져도, 그 맑은 이면에는 물
결이 일고 있는 곳이 있다"고 하였다. 남명은 악을 미워하는 것이 지나
쳐 음부(淫婦)의 집을 헐어버리기까지 하였으니,[9] 음부는 미워할 만하
지만 그녀의 집을 헐어버리는 것이 자기의 임무가 아니라는 점을 전혀
깨닫지 못한 것이다.

　그러나 뇌룡(雷龍)·계부(鷄伏)[10] 등의 문자를 보면, 그의 공부가 매

---

6) 정구(鄭逑)를 가리킴. 한강은 그의 호이다. 한강은 남명과 퇴계의 양대 문하에
　서 수학하였다.
7) 지각이 없는 사람 혹은 탐욕스러운 사람을 가리킴.
8) 이 말은 『맹자』「만장 하」(萬章下) 및 「진심 하」(盡心下)에 보인다.
9) 음부는 진주에 살던 하종악(河宗岳)의 후처를 가리킨다. 하종악의 후처가 음란
　한 행실이 있자, 남명이 문하생들을 거느리고 가 그 집을 헐어버렸다고 세상에
　전하나, 남명이 실제로 그런 행동을 했다는 기록은 없다.
10) 남명이 중년에 거처했던 뇌룡정(雷龍亭)·계부당(鷄伏堂)을 가리킨다. 뇌룡은
　『장자』「재유」(在宥)의 '시거이용현 연묵이뇌성'(尸居而龍見 淵默而雷聲)에서
　취한 것으로, 시동(尸童)처럼 가만히 앉아 있지만 그 조화가 용처럼 신비하게
　나타나고, 연못처럼 묵묵히 은거해 있지만 그 덕화가 때론 우레처럼 울린다는

우 엄격했음을 알 수 있다. 그는 일찍이 공부하는 사람들에게 "다만 정신이 혼미해져 잠에 빠지는 것을 경계할 따름이다. 안목이 열리고 나면, 저절로 천지·일월을 보게 된다"고 하였으니, 이 한 마디 전하는 말씀은 초학자들의 정침(頂鍼)[11]이 될 만하다.

退溪·南冥

黃錦溪上退溪書 論南冥義理未透 退溪答曰 此等人 多是老莊爲崇 於吾學 例不深邃 何怪其未透也 要當取其所長耳 開岩金副學宇宏 得見其書 大驚 乃上退溪書曰 南冥先生之於右道 先生之於左道 如日月然 皆以興起斯文爲己任 士習一變 可以至道 如飮河充腹 雖硜硜小人 言行信果 曹先生則尤以下學爲主 曰 爲學 不出事親從兄 若不務此 是不於人事上求天理 終無所得 無一言近於虛無 今乃曰 老莊爲崇 學不深邃 小子妄以爲 學問 不出人倫日用間 存心省察 習於其事然後爲實得 敢問 吾學此外 安在 今先生 肆然詆斥 至比於異端 恐有損於先生大度 願賜開釋 以解滋甚之惑 退溪答曰 吾於某 慕用之甚 安敢肆然詆斥 但不能溢口稱譽 故有下帷之評 未醇之論耳

庚午 南冥聞退溪之卒 悲悼流涕曰 生同年 居同道 七十年 未相見 豈非命也 斯人云亡 吾其逝矣 夫越二年壬申 南冥卒 蓋退溪斲許南冥 不止一言 而南冥無一句及退溪 不但退溪純德無瑕 亦可見南冥之無一點猜嫌 可以爲法 鄭寒岡有言 南冥夫豈東方再生之傑也 李栗谷有言 挽回世道之功 恐不在東方諸子之下 若其壁立千仞氣像 可以廉頑立懦 則所謂百世之師也

近世儒者 或因退溪之評 乃謂 非儒家者流 卽處士中有俠氣者 亦可咍耳 大學意誠然後心正 意雖已誠 心或有過當處 朱子謂 雖十分淸了 淸裡面 有波浪動盪處 南冥惡惡之過 而至於毁撤淫婦家 淫婦雖可惡 殊不覺毁撤非己任也 然觀其雷龍·鷄伏等文字 其用功刻厲 可見 嘗語學者曰 只得徹其昏睡而已 旣開了目 自能見天地日月矣 此一轉語 可爲初學頂鍼

하 송정(河松亭)

송정(松亭) 하수일(河受一, 1553~1612)의 자는 태이(太易)이니, 각재(覺齋) 하항(河沆, 1538~90)의 조카이다. 각재는 남명(南冥)의 문인

뜻이다. 계부는 닭이 알을 품고 있듯이, 들어앉아 자신의 내적 수양에 힘쓴다는 말이다. 현 합천군 삼가면(三嘉面)에 뇌룡정만 복원된 상태로 남아 있다.
11) 정수리에 놓는 침, 곧 아주 핵심이 되는 가르침을 뜻한다.

인데, 송정이 그에게 수학하였다.

　뒤에 겸재(謙齋) 하홍도(河弘度, 1593~1666)가 송정에게 배웠다. 일찍이 수곡정사(水谷精舍)[1]에서 송정을 모시고 잘 적에, 닭이 울자 송정이 제자들을 깨워 일으키며 "'닭이 울면 일어나 부지런히 선을 행하는 자는 순(舜)의 무리이다'[2]라고 하였는데, 옛날 남명 선생이 그 뜻을 깊이 체득하셨다. 우리 각재 선생이 남명 선생에게 직접 수업을 받아 그 도를 들으셨다. 모를 적에는 어쩔 수 없었지만, 알고 나서는 이(利)를 가까이하신 적이 없었다. 그러므로 일찍이 말씀하시기를 '수중의 밝은 달, 당우(唐虞)[3]로부터 전해 내려왔네'[手中明月 傳自唐虞]라고 하셨다.

　나처럼 불초한 사람도 각재 선생의 가르침을 받고, 남명 선생을 사숙(私淑)하여 종신토록 그 말씀을 잊지 못하고 있다. 너희들은 내 문하에서 공부하니, 큰 임무나 막중한 책임을 맡지는 못할지라도 여등(如登)[4]의 힘을 깊이 기울일 수 있을 것이다. 불의(不義)에 빠져 너희를 나아 주신 부모에게 욕이 돌아가지 않도록 하라"고 하였다.

　뒤에 겸재가 그 설을 부연하여, 다음과 같이 읊었다.

　　때가 아닌 때에 태어나니,
　　고기의 눈을 구슬이라 하네.[5]
　　지팡이 하나로 찾아가는 옛길,
　　따르는 무리 없어 쓸쓸하구나.
　　수중에 있는 밝은 달[6]은,
　　당우로부터 전해 받은 것.

---

1) 지금의 진주시 수곡면에 있던 하 송정의 정사.
2) 『맹자』「진심 상」(盡心上) 제25장에 보인다.
3) 요순(堯舜)을 가리킴. 당(唐)은 요임금의 나라 이름이고, 우(虞)는 순임금의 나라 이름이다.
4) 『국어』(國語)「주어」(周語)에 나오는 '종선여등산'(從善如登山)에서 따온 말로, 선을 행하기가 마치 산을 오르는 것처럼 힘들다는 뜻이다.
5) 가짜를 진짜처럼 잘못 인식하는 것을 말함. 생선의 눈은 구슬과 다른데, 그것을 진주처럼 여긴다는 말이다.
6) 도의 본체를 말한 것이다. 곧 요·순으로부터 내려온 유학 본연의 도를 가리킨다.

그 밝은 달이 허공에 빛나는데,
행인은 그루터기를 지키며 횡재를 바라네.[7)]

이는 대체로 간색(間色)인 자색(紫色)이 정색(正色)인 주색(朱色)을
어지럽히는 것을 미워한 것이다.[8)]

河松亭

河松亭受一 字太易 覺齋沆之從子 覺齋者 南冥門人 而松亭學焉 後河謙齋弘
度 又學於松亭 嘗陪宿於水谷精舍 鷄旣鳴 蹴諸子起曰 鷄鳴而起 孶孶爲善者 舜
之徒也 昔南冥先生 深得其旨 我覺齋親炙 而聞其道 有所不知 知之 未嘗近利
故嘗曰 手中明月 傳自唐虞 如我不肖 濡染私淑 至死不忘 汝輩出於吾門 雖不得
大任重責 亦可以深致如登之力 勿陷於不義 以忝爾所生也 後謙齋演其說曰 生
際不辰 魚目爲珠 一筇古道 踽踽無徒 手中明月 傳自唐虞 明月空輝 行人守株
蓋惡紫之亂朱也

문정(問政)[1)]

『논어』 20편 가운데, 임금이나 대부(大夫)뿐만이 아니고 가신(家臣)[2)]
일지라도 직책이 있는 자는 모두 정사(政事)를 물었다. 정사에 대해서
는, 선왕이 정한 제도가 있어 다시 찾아다니며 물을 필요가 없을 듯한
데 이와 같이 한 것은, 시의(時宜)[3)]가 같지 않기 때문이다. 그러므로 옛
사람이 백성을 다스리며 일을 조치할 때 혹시라도 잘못되지 않을까 염
려하여 찾아다니며 물은 것이니, 그 기상을 상상해볼 수 있다. 아, 이런
모습을 언제 다시 볼 수 있겠는가?

『시경』 대아(大雅)[4)]에 "예전부터 우리 설어(褻御)[5)]들, 시름에 겨워

---

7) 세상 사람들이 도의 본체를 찾으려 노력하지 않고 이익만을 추구하는 것을 빗
   대어 말한 것이다.
8) 『논어』 「양화」(陽貨) 제17장에 "자색이 주색을 빼앗는 것을 미워한다"고 하였다.
1) 정치에 대해 어진 이에게 묻는 것을 말함.
2) 대부에 딸린 신하를 말함. 가(家)는 주나라 때 대부의 살림 규모를 가리킨다.
3) 그 당시의 상황에 적의(適宜)하게 하는 것.
4) '대아'(大雅)는 '소아'(小雅)의 잘못이다. 아래 시구(詩句)는 소아 「우무정」(雨無

날로 여위는데, 여러 군자님들, 찾아다니며 자문을 구하지 않네"[曾我
贄御 懵懵日瘁 凡百君子 莫肯用訊][6]라고 하였는데, 그 주(註)[7]에 '신'
(訊)을 '고'(告)로 해석하였다. 그러나 이는 자의(字義)에 맞지 않는 듯
하다. '신'(訊)은 '묻는다'는 뜻이다.

자기의 지혜와 생각이 미치지 못할 경우, 널리 어진 이에게 물어서
장점을 취해 조처해야 일을 그르치지 않고 해낼 수 있다. 비단을 재단
하고 옥을 쫄 때, 보배를 중히 여겨 마음가짐을 단단히 한다. 따라서
반드시 여러 사람의 의견을 채택하여, 혹시라도 일을 그르치지 않을까
두려워한다. 그런데 백성을 다스리는 데는 망령된 생각으로 멋대로 판
단하니, 이는 백성을 비단이나 옥보다 못하게 보는 것이다.

근세에 대부 임의백(任義伯, 1605~67)이 영남의 감사가 되었을 때,
겸재(謙齋) 하홍도(河弘度, 1593~1666)가 학문에 전력하여 이름이 있
었다. 임의백이 먼저 편지를 보내 "옛날 왕명을 받들고 정사를 편 사람
들은, 먼저 어진 이를 방문했습니다. 지금 백성이 병들고 폐습이 고질
화되었는데, 선생께서는 무엇으로 저를 가르쳐주시겠습니까?"라고 하
였다. 이는 보통 사람의 생각보다 훨씬 낫다. 지금 세상에서 다시 볼
수 없는 일이다.

問政

論語二十篇中 不但君大夫 凡家宰之類 有職 輒皆問政 政有先王定制 疑若無
可更訪 而如此者 時宜不同 故古之人臨民措事 惟恐或愆 氣像可想 嗚呼 安得復
見此耶 大雅云 曾我贄御 懵懵日瘁 凡百君子 莫肯用訊 註 以告訓訊 恐不協字
義 訊 問也 智慮之未及 博詢取長 方是庶幾 夫製錦琢玉 心存寶重 則必採衆議
惟恐或誤 至於治民 妄意擅斷 此視民 不及於錦玉也 近世 任大夫義伯 爲嶺南伯
時 河謙齋弘度 力學有名 任以書先之曰 古之奉命布政 先訪賢閭 今民病弊痼 高
明何以教之 此差强人意 今之世 蓋不復見矣

正)에 보인다.
5) 임금을 가까이서 모시는 신분이 낮은 사람들을 가리킨다.
6) 이 구의 해석은 성호의 설을 따랐음. 주희의 『시집전』에는 '신'(訊)을 '고'(告)로
   해석해, '임금에게 이런 사실을 고하려 하지 않는다'는 의미로 풀이하였다.
7) 주희의 주를 말함.

저인대용(貯人待用)[1]

옛날에는 사람을 등용할 적에, 반드시 먼저 시험한 뒤에 발탁하였기 때문에 그 관직에 맞는 사람을 뽑았다. 재능이 있는지 없는지가 분명히 드러났기 때문에 성취한 일이 많았고, 실패한 일이 적었다. 양대홍(楊大洪)이 말하기를 "차라리 의논을 거친 뒤에 사람을 등용할지언정 등용하고 나서 의논하지 말며, 차라리 사람을 미리 구해 쓰임에 대비할망정 쓸 때에 임박해 사람을 찾지 말라"고 하였다. 평상시에 자격 여부를 짐작하여 환난에 대비하지 않으면, 급할 때 그 직임을 맡기면서 어떻게 아무 걱정 없이 짐작해 정할 수 있겠는가?

당(唐)나라 때의 법이 문사(文詞)를 숭상하였지만, 그래도 주밀하게 삼가고 어렵게 여겨, 한 가지 일만 가지고 사람을 시험하지 않고, 한 가지 길만으로 사람을 취하지 않았다. 그런데 후세에는 한 사람이 전형(銓衡)[2]을 맡아 취사선택을 자기 마음대로 하였다. 그러므로 재능 있고 지혜 있는 이가 나아가지 못해, 일이 성취되지 못하고 어긋났다. 그 까닭은 무엇인가? 일시적인 안일에 젖고, 사사로운 이익에 빠지기 때문이다.

섭향고(葉向高)[3]가 말하기를 "태평한 때에는 임금이 사대부를 가볍게 보고, 관직을 중히 여긴다. 반대로 나라에 중대한 일이 있을 때는 선비 역시 제 몸이나 집을 중히 여기고 관직을 가볍게 본다"고 하였다. 임금은 매양 벼슬과 봉록으로 사람을 부리려 하는데, 벼슬과 봉록은 평상시에는 기쁜 것이지만, 화란(禍亂)이 닥쳤을 때는 자신을 해치는 것이다. 임금의 권한은 오직 벼슬과 상에 있다. 임금이 이 권한을 가지고 천하의 사대부에게 교만하고 인색하면, 어진 선비는 그것을 부끄럽게 여긴다. 개처럼 구차하게 따르고 파리처럼 앵앵거리며 따라붙는 자들은 모두 은혜를 잊거나 저버리는 무리들이니, 누가 목숨 버리기를 아까

---

1) 인재를 미리 확보해두고 쓸 일에 대비한다는 뜻.
2) 사람을 평가하여 뽑는 일, 즉 인사권을 말한다.
3) 명나라 때 사람으로 자는 진경(進卿), 호는 대산(臺山)이며, 이부 상서(吏部尙書)를 지냈다.

위하지 않고 선뜻 국난에 뛰어들겠는가?

그러므로 옛날 밝은 임금은 불러오기 어려운 선비에게 예를 극진히 하고, 그 관직에 대해서는 잊어버렸다. 그리고 신하도 그 의리에 감격하여 자기 몸을 가벼이 보았다. 『시경』에 "잘 어울리는 치의(緇衣)[4]여, 떨어지면 내가 다시 만들어 드리리. 그대가 관사에 갔다 돌아오면, 내 그대에게 음식을 대접하리"[5]라고 하였다. 이것이 바로 어진 이를 좋아하는 실상이니, 이렇게 해야 덕이 시들고 어려운 시기에 힘을 얻을 수 있다.

貯人待用

古者 用人 必先試後擢 故官不失人 材不材 判矣 所以多成少敗 楊大洪曰 寧議而後用 無用而後議 寧貯人而待用 無臨用而尋人 苟不於平時斟酌賢否 以待患難 如何能急時託任 勘定無憂乎 唐之法 雖尙文詞 猶綢繆難愼 所試非一事 所取非一路 後世則一人任銓 取舍惟意 於是 才智掩蔽 事功虧乖 其故 何也 狃於偸安 泪於私利也

葉向高有言 昇平之時 人主視士大夫輕 而視官重 及至有事 士亦視身家重 而視官輕 人主每欲以爵祿 驅使人 爵祿者 平時之悅樂 而禍亂之孟賊也 人主之柄 木+覇 惟在爵賞 操此權 驕狹於天下之士大夫 則賢士恥之 其狗苟蠅營 莫非忘恩負惠之徒 孰肯舍命不恤 倉卒赴難哉 故古之明主 盡禮於難致之士 而忘其官 人臣感其義 而輕其身 詩曰 緇衣之宜兮 蔽予又改爲兮 適子之館兮 旋予授子之粲兮 此其好賢之實 而可以得力於衰難之際也乎

잡역미(雜役米)[1]

국초에 만든 『경국대전』(經國大典)에는 경비(經費)만 거론했을 뿐, 제향(祭享)·진상(進上) 및 각 고을에서 사사로이 쓰는 비용에 대해서는 규정해놓지 않았다. 그러므로 백성이 진상하는 물건들이 계속 증가되어, 폐단이 이루 말할 수 없게 되었다. 뒤에 1결(結)에 12말씩 받는 대동법(大同法)을 정했는데, 이는 1결에 4말씩 받는 전세(田稅)에 비해

---

4) 중국 고대 경대부(卿大夫)가 사적인 일을 볼 적에 입는 검은 옷.

5) 『시경』 정풍(鄭風) 「치의」에 보인다.

1) 조선 후기에 시행한 제도로, 대동미(大同米) 이외에 각 고을에서 쓰기 위해 별도로 거두던 쌀을 말함. 일종의 지방세에 해당된다.

3배나 된다. 그것으로 벌써 적당한 선을 넘어선 것인데, 또 각 고을에서 사사로운 비용으로 거두는 것도 명목이 헤아릴 수 없이 많다. 백성의 삶이 이 때문에 쇠잔해질 수밖에 없다.

근세에 상정법(常定法)이 만들어져, 각 고을의 수령이 한 해의 비용을 계산해서 국세 이외에 별도로 쌀을 거두는데 그것을 잡역미라 한다. 큰 고을은 1결에 4말씩 받아도 남지만, 작은 고을은 1결에 6~7말씩 받아도 부족하다. 이처럼 현격한 차이가 나는데도 백성이 그 법을 편하게 여기는 것은, 너무도 많은 징수를 면하기 때문이다. 그러나 세금을 고르게 부과하는 뜻에서는 어긋나니, 국가는 이를 합쳐서 새로운 제도를 정해 두루 반포해서 통용되게 해야 마땅하다. 어찌 각 고을로 하여금 각자 자기 의사로 사사로이 계획하게 한단 말인가?

나는 이 점에 대해 이렇게 생각한다. 먼저 각 고을의 수요를 통틀어 계산하고, 땅이 넓은지 좁은지, 용도가 번다한지 간소한지를 비교하여 몇 등급으로 나눈다. 그런 뒤에 1결에 5말씩 내는 중간 제도를 정하되, 큰 고을은 1말씩 더하여 국세에 충당하고, 작은 고을은 1말씩 감해 국세에서 부족분을 보충한다. 각 고을은 모두 앞의 제도에 따라 각각 6말·4말씩 취하되, 나머지는 모두 국세로 귀속시키면, 국세와 잡역미는 전례대로 변동되지 않으면서 전세(田稅)는 균일해질 것이다.

雜役米

國初大典 只擧經費 不及於祭享·進上 及列邑私用 故諸進貢之物 節節增加 弊不可勝言 後定爲一結十二斗大同之法 較經費之數 三倍之矣 已是過當 而列邑私用 又名目無算 民以之凋殘 近世有常定法 守宰計量一歲之用 國賦之外 別收米 名曰雜役 大邑則一結四斗而有餘 小邑或一結六七斗而不足 若是相懸 而民猶便之者 免於徵求之繁多也 然有違於均賦之義 朝家宜合同定式 遍頒而通行 何可以使諸邑 各以其意 私自計度耶 愚謂 先通計列邑之數 又較量地之濶狹 用之繁簡 分爲幾等 然後定爲一結五斗之中制 大邑則增一斗 而以充國賦 小邑則減一斗 而取足於國賦 列邑皆依前 各取六斗四斗之數 餘悉歸之國賦 則國賦與雜役 依前不動 而田輸均一矣

인법 상유(人法相維)[1]

허형(許衡)[2]의 상소에,

> 정치를 잘하는 요령은, 용인(用人)·입법(立法) 두 가지뿐입니다. 일상의 가까운 데서 비유를 들면, 머리카락이 머리에 있지만 손으로 다듬지 않고 빗으로 빗으며, 밥이 그릇에 있지만 손으로 먹지 않고 숟가락으로 먹는 것과 같습니다. 손이 직접 그 일을 하지는 않지만, 빗과 숟가락을 사용하는 것은 손이 하는 것입니다. 위에서 사람을 쓰는 것이 어찌 이와 다르겠습니까? 사람을 다스리는 것은 법이고, 법을 지키는 것은 사람입니다. 사람과 법이 서로 유지해 나가야 위가 안정되고 아래가 제대로 순응하여, 모든 일이 번거롭거나 수고롭지 않습니다.[3]

라고 하였고, 이야(李冶)[4]의 말에,

> 천하를 다스리는 것이, 어렵다면 하늘에 오르는 것보다 더 어렵고, 쉽다면 손을 뒤집는 것보다 더 쉽습니다. 법도가 있어서 군자를 등용하고 소인을 물리치면, 어찌 손을 뒤집는 것보다 더 쉽지 않겠습니까? 법도가 없어서 소인을 등용하고 군자를 물리치면, 어찌 하늘에 오르는 것보다 더 어렵지 않겠습니까?[5]

라고 하였으니, 이 두 설은 서로 발명함이 있다.

법의 선·악을 어떻게 알아서 악한 것을 버리고 선한 것을 취할 것인가? 『서경』에 "잘 다스리는 사람과 도를 같이하면 흥하지 않음이 없고,

---

1) 사람은 법으로 인해 유지되고, 법은 사람으로 인해 유지된다는 말.
2) 원(元)나라 때의 유학자로, 자는 중평(仲平), 호는 노재(魯齋)이다.
3) 이 말은 『원사』(元史) 제158권 「허형열전」(許衡列傳)에 보인다.
4) 원나라 때의 학자로, 자는 인경(仁卿), 호는 경재(敬齋)이다.
5) 이 말은 『원사』 제160권 「이야열전」(李冶列傳)에 보인다.

혼란한 자와 일을 같이하면 망하지 않음이 없습니다. 처음부터 끝까지 함께할 바를 삼가면 밝은 덕을 밝히는 임금이 될 것입니다"[6]라고 하였으니, '함께할 바'는 바로 선왕(先王)이다. 선왕의 도는, 마치 궁실·배·수레·갖옷·갈포(葛布)·음식 따위와 같이 모두 인정을 따르고 사리에 맞춰 처음 만든 것이기 때문에 후세에 와서도 감히 고칠 수 없는 것이다. 그러니 어찌 정사를 다스리는 것만 그렇지 않겠는가?

그러므로 요(堯)·순(舜)·우(禹)[7]·탕(湯)[8]·문왕(文王)[9]·무왕(武王)[10]과 도를 같이하는 자는 흥하지 않음이 없고, 걸(桀)[11]·주(紂)[12]와 일을 같이하는 자는 망하지 않음이 없다. 흥함은 반드시 어진 이를 쓰는 데서 비롯되고, 망함은 반드시 불초한 자를 쓰는 데서 비롯됨은, 어리석은 자나 지혜로운 자가 다 안다. 그러나 어떻게 어진지, 어리석은지를 알아서 등용하거나 물리칠 것인가? 사람의 선악은 모두 평민으로 살 때 길러지니, 정사를 다스리는 데 시험해본 적도 없는데 임금이 어떻게 알겠는가?

어진 이를 진출시킨 자는 상등의 상을 받고, 어진 이를 숨긴 자는 죽음을 당하는 것[13]이 옛날의 도이다. 여러 신하가 어진 이를 뽑아 진출시키지 않는다면 임금은 알아낼 길이 없다. 정(鄭)나라에 자피(子皮)[14]가 없었다면 자산(子産)[15]도 공을 세우지 못했을 것이고, 제(齊)나라에 포자(鮑子)[16]가 없었다면 관중(管仲)[17]도 포로로 죽었을 것이다.[18]

---

6) 『서경』「태갑 하」(太甲下)에 보인다. 이 말은 이윤(伊尹)이 태갑에게 한 말이다.
7) 중국 고대 하(夏)나라의 시조.
8) 중국 고대 은(殷)나라의 시조.
9) 은나라 말기의 주(周)나라 제후로, 주나라가 천하를 소유하는 데 모든 기반을 조성한 인물이다.
10) 주나라 문왕의 아들로, 은나라 주(紂)를 물리치고 천하를 차지한 인물이다.
11) 하나라 말기의 포악한 임금.
12) 은나라 말기의 포악한 임금.
13) 『한서』(漢書)「무제본기」(武帝本紀)에 보인다.
14) 춘추시대 정(鄭)나라의 대부로 실권자였는데, 자산(子産)을 등용하여 정사를 맡겼다. 『춘추좌씨전』 양공(襄公) 31년조에 보인다.
15) 춘추시대 정나라 대부 공손교(公孫僑). 자산은 그의 자(字)이다.
16) 춘추시대 제(齊)나라 대부 포숙아(鮑叔牙)를 말함.
17) 제 환공(齊桓公)을 보좌해 패자(覇者)가 되게 한 인물.
18) 제나라 왕자의 난에 포숙아는 소백(小白 : 桓公)을 모시고, 관중은 규(糾)를 모

전한(前漢)의 위무지(魏無知)[19]와 고구려의 안유(晏留)[20]도 인재를 천거하여 후한 상을 받고 나라의 풍속을 진작시키는 데 도움이 있었다. 그러므로 "자기 혼자 힘쓰는 것이 어진 이를 진출시키는 것만 못하다"고 하는 것이다. 인재를 등용할 뿐만 아니라, 복록과 은택이 천거한 자에게 먼저 미치는 것이 이와 같다. 그러니 어진 이를 아는 자 또한 무슨 마음으로 그를 천거하여 자신이 현달하지 않겠는가?

선비가 등용되기 전에는 학업을 익히는지라 빈한하고 미천하여, 재능이 제대로 드러나지 않는다. 따라서 오직 덕행을 취하는 것으로 요점을 삼아야 한다. 그러므로 요(堯)가 손위(遜位)[21]하려 할 때, 사악(四岳)[22]이 비천한 순(舜)을 천거하면서 "그는 효도로 잘 화합했습니다"[23]라고 말하는 데 불과했다. 순이 효도한 것 또한 부자·형제 사이에 좋게 지낸 것에 불과했다. 요가 그 말을 듣고 두 딸을 그에게 주어 시험한 다음 천하를 그에게 넘겨주었으니, 이것이 어진 이를 구하는 요결(要訣)이 된다.

어진 이를 등용한 뒤에는, 큰 재능을 가진 사람에게는 큰 책임을 맡기고, 작은 재능을 가진 사람에게는 작은 책임을 주어서 신구(新舊)·존비(尊卑)에 구애됨이 없은 뒤에야 재능이 있는지 없는지가 드러난다. 어진 이를 구하는 데 정성이 없고, 그를 쓰는 데 알맞게 하지 못하며, 그 사람의 착함을 알고도 능히 진출시키지 않거나, 악함을 알고도 능히 물리치지 않으면, 이는 바로 곽공(郭公)이 망한 이유가 된다.[24] 이것이 이른바 "혼란한 자와 일을 같이하면 망하지 않음이 없다"는 것이다.

셨는데, 소백이 규를 이겨 관중이 옥에 갇히게 되었다. 그때 포숙아가 관중을 추천했고, 환공이 그를 등용하여 패자가 되었다.
19) 한 고조(漢高祖)에게 진평(陳平)을 천거한 인물이다.
20) 고국천왕(故國川王)에게 을파소(乙巴素)를 천거한 인물이다.
21) 임금자리를 다른 사람에게 물려줌.
22) 요임금 때 사방 제후의 우두머리 혹은 사방의 제후를 총괄하는 벼슬이라고도 한다.
23) 『서경』「요전」(堯典)에 보인다.
24) 춘추시대 곽(郭)나라 임금이 선을 좋아했으나 행하지 않고, 악을 미워했으나 버리지 못하여 결국 나라가 망했다고 한다. 가의(賈誼)의 『신서』(新書)에 보인다.

그러므로 법이 없으면 백성을 다스릴 수 없고, 어진 이가 없으면 법을 시행할 수 없다. 이것이 이른바 '사람과 법이 서로 유지되어야 한다'는 것인데, 이 가운데 하나만 없어도 제대로 되지 않는다. 그렇지 않다면 머리를 빗는 데 빗이 있고, 밥을 먹는 데 숟가락이 있어도 손이 없는 것과 같으니, 무슨 이익이 있겠는가?

人法相維

許衡疏云 致治之要 在用人・立法二者而已 近而譬之 髮之在首 不以手理而以櫛 食之在器 不以手取而以匕 手雖不能 而用櫛與匕 手之爲也 上之用人 何以異此 治人者 法也 守法者 人也 人法相維 上安下順 不煩不勞 李冶之言曰 治天下 難則難於登天 易則易於反掌 有法度 進君子 退小人 則豈不易於反掌 無法度 進小人 退君子 則豈不難於登天 此二說 可以互明也

法之善惡 何以去取 書曰 與治同道 罔不興 與亂同事 罔不亡 惟終始愼厥與 惟明明后 厥與者 先王 是也 先王之道 如宮室・舟・車・裘・葛・飮食之類 皆因民情順事理 而肇刱之 後世無敢改也 奚獨治政不然哉 故與堯・舜・禹・湯・文・武同道者 罔不興 與桀・紂同事者 罔不亡 興必由用賢 亡必由用不肖 此愚智同知也 但可以知賢・不肖 而進退之也 人之善惡者 皆養之於委巷之中 亦未嘗試之治政 人主何由知之

進賢受上賞 蔽賢蒙顯戮 古之道也 若無群下採而進之 人主無以有知 鄭無子皮 子產無功 齊無鮑子 管仲俘死 西京之魏無知 句麗之晏留 厚受賞勸 風動有助 故曰 用力不及於進賢也 不特用其人 福澤先及於進之者 如是 彼亦何心 不薦以達之 夫士之未及於登庸也 所習業貧賤 其才能未顯 所取 惟德行爲要 故堯將遜位 四岳之揚陋 不過曰克諧以孝 其所以爲孝 亦不過善處於父子・兄弟之間也 堯則聞之 試之以二女 然後便以天下與之 此爲求賢之的訣

及其進也 大才授大任 小才授小任 勿以新舊尊卑爲拘 然後能與否 見矣 若求之無誠 用之失宜 或知善而不能進 知惡而不能退 此郭公所以亡也 是謂與亂同事 罔不亡也 故無法 無以治民 無賢 無以施法 是謂人法相維 而闕一不可 不然 如有櫛匕而無手 何益哉

진파・적전(眞派嫡傳)[1]

채 허재(蔡虛齋)[2]가 말하기를 "육경(六經)은 정종(正宗)이 되고, 사서

---

1) 유학의 진정한 학통을 물려받은 학파와 유학을 적통(嫡統)으로 전한 맥을 말한다.

(四書)는 적전(嫡傳)이 되며, 송(宋)나라 때 사유(四儒)[3]는 진파(眞派)이다"라고 하였으니, 이는 참으로 맞다. 배우는 자들이 진파를 거슬러올라 적전과 정종에 이르면, 그 길이 숫돌처럼 평탄할 것이다. 그런데 지금 사람들은 오로지 정자(程子)·주자(朱子)의 허다한 학설에만 힘을 쓰므로, 결국에는 반도 못 가서 그만두게 되니, 또한 경계할 일이다.

양렴(楊廉)[4] 같은 학자는 늙어서도 정·주의 학설을 매우 좋아하였다. 여러 사람의 말이 혼잡하게 제기돼 사람들이 어느 설을 따라야 할지 모를 경우, 문득 이 두 분의 말씀을 인용하여 "정자·주자는 이러이러하게 말씀하셨으니, 나로서 그 밖의 것은 모른다"고 하였다. 이 사람은 정·주의 말만 말하고, 정·주의 행실만 행하며, 정·주의 의복만 입는 사람이라고 하겠다.

그러나 사세의 변화는 한결같지 않고, 의(義)에 처하는 것도 각각 다른 법인데, 어찌 옛것을 인용하는 데서 그치는 것이 합당하겠는가? 근세 한 갈래의 학술에, 한결같이 겸손한 태도만 갖고 흑백을 분명히 구별하려고 하지 않으면서 묵묵히 명예를 취하는 경우가 있으니, 또한 가소로운 일이다.

眞派·嫡傳

蔡虛齋云 六經爲正宗 四書爲嫡傳 宋四儒爲眞派 此固然矣 學者泝眞派 而上至嫡傳·正宗 周道如砥 今人專用力於程朱許多說話 終未及半道而輒廢 則亦可戒也 如楊廉之學 至老篤好 群言淆雜 人莫適從 則輒擧二夫子言曰 程朱云云 吾不知其他 可謂言程朱之言 行程朱之行 服程朱之服者也 然事變不一 處義各殊 豈合引古而止乎 近世一種學術 一意執謙 不肯別白 默取名譽者 亦可咍耳

종면법(種綿法)[1]

민생은 반드시 옷과 음식에 의지해 산다. 옷감은 누에를 치고 베를

---

2) 명나라 때의 사람 채청(蔡淸)을 가리킴. 허재는 그의 호이다.
3) 송나라 때의 학자인 주돈이(周敦頤)·장재(張載)·정이(程頤)·주희(朱熹)를 말함.
4) 명나라 때의 학자로, 자는 방진(方震), 호는 월호(月湖)이다.
1) 목화를 심는 방법을 말함.

짜는 데서 나오지만, 누에치고 베 짜는 것이 오히려 목면(木綿)만 못하다. 우리나라에 문익점(文益漸, 1329~98)이 있는 것은, 중국 광주(廣州)에 황시(黃始)²⁾가 있는 것과 같다. 누에를 치는 데 선잠(先蠶)에 대한 제사³⁾가 있으니, 중국 광주에 황시의 사당이 있는 것처럼 지금 진주(晉州) 강성(江城)⁴⁾에도 문익점의 사당을 세워야 할 것인데, 사당이 없으니 우리나라 사람의 지리멸렬함이 이와 같다.

어느 날 내 친구 남군(南君)이 공주(公州)에서 올라와 나에게 다음과 같이 말하였다.

내가 목화 농사를 오래 하다 보니, 그 묘법을 터득하여 남들보다 배의 수확을 얻는다. 목화의 성질은 습기를 싫어하므로 물이 잘 빠지는 밭에 심어야 한다. 『주례』(周禮)에 "밭두둑 사이의 도랑은 깊이와 너비를 두 자로 한다"⁵⁾고 하였으니, 이를 표준으로 도랑을 만들어야 한다. 땅을 고를 적에는 모래가 섞여 있는 황토색 토질이 가장 좋다. 봄이 되면 먼저 밭을 세로로 간 뒤, 두 고랑을 합쳐 한 두둑을 만드는데, 그 너비는 도랑의 너비와 같게 한다. 입하(立夏)가 되면 쟁기로 그 두둑을 없애고 가로로 갈아 이랑을 만드는데, 이랑 사이의 간격은 한 발자국 정도로 한다. 한 사람이 소의 뒤를 따라가며 이랑 위의 팬 곳에다 구덩이를 만드는데, 직경은 포백척(布帛尺)⁶⁾으로 반 자 정도로 한다. 그런 뒤에 구덩이 속에 인분(人糞)을 버무린 재를 넣고, 양쪽 두둑의 흙으로 덮는데 두께는 2~3치 정도로 하고, 손바닥으로 고르며 꼭꼭 다진다. 또 손으로 표시를 해서 씨를 뿌릴 때 알아보기 쉽게 한다. 이렇게 한 뒤에 종자를 뿌리고 흙을 덮는 것은 다른 곡식과 마찬가지로 한다.

2) 『성호사설』 제5권 「목면」(木綿)에는 번우(番禺) 사신으로서 중국에 최초로 목면의 종자를 들여온 인물로 되어 있는데, 어느 시기인지는 자세치 않다.
3) 누에치기를 최초로 개발한 선인(先人)에 대한 제사.
4) 지금의 산청군 단성면(丹城面)의 옛 이름이다.
5) 『주례』 지관(地官) 「수인」(遂人)의 '범치야 부간유수 수상유경'(凡治野 夫間有遂 遂上有徑)의 주(註)에 보인다.
6) 베나 비단을 재는 데 쓰는 자, 곧 바느질자를 말한다.

싹이 나면 뽑아내 드문드문 남겨두어야 하는데, 척박한 밭에는 한 구덩이에 10포기, 비옥한 밭에는 6~7포기만 남기되, 서로 붙어 있는 것은 반드시 뽑아버려야 한다. 한 해에 6~7번 김을 매는데, 첫번째, 두번째 맬 때는 양쪽 흙으로 대강 북만 주고, 싹이 점점 자라 세번째 맬 때는 양옆의 흙을 끌어모아 싹 사이에 두텁게 북을 주어서 가지가 사방으로 벌어지게 한다. 네번째 맬 때는 더욱 높게 북을 주어 물이 잘 빠지도록 한다. 북을 많이 주어야 뿌리가 깊이 박혀 바람에 쓰러지지 않는다.

인분을 버무린 재는 봄보리 한 마지기를 심는 데 6~7바리를 실어내니, 이는 두엄만 못하다. 목화의 성질은 뿌리를 깊이 박고, 옆으로 뻗지 않는다. 따라서 인분을 버무린 재를 두둑 위에 뿌리는 것은, 목화의 뿌리에 영향을 주지 못한다. 그러므로 구덩이를 파고 재를 넣어야, 그 줄기가 억세져서 곁순이 나지 않는다. 바람이 불면 뿌리가 흔들리는 까닭에 반드시 두텁게 북을 주어야 한다. 장마가 지면 잎이 무성해져 열매가 썩어 떨어지는 것이 많기 때문에 위로 자라는 순을 잘라 옆으로 퍼지게 해서 햇볕을 많이 받도록 한다.

목화는 열매가 열리지 않는 것에 대해서는 걱정할 필요가 없다. 다만 열매가 열려도 꽃이 피지 않는 것이 걱정인데, 이와 같이 하면 열린 열매는 제대로 벌어져 목화송이가 된다. 『시경』에 "삼을 심는데 어찌할거나? 이랑을 가로로 하고, 세로로 하기도 한다"[7]라고 하였는데, 삼 역시 건조한 밭이라야 잘 된다. 옛사람이 농사에 대해 자세히 안 것이 이와 같다. 목화는 그 뿌리를 깊이 박기 때문에 땅의 기운을 가장 많이 손상시킨다. 같은 밭에 3년을 계속 심으면, 줄기가 점점 짧아지고 송이도 점차 작아진다. 그러나 이 방법을 잘 이용하면 실패가 없을 것이다.

어떤 이는 말하기를 "그와 같이 할 필요가 없다. 산비탈의 경사진 밭을 택해 비스듬히 갈고, 물이 잘 빠지도록 이랑을 만든 뒤, 싹은 처음

---

7) 『시경』 제풍(齊風) 「남산」(南山)에 보인다.

부터 아주 드물게 하는 것이 좋다. 조금 큰 후에 드물게 하면, 꽃이 가지 끝에만 피게 된다. 이와 같이 하면 목화가 제대로 되지 않는다"고 하였다. 이 말도 역시 옳다. 이 두 사람의 말은 생업을 돌보는 데 중요한 일이기 때문에 자세히 적어놓는다.

種綿法

民生必賴衣食 衣出於桑麻 桑麻之用 猶不及於木綿 我東之有文益漸 猶廣中之黃始也 蠶有先蠶之祀 則今晉州之江城 宜有文祠也 廣中黃始祠可倣也 東人之滅裂 如此

一日 友生南君 自公州至 爲余道 久業而得其妙 獲利倍多 綿性惡濕 以水易晞爲度 周禮 田畔之遂 深廣二尺 準此爲渠 相地 赤埴而和沙礫者 最良 待春 先縱耕 而兩耜合成一畝 畝廣 與溝等也 旣立夏 犁去其壁 橫耕爲畝 畝間容草屨長 一人隨牛後 作坎於畝上凹處 徑用布帛半尺 然後納糞灰於坎內 以兩畔土覆之 厚二三寸 令平手 按之堅實 亦令手有痕爲識 方能下種易辨也 然後散下種子土覆 如他例 立苗欲疏 而薄田不過十莖 沃田六七莖 必去其相疊者 凡一年六七耘 一耘二耘 略加培壅 至苗稍長而三耘 益推兩畔 土厚培苗間 使苗四偃向外 四耘又益培累高 使水易晞 土厚根深 方免搖落也 糞灰 則每春麥一斗地 宜輪六七駄 而灰不及牛下溷者 蓋綿性 根深而無旁延者 糞灰之撤布 與綿不涉 故必作坎納之 其莖剛而孤無枝蘗 風撼則根動 故必厚培 雨霖則葉蔭而實多腐隕 故偃之不得直上 俾受曦陽 凡綿 不患不結實 但患實而不花 如是則瓣坼花敷矣 詩云 藝麻如之何 橫縱其畝 麻亦宜燥 故古人仔細農務 如此也 惟其根深 故地氣太損 過三年 莖漸短 花漸不韌 然用此術 要無敗失云

或曰不須如此 擇山前側田 斜耕之 惟取水晞 立苗從初甚疎 可也 待稍長而疎之 則花在梢末 如此者 不能成綿 此說亦是 此治生之要務 故詳錄之

와옥(瓦屋)[1]

모든 일에는 원대하게 생각하는 것을 귀하게 여긴다. 성인(聖人)[2]이 "은(殷)나라의 수레를 타고……"[3]라고 하신 것도 그 수레의 견고함을 취한 것이다. 생민들의 급한 것으로는 먹는 것이 첫째이고, 입는 것이

---

1) 기와집.
2) 공자를 가리킨다.
3) 『논어』 「위령공」(衛靈公) 제10장에 보인다.

다음이며, 거처하는 집이 그 다음이다. 집은 먹줄에 맞춰 기둥과 들보를 올리고, 돌로 주추를 만들어서 비가 새지 않도록 하면 몇백 년을 지탱할 수 있다. 그렇게 하지 않으면 썩고 무너져내려 재목도 다시 쓸 수 없게 되니, 집을 짓는 데 드린 공력과 비용이 아깝게 된다. 이를 면하려 하면 수고를 꺼리지 말고 반드시 지붕에 기와를 덮어야 한다. 그러나 시골 살림으로는 여기까지 미칠 힘이 없다.

반계(磻溪)[4]는 각 고을에 와국(瓦局)[5]을 설치해야 한다고 하였다. 그의 말에 "주민이 계를 만들어 기와를 구우면 십수 년 만에 한 마을이 다 기와집이 될 것이다"라고 하였다. 흙이나 나무를 이용하기 편리한 곳에 와국을 설치하여 기와를 구워서 백성이 사 가도록 한다면, 그 생각은 원대한 것이 될 것이다. 또한 백성을 거느리는 방법으로는 옮겨 다니는 것을 신중하게 하는 것이 중요한데, 백성이 기와집을 갖게 되면 안정된 자리를 잡는 한 단서가 될 것이다. 따라서 빨리 시행해야 한다.

그리고 육지에서 물품을 수송하는 데는 말만한 것이 없고, 농사를 짓는 데는 소가 아니면 안된다. 말과 소를 기르는 데는 먹이가 중요한데, 가난한 집에서는 이 먹이가 없기 때문에 소와 말을 기르지 못한다.[6] 기와를 굽는 제도가 시행된다면 또한 큰 도움이 될 것이다.

瓦屋

凡物 貴慮遠 聖人乘殷之輅 取其堅固也 生民之所急 食爲最 衣次之 室屋又次之 屋者 繩直架梁 用石爲礎 不使雨漏 可支數百年 不然 腐朽傾圮 材不可繼 功費可惜也 如欲免此 不憚勞勤 必須蓋瓦 但鄕俗 無力及此 磻溪云 各邑置瓦局 其言曰 居民或結約造瓦 十數年 而一村盡成瓦屋 若就土木便近處 置局燔造 許民貿易 其慮遠大矣 且率民之方 重遷爲要 旣有瓦屋 卽奠居之一端 宣亟行 且地用莫如馬 農業 非牛不成 養馬牛 草稿爲重 貧家 或因乏此而不得養也 瓦制若行 此又補益之大者

---

4) 실학의 비조(鼻祖)로 일컬어지는 유형원(柳馨遠)의 호이다.
5) 기와를 굽는 공장.
6) 볏짚을 지붕을 덮는 데 쓰기 때문에 소나 말을 먹일 먹이가 부족하다는 말이다.

천발견묘(薦拔畎畝)[1]

　천자(天子)로부터 서인에 이르기까지 하루도 먹을 것이 없어서는 안 된다. 먹는 것은 곡식을 주로 하는데, 곡식은 백성에게서 생산된다. 그러므로 심고 거두기가 어려운 것은, 백성만이 참으로 잘 안다. 왕공(王公)이나 대인(大人)은 지혜가 주밀하고 생각이 세밀하여 먼 곳의 일까지도 추측할 수 있지만, 몸이 안일하고 듣고 보는 것이 막혀 있으니, 어떻게 백성들의 살을 에고 뼈를 깎는 듯한 고통스러운 사정을 다 알 수 있겠는가?

　사람의 마음이란 겨울에 갈포옷을 보고, 여름에 털옷을 보게 되면 자기가 입었던 옷이라도 오히려 싫어하게 마련이다. 그런데 하물며 몸소 농사의 괴로움을 맛보지 않은 자에 있어서랴? 그러므로 은 고종(殷高宗)은 오래도록 외방에서 괴로움을 겪었고,[2] 조갑(祖甲)[3]은 임금이 되기 전에 백성이 되어 백성들의 실정을 절실히 깨닫지 못할까 염려하였다.[4]

　지금 세상에는 이러한 일을 다시 볼 수 없게 되었다. 그 당시에는 공경(公卿)·대부(大夫)도 처음에는 미천하다가 나중에 귀하게 된 사람들이었다. 중세에도 오히려 그와 같아서, 사방의 인재들이 농사짓는 사람들 가운데서 발탁된 자가 많았다. 그러므로 그들은, 백성이 방갓에 도롱이를 걸치고 몸은 땀에 젖고 발은 흙투성이가 되도록 온갖 고생을 다 해도 가뭄·장마·바람·서리의 재해가 있으면 굶주려 떠돌이 신세가 됨을 면치 못한다는 사실을 모두 알았다. 그러니 그들이 어찌 차마 백성의 힘을 상하게 하고, 백성의 먹을 것을 빼앗을 수 있었겠는가?

　후세에는 그렇지 못하여, 조정에서 사람을 뽑는 대상이 문벌과 지위의 고하에서 벗어나지 않았다. 그래서 세력 있는 집안 사람은 버려지는 자가 없고, 먼 고을에 사는 사람은 어질고 덕이 있어도 버림을 받았다.

---

1) 농사짓는 사람들 중에서 유능한 인재를 천거하여 발탁한다는 뜻.
2) 『서경』 「무일」(無逸)에 보인다.
3) 은 고종의 아들.
4) 『서경』 「무일」에 이와 유사한 내용이 보인다.

게다가 과거라는 한 투식이 생겨 교묘한 방법으로 발신(發身)하게 되니, 지혜로운 이나 어리석은 사람을 막론하고 발신하기만 하면 문득 귀하게 되었다. 그래서 맛난 고기를 배불리 먹고, 따끈한 술로 마음을 훈훈하게 하며, 심한 자는 "양에 멍에를 씌워 밭을 갈고, 쌀을 심으면 싹이 난다"고도 한다. 중간 정도의 지혜를 가진 사람 이하는, 모두 허깨비 같은 자들이다. 이러고서도 백성이 어찌 곤궁에 빠져 죽지 않을 수 있겠는가?

그러므로 공경(公卿)들로 하여금 백성이 농사짓는 어려움을 알게 하려면, 반드시 벌열(閥閱)의 권세를 먼저 깨뜨려야 한다. 그리고 농사의 어려움을 몸소 경험한 사람 중에서 재능과 덕망이 있는 자를 뽑아 높이 등용해야 예전의 정치를 기대할 수 있을 것이다.

또한 오늘날에는 벌열을 숭상하고 편당을 짓는 것이 뒤섞여 한 덩어리가 되었다. 그러나 옛날에는 조정에 등용된 신하들이 사방에서 모인 사람들이었고, 신분도 각기 다르고 기습(氣習)도 같지 않았다. 그러니 애초 붕당으로 지목할 만한 집단이 어찌 있었겠는가?

오늘의 벼슬아치들은 종당(宗黨)[5]과 혼인 관계를 맺지 않은 집이 없어서, 마음이 서로 밀착되고 일마다 서로 결탁하여 대대로 이어가면서 벼슬과 봉록을 독차지하니, 원수와 나의 편이 형성된 것은 하루아침에 이루어진 일이 아니다. 이런 고질이 골수에 배었으니, 함께 다 망한 뒤에야 없어질 것이다. 따라서 아무리 명철한 임금이 다스린다 할지라도, 그 어지럽게 얽힌 관계를 풀기란 좀처럼 쉽지 않을 것이다. 그러므로 철부지 어린애 같은 자들과 어리석은 사람들이 거들먹거리며 벼슬길에 나아가, 민생의 질고는 관심 밖의 일이 되었다.

이 폐단을 개혁하려면 크게 뛰어난 수단이 아니고서는 해낼 수 없다고 나는 생각한다. 옛날에는 선비가 농사짓는 집안에서 나왔기 때문에 먼저 역전과(力田科)[6]를 세웠다. 농사짓는 가운데서 인재를 천거해 올리면 그 중에서 뽑아 벼슬을 주었는데, 해마다 일정한 숫자가 있었다.

---

5) 종친(宗親)과 당파를 말함.
6) 한(漢)·당(唐) 때 인재를 선발하던 과거의 일종으로, 농사를 부지런히 잘 짓는 사람을 등용하던 제도이다.

임무를 잘 해내지 못하는 사람일지라도 나라에서 상을 내려주고 세금을 면제해주어, 보고 듣는 자들에게 자랑스럽게 하였다.

지금 서경(署經)[7]이란 법을 빨리 혁파하고, 과장(科場)에서의 봉미(封彌)[8]도 응시자의 할아버지와 아버지의 이름만 기재하고, 관직은 빼도록 해야 한다. 사람을 쓸 적에는 그 사람이 어진지 어리석은지만 따지고, 그의 조상이 현달했는지 미천했는지는 따지지 말아야 한다. 이렇게 한 뒤에, 재상의 아들과 손자는 같은 시기에 청요직(淸要職)[9]에 서용하지 말게 하며, 인사를 담당한 자로서 시골 선비를 추천하지 않은 자는 일정한 벌을 주고, 많이 추천한 자는 일정한 상을 주면 오늘날과 같은 폐단을 그치게 할 수 있을 것이다.

고려 공양왕(恭讓王) 때, 새로 과거에 급제한 안순(安純)·강회계(姜淮季) 등 다섯 사람에 대해, 세도 있는 집안의 자제들이라는 이유로 분관(分館)[10]시키지 않았으니, 오늘날의 풍속에 비하면 어찌 하늘과 땅의 차이뿐이겠는가?

薦拔畎畝

自天子 達於庶人 一日不可無食 食以穀爲主 穀生於小人 故稼穡艱難 惟小人 眞知 王公大人 智周思悉 雖使推測及遠 體氣安逸 耳目障礙 如何帖肌切骨 盡其 情狀 凡人心 冬見葛 夏見裘 已嘗服之 而猶尙厭惡 況不親勞苦者耶 是以 殷宗 久勞于外 祖甲舊爲小人 惟恐其覺不親切也 此已不可復見矣 公卿大夫 莫非始 賤而終貴者也 中世猶是 四方之人 多起於農野犁鉏之中 備諳茅蒲襁褓 沾體塗 足 百辛而千勤 旱澇風霜 或不免餓瘠流亡 則豈忍傷其力而奪其餬耶

後世則又不然 朝廷所嘗較量 不離於世閥官位之高下 鉅室無棄才 遠邑闕賢德 加之以科名一套 巧儻發身 無愚與智 有身輒貴 肥臠飫口 烈釀醺心 甚者或謂 駕 羊耕薗 種米生苗 中智以下 皆魍魎漢爾 民安得不窮且死 故欲使公卿 知小人之

---

7) 당하관(堂下官)을 처음 임명할 때, 이조(吏曹)에서 그 사람의 성명·내외 사조(內外四祖)·처사조(妻四祖)를 기록하여 사헌부(司憲府)·사간원(司諫院)에 보내면, 이 양사에서는 그들의 신원을 조사하여 하자가 없을 때 서명(署名)하여 임명 동의하는 것을 말한다.

8) 과거 답안지 오른쪽 끝에 응시자의 성명·생년월일·주소·사조(四祖) 등을 쓰고 봉하여 붙이는 일을 말한다.

9) 청현직(淸顯職)이나 요직(要職)을 말함.

10) 새로 문과에 급제한 사람을 승문원(承文院)·성균관(成均館)·교서관(校書館)에 분속시켜 권지(權知)라는 이름으로 실무를 익히게 하는 것을 말한다.

攸依 須必先破閥閱一木＋覇 躬知稼穡艱難者 得以材德而登崇 方是庶幾 且尙閥
偏黨 混爲一道 其登廷諸臣 四遠來集 身族各異 氣習不同 其始 寧有比朋之可目
今之作官 莫非宗黨昏因之室 而心心比密 事事絿結 雲仍遞嬗 爵祿傳家 其仇好
相形 非一朝夕之故 痼疾纏髓 與亡俱亡而已 雖明王御世 實未易解其紛也 由是
孩童奮袂 獸癡接迹 民生疾苦 卽一度外物矣

　余謂 將革此弊 非大段做脚 不可 古者 士出於農 先立力田之科 薦拔于畎畝
擇而官之 歲有常數 雖其不堪任者 亦賜資而復其戶 俾耀觀聽 亟罷署經之法 科
場封彌 只記祖禰之名 而闕其官位 其在用人 惟其人之賢愚 忘其先之顯微 然後
宰相子與孫 不許並時淸要 掌銓者 不擧畎畝 有定律 擧之多者 有定賞 猶可及止
也 高麗恭讓時 新及第安純・姜淮季等五人 以勢家子弟 並不分館 比今之俗 奚
啻天壤耶

개역도명(改易道名)[1]

　고려 때 충주(忠州)에서 자식이 아비를 죽인 일이 생기자, 담당 관원
이 그 고을을 강등해 군(郡)으로 만들기를 청하였다. 인종(仁宗)이 좌
우의 신하에게 묻자, 대답하기를 "『예기』에 '주루정공(邾婁定公)[2] 때
아비를 죽인 자가 있어, 그 죄인을 죽이고, 그 집을 헐고, 그 집터는 웅
덩이를 만들어버렸다고 하였습니다'[3]고 하였으니, 한 주(州)를 강등하
여 군(郡)으로 만드는 것은 옛법이 아닙니다"라고 하여, 인종도 그 말
을 옳게 여겼다.

　오늘날 팔도(八道)의 명칭은 그 도내 두 큰 고을의 이름을 합쳐서
일컫는데, 인륜의 기강을 범한 큰 죄인이 있으면 문득 그 도의 명칭을
바꾼다. 예컨대 충청도(忠淸道)를 공홍도(公洪道)라고도 하고, 청홍도
(淸洪道)라고도 하여, 그 명칭이 일정하지 않다. 그러다 몇 년 뒤에는
다시 본래의 명칭으로 돌아가니, 과연 무슨 유익함이 있겠는가?

---

1) 도의 이름을 바꾼다는 말임.
2) 주루국(邾婁國)의 정공을 가리킴. 주루는 춘추시대 노(魯)나라 옆에 있던 나라
　의 이름이다. 뒤에 추(鄒)로 바꾸었다.
3) 『예기』「단궁 하」(檀弓下)에 보이는데, '와기궁이저언'(洿其宮而瀦焉)이 『성호사
　설』에는 '와기궁이지이'(洿其宮而止耳)로 잘못되어 있다.

어떤 이는 말하기를 "그 도의 명칭을 고치되 호남(湖南)·영남(嶺南)·관서(關西)·영북(嶺北) 따위로 만들면, 이런 번복이 없을 것이다"라고 한다. 그러나 이는 사람을 죄줄 일이지, 땅을 죄줄 일은 아니다. 고려 때의 제도를 따르면, 이런 걱정은 없을 것이다.

改易道名

麗時 忠州人 有弑父者 有司請降州爲郡 仁宗問於左右 對曰 禮云 邾婁定公時 有弑父者 殺其人 壞其宅 洿其宮而止耳 降爲郡 非古也 王許之 今八道之名 各以道中兩大郡 合以稱之 有犯倫綱大罪 則輒易道名 如忠淸道 或稱公洪 或稱淸洪 其稱不定 而數歲之後 又還本名 果何益哉 或謂 改其道名 爲湖南·嶺南·關西·嶺北之類 則無此飜覆 此罪人而不罪地也 苟從麗王之制 無此患矣

조적(糶糴)[1]

소 동파(蘇東坡)[2]의 상소에 "시골 노인들이 '풍년이 흉년만 못합니다. 천재(天災)를 만나 흉년이 들었을 때는 입고 먹을 것을 절약하면 오히려 살아날 수 있지만, 풍년이 들면 쌓인 빚을 모두 내라고 독촉하며 서리(胥吏)들이 끊임없이 찾아와 매질을 합니다. 죽고 싶어도 죽을 수조차 없습니다'라고 하면서, 말을 마치고 나서 눈물을 흘렸습니다. 신(臣) 역시 자신도 모르게 눈물을 흘리고 말았습니다. 이 때문에 떠도는 백성이 감히 제 고향으로 돌아가지 못하는 것입니다. 공자가 '가혹한 정치는 호랑이보다 더 사납다'[3]고 했는데, 홍수와 가뭄이 사람을 죽이는 것은 호랑이보다 백 배나 더하고, 사람들이 빚독촉을 두려워하는 것은 홍수나 가뭄보다 더 심합니다"[4]라고 하였다.

나 역시 이 글을 읽고, 자신도 모르게 줄줄 눈물을 흘렸다. 그러나 이는 오히려 옛날의 순박한 풍속이다. 요즈음 각 고을을 살펴보면, 풍년·흉년을 막론하고 백성은 세금을 포탈하는 자가 없고, 관청에서는

---

1) 환곡(還穀)을 내주고 받아들이는 일.
2) 송나라 때의 문인 소식(蘇軾)을 가리킴. 동파는 그의 호이다.
3) 『예기』 「단궁 하」(檀弓下)에 보인다.
4) 이 말은 『동파집』(東坡集) 주의(奏議) 「논적흠장」(論糴欠狀)에 보인다.

한 홉의 미곡도 거두지 않는 경우가 없다. 가을·겨울의 세금을 거두는 철이 되면, 고을의 수령은 원근을 가릴 것 없이 각 마을로 군졸을 자주 내보낸다. 본인에게 세금을 거두다 모자라면, 먼 일가나 인척들까지 찾아가 집을 샅샅이 뒤져서 모조리 받아들인다. 오직 포탈하는 백성이 없는 것을 목표로 삼으니, 백성이 빚을 지고 싶어도 그럴 수 있겠는가? 소 자첨(蘇子瞻)[5]이 이런 현상을 보았다면, 아마도 눈물을 흘리는 정도에서 그치지 않았을 것이다.

이보다 더 심한 것이 있다. 백성이 세금을 포탈하지 하지 않는데도 모곡(耗穀)[6]으로 10분의 1을 더 받아두었다가 관용(官用)으로 쓴다. 이를 미처 쓰기도 전에 작서(雀鼠)[7]가 축을 내면 문득 소두(小斗) 한 말씩 백성에게 더 거둔다. 그러므로 장부의 기록은 날로 증가하고, 오래 묵은 곡식은 썩게 된다.

그리고 나서 또 이 썩은 곡식을 집집마다 강제로 빌려주니, 백성의 생활은 더욱 곤궁하게 된다. 백성이 열 말이라고 받아오면 두 말은 축이 나니, 실제로는 여덟 말에 불과하다. 이것을 갚을 때는 모곡한 말을 보태야 하고, 또 말로 될 때 흘린다는 명목으로 한 말을 더 받아, 모두 열두 말을 내야 한다. 그리고 오가는 길에 먹는 양식, 인부의 품값 등 허다한 비용을 모두 계산하면 두 배의 비용이 든다.

봄에 빌려주었다가 가을에 받아들이니, 그 기간은 7~8개월도 채 못 되는데 백성은 반드시 갑절로 갚아야 한다. 마을에서 빌려쓰는 사채(私債)도 이렇게까지 심하지는 않다. 만약 가의(賈誼)가 이런 일을 보았다면, '장태식'(長太息)만으로는 부족했을 것이다.[8]

原文

東坡疏曰 父老云 豊年不如凶年 天災流行 縮衣節食 猶可以生 豊年 擧催積

---

5) 자첨은 소식의 자이다.
6) 결손분을 보충하기 위해 더 거두는 곡식.
7) 흔히 새와 쥐라고 생각하는데, 성호는 곡식을 갉아먹는 좀과 같은 벌레로 보았다. 『성호사설』 제9권 「작서모」(雀鼠耗)에 보인다.
8) 이 말은 가의가 한 문제(漢文帝)에게 시정(時政)의 폐단을 상소한 내용 중의 하나이다. 가의는 당시의 정치에 대해, 통곡할 만한 것이 하나, 눈물을 흘릴 만한 것이 둘, 길게 한숨을 쉴 만한 것이 여섯 가지라고 하였다.

欠 胥徒在門 枷棒在身 求死不得 言訖淚下 臣亦不覺流涕 以此 流民不敢歸鄉
孔子曰 苛政猛於虎 水旱殺人 百倍於虎 而人畏催欠 乃甚於水旱 余讀是文 又不
覺潸然淚下矣 然此猶古之淳風也 近觀鄉邑 不論豊凶 民無逋欠 官無會合之未
收 當秋冬之糶 守宰多發軍校 遠村近隣 疎族外姻 發屋披箇 合輸共納 惟以無逋
爲限 雖欲有積欠 得乎 若使子瞻見之 恐不止於流涕而已

  抑又有甚焉 旣無逋欠 而什一之耗剩 留爲官用 其雀鼠之偸損 則却以小斗彌
縫 故簿錄日增 久必陳腐 故又必計戶勒授 民困益甚 民受十斗 每縮二斗 則其食
不過八斗也 其輸也 添耗一斗 又有斛面落庭之稱 恰爲十二斗 往來贏糧 脚價所
費 許多通計 則倍輸矣 春糶秋糴 不過七八月間 而民倍必輸 里閭私債 不至如此
之虐也 此古今之所無也 若使賈誼見之 必將長太息而不足

용유난절(用裕難節)[1]

　서민은 가난하고 천한 사람이다. 백성의 괴로움은 천한 일을 하고 가
난을 경험한 사람만이 알 수 있다. 귀하고 부유한 사람이 이를 어찌 알
겠는가? 그런데 하물며 깊은 궁중에서 태어나 자란 임금이 이런 사정을
어찌 알겠는가? 오늘날에는 상평법(常平法)[2]을 없애고 조적(糶糴)[3]만 시
행하는데, 이 조적의 제도는 백성에게 빚만 짊어지게 하는 법이다.

　봄철 식량이 떨어졌을 때 그냥 곡식을 빌려주니, 어느 누가 받아 오
지 않겠는가? 하지만 가을철 곡식을 수확할 때 모곡(耗穀)[4]과 잉여곡
(剩餘穀)[5]을 첨부하여 거두어들일 수 있는 한 모두 거두어들인다. 따라
서 부자도 여유가 없는데, 하물며 가난한 백성이야 말해 무엇하겠는가?

　내가 징험해보니, 가난한 집 사람들은 굶어 죽지만 않으면 다행으로

---

1) 재용(材用)이 넉넉하면 절약하기 어렵다는 뜻.
2) 중국 한 선제(漢宣帝) 때 시행한 제도로, 쌀이나 베 등을 값이 쌀 때는 비싼 값
　으로 사들였다가, 값이 오르면 싼값으로 팔아 물가를 조절하는 법을 말한다. 우
　리나라에서는 고려 광종(光宗) 때 처음 시행하였고, 조선시대는 상평청(常平廳)
　을 두었는데, 선조(宣祖) 때 선혜청(宣惠廳)으로 통합되었다.
3) 봄철 식량이 부족할 때 곡식을 빌려주었다가 가을철 수확기에 10분의 1의 이자
　를 붙여 거두어들이는 제도.
4) 벌레 등이 갉아먹는 부족분을 보충하기 위해 더 거두는 곡물.
5) 관청에서 출납할 때 결손되는 부분을 보충하기 위해 더 거두어들이는 곡물.

여긴다. 그들은 죽음만 면하게 되면 배부른 것과 마찬가지로 생각한다. 그런데 이 조적을 시행한 뒤로는 부유한 자가 가난해지고, 가난한 자는 굶주리다 혹 죽기도 하니, 모두 빚에 시달리기 때문이다. 국가는 백성을 어린아이처럼 보살펴야 하는데 빚을 지도록 유도하고 있으니, 어찌 옳은 일이겠는가?

이뿐만이 아니다. 이자 없이 빌려준다 해도 백성에게는 심한 폐해만 끼치게 된다. 봄에 빌려다 먹고 가을에 갚는데 기간이 매우 짧아서, 본래 집안에 있던 재물을 계산하면 오히려 줄어들게 된다. 지난해는 식량이 모자라지 않았는데도 빌려 왔는데, 하물며 금년에는 벌써 식량이 모자라는 데 있어서이겠는가? 지난해에 한 섬이 모자랐다면, 올해는 두 섬이 모자랄 것이다. 가난한 백성은 밥이 없으면 죽을 끓여 먹고, 죽이 없으면 나물만 삶아 먹어도 구차하게 연명할 수 있다. 곤궁하면 곤궁한 대로 살게 마련이다.

재물은 넉넉히 쓸 수 있어야 하지만, 빌려 오면 씀씀이가 헤퍼지고, 헤프게 쓰면 절약하기 어렵다. 그러므로 굶주림을 참고 남에게서 구하지 않는 자는 항상 살아 남고, 굶주림을 참지 못해 빚을 얻어 쓰는 자는 반드시 예전 살림을 지키지 못한다. 이자 없이 빌리는 것도 경계해야 하는데, 하물며 갑절로 갚아야 하는 조적에 있어서랴?

섭적(葉適)[6]의 말에 "몇 대를 내려오면서 부유한 사람은, 식구가 많고 씀씀이가 사치스러워 재산이 예전만 못하게 된다. 그렇다고 식구들로 하여금 하루아침에 스스로 절약하게 하여 예전의 상태로 돌아가게 할 수 있겠는가? 이렇게 할 수 있는 사람은 아마 없을 것이다. 농토를 팔고 보물을 팔아서 비용을 충당하다가, 재산이 바닥나 가난하게 된다. 근심을 하면서도 그 버릇을 그만두지 못한다"라고 하였으니, 이 말은 비유를 잘한 것이다.

사람의 마음에 누구든지 검소함을 싫어하고 사치함을 좋아한다. 검소함을 싫어하면 구차함을 면하려 하고, 사치함을 좋아하면 사치스런 풍속을 쉽게 따른다. 가난한 사람은 검소한 생활을 하기에도 힘이 부족

---

6) 송나라 때 사람으로, 자는 정칙(正則)이다. 저서로 『수심집』(水心集)이 있다.

한데, 곡식을 빌려주어서 넉넉히 쓰도록 하면, 무슨 짓인들 못하겠는가? 이는 눈앞에 보이는 즐거움만 생각하고, 뒤에 닥쳐올 어려움은 잊어버리는 것이다.

내가 직접 본 바로도, 우리 마을에서 망한 집의 8~9할은 관청에서 빌려다 먹은 환곡(還穀)과 사채(私債) 때문에 그 지경에 이른 것이었다. 『시경』에 "탁 트인 저 넓은 논에서, 해마다 많은 쌀을 수확한다. 내가 묵은 곡식을 가지고, 우리 농민들을 먹이니, 예로부터 풍년이 들었다"[7]라고 하였다. 선왕(先王)은 1년의 세금 가운데 해마다 4분의 1씩 저축하여 3년이 지나면 1년 분의 저축이 남도록 하였다. 그것을 비축하였다가 백성이 굶주리면 나누어주었으니, 어찌 도로 갚게 하는 정사가 있었던가?

지금은 사채를 금하면서 국가에서 그 이익을 독점하여, 백성에게 강제로 나누어주고 독촉해 거두며 군량미라 핑계하기까지 한다. 그래서 집안의 살림을 다 털어가고, 그래도 부족하면 원근의 먼 친척에게까지 찾아가 받아내니, 항상 굶주림을 면할 수가 없다.

나는 이렇게 생각한다. 지금 세상에 백성을 보호하려면, 차라리 백성을 구제한다는 명목의 이 조적을 시행하지 않는 것이 낫다. 그래서 백성이 스스로 제 살길을 찾도록 하면 반드시 다 죽지는 않을 것이고, 살아 남은 자는 제 집을 보전할 수 있을 것이니, 백성이 오히려 편안하게 여길 것이다. 그리고 백성이 크게 굶주려 목숨을 잃게 될 경우에만 창고의 곡식을 풀어 구제해주면 된다.

用裕難節

庶民者 貧賤之人也 民之疾苦 惟居貧賤者 知之 貴富 何能焉 況人主之生長深宮耶 常平之法廢 而糶糴單行 糶糴者 使民負債之術也 春而窮乏 無價而出之 人孰不趨 秋而穀賤 添耗添剩 取盈而收之 富戶亦竭 況殘民耶 余驗之 凡貧戶 免死足矣 旣免 則與飽同矣 從富而貧 從貧而飢或死 皆緣債物也 國家撫卹赤子 而以債物誘導 可乎 不獨於此 雖稱貸無剩者 亦甚害 春貸秋償 其間甚促 而計家中原有之財 則縮矣 前年不縮 猶貸 況今年之已縮耶 前年縮一斛 則今年縮二斛矣

貧民 無飯則煮粥 無粥則蒸蕀 亦可以苟延矣 困則困矣 在財得贏 貸則用裕 裕則難節 故忍飢不求於外者 常存 其不忍飢困而求貸求債者 必不能保守舊業

---

7) 『시경』 소아(小雅) 「보전」(甫田)에 보인다.

貸猶可懲 況耀糶之倍輸耶 葉適之言曰 數世之富人 食指衆矣 用財侈矣 而田疇
不逾於舊 則使之能慨然一朝自貶損而還其初乎 蓋未有能之者也 於是 賣田疇
鬻寶器 以充之 竭盡索然 無聊而不止 此善喩也

　人情 莫不惡儉而喜奢 惡則求免 喜則易循 貧人之儉 力不贍也 貸而贍之 則
何所不至 此所以循目前之快 而忘方來之難繼也 余見 鄕里之破落門戶八九 是
因官糶・私債而至此也 詩云 倬彼甫田 歲取十千 我取其陳 食我農人 自古有年
先王之賦 逐年留四分之一 三年而剩一年之蓄 待民飢而與之 豈有還報之政 今
之時 私債有禁 而國專其利 或至於勒授而責輸 誘以軍餉 蕩其產 而不足 至於遠
隣疎屬 常不得免焉 余則曰 今世保民 寧不若不擧濟救之術 任其自謀 則未必皆
死 而生者得以保家 人情安矣 至於大飢捐瘠 則發倉賑之而已矣

서인 가례(庶人家禮)[1]

　『대대례』(大戴禮)에 "대부(大夫)의 제사에는 희생(犧牲)으로 양(羊)을
쓰는데 그것을 '소뢰'(小牢)[2]라 하고, 사(士)의 제사에는 희생으로 돼지
한 마리를 쓰는데 그것을 '궤식'(饋食)이라 한다. 녹봉이 없는 자의 제사
에는 직궤(稷饋)[3]만을 쓰는데 직궤에는 시동(尸童)[4]이 없으며, 시동이 없
는 제사를 염제(厭祭)라고 한다"[5]고 하였다. '직궤'라고 하였으니, 육류
(肉類)를 쓰지 않음은 물론 기장[黍]으로 지은 밥도 없는 것이다.

　『국어』(國語)에 "대부는 평상시 특생(特牲)[6]을 먹으므로 제사에 소
뢰(小牢)를 쓰고, 사(士)는 평상시 어적(魚炙)[7]을 먹으므로 제사에 특생
을 쓰고, 서인(庶人)은 평상시 채소를 먹으므로 제사에 생선을 쓴다.[8]

1) 서인들이 집에서 행할 수 있는 예. 이 글은, 주희(朱熹)가 지은 『가례』(家禮)가
　사대부의 예이므로 서민들에게는 맞지 않는다는 시각에서, 서민들에게 맞는 예
　를 만들어야 한다는 주장을 제기한 것이다.
2) 제사에 소・양・돼지 세 가지를 희생으로 쓰는 것을 대뢰(大牢)라 하고, 양・돼
　두 가지를 희생으로 쓰는 것을 소뢰라 한다.
3) 제사에 쓰는 메기장으로 만든 밥.
4) 옛날 제사지낼 때 신위(神位) 대신 그 자리에 앉히던 어린아이를 말한다.
5) 이 말은 『대대례』「증자천원」(曾子天圓)에 보인다.
6) 한 마리의 돼지.
7) 생선 구이.
8) 죽은 이는 살아 있을 때보다 한 등급 높여 대우하기 때문에 제사에는 한 단계

이처럼 상하의 질서가 있어서 백성이 함부로 하지 못한다"[9]라고 하였다. 여기서 '서인'은 위에서 이른바 '녹봉이 없는 자'이니, 이들은 제사에 물고기만 쓰고 육류는 쓰지 않는다.

특생으로 궤식하는 것은 제후의 사(士)이지, 녹봉이 없는 자는 아니다. 사(士)는 돼지를 쓰더라도 폐·심장·혀·껍질·다리·다리뼈·간·뼈·등뼈·갈비뼈·긴 갈비·짧은 갈비·이폐(離肺)[10]·촌폐(刌肺)[11] 등이 있을 뿐이다. 또 생선과 마른 포가 있는데, 생선으로는 붕어를 쓰고, 마른 포로는 토끼를 쓴다. 그런데 이때의 토끼포는 생(牲)이라 하지 않고 수(獸)라 한다.

두 개의 대그릇에 대추와 밤을 괴고, 두 개의 나무 접시에 김치와 젓갈을 담고, 두 개의 밥그릇에 기장밥과 메기장밥을 담고, 두 개의 국그릇에 고기와 채소를 넣고 끓인 국을 담고, 여러 제물은 네 개의 사기접시에 담는다. 이 여러 제물은 별미인데, 산적 두 접시와 장조림 두 접시이다. 장조림은 고기를 잘게 썬 것에 불과하니, 간장이나 식초에 절인 것들이다.

희생은 아홉 개로 나누어 모두 도마 위에 담는데, 항문 가까운 한 마디는 쓰지 않는다. 고기가 많은 부위는 버리고, 발에 가까운 한 마디만 쓰니, 용렬한 것을 알 수 있다. 또 이폐와 촌폐의 구별이 있는데, 이폐는 하나고 촌폐는 셋이다.[12] 토끼는 돼지에 비해 더 작으나, 한 마리를 통째로 쓴다는 점에서는 같다. 이폐는 넷이 있으니, 그것이 작은 것임을 알 수 있다. 사(士)도 오히려 이와 같은데, 하물며 서인(庶人)에 있어서랴? 지금 풍속은 『가례』(家禮)[13]로써 사(士)와 서인(庶人)이 통용하는 규례로 삼고 있다. 그러나 그 제사 지내는 세대의 수와 여러 가지 제물은, 결코 녹(祿)이 없는 자로서는 감당할 수 없는 것이다. 나는 이렇게

그 예를 높인 것이다.
9) 이 말은 『국어』 「초어」(楚語)에 보인다.
10) 도려낸 폐.
11) 자른 폐.
12) 『의례』(儀禮) 「특생궤식례」(特牲饋食禮)에 보인다.
13) 『주자가례』(朱子家禮)의 약칭. 가례에 관한 주희(朱熹)의 학설을, 명나라 때 구준(丘濬)이 수집하여 만든 책.

생각한다. 정자(程子)와 주자(朱子)는 모두 조정에 나아가 벼슬한 몸으로, 주자가 축부인(祝夫人)[14]의 상(喪)을 당했을 때 행한 것을 이와 같이 적어놓았을 뿐이지, 가난하고 비천한 자들이 모두 그렇게 해야 한다고 말한 것은 아니다.

『경국대전』에도 6품 이상만 3대를 제사지내도록 허락하였으니,[15] 7품 이하는 이를 허락하지 않은 것이다. 동월(董越)의 『조선부』(朝鮮賦)[16]에도 "공경(公卿)·대부(大夫)는 3대를 제사 지내고, 사와 서인은 할아버지와 아버지만 제사지낸다"라고 하였는데, 이는 7품 이하와 지위가 없는 선비를 가리킨 것이다. 이때가 곧 우리 성종(成宗) 19년(1488년)인 무신년이었으니, 국법이 그래도 행해졌던 때이다.

『가례』에도 오히려 당시 종자(宗子)를 세우는 법이 없었다고 말하였는데, 지금 제도는 부조(不祧)의 제사[17]까지 허락하고 있으니, 이 또한 주자의 본뜻이 아니다. 그러므로 나는 예(禮)를 아는 자가 따로 『서인가례』(庶人家禮)를 만들어서, 벼슬이 없는 자들이 널리 행할 수 있도록 하는 것이 옳다고 생각한다. 농토가 없으면 천신(薦新)[18]만 하고, 제사는 지내지 않는다. 그러므로 성현도 이 점을 누차 말씀하였다. 이는[19] 힘이 모자랄 뿐만 아니라, 의리에서도 감히 그렇게 할 수 없는 것이다. 지식인과 의논해볼 만한 일이다.

庶人家禮

大戴禮云 大夫祭牲羊 曰小牢 士之祭牲特豕 曰饋食 無祿者 稷饋 稷饋者 無尸 無尸者 厭也 謂之稷饋 則不用肉 亦無黍矣 國語 大夫擧以特牲 祀以小牢 士食魚炙 祀以特牲 庶人食菜 祀以魚 上下有序 民則不慢也 庶人所謂無祿者也 祀

---

14) 주희의 어머니인 축씨(祝氏)를 말함.
15) 『경국대전』 예전(禮典) 봉사(奉祀)에 보인다.
16) 1488년 명나라 효종(孝宗)의 등극을 알리러 온 중국 사신 동월이 조선에 와 보고들은 것을 기록하여 1490년 편찬한 책으로, 우리나라에 관한 광범위한 내용이 수록되어 있다.
17) 불천위(不遷位)의 제사를 말함. 대수(代數)가 지난 신위는 사당에 모시지 않고 옮기는 것이 원칙인데, 그 집안에 큰공이 있어 사당에서 옮기지 않고 영원히 제사지내기를 허락한 신위를 불천위라 한다.
18) 오곡이나 과실이 새로 났을 때, 조상에게 올리는 것.
19) 농토가 없어 수확이 없는데도 격식에 맞추어 제사 지내는 일을 말한다.

有魚而無肉也 特牲饋食者 諸侯之士也 非無祿也 雖用豕 而有肺·心·舌·膚
·臂·臑·肝·骼·正脊·橫脊·長脅·短脅·離肺·刌肺等而已 又有魚·
腊 魚用鮒 腊用兎 稱獸而不稱牲 兩籩棗·栗 兩豆葵菹·蝸醢 兩敦黍·稷 兩鉶
和苦荼大羹 用肉湆 庶羞四瓦豆 庶羞 異味也 葴二豆 醢二豆 而醢不過用捆 則漿
醋之類也 牲有九體 而皆俎實 又近竅一節不用 則肉厚者廢 而其近足一節 薄劣
可知矣 又有離肺·刌肺之別 而離一刌三 兎比諸豕 尤小 而用體皆同 離肺有四
則其細小 可知 士猶如此 況庶人哉

今俗 以家禮爲士庶通用之例 其世數品味 斷非無祿者所堪 余謂 程朱 皆登朝
顯仕之身 朱子居祝夫人喪時 記其所嘗行者 如此 非謂貧賤同然也 大典 六品以
上 許祀三世 則七品以下 不許也 董越朝鮮賦云 卿大夫三世 士庶只祭祖考 此指
七品以下 無位之士也 是時 卽我成宗十九年戊申 而國法猶行也 家禮猶誘諸時無
立宗之法 今制許不祧之祀 則又非朱子之本旨也 余故曰 識禮者 宜別爲庶人家禮
一書 爲無官者之通行 斯可矣 無田則薦而不祭 故聖賢累言之 是不獨力之不及
亦義之不敢也 此可與知者論

양로(養老)

효도하는 이로서 공경하지 않는 자는 있어도, 공경하는 이로서 효도
하지 않는 자는 없다. 그러므로 선왕(先王)의 제도는 공경이 시골 마을
에 미치고, 도로에 미치고, 군대에까지 미쳤다. 이러한 교화는 국가에
서 늙은이를 잘 봉양하는 데서 근원하니, 이는 순(舜)임금 이후로 누구
도 폐하지 않았다.

그런데 오늘날의 풍속은, 가정에서 징험해보면 자제(子弟)들이 부형
(父兄)을 업신여기고, 나라에서 징험해보면 젊은이들이 노인을 능멸하
고 있다. 이런 풍속은 과거에서 근원한다. 소년으로 과거에 급제하면,
모든 사람이 다 부러워한다. 미천한 자가 우러러볼 뿐 아니라, 자기 집
부형까지도 억눌리게 된다. 이처럼 과거에 오르지 못하면, 안연(顏淵)
이나 민자건(閔子騫)[1] 같은 덕행이 있다 하더라도, 남들이 얕잡아볼 뿐
만 아니라 자기의 처와 첩이 먼저 업신여긴다. 그러니 세도(世道)가 어
찌 무너져 내리지 않을 수 있겠는가?

---

1) 안연이나 민자건은 공자 문하에서 덕행으로 이름난 사람들이다.

건국 초기의 법은, 80세가 된 노인은 남녀를 막론하고 모두 나라에서 잔치를 베풀어 은혜를 내렸다. 매년 늦가을에 왕은 80세가 된 노인을 모아 잔치를 베풀었고, 왕비는 80세가 된 부인들을 궁중으로 불러 잔치를 베풀었다. 이 사실이 동월의 『조선부』에 보이니, 빈말이 아닌 듯하다.

내가 젊었을 때, 마을 사람들이 해마다 세밑에 세서연(洗鋤宴)²⁾을 벌였는데, 이는 농사가 끝나 베푸는 잔치였다. 나도 가서 보고 그 자리에 참석한 적이 있는데, 각자 나이에 따라 옷깃을 여미고 차례로 앉은 모습이 예의가 있어, 선비들의 모임에 비해 도리어 나은 듯한 점이 있었다. 차례로 일어나 춤을 추는데, 노인이 앞으로 나오면 그 일가의 젊은 이들은 감히 자리에 앉아 있지 않고 자리를 피해 공손히 서 있었다. 예를 잃은 자가 있으면, 공론을 가진 사람이 문득 벌을 내렸다. 풍악이 울려 피리를 불고 북을 치면서 한껏 즐긴 뒤에 잔치를 끝냈다.

시골 풍속도 오히려 이런데, 하물며 국가에서 양로(養老)를 행한다면 민심을 감동시킴이 어떠하겠는가? 50년이 지난 지금은, 가난이 날로 심해져 술도 안주도 장만할 여유가 없게 되었다. 그래서 이런 세서연도 없어지고 말았으니, 한스러운 일이다.

養老

有孝而不悌者 未有悌而不孝者 故先王之制 悌達於鄉黨 悌達於道路 悌達於軍旅 其化根於國家之養老 此自有虞以來 未之或廢 今之俗 驗之於家 子弟侮父兄 驗之於國 少年凌耆耇 其俗又根於科第也 少年登科 衆願萃慕 不但下賤尊仰 父兄亦爲之屈壓 苟不能然 雖顏閔之德行 不但外人厭薄 其妻妾 先凌藉焉 世道安得不夷而下哉

國初之法 八十之老 男女皆錫宴 以覃恩 每歲季秋 王燕八十之老人 妃燕八十婦於宮 亦見於朝鮮賦 殆非虛傳也 余少時 里中人 歲末 爲洗鋤宴 爲農已成也 余亦往觀 旣在衆聚之中 各自斂飭 秩秩有禮 比士族之會 反有勝似者 至以次起舞 老者就列 則其族黨子弟年少者 不敢居位 避席拱立 其失禮者 有公言一貟 輒咎罰之 至樂作 村籬杖皷 盡歡而罷 俗鄉尚然 況國家行此 其爲興動 爲如何哉 五十餘年以還 貧乏日甚 無暇於酒饌 廢而不擧 亦可恨

---

2) 호미를 씻는 잔치란 뜻으로, 한 해 농사를 끝내고 농기구를 손질해둔다는 의미에서 붙인 이름인 듯하다.

위관택인(爲官擇人)[1]

관직을 위해 사람을 뽑는 것이 옛날의 도이다. 그러므로 한 관원이 수십 년 동안 다른 자리로 옮겨가지 않은 경우도 있었다. 벼슬자리를 비워놓고 사람을 기다리는 것은, 적임자를 구하기가 어렵기 때문이다.

무엇으로 징험해볼 수 있을까? 다만 벼슬자리와 사람의 수가 어느 것이 많고, 어느 것이 적은지만 봐도 알 수 있다. 사람의 수는 많고 벼슬자리가 부족하면 이는 사람을 위해 벼슬자리를 고르는 것이고, 사람의 수는 부족하고 벼슬자리가 남으면 이는 벼슬자리를 위해 사람을 뽑는 것이다. 벼슬자리는 본래 많지만, 재능 있는 사람은 쉽게 얻을 수 없다. 그러니 어찌 벼슬자리보다 사람의 수가 더 많을 리가 있겠는가?

사람을 위해 벼슬자리를 고르는 가장 심한 폐단은, 과거(科擧)일 것이다. 벼슬자리를 구하고자 하면, 반드시 과거시험에서부터 경쟁해야 한다. 그러므로 마음을 오로지 하고 지혜를 다하여 가는 곳마다 힘을 쓰지 않음이 없다. 마치 머리와 이마를 그을리며 불구덩이 속에서 재물을 취하고, 발과 어깨를 적시며 물 속에서 진주를 찾는 것처럼, 기어이 남보다 먼저 합격하려 한다.

요행히 과거에 합격하고 나면 마치 약정서(約定書)를 가진 것처럼 벼슬을 달라고 조른다. 벼슬을 구하는 자가 많기 때문에 선비의 풍습이 안정되지 못하고 이리저리 휩쓸린다. 게다가 재상은 이런 분위기를 조성하여 과거를 점점 자주 베풀어서 사람을 뽑는 것이 점점 많아진다. 과거 합격자 명단에 이름이 오르고 나면 요직을 자기 것처럼 생각한다. 그러다 벼슬자리를 얻지 못하면 온갖 원망이 떼지어 일어나기 때문에 하는 수 없이 벼슬을 준다. 이는 벼슬자리를 위해 사람을 뽑는 것과 현격한 차이가 있다.

과거가 인재를 뽑기 위한 시험이라고 한다면, 경술(經術)과 시무(時務)로써 시험하는 것이 옳은데, 어째서 시(詩)·부(賦)·표(表)·전(

---

1) 그 벼슬자리의 직무를 잘 수행하도록 하기 위해, 그에 적합한 인물을 뽑아야 한다는 말.

箋)²⁾만을 시험하는가? 시·부·표·전을 시험 보인다고 하면, 능한 자를 뽑는 것이 옳은데, 글을 못하는 자가 8~9할이 되는 것은 어째서인가? 요직에 있는 벼슬아치의 자제들은 반드시 글을 읽지 않는다. 이것이 바로 재능 있는 사람들이 진출할 수 없는 이유인 것이다.

과거를 그만둘 수 없다고 한다면, 차라리 명나라 제도를 그대로 따르는 것이 좋을 것이다. 명나라의 사람을 뽑는 방법이 조금 나았던 것은, 그 법이 엄밀했기 때문이다. 지금도 중국에서는 전 왕조 때 만든 법을 모두 바꾸지 않았다고 한다. 우리나라는 말끝마다 명나라를 높이고 사모한다 하면서, 이 과거 제도만은 따르지 않으니, 무슨 이유인가?

爲官擇人

爲官擇人 古之道也 故有一官不移數十年者 有虛位待人者 爲難其人也 何以爲驗 只觀官與人 孰多孰少 人有餘而官不足 則是爲人擇官也 人不足而官有餘 則是爲官擇人也 官位本多 材能不可易得 豈有人多之理 擇官之害 最甚者 其惟科擧乎 苟欲爭官 必先爭科目 專心用智 無往不力 如取貨於火 焦頭爛額 探珠於水 濡足沒肩 期於先乎人而必得 至於倖得 則若執左契 而責其物也 求者旣衆 故士風鼓煽 宰相從而助成 設科漸頻 取人漸夥 旣參榜目 視要津爲己有 不得則怨懟群興 故不得已而與之也 其與爲官擇人 相去萬里矣

旣云試才 則試其經術·時務 可矣 而詩·賦·表·箋 何爲哉 旣云試詩·賦·表·箋 則取其能者 可矣 而無文者八九 何也 當路子弟 必不讀書 此所以有才者不得進也 如曰科不可廢 寧一遵明制爲得 明之得人差勝 爲其法密也 今聞中國 大抵皆不變前朝之成憲 我邦則言言尊慕 而獨此違之 何也

칠극(七克)¹⁾

『칠극』은 서양인 방적아(龐迪我, 1571~1618)의 저술로, 곧 우리 유교의 극기(克己)의 설²⁾과 같다. 그 책에 다음과 같이 말하였다.

---

2) 모두 한문(漢文)의 양식임. 표(表)·전(箋)은 임금에게 올리는 글이다.
1) 명나라 때 서양인 방적아가 엮은 책으로, 천주교의 복오(伏傲)·평투(平妬)·해탐(解貪)·식분(熄忿)·색도(塞饕)·방음(坊淫)·책태(策怠) 등 일곱 가지 금기에 관한 설이다.
2) 『논어』「안연」(顔淵)에 극기복례(克己復禮)의 구체적 조목에 대해서 "예가 아니

　　인생의 모든 일은, 악을 없애고 덕을 쌓는 두 가지 일에서 벗어나
지 않는다. 성현의 훈계는 모두 악을 없애고 덕을 쌓는 바탕이 되는
것이다. 악은 욕심에서 생기는데, 욕심이 본래 악한 것은 아니다. 욕
심은 몸을 보호하고 정신을 도와주는 것인데, 사람이 사욕에만 골몰
하기 때문에 비로소 허물이 생겨나고, 여러 가지 악이 거기에 뿌리
를 내리게 된다. 이 악의 뿌리가 마음속에 도사려 부유하고 귀하고
편안히 즐기고자 하는 세 가지 큰 줄기가 밖으로 뻗어나고, 그 줄기
에서 또 가지가 생겨난다.

　　부유하고자 하면 탐내는 마음이 생기고, 귀하고자 하면 오만한 마
음이 생기고, 편안히 즐기고자 하면 탐욕스럽고 음탕하고 태만한 마
음이 생긴다. 나보다 부유하고 귀하고 편안히 즐기는 자가 있으면
곧 질투심이 생기고, 내 것을 빼앗아가면 곧 분한 마음이 생기니, 이
것이 바로 칠지(七枝)이다.

　　꽉 움켜쥐듯이 굳게 탐하는 마음이 생기면 은혜로 풀고, 사자처럼
사납게 오만함이 생기면 겸손으로 억제하고, 골짜기처럼 크게 탐욕
이 생기면 절제로 막고, 물이 넘치듯이 음탕한 마음이 생기면 정조
로 방지하고, 노둔한 말처럼 맥없이 게으르면 부지런함으로 채찍질
하고, 파도처럼 질투심이 일면 너그러움으로 평안히 하고, 불이 치솟
듯이 분한 마음이 일면 인내로 가라앉힌다.

이 칠지 가운데 다시 절목이 많은데, 각 조항의 차례가 정연하며 비
유도 몸에 절실하여, 간혹 우리 유교에서 밝히지 못한 것도 있으니, 극
기복례(克己復禮)의 공부에 도움됨이 크다고 하겠다. 다만 그 가운데
천주(天主)와 귀신에 대한 설이 섞여 있는 것이 해괴할 따름이다. 만약
그 잡설을 제거하고 명론(名論)만을 채택한다면, 바로 유가(儒家)의 유
파라 하겠다.

七克

七克者　西洋龐迪我所著　卽吾儒克己之說也　其言曰　人生百務　不離消積兩端

면 보지 말고, 예가 아니면 듣지 말고, 예가 아니면 말하지 말고, 예가 아니면
행동하지 말라"고 한 것을 가리킨다.

聖賢規訓 總爲消惡積德之藉 凡惡乘乎欲 欲本非惡 存護此身 輔佐靈神 人惟汨
之以私 始乃罪罟 諸惡根焉 根伏于心 而欲富・欲貴・欲逸樂 此三鉅軒 勃發于
外 幹又生枝 欲富生貪 欲貴生傲 欲逸樂生饕・生淫・生怠 其或以富貴逸樂勝
我 卽生妬 奪我卽生忿 此七枝也 貪如握固 以惠解之 傲如獅猛 以謙伏之 饕如
壑受 以節塞之 淫如水溢 以貞防之 怠如駑疲 以勤策之 妬如濤起 以恕平之 忿
如火熾 以忍熄之

七枝之中 更多節目 條貫有序 比喩切己 間有吾儒所未發者 其有助於復禮之功
大矣 但其雜之以天主・鬼神之說 則駭焉 若刊汰沙礫 抄採名論 便是儒家者流耳

역전과(力田科)[1]

한(漢)나라 때 효제(孝悌)[2]와 역전(力田)[3]을 천거하는 제도가 있었다.
효제는 실로 덕의 근본이지만, 농사를 부지런히 하는 것으로 사람을 천
거하는 것은 한나라 때부터 시작되었다. 옛날에는 학교에 입학하여 공
부하다가 진보가 없는 자는 돌아가 농사를 짓게 하였다. 마음을 수고롭
게 하는 것과 힘을 수고롭게 하는 것은 등급이 다르니, 농사를 부지런
히 짓는 것이 사람을 다스리는 방법은 아닐 것이다. 지금 향촌에서 징
험해보건대, 간혹 사리에 통달하지 못하고 어리석은 자일지라도 농사
에는 능숙한 사람이 있으니, 이런 사람을 높이 등용하는 것은 마땅치
않은 듯하다. 효제도 마찬가지이다. 행실이 넉넉하다 해서 반드시 모두
벼슬을 감당할 수 있는 것은 아니다. 그러나 이를 이유로 이들을 버려
두어서야 되겠는가?

당(唐)나라 이후로는 오로지 사과(詞科)[4]만을 숭상했는데, 이것마저도
매양 질이 떨어졌다. 역전은 그래도 곡식을 증식하는 공이 있지만, 저 사
부(詞賦)의 효용은 과연 무엇에 도움이 되겠는가? 사람됨이 교만하고 망
령되고 모나고 거칠어도 과거에 능숙한 자가 있다. 그러므로 속담에 "마

---

1) 한(漢)나라 때 농사를 부지런히 짓는 사람을 뽑아 등용하던 과거의 하나임.
2) 부모에게 효도하고 어른에게 공경하는 사람.
3) 힘써 부지런히 농사를 잘 짓는 사람.
4) 과거에서 문장 짓는 과목을 말함.

음 가운데 글 주머니와 지혜 주머니가 다르다"라고 한다. 이는 문장에
능한 자는 지혜와 능력이 있을 듯하지만, 실은 그렇지 않다는 말이다.

그러나 후세에 큰 덕과 밝은 지혜를 가진 사람들이 모두 사과(詞科)
를 통해 배출되었다. 소식(蘇軾)[5] 같은 사람도 오히려 "인재를 취하는
데는 사과보다 나은 것이 없다"[6]고 하였다. 이를 통하지 않고서는 벼슬
에 나갈 길이 없기 때문에 어질고 유능한 군자도 마지못해 과거 시험
을 보는 것이지, 애초부터 사과가 자신을 구원해줄 수 있는 방도라고
여긴 것은 아니다. 사과뿐만 아니라, 원화(源花)[7]·화랑(花郞)도 이와
같았을 것이다.

지금 세상의 사대부들은 농사에 힘쓰는 것을 수치로 여긴다. 그러므
로 농사에 힘쓰는 자 중에는 가려 쓸 만한 인재가 없다. 그러나 한나라
때의 법처럼 농사에 힘쓰는 자를 등용하는 길이 열린다면, 어질고 재능
있는 군자들이 기꺼이 이에 종사할 것이다. 그런 사람을 발탁하여 조정
에 두면 사과를 통해 진출한 사람과 구별이 없을 것이다.

내 소견으로는, 한나라 때의 법은 구분이 분명치 않다고 생각한다. 관
중(管仲)[8]의 내정농칙(內政農則)[9]에 "농부의 자식은 항상 농사를 짓고 살
아 성품이 질박하며 사특하지 않다. 그러므로 그 가운데 수재로서 선비
가 된 자는, 국가에서 그에게 의지할 만하다"[10]고 했다. 대개 자신을 알아
주는 임금을 만나지 못한 선비는, 농업이 아니면 의지할 곳이 없다. 더구
나 제(齊)나라처럼 사방의 농사짓는 사람들 가운데서 인재를 뽑는 일이
없으니, 가난하고 천한 자가 농사짓고 사는 것은 어쩔 수 없는 형세이다.

주(周)나라의 잘 다스려지던 때에도 왕왕 이런 일이 있었으니, 이른
바 "우리의 준수한 선비를 등용한다"[11]고 한 것이 이것이다. 이 시의 뜻

---

5) 송나라 때의 문신.
6) 이 말은 『동파집』(東坡集) 주의(奏議) 「의학교공거장」(議學校貢擧狀)에 보인다.
7) 신라시대 화랑(花郞)의 전신. 처음에는 단체의 우두머리를 귀족 출신의 여자
   가운데서 뽑았는데, 진흥왕 때 남모(南毛)·준정(俊貞) 사이에 갈등이 벌어지
   자 남자를 우두머리로 삼는 화랑으로 바꾸었다.
8) 중국 춘추시대 제 환공(齊桓公)을 도와 패업(霸業)을 이룩한 사람.
9) 농사에 관한 기본 정책.
10) 『관자』(管子) 제8권 「소광」(小匡)에 보인다.

을 자세히 살펴보면, 반드시 농사짓는 사람들 가운데서 선비를 선발한다는 뜻이지, 힘써 농사짓는 사람들이 모두 취할 만하다는 것을 말한 것은 아니다. 이제 별도로 과목(科目)을 만들어 수령들로 하여금 힘써 농사짓는 사람들을 천거하게 하고, 그 가운데서 우수한 자를 뽑아 등용하여 이를 비루하게 여기지 않게 한다면, 호걸들이 점차 이에 종사하게 될 것이니, 국가에서도 나중에는 이에 힘입을 것이다.

力田科

漢有孝悌·力田之薦 孝悌 固德之本 以力田舉人 自漢始 古者 入學而不能俊陞者 歸農焉 夫勞心與勞力 殊等 力田 恐非治人之術 今驗之鄕閭 或愚駿不達 而能於農功者 有之 宜若不可崇用然 孝悌亦然 其實行有餘者 未必皆堪仕進也 其可諉此而棄之耶 自唐以下 專尙詞科 又是每下 力田猶有殖穀之功 彼詞賦之用 果何裨哉 人或驕妄頑率 而巧於應舉 故諺曰 方寸之內 文與智 異囊也 謂有文者 疑若有智能 而不然也 然後世碩德明智 皆從詞科中出 故若蘇軾之徒 尙云取人 莫過於詞科 實緣進取無路 故賢能君子 亦不得已屑爲此耳 初非詞科爲可擄之方也 不特詞科 雖源花·花郎 亦將如是

今世士大夫 以力田爲恥 故力田 無可擄者 若如漢法 開進取之路 則賢能君子 將屑爲此 而擢置朝列 與詞科無別矣 愚謂 漢法亦無節拍 管仲內政農則曰 秀民之能爲士者 必足賴也 蓋士之不遇 非農 無所依歸 況無齊之四鄕 則貧賤業農 勢也 雖周之治世 往往有此 所謂烝我髦士 是也 詳其語意 必擇士於業農之間 非謂力田者皆可取也 今若別立科條 令州郡 舉力田之人 就其中 拔其尤而顯之 不以此鄙夷 則豪傑將稍稍屑爲之 而國終賴之矣

강도왕 건(江都王建)[11]

한(漢)나라 때 강도왕 건이, 사람과 짐승을 교접시켜 새끼를 낳게 하기 위해서, 궁녀를 발가벗겨 짐승처럼 엎드리게 한 뒤, 수놈의 염소 및 개와 교미하게 하였다. 이는 천고에 유례없는 극악무도한 일이다.

---

11) 『시경』 소아(小雅) 「보전」(甫田)에 보인다.
 1) 중국 한 경제(漢景帝)의 손자로, 아비의 후궁을 간통하고, 누이동생을 간음하였으며, 궁녀를 발가벗겨 북을 치게도 하고, 궁녀를 굶주린 이리에게 던져주는 등 음란한 짓과 포학한 정사를 일삼던 인물이다. 나중에 역모를 꾀하다 발각되어 자살하였다. 『한서』(漢書) 「경십삼왕전」(景十三王傳)에 보인다.

216

우리나라에도 그런 일이 있었다. 연산군(燕山君)이 임금으로 있을 때, 교외에 목책(木柵)을 설치하고 암말 수백 필을 그 안에다 둔 뒤, 수 말 수백 필을 풀어놓아 그것들이 교미하는 것을 구경하였다. 말들이 서 로 차고 물고 싸우는 시끄러운 소리가 산골짜기에 진동하였다.

『서경』에 "어지러운 자와 일을 함께하면, 망하지 않음이 없다"[2]고 했으니, 이 연산군의 일은 한나라 강도왕 건의 미치광이 짓과 약간의 차 이가 있을 뿐이다. 그러니 망하지 않으려 해도 어찌 그렇게 될 수 있겠 는가? 이 일이 역사에 누락되었기에 여기에 적어둔다.

江都王建

漢江都王建 欲人禽獸交而生子 令宮人四據 使牝羊及犬 交之 此千古悖亂之 極 如我朝 燕山君之未廢 設木柵於郊 置雌馬數百頭於柵內 又放牡馬數百 觀其 風交 群馬蹄嚙鬪鬧聲 振山谷 書曰 與亂同事 罔不亡 卽與漢建狂昏 差等耳 雖 欲不喪 得乎 此事 史筆所漏 故錄之

인정국(人情國)[1]

우리나라를 본래 인정이 많은 나라라고 하는데, 이는 큰 일이나 작 은 일이나 뇌물을 주어야 일이 되기 때문에 붙여진 이름이다. 공물(貢 物)을 바칠 때에도 뇌물을 쓰지 않으면 일이 안되는데, 이 뇌물을 '인 정'이라고 한다. 그러므로 속담에 "진상(進上)[2]은 꾸러미에 꿰고, 인정 은 말 바리에 가득하다"고 한다. 이는 공적으로 나라에 바치는 것보다, 사사로이 주는 뇌물이 도리어 더 많다는 말이다. 그러므로 민생의 곤궁 함과 국정의 어지러움이 이 뇌물에서 말미암는다는 사실을, 상하 귀천 을 막론하고 모르는 자가 없다. 그런데 이를 개혁하려고 마음을 쓰는 자가 없으니, 어찌 안타깝고 괴이한 일이 아니겠는가?

옛날 한 영제(漢靈帝) 때, 궁중에 여러 개의 창고를 만들어놓고, 사

---

2) 『서경』 「태갑 하」(太甲下)에 보인다.
1) 뇌물이 성행하는 나라.
2) 국가에 바치는 진상품.

적인 재물을 모으길 좋아하였다. 여러 군(郡)이나 나라에서 공물을 바칠 때마다 도행비(導行費)란 명목으로 중서(中署)[3]에 먼저 뇌물을 바쳤으니,[4] 이는 공물 바치는 것을 인도한다는 뜻이다. 이에 환관 여강(呂强)이 간하기를 "공물을 바치는 관청마다 문득 도행비라는 것이 있어, 널리 거두기 때문에 백성이 곤궁하며, 소모되는 경비는 많고 실지로 들어오는 공물은 적습니다. 간사한 관리는 그 이익을 취하고, 불쌍한 백성은 그 폐해를 입고 있습니다"[5]라고 하였으나, 영제는 그 글을 살피지 않았다. 그래서 오래지 않아 천하가 혼란스러워지고 황건적(黃巾賊)[6]이 일어나, 한나라가 드디어 망했다.

이 지난날의 역사적 사실을 거울로 삼을 만하다. 오늘날 공물을 바치는 데 쓰이는 인정이 날로 심해지는데, 조정의 고관들은 관습에 젖어 예사로 알고 있다. 그러니 이들의 식견이 저 환관보다 훨씬 못하다고 하겠다.

人情國

東邦素稱人情之國 謂大小事 莫不由賄而成故 凡貢納物件 非賄不成 謂之人情 故諺云 進上串穿 人情滿馱 此謂私賄 反重於公獻也 是以 民生之困瘁 國政之乖謬 職此爲弊 無貴賤智愚 亦莫不知之 而未有留心革去之者 豈非咄咄怪事 昔漢靈帝時 作列肆於宮中 好爲私稸 每郡國貢獻 先輸中署 名爲導行費 謂所獻物之導引也 中宮呂强諫曰 所輸之府 輒有導行之財 調廣民困 費多獻少 奸吏因其利 百姓受其弊 書奏不省 未幾 天下嗷嗷 黃巾起 漢遂以亡 前轍可鑑 今日之導行人情 日甚一日 高官大吏 狃以爲常 其不及於閹宦 遠矣

왜지수성(倭知守城)[1]

왜인은 성(城)을 지킬 줄 안다. 왜(倭)는 지형이 비파(琵琶)처럼 생

---

3) 내서(內署), 곧 요즈음의 비서실에 해당하는 관청임.
4) 『후한서』 「여강전」(呂强傳)에 보인다.
5) 『후한서』 「여강전」에 보인다.
6) 후한(後漢) 말기에 장각(張角)을 수령으로 하여 일어난 반란군. 이들은 모두 황건(黃巾)을 쓰고 다녔기 때문에 황건적이라 일컫게 되었다.
1) 왜인은 성을 지킬 줄 안다는 뜻.

겨 뾰족한 머리가 서쪽을 향하고 있다. 동쪽에서 들어가는 자는 모두 이곳을 경유하게 된다. 그러므로 방어하는 힘이 분산되지 않고, 동북방에는 침입할 만한 나라도 없다. 또 하이(蝦夷)²⁾의 광막한 들판이 있어, 걱정할 것이 없다. 그들은 진(鎭)을 설치할 적에 대장은 중앙에 위치하고, 편장(偏將)은 변두리에 위치한다. 그러므로 군사가 패한다 해도 중앙의 권력은 그대로 남아, 명령을 내리는 것이 전과 다름이 없다. 따라서 우리나라의 북쪽 병영(兵營)이 변방에 위치해 고립무원인 것과는 비교가 되지 않는다.

그들은 성을 쌓을 적에 아래는 넓고 위는 점점 좁게 하여, 밑에서 붙잡고 올라오지 못하게 하며, 충격을 가하더라도 허물어지지 않게 하니, 우리나라의 성이 수직으로 서서 허물어지기 쉬운 것과는 비교가 되지 않는다. 그러므로 성을 공격하기가 실로 어려워, 예로부터 외국의 침입을 당한 적이 없다.

임진왜란 때에도 먼저 평양성(平壤城)을 점거하였고, 명나라의 구원병이 당도하자, 성안에 토굴을 많이 만들었다. 성이 무너지고 성문이 열려 기마병과 보병이 난입했으나, 오히려 토굴 속에서 총탄을 쏘며 항거했다. 토굴이 견고하여 그들을 쳐부수기가 쉽지 않았으므로, 중국 병졸의 사상자가 많았다. 그래서 승승장구의 용맹스런 군사도 부득이 철수하여 성밖으로 물러났다. 왜인은 성을 지키는 데 능한 자들이니, 병가(兵家)에서 주의 깊게 살펴보아야 할 것이다.

倭知守城

倭知守城 倭地如琵琶形 尖頭向西 凡自東而入者 皆由此 故禦之力 不分也 東北無外侵之國 而又有蝦夷廣漠之野 非可憂也 其置鎭也 大將居中 偏將居外 設有師敗 中權自在 制命依舊 不比我國之北 兵營臨邊 無援也 其築城也 下廣上 殺 使不得緣而已 雖有衝擊 不可毀圮也 不比我城之阤起易崩也 故攻之實難 而 自古無被兵之患也 又如壬辰之亂 先據平壤城 至天兵東援 却於城內 多作土窟 雖至於城毀門開 騎步闌入 猶從土窟中 放銃丸 窟堅不易破 北來士卒 多死傷 以 其乘勝勇銳 而不得已斂軍退休 此巧於守城者也 宜兵家之所審

---

2) 아이누족의 옛 이름. 옛날 일본 관동(關東) 북쪽 지역에 살던 종족의 이름, 또는 그들이 살던 지역을 가리킨다.

충신 살신(忠臣殺身)[1]

사람이 병이 나려 할 때는 반드시 생선이나 고기도 맛있지 않고, 나라가 망하려 할 때는 반드시 충성으로 간하는 말도 받아들이지 않는다. 그러므로 오(吳)나라가 망하려 할 때 공손성(公孫聖)[2]을 먼저 죽였고, 백제(百濟)가 망하려 할 때 먼저 성충(成忠)[3]을 죽였다. 그가 임금에게 간할 때 아직 드러나지 않은 일을 미리 말하였는데, 혼매한 임금은 그것을 미처 보지 못하였다. 그러므로 그의 말을 듣지 않았을 뿐 아니라, 그를 죽이고서도 애석하게 여기지 않았다. 후세 사람들이 볼 때는 괴상히 여겨 끝없이 탄식을 자아내지만, 그 당시의 형세와 광경에는 반드시 시비(是非)의 참모습을 미혹시킬 만한 점이 있었을 것이다.

역사를 기술하는 사람이 기록한 것은, 한 쪽의 의논을 거론한 데 불과할 뿐이다. 동에 번쩍 서에 번쩍 하면서 진실을 혼란시키고 옳은 말을 현혹시킨 허다한 사실에 대해서는 하나도 언급하지 않았다. 임금이 아무리 어리석더라도 어찌 나라가 보존되고 자손이 길이 이어지기를 바라지 않겠는가? 그러나 망하는 길을 택하고 바른 말을 저버린 것은, 그 선택을 잘못하였기 때문이다. 이는 앞에 가던 수레가 넘어졌는데도 뒤에 가던 수레가 오히려 경계하지 않은 것과 마찬가지이다. 후세의 임금으로서 이 점을 자세히 살피지 않고 옛날의 역사에 대충 근거하여 문득 탄식을 하는 자는, 자신이 그런 전철을 밟지 않을 자가 없을 것이다.

---

1) 충신이 자신을 희생한다는 뜻.
2) 춘추시대 오나라의 충신. 오왕 부차(夫差)가 제(齊)나라를 치려 할 때, 고소대(姑蘇臺)에서 잠시 쉬다가 깜박 잠이 들어 꿈을 꾸었다. 부차가 공손성을 불러 꿈 얘기를 하자, 공손성이 전쟁을 중지하고 월왕(越王) 구천(句踐)에게 사과할 것을 간하였다. 그러자 부차가 노하여 공손성을 죽였다. 『오월춘추』(吳越春秋)「부차내전」(夫差內傳)에 보인다.
3) 백제의 충신. 좌평(佐平) 벼슬에 있으면서 의자왕에게 음탕한 짓을 그만둘 것을 간하다가 투옥되었다. 그는 옥중에서 "만일 적군이 침입하면 육로에서는 침현(沈峴)을 넘지 못하게 하고, 수군은 기벌포(伎伐浦) 연안에 들어오지 못하게 하소서"라고 상소하고 죽었다. 『삼국사기』(三國史記)「의자왕본기」(義慈王本紀)에 보인다.

개인의 가정에서도 이와 비슷한 일이 있다. 개를 기르는 것은, 도둑을 방지하기 위해서이다. 개가 짖는 것은, 사사로운 뜻이 있어서가 아니다. 그런데 밤중에 개 짖는 소리가 나면 주인이 나와 살펴보는데, 아무런 형체나 그림자가 보이지 않으면 개를 꾸짖지 않는 사람이 없다. 사람은 비록 알지 못하나, 개는 본 것이 있다. 그러므로 주인이 꾸짖어도 오히려 그치지 않고 짖는다. 그러면 또 주인에게 발길질을 면치 못한다. 주인은, 가만히 생각해보고 개를 따라 자세히 살펴보면 그 자취를 거의 찾을 수 있다는 사실을 전혀 깨닫지 못한다.

내가 매양 징험해보건대, 이와 같지 않은 것이 없다. 이에 공손성과 성충이 죽음을 당한 것도 괴상할 것이 없음을 알았다. 그러므로 "충신이 자신을 희생해도 나라를 보존할 수 없고, 한갓 후세 사람들의 슬픔만 자아내게 한다"고 하는 것이다. 생각이 여기에 미치니, 목이 메인다.

忠臣殺身

人之將疾 必不甘魚肉之味 國之將敗 必不納忠諫之言 吳之將亡 先殺公孫聖 百濟之將亡 先殺成忠 當其諫君 先言未顯之迹 上所昧昧 而莫之見 故不徒不聽 又從而戕害 不惜 從後世觀 莫不怪而歎之不足 在當時氣勢光景 必有可以迷惑是非之眞者 史家所著 只擧一邊議論 其許多拏東閃西 混眞眩是者 都沒焉 人主雖昏 豈不欲國存而子孫長世耶 然而取此去彼者 實爲所審擇 失宜也 此前車覆 而猶有後車之不戒也 後之人辟 思之不詳 略據舊史 輒爲之興歎者 皆未必不身蹈之也

家居又有可況者 畜犬 所以防盜也 犬吠 非有私意也 中夜聞吠 主人出而伺察 或不見形影 則未有不怒犬者也 人雖不知 犬獨見之 故人怒之 而猶不停吠 則又不免毆而擊之 殊不知靜而思之 從其犬而察之 則其迹庶幾可得也 余每驗之 無不如此者 於是 知公孫聖・成忠之見殺 無足怪者 故曰 忠臣殺身 不足以存國 徒使後人悲之 念至此 令人嗚悒

서원(書院)

우리나라 서원은 순흥(順興)의 백운동서원(白雲洞書院)[1]이 맨 먼저

---

1) 1541년 풍기 군수 주세붕(周世鵬)이 세운 우리나라 최초의 서원이다. 고려 명현

세워졌고, 풍기(豊基)의 역동서원(易東書院)[2]이 그 다음에 설립되었다. 근세에는 조금이라도 이름난 벼슬자리에 오르거나 자손이 현달한 자들은 서원을 세우지 않음이 없으니, 그 폐단이 매우 심하다. 심지어 공자를 모신 문묘(文廟)[3]에 배향(配享)된 이들까지도, 민간에서 별도로 향사(享祀)를 지낸다. 그리고 주자(朱子)가 창주서원(滄洲書院)[4]에서 석전(釋奠)[5]을 행한 것으로 핑계를 삼는다.

주자의 일에 대해서는 감히 말을 할 수 없지만, 공자에게 제사하는 것은 성균관 및 각 고을의 향교에서 향사하는 것으로 충분하다. 그러니 한 고을 안의 이곳 저곳에서 향사하는 것은 참람하고 모독하는 데 가깝지 않겠는가? 하물며 공자에게 지내는 제사는 왕의 작위(爵位)로 높여 팔일무(八佾舞)[6]로 향사하니, 이것이 어찌 사람마다 행할 수 있는 일이겠는가?

퇴계(退溪)의 말에 "창주서원의 석전은, 선생이 만년에 도통(道統)이 자신에게 전해짐을 자임(自任)하지 않을 수 없었기 때문에, 이 예를 베풀면서도 의심치 않은 것이다. 만약 일반인으로서 이를 본받으려 한다면, 이는 크게 어리석은 사람이 아니면 망령된 사람이다"라고 하였다. 나의 생각에도, 탕(湯)과 무왕(武王)이 걸(桀)·주(紂)를 주벌한 것, 이윤(伊尹)이 임금을 내친 것, 순(舜)이 부모에게 고하지 않고 장가든 일 등은, 오직 이들만이 할 수 있는 일이라고 생각한다. 따라서 주자가 석전을 행한 것도, 그 뜻이 이와 같다고 여겨진다.

書院

我國書院 始於順興之白雲洞 豊基之易東 次之 近時則稍登名宦 子孫貴顯者 無不立院 弊又甚矣 以至于孔子以下配食文廟者 亦別祀于閭巷間 以滄洲釋奠爲諉

안향(安珦)을 주벽에 모셨으며, 1550년에 '소수서원'(紹修書院)이라고 사액(賜額)하였다.
2) 고려 명현 우탁(禹倬)을 주벽으로 모셨다.
3) 공자의 위패를 모신 사당, 곧 성균관 대성전(大成殿)을 말한다.
4) 송나라 때 주자가 창건한 서원으로, 주돈이(周敦頤)·정호(程顥)·정이(程頤)·소옹(邵雍)·장재(張載)·이통(李侗)을 배향하였다.
5) 음력 2월과 8월 상정일(上丁日)에 공자에게 지내는 큰 제사.
6) 옛날 천자의 무악(舞樂). 종묘 및 문묘의 제사에 썼는데, 악공이 여덟 명씩 여덟 줄로 서서 춤을 추며 음악을 연주한다.

朱子之事 不敢容喙 然孔子之祀 國學及郡縣 足矣 一郡一縣之內 處處享祭 無乃
涉乎僭瀆耶 況尊以王爵 祀以八佾 是豈人人而可行者耶 退溪謂 滄洲釋奠 先生晚
年 以道統之傳 有不得不自任者 故設此禮而不疑 若恒人而欲效顰 非大愚則妄也
愚亦曰 湯武誅伐 伊尹放君 舜不告而娶 惟此人爲此事 朱子之釋奠 其義如此

조현곡(趙玄谷)

현곡(玄谷) 조위한(趙緯韓, 1558~1649)이 일찍이 여러 사람과 한 자
리에 모였을 때, 어떤 사람이 '어찌하여 지금보다 먼저 태어나지 않고,
지금보다 뒤에 태어나지 않았나?'[1]라는 말을 인용하여, 자기가 어지러
운 시대에 태어났음을 탄식하였다. 그러자 현곡이 말하기를 "이 난리가
우리보다 먼저 일어났으면 우리 조상들이 그 화를 당했을 것이고, 우리
보다 뒤에 일어났으면 우리 자손들이 그 화를 당할 것이네. 차라리 우
리가 이 어지러운 때를 만나 대처함이 낫지 않은가?"라고 하였다. 논평
하는 자들이, 이치에 통달한 말이라고 하였다.

어떤 학사(學士) 한 사람이 책을 보다가 절반도 보기 전에 내던지고
탄식하기를 "책을 덮으면 곧바로 잊어버리니, 책을 본들 무슨 유익함이
있겠는가?"라고 하자, 현곡이 "사람이 밥을 먹으면 그 밥이 항상 뱃속
에 남아 있는 것은 아니지만, 그 영양분이 몸을 윤택하게 하네. 책을
읽다가 비록 그 내용을 잊어버리더라도, 저절로 길이 진보하는 효과가
있네"라고 하였다. 현곡은 말을 잘한 사람이라고 할 만하다.

趙玄谷

趙玄谷緯韓 嘗與人會 或引不自我先 不自我後之語 嗟歎 其生丁不辰 玄谷獨
云 先我則使我祖先當之 後我則使我子孫當之 寧我丁其時 而有以處之也 論者
謂達理 有一學士 看書未半 投地曰 掩卷輒忘 看亦何益 玄谷曰 人之喫飯 不能
恒留腹中 然精英之氣 亦能潤身澤體 讀書雖忘 自有長進之效 可謂善於辭令

---

1) 자기가 어려운 시대에 태어났음을 한탄하는 말로, 『시경』 소아(小雅) 「정월」(正
月) 및 대아(大雅) 「첨앙」(瞻仰)에 보인다.

광해 식체(光海識體)[1]

우리나라 권신(權臣)으로는 국초에 홍윤성(洪允成, 1425~75) 한 사람이 있었을 뿐이다. 그 나머지는 나아가고 물러감이 일반 관원과 같았다. 정권을 제멋대로 하는 화(禍)가 없었을지라도, 그에게 의지하고 맡기는 효과 또한 없었다. 근세에 이르러서는, 미관 말직에 있는 자가 한마디만 공격해도, 대신(大臣)이 벼슬에서 물러난다. 대신은 모든 사람이 함께 우러러보는 자리에 있으니, 어떻게 모든 일을 다 잘할 수 있겠는가? 높은 자리에 있으면서 큰 일을 경륜하려면 반드시 좋아하지 않는 자가 많을 것이다. 결점을 잡아 교묘히 힐뜯기로 한다면 어찌 무함할 말이 없겠는가? 대신은 나라의 정사를 도맡고 있는데 이와 같이 쉽게 흔들리니, 이는 조정이 존엄하지 않기 때문이다.

임해군(臨海君)[2]의 옥사(獄事)에 완평부원군(完平府院君) 이원익(李元翼, 1547~1634)이 전은설(全恩說)[3]을 주장하자, 정인홍(鄭仁弘, 1535~1623)의 당파인 정승휴(鄭承休)가 상소하여 배척하였다. 그러자 광해군이 전교하기를 "대신을 귀중히 여긴 뒤에야 조정이 존엄해지고 국가의 체통이 엄정해지는 법이다. 그의 전은설을 가지고 역적을 비호하는 것이라고 지목하여, 대신이 병을 칭탁하고 물러나려 한다. 이는 스스로 체통을 깨뜨리는 것이니, 조정도 따라서 존엄해지지 않게 된다"라고 하였다. 이는 체통을 아는 말이다. 그 사람이 나쁘다고 하여, 그의 말까지 폐해서는 안된다.

재상의 자리에 있으면, 또한 모든 일에 겁을 내고 주저하여 오로지 모면하기만을 일삼아서는 안된다. 이와 같이 하면 사마안(司馬安)[4]처럼 벼슬살이에 능숙한 데 불과하니, 국사를 어찌한단 말인가? 결단을 내려야 할 때는 확고하게 결단을 내려 뜬소문에 기가 꺾이지 말고 털끝

---

1) 광해군은 정치의 대체를 알았다는 말.
2) 광해군의 형으로, 광해군이 즉위한 뒤 반란을 꾀하다 처형되었다.
3) 형제간의 우의를 생각해 은혜를 온전히 하여 임해군을 죽이지 말자는 설.
4) 한나라 때 사람으로, 네 번이나 구경(九卿)의 지위에 올랐다고 한다. 『사기』(史記) 「급암열전」(汲黯列傳)에 보인다.

만큼도 범범히 지나치지 말아야 하며, 폐해가 없다고 하여 소홀히 하지
않아야 바야흐로 실패가 없을 것이다. 그러므로 옛말에 "큰 임무를 맡
는 것은 마치 높은 장대 위에 오르는 것과 같아서, 담력이 크지 않으면
떨어지고, 세심한 마음을 기울이지 않아도 떨어진다"고 한 것이다.

光海識體

我國權臣 惟國初有洪允成一人 其餘進退 與庶僚等 雖無專擅之禍 亦無倚任
之效 至於近時 末官下士 一言攻擊 大臣去國 旣在具瞻之地 安能每事盡善 居高
位 辦大事 必有不悅者 衆也 搆釁巧詆 何患無辭 大臣體國 而其掀動之易 若此
此朝廷之所以不尊也 若臨海之獄 完平李相 主全恩之論 鄭仁弘之黨鄭承休者
疏斥之 光海敎曰 大臣重 然後朝廷尊而國體嚴 以全恩之議 目之以護逆 大臣因
此辭疾 是自毀體面 朝廷隨而不尊 此識體之論也 不可以人而廢言

其在宰相 則亦不當恐懼疑惑 專事規避 如此 不過司馬安之巧宦 奈國事何 然
當斷則斷 不以浮言而或沮 毫無放過 不以無害而或忽 方是不敗 故曰 當大任 如
登高竿 膽不大亦墜 心不細亦墜

탕평(蕩平)[1]

『서경』「홍범」(洪範)에 "치우침이 없고 사사로움이 없으면 왕도가
넓고 넓을 것이며, 사사로움이 없고 치우침이 없으면 왕도가 평평할 것
이며, 어긋남이 없고 기울어짐이 없으면 왕도가 정직할 것이니, 모두
그 중앙으로 모여 공명정대한 데로 돌아가리라"고 하였다. 표준[極]을
세운 도는 마침내 탕평으로 돌아가게 되는데, 탕평의 요점은 치우치고
사사로운 마음을 막는 것보다 더 좋은 것이 없다. 치우치고 사사롭게
하면 어긋나고 기울어지게 되며, 넓고 공평하게 하면 바르고 곧게 될
것이다. 중등 이상의 사람은 말로써 깨우칠 수 있으나, 중등 이하의 사
람은 이로움으로 인도하는 데 달려 있다. 그렇게 하지 않으면, 끝내 그
말을 기뻐하기만 하고 그 뜻을 되새기지 않을 것이고, 그 말을 따르기
만 하고 잘못을 고치지 않을 것이다.[2]

---

1) 왕도는 넓고 평평해야 한다는 뜻.
2) 『논어』「자한」(子罕) 제24장에 보이는 말이다.

이로운 것을 좇고 해로운 것을 피하는 것은, 사람들의 똑같은 마음이다. 연(燕)나라 사람과 월(越)나라 사람[3]이 배를 함께 탔을 때, 성품도 다르고 기질도 다르지만 풍랑을 막는 데서는 지혜와 힘을 기울임이 한결같으니, 이는 이해(利害)가 같기 때문이다. 부부가 한 집에 사는데 씨족도 다르고 습속도 다르지만 살림을 하는 데서는 다른 마음이나 생각을 갖지 않으니, 이 또한 이해가 같기 때문이다.

조정에 있는 대소의 관원들이 한마음 한뜻으로 단결하여, 연나라 사람과 월나라 사람이 배를 함께 타고, 부부가 한집에서 살림하는 것처럼 한다면, 탕평이 이룩될 것이다. 그러나 한쪽은 총애하고 한쪽은 소홀히 하여 한쪽은 즐겁고 한쪽은 괴로우며, 부귀와 빈천의 간격을 고르게 하지 못하고서 한갓 빈말로 타이르고 실상이 없는 꾸지람을 하는 데 구구하게 힘을 허비하면서, 자기 몸에 절실한 이해를 버리고 남의 권유를 따르려 한다면, 탕평이 어려울 것이다.

그러므로 「홍범」에 "임금이 극(極)을 세운다"고 했으니, 극은 건물의 한가운데 세우는 기둥[棟]이다. 한 가옥에는 이 기둥이 한가운데 있고, 그 나머지 기둥과 서까래·문지도리·문설주 등은 모두 이 기둥을 중심으로 쓰여진다. 만약 이 기둥이 조금이라도 치우치면, 동쪽이든 서쪽이든 반드시 기울어져서 빗물이 새게 되고, 다른 재목들도 그 때문에 기울어질 것이다. 그렇게 되면 이 기둥도 따라서 무너지게 된다.

그렇지만 당나라·송나라 때에는 과거 시험을 널리 베풀어 인재 선발이 빈번하였다. 따라서 영화와 총애를 바라는 데 급급해하는 것이 그 시대의 도도한 흐름이었다. 이로운 데로 나아가는 구멍은 하나뿐인데 백 사람이 뚫고 들어가려 하니, 어떻게 은혜를 널리 베풀어 원망을 없게 할 수 있겠는가? 등용하고 물리침에 극(極)이 조금만 치우쳐도 왕도는 이루어지지 않는다.

후세 당쟁의 화는, 대체로 과거 시험을 자주 베풀어 사람을 너무 많이 뽑았기 때문이다. 그러한 줄 알았으면 오늘부터라도 사람 뽑는 것을

---

3) 연나라는 북쪽에 있었고 월나라는 남쪽에 있었으니, 이는 서로의 성향이 전혀 다른 사람을 가리키는 말이다.

점차 줄여야 한다. 그래야 7년 된 병에 3년 묵은 쑥을 구하는 것과 같을 것이다.[4]

국가에 경사가 자주 있는데, 경사가 있을 때마다 반드시 과거 시험을 보인다. 과거와 경사가 무슨 상관이 있단 말인가? 과거 시험에 합격하는 자는 몇 사람일 뿐 수많은 사람이 눈물을 흘리는데, 어찌 경사를 함께한다고 하겠는가? 더구나 과거 시험에 합격한 자는 모두 귀족이나 세도가의 자제들뿐, 사방에서 모여든 한미한 사람은 그 속에 들지 못하는 데 있어서랴? 이는 마치 극(極)을 중앙에 세우지 않고서, 집이 기울어지지 않기를 바라는 것과 같다.

蕩平

洪範云 無偏無黨 王道蕩蕩 無黨無偏 王道平平 無反無側 王道正直 會其有極 歸其有極 建極之道 卒歸蕩平 蕩平之要 莫如禁絶偏黨 偏黨則反側 蕩平則正直 然中人以上 可以言喩 中人以下 惟在利導 不然 終亦悅而不繹 從而不改

夫趨利避害 人物之同情 燕越共舟 殊性別氣 而其所以防患 則智力均齊者 利害同也 夫婦居室 異族各習 而其所以治産 則志慮無間者 亦利害同也 苟使公朝之上 大小臣隣 一心共貞 如燕越之共舟 夫婦之同室 其爲蕩平 於是至矣 或者一寵一疎 一樂一苦 不能普遍於富貴貧賤之間 而徒區區費力於空言之誨 無實之責 欲其舍切己之利害 從他人之慫恿 亦難矣 故曰 皇建有極 極者 棟也 一室之間 惟棟最中 其餘柱榱棍楣之屬 莫不仰棟爲之用焉 極或少偏 其一東一西之間 必有欹側漏滲 衆材以之傾墊 極亦隨而圮矣

雖然 若唐若宋 廣設科試 邌選已繁 其規規於希榮望寵者 滔滔 利竇惟一 而鑽入百身 又何以博施而無怨乎 其一進一退 極或少偏 王道所以不成也 後世黨禍 蓋因設科頻而取人廣也 旣覺其然 從今日 鐫減此路 猶爲三年之艾 然國家稱慶數 而慶必有科 科與慶 何干 登榮者 數人 而千萬掩涕 何謂同慶 況得占者 莫非貴勢子弟 而四方不與耶 此如建極不於中 而望屋之不傾也

변법(變法)[1]

법이 오래되면 폐단이 생기게 마련이다. 폐단이 생기면 반드시 개혁

---

4) 이 말은 『맹자』 「이루 상」(離婁上)에 보인다.
1) 법을 바꾸는 것.

해야 하는 것이 당연한 이치이다. 공자께서 말씀하시기를 "만약 나를
쓰는 사람이 있다면 1년뿐일지라도 가능하니, 3년이면 공을 이룩함이
있을 것이다"[2]라고 했으니, 만약 노(魯)나라의 폐단을 개혁하지 않는다
면, 어떻게 공을 이룩함이 있을 수 있겠는가? 또 맹자께서는 말씀하시
기를 "그대는 관중(管仲)과 안자(晏子)[3]만을 아는구나"[4]라고 했으니,
만약 제(齊)나라의 폐단을 개혁하지 않는다면, 또한 어떻게 왕도(王道)
를 일으키겠는가?

노나라와 제나라는 주공(周公)과 태공(太公)의 후손이지만, 마치 큰집
이 오래되어 기둥이 좀먹고 썩어서 허물어질 염려가 있는 것과 같은 나
라였다. 어떤 사람은 "서툰 목수를 시켜 이런 집을 수리하게 한다면 훼
손됨이 더욱 심할 것이니, 차라리 버팀목을 대어 유지해 나가는 것만 못
하다"고 한다. 이 말이 일리가 있는 듯하지만, 그렇지 않다. 그 안에 사는
사람은 우리가 지극히 존경하고 사랑하는 사람이다. 무너질 날이 멀지
않았는데, 편안히 지내며 하루하루 요행만을 바라는 것이 어찌 합당하겠
는가? 고쳐 지을 바를 생각해 영원한 계책을 도모해야 하지 않겠는가?
좀먹고 썩은 기둥을 어찌 수리한다고 해서 지탱하게 할 수 있겠는가?

옛날 위앙(衛鞅)[5]이 법을 바꾸어 진(秦)나라를 강하게 만들었으나,
그는 죽여야 할 사람으로 지목되었다. 왕안석(王安石)[6]은 법을 바꾸어
성공하지 못함으로써 세상에 경계할 바가 되었다. 이로부터 법을 바꾸
자는 말만 나오면, 사람들이 모두 손을 내젓고 말하기를 꺼려하여, 모
두 임시방편의 편안할 계책만 꾀하게 되었다.

혹 대담하게 법을 바꾸자고 말하면, 온 세상 사람들이 놀라고 괴이
하게 여겨 세상에서 볼 수 없는 머리가 두 개, 팔이 여덟 개 달린 사람

2) 이 말은 『논어』 「자로」(子路) 제10장에 보인다.
3) 제나라 대부였던 안영(晏嬰)을 가리킨다.
4) 『맹자』 「공손추 상」(公孫丑上) 제1장에 보인다.
5) 전국시대 법가사상(法家思想)을 가졌던 인물. 본래 위(衛)나라 사람이었는데, 진
   (秦)나라로 들어가 법을 개혁하여 진나라를 부강하게 만들었다. 그러나 그는 법
   을 가혹하게 숭상하여 원망이 많았고, 뒤에 주살(誅殺)되었다.
6) 송나라 신종(神宗) 때의 정승으로, 개혁을 도모하여 여러 가지 신법(新法)을 만
   들었으나, 반대하는 사람들이 많아 성공하지 못했다.

처럼 의아해하니, 세속을 깨우치기 어려운 것이 이와 같다. 혹 큰소리나 치면서 점진적으로 개혁하지 못하고, 일에 치밀하지 못하고 어두워 실패하는 경우도 있다. 그러나 이런 점이 걸려서 어려운 시대를 구제할 수 있는 좋은 계책과 지극한 의논이 있는 줄을 모른다면 어찌 옳겠는가?

주자 또한 말하기를 "우리나라는 이 문정(李文靖)[7]과 왕 문정(王文正)[8]이 나라일을 담당한 이래, 조정의 의논이 안정만을 주장해왔다. 그래서 건의하는 바가 있으면 바로 일을 만들어낸다고 몰아세운다. 그런 풍습에 길들여져 천하에 폐단이 지극히 많게 되었다"고 했다. 이 교훈은 깊이 생각해볼 만하다. 이항(李沆)과 왕단(王旦) 등은 당시 나라[9]를 세운 지 오래지 않아 기강이 문란하지 않았기 때문에 오히려 편안히 앉아서 다스릴 수 있었다. 그러나 후세에 이르러서는, 물이 새는 배를 타고 있는 선장이 키[舵]를 놓고 팔짱을 끼고서 조수나 사공이 하는 한마디의 충고도 받아들이지 않는 것과 같으니, 언덕 위에서 바라보는 사람들이 어찌 속을 태우지 않겠는가?

오늘날 우리나라의 일이 또한 이와 비슷하다. 나라가 세워진 뒤로 시무(時務)를 알았던 분을 손꼽아보면, 율곡(栗谷) 이이(李珥, 1536~84)와 반계(磻溪) 유형원(柳馨遠, 1622~73) 두 분이 있을 뿐이다. 율곡의 주장은 태반이 시행할 만하였고, 반계의 주장은 그 근원을 캐들어가 일체를 새롭게 바꾸어 왕정(王政)의 시초로 삼으려 한 것이니, 그 뜻이 참으로 크다.

그러나 공전(公田)의 원칙에 따라 토지를 균분(均分)하는 것과 중앙 관청에서 근무하는 벼슬아치가 가족을 거느리고 와서 사는 등의 일은 반드시 장애가 뒤따라 시행하기 어려울 것이다. 결부법(結負法)[10]의 세

---

7) 송나라 때의 명상인 이항(李沆)을 가리킴. 문정(文靖)은 그의 시호이다.
8) 송나라 때의 명상인 왕단(王旦)을 가리킴. 문정(文正)은 그의 시호이다.
9) 남송(南宋)을 가리킴.
10) 생산량을 단위로 토지의 면적을 정하는 법. 이 법은 당시에 시행되던 법이었는데, 유형원은 이 법을 폐지하고, 일정한 면적 단위로 계산하는 경묘법(頃苗法)을 주장하였다.

제(稅制)와 관원이 번갈아 숙직하는 규정으로도 일을 어긋나지 않게 해낼 수 있는데, 어찌 이와 같이 할 필요가 있겠는가?

율곡의 주장에, 감사(監司)는 오랫동안 재임(在任)하게 하고,[11] 작은 고을은 큰 고을에 합하고, 종은 아비의 신분을 따르지 못하게 한다는 등의 말은, 하나하나 모두 사리에 합당한데, 무엇을 꺼려해 시행하지 않는단 말인가? 공안(貢案)[12]을 개정하는 한 가지 일만 끝내 시행되었으나, 오히려 부역은 가볍고 조세는 무겁다는 탄식이 있다. 이는 그들 스스로 역량이 크지 않고 일을 조치하는 국량이 좁기 때문이다. 만약 율곡과 반계가 그 일을 했더라면 반드시 볼 만한 성과가 있었을 것이다.

오늘날 『반계수록』(磻溪隨錄)[13]에 실려 있는 여러 가지 좋은 의논 가운데 단 한 가지도 시험한 것이 없다. 예나 지금이나 뜻을 가진 선비가 정신을 기울여놓은 것이 끝내 무위로 돌아가고 마니, 세상 사람들에 대해 어찌하겠는가?

變法

法久弊生 弊必有革 理之常也 孔子曰 苟有用我者 期月而已 可也 三年有成 若不革魯弊 何以有成 孟子曰 子知管晏而已矣 若不革齊弊 亦何以興王 魯齊雖 周公・太公之餘 比如 廈屋歲月滋久 柱棟蠹朽 將有覆壓之憂 說者曰 苟使拙匠 爲之 毀拆反甚 寧不若拄撑苟延也 此說雖似有理 然居其中者 卽吾至尊至愛之 人 而崩頹無日 則豈合狃安而冀幸其一朝耶 無寧思所以改易 而爲永遠之圖也 蠹柱朽棟 豈架漏牽補 所得以支遮哉

昔衛鞅 變法而强秦 其人 爲可戮也 王安石 變法而無成 爲世懲創 自是 人皆 搖手諱言 一切爲偸安之計 或有大膽容喙 則十驚九怪 疑若是岐首八臂 非世所 有之物焉 俗之難曉 如此 其或議論濶大 更張無漸 疎迂敗事 固亦有之 坐是而不 知更有嘉謨至論 可以捄拯焚溺 則奚可哉 朱子亦曰 本朝 自李文靖・王文正當 國以來 朝論主於安靜 凡有建明 便以生事歸之 馴至天下弊事極多 此訓儘可商 量 如李・王諸公 當時建國不久 綱條未絭 猶可從容安坐而致理也 至於後來 汎 汎在漏舡上者 拱手失柁 猶不容副手梢工一語規畫 則豈不爲岸頭人摁神耶

今我國之事 殆亦近是 國朝以來 屈指識務 惟李栗谷・柳磻溪二公在 栗谷 太

---

11) 조선시대 각 도의 관찰사는 임기가 1년이었다. 이이의 주장은 임기에 구애되지 말고 그 직에 오래 근무시키자는 것이었다.

12) 공물의 품목과 수량을 적은 예산서.

13) 반계 유형원이 저술한 책으로, 이 안에는 그의 실학 사상을 엿볼 수 있는 개혁안이 수록되어 있다.

半可行 磻溪則究到源本 一齊劃新 爲王政之始 志固大矣 然如田之畫佃 京司之
率眘之類 必將有礙阻難擧者 結負之稅 遞直之規 猶可以辦事無虧 何必如此也
如栗谷之監司久任 小郡合大 奴不從父等說 一一中窾 何憚而不擧 惟改貢案一
事 畢竟施行 猶有賦輕稅重之歎 自是力量不大 措置局狹故也 苟使栗谷·磻溪
爲之 必有可觀也 今磻溪隨錄中 種種名論 無一擧以試之 古今 志士之用心 終無
奈世人何耳

문치·무비(文治武備)

문치(文治)와 무비(武備)는 한 가지도 빠뜨려서는 안된다. 무(武)만
있고 문(文)이 없으면 참으로 어지러울 것이다. 그러나 오랑캐들도 기
강을 잡고, 나라를 세워 여러 대를 전하였다. 문만 있고 무가 없어도
살 수 없다. 지금 세상에는 선량한 자는 적고, 불선한 자는 수두룩하다.
강한 자가 약한 자를 집어삼키고, 무리가 많은 집단이 적은 집단에 폭
력을 행사하며, 은밀히 틈을 엿보았다가 힘으로 빼앗을 수 있으면 빼앗
아버린다. 그런데 작은 나라가 이를 깨닫지 못하고 오히려 태연히 즐기
면서 세월만 보내는 경우도 있다.

천하를 소유한 것은, 비유하자면 물 가운데 그릇을 띄워놓은 것과
같아서, 틈만 있으면 물이 스며들지 않을 리가 없다. 그런데 그 틈을
메우고 막는 것은 모두 무비의 힘이다. 편안할 때 위태로움을 생각하지
않고 관습에 젖어 그럭저럭 세월만 보내다가, 하루아침에 변란이 일어
나 목을 빼고 적의 칼을 받게 된다면, 어찌 애처로운 일이 아니겠는가?

그런데 오늘날의 문신(文臣)이라는 자들은 붓을 잡고 글귀를 따다
진(秦)나라 때의 글도 아니고 초(楚)나라 때의 글도 아닌 문장을 짓는
데 불과하다가, 요행히 과거에 급제하게 되면 교만하고 방자해져서 무
관을 종처럼 여긴다. 무관은 권력을 잃고서, 또 귀를 늘어뜨리고 꼬리
를 치며 단지 아첨하고 뇌물 바치는 것을 평생의 목표로 삼는다. 그러
다 한번 고을의 원이나 병사(兵使)·수사(水使)에 제수되면, 온갖 방법
으로 재물을 수탈하여 백성이 그 해독을 입는다. 이는 청렴하여도 명예
가 더해지지 않고, 탐학하여도 명예가 손상되지 않기 때문이다.

공자의 말씀에, 무기를 버리고 신의(信義)를 보전한다[1]고 했으니, 도를 싣는 문(文)으로 말하면 무비는 신의에 비할 만한 것이 아니다. 그러나 오늘날 사부(詞賦)만을 중시하는 습속으로 논한다면, 무(武)는 오히려 변방을 막을 수 있는데 문(文)은 민간의 풍속을 망치고 있으니, 도리어 글을 배우지 않고 순박한 성품을 보존하는 것이 더 나은 것만 못하다.

그러므로 일은 실상과 어긋나고, 문과 무는 서로 원수가 된 지 오래이다. 하루아침에 변란이 일어나면, 과연 어디에서 피신할 곳을 얻어 위험한 상황을 잘 모면하겠는가? 그렇다면 이 둘을 합쳐 하나로 만드는 것만 못하다. 극곡(郤縠)[2]이 예악(禮樂)과 시서(詩書)에 밝았던 것은 문이 아니며, 제갈량(諸葛亮)이 술자리에서 담소하며 적병을 물리친 것이 무가 아니었던가?

오늘날 문신은 시사(試射)[3]가 있으나, 무신은 강경(講經)[4]이 없다. 문신은 장수가 될 수 있으면서 무신은 현달한 자리에 오를 수 없는 것은, 무슨 까닭인가? 나라를 다스리는 길은, 한 가지를 들어서 백 가지를 권장토록 해야 한다. 무신 가운데 우수한 자를 뽑아, 대신이 그를 천거하여 요직에 끌어들여야 한다. 이조(吏曹)·예조(禮曹) 및 경연관(經筵官)·대간(臺諫)[5]일지라도 모두 임용될 수 있도록 허락하고, 또 지금 유생들이 하는 것처럼 전강법(殿講法)을 베풀어 약간 명을 선발하여 문신과 함께 등용한다면, 인재가 한편으로 치우치지 않고 탐욕스런 풍속도 바꿀 수 있을 것이다. 위에서 무신들의 환심을 얻으면, 나라에 변란이 있을 때 그들의 힘에 의지할 수 있을 것이다.

文治武備

文治武備 不可以闕一 有武而無文 固亂矣 然夷貉 亦能約劑綱紀 立國傳世矣 有文而無武 亦不可居矣 今天下 善者或少 而不善滔滔 强呑弱 衆暴寡 密窺旁伺

---

1) 이 말은 『논어』 「안연」(顏淵)에 보이는데, 식량·무기·신의 이 세 가지 가운데 부득이 하여 우선 순위를 둔다면 신의가 가장 중요하다고 한 말을 가리킨다.
2) 춘추시대 진(晉)나라의 명장(名將)으로, 예악과 시서에 밝았다고 한다.
3) 활쏘기를 시험하는 것.
4) 유교 경전을 강독하는 것.
5) 사헌부·사간원의 관원을 말함.

力可以奪之　則奪也　小國猶或恬憘而得延　至於有天下者　如置器於水中　苟容隙
穴　水未有不入之理　其彌縫防塞　皆武備之力也　不能居安思危　狃習撐度　一有兵
戈　延頸受刃　豈不哀哉

　而況今之所謂文吏　不過操筆摘句　作秦不管楚不屬底文字　幸而得之　便傲然自
大　奴視武弁　武弁者　旣失柄用　又弭耳搖尾　徒以媚悅財賄爲平生路徑　一忝宰帥
百道剝割　民受其毒　是則廉不增榮　黷非喪名故也　孔子謂　去兵而存信　以載道之
文言　則非武之所可擬　以今詞賦之文　則武猶捍邊　文之斲喪民俗　反不若不文而
全其純愚之性之爲愈矣　故事與實乖反　文與武作仇　久矣　一朝有事　果何處得避
風躱箭之地　巧逭於危死耶　然則不若兩合爲一　郤縠之禮樂詩書　非文　而諸葛之
折衝樽俎　非武耶

　今之文臣有試射　而武臣無講經　文臣任將帥　而武臣不與榮顯　何哉　凡爲國之
道　諷一而勸百　擇　其尤者　大臣薦刻　引入要津　雖吏禮曹・講官・臺員　皆許　又
設殿講法　如今儒生例　取若干人　與文臣同用　則才不屈於一偏　而貪黷之俗　可變
矣　上得其歡心　而緩急　可以賴其力矣

제 4 장
인사문【人事門】2

육두(六蠹)[1]

사람 중에 간사하고 범람한 짓을 하는 자가 없다면, 천하가 어찌 다스려지지 않겠는가? 간사하고 범람한 짓을 하는 것은 재물이 모자라는 데에서 생기고, 재물이 모자라는 것은 농사를 힘쓰지 않는 데에서 생긴다. 농사를 힘쓰지 않는 자 가운데 좀과 같은 자가 여섯 부류인데, 상공(商工)을 하는 자는 그 중에 들지 않는다. 이 여섯 부류는, 첫째가 노비(奴婢)이고, 둘째가 과거를 일삼는 무리이고, 셋째가 벌열(閥閱)이고, 넷째가 기교(技巧)를 팔아먹는 자들이고, 다섯째가 승니(僧尼)이고, 여섯째가 놀고먹는 게으름뱅이다.

저 장사꾼은 본래 사민(四民)[2]의 하나로서, 오히려 재물을 유통시키는 이로움이 있다. 소금·쇠·베·비단 등은 장사꾼이 아니면 유통되지 않는다. 이 여섯 부류의 해로움은 도둑보다 더 심하다.

노비는 대를 이어 전하니, 이는 고금을 막론하고 온 세상을 통틀어 없는 일이다. 이들은 덕이 없고 재주가 모자라서 계책을 미처 생각하지 못하다 어떤 일에 연좌되어 남의 종이 된 것이다. 노비가 도망을 치기라도 하면, 사방으로 돌아다니며 수색하고 겁을 주거나 재산을 탕진하게 해서, 그들이 살 곳을 잃어버리게 한 뒤에 그친다.

세도(世道)에나 심신(心身)에 도움이 되지 않는 문예(文藝)는, 일을 해치지 않는 것이 없다. 과거 시험을 준비하는 유생은, 효도와 공경은 뒷전으로 하고 생업을 포기한 채, 날이 가고 해가 바뀌도록 붓끝이나 빨며 종이를 허비하고 있다. 이는 심술(心術)을 망치는 하나의 재주에 불과하다. 다행히 과거 시험에 합격이라도 하면, 바로 잘난 체하며 사치하고 교만하기가 이를 데 없으며, 백성의 재물을 수탈하여 자기 욕심을 채운다. 게다가 그런 사람들 중에는 요행히 벼슬자리에 나간 자가 많기 때문에, 이를 보고 부러워하여 모두 농사를 팽개치고 분주하게 날뛴다.

벌열이란 자신에게 어떤 공적이 있음을 말하는 것이다. 그런데 오늘

---

1) 여섯 가지 좀.
2) 사(士)·농(農)·공(工)·상(商)을 말함.

날 풍속에는 고관의 자손들까지 통틀어 벌열이라 하면서 일반 서민과 구별한다. 비록 선조의 음덕이 다 끝나고, 자신의 재주가 벼슬하기에 부족한 자일지라도 생계를 도모하지 않고 돈벌이하는 것을 부끄럽게 여긴다. 그래서 차라리 굶어 죽을지언정 천한 일을 하려고 하지 않는다. 한번 농기구를 손에 잡으면 농부로 지목되어, 혼인이 통하지 않고 교제할 적에도 늘 아랫자리에 앉게 된다. 이 때문에 자력으로 살고 싶은 마음이 있는 자도 어쩔 수 없게 된다.

기교란 기구를 잘 다루어 볼거리를 제공하는 것만 말하는 것이 아니다. 방술(方術)로 사람들을 미혹케 하는 모든 것이 그에 속하는데, 그 가운데서 광대·무당 따위가 더욱 해롭다.

승려는 부처를 숭배하기 위해 중이 된 자들이 아니다. 부역을 피하기 위해 농토가 없는 깊은 산 속으로 숨어든 자들로서, 날마다 기름진 땅에서 나는 곡식을 축내는 무리들이다.

농사의 이익은 겨우 두 배에 지나지 않는데, 여름날 땡볕 아래서 일하는 괴로움은 그보다 더한 것이 없다. 그러므로 사람들이 자식을 낳으면 가장 우매한 자를 가리켜 '농부'라 한다. 이는 다른 이유가 없다. 나라의 풍속에, 살아가는 데 여러 가지 길이 있어, 농사가 아니더라도 잘 살 수 있기 때문이다. 만약 사(士)와 농(農)을 하나로 합하여 법으로 유도하기를 마치 물고기가 물에서 헤엄치고 새가 숲으로 돌아가는 것처럼 자연스럽게 한 뒤, 농사짓는 사람들 가운데서 재주와 덕이 있는 자를 뽑아 천거하도록 한다면, 백성이 자기 분수를 헤아려 눈으로 보고 손으로 익혀서 각자 자기 본업에 안정을 느낄 것이다.

그런데 지금은, 어려서는 게으름을 피우며 놀기만 하다가 크고 나면 꽉 막혀버려 바둑이나 장기 등 놀이나 일삼는다. 입을 것과 먹을 것이 모자라면 남을 속여 함부로 빼앗거나 남의 집에 들어가 도둑질까지 하는 것도 꺼리지 않는다. 그러니 본업에 열중하려고 해도 어찌할 수가 없다. 이 몇 가지 폐단을 없애지 않는다면, 세상이 잘 다스려지기를 바라는 것은 어려울 것이다.

六蠹

人無奸濫 天下何由而不治 奸濫生於財不足 不足生於不務農 農之不務 其蠹

有六 而逐末不與焉 一曰奴婢 二曰科業 三曰閥閱 四曰技巧 五曰僧尼 六曰遊惰
夫商賈者 固四民之一 而猶有通貨之益 如鹽鐵布帛之類 非賈不運也 六者之害
甚於盜賊 奴婢傳世 亘古今通四海 無有者也 無德不材 而不思猷爲 坐役臧獲 遍
走推覓 猥劫傾產 使之失所 乃已也 凡文藝之無所補於世道身心者 莫非恬事 應
擧儒士 緩於孝悌 拚棄生業 竟歲終日 含毫費賤 不過蹛喪心術之伎倆 幸而得之
則便自高致 奢泰無度 剝民以充其願慾也 且其間僥倖占多 故希覬觀效 滔滔是
舍隴畝而奔趨也

閥閱者 身有功伐之謂也 今俗 指衣纓家子孫 混稱 而區別於庶氓 雖使先業耗
盡 才藝不逮 非理求生 恥事錢鏄 寧餓死 不肯賤事 一執耕耒 目以農夫 昏姻不通
交際每下人 或有心於自力 亦無奈何 技巧者 不但玩好器什 凡方術惑人者 皆是
而倡優・巫覡 爲尤害也

僧尼 非因崇佛 只思逃役 深竄無田之境 日糜沃壤之粒也 農之利 不過數倍
而夏畦之苦 無上 故人家生子 目其最蠢 曰農也 此無他 國風 固多別岐 非農 而
亦可以厚占也 若使士農合一 法有導化 如魚之游水 鳥之歸林 其有材德 拔之於
阡陌之間 不待自衒 則民將視作己分 日熟手習 而各安其業矣 今也 幼多慢遊 長
旣扞格 博突戲嬉 裘飪亦縮 至於欺詐冒奪 穿窬盜竊 而不憚 雖欲屈首於本業 亦
無如之何矣 數者不去 欲望世治 難矣

준선왕(遵先王)[1]

『시경』에 "잘못을 저지르지도 않고 그 도를 잊지도 않아서, 옛법을
따르도다"[2]라고 하였는데, 맹자가 이를 해석하여 "선왕의 법을 따르면
서 잘못된 자는 아직까지 없었다"[3]고 하였다. 그런데 후세 사람들은 이
말을 가지고 '법이 한번 정해지면 비록 폐단이 있더라도 바꾸기는 어려
우니 바꾸면 반드시 망한다'고 생각한다. 이렇게 이 시를 해석하는 것
은 고루하다. 이른바 '선왕의 법을 따르지 않는다'는 것은, 예컨대 정전
(井田)을 폐지하고 천맥(阡陌)으로 농지를 구획한 따위[4]가 그것이다.

---

1) 선왕의 제도를 따르는 것.
2) 『시경』 대아(大雅) 「가락」(假樂)에 보인다.
3) 『맹자』 「이루 상」(離婁上) 제1장에 보인다.
4) 이 말은 『한서』(漢書) 「식화지」(食貨志)에 보이는데, 정전으로 토지를 구획하는
   법을 폐지하고, 천맥으로 토지를 구분하는 제도를 새로 만들었다는 말이다. 천

　만약 성왕(聖王)이 남긴 뜻을 따르되 줄일 것은 줄이고 더할 것은 더하여 그 시대의 상황에 알맞게 해서, 퇴폐한 것을 바꾸어 도탄에 빠진 사람들을 구제해주는 일이, 어찌 군자가 하고자 하는 일이 아니겠는가? 만약 팔짱을 끼고 편안히 지내며 생민의 질고를 앉아서 구경만 하면서 구제해 살리려고 하지 않는다면, 이런 짓을 군자가 어찌 차마 할 수 있겠는가? 이는 마치 산길에 풀이 덮이고 들에 물이 터졌는데도 옛길만을 고집하다가 풀에 걸려 넘어지고 물에 빠지는 것과 같다.

　안연(顏淵)[5]은 성왕을 도울 만한 인재였다. 공자(孔子)께서 그에게 나라를 다스리는 도에 대해 가르치시기를 "하(夏)나라의 책력을 시행하고, 은(殷)나라의 수레를 타고, 주(周)나라의 면류관(冕旒冠)을 쓰고, 음악은 소무(韶舞)[6]를 하고……"[7]라고 하였다. 면류관을 쓰는 것 이외에는 당시의 제도를 바꾸지 않은 것이 없었으니, 이 역시 선왕의 법을 따르는 데에서 벗어나지 않은 것이다.

　유협(劉勰)[8]의 말에 "만약 사람들에게 이로운 것이라면 반드시 옛것만을 본받을 필요가 없고, 반드시 일에 해로운 것이라면 옛것을 그냥 따라서는 안된다"고 하였다. 하나라와 은나라는 말기에 법을 바꾸지 않아 망했고, 삼대(三代)[9]가 흥성할 적에는 옛것을 이어받지 않았어도 왕도(王道)가 일어났다.

　요(堯)·순(舜)은 도를 달리했고, 탕(湯)·무(武)[10]는 정치를 달리했으니, 법은 그 시대에 맞게 바꾸어야지 어느 한 대의 법만을 고집할 것이 아니다. 한 대의 법만을 고집하여 백세 뒤까지 전하려 한다면, 이는 마치 한 벌의 옷으로 겨울·여름을 나고, 한 가지 약으로 부스럼과 기

맥은 농토 사이의 길을 말하는데, 남북으로 난 길을 천(阡), 동서로 난 길을 맥(陌)이라 한다.
5) 공자 문하의 가장 뛰어난 제자.
6) 춤이 곁들인 순(舜)의 음악.
7) 『논어』 「위령공(衛靈公)」 제10장에 보인다.
8) 중국 남북조시대 남조인 양(梁)나라 때의 학자로, 『문심조룡』(文心彫龍)을 지었다.
9) 하(夏)나라·은(殷)나라·주(周)나라 때를 말함.
10) 은나라를 일으킨 탕(湯)임금과 주나라를 세운 무왕(武王)을 가리킨다.

생충을 퇴치하려는 것과 같다. 따라서 한 시대의 예(禮)를 고수하여 무궁한 후세까지 전하려 하는 것은, 마치 각주구검(刻舟求劍)[11]이나 수주대토(守株待兔)[12]와 같은 격이다.

지금 시대에도 폐단이 심하다. 만약 잘못을 저지르지 않고 옛날의 도를 잊지 않으면서 선왕의 제도를 따르되 오늘날의 폐단을 잘 고칠 수 있는 사람이 있다면, 옛사람의 일을 반쯤만 하더라도 공은 예전보다 배나 될 시점이 바로 지금이다. 동중서(董仲舒)는 말하기를 "하늘에 대해 잘 말하는 자는 반드시 사람에게서 징험이 있고, 옛것을 잘 말하는 자는 반드시 현실에 징험이 있다"[13]고 하였다. 폐단을 개혁할 방안을 잘 살펴서 당시의 사정에 알맞게 하기를 힘쓴다면, 반드시 손쓸 곳이 있을 것이다. 다만 그렇게 일을 추진할 사람이 없을 뿐이다.

불변하는 정상적인 것이 있으면 또한 변화하는 것도 있게 마련이다. 변화는 꼭 예로부터 있었던 것이 아닐 수도 있다. 그러므로 "예(禮)는 선왕 때 없었던 것일지라도 의(義)로써 만들어낼 수 있고, 일은 정상적인 것에 위배되더라도 반드시 옛법에 얽매이지 않을 수 있다"고 하는 것이다.

예컨대 방관(房琯)의 거전(車戰)[14]과 왕안석(王安石)의 천부(泉府)[15]

---

11) 『여씨춘추』(呂氏春秋) 「찰금」(察今)에 보이는 고사성어. 초나라 사람이 배를 타고 강을 건너다가 실수로 칼을 물 속에 떨어뜨리고 말았다. 그는 곧 뱃전에 표시를 해 놓고 배가 나루터에 도착하자 표시해놓은 부분 밑으로 들어가 칼을 찾았다고 한다. 이는 시세의 변화를 모르는 어리석음에 비유하는 말이다.

12) 『한비자』(韓非子) 「오두」(五蠹)에 보이는 고사성어. 춘추시대 송나라의 어떤 농부가 밭에 나갔는데 토끼가 놀라 달아나다 밭 가운데 있는 나무 그루터기에 걸려 목이 부러져 죽었다. 그 농부는 그 뒤로 농사일을 제쳐두고 나무 그루터기 옆에 앉아 토끼가 다시 걸려 죽기만을 기다렸다고 한다. 이는 어리석어 융통성이 없는 것을 비유하는 말로 쓰인다.

13) 이 말은 『한서』 「동중서열전」(董仲舒列傳)에 보인다.

14) 당나라 때 방관이 썼던 전차를 이용하여 싸우는 방법. 방관은 춘추시대의 거전법(車戰法)을 이용하여 전차를 앞세우고 보병으로 협공하게 하였는데, 적이 바람을 이용하여 먼지를 날려 전차를 끌던 말을 놀라게 함으로써 패전하였다고 한다. 『당서(唐書)』 「방관열전(房琯列傳)」에 보인다.

15) 천부는 주나라 때 물가 조절 및 시장의 세금을 거두던 관청의 이름이다. 송나라 때 왕안석이 이 법을 채택하여 시행하였으나, 실패하였다.

는 시험해보았지만 실패한 경우이고, 장 횡거(張橫渠)[16]의 정전법(井田法)과 호 치당(胡致堂)[17]의 봉건제(封建制)는 시험해보지 않았지만 끝내 거행할 수 없는 바이다. 또 순(舜)임금이 처음으로 12주(州)를 정했는데 「우공」(禹貢)[18]에서는 9주로 바꾸었고, 문왕(文王)은 기(岐) 땅을 다스릴 때 9분의 1의 세금을 받았는데 주공(周公)은 10분의 1로 바꾸었으니, 이는 모두 당시의 사정에 맞게 제도를 바꾼 경우이다.

수레바퀴 자국은 한 대의 수레가 지나가서 생긴 것이 아니고 수많은 수레가 지나가서 생긴 것처럼, 폐단은 법이 오래되어 생기는 것이다. 그러므로 진(秦)나라의 정치가 포학함이 극에 달하자 한(漢)나라는 삼장(三章)의 법[19]만 두었고, 유장(劉璋)[20]의 정치가 기강이 없자 제갈공명(諸葛孔明)은 신불해(申不害)·한비(韓非)의 법[21]을 사용하였다. 이는 모두 당시의 사정을 살펴 면모를 일신하고, 사리를 헤아려 실정에 맞게 한 것이니, 이런 일들을 어찌 절간의 중처럼 시세에 깜깜한 자와 더불어 이야기할 수 있는 것이겠는가?

그러나 당시의 사정에 맞게 하는 것은 당시의 병폐를 말하는 것과 다르고, 다른 사람의 마음은 내 마음과는 같지 않으니, 이것을 조화하기가 가장 어렵다. 가령 전쟁이 없는 남방 사람들을 전쟁이 끊이지 않는 북방으로 옮겨놓는다면, 맹분(孟賁)·하육(夏育)[22]처럼 힘있는 자일지라도 칼과 창을 쓰는 기술에 능치 못할 것이다. 그것은 그들이 용맹하고 민첩하지 않아서가 아니라, 창이나 칼을 쓰는 기술을 익히지 않았

---

16) 송나라 때 학자인 장재(張載)를 가리킴. 횡거는 그의 호이다.
17) 송나라 때 학자인 호인(胡寅)을 가리킴. 치당은 그의 호이다.
18) 『서경』의 편명임. 「우공」은 하(夏)나라를 세운 우임금이, 천하를 9주로 나누어 치산치수(治山治水)한 것을 기록해놓은 것이다.
19) 한 고조가 관중(關中)에 들어가 진나라를 무너뜨리고 공포한 세 가지 법으로, 살인자는 사형에 처하고, 남을 상해한 자는 벌을 받고, 남의 물건을 훔친 자는 벌을 받는다는 것이다. 한 고조는 이 세 가지 법만 공포하고, 나머지 진나라 악법은 모두 폐지하였다. 『사기』「한고조본기」(漢高祖本紀)에 보인다.
20) 중국 삼국시대 익주 자사(益州刺史)를 지낸 인물이다.
21) 전국시대 제자백가(諸子百家) 가운데 법가(法家)를 말함. 신불해나 한비는 전국시대 법가사상의 대표적인 인물이다.
22) 이들은 춘추전국시대 때의 힘이 센 역사(力士)들이다.

기 때문이다.

그와 마찬가지로 지금 초야의 선비를 뽑아 조정에 두는 것은, 마치 기(杞)나라[23]를 험윤(獫狁)[24]에 옮겨놓는 것과 같아서, 일을 그르치지 않을 자가 드물 것이다. 그러므로 현명한 임금이 어진 신하를 만났을 때에는 조그만 잘못으로 큰 덕을 해치지 않고, 뭇 사람이 지껄이는 말로 원대한 계획을 어지럽히지 아니하였다. 이렇게 해야 성공이 있을 수 있다. 우리나라에서는 천만 년 만에 한 사람을 얻었을 뿐이니, 고구려의 을파소(乙巴素)가 그 사람이다.

遵先王

詩云 不愆不忘 率由舊章 孟子釋之日 遵先王之法而過者 未之有也 後人遂執 以爲 典章一定 則雖弊 難動 變則必亡 其爲詩也 亦固矣 夫所謂不遵者 如廢井田 ・開阡陌之類 是也 若率循聖王之遺意 損之益之 與時宜之 換凋易瘵 拯塗救炭 豈非君子之所欲耶 若拱手狃安 坐見生民之疾苦 而不肯捄活 又何忍乎 此如山徑 野蹊 榛塞水決 而猶守舊步 不免摧陷者也 顔淵 王佐之才也 孔子敎以爲邦之道 日 夏時殷輅 周冕韶舞 惟服冕之外 莫非變改 是亦不出於遵先王之法也 劉勰之 言日 苟利於人 不必法古 必害於事 不可循舊 夏商之衰 不變法而亡 三代之興 不 相襲而王 堯舜異道 湯武殊治 法宜變動 非一代也 握一代之法 以傳百世 如以一 衣擬寒暑 以一藥治痤瘲也 載一時之禮 以訓無窮 如刻舟求劍・守株待兎也

今之時 亦弊之甚矣 苟有其人 不愆不忘 遵先王 而善變之 則事半功倍 惟此 時爲然 董子日 善言天者 必有徵於人 善言古者 必有驗於今 觀其會通 務合時宜 必有措手之地 顧無人辦得此矣 且有經則有變 變未必古有 故日 禮雖先王未之 有 可以義起 事或反常 有不必泥古者 如房琯之車戰 王安石之泉府 已試而僨事 者也 張橫渠之井田 胡致堂之封建 未試而終不可擧者也 如舜肇十有二州 而禹 貢變爲九 文王治岐九一 而周公變什一 叶宜而叶

軌非一轍 故秦政暴極 漢存三章 劉璋解紐 孔明用申韓 皆相時改觀 懸斷中窾 此爲可與東寺曁浮屠說乎 雖然 做時不如說時 人心不如我心 此最難諧 南方有無 戰之地 移其人於北ælf 則雖賁育 不能刀鎗之技 非不勇 且捷不習故也 今以草茅 之士 推在廟朝之上 如杞國之移獫狁 鮮不敗蠱矣 是以 明君之遇賢臣 不以小眚 妨大德 不以衆咻亂遠猷 如是 可以有成 我東邦 千萬載得一人焉 乙巴素 其人也

---

23) 춘추시대 중원의 정(鄭)나라와 송(宋)나라 사이에 있던 조그만 나라임.
24) 중국 북방에 있던 흉노(匈奴)의 옛 이름.

노비(奴婢)

우리나라 노비의 법은 천하 고금에 없는 것이다. 한번 노비가 되면 백세토록 괴로움을 당한다. 이것도 오히려 상심할 만한 일인데, 더구나 반드시 어미의 신분을 따르게 하는 법에 있어서랴? 어미의 어미와 그 어미의 어미의 어미로 거슬러 올라가 멀리 십세, 백세에 이르면 어느 시대, 어떤 사람인 줄도 모르는데, 까마득하게 멀리 핏줄이 이어진 외손으로 하여금 하늘과 땅이 다하도록 한량없는 고뇌를 받으며 벗어날 수가 없게 한다.

이런 환경에 놓이게 된다면, 안회(顏回)와 백기(伯奇)[1] 같은 사람도 그 행실을 가질 수 없을 것이고, 관중(管仲)과 안영(晏嬰)[2] 같은 인물도 그 지혜를 쓸 수 없을 것이며, 맹분(孟賁)과 하육(夏育) 같은 용사도 그 용맹을 쓸 수 없어서, 끝내 노둔하고 미천한 하등의 인간이 될 따름이다. 더구나 남의 집에서 종노릇하는 자는, 학대를 당하면서 괴로운 일에 시달려 살아갈 길이 없으니, 천하에 이처럼 곤궁한 백성이 다시 없을 것이다.

내가 남의 집에 거처해본 적이 있는데, 하루는 노비들이 벽 뒤에 모여 서로 원통함을 하소연하였다. 내가 자세히 들어보니, 그들이 하는 말은 다 일리가 있었다. 그런데 사람들은 그 주인의 말만 듣고서 '모질고 거친 노비'라고 지목하니, 모두 잘못이다. 소송은 반드시 양쪽의 말을 다 들은 뒤에 그 시비를 결정해야 한다. 그런데 노비의 말만 듣지 않으니, 그것이 도리어 옳겠는가?

도 연명(陶淵明)이 말하기를 "노비도 사람의 자식이니, 그들을 잘 대우해야 한다"고 했으니, 이는 사람의 도리로써 사람을 부린다면 사람의 도리를 다할 수 있다는 말이다. 옛날 원씨(元氏) 성을 가진 어떤 사람이 자녀들에게 훈계하기를 "자기 일에 부지런하고 남의 일에 게으른

---

1) 어느 시대 인물인지 불분명함. 『한서』「풍봉세전」(馮奉世傳)의 찬(贊)에 '백기가 쫓겨났다'[伯奇放流]는 말이 보이는데, 안사고(顏師古)의 주에, 백기는 왕국의 아들로 계모의 참소를 받아 태자가 되지 못하고 추방당한 인물이라고 하였다.
2) 이들은 춘추시대 제나라의 재상으로, 제나라를 강성하게 한 인물이다.

것은 누구나 다 같은 심정이다. 노비는 어려서부터 늙어 죽을 때까지 매일 하는 일이 모두 남의 일이니, 어찌 일마다 마음을 극진히 할 수 있겠는가? 다만 너그럽게 용서하고 노여워하지 말라"고 했으니, 참으로 옳은 말이다.

옛사람이 노비에 대해 논하기를 "탁자를 놓을 때는 높은 곳에다 두고, 물을 따를 때는 가득 채우고, 물건은 사람이 다니는 길목에다 놓는다"고 하였다. 탁자가 높은 데 있으면 떨어지고, 물이 가득 차면 넘치고, 물건이 길목에 있으면 부서지게 마련이니, 이는 다 남의 물건이기 때문이다. 또 그들이 누룽지를 씹는 것은 항상 굶어서 허기지기 때문이고, 빨리 잠을 자는 것은 매우 고단하기 때문이고, 옷을 뒤집어 입는 것은 용모를 매만질 여유가 없기 때문이다. 이런 점을 미루어 살펴보면, 가련하지 않은 것이 없다.

奴婢

我國奴婢之法 天下古今之所無有也 一爲臧獲 百世受苦 猶爲可傷 況法必從母役 則母之母 與夫其母之母之母 推至于十世百世之遠 不知爲何世何人 而使其杳杳綿綿之外裔 任受窮天極地 無限苦惱 而不得脫 苟入於此 顔奇 無以措其行 管晏 無以施其智 賁育 無以用其勇 卒爲駑賤之下等而已也 又況其仰役于家中者 其虐使勞困 將無以爲生 天下之窮民 莫有如此者也 余嘗避寓閭家 壁後有群婢聚集 相與訴寃 余試諦聽之 其言皆有理 人但聞其主之語 目之謂頑奴悍婢者 皆非也 訟必兩造 然後決其是非 獨不聞奴婢之言 有反是耶

陶淵明曰 此亦人子 可善遇之 謂以人使人 則可以盡人也 昔有元某者 戒子女曰 勤於自己之事 而忘於他人之役者 人情同 然臧獲從少至老 逐日所役 無非他人之事 豈能事事盡心乎 但當寬恕而勿怒也 誠哉是言 古人論奴婢 相扳卓高 添水滿放 物當路 卓高則墮 水滿則溢 當路則器敗 皆他人之物故也 且喫乾飯者 恒飢膈不滯也 疾著睡者 勞甚也 飜著衣裳者 未暇修容也 推以究之 莫非可憐

제노문(祭奴文)[1]

우리나라의 종과 주인의 관계는, 마치 임금과 신하의 관계와 같다.

---

1) 죽은 종에게 제사하는 글.

그러나 임금은 신하에게 벼슬을 주어 신분을 귀하게 해주고, 녹봉을 주어 먹여 살리니, 은혜가 이미 큰 것이다. 따라서 그 은혜에 보답하기를 생각하지 않는 것은 잘못이다. 반면 주인은 종에게 잘 먹이고 잘 입히지도 못하면서 온갖 괴로운 일을 다 시킨다. 성날 때에 형벌만 있지, 기쁠 때에 상은 없다. 조금이라도 잘못하거나 명령을 어기면 충성하지 않는다고 꾸짖는다. 이 무슨 일인가?

남의 신하가 된 사람은, 마음속으로 벼슬을 간절히 바라서 어깨를 비집고 뚫고 나아가 구차하게 영화와 이익을 도모한다. 그렇지만 종은 그와 같지 않으니, 도망갈 곳마저 없어서 어쩔 수 없이 주인을 섬기는 신세이다. 신하가 윗사람을 섬기는 것은, 어떤 계책을 이리저리 수립하는 데 불과하다. 그러나 종이 주인을 섬기는 데는, 진흙탕이나 숯구덩이를 드나들고 매를 맞거나 치욕을 당하는 것이 다반사이다. 그러니 사실은 원수나 다름없다.

신하는 임금의 상(喪)에 머리를 풀지 않는데, 종은 주인의 상에 처·자식처럼 머리를 푼다. 신하가 죽으면 임금이 문상을 하고 제문을 보내는 예가 있는데, 종이 죽으면 주인이 한번 슬퍼하지도 않고 한잔의 술도 부어놓는 일이 없다. 이 또한 어찌된 일인가?

내 땅을 돌보던 종이 있었는데, 죽은 지 벌써 몇 년이 되었다. 우연히 그곳을 지나다가 물어보니, 그의 무덤에 제사를 지내지 않은 지가 꽤 오래되었다고 하였다. 그래서 내가 다음과 같이 제문을 지어 제사를 지내주었다.

모년 모월 모일 초야에 묻혀 사는 성호(星湖)가, 옛 종 아무개의 무덤에 제사하노라. 아, 나라의 옛 풍속에 종과 주인의 관계를 임금과 신하에 비교했다. 임금이 어질면 신하가 반드시 은혜를 갚는 것은 당연하지만, 주인이 박대하면서 종에게 충성을 바라는 것이 어찌 이치이겠는가? 너는 평생 부지런히 윗사람을 받들었으니, 내 사실 네 덕을 많이 보았다. 그런데 어찌 차마 너를 잊겠는가? 너의 자식이 불초하기에 내 일찍 훈계한 적이 있는데, 과연 파산하여 살 곳을 잃고 떠나버렸다. 네가 죽어 무덤에 풀이 우거졌는데도 벌초하기를

생각하는 자가 없구나. 살아서 고생이 심했는데 죽어 귀신이 되어서
도 늘 굶주리니, 어찌 슬프지 않으랴? 내가 우연히 이곳을 지나다 너
를 불쌍히 여기는 마음에 약간의 떡과 과일을 갖추어 너의 외손을
시켜 무덤 앞에 술 한잔을 붓게 하고, 대충 지은 몇 마디 말로 너의
무덤 곁에서 향을 사르고 고하노라. 네 비록 문자를 모르지만, 귀신
의 이치로 보면 통할 수 있는 법, 정성이 있으면 반드시 느끼리니,
너는 이 음식을 흠향하거라.

이 일을 남들이 보면, 반드시 나를 비웃을 것이다. 그러나 인정이 여
기에 있으니, 이렇게 함이 옳을 것이다.

祭奴文

我國奴主之分 與君臣之義 比而同之 然君之於臣 爵位而貴之 祿俸而養之 恩
已大矣 其不思報效者 罪也 主之於奴 寒餓不免 苦役偏重 怒有刑而喜無賞 少有
愆違 責之以不忠 何也 人之爲臣 心實願慕 側肩鑽進 苟賭榮利 奴則不如是 逃
遁無地 不得已而仰屬也 臣之事上 不過驅馳籌畫 而奴之事主 出沒塗炭 箠辱爲
茶飯 其實仇讐也 然君喪 臣不散髮 而奴必散髮 一如妻子也 臣亡 而君有臨弔致
祭之禮 奴沒 則主不一哀 而澆酹不及 何也

余庄土 有奴管之 死有年數 偶過而問焉 則墓不奠 久矣 乃爲文祭曰 維月日
星湖逸人 祭于故奴某之墓 嗚呼 邦有故俗 奴主之分 擬諸君臣 然君仁而臣必報
固矣 主薄而奴責忠 豈理也哉 汝平生 勤苦奉上 吾實多賴 豈忍忘之 汝有子不肖
吾曾戒之 今果流離破落 不奠其居 汝沒而墳草荒穢 不思汛除 生旣勞勤 鬼恒餒
而豈不悲乎 吾偶過此 爲之惻怛 略具餠果 使汝外孫 持而往酹 草草數語 焚告塋
側 汝雖不解文字 神理感通 有誠必覺 汝其歆焉 此事 人之見之也 必貽我駭笑
然情在於斯 其是也夫

불상족성(不尙族姓)[1]

중고(中古)시대 이전에는 족성(族姓)[2]을 숭상하지 않고 각자의 재주
와 학문으로 진출하여, 미천한 데서 몸을 일으켜 현달한 자가 있었다.

---

1) 사람을 뽑는 데 문벌을 숭상하지 않음.
2) 어떤 부류의 문벌을 말함.

그런데 근래에는 대관(臺官)[3]들의 탄핵하는 바가 문벌이 한미한 것을 최상의 제목으로 삼는 데 불과할 뿐, 그 사람의 재주와 덕이 어떠한지는 논하지 않는다. 모르기는 해도 맑은 조정의 영광스런 벼슬자리가 모두 문벌의 자손들을 위해 설치되었단 말인가? 일반 관료도 이와 같은데, 하물며 막중한 재상을 뽑는 데 한미한 출신이 어떻게 끼일 수 있겠는가? 그러니 나라의 형세가 어찌 낮아지지 않겠는가?

한(漢)나라 때의 재상은 모두 태수(太守)에서 뽑았고, 송(宋)나라 때의 재상도 모두 자사(刺史)에서 나왔다. 공경·재상의 윗자리로부터 일반 관료에 이르기까지 모두 목민(牧民)하는 자리이니, 고을을 잘 다스리는 자라면 무슨 벼슬인들 마땅치 않겠는가? 그 사람이 어진지, 그렇지 않은지는 알 수 없지만 나아가고 물러가는 데 명분이 있게 하면, 사람들이 모두 눈을 씻고 바라보며 재주와 덕을 스스로 힘쓰게 될 것이니, 어찌 크게 유익함이 있지 않겠는가?

나의 선친께서 일찍이 말씀하시기를 "세상에 상관이 없는 세 가지 일이 있다. 과시(課試)[4]는 문사(文詞)의 미악(美惡)에 관계된 것인데 정작 문사의 미악은 아무 상관이 없고, 벼슬은 재덕(才德)의 우열에 관계된 것인데 정작 재덕의 우열은 아무 상관이 없고, 옥송(獄訟)은 사리의 옳고 그름에 관계된 것인데 정작 사리의 옳고 그름은 아무 상관이 없다"고 하셨으니, 개탄하시는 바가 있어서 하신 말씀일 것이다.

不尙族姓

中古以前 不尙族姓 各以才學進 有起身微賤 而遭逢立顯者矣 近時 臺官所彈擊 不過以門地寒微爲最上題目 而不論才德之如何 未知 淸朝顯寀 悉爲閥閱子弟而設者耶 庶僚尙此如 況可與論於宰樞之重乎 國勢 安得不卑 夫漢相 皆由太守 宋相 皆由刺史 自卿相 至於庶官 莫非牧民之位 其善治郡者 何官不宜 彼其人之賢否 雖未可知 然進退有名 人皆拭目 方始以才與德自砥礪 豈非有益之大者乎 先君子嘗有言 世有三不關 課試繫於文詞之美惡 而美惡不關 職官繫於才德之優劣 而優劣不關 獄訟繫於事理之曲直 而曲直不關 蓋有嘅而言也

---

3) 사헌부(司憲府)·사간원(司諫院)의 관원.
4) 관리들에게 정규적으로 보이는 시험.

개자(丐者)[1]

홍년이 들면 걸인들이 길에 연이어, 바가지를 들고 자루를 메고서 염치없이 달려든다. 한 번 구걸에 답하지 않으면, 세 번 네 번 더욱 겸손히 구걸을 한다. 눈살을 찌푸리며 한닢 주면, 몸을 굽신거리며 받는다. 이는 대장부로서 차마 할 수 없는 일이다. 불쌍히 여겨 불러서 음식을 주는 것도 오히려 부끄러운 법인데, 더구나 호통을 치며 음식을 던져주는 모욕을 당하는 데 있어서랴?

내가 사적으로 생각해보니, 사람이 이런 경우를 면하게 되는 것도 다행이다. 내 힘으로는 실 한 올, 쌀 한 톨도 마련할 수 없으니, 생활에 필요한 물건이 어디로부터 나오겠는가? 만약 불행하게도 집안이 망해 떠돌아다니며 생계를 꾸릴 길이 막막하다면, 단지 한 가닥 의지로 가만히 앉아 죽기를 기다릴 것이니, 그렇게 되면 삼정(三鼎)을 진열하는 작은 일[2]에 가깝지 않겠는가? 구걸하러 다니며 곤욕을 당하는 것은 가볍고, 죽고 사는 일은 중하다. 그러므로 차라리 모욕을 무릅쓰고서 중함을 구하는 것이다.

내가 30년 전 날씨가 매우 찬 어느 날 저녁 서울 거리를 지나다, 다 떨어진 옷에 잔뜩 굶주린 눈먼 걸인을 만났다. 그는 하루 저녁 묵을 집이 없어서 남의 집 문 밖에 앉아 울면서 "죽여주시오. 죽여주시오"라고 하늘에 하소연하였다. 그의 마음은 정말로 죽고 싶은데 그렇게 되지 않는다는 것이다. 나는 지금까지도 그 모습을 잊을 수 없다. 그 모습을 생각하면 눈물이 쏟아지려 한다.

丐者

歲不登 丐者載道 携瓢帶橐 貿貿而至 一求不答 三告逾遜 攢眉以與之 鞠躬而受之 此大丈夫殆不堪爲之也 嗟來猶恥 況呼蹴之辱耶 余私自念起 人之得免此 亦幸矣 吾旣力不能辦一絲一粒 所資活 何從 苟使不幸而顚沛 流離產業枵空 則徒以一點氣意 安坐待死 不幾於陳三之細事耶 行乞窮困輕 而死生之故重 寧冒其

---

1) 걸인을 말함.
2) 삼정(三鼎)은 사(士)의 제사에 쓰이는 돼지고기·생선·포를 말한다. 이는 사(士)의 신분에 맞는 간소한 제사를 가리키는 말로, 여기서는 죽음을 의미한다.

辱 求其重也 余三十年前 暮過京裡 甚寒 有盲而丐者 衣弊腹飢 不得寓於舍 坐人
之門外 哭且訴天曰 願死願死 其意眞欲死 不得也 余至今 不能忘 思之 幾於隕涕

취여(取與)[1]

이윤(伊尹)[2]은 의(義)가 아니면 지푸라기 하나라도 남의 것을 취하지
않고 남에게 주지도 않았다.[3] 맹자께서 말씀하시기를 "취할 이유가 없
는데 취하면 염치를 손상하고, 줄 이유가 없는데 주면 은혜를 손상한
다"[4]고 하였으니, 마구 취하는 것은 참으로 옳지 않지만, 마구 주는 것
도 때로는 마땅하지 아니할 경우가 있다. 마구 주는 것이 꼭 호소할 데
없는 불쌍한 이를 측은하게 여겨서가 아니라, 세력과 이익을 좇거나 사
사로이 좋아하는 마음에서 대부분 나오기 때문에 꼭 주어야 할 경우엔
도리어 괄시를 한다.

재물은 누구나 다 얻고 싶어하는 것이다. 나에게 있는 재물을 남에게
줄 경우, 그다지 곤궁하지 않은 사람일지라도 끝내 사양하는 이가 드물
다. 그러니 아무리 재물이 많더라도 어찌 하루아침에 다 없어지지 않겠
는가? 내가 살아가는 데 없어서는 안될 물건을, 하등 가질 이유가 없는
자에게 준다면, 그것이 옳겠는가? 그러므로 은혜를 베풀되 절도가 없으
면 국가도 폐해를 받는데, 하물며 일반인에게 있어서랴? 오직 불쌍히 여
길 만큼 어려운 사람에게는, 나의 재물이 넉넉하고 부족함을 따지지 말
고 도와주어야 한다. 공자께서 말씀하시기를 "위급한 사람을 구제해주고,
부유한 자에게 더 보태주지 않는다"[5]라고 하였는데, 지금 사람은 위급한
자에게는 모른 체하고, 부유한 자에게 넉넉하게 해주는 경우가 많다.

取與

伊尹 非其義 則一介 不以取與人 孟子謂 可以無取而取 傷廉 可以無與而與

---

1) 재물을 취하거나 남에게 주는 것.
2) 은(殷)나라를 일으킨 탕(湯)을 도와 왕도 정치를 편 인물.
3) 이 말은 『맹자』「만장 상(萬章上)」 제7장에 보인다.
4) 이 말은 『맹자』「이루 하(離婁下)」 제23장에 보인다.
5) 『논어』「옹야(雍也)」 제3장에 보인다.

傷惠 濫取 固不可 濫與 亦有時乎非宜也 濫與者 未必皆惻然於無告 多出於勢利
私好之間 至可以與 則反惄焉 財者 衆之同欲 我有物 持以與人 雖非窘甚 終辭
者 幾希 幾何不至於一朝而盡之耶 以我之待用不可闕者 散之於無取而取者 可
乎 故施惠無節 國亦受弊 況匹夫乎 惟其可矜 則吾之餘欠 有不可計矣 孔子曰
周急不繼富 蓋今之人 忍於急 而優於富者 衆矣

기한작도(飢寒作盜)[1]

어리석은 백성이 헐벗고 굶주림에 지치면 도적이 되어 삶을 구하니,
마치 이[蝨]와 같다고나 할까? 이는 옷의 솔기에 붙어사니, 사람을 깨
물지 않고서는 살 수가 없다. 형체를 가진 생명체로서 죽음을 면하려고
하는 것은, 괴이한 일이 아니다. 이의 입장에서 볼 때, 차라리 죽을지언
정 사람을 깨물지 않는 것이 어찌 가능하겠는가? 이가 사람을 깨물어
피부를 상하면, 사람은 알아차리지 못할 리가 없다. 따라서 사람도 부
득이 불에 태워 죽일 수밖에 없다. 이는, 사람을 물지 않으면 굶어 죽
고, 사람을 물면 타 죽는 처지에 놓여 있다.

어리석은 백성이 도적이 되어 삶을 구하는데, 부득이하여 그들을
잡아죽이기는 하지만, 그 정상은 용서할 만한 점이 있다. 증자(曾子)
께서 말씀하시기를 "만약 그들의 실정을 파악하거든 그들의 사정을
불쌍하게 여기고 그들을 처벌하는 것에 대해 기뻐하지 말라"[2]고 하
였다.

飢寒作盜

愚民 迫於飢寒 作盜而求生 其猶蝨乎 蝨處衣縫 非咬人 將無以爲生 旣有形
軀 求所以免死 無怪也 在蝨 寧死而不咬人 可乎 咬而傷膚 人未有不覺之理 人
亦不得已而烘殺 不咬飢死 咬又烘死矣 愚民 作盜求生 雖不得已而禽 殺 然情有
可恕 曾子曰 如得其情 哀矜而勿喜

---

1) 백성들이 굶주리고 헐벗은 나머지 도적이 된다는 말.
2) 『논어』 「자장」(子張) 제19장에 보인다.

금민매노(禁民賣奴)[1]

어떤 사람이 말하기를 "노비법을 개혁할 수 없다면 노비의 매매를 허락하지 않는 것이 마땅하다"고 하였으니, 이 말은 실로 타당하다. 왕망(王莽)[2]도 "노비를 소나 말처럼 매매하며 함부로 그들의 목숨을 끊는 것은 천리를 어기고 인륜을 저버리는 일이다"라고 하였으니, 그 말 역시 옳다.

남의 종이 된 남녀는 다 원통하고 억울함을 하소연할 데 없는 사람들이다. 그런데 그 가운데서도 주인집에 매여 사역 당하는 자는, 그 고달픔이 배나 더하여 거의 사람 대접을 받지 못한다. 남의 노비를 사는 사람은 모두 부려먹기 위해서이다. 노비의 매매를 금지하여 노비를 팔지 못하게 하면, 한 집에서 할 일은 반드시 한계가 있게 마련이니, 노비가 많은 집의 노비는 한가한 틈을 낼 수도 있을 것이다.

덕도 지위도 없고, 문신도 무신도 아니면서, 다른 사람을 사역시키며 편안히 앉아 배부르게 먹고 따뜻하게 지내고 있으니, 이 무슨 도리인가? 만약 이 법처럼 노비를 팔고 사지 못하게 한다면, 노비가 없는 사람은 부득이 자기 힘으로 농사를 지을 것이다. 이것이 첫번째 유익함이다.

먼 변방의 서민들은 선대의 계통이 불분명하고 이름을 서로 바꾸어 부르기 때문에, 간사하고 범람한 무리들이 백방으로 이익을 엿보아 매수한다는 명목으로 문건을 위조해 농간을 부린다. 그러므로 거기에 말려드는 자가 또한 많다. 만약 이 법처럼 노비를 팔고 사지 못하게 한다면, 백성들이 그런 농간에 걸려들지 않아 한숨을 돌릴 수 있을 것이다. 이것이 두번째 유익함이다.

사람은 금수가 아니다. 비록 습속에 따라 사역을 당하지만, 어찌 소나 말처럼 매매할 수 있는 물건이겠는가? 설사 노비를 매매하는 경우가 있다고 하더라도, 그 값의 경중을 따져 일정한 기간이 지나면 그쳐

---

1) 백성에게 노비의 매매를 금함.
2) 전한(前漢) 말기의 인물로 한나라를 무너뜨리고 신(新)나라를 세웠다가, 후한(後漢) 광무제(光武帝)에게 멸망당했다.

야 한다. 그리고 중국의 풍속처럼 그 자손까지 사역시키는 것은 허락하지 않는 것이 옳다. 만약 노비를 팔고 사지 못하게 법으로 금한다면, 나라 안의 미천한 사람들이 고무되어 은혜에 감격할 것이다. 이것이 세 번째 유익함이다.

禁民賣奴

或謂 奴婢之法 旣不可革 則宜不許買賣 此說實當 王莽云 奴婢之市 與牛馬同 顑斷其命 逆天悖倫 其言則是耳 夫爲奴爲婢 寃愼無告 而其中仰役於主家者 勞苦 倍增 殆無人理 買人奴婢者 悉爲役使故也 禁不得賣 則多奴之家 役必有限 或冀 有間住也 且無德無位 不文不武 而役使他人 安坐而飽煖 是甚道理 若如此法 或 無奴者 不得己力作 其益 一也 遠方氓庶 先系不明 名號互換 故奸濫之徒 窺利百 道 稱爲買取 僞券詐售 誤陷者 亦多 若如此法 民或可以脫漏而假息焉 其益 二也 人非禽獸 雖或循俗役使 而豈合買賣如牛馬乎 雖或買賣 視價輕重 限年而止 不許 役其子孫 一如中國之俗 可也 若立禁法 域中之賤人 必鼓舞感惠矣 其益 三也

사암 능양(思庵能讓)[1]

순(舜)임금이 다스리던 세상에는 훌륭한 신하들이 서로 사양하여 조금도 시기하거나 혐의하는 생각이 없었다. 오직 벼슬자리는 적임자를 얻고, 사람은 그 직책에 알맞게 하는 것으로 마음을 삼았다. 그래서 삼대(三代)[2]의 말기까지 이 풍조가 그대로 남아 있게 되었다.

춘추시대 진(晉)나라 조최(趙衰)는 세 사람에게 사양했다.[3] 난지(欒枝)·선진(先軫)·선차거(先且居)[4]는 모두 사직을 호위할 만한 인물이었으니, 이른바 '의(義)로운 사양을 잃지 않았다'고 하겠다. 또 원계(原

---

1) 사암(思庵) 박순(朴淳)은 겸양에 능했다는 말.
2) 하나라·은나라·주나라 시대를 말함.
3) 춘추시대 진나라 임금이 조최를 경(卿)으로 삼자, 조최가 사양하기를 "난지(欒枝)는 정신(貞愼)하며, 선진(先軫)은 지모가 있으며, 서신(胥臣)은 학식이 풍부하여 모두 보상(輔相)이 될 수 있습니다. 신은 그들만 못합니다"라고 하여 사양하였다. 『국어』(國語) 「진어」(晉語)에 보인다. 또 『춘추좌씨전』 희공(僖公) 27년 조에도 조최가 난지와 선진에게 사양했다는 기록이 보인다.
4) 선진의 아들임. 조최가 선차거에게 벼슬을 사양했다는 기록은 보이지 않으니, '선차거'(先且居)는 '서신'(胥臣)으로 보는 것이 옳을 듯하다.

季)는 호언(狐偃)에게 사양하고, 호언은 호모(狐毛)에게 사양하면서[5] 성심껏 어진 이를 추천했으니, 이 일은 숭상할 만하다.

그런데 후세에 이르러서는, 벼슬에 임명되면 모두 겸손한 말로 사양하지 않는 것은 아니나, 그 마음을 살펴보면 모두 팔을 걷어붙이고 한꺼번에 천금을 끌어들일 속셈을 가지고 있다. 한 사람도 남을 추천하여 재능 있는 이에게 벼슬자리를 양보했다는 말을 들어본 적이 없으니, 이러고서야 어찌 순희(淳熙)의 풍조[6]를 바랄 수 있겠는가?

우리나라의 경우, 선조(宣祖) 때 퇴계 선생(退溪先生)이 예문관(藝文館) 제학(提學)에 임명되자, 대제학(大提學) 박순(朴淳, 1523~89)이 아뢰기를 "신이 나라의 문장을 주도하는 자리에 있는데 이황(李滉, 1501~70)이 제학에 제수되었습니다. 나이 많고 큰 덕을 지닌 학자가 도리어 낮은 지위에 있는데, 초학자인 후배가 윗자리를 차지하고 있으니, 사람을 쓰는 것이 뒤바뀌었습니다. 청컨대 직임을 바꾸어 제수하소서"라고 하였다.

선조가 대신들에게 의논할 것을 명하자, 모두 박순의 말이 당연하다고 하였다. 이에 선조가 박순과 서로 바꿀 것을 명령했다. 아름다워라, 사암(思庵)의 어짊이여! 세속에 모범이 될 만하도다. 그러나 지금 사람들은 이욕(利欲)만을 멋대로 부리며 이런 것을 본받는 사람이 없으니, 어찌하랴? 아, 슬픈 일이다.

思庵能讓

虞舜之世 群臣濟濟相讓 了無猜嫌意思 惟以官得其人 人得其職 爲心 三代之季 此風猶有存者 晉趙衰三讓 如欒枝・先軫・先且居 皆社稷之衛 所謂不失義讓也 又如原季讓狐偃 狐偃讓狐毛 誠心推賢 其事可尙 至於後世 凡有除拜 亦莫不巽辭謙退 而原其心 皆攘臂攫金之意 不聞一人有推人歸能之語 寧有望於淳熙之風耶

惟我宣祖朝 退溪先生 拜藝文館提學 時大提學朴淳 啓曰 臣爲主文 而李某爲提學 高年碩儒 反居小任 而後進初學之士 乃處重地 用人顚倒 請遞其任 以授之上命議于大臣 皆以淳言爲然 於是 命與淳相換 美哉 思庵之賢 足以範俗 奈今之

---

5) 『국어』「진어」에 보인다. 『춘추좌씨전』에도 호언이 호모에게 사양했다는 기록이 보인다.

6) 순희는 남송(南宋) 효종(孝宗)의 연호임. 이는 어진 이를 등용하여 정치가 잘되던 시대의 풍조를 가리킨다.

利欲肆行無人觀效何 噫

유상 수산(柳相手傘)[1]

문정공(文貞公) 유관(柳寬, 1346~1433)은 우리 조정의 이름난 정승
이다. 청렴결백하고 검소하여, 사는 집이 비·바람을 가리지 못했다.
일찍이 한 달 넘게 장마가 계속되어 집안에 주룩주룩 비가 새었다. 공
이 손수 우산을 펴들고 빗줄기를 피하면서 부인을 돌아보고 말하기를
"우산이 없는 집에서는 어떻게 견딜까?"라고 하였다. 그러자 부인이 말
하기를 "우산이 없는 사람들은 반드시 다른 대비를 하였을 것입니다"
라고 하니, 공이 웃었다고 한다.

세상 사람들이 이를 이야깃거리로 삼아, 공의 검소함을 아름답게 여
기면서도 공이 세상 물정에 어둡다고 비웃는다. 그러나 나는 이렇게 생
각한다. 이 일을 가지고 어찌 공의 뜻을 다 알겠는가? 공의 이 말에는
남보다 뛰어난 점이 두 가지가 있다. 은택이 당시에 아랫사람들에게 다
미치지 못했다는 것이 한 가지이고, 백성이 당시에 다 구제되지 않았다
는 것이 한 가지이다. 그러니 오막살이에서 사는 백성이 어찌 흉금을
털어놓고 감탄하지 않았겠는가?

자기의 괴로움으로 인하여 다시 남의 어려움을 염려한 것이, 두보(杜
甫)의 시에 "어찌하면 천만 칸 넓은 집을 얻어서, 천하의 가난한 선비
들을 크게 보호하여 모두 환한 얼굴을 만들 수 있을까?"[2]라고 한 것과
일관된다. 우산이 없는 사람들을 걱정한 것은, 천하의 백성을 보호하고
자 해서이다.

외부의 물질로 자신을 받드는 자는, 자기보다 나은 자로 비유를 들
면 아무리 넓은 집과 부드러운 담요를 깔고 살지라도 오히려 그것을
부족하게 느낀다. 스스로 너그럽게 잘 처신하는 자만이, 항상 자기보다

---

1) 정승 유관(柳寬)이 손수 우산을 펴 들고 방안에 떨어지는 물을 피하였다는 말.
2) 이 시는 두보의 「모옥위추풍소파가」(茅屋爲秋風所破歌)의 한 구절이다.

못한 자와 비교를 한다. 비록 비가 주룩주룩 새는 집에서 살지라도 오히려 우산이 없는 집에서 사는 사람들의 괴로움이 더 심하리라는 것을 생각하게 되면, 자신은 스스로 위안이 될 것이다.

공이야말로 명분을 돌아보고 의(義)를 생각하신 분이로구나. 이 어찌 자신의 분수를 지켜 그 요령을 터득한 것이 아니겠는가? 곧 영계기(榮啓期)[3]에 버금가는 분이다. 나에게 괴로움이 있는 것을 통해 남에게도 그런 경우 대비함이 있어야 한다는 점을 이해하지 못한다고 한다면, 이는 어리석은 사람 앞에서 꿈얘기를 하는 격이다.

柳相手傘

柳文貞公寬 國朝名相也 廉潔儉素 所居不蔽風雨 嘗霖雨經月 屋漏如麻 公手傘庇雨 顧謂夫人曰 無雨傘之家 何以能堪 夫人曰 無傘者 必有備 公笑 世以此爲談柄 嘉公之儉 而笑公之不曉事也 余謂 此何足以知公 公於此 有過人者 二膏澤 時未盡下也 蒼生 時未盡濟也 則蔀屋之下 豈無暴露而興歎者乎 因己之苦 輒復念人之艱 與杜工部廣廈千萬間 同貫 無傘之憂 蓋欲庇民於天下也

凡外物之奉身者 若以勝己者 取比 廣廈細氈 猶覺不足 惟善自寬者 常以不若已者比況 雖屋漏牀牀之中 只見得尙有無傘之家 其苦更甚 則我可以自慰耳 公其顧名思義者歟 是何自守之得其要也 卽榮啓期之亞匹 若曰 因我之有苦 而不解人之有備 是癡人前 說夢

최 완림 방노(崔完林放奴)[1]

완림군(完林君) 최후량(崔後亮, 1616~93)에게는 서출(庶出) 동생 최이원(崔以遠)이라는 사람이 있었다. 최이원의 집에는 유씨(柳氏) 성을 가진 종이 있었는데, 서애 선생(西厓先生)[2]의 후예였다. 비할 데 없이

---

3) 춘추시대 사람으로 자신의 분수를 지키며 산 인물이다. 그는 만물 가운데 사람으로 태어난 것이 첫번째 즐거움이고, 그 가운데서도 남자로 태어난 것이 두번째 즐거움이며, 어려서 죽지 않고 95세까지 산 것이 세번째 즐거움이라고 하였다 한다. 『공자가어』(孔子家語) 「육본」(六本) 및 『열자』(列子) 「천서」(天瑞)에 보인다.

1) 완림군(完林君) 최후량(崔後亮)이 노비를 놓아줌.

2) 서애(西厓)는 유성룡(柳成龍, 1542~1607)의 호이다.

천한 종의 신분이었지만, 스스로 근신할 줄 알고 주인을 정성껏 섬겨 조금도 속이는 일이 없었다. 완림군이 최이원을 불러 말하기를 "어찌 차마 이 종으로 하여금 평생 천한 일을 하며 살도록 할 수 있겠느냐? 곧 놓아 보내야 할 것이다"라고 하였다.

그 종이 대현(大賢)[3]의 후예이긴 하지만, 이미 여러 대를 내려왔고 또 비천한 종의 신세가 되었다. 그러니 어찌 그에게 유풍(流風)·여운(餘韻)이 남아 있었겠는가? 그러나 사람됨이 이와 같았으니, 이상하기도 하다. 그리고 완림군이야말로 어진 이를 사모하고 선을 좋아하는 이라고 할 만하다. 이 말이 믿을 만한 곳에서 나왔기에 적어둔다.

崔完林放奴

完林君崔後亮 有庶弟以遠 以遠有家奴柳姓者 卽西厓先生之後裔也 奴賤無所比數 亦能自謹飭 事主忠 毫末無所欺 完林招以遠謂曰 何忍使此奴 終於賤役而已耶 宜卽放去云 彼雖大賢之後 譜係旣遠 身且陷於卑汚 豈復有流風餘韻 而其人如此 可異也 如完林者 亦可謂慕賢樂善矣 夫語出信者 故記之

강릉속(江陵俗)[1]

강릉의 풍속에 예전부터 내려온 경로회(敬老會)가 있다. 매양 좋은 철에 70세 이상인 노인을 초청하여 경치 좋은 곳에서 모인다. 판중추부사(判中樞府使) 조치(趙菑)가 이를 의롭게 여겨 쌀과 베를 희사했다. 이 돈을 밑천으로 삼아 근실하고 부지런한 젊은이를 뽑아서, 이자를 늘리게 하여 경비를 마련한다. 천한 노예라도 70세가 되면 모두 참석할 수 있도록 한다. '청춘경로회'(靑春敬老會)라고 부르는데, 지금까지 남아 있다고 한다. 황 익성(黃翼成, 1363~1452)[2]의 시에 '강릉은 예의를 앞세우는 천고의 땅'[禮義相先千古地]이라는 구절이 있으니, 이런 풍속은 유래가 있었던 것이다.

---

3) 유성룡을 가리킴.
1) 강릉 지방의 풍속.
2) 조선 세종 때 정승을 지낸 황희(黃喜)를 말함. 익성은 그의 시호(諡號)이다.

근세에 수령들이 그 고을에서 향약(鄉約)을 시행하기도 하지만, 대체로 그 수령이 떠나가면 그 일도 폐지되어 끝내 유익함이 없었다. 강릉 같은 곳은 그 풍속에 따라 수정하고 보완해서 의식 절차를 간소하게 만들어 시행하기 쉽게 하였는데, 오직 노인을 공경하는 것으로 중점을 삼는다. 70세 이상의 노인을 상석에 앉히고, 60세 이하 나이든 사람들이 모두 차례대로 앉는다. 그리고 자제(子弟)들로 하여금 술잔을 올린 뒤 절하고 꿇어앉게 하여 예의의 근본을 알게 한다. 이 어찌 풍속을 교화하는 데 일조하는 것이 아니겠는가?

백성의 풍속에, 부모에게 효도하면서 어른을 공경하지 않는 자는 있으나, 어른을 공경하면서 부모에게 효도하지 않는 자는 없다. 그러므로 백성을 교화시키는 데는 어른을 공손히 공경하게 하는 것이 우선이다. 그런 까닭에 어른을 공경하는 것은 조정에서도 통하고, 고을에서도 통하고, 도로에서도 통하고, 군대에서도 통하고, 사냥을 하는 데서도 통하는 것이다.

우(虞)나라[3] · 하(夏)나라 · 은(殷)나라 · 주(周)나라 때에는 나이든 이를 무시한 적이 없었으니, 이 세상에서 나이든 이를 귀히 여긴 지가 오래되었다. 천자가 늙은이를 봉양할 적에, 소매를 걷고 고기를 베어 장을 찍어서 먹이며 잔을 잡고 술을 올린다.[4] 그때 삼공(三公)은 자리를 바르게 하고, 구경(九卿)은 신을 정렬하니, 이는 모두 나이든 이를 높여 공경심을 보여주는 것이다. 천하 사람들로 하여금 보고 느끼어 공경심을 불러일으키게 하는 것이니, 어찌 아무 의미 없이 하는 일이겠는가? 이는 몸으로 실천해 보임으로써 가르치는 것이다.

내가 일찍이 사람들에게 깨우치기를 "어떤 사람이 아무리 박학하고, 문장에 능하고, 재주가 많고, 성대한 명예가 있고, 높은 벼슬에 올랐다 하더라도 내가 힘써 노력하면 그 사람보다 더 나을 수 있다. 그러나 나이가 많은 것만은 이런 이치가 없으니, 감히 거만하게 대할 수 있겠는가? 강릉의 풍속이 아름답다. 그들이 잘 아는 것을 가지고 깨우쳐주는

---

3) 순(舜)이 다스리던 나라를 말함.
4) 『예기』 「악기」(樂記) 및 「제의」(祭義)에 보인다.

경우에는 쉽게 들어가면서도 튼튼해지고, 그들의 습관에 따라 인도하면 기쁜 마음으로 실천해 오래 간다. 이로부터 미루어 넓혀서 이웃 고을로 하여금 본받게 한다면, 마침내 그 교화가 온 세상에 널리 퍼져나가게 될지 어찌 알겠는가? 『시경』에 '백성을 밝게 깨우치기가 매우 쉽다[5]고 한 것이 바로 이런 경우를 두고 말한 것이다"라고 하였다.

江陵俗

江陵之俗 舊有敬老會 每値良辰 請年七十以上 會于勝地 判府使趙菡 義之捐米布 立泉寶 擇子弟謹勤者 幹其斂散以爲資 雖僕隷之賤 年登七旬 皆許赴 名曰靑春敬老會 至今不廢云 黃翼成詩云 禮義相先千古地 蓋其風有由來也 近世作宰者 或行鄕約於邑中 率皆人去而事廢 終無所益 如江陵者 因其俗而增修之 簡其儀節 使易行 惟敬老爲重 旣尊七十之老 六十以下 凡耆壽者 皆有序次 使子弟稱觴拜跪 俾知禮義之所本 豈非風化之一助耶

夫呡俗 有孝而不悌 無悌而不孝者 故敎莫先於遜悌 是以 悌達於朝廷 悌達於州巷 悌達於道路 悌達於軍旅 悌達於蒐狩 虞・夏・殷・周 未有遺年者 年之貴乎天下 久矣 天子養老 袒而割牲 執醬而饋 執爵而酳 三公正席 九卿正履 皆所以尊年示悌也 使天下之人 觀感而興動 豈無所爲而爲者 以身敎也 吾嘗喩乎人曰 彼雖博學 能文章 多技藝 有盛譽 登高官 我或可以力行 而更出其右 惟年長 無此理 其敢慢之耶 江陵之俗 美矣 夫因其明而曉之者 易入而固 據其習而導之者 悅行而久 從此推廣 使旁郡化之 安知不終爲漸被之極廣耶 詩曰 牖民孔易 此之謂也

영남 오륜(嶺南五倫)

오늘날의 풍속은 폐단이 극도에 달하였다. 사람이 금수와 다른 것은 오륜이 있기 때문이다. 경기지방의 풍습은 이 가운데 겨우 세 가지만 남아 있고, 두 가지는 없어졌으니, 장유유서(長幼有序)와 붕우유신(朋友有信)은 없어지고 말았다. 그 까닭은 무엇인가? 부자 관계는 하늘이 정해준 것이어서 떼려야 뗄 수가 없고, 군신 관계는 녹봉과 벼슬에 얽매어 있고, 부부 관계는 정으로 맺어져 어긋날 수 없다. 그러나 젊은이가 과거 시험에 급제하면 나라 사람들이 우러러 나이든 어른도 굽신거

---

5) 『시경』 대아(大雅) 「판」(板)에 보인다.

리며, 붕우 관계도 세력과 이익만을 좇아 그때그때 교유하기 때문에 아침에 어울리다가도 저녁에 등을 돌리니, 그 형세가 그렇다.

오직 영남지방만은 군자가 끼친 교화를 지키고 있다. 어른을 섬길 적에는 절하고 꿇어앉으며, 나아가고 물러갈 때 윗자리를 감히 넘어가지 않는다. 친척에 대해서는 친척된 의리를 잃지 않고, 친구에 대해서는 친구된 의리를 잃지 않아서, 대대로 우호 관계를 유지하며 기쁜 마음으로 성의를 보인다. 다른 자리에서 만나면 비록 처음 보는 낯선 사람일지라도 반드시 예의에 따라 절하고 읍(揖)하며, 길손이 되어 다른 고을을 지날 때 그 마을에 나이든 어른이 계신데도 찾아뵙지 않으면 비방을 받으니, 이는 신라시대의 남은 풍속이다.

오늘날 온 나라 가운데 오륜이 구비된 고장을 찾는다면 오직 이 한 지방뿐이다. 그 까닭은 무엇인가? 산천의 형세로 징험할 수 있다. 영남의 큰 물줄기는 낙동강이다. 사방의 크고 작은 하천이 일제히 모여들어 한 점의 물도 밖으로 새어나가는 것이 없다. 그 물이 이와 같으니, 그 산도 알 수 있다. 이 점이 바로 사람들의 마음이 한데 뭉쳐서 앞에서 부르면 뒤에서 대답하고, 일이 있으면 힘을 합쳐 돕는 풍속을 낳은 것이다. 게다가 훌륭한 유학자가 대대로 태어나서 사람들을 교화시킬 만한 덕을 스스로 이룩하였으니, 그런 풍속을 바꿀 수 없게 되었다. 이런 까닭에 삼국시대에 신라가 끝내 삼국을 통일하여 1천 년을 지속하였다. 이것이 어찌 인심이 흩어지지 않았기 때문이 아니겠는가?

이뿐만이 아니다. 선비를 논할 때에도 벼슬자리로 하지 않는다. 한 고을에서 명망을 얻지 못하면 자신이 청현직(淸顯職)[1]에 올랐더라도 알아주지 않는다. 선현(先賢)을 대단히 사모하기 때문에 퇴계(退溪)[2]·남명(南冥)[3]·서애(西厓)[4]·한강(寒岡)[5]·우복(愚伏)[6]·여헌(旅軒)[7] 등

---

1) 사헌부·사간원·홍문관 등의 벼슬자리를 말함.
2) 이황(李滉, 1501~70)의 호임.
3) 조식(曺植, 1501~72)의 호임.
4) 유성룡(柳成龍, 1542~1607)의 호임.
5) 정구(鄭逑, 1543~1620)의 호임.
6) 정경세(鄭經世, 1563~1633)의 호임.
7) 장현광(張顯光, 1554~1637)의 호임.

여러 선생의 문하에 출입한 자는, 그 후세 자손을 모두 우족(右族)[8]으로 일컫는다. 그리고 그의 조상들에게 벼슬이 없는 것을 말하려 하지 않는다. 그러므로 선비가 행실을 힘써, 벼슬길에 나간 뒤 지탄을 받고 해직되어 돌아오는 것을 욕되게 여기며, 시속에 영합하는 것을 천하게 여긴다. 우리나라에서 문벌을 숭상하는 풍습이, 오직 이 한 지방에서만 용납되지 않는다.

이 지역의 풍속은 게으르지 않고 부지런하며, 사치하지 않고 검소하다. 밤에 부녀자들은 길쌈을 하고, 남자들은 짚신을 삼는다. 혼인을 하거나 상을 당하면 집안의 형편에 따르는데, 벗과 친척이 도와주어 파산하고 떠돌아다니는 근심을 면한다. 백성은 모두 그 지역에 뿌리를 내리고 농사를 지으며 살아, 교활한 도적떼가 일어나지 않는다. 국가에 변란이 있으면 서로 이끌고 환난에 대처하여 생사를 돌보지 않는다. 글을 읽고 사리에 맞는 말을 하며, 행실과 재능이 드러난 사람이 있으면 옷깃을 여미고 스승으로 높이지 않음이 없다.

이 때문에 영남을 풍속이 후덕하고, 살기 좋고, 인의(仁義)가 있는 고장이라고 하는 것이다. 이를 버린다면 어디에 의지할 것인가? 조정에 있는 귀족들은 이익을 탐하여 나아간 자들이다. 따라서 이익이 다하면 배반을 한다. 그러므로 신하는 모름지기 겸양하는 사람들 사이에서 구해야 한다. 공자께서 말씀하시기를 "능히 예로써 사양하면 나라를 다스리는 데 무슨 어려움이 있겠는가?"[9]라고 하였는데, 영남에만 이런 풍습이 남아 있다.

嶺南五倫

今之俗 弊極矣 人之異於禽獸者 以其有五倫也 畿甸風習 僅存者三 而闕其二 至長幼・朋友 則梏喪盡矣 其故 何也 父子天屬 離不得 君臣 縻於祿位 夫婦情好 未能悖背 幼稚登科 國人仰欽 長老爲之屈下 勢利乍合 朝執袪而暮褰 其勢然也 惟嶺之南 尙守君子之餘化 事長之禮 拜跪 進退 莫敢違越 親也 不失其爲親 故也 不失其爲故 傳世舊好 懽然示誠 遇諸他座 雖未嘗識面 必拜揖如儀 客過他邑 里有長老 不謁 則致譏 此新羅遺俗也

在今 環域之中 求五倫備具之鄕 惟此一區 是也 其故 何也 山川風氣 可驗 凡

---

8) 명망 있는 높은 집안을 말함.
9) 『논어』「이인」(里仁) 제13장에 보인다.

嶺南之大水 曰洛東 四圍群川 鉅流微淙 一齊合同 無一點外泄 其水如此 其山
可知 此爲衆情萃聚 有倡必和 當事則倂力 加之儒賢代興 自爲聲教 不可以嬗變
也 是以 三國之際 惟新羅卒能統三 傳歲一千 豈非人心之不渙耶 不獨此也 論
士 不以官位 苟非郡望 雖身取靑紫 不與數焉 悅慕先賢之甚 故其出入退溪・南
冥・西厓・寒岡・愚伏・旅軒諸先生門者 其綿世子孫 皆稱右族 祖禰之無爵 不
屑道也 是以 士懋行檢 入仕以後 以白衣踰嶺爲辱 以投合時好爲賤 東邦尙閥之
習 惟此一區 不得售焉

以土風言 則勤而不惰 儉而不奢 婦女必夜績 士皆履屩 昏喪 隨家有無 朋親
助需 免傾覆流離之患 民皆土著業作 猾盜不得作 國家有事 相率而赴亂 不計死
生 苟有讀書談理 行能之表見者 亦莫不斂袵而尊師之 是謂厚俗・樂郊・仁義之
鄕 捨此 將何所依歸 凡朝貴之貪進以利 利盡則叛 故須求臣於退讓之間 子曰 能
以禮讓 爲國乎 何有 惟嶺南有是

이어유치(以御喩治)[1]

나라를 잘 다스리는 사람은 반드시 말을 모는 것으로 비유한다. 그
러므로 말을 잘 모는 사람이 말에 대해 세심한 관심을 쏟는 것은, 나라
를 잘 다스리는 사람이 백성을 잊지 않는 것과 같다. 『시경』에 "부드러
운 실끈을 잡듯이 고삐를 잡고, 두 마리 참마(驂馬)[2]는 춤을 추듯이 잘
어울린다"[3]고 하였다. 모든 치장이 여기에 갖추어지면, 그 문채가 저기
서 나게 마련이다. 마음이 손을 잊지 않고, 손이 고삐를 잊지 않아서
말방울은 서로 조화를 이루며 울리고, 복마(服馬)[4]는 가지런하고 참마
는 춤을 추듯이 조화를 이루는 것이다.

왕량(王良)[5]이 말을 몰 적에, 만약 말이 사람의 말을 할 수 있다면
반드시 다음과 같이 말했을 것이다. "아, 즐겁구나. 이분은 나를 잘 먹

---

1) 말을 모는 것으로 정치를 하는 데 비유함.
2) 예비용 말을 말함. 한 대의 수레를 네 마리 말이 끌 경우, 가운데 두 마리 말은
   실제로 수레를 끄는 말로 이를 복마(服馬)라 하고, 양쪽 가에서 따라가는 말은
   복마가 지쳤을 때 대신 수레를 끌기 위한 말로 이를 참마라 한다.
3) 『시경』 정풍(鄭風) 「대숙우전」(大叔于田)에 보인다.
4) 수레를 실제로 끄는 말. 앞 주 참조.
5) 춘추시대 말을 잘 몰던 사람.

여 파리하지 않게 하고, 나를 몰 적에는 도가 있구나. 하루 종일 달려도 피로한 줄 모르겠다.” 그러나 동야필(東野畢)[6]이 말을 몰 적에, 만약 말이 사람의 말을 할 수 있다면 반드시 다음과 같이 말했을 것이다. “두렵구나. 나를 제대로 먹여 살리지는 않고, 나를 몰 적에는 틈을 주지 않는구나. 하루 종일 달려도 감히 피로한 기색을 보일 수 없으니, 기력이 다하고 형세가 급박하면 수레를 뒤엎게 되리라.”

내가 말을 타거나 짐을 실을 때 살펴본 적이 있다. 안장을 얹고 끈을 맬 때 부주의하면 가죽이 찢어지거나 살이 패기도 하며, 꼴이 넉넉하지 못하면 병들거나 굶주려 땀을 흘리기도 하며, 물건을 실을 때 살피지 않으면 힘이 약해 쓰러지기도 하였다. 말은 그런 사정을 말할 수 없다. 그러므로 사람은 오히려 소리를 지르며 노하여 채찍질을 한다. 만약 말이 호소할 적에 사람이 그 정상을 살펴서, 말이 힘들어하는 점을 찾아 구제해준다면, 어찌 낭패할 우려가 있겠는가? 말이 곤궁함을 당했을 때는, 호소할 길도 없고 벗어날 방법도 없다. 온갖 원망과 근심이 가슴에 가득 쌓여도 발설하지 못하고 참아야 한다. 사람의 마음으로 미루어 보면 어찌 측은하지 않은가?

눈앞에 직접 보이는 일도 이처럼 밝지 못하다. 구렁에 쓰러진 지친 백성의 목숨이 끊어질 지경에 이르렀는데도, 궁궐은 바닷속처럼 깊고 임금이 계신 곳은 땅 끝처럼 멀기만 하다. 그런데 이런 백성의 사정을 임금에게 보고하는 관리가 없으니, 그 죄가 어찌 말 모는 법도를 어긴 것과 같을 뿐이겠는가? 그러므로 어진 정치는 반드시 백성을 친애하는 것으로부터 시작되는 것이다.

以御喩治

善治國者 必以御爲喩 故善御者 不忘馬 如善治之不忘民也 詩云 執轡如組 兩驂如舞 總紕於此 成文於彼 心不忘手 手不忘轡 鑾鳴和應 服齊驂舞也 王良之御也 使馬有言則必曰 樂矣 養我不疲 驅我有道 終日行而不知倦 東野畢之御也 使馬有言必曰 畏矣 養我失宜 驅我不暇 終日行而不敢倦 氣竭勢急 至於覂駕也 吾嘗驗於騎乘 韝鞍不察 或皮盡而肉穿 蒭豆不贍 或病飢而汗流 載物不詳 或力

---

6) 중국 고대 말을 잘 몰기로 이름이 난 사람인데, 말의 사정을 감안하지 않고 모질게 다루었던 듯하다.

弱而顚蹶 馬不能言 故人猶疾聲而怒之 舉鞭而策之 如使物有所訴 人審其情 隨其
窘而抹之 寧有敗事之憂 當其困也 訴之無階 脫之不售 十寃九憫 塡胸溢肚 忍而
不洩也 以心推及 寧不爲之惻然 目下親覩 尙如此不明 況殘氓溝壑之命 阽陌於將
死之地 而門闕深於溟海 堂陛遠於埏垓 而有司莫以告 其罪 豈啻御失其方乎哉 是
以 仁政 必自親民始

덕행·문사(德行文詞)

세상의 교화가 쇠퇴해진 뒤에, 사람들은 재능이 많은 것을 두려워한
다. 재능이 도리어 해가 되기 때문에, 재능이 많은 것이 무능하여 순수
함을 온전히 하는 것만 못하다는 것이다. 정신은 지혜나 기교를 부리는
데 허비하고, 재간은 이해(利害)를 따지는 데 허비하고, 문채는 명예를
추구하는 데 허비하고, 근력은 교유하는 데 허비하니, 마치 병기는 폭
력을 금지하기 위한 것인데 난리가 나 사람을 죽이고, 술은 예를 행하
기 위한 것인데 술에 취해 인륜을 어지럽히는 것과 같다. 이는 애초 마
음이 나아갈 방향을 바꾼 데 불과하다. 그렇게 방향을 바꾼 까닭은 무
엇인가? 교화가 행해지지 않기 때문이다. 교화는 무엇으로 우선을 삼
는가? 덕행(德行)일 따름이다.

후세에는 사람을 취할 적에 반드시 문사(文詞)를 주로 한다. 덕행이
있는 사람이라고 해서 반드시 문사에 능한 것은 아니다. 그러므로 문사
를 주로 하면 덕행이 있는 이를 저버리게 된다. 오늘날 문사를 힘쓰는
자들도, 어찌 덕행을 말하지 않겠는가? 그러나 입으로는 덕행을 말하
면서도 마음은 어긋나 있다. 이는 세상 사람이 모두 입을 귀하게 여기
고, 마음을 천하게 여기기 때문이다. 마음과 행적이 다르지 않다면, 문
사로 사람을 뽑아도 괜찮을 것이다.

德行文詞

世敎旣衰 人懼多能 能反爲害 故不若無能之全其純愚也 以精神循智巧 以才
幹循利害 以文彩循名譽 以筋力循交遊 比如 兵器所以禁暴 而胡亂殺人 酒醴所
以行禮 而狂酗悖倫 其初不過一箇主宰趣向易方也 其所以易者 何也 敎不行也
敎以何爲先 德行而已 後世取人 必主文詞 德行者 未必文詞 故主此則出彼 今之

文詞者 何嘗不言德行 口德行而心悖之 世皆貴口而賤心故也 如使心迹之不判
雖文詞 可也

속유 척불(俗儒斥佛)[1]

성인의 가르침은 도를 독실히 믿고 배우기를 좋아하며, 도를 사수(死
守)하고 도를 선(善)히 하는[2] 데 있다. 선가(禪家)의 학문이 우리와 어
긋나 도가 그릇된 데 대해서는 차치하고라도, 그들이 존심(存心)하는
점을 보면 성인의 말씀처럼 매우 독실하다. 그들의 잘못은 치지(致知)[3]
가 온당치 못한 데 불과할 뿐, 성의(誠意)의 공부는 남은 힘을 조금도
허비하지 않는다. 오늘날 유생들의 학술을 보면, 어찌 이런 독실함에
이른 적이 있던가?

그 까닭은 무엇인가? 유생들의 마음에 공명(功名)·기욕(嗜慾)[4] 등
허다한 사심이 있기 때문이다. 비유컨대 바른 길이 앞에 있지만 샛길이
모두 사람을 현혹시켜 마음을 전일하지 못하게 한다. 마음이 전일하지
못하기 때문에 성실하지 못하고, 성실하지 못하기 때문에 일이 이루어
지지 않는다.

오늘날 유학을 공부하는 자들은 말끝마다 이단(異端)을 배척한다.
그러나 그들 마음에, 유학은 부지할 만하고 불교는 배척할 만하다는 점
을 분명히 알고서 그러는 것일까? 알 수 없다. 도를 보는 것이 분명치
못하면 믿는 것이 독실하지 못하게 된다. 나는, 불가에서 스승을 높이
듯이 우리의 도를 믿고 지키는 자를 아직까지 보지 못하였다. 이런 식
견을 가지고 어떻게 정밀하고 전일한 마음으로 독실히 공부하는 승려
들을 배척하겠는가? 우습기도 하고 민망하기도 하다.

내 생각으로는, 속된 선비들이 승려에 미치지 못하는 점이 네 가지가

---

1) 속된 선비들이 불교를 배척한다는 뜻.
2) 이 말은 『논어』「태백」(泰伯) 제13장에 보인다.
3) 격물치지(格物致知)의 치지로, 사물의 이치를 궁구하는 것을 말한다.
4) 기호(嗜好)와 욕심(慾心).

있다. 스승을 높이고 도를 믿는 것이 첫번째고, 마음을 안일하게 하지 않는 것이 두번째고, 식욕과 색욕을 끊는 것이 세번째고, 만물에 자비를 베푸는 것이 네번째다. 식욕·색욕·자비·사랑에 대해서는 중도에 지나친 점이 있지만, 속된 선비들이 마음을 방자하게 갖고 욕심을 끝까지 부리는 것에 비교하면 과연 어떠한가? 내가 절간에서 지낸 적이 있는데, 승려들이 사대부보다 낮거나 비슷한 점을 보고 탄식한 적이 있다.

俗儒斥佛

聖人之敎 篤信好學 守死善道 姑置禪家之學差而道誤 只觀其存心 十分如此 其失不過在致知之未當 而誠意之功 則不遺餘力 察世之儒術 何嘗及此 其故 何也 有功名嗜欲 許多私意在也 比如 正路在前 而側逕皆足以眩人 心便不專 不專故不誠 不誠故不成 今儒術 信口斥異端 其心 果明知此可扶而彼可斥耶 未可知也 若見道不明 則信之不篤 吾未見信守此道 如佛之尊師者也 用此見識 將何以闢去精專之篤學耶 可笑 又可憫 余謂 俗儒不能逮彼者 有四 尊師信道 一也 無偸心 二也 絶食色 三也 慈物 四也 食色慈愛 雖或過中 比俗儒之恣情窮欲 果何如也 余嘗居山寺 輒歎緇徒之勝似冠紳也

집법(執法)[1]

당(唐)나라 때 양관(楊綰)[2]이 정승으로 제수되던 날, 곽자의(郭子儀)가 손님에게 잔치를 베풀다가 그 소식을 듣고 음악 연주자의 수를 5분의 4나 줄였고, 경조윤(京兆尹)[3] 여간(黎幹)은 수행원을 줄여 10명의 기마병만 남겼고, 중승(中丞)[4] 최관(崔寬)은 집을 헐어버렸다. 이는 그의 신의가 평소 남들에게 알려졌기 때문이니, 정승이 되기 전에 그가 한 일을 알 수 있다. 그와 같이 하면 조정의 지체 높은 사람들에게 많은 미움을 받았을 텐데, 양관은 자신의 태도를 고치지 않았다.

우리 조정의 중엽에 정승 홍응(洪應, 1428~92)의 아우인 대사헌 홍

1) 법을 굳게 지킴.
2) 당 대종(唐代宗)의 신하로, 청렴하고 간소하고 검소하였다.
3) 수도(首都)를 다스리던 장관.
4) 궁중에서 상소문이나 탄핵안 등을 출납하며, 법률에 위배되는 점을 규찰하던 관직명이다.

홍(洪興, ?~1501)⁵⁾은 강직하기로 소문이 나 있었는데, 일찍이 임사홍(任士洪, 1445~1506)·한명회(韓明澮, 1415~87)를 논핵한 적이 있었다. 그는 이육(李陸, 1438~98)의 옆집에 살았는데 서로 사이가 좋았다. 이육이 새로 집을 지으면서 법으로 정한 규모를 초과하였다. 그러자 홍홍이 관아에 나가다, 그 집의 사람을 불러 말하기를 "만일 털끝만큼이라도 법제에 어긋나면 불법으로 논할 것이다"라고 하였다. 홍홍이 공무를 마치고 집으로 돌아와 살펴보니, 헐어서 작게 만들고 있었다.

무신 전림(田霖)이 판윤(判尹)⁶⁾이 되었을 적에, 왕자 회산군(檜山君)⁷⁾의 집을 지나다, 말을 멈추고 일하는 사람들을 불러 말하기를 "방의 수와 건물의 높이를 정해진 규정대로 하라. 법이 있으니, 정해진 제도를 넘어서는 안된다"고 하였다. 전림이 돌아올 때, 일하는 자들이 말머리 앞으로 나와 조아리며 감히 그의 말을 어기지 못하였다.⁸⁾ 중고 시대에는 나라의 풍속이 이와 같아서, 거의 당나라 정승 양관에 가까웠으니, 나라가 어찌 빛나지 않았겠는가?

執法

唐楊綰 拜相判下之日 郭子儀 方宴客聞之 減聲樂五分之四 京兆尹黎幹 省騶從 止存十騎 中丞崔寬 毀撤第舍 此孚信之素及也 未相之前 其事 可知 如此 則必多爲朝貴所不悅 而楊不爲改也 我朝中世 洪大憲興 政丞應之弟 以抗直稱 嘗論任士洪·韓明澮矣 與李陸隔墻居 相善 李新搆室過制 洪赴衙 呼與其家人語曰 若一毫違制 當論以非法 衙罷視之 盡毀以短之 武臣田霖 拜判尹 道過王子檜山君家 駐馬呼役者曰 多少高下 皆尺數有法 不可踰 及歸 役者謁於馬首 不敢違中古 國風如此 幾於楊相矣 邦國 豈不有光耶

---

5) 『국조인물고』(國朝人物考)에 실린 묘갈명(墓碣銘)에 의하면 78세에 죽은 것으로 되어 있는데, 그러면 1424년에 출생한 것이 되어 형인 홍응(洪應, 1428~92)보다 먼저 태어난 것이 되기 때문에 맞지 않는다. 따라서 향년 78세였다는 기록은 잘못이라고 볼 수밖에 없다. 『국조인물고』의 기록 가운데 임종할 무렵에 "나이 거의 70이 되었다"는 내용이 있는 것으로 보아, 묘갈명을 지은 홍귀달(洪貴達)이 68세를 78세로 잘못 안 듯하다.
6) 한성부 판윤(漢城府判尹)을 말함. 한성부 판윤은 정2품 벼슬로, 지금의 서울 시장에 해당된다.
7) 성종(成宗)의 아들인 이념(李恬).
8) 이 이야기는 『성호사설』 제25권 「전림」(田霖)에도 보인다.

삼유(三遊)[1]

내가 젊어서부터 사람들에게 글을 가르쳤는데, 학생들의 재주가 없는 것에 대한 걱정은 오히려 적고, 세 가지 해로움이 가장 큰 문제였다. 이야기나 하고 놀며 학업을 폐지하는 자들이 있는데, 이들은 여럿이 곳곳에 모여 도의적인 말은 하지 않고 우스갯소리나 하며 밤을 지샌다. 떠돌아다니며 돌아오지 않는 자들이 있는데, 이들은 장기·바둑을 두거나 활을 쏘고 사냥을 하며 동분서주한다. 잔치를 벌이고 놀며 웃고 떠드는 자들이 있는데, 이들은 돈을 모아 술을 마시며 무절제하게 취하여 재산을 탕진하기에 이른다. 이는 모두 그런 부류의 사람들이 끌어들이기 때문이다. 이런 데 뜻을 둔다면 문자는 도외시하게 되니, 그가 성공하기를 바라는 것은 어려운 일이다.

순열(荀悅)[2]의 말에 "세상에 삼유(三遊)가 있는데, 덕의 적이다. 기세를 세우고 권력에 의지하여 사사로운 교제를 맺어서 세상에 강한 세력을 세우는 자를 유협(遊俠)이라고 하며, 변설(辯說)과 간사한 꾀로 천하를 분주히 돌아다니며 당시의 세상에 나아가길 구하는 자를 유세(遊說)라고 하며, 겉으로는 인(仁)을 취하지만 시류(時流)에 부합하여 당파를 끌어들이고 헛된 명예를 세워서 권세를 도모하는 자를 유행(遊行)이라고 한다. 이 삼유는 말세에 나타나니, 난리가 이로 말미암아 일어난다"라고 하였는데, 이 말은 내가 말한 것과 대소의 구별은 있으나, 사람을 해치는 점에서는 똑같다. 순열은 종신토록 일삼을 바로써 말한 것이고, 나는 초학자들의 폐단을 든 것일 뿐이다.

三遊

余自少教人句讀 其無才之患 猶小 最有三害 有遊談廢業者 處處群聚 言不及義 諧劇至夜 有遊浪不返者 博奕射獵 東奔西鶩 有遊宴買笑者 聚錢釀飲 醉飽無節 至於損財者 皆爲徒類之引之也 苟志於此 文字爲度外 難望其有成矣 荀悅之言曰 世有三遊 德之賊也 立氣勢 藉威福 結私交 以立强於世者 謂之遊俠 飾辯

---

1) 유협(遊俠)·유세(遊說)·유행(遊行)을 말함.
2) 후한(後漢) 헌제(獻帝) 때 사람으로, 시중(侍中)을 지냈음. 『신감』(申鑑)·『한기』(漢紀) 등을 저술하였다.

說詐謀 馳逐於天下 以要時世者 謂之遊說 色取仁 合時好 連黨類 立虛譽 以爲
權勢者 謂之遊行 此三遊者 生於季世 亂之所由生也 與吾所言者 雖有大小之別
爲賊人則均 彼以終身事言 吾擧初學之弊而已

의자하기(議自下起)[1]

내가 후세 조정의 의논을 보건대, 반드시 높은 벼슬아치들이 억측으
로 결단하고, 그 아래 보좌하는 관료들은 그 의논에 참여하지 못한다.
지모(智謀)로 말한다면, 높은 벼슬아치들이 아래 관료들보다 반드시 더
낫다고 할 수 없다. 그러나 세력과 지위에 눌리어 아래 관료들은 그 의
논에 참여할 수 없다. 만약 나라가 위급함을 당했을 때, 훈신(勳臣)·
척신(戚臣)[2]·권신(權臣)·총신(寵臣)들이 마음대로 나라일을 무너뜨
리고 어지럽힌다면, 끝내 망하는 데 이르고 말 것이다.

옛날 성종(成宗) 때에는, 임금이 일반 관료들을 자주 접견하였다. 사
리에 맞는 말이 있으면, 그 말이 일반 관료에게서 나왔는지의 여부를
반드시 물었다. 만약 그 말이 일반 관료에게서 나왔으면, 그 사람을 불
러 거듭 물어본 다음, 그를 발탁하여 승진시키기도 하였다. 이 때문에
재능 있고 준걸한 이들이 떨쳐 일어나서 정치를 잘 보좌한 공적이 지
금까지도 무궁하게 빛나고 있다.

나라가 잘 다스려지느냐 어지러우냐 하는 점은 한 사람의 사사로운
문제가 아니다. 그러므로 어린아이의 말을 들을 수도 있고, 꼴 베는 사
람에게 물어볼 수도 있는 것이다. 정(鄭)나라가 진(秦)나라를 도모하자
진나라 소왕(昭王)이 아랫사람의 계책을 썼고, 당(唐)나라의 격문(檄文)
이 고구려에 이르자 남건(男建)이 그 명을 듣자고 하였으니,[3] 나라에

---

1) 조정의 의논은 아래로부터 일어나야 한다는 말.
2) 왕실과 친척이나 인척이 되는 신하를 말함.
3) 고구려 보장왕(寶藏王) 26년에 당나라가 고구려를 침공하려 할 적에 격문을 보
   내왔는데, 연개소문(淵蓋蘇文)의 아들 남건(男建)이 그들의 명을 듣자고 하여,
   군사를 압록강 가로 옮겨 진을 치자, 당나라 군사가 쳐들어오지 못하였다고 한
   다. 『삼국사기』「고구려본기」보장왕 26년조에 보인다.

도움이 된다면 어찌 귀하고 천함과 사랑하고 미워함을 구별하겠는가?

우리 조정에서는 고려 때의 도평의사사(都評議使司)⁴⁾의 제도를 따라 비변사(備邊司)를 서궁(西宮) 앞에 설치하고, 담당 재상을 뽑아 그에게 맡겨서 군국(軍國)의 일을 모두 결정하게 하였다. 그런데 뒤에는 점점 그 제도가 해이해지고 무너져서 위엄과 세력이 있는 자가 마음대로 처리하고, 나머지 관료들은 모두 가부를 결정하지 못하고 망설이며 인원만 채울 뿐이니, 매우 민망한 일이다.

나는 이렇게 생각한다. 반드시 지위가 낮고 명망이 있는 사람 수십 명을 뽑아 비변사의 관원으로 삼고, 그들과 함께 상하가 서로 의논하여 문안을 작성한 뒤, 높은 벼슬아치가 그것을 수합해 임금 앞에 나아가 아뢰고 결단하면, 임금이 그 가운데서 선택할 길이 있을 것이다. 맹자께서 말씀하시기를 "가까이 있는 신하들이 모두 죽일 만하다고 하더라도 듣지 말고, 대부들이 모두 죽일 만하다고 하더라도 듣지 말고, 나라 사람들이 모두 죽일 만하다고 한 뒤에 살펴보고서 죽일 만한 점을 확인한 뒤에 죽여야 합니다"⁵⁾라고 하였으니, 예전에는 대개 이와 같았다. 만약 신분이 낮은 자로부터 의논이 일어나지 못한다면, 이는 반드시 존귀한 자에게 눌리어 자기 의견을 펼 수 없기 때문이다.

당 헌종(唐憲宗) 때, 최군(崔群)⁶⁾이 곧은 말을 잘하고 성품이 강직하다는 것으로, 일을 아뢸 적에 반드시 최군의 서명을 받으라고 명하였다. 그러자 최군이 아뢰기를 "만일 아부하는 사람이 장관이 되면 아랫사람의 곧은 말이 나올 수 없을 것입니다"라고 하고서 그 조서를 받들지 않았다. 예전 사람들의 일을 염려한 것이 이와 같다.

또 당 고종(唐高宗) 때, 토번(吐蕃)이 대신(大臣) 중종(仲琮)을 보내 조공(朝貢)하였다. 그 지방의 풍속에 대해 묻자, 그가 대답하기를 "땅

---

4) 고려 충렬왕(忠烈王) 때 도병마사(都兵馬使)를 고친 이름. 군국(軍國)의 중대사를 의논하는 최고 의결기관이었다.
5) 『맹자』「양혜왕 하」(梁惠王下) 제7장에 보인다. 『성호사설』에서는 이 말을 그대로 인용하지 않고 그 요점만 따다가 썼는데, 번역문에서는 『맹자』의 원문을 그대로 인용하였다.
6) 당 헌종 때 이부상서(吏部尙書)를 지낸 인물이다.

이 척박하고 날씨가 추우며, 풍속은 질박하고 노둔합니다. 그러나 일을
의논할 적에는 항상 아래에서 건의하게 합니다. 그래서 사람들이 유리
하다고 하는 바를 따라 시행하기 때문에 오랫동안 유지되고 있습니다"
라고 하였다. 저 오랑캐의 풍속에도 볼 만한 점이 있는 듯하니, 취할
만하다.

　나라는 모든 사람을 합해 한몸이 된 것과 다름없다. 귀·눈·코·입
과 손·발의 마디마디 모두 각각 쓸모가 있다. 신체 어느 한 부분에 아
픈 곳이 있는데 마음이 이를 살피지 못하면 완전한 사람이 될 수 없다.
그러므로 성왕(聖王)은 사방의 사정을 살피고 사방의 말을 들어서, 온
천하 사람들의 사정을 살피고 그들의 말을 들었다. 이렇게 해야 국량이
크고 넓은 대인이 된다. 만약 여러 사람의 지혜를 물리치고 자기 마음
내키는 대로 한다면, 이는 좋은 옷에 좋은 띠를 두르고 거들먹거리다가
기력이 쇠해 끝내 난쟁이처럼 쪼그라드는 격이 될 것이니, 그가 사망하
는 것을 손꼽아 기다릴 수 있을 것이다.

議自下起

余觀後世廷論 必大官臆決 其僚佐 無得與焉 言其智慮謀爲 大官未必勝 而爲勢
位所壓 居下者 無能爲也 如危疑之際 動戚權寵 任其壞亂 馴至於滅亡而後已也
昔成廟之際 頻接百工 若其言得中 必問其出於郎僚與否 如出於郎僚 則進其人而
申訪 或擢而進之 於是 才傑奮興 佐理之績 至今垂耀無窮也 夫國之理亂 非一人
之私 故孺子可聽 蒭蕘可詢 鄭國謀秦 昭王用計 唐檄至麗 男建聞命 苟補於國 奚
別於貴賤愛憎乎 聖朝遵前朝都評議之制 設備邊司于西宮之前 擇宰執主之 軍國
之事 皆取決焉 後漸怠廢 只威勢者任處 餘皆依違無所可否 備員而已 甚可悶也
　余謂 必擇位卑而聞望者十數人 爲僚屬 與之上下論議 各成文字 大官合以奏
之 稟斷於前席 人主方有擇選之路 孟子曰 左右·諸大夫·國人 皆曰可 古者 蓋
如此 而又若不自卑者說起 必爲尊貴之所壓 不得伸其見矣 唐憲宗時 以崔群讜
直 命奏事必取群連署 群曰 萬一阿附之人 爲之長 則下位直言 無從進矣 遂不奉
詔 古人之慮事 如此 又高宗時 吐蕃遣其大臣仲琮 入貢 問其俗 對曰 地薄氣寒
風俗樸魯 然議事 常自下而起 因人所利而行之 斯所以能支久也 彼羌裔之風 亦
似有見 可取也
　國者 合萬姓以爲一身 耳目·鼻口·手足·指節 各有其用 一肌有痛 心不能
察 則不得爲完人也 故聖王明四目 而達四聰 視九州而聽四海 方爲宏廓大人 若
廢閣衆智 獨任一箇方寸 則是謂衣九尺之衣 束十圍之帶 高視潤步 而氣血不能
流通 終不免僬僥腔子 其死且亡 可指期待也

종군자법(種君子法)[1]

벼를 심으면 벼를 얻고, 보리를 심으면 보리를 얻는다. 벼를 심어서 보리를 얻는 경우는 없다. 나라에서 군자를 심는 것도 이와 같다. 소인을 심어놓고서 군자가 되기를 기다리니, 이런 이치가 있겠는가?

군자를 심으려면 어떻게 해야 할까? 그들을 북돋우고 기를 따름이다. 천하에 도가 있으면 덕이 천하 사람들에게 퍼지기 때문에 간사한 말이 나타나지 못하고 숨어버린다. 그래서 선비들은 모두 착한 일을 하는 데 분발하게 되니, 이를 두고 심는다고 하는 것이다.

공자께서 말씀하시기를 "여러 사람 속에서 선발하여 고요(皐陶)[2]를 등용하자, 어질지 못한 자들이 멀어졌다"[3]고 하였다. 이는 소인이 물러가고 대인이 나오는 기회인데, 그 권력을 잡고 알선하는 사람이 바로 임금이다. 순열(荀悅)[4]의 말에 "교화가 행해질 때는 중인(中人)을 이끌어 군자의 도에 들어가게 하지만, 교화가 폐해질 때는 중인을 이끌어 소인의 경지로 떨어지게 한다"고 하였다.

후세의 정치는 소인을 심어놓고 참소하고 아첨하는 것을 기뻐하여, 그들을 권장하고 포상하지 않음이 없다. 곧은 도를 가진 사람이 있을지라도, 바로 그들의 배척을 받는다. 마치 가라지가 무성하여 아름다운 곡식이 그 때문에 자라지 못하는 것과 같으니, 어떻게 나아가 공을 이룰 수 있겠는가? 경전(經典)에 "임금은 예로써 신하를 부린다"[5]고 하였으니, 예란 법도를 준수하여 성왕의 교훈을 한결같이 따르는 것이다. 이를 어기는 자는 버리고 따르는 자는 장려하니, 이것이 사람들을 어쩔 수 없이 군자가 되게 하는 방법이다.

재주와 성품이 반드시 정직하고 순수하지 않더라도, 군자의 자리에 앉아 군자의 행실을 힘쓰며, 처음부터 끝까지 자기의 성질을 함부로 드

---

1) 군자를 심는 법.
2) 순(舜)의 신하.
3) 『논어』 「안연」(顏淵) 제22장에 보인다.
4) 후한(後漢) 때 사람.
5) 『논어』 「팔일」(八佾) 제19장에 보인다.

러내지 않는다면, 군자가 되기에 해롭지 않을 것이다. 그가 변화하는
것을, 남들만 알지 못할 뿐만 아니라, 자기 자신도 스스로 깨닫지 못할
것이다. 이것이 바로 일반적으로 군자를 심는 법이다.

種君子法

種稻得稻 種麥得麥 未有種稻得麥者也 國之種君子 亦猶是也 種小人 而待君
子之成 有是理哉 種之奈何 培之養之而已 天下有道 則德從天下 邪說隱伏不見
士皆奮於爲善 是謂種之也 子曰 選於衆 擧皐陶 不仁者 遠矣 此小往大來之機
而執其柄 斡旋之者 君也 苟悅之言曰 敎化之行 引中人 納於君子之道 敎化之廢
引中人 墜於小人之域也 後世之治 莫非種小人悅讒侫而勸賞之 雖有直道 便爲
其擯害 故如稂莠之驕驕 嘉穀爲之蕪沒 如何得成就

經曰 君使臣以禮 禮者 循循法度 一聽於聖王之訓 違者去之 合者奬之 是使
人不得已爲君子之術也 設或 其才性 未必眞純 居君子之位 勉君子之行 始卒不
見綻露 不害爲君子也 其變也 不獨人所不知 渠亦不自覺 此乃一般種君子法

예양병(預養兵)[1]

임진왜란 전에 율곡(栗谷) 이이(李珥, 1536~84)가 '군사 10만을 양성
하여야 한다'고 하였는데, 사람들이 이런 그의 뜻을 선견지명이라고 한
다. 우리나라 풍속에 한가하게 노는 자가 수없이 많으니, 난리가 일어났
다고 통보가 있을 경우 군사를 늘리는 것은 어렵지 않다. 다만 병사를
양성하는 것이 쉽지 않을 따름이다. 병사들로 하여금 농사를 지으면서
국토를 방위하도록 하지 못하니, 병사를 먹이며 양성하는 대책이 있어
야 할 것이다.

우리나라 사람은 하루에 쌀 2되를 먹지 않으면 굶주린다. 병사가 10
만 명이면 하루에 2만 말을 먹는다. 우리나라의 관례에 15말을 1석(石)
이라 하니, 하루에 1천 330여 석을 소비해야 한다. 한 달 동안 훈련을 한
다면 4만 석을 소비하게 된다. 그 가운데는 기병(騎兵)이 끼여 있으니,
말 먹이는 이 수량에 포함되어 있지 않다. 또 행군할 적에 소나 말 1필
이 쌀 20말을 운반하는 것으로 표준을 삼는다면, 1천 필이 있어야 하루

---

1) 난리가 일어나기 전에 미리 군사를 양성해야 한다는 말.

의 식량을 운반할 수 있다. 1천 필의 소나 말이 동원되면 이를 모는 자도 1천 명이 있어야 하는데, 그들의 식량은 여기에 들어 있지 않다.

만약 10일 동안 행군을 한다면, 사람과 말을 먹이는 곡식과 먹이가 이루 헤아릴 수 없을 것이다. 게다가 기계를 구입하고 이리저리 쓰는 비용은 이 수효에 들어 있지 않으니, 어떻게 견딜 수 있겠는가? 성을 지키고자 할 경우, 우리나라 사람들은 평소 저축해놓은 것은 없고 모두 부모·처자가 있으니, 늙은이와 어린이가 모두 성안으로 들어가면 오래지 않아 굶주리게 될 것인데, 과연 어떻게 이들을 구제하겠는가?

이런 형편으로는 천만 년 동안 난리가 없기를 바랄 뿐이니, 난리가 일어나면 반드시 패하게 된다. 평소에 군사와 백성을 사랑하고 기른다면 10만 명의 병사가 아닐지라도 외침을 막을 수 있다.

그러나 오늘날 눈에 보이는 상황은, 백성의 기름기를 다 짜내 굶어 죽은 시체가 구렁에 나뒹굴고 장정은 사방으로 흩어져버렸으니, 참담한 마음이 들 뿐이다. 따라서 10만 명의 군사를 모집한다 해도 또한 쓸모가 없을 듯싶다.

預養兵

壬辰亂前 栗谷謂 當養十萬兵 人稱先見 我俗 閑遊者 無算 苟有通變 則添兵不難 但養之不易 旣不能以兵寓農 則須有食以養之也 國人 非一日二升米 則飢十萬人 則一日食二萬斗 國例 以十五斗爲石 則當費一千三百三十餘石 若一月持久 則費四萬石矣 騎兵間之 則蒭豆不在此數 又若軍行 而牛馬一匹 運二十斗爲準 則當有一千匹 方可運一日之食也 千匹 則驅者亦 有千人 其所養不在此數若行十日之程 其饋餉人馬米穀蒭豆 又不可勝計 而器械雜用 又不在此數 其可堪之耶 如欲守城 國人素無蓄聚 而人皆有父母妻子 老幼皆入 將不日而餓 果何以濟之 用此光景 只合願千萬歲無亂 亂則必敗 苟能平時愛養軍民 雖非十萬 或可以禦侮 目見 浚剝膏澤 棄丘壑 散四方 可爲悽愴傷心 雖辦得十萬 恐亦無用

색욕(色欲)

주행기(周行己)[1]는 몸가짐이 매우 엄격하였다. 그가 어렸을 때 어머

---

1) 송나라 때 학자로, 정이(程頤)의 문인임.

니 집안의 규수와 혼인을 약속하였다. 그는 젊은 나이에 과거에 급제하였는데, 그 여자는 뒤에 두 눈이 멀어 소경이 되었다. 그러나 그는 약속을 저버리지 않고 그녀와 혼인하였다. 그러자 스승인 정 이천(程伊川)[2]이 말하기를 "나는 나이 30이 다 되어서도 이런 일을 하지 못했다. 나는, 그가 나아가는 것이 빠르니 물러나는 것도 빠를까 걱정이 된다"고 하였다.

뒤에 주행기가 술자리에서 마음에 드는 여자가 있어 은밀히 다른 사람에게 말하기를 "윤 언명(尹彦明)[3]에게 알리지 말라"고 하고서, 또 "그가 알더라도 무엇이 해롭겠는가? 이 일이 의리를 해치는 것은 아니다"라고 하였다. 정 이천이 그 소문을 듣고 말하기를 "이는 금수만도 못하다"고 하였다.

정 이천은 어째서 그렇게 말하였을까? 사람이 금수와 다른 점은 윤리가 있기 때문이다. 물욕이 많아지면 금수와 별로 다르지 않다. 금수와 별로 다르지 않을 뿐만 아니라 도리어 금수만도 못한 경우가 있으니, 음욕(淫欲)이 그렇다. 금수도 가축 이외에는 암컷과 수컷이 짝을 지어 날고 함께 다니며, 서로 뒤섞여 음란한 짓을 하지 않고 각각 짝을 정해 사니, 이것이 분별이 있는 것이다. 사람은 흔히 그렇지 않아서 자기 집에 처와 첩이 있는데도 반드시 다른 집의 여자와 간음하고 싶어한다. 저자에서 얼굴에 화장을 하고 음란한 짓을 부추기는데도 부끄러워함이 없으니, 이것이 벌써 금수만도 못한 것이다.

소나 양의 무리는 반드시 새끼를 배는 시기가 있다. 새끼를 배면 바로 성욕이 중지되는데, 사람은 그렇지 않으니 또 금수만도 못하다. 금수가 짝을 정할 때에는 곱고 추한 것을 가리지 않는다. 그런데 사람은 추한 사람을 싫어하고 예쁜 사람을 좋아하며, 나이 든 사람을 버리고 젊은 사람을 선택한다. 남자는 여자를 좋아하고, 여자는 남자를 유혹하여 담장을 엿보고 좇아다닌다. 날이 다하고 해가 다하도록 미친 듯이 희롱하고 부끄러운 짓을 하면서 그칠 줄 모르니, 그 추악한 짓을 말로

---

2) 이천(伊川)은 정이(程頤)의 호이다.
3) 정이(程頤)의 문인인 윤돈(尹焞)을 말함. 언명은 그의 자이며, 호는 화정(和靖)이다.

274

다 표현할 수 없다. 이것이 어찌 천리(天理)이겠는가?

　내가 보기에, 가축 중에서 닭이 음란한 짓을 많이 하는데, 그 죄가 수컷에 있지 암컷에 있지 않다. 그런데 사람은 남녀가 서로 따르며 밤낮을 가리지 않으니, 금수만도 못하다. 그러므로 마음의 덕을 잃고, 자신의 복을 망치며, 고상한 명예를 무너뜨리고, 강건한 신체를 시들게 하며, 아름다운 얼굴을 추악하게 하고, 신체의 병을 불러오며, 긴 목숨을 재촉하고, 영묘한 마음을 둔하게 하며, 귀와 눈의 총명함을 흐리게 하고, 평생의 학업을 폐지하게 하고, 선대의 산업을 무너뜨리니, 그에 따른 근심과 폐해를 이루 다 헤아릴 수 없다.

　정욕(情欲)은 불과 같고, 여색(女色)은 땔나무 섶과 같다. 불이 치솟으려 할 적에 여색을 만나면 반드시 타오르게 마련이다. 게다가 술이 열을 도와주니, 그 불길을 끌 수 있겠는가? 그 까닭은 무엇인가? 금수는 성품이 치우쳐 지혜와 생각이 주밀하지 못하다. 그러나 사람은 가장 신령스런 동물이어서 오성(五性)[4]이 고루 통한다. 군자는 이(理)로 기(氣)를 제어하기 때문에 마음이 움직일 때나 고요할 때나 도에 합한다. 그렇지 않은 자는 이가 막히고 기가 마음대로 하여, 신령스런 마음이 도리어 기에 부림을 당한다. 비유하자면, 영리한 사람이 악한 짓을 하는 것이 더욱 매서운 것과 같다. 이 지경에 이르면, 금수만 못하다고 하더라도 괜찮을 것이다.

色欲

周行己 持身嚴苦 幼議母黨之女 早年登科 女後雙瞽 遂娶焉 伊川曰 頤未三十時 做不得 惜其進銳退速也 後因酒席 有所屬意 密告人曰 勿令尹彦明知 又曰 知有何妨 此不害義理 伊川聞之曰 此禽獸不若也 此何以云然 人之所以異禽獸者 以其有倫也 物欲勝 則違禽獸 不遠矣 不獨違之不遠 或反有不及者 淫欲 是也 凡物之家畜者外 雌雄牝牡 雙飛幷行 不相混亂 各有定配 是爲有別 人多不然 家有妻妾 而必欲奸亂於他室 倚市冶容 毒淫無恥 此已不及也 牛羊之屬 必有懷孕之候 旣胎則便定 人又不及也 禽獸之匹 不擇姸孈 人則或厭醜而好姣 棄老而趨少 其男悅女 女惑男 窺墻劫逐 竟日窮年 狂嬲劇惡 不知休息 穢惡不可道也 此何天理

　余見 畜物中 惟鷄多淫 其罪 在雄而不在雌 惟人 男女相循 或不擇晝夜 則不

---

4) 여기서는 인(仁)·의(義)·예(禮)·지(智)·신(信)을 가리킴.

及矣 是故 喪心之德 亡身之福 毀名之高 殺身之强 變顔之美 致躬之疾 促命之
長 鈍心之靈 闇耳目之聰明 廢平生之學業 破祖先之産業 患害不可勝筆也 情欲
如火 女色如薪 火固將熾 値色 必燃 酒爲之助烈 其可撲滅乎 其故 何也 禽獸偏
性 智慮未周 惟人最靈 五性旁通 君子以理御氣 動靜合道 不然者 理閉而氣用事
靈覺之心 反爲所使 比如 伶俐人 行惡尤烈 到此 雖謂之禽獸不若 可也

주공지재(周公之才)

공자께서 말씀하시기를 "주공(周公)과 같은 아름다운 재주가 있더라
도, 사람됨이 교만하고 인색하면 그 나머지는 볼 것도 없다"[1]고 하였
다. 교만하면 오만하여 남을 능멸하고, 인색하면 인재를 발탁해 현달
(顯達)시키려 하지 않을 것이니, 천하의 군자들 가운데 머리를 조아리
며 함부로 나올 자가 어디 있겠는가?

주공은 그렇게 하지 않았다. 벼슬하지 않은 선비에게 폐백을 가지고
찾아가 스승의 예를 갖추어 만난 사람이 12인이었고, 궁벽한 마을의 가
난한 집으로 찾아가 만난 사람이 49인이었다. 때로 주공에게 좋은 말로
권고해주는 사람이 1백 명이었고, 주공이 가르친 선비가 1천 명이었으
며, 조정에서 벼슬하는 사람이 1만 명이었다. 주공의 토포악발(吐哺握
髮)[2]한 노고가 이와 같았다. 그렇게 하지 않았다면, 그에게 아름다운
재주가 있었을지라도 어찌 볼 만한 공을 이루었겠는가?

이는 또 『서경』「진서」(秦誓)와 서로 연관이 된다. 「진서」에 "다른
재능은 없으나[無他技], 정직하고 선(善)을 좋아하여[休休] 남의 재주
를 자기의 재주처럼 포용하며, 아름답고 밝은 선비를 진심으로 좋아하
여 입으로 말할 뿐만이 아니다"[3]라고 하였다. 만약 이렇게 한다면 여러
어진 이들이 무리지어 나아갈 것이니, 어찌 국가의 이익이 아니겠는가?

---

1) 『논어』「태백」(泰伯) 제11장에 보인다.
2) 먹던 밥을 뱉고 감던 머리카락을 쥐고서 찾아온 선비를 만났다는 뜻으로, 주공이
　인재를 얻기 위해 만사를 제쳐두고 사람을 만나는 데 성의를 보였다는 말이다.
3) 이 말은 『서경』「진서」에 있는 내용을 성호가 축약해 쓴 것인데, 여기서는 『서
　경』의 문맥에 따라 보충하여 번역하였다.

『서경』의 ‘휴휴’(休休)는 교만하고 인색한 것[驕吝]과 반대의 뜻이고, ‘무기’(無技)는 재능이 있는 것과 반대의 뜻이다. 이런 의미는 내가 『신서』(新序)[4]에서 얻었다.

周公之才

孔子曰 雖有周公之才之美 使驕且吝 其餘不足觀也 驕則傲慢凌駕 吝則不肯獎拔通顯 天下之君子 其有屈首冒進者耶 乃周公則不然 布之士 執贄所師見者 十二人 窮巷白屋所先見者 四十九人 時進善者 百人 教士者 千人 官朝者 萬人 吐哺握髮之勞 至於如此 不然 雖有才美 何足觀哉 此又與秦誓互發 雖無他技 休休有容 心好彦聖 若己有之 群賢彙進 豈非國家之利哉 休休 與驕吝反 無技 與有才反 此義 吾於新序得之

유구독서(有求讀書)[1]

구하는 바가 있어서 독서하는 경우는 아무리 읽어도 소득이 없다. 그러므로 과거 공부를 하는 자가 입술이 썩고 이빨이 문드러질 정도로 책을 읽더라도, 독서를 중지하면 소경처럼 눈앞이 깜깜하여, 입으로는 흑·백을 말하면서도 실제로는 검은 것과 흰 것을 분별하지 못하는 것과 같다. 그들이 말하는 것은, 귀로 듣고 입으로 말하는 것에 불과하다. 마치 포식을 하고 나서 토하는 것과 같으니, 그러면 몸에 이로움이 없을 뿐만 아니라 의지(意志)도 상하게 된다.

학문을 하는 데 있어서 스승을 존엄하게 대하기가 어렵다. 스승이 엄격한 뒤에 도가 높아지고, 도가 높아진 뒤에 학문을 공경할 줄 알게 된다. 태학(太學)[2]의 예에 있어, 천자에게 가르치는 경우라도 북면(北面)[3]하는 예가 없으니, 이는 스승을 존엄하게 대한다는 말이다.

그들이 수업할 적에, 글의 뜻을 알지 못하였을 때는 상서로운 봉황

---

4) 한(漢)나라 때 유향(劉向)이 지은 책.
1) 구함이 있는 독서, 곧 출세를 하기 위하여 독서하는 것을 말함.
2) 한나라 최고의 교육기관.
3) 임금은 북쪽에 앉아 남쪽을 향하므로 남면(南面)이라 하고, 신하는 남쪽에서 임금이 있는 북쪽을 대하므로 북면이라 한다. 곧 신하로서의 예를 의미한다.

이 우연히 산모퉁이에 이르렀는데 걸음이 더뎌 보지 못할까 염려하듯이 하며, 글의 뜻을 안 뒤에는 자애로운 어머니를 오랫동안 만나지 못하다가 만난 듯이 하였다. 학업을 강론할 적에는 자식이 병들었을 때 훌륭한 의원을 찾아 묻는 듯이 하며, 마음으로 터득하였을 적에는 길을 가다 갈증이 났을 때 청량 음료를 마시는 듯이 하였다. 그리고 그 터득한 것을 실천할 적에는 보검을 갈아 시험삼아 베는 듯이 하였다. 이를 두고 눈으로 보고, 입으로 되뇌고, 마음속으로 이리저리 생각해보고, 손으로 일을 조치한다고 하는 것이니, 언제든지 용감하게 실천하지 않음이 없는 것이다. 그러니 그 다행함을 알 수 있다.

옛날 남영주(南榮趎)[4]가 노담(老耼)[5]을 만나, 기러기처럼 옆으로 비껴 뒤를 따르며 그림자를 밟지 않고, 기(夔)[6]처럼 꼿꼿하게 서고 뱀처럼 조용히 나아갔다. 한 마디 가르침을 받으면, 10일 동안 굶주렸다가 성대한 음식을 만난 것처럼 하였으니, 바로 이런 경우를 두고 말한 것이다.

有求讀書

有求而讀書者 雖讀無得 故擧子業者 至唇腐齒爛 讀止則茫然如瞽師 言白黑而無以知白黑 其言之也 不過入耳出口 如飽食而嘔 不惟肌膚無益 而志亦戾矣 學之道 嚴師爲難 師嚴然後道尊 道尊然後知敬學 故太學之禮 雖詔於天子 無北面 嚴師之謂也 其受業 未見 則如祥鳳之偶至山阿 惟恐步遲而不及瞻也 旣見 則如慈母之久失 而獲遇也 講業 則如子病而詰良醫也 得之心 則如道喝而啜淸漿也 其行也 如磨寶刃而試割也 是謂眼頭過 口頭轉 心頭運 手頭措 無不泝然 其幸 可知 昔南榮趎遇老耼 鴈行避影 夔立蛇進 見敎一言 若十飢日而得太牢 此之謂也

간인 경재(奸人罄財)[1]

백성에게서 마구 재물을 거두어들이는 신하는 가(家)[2]에서 거두어들

4) 전국시대 강상초(康桑楚)의 제자. 『장자』(莊子) 「강상초」에 보인다.
5) 노자(老子)를 말함.
6) 다리가 하나밖에 없는 짐승 이름.
1) 간사한 사람이 재물을 고갈시킨다는 뜻.
2) 대부(大夫)의 살림 규모를 말함. 대부는 봉(封)받은 채지(採地)가 있어, 그 지역

이기도 하고, 나라[國]에서 거두어들이기도 한다. 가(家)에서 거두어들이는 해독은 그래도 적지만, 나라에서 거두어들이는 해독은 더 크다. 가(家)에서 거두어들이는 것은 한 사람에게서 그치지만, 나라에서 거두어들이는 것은 반드시 임금의 마음을 미혹케 하여 그 화가 온 나라에 미치게 된다.

또한 겁을 주어 탈취하는 경우도 있고, 법을 빙자하여 거두는 경우도 있다. 겁을 주어 탈취하는 해독은 오히려 얕지만, 법을 빙자하여 거두는 화는 더 깊다. 겁을 주어 탈취하는 것은 한때에 그치지만, 법을 빙자하여 거두는 것은 그 포학한 정사가 끝없이 이어지게 된다. 이로운 듯하지만 실상은 해로움이 있고, 처음에는 이롭지만 나중에는 해로움이 있게 된다.

법을 빙자하여 거두는 경우는, 거두어들이는 데 아무런 흔적도 없지만 은연중 점점 늘어나게 된다. 마치 영양이 뿔을 걸어두었던 나뭇가지처럼 아무 흔적도 없고, 작은 쥐가 깨무는 것처럼 아무런 느낌도 없다. 그래서 사람들은 그 해로움을 스스로 깨닫지 못한다. 이것이 가장 큰 도적이고, 가장 큰 간사한 짓이다. 백성이 이런 해독을 천백세토록 받고 있는데도, 이들을 구제하여 살려주기를 어렵게 여기고 있다.

거두어들이는 것은 다른 물건이 아니다. 재물에 불과하다. 백성의 생명은 재물에 달려 있다. 그런데 거두어들이고 탈취하여, 그들의 숨통을 끊고 골수를 말려버린다면, 그들이 어떻게 살 수 있겠는가? 나라의 명맥은 백성에게 달려 있다. 백성이 배불리 먹고 싶어하는데 굶주리게 하고, 따뜻하게 살고 싶어하는데 얼게 만들고, 살아나려고 애를 쓰는데 구렁에 굴러떨어지게 한다면, 나라가 어떻게 망하지 않겠는가?

집을 튼튼하게 지으려면 먼저 맨 밑의 기초를 단단하게 다져야 하고, 풀을 잘 자라게 하려면 먼저 흙 속의 뿌리에 물을 주어야 한다. 기초가 허술하면 집이 무너지고, 뿌리가 마르면 잎이 병든다. 마찬가지로 나라를 수립하려고 하면서 백성의 재물을 착취한 경우치고, 아직까지 전복되지 않는 나라가 없다.

주민들에게 세금을 거두었다.

풍기(馮琦)[3]의 말에 "천하가 패망하려 할 때에는, 반드시 먼저 간사한 사람이 태어나 천하의 재물을 다 고갈시킨다. 재물은 사람의 골수와 같다. 골수가 고갈되면 사람이 죽고, 재물이 없으면 나라꼴이 초라해진다. 옛날 사람이 이(利)를 말한 것은, 그래도 선비의 입에서 나왔다. 만일 이(利)에 대한 말이 저자의 서민에게서 나와 임금의 마음을 현혹시킨다면, 정책이 더욱 형편없어져 화가 더욱 빨리 닥칠 것이다. 한 장의 상소문이 올라가면 백 집이 텅 비게 되고, 한 조각 조서(詔書)가 내려지면 한 지역이 울부짖게 될 것이다. 아, 슬프다"라고 하였다.

계강자(季康子)[4]가 도적을 걱정하여 공자에게 묻자, 공자께서 말씀하시기를 "그대가 욕심을 내지 않으면, 그들에게 상을 주면서 도적질을 시키더라도 하지 않을 것이다"[5]라고 하였다. 자기의 재물이 아닌데 겁탈하는 것을 도적이라고 하니, 백성에게서 지나치게 거두어들이는 것은 도적질 아닌 것이 없다. 백성은 어린아이와 같다. 아비가 자식의 재물을 도적질하여 자식이 사방으로 뿔뿔이 흩어져 떠돌아다니다가 죽는다면, 이 어찌 차마 할 수 있는 일이겠는가?

奸人罄財

取斂之臣 或聚於家 或聚於國 聚家之害猶小 聚國之害更大 聚家 止於一身 至於聚國 必媚惑君心 禍遍於域內也 或有劫奪 或有緣法 劫奪之害猶淺 緣法之禍更深 劫奪者 止於一時 緣法者 虐流無窮也 有似利而實害者 有始利而終害者 斂之無迹 陰滋暗增 如羚羊掛角 甘鼠吃肌 人自不覺 此最鉅盜大奸 千百世受其痛毒 難以捄藥也 斂非他物 不過財也

民命在財 斂而奪之 絶其喉嚨 浚其髓膏 如何得生 國命在民 民欲飽而飢之 欲溫而凍之 欲生而溝壑之 如何不亡 欲堂之固 先築最下之基 欲草之長 先灌土裡之根 基疏則堂壞 根枯則葉瘁 樹國而剝民 未有不顚者也 馮琦之言曰 天下將敗 必先生奸人 以罄天下之財 財猶髓也 髓竭人亡 財空國弊 古之言利 猶出士流 若出市井匹夫 而熒惑君心 策彌下 禍彌速 尺疏上 百室空 一紙下 一路哭矣 悲夫 季康子患盜 問於孔子 子曰 苟子之不欲 雖賞之 不竊 非其財而劫取 曰盜 斂民於惟正之外者 莫非盜竊 民惟赤子 父盜子財 使之流散而死 是可忍耶

---

3) 명나라 신종(神宗) 때 예부 상서(禮部尙書)를 지냈던 인물임.
4) 춘추시대 노(魯)나라 대부로, 실권을 쥐고 있던 인물이다.
5) 『논어』 「안연」(顔淵) 제18장에 보인다.

천현(薦賢)[1]

재능 가운데 큰 것이 세 가지가 있다. 하늘은 낳아주는 것으로 재능을 삼고, 땅은 길러주는 것으로 재능을 삼고, 사람은 하늘과 땅의 도를 알맞게 하여 도와주는 것으로 재주를 삼는다.

임금은 온 세상 사람의 주인이다. 그러나 하늘과 땅의 도를 알맞게 하여 도와주는 공은 한 사람이 홀로 해낼 수 있는 것이 아니다. 천하의 인재를 뽑아 그 재능에 따라 직책을 맡기어 백성을 다스리게 해야 한다. 그러므로 백성에게 이롭게 하지 못하는 자를 '재주 없는 사람'이라고 하는 것이다. 등용된 사람의 재주가 있고 없는 것에 따라, 잘 다스려지고 어지러워지는 것이 달려 있다.

그러므로 요(堯)·순(舜)이 성인이 된 이유 가운데, 사람을 잘 알아본 것이 상등(上等)이 된다. 만약 사람을 뽑는 데 어두워서 재주가 없는 사람을 재주 있는 사람이라고 여긴다면, 백성을 잘 다스린다는 뜻이 어디 있겠는가? 비록 그렇기는 하지만, 임금은 구중 궁궐에 깊숙이 들어앉아 있으니, 천하의 어진 이를 어떻게 모두 알겠는가? 반드시 천거하는 제도를 통해 인재를 얻게 되는 것이다.

신하로서 재능 있는 이가 되는 것 가운데도, 반드시 사람을 알아보는 것이 상등이 된다. 그렇지 않으면 적임자가 아닌 사람을 천거할 뿐만 아니라, 아랫사람을 부리고 일을 맡기는 데 있어 무한한 착오가 생겨, 자신도 재주 없는 사람이 되고 말 것이다.

중궁(仲弓)[2]이 "어떻게 어진 인재인지를 알아서 그를 등용한단 말입니까?"라고 하자, 공자께서 말씀하시기를 "네가 알고 있는 어진 이를 등용하면, 네가 모르는 인재를 다른 사람들이 버려두겠는가?"라고 하였다.[3] 이는 위로는 임금으로부터 아래로는 안팎의 모든 관원에 이르기까지 사람을 알아보는 것으로 재주를 삼는다는 말이다. 사람을 알아보지 못하고 재주를 논한다면, 마치 눈이 없으면서 씩씩하게 걸어가는 것

---

1) 어진 이를 천거함.
2) 공자의 제자인 염옹(冉雍)을 말함. 중궁(仲弓)은 그의 자이다.
3) 『논어』「자로」(子路) 제2장에 보인다.

과 같아 반드시 가시밭이나 물·불 속에 빠질 것이니, 어떻게 목적지에 도달할 수 있겠는가?

그러나 천거하는 것은 그에게 벼슬을 시키려는 것이고, 벼슬을 시키는 것은 후한 이익을 주는 것이다. 그러므로 은밀한 눈짓을 보내기도 하고, 뇌물을 주고 부탁하기도 하면서 법에 저촉되는 것을 꺼리지 않고 있다. 이는 연좌법(連坐法)[4]이 아니면 금지할 수 없다. 따라서 육지(陸贄)[5]의 방안을 본받아, 주의(注擬)[6]할 때마다 반드시 천거한 사람의 이름을 함께 쓰고, 반드시 3년마다 천거하는 사람을 바꾸게 하며, 이를 회피하고 천거하지 않는 자는 법에 따라 강등시키거나 파직시켜야 할 것이다.

요즘 사람들은 사람을 알아보기 어렵다고 핑계한다. 나는 이렇게 생각한다. 천자가 사람을 알아보지 못하면 천하를 잃고, 제후가 사람을 알아보지 못하면 사직(社稷)을 잃는다. 신하는 사람을 알아보지 못하면 벼슬자리를 잃고 형벌을 받으니, 또한 매우 다행한 일이다. 그들이 어찌 감히 벼슬을 사양하겠는가? 만약 높은 벼슬에 발탁되어 큰 일을 맡긴다면, 사람을 알아보지 못한다는 이유로 벼슬과 녹봉을 사양하겠는가? 그러나 아무 일없이 벼슬자리나 지키면서 해로움을 멀리하며 자기 편의만 도모한다면, 이는 불충(不忠)이 매우 심한 것이니, 그 허물이 어찌 축출하는 정도에서 그칠 것이겠는가? 사람을 잘못 천거한 죄가 있으면, 훌륭한 인재를 천거한 데 대한 상도 있어야 한다.

옛날 제후는 3년마다 한 번씩 천자에게 훌륭한 선비를 천거하였는데, 한 사람의 적임자를 얻으면 '호덕'(好德)이라 하고, 두 사람의 적임자를 얻으면 '존현'(尊賢)이라 하고, 세 사람의 적임자를 얻으면 '유공'(有功)이라 하였다. 유공이 한번인 자는 천자가 수레·의복·활·화살을 하사하고, 두 번인 자는 울창주(鬱鬯酒)[7]를 하사하고, 세 번인 자는

---

4) 천거된 자가 죄를 지었을 때, 천거한 자도 벌을 받는 제도.
5) 당나라 덕종(德宗) 때 사람.
6) 관원을 임명할 때 후보자 세 사람을 뽑아 임금에게 올리는 것.
7) 울금향초(鬱金香草)의 생즙을 내어 검은 기장으로 빚은 술. 종묘의 제사에 주로 쓰이던 술의 이름이다.

호분(虎賁)[8] 1백 명을 하사하고 명하기를 "제후에게 명령을 내리고, 정 벌을 전담하라"고 하였다.

한 사람을 잘못 천거하면 '과'(過)라 하고, 두 사람을 잘못 천거하면 '오'(懊)라 하고, 세 사람을 잘못 천거하면 '무'(誣)라 하였다. 무(誣)는 천자가 내치는데, 한번인 경우는 작위(爵位)을 강등하고, 두 번인 경우는 토지를 삭감하고, 세번인 경우는 국토를 모두 박탈한다. 제후가 인재를 천거하지 않으면 '불솔정'(不率正)[9]이라 하는데, 불솔정한 자는 천자가 위의 규례와 같이 벌을 내린다. 그러므로 "어진 이를 천거하면 상상(上賞)을 받고, 어진 이를 은폐하면 극형을 받는다"고 하는 말이 빈 말이 아니고 실제로 그런 일이 있었다고 한다.

그러므로 관중(管仲)[10]이 제(齊)나라를 다스려 공을 세우자, 제 환공(齊桓公)이 관중을 천거한 포숙아(鮑叔牙)에게 먼저 상을 주며 말하기를 "제나라가 관중을 얻게 된 것은 포숙아의 힘이다"라고 하였고, 진 양공(晋襄公)이 선모(先茅)라는 고을을 서신(胥臣)에게 상으로 주며 말하기를 "극결(郤缺)을 등용하게 된 것은 그대의 공이다"라고 하였다. 한 고조(漢高祖)는 어진 인재를 얻어 위천(魏倩)에게 상을 주고, 악천 추(鄂千秋)를 봉하였다. 또 당(唐)나라의 장순헌(張循憲)과 고구려의 안류(晏留)[11] 같은 사람들은 모두 어진 이를 천거한 우뚝한 공이 있는 이들이다.

이제 대략 옛사람들의 뜻을 본받아 상벌을 정해서 어진 이를 천거한 사람에게 영예를 더해주고, 그렇지 못한 사람들로 하여금 부끄러움을 알게 한다면, 어찌 큰 도움이 없겠는가? 이와 같이 한다면 천거한 사람은 "내가 인재를 얻는다면 임금의 총애를 입어 몸이 영화로울 것이고, 사람을 잘못 천거하면 이와 반대가 될 것이다"라고 하여 힘쓸 바를 알 것이며, 천거된 사람은 "내가 직책을 등한히 하면 벌을 받고 나를 천거한 사람에게까지 누를 끼칠 것이고, 공적을 이룩하면 이와 반대가 될

---

8) 용감하고 날랜 호위병.
9) 바른 길을 따르지 않는다는 뜻임.
10) 춘추시대 제 환공을 도와 패도(覇道)를 이룩한 사람이다.
11) 고구려의 재상으로 을파소(乙巴素)를 천거한 인물이다.

것이다"라고 하여 두려워할 바를 알 것이다.

품계(品階)를 올려주거나 빼앗는 경우에 이로써 차등을 삼아, 모든 관료들로 하여금 하는 일없이 가만히 앉아 있다가 승진하는 것을 막는다면, 분위기를 쇄신하는 방법에 있어 이보다 나은 것이 없을 것이다. 어부가 바다에 나아가 험한 파도를 타고 고래나 악어의 위험을 무릅쓰면서도 꺼리지 않는 것은 물고기를 얻기 위해서이다. 가난한 백성이 시장을 돌아다니며 금·은 보배를 보고서도 눈길을 주지 않는 것은 형벌을 두려워해서이다. 어진 신하는 나라와 운명을 함께하니, 이로움과 해로움은 참으로 따질 것이 못된다. 비록 변변치 못한 벼슬살이를 할지라도 밤낮으로 바라는 바는 품계가 오르는 것보다 더한 것이 없다. 따라서 품계를 올려주거나 강등하는 것으로 신상필벌(信賞必罰)을 보인다면, 어찌 부동심(不動心)하는 자가 있지 않겠는가?

육지(陸贄)가 또 말하기를 "지금의 재상은 전날 대성(臺省)[12]의 장관이었고, 지금 대성의 장관은 장래 재상이 될 사람이다. 대성의 장관으로 있을 때에 한두 사람 하급 관리도 천거하지 못했으면서, 재상의 자리에 오르면 허다한 모든 관원을 잘 뽑을 리가 어찌 있겠는가?"라고 하였다. 그 뜻이 적임자를 천거하지 못한 사람은 경상(卿相)의 높은 벼슬자리에 올라서는 안된다는 말이다. 이런 뜻으로 규례를 만든다면, 그 요령을 안다고 할 만하다.

옛날 위 문후(魏文侯)[13]가 정승을 뽑을 때 책황(翟璜)을 버리고 위성(魏成)을 취했으니, 이는 어진 이를 진출시킨 한 예이다. 제 위왕(齊威王)이 패도(覇道)를 행할 때, 간신 다섯 사람과 그들을 천거한 자를 죽여 비방을 그치게 하고, 동아대부(東阿大夫)를 삶아 죽이고 좌우에서 그를 칭찬했던 자들도 아울러 삶아 죽였다.[14] 문학과 덕행으로 이름난 당(唐)나라 권덕여(權德輿)는 입을 다물고 있었다는 이유로 정승 자리에서 파직되었다. 이런 지난날의 발자취는 모두 밝은 거울이 된다.

---

12) 사헌부·사간원을 말함.
13) 전국시대 위나라의 제후.
14) 『통감절요』(通鑑節要) 제1권 위열왕(威烈王) 신해(辛亥) 6년조에 보인다. 동아대부는 아대부(阿大夫)를 가리킨다.

　　재상의 잘잘못은 어디에 비추어보는가? 백성을 다스리는 데 비추어
볼 따름이다. 이는 용모를 잘 꾸미고 행동거지를 잘하며, 문사(文詞)에
넉넉하며, 장부를 잘 정리하고 재물을 풍족하게 거두는 것을 말하는 것
이 아니다. 곧 백성을 인도하여 안정시키고 기꺼이 생업에 종사하게 하
여 그들이 생계를 꾸려나갈 수 있도록 하는 것이다. 그 요점은, 논밭이
개간되어 백성이 자급하는 데 지나지 않는다. 공자께서는 "백성이 많이
모인 뒤에는 부유하게 해주어야 한다"[15]고 훈계하였는데, 후대에 이 의
미를 터득한 경우는 제(齊)나라뿐이었다.

　　그러므로 상이 후하지 않으면 선(善)을 권장할 길이 없고, 형벌이 엄
하지 않으면 악을 징계할 길이 없다. 대체로 선비를 능히 구하지 않는
임금은 있지만, 얻을 수 없는 선비는 없다. 또 백성을 능히 다스리지
못하는 관리는 있지만, 다스릴 수 없는 백성은 없다. 그러므로 상과 벌
이 분명하면 중인(中人)을 인도해 군자가 되게 할 수 있지만, 상과 벌
이 분명치 않으면 중인을 밀어 소인의 지경에 떨어뜨린다.

　　이런 방법을 써서 정사를 행해, 백성이 신임하고 풍속이 변화하면,
선비들이 모두 집에서 자신을 닦아 나라에서 불러주기를 기다릴 것이
다. 그러면 어찌 어진 인재를 구하기 어려운 걱정이 있겠는가?

薦賢

　凡才之大者 有三 天以生爲才 地以養爲才 人以財成輔相爲才 君者 天下人之
主也 然財輔之功 非一軀之獨辦 擇天下人之才 隨其能而任職 以左右民 故惟其
不益於民者 謂之不才 才不才之間 而治亂繫焉 是以 堯舜所以聖者 知人爲上
苟或迷於揀選 以不才爲才 則安在乎左右其民 雖然 人主端拱於九重 何由盡知
萬方之賢 亦必待剡擧而得之人 臣之所以爲才 亦必知人爲上 不然 不獨薦非其
人 其御下任事 必將無限錯誤 同歸於不才矣 仲弓問曰 焉知賢才而擧之 子曰 擧
爾所知 爾所不知 人其舍諸 是則上自人主 下至內外百工 莫不以知人爲才也 不
知人而論才 如無目而健步 必陷於荊棘水火 烏得以達乎

　然而薦者 將以官之 官之者 厚利 故或顔情密比 或貨財囑托 不憚冒犯 此非
連坐 不能禁也 宜倣陸贄之術 每注擬 必並與薦主而注之 又必三年 而改薦其躱
避不薦者 降官落職 如法 今人誘以知人之難 余則曰 天子不知人 失其天下 諸侯
不知人 失其社稷 爲人臣不知人 失職受罰 亦已幸矣 何敢辭諸 苟使之擢大任處

大事則亦將以不知人而遜祿辭秩乎 然而雍容巧宦 遠害自便 其不忠已甚矣 其過
奚止於斥逐哉 有失人之罪 則亦須有得人之賞

古者 諸侯三年一貢士 士一適 謂之好德 再適 謂之尊賢 三適 謂之有功 有功
者 天子一賜以輿服弓矢 再賜以鬯 三賜以虎賁百人 號曰 命諸侯 專征伐 貢士 一
不適 謂之過 再不適 謂之傲 三不適 謂之誣 誣者 天子黜之 一黜以爵 再黜以地
三黜以地畢 諸侯有不貢士 謂之不率正 不率正者 天子黜之 如上例 故曰 進賢受
上賞 蔽賢蒙顯戮 非空言 必有實事而云爾 是以 管子治齊國 舉事有功 桓公必先
賞鮑叔曰 使齊得管子者 鮑叔也 晉襄命先茅之縣賞胥臣曰 舉郤缺 子之功也 漢
祖得之 賞魏侚 而封鄂千秋 如唐之張循憲 句麗之晏留之類 皆卓爾顯稱者也

今宜略倣古義 商定賞罰 使之增榮知恥 則豈非大益乎 如是則薦者曰 我得人
則將以寵於君 而榮乎己 失人 則反是矣 勸勉 可知 入薦者曰 我瘝職 則將以蒙
其戮 而累乎人 著績則反是 戒懼 可知 凡增秩奪級 莫不以是爲差 俾庶僚不得雍
容無事而躐陞 則振刷之方 莫有此若也 夫漁者 蹈海冒鯨鰐而不忌 爲得魚也 窮
民歷市肆 見金寶而不眠者 爲怕刑也 良臣體國 利與害 固不論也 縱有不肖宦仕
日夜覬希 莫尙於官級進退 以此示信 寧有不動心焉哉 陸贄又言 今之宰相 往日
臺省長官 今之臺省長官 乃將來之宰相 豈有爲官長 則不能擧一二屬吏 居宰相
之位 則可擇千百具僚 其意謂 擧不得人者 不可進職爲卿相也 以此斷作式例 可
謂知要矣

昔者 魏文卜相 舍璜而取成 所進賢也 齊威之霸 殺奸臣五人幷及擧者 以强誘
譸 烹東阿大夫 幷烹左右譽譽者 唐之權德輿 文學德行者 只緣循嘿而罷相 皆往
轍之明鑑也 其得與失 烏乎鑑 鑑乎治民而已 非謂善其容止 優於文詞 簿書給而
蓄聚富 卽導民安土樂業 得遂其生成也 其要 又不過田野闢人民給也 夫旣庶而
富之 聖人所訓 後來得其意者 其惟齊乎 故賞不重 無以勸善 罰不嚴 無以懲惡
蓋有不能求士之君 而無不可得之士 有不能治民之吏 而無不可治之民 故賞罰明
則引中人 納於君子之塗 賞罰不明 則推中人 墜於小人之域 用此行政 民信俗化
士皆修於家 以待聘 又豈有賢才難得之患哉

파용관(罷冗官)[1]

일은 다르나 자취는 같은 것이 있다. 흥(興)하는 자와 자취를 같이하
면 흥하지 않음이 없고, 쇠(衰)하는 자와 자취를 같이하면 쇠하지 않음
이 없으니, 일이 같거나 다른 것에 관계되지 않는다. 그러므로 남의 일

---

1) 꼭 필요하지 않은 벼슬아치를 파직시킨다는 말.

로써 자신을 비추어보고, 옛날의 일로써 지금을 비추어보며, 지나간 자취로써 현재의 일을 비추어보면 거의 잘 다스려질 것이다.

전한(前漢)·후한(後漢) 때에는 그래도 벼슬자리를 위하여 사람을 뽑았다. 그러므로 벼슬자리는 적고 사람은 많은 폐단이 없었다. 그런데 과거 제도가 생긴 뒤부터 벼슬자리는 고려하지 않고 먼저 사람을 뽑았다. 과거에 급제한 사람들을 벼슬자리에 제수하였는데, 이들은 마치 보증서를 가지고 와서 물건을 내놓으라고 독촉하듯이 벼슬을 요구하였다. 그러므로 사람은 많은데 벼슬자리가 적은 것만 보고 있을 뿐, 조처할 방도가 없게 되었다.

당나라·송나라 때에도 이런 폐단은 마찬가지였는데, 송나라가 더욱 심하였다. 어째서 그랬던가? 당나라는 수(隋)나라의 제도를 본받고, 송나라는 당나라의 제도를 답습하여, 한결같이 사장(詞章)으로 사람을 뽑았기 때문이다. 한(漢)나라 때의 공경(公卿)은, 아들 한 사람을 후계자로 삼았다. 그래서 공경을 세습한다는 기롱을 받았지만, 그 나머지 아들들이 모두 벼슬했다는 말은 오히려 들어보지 못했다. 그런데 후세에 와서는 대신을 우대하여 그 자제들에게 벼슬을 내리고, 자기 아들을 스스로 천거하기도 하고, 표문(表文)을 올려 은혜를 내려달라고 구걸하기도 하였다.

송 진종(宋眞宗) 이후로는 은의(恩義)가 점점 넓어져, 양성(兩省)[2]의 지잡어사(知雜御史) 이상은 남교대사(南郊大祀)[3]와 성절(聖節)[4] 때마다 각기 자기 아들을 아뢰어 중앙 관리에 충당하였고, 소경감(少卿監)은 아들 한 사람을 아뢰어 과시(科試)에 충당하였으며, 정랑(正郎)의 품계로 원외랑(員外郎)의 직에 있는 자와 지방에 제점형옥(提點刑獄) 이상의 관직에 임명된 자는 남교 때마다 아들 한 사람을 아뢰어 재랑(齋郎)에 충당하였다. 학사(學士) 이상으로 20년 재직한 자는, 한 집안의 형제·자손 가운데 20여 명이 계속 중앙 관원으로 등용되었다. 간혹 자제가 적은 집에서는 함부로 다른 사람까지 천거하였다.

---

2) 상서성(尙書省)과 중서문하성(中書門下省)을 말함.
3) 매년 동짓날 남교(南郊)에 있는 원구(圜丘)에서 하늘에 지내는 제사를 말한다.
4) 황제의 탄신일.

이로 말미암아 아들을 낳으면 포대기에서 벗어나기도 전에 관복을
만들어놓고 희롱하기까지 하였다. 그러므로 남자는 관례(冠禮)를 하고
나면 상(殤)[5]이 되지 않는 것이 예인데, 『주자가례』(朱子家禮)에는 도
리어 장가드는 것으로 한계를 삼았다. 만약 예에 준한다면 남자는 상
(殤)이 없게 되기 때문이다.

그러므로 어린아이가 벼슬자리에 올라 권세를 믿고 벼슬을 다투었
다. 그리고 소원(疏遠)한 자들은 감히 나아갈 엄두도 내지 못하여 재주
와 덕망 있는 자가 묻혀버렸다. 이런 무리들을 등용하여 백성을 다스리
게 했으니, 백성이 살아갈 수 있었겠는가? 게다가 과거 시험을 수시로
보고 천거하는 문서는 연이어 올라오니, 벼슬자리에 비해 사람이 지나
치게 많았다.

왕우칭(王禹偁)[6]의 말에 "처음 제상(濟上)지방에는 자사(刺史)와 사
호(司戶) 두 명의 관원만이 있었는데, 뒤에 10여 명의 관원이 불어났습
니다. 이 지방에서 거둔 세금에 대해 물어보니 줄어들었다고 하며, 이
지역의 주민들에 대해서 물어보니 도망갔다고 합니다. 이는 산천에서
나는 재물을 모두 거두어들여도 부족하기 때문입니다. 그러니 백성들
이 어떻게 감당하겠습니까?"라고 하였다.

이 말에 근거해보건대, 늘릴 만한 벼슬자리가 있어서 관원을 더 늘
린 것이 아니고, 실은 벼슬자리를 엿보는 사람들이 많기 때문에 불필요
한 관원을 더 둔 것이다. 이는 이른바 "말을 기르는 사람이 먹이가 손
실되는 것을 걱정해 마구간 관리인을 두었더니, 말이 더욱 수척해졌다"
고 하는 격이다. 그렇다면 송나라를 망친 것은 오랑캐가 아니라, 송나
라 스스로 망한 것이다.

우리나라는, 토지는 좁은데 관원은 많다고들 한다. 토지가 좁으면 재
물이 넉넉하게 생산되지 않고, 관원이 많으면 토색질하는 것이 풍속을
이루어 백성은 더욱 곤궁해진다. 그 이유는 어디에 있는가? 중국처럼
넓은 토지가 없는데도 사람을 위해 벼슬자리를 늘리는 폐단이 있기 때

---

5) 예전에는 20세가 되면 관례를 치르고 성인이 되었는데, 20세가 되지 못하고 죽
   는 경우를 상이라 하였다.
6) 송 태종(宋太宗) 때 한림학사(翰林學士)를 지낸 사람이다.

문이다. 내직(內職)·외직(外職)을 모두 합해도, 문과(文科)·무과(武科)에 급제한 사람들의 숫자보다 적다. 게다가 유품(流品)[7]으로 벼슬에 나오는 길이 너무 범람하여, 권세가와 귀족의 자제들은 미치광이나 어리석은 사람을 가릴 것 없이 벼슬이 없는 자가 없다. 또한 그들의 인척이나 교유인으로서 연줄을 대고 부화뇌동하는 자들도 벼슬길에 오르지 않는 자가 없다.

한번 사모 관대(紗帽冠帶)를 착용하고 나면 당연히 고을 원이 되는 것으로 여기며, 수령으로 나가면 그 자리에서 머물까 걱정하여 임기도 만료되기 전에 지름길을 통해 승진하기를 꾀한다. 문신(文臣)이나 선조의 음덕(蔭德)으로 벼슬살이하는 사람들도, 마음속으로는 오직 위엄을 부려 자신을 살찌우기를 도모하는 자가 수천여 명이나 된다. 무신(武臣)들은 이 숫자에 들어 있지 않으니, 3백여 고을의 수령 자리를 가지고 이 많은 사람의 탐욕을 채우기는 어려운 일이다.

나라의 형세가 이미 이 지경에 이르렀으니, 반드시 폐단을 개혁해 안정시켜서 나라를 새로 세울 때의 정사를 펴야 바야흐로 유익하게 될 것이다. 그렇게 하면 나라를 새로 세울 때에 비해 반절의 일만 하여도, 공은 갑절이나 되어 무궁하게 이어질 것이다.

법이 궁색하게 되면 소통할 수 없는 이치는 없다. 다만 사람들이 힘을 기울이지 않기 때문이다. 힘을 기울이는 데에는 큰 수완을 가진 사람이 아니면 끝내 민심을 얻을 수 없다. 민심을 얻는 데에는 먹고 살 만한 재물을 생산하게 하는 것만한 것이 없고, 재물을 생산하는 데에는 세금을 가볍게 하는 것만한 것이 없다.

그러므로 "생산하는 자는 많고 먹는 자는 적으며, 하는 일은 빠르고 쓰는 것은 더디다"[8]고 한 것이다. 이 네 가지 가운데, 먹는 자가 적은 것이 생산이 많은 것보다 중요하며, 쓰는 것이 더딘 것이 일이 빠른 것보다 중요하다. 그리고 먹는 자가 적은 것이 쓰는 것이 더딘 것보다 중요하다. 먹는 자가 적으면 쓰는 것은 저절로 더뎌지게 마련이다. 그 요

---

7) 본래는 관리의 품계를 일컫는 말인데, 여기서는 선조의 공으로 자손에게 은택이 내려지는 음보(蔭補)를 가리키는 듯하다.

8) 『대학』에 보인다.

점은, 또한 불필요한 관원을 없애는 것에 불과하다. 너무 서둘러 불필요한 관원을 없애려 하면, 또한 폐해가 뒤따를 것이다. 따라서 결원이 생길 경우 보충하지 않는 방법을 써 점차 줄어들게 해야 할 것이다.

먼저 백성의 재정 상태를 잘 헤아려 송 태조(宋太祖)가 자운루(紫雲樓)의 건축을 정지시킨 것과, 고려 태조가 즉위한 뒤 34일 동안 세금을 경감한 것처럼 절제한 뒤에, 그 나머지로써 경비를 삼아야 할 것이다.

그 다음 맹자(孟子)의 말에 의거해, 먼저 농사짓는 것을 대신할 녹봉을 정하는데, 임금의 녹봉은 한 농부가 농사지어 수확하는 소득의 320배로 한다.[9] 이 임금의 녹봉 속에는 환관(宦官)·궁첩(宮妾)·액례(掖隸)[10] 등이 먹고 살 비용이 모두 들어 있으니, 그 무리가 300여 명에 지나지 않는다. 크고 작은 관아를 두 개 혹은 세 개씩 합하여 하나로 만들고, 그 일을 담당할 꼭 필요한 관원만 두고 나머지는 모두 없앤다. 5일의 휴가를 제외하고는 모두 숙직시키며, 간관(諫官)은 없애고 다른 관직을 맡고 있는 사람이 겸하게 한다.

외방의 고을은 모두 서너 개씩 합하여 하나의 큰 고을로 만들고, 50리가 넘는 지역은 떼어서 다른 고을에 편입시킨다. 시과미(柴科米)[11]도 없앤다. 불필요한 관원은 없애고, 남은 관원에게는 녹봉을 후하게 주되 그 용도를 묻지 않는다. 그리고 다시 백성에게 사사로이 거두지 못하게 한다. 그러면 백성은 정당하게 내야 할 세금을 한번 낸 뒤에는, 다시 관리들과 접촉하지 않아도 될 것이다.

이렇게 하고서도 백성이 부유하지 않고, 나라가 안정되지 않았다는 말은 아직까지 들어보지 못했다. 과거 제도의 폐단은 앞에서 여러 차례 언급했기 때문에 여기서는 군더더기 말을 하지 않겠다.

---

9) 『맹자』「만장 하」(萬章下) 제2장에 "임금은 경(卿)의 녹봉의 10배로 하고, 경은 대부(大夫)의 녹봉의 4배로 하고, 대부는 상사(上士)의 녹봉의 2배로 하고, 상사는 중사(中士)의 녹봉의 2배로 하고, 중사는 하사(下士)의 녹봉의 2배로 하고, 하사와 서인으로 관직에 있는 자는 녹봉을 같게 하여 녹봉이 농사짓는 것을 대신하게 한다"고 하였는데, 이를 계산하면 임금(여기서는 제후를 말함)은 한 농부가 농사지어 얻는 소득의 320배의 녹봉을 받는 것이 된다.
10) 궁궐에서 일하는 천한 사람.
11) 관청의 땔나무 구입 비용으로 바치는 곡식.

罷冗官

有事異而迹同者 興與同迹 罔不興 與替同迹 罔不替 不係於事之異同 故以人鑑己 以古鑑今 以迹鑑事 則幾矣 兩漢之際 猶是爲官而擇人 故未有官少人多之患 及科制之出 不計其官而先擇人 以其人而授之官 如執左契而責物 故只見人多而官少 無以處也 唐宋之世 此弊同然 而宋爲尤甚 何也 唐踵隋迹 宋仍之 一以詞科取人也 漢之公卿 一子爲後 雖不免世卿之譏 猶未聞餘子皆爵 後來 寵待大臣 賜子弟官 或自薦其子 或遺表乞恩

自宋眞宗以後 恩義漸廣 自兩省知雜御史以上 每南郊並聖節 各奏子充京官 少卿監奏一子充試 銜在正郎 帶職員外郎 幷諸路提點刑獄以上差遣者 每南郊奏一子充齋郎 學士以上 經二十年者 一家兄弟子孫 京官二十人 接續陞朝 又或子弟鮮少 冒舉他人 由是 或生子 未離襁褓 制公服而弄之 是以 男子冠而不爲殤禮也 而家禮 却以已娶爲限 若準禮 則將男子無殤故也 故黃口赤芾 席勢爭爵 疏遠者 不敢銜 而才德屈抑 用此治民 民其聊生乎 兼之科榜繁冗 薦剡紛遝 人比於官 不啻多矣 王禹偁曰 始濟上 只有刺史·司戶二人 後增十餘人 問其稅 則減也 問其人 則逃也 所以盡取山澤之利 不能足也 民何以堪之 據此 非爲官之可增 其實爲人之覬官者 衆也 所謂患牧人之損其芻菽 更立廐長 而馬益瘦也 然則亡宋者 非狄 宋自亡也

東國 素稱地狹官多 地狹則財寶不興 官多則冒奪成風 而民益困 其故 何也 無唐宋之幅員 而有爲人擇官之失 內外官竅 旣不能賠補文武出身之數 而流品入仕之路 又太濫 權貴子弟 無論狂惑愚獃 一無無官 其姻女+連交遊 扳緣傅會者 無不登仕 一著紗帽 便以守宰爲己有 猶患淹滯 不待滿秩 捷徑躐階 文臣蔭仕 念念心心 惟圖一麾而肥己者 數千餘人 武臣不在此數 以三百餘邑之竅 待此無限人之貪饕 難矣 國勢已至此 必也革弊回泰 爲刱業之政 方有益 事半功倍 更至於無窮 法窮 未有不可通之理 特人不致力 致力 非大做脚 終不可以得民 得民莫如生財 生財莫如輕賦 故曰 生衆食寡 爲疾用舒而已 四者 食重於生衆 用舒 重於爲疾 食寡 又重於用舒 食寡則用自舒矣 其要 亦不過汰冗官之謂矣 汰之猝急 則亦有害 須有闕不補 漸至減少也

宜先節量民財 如宋祖紫雲樓之甄除 如麗祖卽位三十四日之薄斂 然後以其餘爲經費 據孟子說 先定代耕之祿 以三百二十倍 其君祿 宦官·宮妾·掖隷之食 皆在其中 則其屬不過三百餘人 大府小省 亦皆併二併三爲一 其職任之員 皆簡汰僅足 五日休暇之外 皆直宿 罷諫官 以他職兼之 外邑 皆併三四爲一大郡 則五十里外 割與他邑 罷柴科之米 而罷剩員 厚其月廩 不問其出入 更無私斂於民 民則一輸正貢之外 不與官吏相接 如是而民不富 國不安 非所聞也 設科之弊 前旣屢言 今不贅

유민 환집(流民還集)[1]

『맹자』에 왕도(王道)를 논한 것은, '백성을 보호해야 한다'[保民][2]는 한 구절에 지나지 않는다. '백성을 보호해야 한다'고 하는 것은, 곧 좋아하는 사람에게 은혜를 베풀고 그들을 모으며, 싫어하는 사람에게는 은혜를 베풀지 않는 것일 따름이지, 집집마다 찾아다니며 날마다 보태 준다는 말은 아니다.

사람은 저마다 지혜와 힘이 있어, 농사를 지어 밥을 먹고 우물을 파 물을 마실 줄 아니, 스스로 살아갈 방안을 꾀하는 데 충분한 능력이 있다. 2~3년 동안 홍수가 지고 가뭄이 닥쳐도 그들 스스로 원대한 생각을 하여 저축해놓은 것이 있어서, 반드시 자기 힘으로 살아갈 방안이 있을 것이다. 어찌 뿔뿔이 흩어져 구렁에 나뒹구는 지경에 이르겠는가?

『맹자』에 또 말하기를 "왕이 흉년을 탓하지 않으시면, 천하의 백성이 찾아들 것입니다"[3]라고 하였다. 내가 우리 마을의 살림이 넉넉한 사람을 살펴보니, 농사철을 놓치지 않고 이로움을 주도면밀하게 계산하였다. 따라서 흉년도 그를 해칠 수 없었다. 이른바 '백성의 삶은 부지런함에 있으니, 부지런하면 궁핍하지 않다'는 말이 바로 그것이다. 그런데도 사망을 면치 못하는 것은 모두 포학한 정사에 시달려 살 방도가 없기 때문이다.

가령 홍수가 나고 가뭄이 들더라도 나라에서 창고를 열어 곡식을 나누어주거나, 풍년든 지방의 곡식을 옮긴다면 그들을 넉넉히 구제할 수 있을 것이다. 그러니 백성이 살 곳을 잃고 떠돌아다니는 것은 필경 흉년의 탓으로 돌릴 일만은 아니다. 이 지경이 되면 민생이 어찌 불쌍하지 않겠는가?

내가 하루는 밖에 나갔다가 걸인을 만났는데, 어린이와 어른 4~5명이 한데 모여 있었다. 내가 그들에게 "봄이 되어 밭을 갈고 씨를 뿌릴 시기인데, 당신들은 어찌하여 고향에 돌아가 농사지을 생각을 하지 않

---

1) 살 곳을 잃고 떠돌아다니는 백성을 다시 불러모은다는 말.
2) 『맹자』「양혜왕 상」(梁惠王上) 제7장에 보인다.
3) 『맹자』「양혜왕 상」 제3장에 보인다.

고 타향에서 걸식을 하고 있는가?"라고 하였더니, 그 사람들이 나를 빤히 쳐다보면서 말하기를 "농사를 어떻게 짓는단 말입니까? 종자도 없고 식량도 없으니, 고향으로 돌아간들 무슨 소용이 있겠습니까?"라고 하였다. 그들은 내가 세상 물정에 너무 어두워 그들의 사정을 전혀 이해하지 못하고 있는 듯한 표정을 지었는데, 가만히 생각해보니 과연 그랬다. 그 일을 몸소 경험해보지 않았으니, 어떻게 깊이 알 수 있겠는가?

지난해 염병(染病)[4]에 걸린 자가 있었는데 동구밖 길가에 거처하며 감히 마을로 들어오질 못하였다. 그는 병이 나았지만, 먹을 것이 없어 죽을 지경에 이르렀다. 그러자 거적으로 자기 몸을 싸매고, 새끼로 허리 아래를 묶은 뒤에 죽었다. 그가 그렇게 한 것은 개가 시신을 뜯어먹을까 염려한 것이다.

내가 이 이야기를 듣고 "이 사람은 반드시 군자였을 것이다. 스스로 자기 몸을 묶었으니 지각이 어둡지 않고, 마을에 들어오지 않았으니 남들이 꺼리는 것을 피한 것이며, 죽을 것을 알면서도 오히려 자신을 다스릴 줄 알았으니, 어진 사람이 아니면 어찌 그렇게 할 수 있었겠는가? 불행한 시대에 태어나 길가에서 죽게 되었으니 누가 다시 알아주겠는가?"라고 하였다. 나는 그 사람 때문에 차마 밥을 먹을 수가 없었다.

나는 근래 다음과 같은 얘기를 들은 적이 있다. "도성 동쪽 골짜기에 떠도는 거지들이 떼지어 모여들었다. 임금이 그들에게 의복과 쌀을 주라고 명하고, 측근을 시켜 그들을 고향으로 돌려보내게 하였다. 그들이 성문을 나선 뒤, 한 사람이 구호를 외치자 모두 따라 하더니, 일제히 소리를 지르며 뿔뿔이 흩어져 막을 길이 없었다." 이는 대체로 고향에 돌아가는 것이 걸식하는 것만 못하기 때문이다.

또 듣자 하니, "온 고을이 텅 빈 데가 있어서, 그 가운데 더욱 심한 고을을 가려, 측근에게 명해 은(銀)을 가지고 가서 그곳 주민을 불러 모아 안정시키게 하였다. 그러나 고을이 텅 비어 사람이 없으므로, 그 신하는 아무 일도 하지 못하고 그냥 돌아와 임금에게 보고하였다"고 한다. 그러나 도시에서는 쌀값이 매우 싸서, 아직도 쌓아둔 것이 있다

---

4) 장티푸스를 말함.

고 들었다. 따라서 흉년을 탓하는 것이 실상이 아님을 더욱 분명히 느끼게 된다.

가난한 사람들은 "곡식이 지천으로 흔한 것이 도리어 원망스럽다. 곡식이 지천으로 흔하면 돈을 마련하기가 더욱 어렵다. 그래서 굶주림은 더욱 심해질 수밖에 없다. 재물은 부자들한테 다 몰리고, 백성의 재산은 고갈된다. 가령 풍년이 든다 해도 근심은 여전할 뿐이다"라고 한다. 국가에서 백성을 구제하려고 부지런히 애쓰는 것이 지극하다고 하겠으나, 형세가 이 지경에 이르렀으니 어찌한단 말인가?

백성이 사방으로 흩어져 굶주림에 시달리고 추위에 떨다 쓰러져 죽어, 살아남은 자가 거의 없다. 살아남은 자들도 남의 집에서 품팔이 신세로 구차하게 목숨을 부지하고 있으니, 고향으로 돌아갈 생각은 아예 바라지도 않는다. 친척이 남아 있지 않고 이웃도 모두 비었으니, 무슨 마음으로 구차하게 고향에 돌아가려 하겠는가?

나는 이렇게 생각한다. 그들이 사방으로 흩어진 것이 하루아침에 생긴 일이 아니니, 그들을 불러모으는 데도 10년의 세월이 필요할 것이다. 그들이 흩어질 적에 슬피 울며 떠났을 것이니, 그들을 불러모을 적에도 반드시 즐거운 마음으로 돌아갈 수 있어야 한다. 즐거운 마음으로 돌아갈 수 있게 하지 못하면 백성을 설득할 수 없을 것이다.

옛날 태산(泰山)의 호랑이와 영주(永州)의 뱀에게 삼대(三代)가 물려 죽었어도 오히려 그곳을 떠나지 않았으니,[5] 백성이 미워하는 것 중에서

---

5) '태산의 호랑이'는 『공자가어』(孔子家語)와 『예기』(禮記)에 나오는 '가정맹어호'(苛政猛於虎)의 고사에서 나온 말이다. 공자가 제자들과 태산을 지날 때, 길가의 무덤 앞에서 한 여인이 슬피 울고 있었다. 공자가 제자를 시켜 그 이유를 물어보게 하였더니, 여인이 대답하기를 "이 고장에서 시아버님이 호랑이에게 물려 죽었고, 남편도 호랑이에게 물려 죽었는데, 이제 자식까지 호랑이에게 물려 죽었습니다"라고 하였다. 공자가 다시 묻기를 "그러면 왜 이 고장을 떠나지 않소?"라고 하자, 그 여인은 "이 고장에는 가혹한 세금이 없기 때문입니다"라고 하였다. 공자가 그 말을 듣고 제자들에게 "가혹한 정치는 호랑이보다도 더 무섭다"라고 하였다. '영주의 뱀'은 당(唐)나라 때 유종원(柳宗元)이 지은 「포사자설」(捕蛇者說)에 나오는 이야기이다. 유종원이 영주(永州)를 다스릴 때, 삼대(三代)에 걸쳐 독사를 잡아 바치고 세금을 면제받아 살고 있는 장씨(蔣氏)를 만났는데, 그가 "우리 할아버지가 이 뱀에 물려 죽었고, 우리 아버지도 이 뱀에 물려

가혹한 정치보다 더 심한 것은 없다. 만약 가혹한 정치가 없다면, 몇 해의 흉년으로 인해 온 고을이 텅 빌 정도로 주민이 다 흩어지겠는가?

따라서 포악한 정치를 못 하도록 하는 것이 급선무이다. 포악한 정치를 금지하려면 먼저 뇌물 받는 관리를 처벌하는 법을 엄히 시행해야 한다. 뇌물 받는 것을 조사하는 방법은 다른 데 있는 것이 아니다. 감사(監司)·도사(都事)[6]·어사(御使)를 살펴서, 뇌물 받은 사실을 알면서도 고의로 놓아준 경우 법률로 다스려 뇌물을 받은 것과 같은 벌을 내리고, 뇌물 받은 것을 적발한 경우는 전쟁에서 공을 세운 것과 같이 상을 주면 된다. 그런 뒤에 10년 동안의 세금을 면제해주고, 측근을 특별히 수령으로 삼아 조처할 일이 있으면 역마를 달려 아뢰게 하여, 그들이 건의하는 말을 대부분 따른다면, 큰 조처를 취하지 않더라도 흩어진 백성이 스스로 고향에 돌아갈 것이다.

流民還集

孟之子論王道 不過保民一句 所謂保民者 卽所好與之聚之 所惡勿施而已 非家至而日增之也 人各有智力 耕而食 鑿而飮 謀生有餘矣 雖有三二年水旱之災 渠自有長慮厚蓄 必將有以自賴 何至於流離塡壑 孟子又曰 王無罪歲 斯天下之民 至焉 余見鄕里衣食足者 農不失時 計周于利 凶年不能殺 所謂民生在勤 勤則不匱也 其不免於死亡者 皆困於虐政 勢不能存也 設有水旱 國家亦發倉移粟 以救贍之 其流亡 畢竟非歲之罪也 民生豈不哀哉

余一日出門 見丐民 若少若長四五人 聚止者 謂云 方春耕稼之時 爾何不歸于故里 播作營農 而尙行乞異方 其人熟視我乃曰 農事當如何作 無種無粮 雖還何益 其意謂 我爲迷罔 不解事也 思之 果然矣 事不親歷 何以深曉 前年有病癘者 在道邊 不敢近村閭 熱退而無食將死 以藥薦自裹其身 用索纏束腰以下而絕 蓋患狗齕也 余聞之曰 此必君子人也 自纏束 則知覺不昧也 不入村閭 則避人之惡忌也 明知將絕 而猶能自治 非賢而何値 時不幸 至於道殣 誰復知之 余爲之 不能食也

近聞 東峽流丐群聚 上命賜衣賜米 使近侍 領歸鄕土 旣出城門 一倡而衆和 齊號而奔散 不可禁 蓋以歸爲不如行乞也 又聞 有全邑空者 選其最 命近侍 帶銀錠

죽었으며, 내가 이 일을 이어받아 12년 동안 하고 있는데 여러 번 죽을 고비를 넘겼습니다"라고 하였다. 유종원이 그에게 "그러면 당신은 왜 그 일을 그만두지 않는가?"라고 하자, 그는 다른 집은 세금에 견디지 못하여 파산하는 경우가 많았지만, 자기 집은 이 일을 함으로써 파산을 면하고 있다고 하였다.

6) 각 도의 감영(監營)에서 관리들을 감찰하는 종5품 관직.

往而安集 無所事而復命云 然都市米價極賤 知其穀之尙有所積也 益覺罪歲之非
其實 貧者之言曰 米賤反讐 米賤 錢益難得 阻飢尤甚 財貨上流 民産旣竭 使有豊
登 其患依舊在耳 國家軫恤憂勤 可謂至矣 勢到此 亦將奈何 彼散之四方 飢凍頓
仆 其生命者 無幾 其傭寄偸安 鄉念已斷 骨肉不存 隣比皆空 亦何心而苟歸乎
　余謂 其流散 非朝夕之故 則合之 亦宜以十年爲期 其散也 必悲啼而去 合也
亦必待樂意而歸 不樂 不足以諭民也 昔 泰山之虎 永州之蛇 三世死而不避 則所
惡莫甚於苛政 若無此患 其數歲灾害 豈至於空郡乎 宜以禁暴爲急 禁暴 宜先嚴
臟法 覈臟之術 亦不在他 考得監司若都事若御史 繩以見知故縱之律 與臟同科
立發臟之賞 與戰功同科 然後除十年之租 別命近臣 爲守宰 有事 使之馳驛入奏
所言多從 則不必大段磨勘 流民自當還集

풍문 논인(風聞論人)[1]

　　우신행(于愼行)[2]의 『곡산필주』(穀山筆塵)에 "당 무후(唐武后)[3]가 교
묘한 술책으로 신하들을 제압하자, 간관(諫官)·어사(御使)가 풍문으로
일을 논하였다. 그래서 서로 탄핵하여 험악한 거짓말로 상대를 쓰러뜨
렸다"라고 하였으니, 이것이 풍문으로 일을 말하게 된 시초이다.

　　우리나라에는 연산조(燕山朝)로부터 이런 풍조가 시작되어, 지금까지
도 간언하는 관리들이 풍문만 듣고 일을 논하고 있다. 그러다 일이 실제
와 어긋나면, 곧 풍문이 실상과 다르다는 이유로 혐의를 회피할 따름이
다. 보고 듣는 것이 익숙해져서 아무도 이를 이상하게 생각하지 않는다.

　　사람들이 모두 말하기를 "만약 간관이 탄핵하지 않는다면, 관리들의
잘못과 포악한 정사에 대해 어찌 조금이나마 다스릴 수 있겠는가?"라
고 하는데, 이는 전혀 그렇지 않다. 풍문만을 듣고 실제로 확인해본 것
이 아니기 때문에 죄를 줄 만한 물증이 없고, 다만 교묘한 술책만 부리
는 형세를 조장하게 된다. 그래서 힘이 있는 자는 반드시 빠져나오게
되고, 연좌되어 파면되었다고 하더라도 세상에서 수치로 여기지 않는

---

1) 뜬소문으로 사람을 논함.
2) 명 신종(明神宗) 때의 학자.
3) 당 고종(唐高宗)의 부인인 측천황후(則天皇后)를 가리킴.

다. 아침에 탄핵을 받고서 저녁에 다시 벼슬자리에 오르게 되니, 이런 제도를 써서 무슨 이로움이 있겠는가?

사람을 논핵할 때에는 반드시 확인할 수 있는 근거가 있어야 한다. 그래서 그로 하여금 감히 빠져나오지 못하게 해야 한다. 남을 헐뜯는 뜬소문에 의해 그를 모함하여 해칠 계기로 삼는다면, 그런 사람에게 어찌 반좌(反坐)[4]가 없을 수 있겠는가? 나는 성스런 임금이 다스리던 시대에는 반드시 그런 풍습이 없었던 것으로 안다. 당 무후와 연산군 때의 나쁜 풍습은 분명히 본받을 만한 일이 아니다.

風聞論人

于愼行穀山筆塵云 唐武后 以術制群下 諫官·御史 得以風聞言事 互相彈劾 率以險詖 相傾覆 此風聞言事之始也 我國 則自燕山朝始 至今 諸諫官 只以此塞責 事有違誤 輒以風聞失實 避嫌而已 觀聽慣熟 不以爲異也 人皆謂 又若無此 多官之秕政虐治 將何以少戢 此甚不然 風聞而非實見 故罪之無迹 只助傾巧之勢 而有力者必脫 縱曰坐罷 世不以爲恥 朝入彈墨 暮擁冠蓋 何益之有哉 論人 須是有根據可尋 俾不敢妄諱也 苟其納毀於流言 爲陷害之機 則彼安可無反坐耶 吾知聖世必無此 武后·燕山 其不足法 明矣

아조 팔폐(我朝八弊)[1]

우리나라의 좀 같은 폐단에 대해 논하는 자들이 "비변사(備邊司)에서 일을 마음대로 하여 의정부(議政府)는 할 일 없는 관청이 되었고, 승정원(承政院)에서는 왕명의 출납만을 맡고 있어서 승지(承旨)는 담당 아전 격이 되었으며, 별사(別司)에서 모든 일을 감독함으로써 본사(本司)에서는 도리어 쓸모 없는 관원이 되었고, 관원을 자주 옮김으로써 일을 생략해버리는 격이 되었고, 우사(郵舍)에서 문서를 관리하지 않아서 아전과 서리들이 법을 농간하며, 직책을 겸임하는 경우가 많아 전적으로 책임을 지는 실상이 없고, 일이 육조(六曹)[2]·삼사(三司)[3]에

---

4) 남을 무함하다가 도리어 그에 연좌되어 벌을 받는 것.
1) 우리나라 조정의 8가지 폐단.
2) 이조(吏曹)·호조(戶曹)·예조(禮曹)·병조(兵曹)·형조(刑曹)·공조(工曹)를 말함.

속해 있어서 직책을 나누어 맡는 의미가 없고, 책임을 맡기는 것이 분명치 않아서 자리만 지키는 것이 습관이 되었다"라고 한다.

이 여덟 가지 조항은 모두 시무(時務)를 아는 말이다. 그러나 예로부터 "고려는 삼일 공사였다"[高麗三日公事]라는 말이 있으니, 이는 어떤 일이 4일을 지탱하지 못했다는 말이다. 아무리 좋은 법과 아름다운 생각이 있더라도 실행하지 않는다면 무엇하겠는가?

나는 이렇게 생각한다. 별도로 한 관청을 만들어서 관원의 근무 태도를 살피는 것으로 직분을 삼는다. 법령이 있는데도 그에 따라 시행하지 않는 자를 낱낱이 조사해서 아뢴다. 법령을 위반한 자는 정해진 법률에 의거, 일정 기한 벼슬살이를 할 수 없게 한다. 사면령이 내려도 이들은 포함시키지 않는다. 이들이 조사하여 아뢸 수 없는 관원들에 대해서는, 누구나 그들의 잘못을 말할 수 있게 한다. 그리고 그런 사람들은 10년 동안 금고(禁錮)에 처하고, 역시 사면령이 내려도 포함시키지 않는다. 이런 앞뒤의 조건들을 모든 관청에 1통씩 갖추어놓고, 각자 펴볼 수 있게 한다. 이렇게 하면 정문일침(頂門一鍼)[4]이 될 것이다. 상세한 것은 『곽우록』(藿憂錄)[5]에 실려 있다.

我朝八弊

論我朝蠹弊者曰 備局專 而政府爲閒局 政院只事出納 而承旨爲該吏 別司都監 而本司反爲剩官 數遞官員 而省事有同 郵舍不管文書 而吏胥得以弄法 職多兼帶 而無專責之實 事歸曹司 而無分職之意 課責不明 而癏曠成習 凡此八條 皆識時之言也 然自古言 高麗三日公事 謂不能耐過四日也 雖有良法美意 其如不行何哉 余謂 別立一司 以考校擧行條件爲職 其有令甲而廢格者 一一覈奏 犯者有定律 限年遞職 赦令不與焉 其不能覈奏者 人皆得以言之 十年錮廢 亦赦令不與 其前後條件 百司皆具一本 各得閱審 此頂門一鍼矣 詳在藿憂錄

---

3) 사헌부(司憲府)·사간원(司諫院)·홍문관(弘文館)을 말함.
4) 정수리에 침을 한 대 놓는다는 말로, 따끔한 충고나 적절한 처방을 의미한다.
5) 성호 이익의 경세치용적 실학 사상이 담겨 있는 책이름. 이 책에 실린 편명은 다음과 같다. 경연(經筵)·육재(育才)·입법(立法)·치민(治民)·생재(生財)·국용(國用)·한변(捍邊)·병제(兵制)·학교(學校)·식년시(式年試)·치군(治郡)·입사(入仕)·공거사의(貢擧私議)·선거사의(選擧私議)·전론(錢論)·균전론(均田論)·붕당론(朋黨論)·과거지폐(科擧之弊).

지기(知己)

　예나 지금이나 교우 관계에 대해 말할 때는 반드시 관중(管仲)과 포숙아(鮑叔牙)를 으뜸으로 친다. 서로 친밀하게 사귀기를 아교나 옻처럼 끈끈하게 하는 사람들이 어느 시댄들 없겠는가마는, 세력이나 이익을 좇아 벗을 사귀는 자가 더 많다. 그러므로 "삼대(三代)[1] 이전에 교우 관계를 논할 적에는 높은 벼슬아치나 아름다운 복장을 한 귀족들 사이에서 벗을 취했어야 마땅하고, 삼대 이후에 교우 관계를 논할 적에는 산림·초야에 사는 선비나 농부·목수·상인 사이에서 벗을 구했어야 마땅하다"고 한다. 대체로 성스런 임금이 다스리던 시대에는 어질고 덕이 있는 사람들이 반드시 벼슬자리에 있었는데, 말세의 풍속은 그와 반대가 되었기 때문이다.

　관중은 처음 포숙아와 함께 장사를 했다. 이익금을 나누어 가질 때, 관중이 자기 몫으로 더 많이 가져갔으나, 포숙아는 그를 탐욕스런 사람이라고 여기지 않았다. 관중이 어떤 일을 도모하다 실패했으나, 포숙아는 그를 어리석은 사람이라고 여기지 않았다. 관중이 세 번 벼슬길에 나아갔다가 세 번 쫓겨났으나, 포숙아는 그를 불초한 사람이라고 생각하지 않았다. 아, 이 정도는 되어야 지기(知己)라고 할 수 있다. 한번도 그렇게 하기 어려운데 세 번씩이나 그렇게 생각한 데 있어서랴?

　포숙아는 마침내 죄를 짓고 감옥에 갇혀 있던 관중을 임금에게 천거하여, 그의 지혜와 재능을 발휘하여 공적이 천하에 미치고 이름이 후세에 전해지도록 하였다. 전날 포숙아가 그를 의심하지 않고 깊이 믿는 마음이 없었다면, 관중은 한낱 탐욕스럽고 어리석고 불초한 인간으로서 머리가 잘리고 창자가 터져 죽은 평범한 사람에 불과했을 것이다. 그러므로 공자께서 말씀하시기를 "제(齊)나라에서는 관중을 놔두고 포숙아를 더 높이 산다"고 하였으니, 또한 옳은 말씀이 아니겠는가?

　후세 사람들은 한 번 실수하는 것을 보면, 곧바로 틈이 생긴다. 그래서 쓸모 없는 물건을 버리듯이 친구간의 의리를 끊고, 심지어 벗을 죽

---

1) 하(夏)나라·은(殷)나라·주(周)나라 시대를 말함.

이는 경우도 있다. 이 도대체 무슨 마음인가? 그 가운데는 재주와 지혜를 가지고 있으나, 불리한 시대를 만나 형세가 곤궁하고 힘이 없어서 어리석은 사람과 똑같은 취급을 받는 이가 7~8할은 된다. 세상의 어질고 능력 있는 이로서 장수나 재상이 된 사람들은, 다만 높은 곳에 올라 세상을 바라보고 순풍(順風)을 타고 소리를 지르는 것처럼 행운을 잡은 사람들이다. 아, 슬프다.

知己

古今言交友 必以管鮑爲首 夫相與密比 如膠如漆 何世無之 或多有勢利之交耳 故曰 論友於三代之上 當取諸搢紳休彩之列 論友於三代之下 則當求諸山林草澤 農圃工賈之間 蓋聖王之世 賢德必在位 末俗 反之也 管仲 始與鮑叔賈 分財多自與 不以爲貪 謀事大窮困 不以爲愚 三仕三見逐 不以爲不肖也 嗚呼 如此方可以當知己之目矣 一之爲難 況至於三耶 卒之薦之於麞咎俘囚之間 得有以展布智能 功施天下 名流後世 向非鮑子之深信不疑 仲特一貪愚不肖 斷頭破肚之一匹夫耳 是以孔子 於齊 舍管仲而取鮑叔 不亦謬哉 後之人 一見差失 便相瑕隙 棄擲若遺 或至於殘殺者 抑何心哉 其間 懷抱才智 値時不利 勢窮力屈 與痴蠢同歸者 蓋七八矣 世之將相賢能 彼特登高而望 順風而呼 乘其幸運者也 噫

침희신진(侵戱新進)[1]

율곡(栗谷) 이이(李珥, 1536~84)가 과거에 급제해 처음 벼슬길에 나아갔을 때, 승문원(承文院)에서 선배에게 공손하지 않았다는 이유로 파직을 당했다. 퇴계(退溪)가 이 소식을 듣고 말하기를 "신진을 욕보이고 희롱한 것은 과연 이치에 맞지 않는 일이다. 그러나 그러리라는 것을 알면서 그 길로 들어갔으니, 어찌 혼자만 면할 수 있겠는가? 이군(李君)의 일은 무슨 연유로 그랬는지 모르겠지만, 후배 가운데 기절(氣節)을 숭상하는 사람이 있어 선배에게 오만불손하며 말을 듣지 않고 자기 멋대로 하는 자가 있다. 이는 보고 듣기에 해괴할 뿐만 아니라, 의리로 보아도 온당한 것이 못된다"고 하였다.

그러나 이 말에는 분명치 않은 점이 있는 듯하다. 과거에 급제한 사

---

1) 처음으로 벼슬길에 나온 신진을 욕보이고 희롱함.

람으로서 벼슬길에 나아가는 것은 나라의 법이고, 신진을 욕보이고 희롱하는 것은 세속의 폐단이다. 그런 잘못된 풍속이 있는 줄 알더라도, 어찌 그 때문에 국법에 있는 당연한 길을 들어가지 않을 수 있겠는가?

그러나 모든 사람이 다 함께하는 풍속이라면 한결같이 억지로 뿌리칠 수는 없다. 예컨대 공자께서 엽각(獵較)[2]을 한 데서도 이런 뜻을 엿볼 수 있다. 매우 놀랄 만큼 해괴한 일이 아니라면, 자신의 뜻을 굽혀 따르는 것도 괜찮을 것이다. 그러나 해괴하리만큼 이치에 어긋난 일이라면 결코 따라서는 안된다.

퇴계가 손안도(孫安道)에게 보낸 편지에 "선배가 시키는 장난을 따르지 않을 수는 없다. 그러나 잠시 하는 척하여 그들의 힐책을 면하면 그만이다. 너무 외설스럽고 비루한 짓을 하여, 배우들이 하는 것처럼 남들을 웃기고 즐겁게 해서는 안된다"고 하였다. 선생의 본의는 이런 뜻에 불과하다. 만일 '그 길로 들어갔으니 어찌 혼자만 면할 수 있겠는가'라고 한 말만 가지고 논한다면, 그 말속에 약간의 흠이 있으니 자세히 분석해보아야 한다.

이런 풍속은 본래 고려시대 분홍방(粉紅榜)[3]에서 나온 것이다. 없애버려야 할 일은 깨끗이 없애야 하는데, 지금까지 그렇게 하지 못하고 있는 것은 힘이 미치지 못하기 때문이다.

侵戲新進

栗谷初登第 承文院以不恭先進 見罷 退溪聞之曰 侵戲新來 果爲無理 然旣知其然 而已入此路 豈可獨免 李君之事 未知緣何有此 但後生中 有尙氣底人 傲視先進 擅自不聽 非徒駭於見聞 亦非義理之當 然此訓 恐有未審者 及第出身 國法也 侵戲新來 俗弊也 雖知有弊俗 豈可因此而不入國法當然之路乎 大同之俗 亦不可一向强拂 如獵較 可見 其不至大駭者 委曲勉從 斯可矣 如其乖悖駭怪 斷不可從 退溪與孫安道書 凡先生所令戲事 雖不可不從 聊暫爲之 僅以免責而已 不可極爲淫褻鄙慢之事 以供人笑樂 如倡優輩所爲也 先生之意 不過如此 今但曰旣入其路 不可獨免云爾 則語意之間 欠些曲折 宜細分 此俗 本出於麗朝粉紅榜

---

2) 사냥을 한 뒤 잡은 것의 많고 적음을 비교해, 많이 잡은 사람이 적게 잡은 사람의 짐승을 빼앗는 것.

3) 분칠한 것처럼 얼굴이 앳된 소년이 과거에 급제한 것을 일컫는데, 권문세가의 나이 어린 사람이 과거에 합격한 것을 비아냥거리는 말이다.

苟可以滌去 則去矣 今不能然者 力不及耳

삼비(三費)[1]

『한시외전』(韓詩外傳)에 "증자(曾子)[2]가 말하기를 '젊어서 배우고 장성해서 잊어버리는 것이 첫째 허비이고, 임금을 섬겨 공을 세우고서 가벼이 임금을 등지는 것이 둘째 허비이며, 오래 사귄 벗을 중간에 절교하는 것이 셋째 허비이다. 음식과 재물은 그 속에 들지 않는다'고 하였다"는 말이 있다. 이런 허비도 허비이긴 하지만, 군자의 입신(立身)하는 방도에서는 논할 만한 것이 못된다.

젊어서 배우고 장성해서 잊어버린다면 학문한 소득이 없는 것이고, 임금을 섬기다 가벼이 저버린다면 성심으로 충성을 바친 것이 아니며, 벗과 사귀다 중간에 절교한다면 의리로써 사귄 것이 아니니, 이런 경우는 어찌 말할 필요가 있겠는가?

군자가 애석하게 여길 만한 것으로 실질적인 삼비(三費)가 있다. 사소한 술수나 이단에 마음을 쓰는 것은 정신을 허비함이고, 긴급하지 않거나 유익하지 않은 일에 허둥대는 것은 근력을 허비함이고, 그럭저럭 범범하게 세월만 보내며 하는 일 없이 늙는 것은 세월을 허비하는 것이다. 이 세 가지는 후회해도 소용이 없으니, 학문하는 사람은 각별히 노력하여 그 시기를 잃지 않아야 한다.

三費

韓詩外傳 曾子曰 少而學 長而忘 一費也 事君有功 而輕負之 二費也 久交友 而中絶之 三費也 飲食財帛 不在其中 此費則費矣 非所與議於君子立身之方也 長而忘 則學之無所得也 事君輕負之 則非誠心效忠也 交而中絶 則非義合也 何足道哉 君子之所可惜者 實有三費 留心於小數異端 是精神費也 勞勖於不急無益 是筋力費也 玩愒泛忽 居然衰老 是年數費也 此三者 悔之無及 學者 所當振刷 而不失其時也

---

1) 세 가지 허비.
2) 공자의 제자인 증삼(曾參)을 말함.

수작(酬酢)

지금 사람들이 손님을 접대하는 예에, 술상이 나오면 주인이 먼저 술을 마신 다음 술잔을 손님에게 돌리는데, 이는 아무래도 온당치 않은 듯하다.

예(禮)를 살펴보건대, 주인이 먼저 손님에게 술잔을 드리면[獻] 손님은 주인에게 술잔을 돌리며[酢], 주인이 술잔을 비운 다음 다시 술을 따라 손님에게 권하면[酬] 손님은 앉아서 술잔을 받는다고 하였다. '수'(酬)는 마시도록 권한다는 말이니, 먼저 술을 따라 손님에게 마시도록 권하는 것이다. 그런데 지금 사람들은 술잔을 손님에게 드리고 다시 주인에게 돌리는 두 절차를 생략하고, 다만 술잔을 들어 손님에게 권할 뿐이다.

그러나 『시경』 소아(小雅) 「호엽」(瓠葉)의 제1장에서는 '술을 따라 맛을 본다'[酌言嘗之]고 하였고, 제2장에서는 '술을 따라 드린다'[酌言獻之]고 하였고, 제3장에서는 '술을 따라 보답한다'[酌言酢之]고 하였고, 제4장에서는 '술을 따라 다시 권한다'[酌言酬之]고 하였다. 그렇다면 지금 풍속에 주인이 먼저 마시는 것은, 혹 음식을 먼저 맛보는 예와 비슷한 것일 뿐, 술잔을 드리고[獻] 권하는[酬] 것과는 아무 상관이 없는 듯하다. 위 시의 제1장에서는 박잎을 쓰고 제2장·제3장·제4장에서는 토끼를 썼는데, 이 또한 반드시 의미가 있을 것이니, 자세히 분별해보아야 한다.

酬酢

今人於賓客之禮 酒至 則主人必先飮 次送爵於賓 此恐不審也 按禮 主人先獻賓 賓次酢主人 主人卒爵 又自酌而後酬賓 賓坐取觶 酬者 謂導飮也 先酌而後導賓飮也 今人 則直闕獻酢二節 只擧導飮而已 然小雅瓠葉一章云 酌言嘗之 二章言獻之 三章言酢之 四章言酬之 然則今人之先飮 或者先嘗之禮 而非與於獻酬耶 其一章用瓠 下三章用兎 亦必有義 須仔細別

족하(足下)

족하(足下)라는 명칭은 예로부터 있었다. 그 뜻을 미루어보건대, 천자는 '폐하'(陛下)라 하고, 제후는 '전하'(殿下)라 하고, 대부는 '대하'(臺下)·'절하'(節下)·'합하'(閤下)라 하고, 선비는 '좌하'(座下)라고 한다.

섬돌[陛] 위에 궁전[殿]이 있고, 궁전 안에 합문[閤]이 있고, 합문 안에 자리[座]가 있다. 상대를 존중하는 것이 지극할 경우에는 감히 그의 신체를 바로 지칭할 수 없다. 그러므로 그의 앞에 있는 좌우(左右)·집사(執事)·장명자(將命者)[1]와 같은 사람들을 일컫는 것이다. 상대를 존경하는 것이 심할수록 그를 일컫는 칭호는 더욱더 멀어진다.

발[足]은 하체의 가장 아래에 위치한 것이지만 앉을 때에는 발을 들게 된다. 벗 사이에 허물 없이 대하는 사람을 '족하'라고 부른다. '하'(下)란 모두 곁에서 모시고 있는 사람을 일컫는 말이다. 주인이 자리 위에 있을 경우 그 자리 아래에서 모시고 있는 사람이 곧 족하이다.

혹자는 말하기를 "『예기』 「단궁」(檀弓)에 '증자(曾子)가 병으로 누워 있을 때, 아들 증원(曾元)·증신(曾申)이 발 아래 앉아 있었다'고 했다. 대체로 침실에서 시중드는 자제는 반드시 발 아래쪽에 앉는다. 그러므로 족하라고 하는 것이다"라고 하였다.

채옹(蔡邕)[2]의 『독단』(獨斷)에 "폐하는, 신하들이 천자와 말을 할 때 감히 천자를 직접 지칭할 수 없으므로 섬돌 아래 있는 사람을 불러 고하는 것이니, 아래에서 높은 데로 전달하는 뜻이다. 신하나 선비들이 서로 말을 할 때 전하·합하·족하·시자(侍者)·집사(執事)라고 말하는 것들도 모두 이런 유형이다"라고 하였으니, 참고할 만한 말이다.

足下

足下之稱 自古有之 以意推之 天子曰陛下 諸侯曰殿下 大夫曰臺下·節下·閤下 士曰座下 陛上有殿 殿中有閤 閤中有座 尊之之極 不敢輒稱其身 故稱其在

---

1) 좌우는 높은 사람의 좌우에서 보좌하는 사람을 말하고, 집사는 높은 사람의 세세한 실무를 맡고 있는 사람을 말하며, 장명자는 높은 사람의 명을 받들어 전달하는 사람을 말한다.
2) 후한(後漢) 때의 문인.

前之人 如左右·執事·將命之類 而尊之 逾甚 則稱之逾遠也 足 下體之最下者
而座所以承足也 其儕友間 敬之稍弛者 謂之足下 凡曰下者 皆指侍者而言也 人
在座上 則其座下侍者 乃足下也 或曰 檀弓 曾子寢疾 曾元·曾申 坐於足 蓋燕寢
中子弟之侍 必坐於足向之下 故曰足下也 蔡邕獨斷曰 陛下者 群臣與至尊言
不敢斥天子 故呼在陛下者而告之 因卑達尊之意也 及群臣庶士 相與言殿下·閣
下·足下·侍者·執事之屬 皆此類也 可以參考

접대유생(接對儒生)[1]

정암(靜庵)[2] 조 선생(趙先生, 1482~1519)이 중종(中宗)을 만나 유교
를 크게 부흥시켰다. 하루는 경연(經筵)에서 아뢰기를 "태학(太學)의
생도들도 가끔 접대하시는 것이 마땅합니다"라고 하였다. 이에 중종이
성균관 유생 이세명(李世銘)·박광전(朴光前) 등을 불러 배운 경서(經
書)를 강독하게 하고, 하고 싶은 말이 있느냐고 물었는데 모두 대답
을 하지 못하였다. 조 선생이 옆에 있다가 "그대들은 성인의 경전을 외
우고 익히면서 나라를 다스리는 이치에 대해 생각한 바가 있을 터인데,
어찌 하고 싶은 말이 없겠는가?"라고 했으나, 유생들은 끝내 한마디 말
도 하지 못하였다. 그래서 조 선생은 한동안 탄식을 금치 못했다.
   내가 이 사실을 접할 때마다 세도(世道)를 위해 거듭 탄식하였다. 과
거 제도가 생긴 뒤로부터 선비들이 헛된 문장에만 힘써, 붓을 잡고 문
장을 짓는 사람치고 한 사람도 내세울 만한 실효를 거둔 자가 없다. 그
러나 이 때문에 기롱이 뒤따르지 않고, 이 때문에 명예가 줄어들지 않
는다. 다행히 소원을 이루게 되면 조정에 앉아 관원을 내치거나 승진시
키는 말에만 마음을 기울이니, 세도가 어찌 쇠퇴하지 않겠는가? 이세
명 등은 대사성(大司成) 김식(金湜, 1482~1520)에게 배웠다. 김식은
당대의 큰 학자였는데, 그들의 학문이 이처럼 보잘것없었으니, 다른 사
람들이야 말해 무엇하겠는가?

---

1) 임금이 유생을 접대한다는 말.
2) 조광조(趙光祖)의 호임.

옛날 당 태종(唐太宗)이 여러 고을에서 천거한 효자와 청렴한 사람을 불러 어전(御前)에 앉게 한 뒤, 예전 훌륭한 임금들의 정치하는 방도에 대해 물었다. 그리고 황태자는, 증삼(曾參)이 『효경』(孝經)에서 말한 것을 물었다. 그런데 그들은 한마디로 답변을 하지 못했다.

그러자 태종이 말하기를 "옛날 초 장왕(楚莊王)이 국사를 논의할 적에 신하들의 지혜가 그에 미치지 못하였다. 그러자 물러나와 근심스런 표정으로 말하기를 '제후로서 능히 스스로 스승을 얻는 자는 왕 노릇을 하고, 자기 멋대로 일을 하면서 남들이 자기만 못하다고 여기는 자는 망한다[3]고 했는데, 지금 나의 부덕(不德)으로 신하들이 나의 지혜에 미치지 못하니, 우리나라가 망하려나 보다. 내가 조서(詔書)를 내려 천하의 인재를 불렀는데, 이와 같이 쉬운 문제도 모두 대답을 하지 못하니, 나라 안에 어진 이가 없다는 말인가? 나는 매우 걱정이 된다"고 하였다.

그렇다면 세속의 나쁜 폐단은 예나 지금이나 마찬가지인데, 하물며 오늘날 세도가 매양 낮아질 뿐만이 아닌 데 있어서랴? 그러나 이 넓은 세상에 어진 이를 구하는 방도만 있다면 어찌 시무(時務)를 아는 군자가 없겠는가? 아마도 당 태종이 불러온 자들은 진정한 인재가 아닌 듯하다. 당시 초야의 외딴 시골에 살면서 세도를 개탄하는 사람이 반드시 있었을 것인데, 그런 사람은 당 태종이 애석해한 것보다 더 심하게 탄식했을 것이니, 나는 이 점이 걱정된다.

接對儒生

趙靜庵先生 遭遇中廟 丕興儒敎 一日 於經筵白云 太學生徒 亦宜以時接對 於是 召居館儒生李世銘·朴光前等 講讀所業經書 仍問其所欲言 咸不能對 先生在傍 謂曰 生等 誦習聖經 揣劘治理 寧無所欲言者乎 生等 終不能容一喙 先生嗟歎良久 余每見此 重爲世道嗟惜也 自課試興 而士學趨於虛文 操筆就章者 無一實效之可言 譏訶不以是至 名譽不以是減 幸而遂其願 則坐廟朝 黜陟談說 惟意 世安得不降 彼世銘等 學於金大成湜 當時之鉅擘 而其空疎若是 其他 又何說

昔 唐太宗引諸州所擧孝廉 賜坐於御前 問以皇王政術 及皇太子問以曾參說孝經 並不能答 太宗謂曰 楚莊王言事 群臣莫逮 而退有憂色曰 諸侯能自得師者 王

---

3) 『서경』「중훼지고」(仲虺之誥)에 "능히 스스로 스승을 얻는 자는 왕 노릇 하고, 남이 자기만 못하다고 여기는 자는 망한다"고 하였는데, 여기서는 이를 약간 바꾸어 썼다.

自謀而莫己若者 亡 今以不穀之不德 群臣莫能逮 吾國幾於亡乎 朕發詔 徵天下
俊異 纔以淺近問之 咸不能答 海內賢哲 將無其人耶 朕甚憂之 然則俗之汚弊 前
後一轍 況在今 又不啻每下也耶 然天下之大 求賢有方 則寧無一介識時務君子
哉 抑太宗所徵 非其人也 愚恐 當時草野徘側之間 必有長嗟永歎者 殆有甚於太
宗之惜之也

황 금계(黃錦溪)

퇴계(退溪)는 금계(錦溪) 황준량(黃俊良, 1517~63)에 대해서 깊이
알았던 듯하다. 퇴계는 제문(祭文)에서 "오늘의 일을 가지고 옛일을 헤
아려보니, 어찌 이런 사람에게 비방이 있었던가? 없는 일을 지적하여
뼈까지 녹이는 참소를 했으니, 모두 원한에서 나온 것임을 알겠네"라고
했다. 이는 금계가 평소 비방받았다는 사실을 암시한 것이다.

소재(蘇齋) 노수신(盧守愼, 1515~90)이 지은 주천(舟川) 강유선(康
惟善, 1520~49)의 비문(碑文)에 "학정(學正)[1] 황준량이 권신(權臣)의
지시를 받고, 공이 과거 시험에 응시하는 것을 저지시켰다"라는 말이
있다. 당시에 대체로 이런 뜬소문이 있었으나, 사실이 아니다. 혹자는
말하기를 "금계가 '순흥(順興)[2]에 왕기(王氣)[3]가 있다'고 말한 적이 있
는데, 이 때문에 군자들에게 흠을 잡혔다……"라고 하였다. 그러나 퇴
계는 결코 좋아하는 사람이라고 하여 그를 비호하지는 않았을 것이다.
만약 위와 같은 뜬소문만 믿고 퇴계를 의심한다면, 세상에 의심하지 않
을 것이 없을 것이다.

퇴계가 쓴 제문에 또 "갑자기 배사(盃蛇)[4]를 본 듯한 느낌이 있었다"고

---

1) 성균관의 정8품 벼슬.
2) 지금의 경상북도 영풍군 순흥면임.
3) 왕이 탄생할 기운.
4) 진(晉)나라 때 악광(樂廣)이라는 사람이 술을 마실 때, 술잔 속에 비친 활 그림
   자를 뱀인줄 잘못 알고 병을 얻었다고 함. '술잔 속의 뱀'은 실제로 있는 사물이
   아니고 환각(幻覺)이나 환영(幻影)을 뜻하는 말이다. 여기서는 금계가 헛것을
   보았다는 말로 쓰였다.

했으니, 이 또한 연유가 있어서 한 말이다. 세상에서 전해오는 말에 "금계는 풍채가 좋아 사람들의 마음을 끌었다. 그가 성주(星州)에 부임했을 때, 관속 아무개의 아내가 그를 훔쳐보고 흠모하다가 드디어 병이 나 죽었다. 하루는 금계가 관아에 앉아 있는데, 흰옷을 입은 여자가 문 밖에서 아른거리더니, 점점 가까이 다가와 핍박하였다. 그 뒤로 금계는 병이 나서 날로 병세가 악화되더니 드디어 세상을 떠났다. 그러나 죽을 때까지도 손을 모아 떠미는 시늉을 하면서, '남녀의 분별이 있다'는 말을 그치지 않았다. 그에게는 굽힐 수 없는 지조가 있었다"고 하였다. 이 일을 퇴계가 드러내 말할 수 없기 때문에, 단지 배사에 비유한 것이다.

퇴계가 황수량(黃遂良)[5]에게 답한 편지에 "금계공의 행장(行狀) 가운데 한두 곳을 고치려 하지만, 절대로 그 자취를 드러낼 수 없으니, 짐짓 입을 다물고 있는 것이 옳다"고 하였다. 이 말이 어떤 일을 두고 한 말인지는 분명치 않으나, 아마도 드러내놓고 말할 수 없었던 점이 있었던 듯하다.

또 퇴계가 한 영숙(韓永叔, 1514~88)[6]에게 답한 편지에서는 "중거(仲擧)[7]는 본디 문인(文人)인데, 만년에 들어 학문에 심취했다"고 하였고, 구 경서(具景瑞, 1526~86)[8]에게 답한 편지에서는 "성주 목사(星州牧使)였던 황 금계는 본래 문인(文人)이다. 만년에 점점 아름다운 경지로 들어갔는데, 학업을 마치지 못하고 갑자기 죽었다"라고 하였고, 정 자중(鄭子中, 1533~76)[9]에게 답한 편지에서는 "중거의 학문이 깊고 정밀하지는 못했지만, 매우 부지런하고 뜻이 간절하였는데, 이제 끝나고 말았구나"라고 하였고, 조 사경(趙士敬, 1524~1606)[10]에게 답한 편지에서는 "중거는 성품이 시원시원하고 영민하고 명쾌하였다. 그는 만년에 학문을 좋아하여, 성주 목사로 있을 적에 후진을 양성하는 데 힘을 다하였다. 벼슬살이를 하면서 학문에 힘쓰다 과로로 병이

---

5) 황준량의 동생.
6) 한수(韓修)를 말함. 영숙(永叔)은 그의 자(字)이다.
7) 황준량의 자이다.
8) 구봉령(具鳳齡)을 말함. 경서(景瑞)는 그의 자이다.
9) 정유일(鄭惟一)을 말함. 자중(子中)은 그의 자이다.
10) 조목(趙穆)을 말함. 사경(士敬)은 그의 자이다.

났다"고 하였고, 또 "이 사람은 문장이 시보다 나았으며, 사리판단이
명쾌하여 일을 잘 논했다. 평소 알지 못했던 점을 이제 그의 글을 통
해 알았다"고 하였다. 이 몇 가지 말을 종합해보면, 그의 평생 한 일
을 알 수 있다.

黃錦溪

退溪之於黃錦溪俊良 蓋深知也 其祭文云 執今日而忖前兮 寧若人之訾議 指
虛無以銷骨兮 知盡出於怨隙 此指錦溪平日致謗者也 盧蘇齋作康舟川惟善碑 有
學正黃俊良 受權臣指 停公赴擧之言 當時 蓋有此流傳 而非其實也 或曰 錦溪嘗
言 順興有王氣 以此爲君子所短云云 然退溪要非阿於所好 若信流言而疑退溪
則是無所不疑也

祭文又云 忽有感於盃蛇 此有亦由發矣 世傳 錦溪風彩動人 其莅任星州也 有
僚員某之妻 窺覰歆悅 遂病死 一日 錦溪坐衙 有白衣女子 隱見於門外 漸覺來逼
病隨而日深 遂不救 然至死 猶拱揖作推排狀 口不絶男女之分 則有難屈之操 退
溪不欲顯言 故只以盃蛇爲諭 其答黃遂良書云 或欲於錦公狀中改一二處 然切不
可露其迹 姑當嘿之 可也 此雖未詳其何指 而蓋有不可明言者矣

退溪答韓永叔書云 仲擧本是文人 晚深有味於此學 答具景瑞書云 星州本爲文
人 晚節漸入佳境 業未究而遽至於此 答鄭子中書云 仲擧所見 雖未深密 猶甚勤
懇 今已矣 答趙士敬書云 仲擧 開爽敏快 晚好此學 在州 殊有倡率之事 盡力仕
學 因勞生病 又云 此人 文勝於詩 明快善論事 平時有未盡知者 今於其文 見之
合此數說 可以盡其平生矣

정형(政刑)[1]

공자께서 덕(德)과 예(禮), 정사[政]와 형벌[刑]의 구별에 대해 논하
심으로써,[2] 사람들이 거의 본말과 선후의 차례에 대해 미혹하지 않게
되었다. 그러나 근본을 먼저 다스린 뒤에는 말단도 그 다음에 다스릴
수 있어야 한다. 중간 이상의 자질을 가진 사람은 남이 권장하지 않더

---

1) 정사와 형벌을 말함.
2) 『논어』 「위정」(爲政) 제3장에 "백성을 정사로써 인도하고 형벌로써 가지런히
   하면 백성이 죄를 면하기는 하지만 부끄러움이 없게 되고, 백성을 덕으로써 인
   도하고 예로써 가지런히 하면 백성이 부끄러움을 알고 또 선하게 될 것이다"라
   고 하였다.

라도 스스로 노력한다. 간혹 보고 들은 바에 얽매이거나 이해 관계를 따지다 바른 길을 잃는 경우가 있지만, 그들 마음이 모두 착한 것을 등졌다고 할 수는 없다.

그러므로 덕으로 인도하고 예로 가지런히 하기를 힘써 착한 사람이 많고 착하지 않은 사람이 적어지게 되면, 점차 대동(大同)의 풍속이 조성되어 형벌을 쓰지 않게 될 것이다. 그러나 그 가운데는 옛날 사흉(四凶)[3]처럼 성질이 모질어 다스릴 수 없는 자도 있을 것이다. 그런데도 정사와 형벌을 쓰지 않는다면 사람들이 침을 삼키며 이익만 좇아 점점 잘못된 길로 빠지게 될 것이다.

더구나 후세에 이르러서는, 백성들이 교화를 받지 못한 지가 오래되었다. 그래서 착한 자는 아주 적고 악한 자만 많다. 그런데 덕과 예로 다스려야 한다는 말씀만 믿고 편안히 앉아 다스려지기를 바라는 사람은 밝고 지혜로운 사람이 될 수 없다.

최식(崔寔)[4]의 말에 "형벌은 어지러움을 다스리는 약석(藥石)이고, 덕교(德敎)는 화평을 일으키는 양육(粱肉)[5]이니, 덕교를 가지고 포악한 자를 제거하는 것은, 마치 양육으로 질병을 다스리는 것과 같다"고 하였다. 이 말은 참으로 고금의 유명한 비유이다. 그러나 한비자(韓非子)의 매우 간절하면서도 분명한 말만 못하다. 한비자는 다음과 같이 말하였다.

저절로 곧은 화살과 저절로 둥근 수레바퀴는 백 년에 하나도 없다. 그러나 세상 사람들이 모두 새를 쏘아 잡고 수레를 타는 것은, 은괄(隱栝)[6]의 도를 쓰기 때문이다. 은괄에 믿을 수 없는 점이 있지만, 저절로 곧고 저절로 둥근 것을 훌륭한 목수는 귀하게 여기지 않는다. 왜냐하면 활 쏘는 자가 화살 한 대만 쏘는 것이 아니며, 수레

---

3) 순(舜)이 다스리던 시대의 악한 사람들, 곧 공공(共公)·환두(驩兜)·삼묘(三苗)·곤(鯀)을 말한다.
4) 후한(後漢) 때 사람.
5) 기름진 쌀밥과 고기 반찬, 곧 좋은 음식을 가리킨다.
6) 굽은 나무를 곧게 펴는 도지개.

를 타는 자가 한 사람만이 아니기 때문이다. 상과 벌을 믿지 않고 본래 선량한 백성을 믿는 것을, 밝은 임금은 귀히 여기지 않는다. 왜냐하면 다스리는 바가 한 사람만이 아니기 때문이다. 그러므로 다스리는 방법을 아는 임금은 저절로 선하게 되도록 내버려두지 않고, 반드시 그렇게 되는 방도를 행한다.

이 말은 드러낼 만하다.

내가 매양 경험해보건대 어리석은 백성이 착하거나 악한 일을 할 때에, 그들 마음이 처음부터 그렇게 하고자 작정을 한 것은 반드시 아니다. 우연히 한 가지 일의 잘잘못으로 인해, 마음이 움직여 빠져들게 되는 것이다. 그러면 잠깐 사이에 천리의 간격이 벌어지게 된다. 그러나 착한 길로 인도해 악한 마음이 사라지게 되어서 샘물이 끊임없이 솟아나고 불길이 활활 타오르는 것처럼 착한 마음이 솟구치게 되면, 결국 천성과 같아지게 될 것이다.

그러나 착한 길로 인도하는 데에는 덕과 예보다 좋은 것이 없고, 악한 것을 그치게 하는 데에는 정사와 형벌보다 좋은 것이 없다. 오늘날은 이욕(利慾)을 좇는 풍속이 도도한 세상인데, 형벌로 금지하는 것을 느슨하게 할 수 있다고 말하는 것이 어찌 옳겠는가?

『주역』 몽괘(蒙卦) 초육효(初六爻)에 "사람들에게 형벌을 보여 형벌의 구속으로부터 벗어날 수 있게 하는 것이 이롭다"고 하였다. 공자께서 이 말을 이어 "사람들에게 형벌을 보이는 것이 이롭다는 말은, 그렇게 함으로써 법을 바르게 하기 위함이다"[7]라고 하였으니, 성인의 뜻이 본디 이와 같다.

그러므로 형벌을 밝히고 법을 알려서, 백성들이 이를 두려워하여 죄를 적게 해야 비로소 손을 쓸 곳이 있게 된다. 소열제(昭烈帝)[8]가 이른 바 "사람의 의지와 지혜를 더하게 한다"고 한 것이 이것이다. 이는 정치를 아는 자와 말할 수 있는 문제이다.

---

7) 이 말은 『주역』 몽괘(蒙卦) 초육효 상사(象辭)에 보인다.
8) 중국 삼국시대 촉(蜀)의 소열황제(昭烈皇帝)인 유비(劉備)를 말한다.

政刑

孔子論德禮·政刑之別 人庶幾不迷於本末·先後之序 然本旣當先 末亦可以
次之矣 夫中人以上 無所待而自厲者也 其或梏於見聞 循於利害 迷其路徑 而其
心未必皆倍善 故可以導齊而斡旋 至於善者多而不善者少 則轉成一同之風 刑亦
可措也 其間 頑不卽工 如古之四凶者 不有政刑 人必復朶頤趣利 駸駸爲悖亂之
歸矣 至若後世 民之失敎 久矣 不啻善者少而惡者多 猶恃德禮之訓 庶幾安坐而
治者 不得爲明智也

崔寔云 刑罰者 治亂之藥石 德敎者 興平之粱肉也 以德敎除殘 是以粱肉理疾
也 斯固古今之名喩 猶未若韓非之深切著明 其言曰 夫自直之矢 自圓之輪 百
歲無一有 而世皆射禽乘車者 檃括之道用也 雖有不恃檃括 而自直自圓者 良工
不貴也 何則 射者非一發 乘者非一人也 不恃賞罰 而恃自善之民 明主不貴也 何
則 所治非一人也 故有術之主 不任適然之善 而行必然之道 此說可表出也

余每驗之 蚩氓之爲善惡 未必其始心 偶然一事之得失 興動陷溺 俄而 至千里
之遠 導善熄惡 若始達之泉 始燃之火 則終必至於若天性也 然導善莫如德禮 熄
惡莫如政刑 今於滔滔利慾之界 而謂可以弛其刑禁者 奚可哉 易蒙之初六曰 利
用刑人 用說桎梏 孔子繫之曰 以正法也 聖人之意 固如此矣 是以 明罰飭法 使
民畏威寡罪 方始有措手之地 昭烈所謂益人意智 是也 此可與知者言

부사 · 형사(父事兄事)[1]

『예기』에 "나이가 배(倍)나 많으면 아버지와 같이 섬기고, 열 살이
더 많으면 형과 같이 섬긴다"[2]고 했다. 그런데 어떤 사람은 "스무 살에
성인이 되므로 '배'(倍)라는 것은 나보다 스무 살이 더 많다는 것이다"[3]
라고 한다. 만약 그렇다면 왜 '스무 살'이라고 말하지 않았던가?

대체로 옛날에는 스무 살에 관례(冠禮)를 하고, 서른 살에 장가를 들었
다.[4] 이는 대개 그렇다는 말이지, 꼭 그렇다는 말은 아니다. 관례는 꼭 스
무 살에 치르는 것이 아니다. 그러므로 "남자가 관례를 하고 나면 상(殤)[5]

---

1) 아버지와 같이 섬기고, 형과 같이 섬긴다는 말.
2) 『예기』「곡례 상」(曲禮上)에 보인다.
3) 정현(鄭玄)의 주석에 보인다.
4) 『예기』「곡례 상」(曲禮上)에 보인다.
5) 성인이 되지 못하고 죽는 것을 말함.

이 되지 않는다"[6]고 하였다. 장가를 드는 것도 꼭 서른 살에 하는 것이 아니다. 그러므로 "공자는 스무 살에 아들 공리(孔鯉)를 낳았다"[7]고 하였다. 따라서 열다섯 살 이상이 되면 모두 관례를 하고 장가를 들 수 있다.

관례를 하고 장가든 성인으로서 나보다 나이가 배나 많은 분에 대해서는, 의리상 아버지와 같이 섬길 수 있다. 어째서 그런가? 사람이 장가를 들면 아들을 낳게 되는데, 그 아들의 나이가 자기와 비슷하면 벗이 될 수 있다. 따라서 벗의 아버지를 자기 아버지와 같이 섬기는 것은 당연한 이치다. 가령 아들이 없더라도 두 사람이 나란히 앉아 있을 때 나이가 서로 비슷하다면, 아들을 둔 분만 존경하고 아들이 없는 분에게는 존경하지 않는 것이 옳겠는가?

『예기』에 또 "나보다 다섯 살이 더 많으면 어깨를 나란히 하고 걷되 약간 뒤에서 따라 간다"[8]고 했다. 10년 이상 차이가 나지 않고, 7년이나 8년 정도 차이가 나면 모두 벗을 삼을 수 있다. 어떤 사람이 열여섯 살에 아들을 낳았는데, 자기 나이가 그 중간에 있을 경우, 위·아래 모두 7년 차이가 나게 된다. 이때 아버지와 벗하면서 아들은 하대한다면, 아버지는 부끄러워하고 아들은 노여워할 것이다. 이처럼 나이만을 따져 벗하는 것이 무엇이 유익하겠는가?

벗은 그 사람의 도(道)를 벗하는 것이다. 노소를 막론하고, 예의를 바르게 하고 말을 공손하게 하여, 인(仁)을 북돋우는 것으로 마음을 삼아야 한다. 상대에게 함부로 하고 부질없이 장난질이나 하는 것은 벗의 도리가 아니다.

오늘날의 풍속에 '존장'(尊丈)·'시생'(侍生) 등의 칭호가 있는데, 이는 배행(輩行)[9]과 구별하기 위한 것이다. 내가 젊었을 때에는, 오히려 근후(謹厚)한 풍속이 있었다. 어떤 이의 아들과 마주앉아 이야기하다가 그의 아버지에 대해 말하게 될 경우, 그의 아버지가 나보다 나이가 적더라도 반드시 '존장'이라고 일컬었다. 지금은 이런 풍속도 점점 찾아

---

6) 『예기』「상복소기」(喪服小記)에 보인다.
7) 『공자가어』(孔子家語)에 보인다.
8) 『예기』「곡례 상」(曲禮上)에 보인다.
9) 나이가 서로 비슷한 벗을 말함.

볼 수 없게 되었다.

벗을 형제라고 일컫는데, 나보다 열 살이나 더 많아 형으로 섬겨야 할 사람에 대해서, 오늘날 풍속에 '노형'(老兄)이라고 하여 구별한다. 그러나 이 예는 '존장'에 비해 조금 거만한 말이다.

내 생각은 이렇다. '형으로 섬긴다'는 말은 자기의 형과 같이 그를 섬기는 것이니, 어찌 함부로 할 수 있겠는가? '노형'이란 그가 노련하고 성숙하다는 말이지, 반드시 나보다 나이 많은 것을 뜻하는 말은 아니다. 그러므로 주자(朱子)가 육상산(陸象山, 1139~92)[10]보다 아홉 살이 더 많았지만 그를 '노형'이라고 불렀으니, 이런 데서 확인해볼 수 있다. 나는 벗에게 편지할 때, 나이가 비슷할지라도 그를 '노형'이라 부르고, 나 자신은 '우제'(友弟)라고 한다.

父事兄事

禮云 年長以倍 則父事之 十年 兄事之 說者謂 二十而成人 則倍者 長於己二十年矣 若然 何不曰二十年 蓋古者 二十而冠 三十而有室 此大槪言之也 冠不必二十 故曰 男子冠而不爲殤也 娶不必三十 故孔子二十生鯉也 然則過十五以上 皆可冠娶也 冠娶成人 而年倍於己者 義可以父事也 其故 何也 娶則生子 子年與己齊等 爲執友 執友之父 父事 宜然 縱彼無子 凡二人聯坐 其齒等也 獨尊其有子者 闋然於無子 可乎

禮又云 五年以長 肩隨之 其未至於十年 而七年八年之間 則皆可爲執友 人或十六生子 己年居其兩間 則上下皆差七年 人輒援其上而鄙其下 上羞而下怒 何益之有 夫友也者 友其道也 無論長少 禮恭而言遜 以補仁爲心 褻瀆慢戲 非友也 今俗 有尊丈・侍生之稱 以別輩行 余少時 猶及見愼厚之風 對其子談 及以父 雖其父年少於吾 必稱尊丈 此亦稍稍不復見矣 凡執友旣稱兄弟 則於十年兄事處 俗以老兄別之 其禮 比尊丈稍倨 余謂 兄事云者 事之如己兄 其可慢耶 老兄者 謂其老成 未必謂老於己也 故朱子之長於象山 卽九年 而亦稱老兄 可以見矣 余每於朋友竿尺 雖齒等 稱彼曰老兄 自稱曰友弟耳

양묵・승도(楊墨僧徒)[1]

오곡(五穀)이 좋은 것이지만 제대로 여물지 않으면 가라지[稊]나 피[稗]

---

10) 송나라 때 학자인 육구연(陸九淵)을 말함. 상산(象山)은 그의 호이다.
 1) 전국시대의 양주(楊朱)・묵적(墨翟)과 불가의 승려를 말함.

만도 못하다. 지금 세상은, 성인의 도가 끊어졌다고 말해도 과언은 아닐 것이다. 벼슬아치와 공부하는 선비들이 입으로는 공자·맹자의 도를 지껄이고 있으나, 실제로는 조금도 존중해 받드는 뜻이 없다. 벼슬아치들의 일상 생활은 명예와 벼슬을 이롭게 여기는 데서 벗어나지 않는다.

양주(楊朱)·묵적(墨翟)의 이단(異端)의 설은 지금 남아 있는 것이 없다. 그런데 오늘날 귀에 들리고 눈에 보이는 도도한 풍속은 이들 이단의 설보다 지나치니,[2] 요즘 사람들은 양주·묵적의 죄인인 것이다. 참소와 탐욕으로 벼슬길에 나아가 세력 있는 사람의 비위나 맞추며 아부하는 태도는, 양주가 만약 본다면 눈을 가릴 것이다. 뇌물을 챙기고 착취를 하면서 포악한 정치를 해 백성을 돌보지 않고 자신만을 살찌우는 추태는, 묵적이 만약 듣는다면 귀를 막을 것이다. 그러니 '나만을 위한다는 설'[爲我說][3]과 '두루 널리 사랑해야 한다는 설'[兼愛說][4]에 대해서 어느 겨를에 따지겠는가?

내가 살펴보건대 민간에서 간사하고 악한 짓을 감히 하지 못하는 것은 성인의 교화 때문이 아니고, 대부분 나쁜 짓을 하면 죽어서 지옥으로 간다는 불가(佛家)의 설을 두려워하기 때문이다. 산중 암자에서 불경을 익히며 참선을 하는 승려들은, 참된 마음과 지극한 정성으로 석가(釋迦)를 존경하여 죽어도 후회함이 없으니, 그런 자세는 높이 살 만하다. 오늘날의 유생들은 자신에게 조금이라도 해로움이 있다면, 흙이나 지푸라기를 버리듯이 성현을 멸시할 것이다.

楊墨·僧徒

五穀未熟 不如稊稗 今世 聖人之道 雖謂之已絶 可也 搢紳學士 游談孔孟 而其實斷無一毫尊奉之意 冠紳起居 莫非利名利爵也 楊墨異說 今無存者 耳聆目視 滔滔 是楊墨之罪人也 讒貪進趨 承順喉氣於形勢之途者 楊見之而掩目矣 贓斂虐害 不卹一己之外者 墨聞之而塞耳矣 爲我·兼愛 奚暇論哉 余見 閭閻之間 不敢大爲奸惡者 非聖人之化 多是畏佛冥罰 山藪之上 習經參禪之徒 尊敬釋迦 眞心

---

2) 양주는 이기주의를 주장했고, 묵적은 박애주의를 주장했다. 성호 당시의 사람들이 이익이나 명예만을 추구하는 풍조가 이들의 주장에 비해 더 지나치다는 말이다.
3) 이는 양주가 주장한 설이다.
4) 이는 묵적이 주장한 설이다.

至誠 死無餘悔 其事可尙 今之儒士 其於聖賢 苟有剝膚利害 恐其毁滅 如土芥耳

둔전(屯田)[1]

둔전의 폐단이 극에 달하였다. 정승 허목(許穆, 1595~1682)이 이 문제에 대해 간곡한 말씀을 올려 임금의 윤허를 얻었다. 그때 마침 왕실의 상(喪)이 있어 시행이 유보되었는데, 권력을 가진 신하가 저지하여 일이 중단되었다.

지금의 둔전은 모두 중앙 관청에 속해 있다. 그런데 각 관청의 장관은 모두 권문세가의 사람들이다. 따라서 둔전을 없애면 자기들 수입이 줄어들기 때문에 차라리 국가의 폐단이 될지언정 자기들 수입이 줄어드는 것을 좋아하지 않는다.

허목의 상소에 다음과 같이 말하였다.

옛날의 둔전은 모두 변방의 공한지(空閑地)에 있었습니다. 그 법도 변방을 지키는 병사들에게 둔전을 나누어주어, 적의 침입이 있으면 싸우고 적이 물러가면 농사를 짓도록 하여, 변방에 곡식을 저축할 수 있도록 하였습니다. 따라서 군량미를 운송하는 비용이 절약되고, 군량미도 저절로 넉넉했습니다.

고려시대에는 음죽(陰竹)[2]에 둔전을 두었고, 또 바닷가 해안을 경비하는 곳에 모두 둔전을 두었습니다. 그런데 고려 말기에 이르러, 책임을 맡은 관리가 적임자가 아니어서, 농사짓는 일은 허술하게 하며 거두어들이는 것은 배나 올려 받았습니다. 그래서 변방을 지키는 병졸들이 모두 원망했습니다. 우리 태조(太祖)께서 나라를 세우신 초기에, 사방의 둔전을 새로 정하고 바닷가의 둔전을 모두 없앴습니다.

---

1) 지방에 주둔한 군대의 군량이나 관청의 경비에 쓰기 위해 경작하는 농지를 말함.
2) 지금의 경기도 이천군(利川郡)과 충청북도 음성군(陰城郡)에 걸쳐 있던 고을 이름이다.

오늘날의 둔전은 고려말의 폐단과 비슷합니다. 시골 사람들의 속담에 "둔전에서 수확한 곡식을 4등분하여, 4분의 1은 나라에 바치고, 4분의 1은 뇌물로 바치고, 4분의 2는 둔전을 관리하는 관원이 먹는다"고 합니다. 이는 국가의 이익이 아닙니다. 둔전이 모두 군대가 없는 내지(內地)에 있어, 전세(田稅)를 날로 줄어들게 하니, 이는 관청의 폐단입니다.

이같이 누적된 폐단을 어느 누가 모르겠는가마는, 말하는 자만 이런 폐단을 말하고 나머지는 모두 이를 방해하니, 국가의 재정이 어찌 날로 줄어들지 않겠는가?

나의 죽은 아들 맹휴(孟休)가 이 점에 대해 깊이 생각하다가, 이 폐단을 어떻게 개혁할 수 없음을 알고 별도로 미봉책을 강구한 것이 있는데, 다음과 같다.

오늘날 이른바 둔전이라고 하는 것은 모두 비옥한 땅에 있다. 역적의 토지를 몰수한 것도 있고, 돈을 주고 산 것도 있는데, 이를 모두 둔전이라 한다. 호조(戶曹)에서는 이 둔전에 대해 세금을 감면해주고 있으니, 단연코 이런 이치는 없다. 둔전을 그대로 두되 세금을 관례대로 바치게 한다면, 각 관청에서는 마치 토지를 가진 백성이 남에게 소작을 주어 수확의 반을 받아서 국가에 세금을 내는 것과 같을 것이고, 백성에게서는 지주의 토지를 부지런히 농사지어 수확의 반을 얻는 것과 같을 것이다. 이렇게 하면 모두 해로움이 없을 것이다. 다만 이른바 둔전을 관리하는 관원이 먹는다는 4분의 2만 줄어들 것인데, 국가에서는 무엇을 꺼려 시행하지 않겠는가?

이와 같은 내용으로 상소문을 작성하여 적절한 때를 기다려 올리려 했는데, 불행히도 명이 짧아 일찍 죽고 말았다.

屯田

屯田之弊 極矣 許相嘗竭論而蒙允 會有大喪 用事者沮止 而今之屯田 皆屬京司 司各有長 皆貴强臣 屯罷則用減 故寧國之弊 而不樂用之損也 其疏云 古之屯

田 皆在邊邑空地 其法 用戍卒 寇至則戰 退則耕 積貯塞下 漕運之費省 而軍食
自饒 麗時置陰竹屯田 又於沿海防戍處 皆置 及其末世 所任非人 耕種無實 收納
倍之 戍卒號怨 我太祖初定 四方盡罷 沿海屯田 今之屯田 與麗末害均 鄕人爲之
諺曰 屯粟四分 收納一分 賂遺一分 田官私食二分 非國之利也 其置屯 皆在內地
無兵處 坐令田賦日縮 此衙門之弊也 若此積瘼 人孰不知 惟言者言之 而沮者百
人 邦業 豈不日削乎

　亡子孟休 深計遠慮 知其終無以改革 則別思彌縫善處之道 謂今所謂屯田 皆
在沃饒之地 或逆家舊産 或出價買之 皆稱屯田 戶曹從而減去惟正之貢 斷無是
理 若令屯田自在 而納稅如例 則在各營 如民庶之買田 而半收其出 自納稅於官
也 在民 則如力作豪民之田 而得其半也 皆無所妨 但所謂田官二分者 稍減 國家
何憚而不爲 準備封事 將待時而獻策 不幸短命矣

종수개근(種樹漑根)[1]

　내가 나무 심는 것을 유심히 관찰한 적이 있다. 가뭄이 든 해에는 나
뭇잎이 마르기 전에 그 뿌리에 물을 주어야 나무가 죽지 않고 살아난
다. 나무는 스스로 말을 하지 못한다. 그러므로 사람들이 그 사정을 알
지 못하는 경우도 있다. 나뭇잎이 시드는 것을 보고 나서 물을 주면 아
무 소용이 없다.

　시골에는 의원이나 약이 없다. 따라서 어리석은 백성은 병이 나더라
도 곧바로 치료할 길이 없다. 병세가 위독해진 뒤에는 제아무리 명의
(名醫)가 온다고 하더라도 어찌할 도리가 없다. 지각이 있고 말을 할
줄 아는 사람도 오히려 이와 같은데, 하물며 지각이 없는 나무의 경우
는 말해 무엇하겠는가?

　요즘 들리는 소문에 사방의 백성이 거의 다 뿔뿔이 흩어졌고, 마을
에 남아 있는 자들도 굶주림과 추위에 시달려 살아갈 마음이 없다고
한다. 이런 사정을 임금에게 호소하고 싶지만, 구중 궁궐은 멀고도 멀
어 전달할 길이 없다. 간혹 민간의 이런 사정을 임금에게 아뢰는 자가
있지만, 조정에서는 으레 하는 말로 여겨 살피지 않는다. 이른바 목숨

---

1) 나무를 심고 뿌리에 물을 줌.

이 끊어지려 하는데도 고혈을 짜낸다는 격이니, 언제 죽을지 모르는 목숨을 보호할 길이 없다. 다만 숨이 끊어졌는지를 확인할 솜조각이 부족할 지경이다.[2] 아, 슬프다.

種樹漑根

余觀種樹者 或値歲旱 灌漑其根 須不待葉瘁 可以免死就生 樹不自言 故人或不覺 見其枯瘁 然後灌之 無益也 鄕村無醫藥 愚氓有疾 頓不救活 至危急 然後縱有明師 已無奈何 彼有知覺能言語者 尙猶如此 況樹木之頑冥耶 今聞 四方之民 流散殆盡 存者亦饑凍困苦 無生之心 雖欲號訴九重 難達 間或有言者 混歸於例談 而不之省 所謂喉氣欲絶 而尙舐髓剔筋 不護朝夕之命 但欠一屬纊耳 噫

성묘 양재(成廟養才)[1]

우리 조정에서 인재가 번성했던 시기는 선조(宣祖) 때가 으뜸이었는데, 이는 대체로 그 원인이 있었기 때문이다.[2] 개국(開國)하고 정난(靖難)[3]한 뒤로 공명(功名)으로 벼슬하는 사람이 많아, 지혜와 용맹을 가진 자가 등용되고, 문사(文辭)를 닦은 선비는 뜻을 펴지 못했다. 그러다 성종(成宗) 때에 이르러 재주와 기량을 가진 사람을 권장하고 선발하였다. 그 가운데 몇 가지 예를 들어본다.

구종직(丘從直, 1424~77)은 시골의 미천한 사람으로서, 임금이 미행할 때 우연히 만난 사람이다. 임금이 그에게 배운 바를 묻자, 그는 『춘추』(春秋)를 배웠다고 대답하였다. 임금이 그를 시험해보고 기특하게 여겨, 곧바로 교리(校理)[4]에 임명하였다. 대각(臺閣)[5]에서 그를 논박하자, 임금이 대각의 간원들을 불러 『춘추』를 강의하고 외우게 하였는데, 모두 능통하지 못하였다. 그러자 임금이 다시 구종직을 불러 대각의 관원들이

---

2) 이 말은 사람들이 다 죽어간다는 뜻이다.
1) 성종(成宗)이 인재를 양성함.
2) 앞 시대에 인재를 양성한 것을 가리킴.
3) 태종(太宗)이 방석(芳碩)의 난을 평정한 것을 말함.
4) 홍문관(弘文館)의 종5품 벼슬.
5) 사헌부·사간원을 말함.

지켜보는 자리에서 시험하고, 이르기를 "그대들은 능통하지 못하면서 그 자리에 있는데, 능통한 자가 도리어 그 자리에 임명될 수 없다는 말인가?"라고 하였다. 그러자 조정에서 감히 이의를 제기하지 못하였다.

또 어떤 사람인지 이름은 잊었는데, 그가 고을을 잘 다스리므로 성종은 곧바로 그를 이조 참의에 제수하였다. 대각에서 그를 논박하자, 이조 참판에 승진 임용하였다. 또 예전처럼 논박하자, 이조 판서에 승진 임용하였다. 그러자 드디어 논박이 그쳤다.

성종은 어진 이를 등용함에 있어 이처럼 차별을 하지 않았다. 그러자 사람들이 너도나도 학문에 힘써 풍속이 새롭게 바뀌었다. 그래서 선조 때에 이르러 인재가 번성한 효과를 보게 된 것이다. 이 시대에 상진(尙震, 1493~1564)은, 벼슬길에 오른 사람이 하나도 없는 한미한 가문에서 태어나, 처음으로 문과에 급제하여 청현직(淸顯職)을 두루 역임하고 마침내 영의정에까지 올랐다.

인재를 양성하는 것은 대[竹]를 기르는 것과 같다. 북돋워주고 보호하는 데 기술이 필요하니, 함부로 베지 않으면 오랜 뒤에 숲을 이룬다. 이 어찌 하루아침에 이루어질 수 있는 일이겠는가? 오늘날의 도도한 형세는 공경(公卿)이 대대로 벼슬자리를 이어받아, 한미한 자는 벼슬길에 오를 길이 없어 한 사람도 나아가질 못하니, 세도(世道)가 어찌 떨어지지 않겠는가?

成廟養才

我朝人才之盛 至宣廟時 極矣 此蓋有由然 自開國靖難以後 多因功名而致位 智勇售 而文雅未宣 又至成廟世 輒以材器獎拔 姑擧數事 丘從直 以鄉曲微賤 偶 值微行 問業 則春秋也 閱試而奇之 直拜校理 臺閣論之 上召諸臺員 令講誦春秋 皆不能 又引從直試之 令諸臺觀之曰 爾之不能 而能者 反不得此職耶 朝廷不敢 言 又有人 忘其名 以善治郡 直拜吏曹參議 臺閣論之 陞拜參判 論之 又如前 陞 拜判書 於是 遂止 其立賢無方 如此 於是 爭自濯磨 時風一變 至宣廟世 彬彬著 效 于斯時也 尙震 家世無一官 自始出身 歷敭極選 終至首相

養才如養竹 然培護有術 不遽剪伐 久乃成遂 是豈一朝可辦哉 在今 滔滔世卿 疎遠者 無管無葛 或未之一現 世道 安得不卑乎

제사지리(祭祀之理)[1]

제사를 지내는 이치는 알기 어려운 것이 아닌 듯하다. 공자께서 말씀하시기를 "삶의 이치도 알지 못하는데 어찌 죽음을 알겠으며, 사람도 제대로 섬기지 못하는데 어찌 능히 귀신을 섬기겠는가?"[2]라고 하였다. 삶의 이치를 미루어보면 죽음을 알 수 있고, 사람을 미루어보면 귀신의 정상도 어렴풋이 알 수 있다.

사람은 육신이 있어, 음식을 먹음으로써 목숨을 유지한다. 음식을 먹지 않으면 굶주리고, 굶주리면 몸이 야위어 죽게 되지만, 귀신은 그렇지 않다. 사람은 하루에 두 번 먹지 않으면 굶주리게 되고, 10일을 굶으면 죽지 않는 자가 없다. 그러나 귀신은 육신이 없고 기(氣)만 있을 뿐이다. 기는 어디에 있든 충만하지 않음이 없으니, 어찌 굶주림이 있겠는가?

과연 굶주림이 있다면, 성인이 제정한 예에 귀신에게 제사지내는 횟수가 사람이 식사하는 것과 같지 않으니, 굶주리지 않는 귀신이 없을 것이다. 그러므로 제사지내는 이치를 논한다면, 흠향(歆饗)하는 데 지나지 않는다. 좋은 음식이 앞에 놓여 있다고 가정해보자. 그 기운이 몸에 스미어 그 냄새를 맡고 기뻐할 뿐이다. 귀신이 흠향하는 것도 이와 같다. 이런 흠향이 없더라도, 귀신은 기가 충만하니, 사람이 음식을 먹는 것처럼 음식을 취해 배를 채울 리가 어찌 있겠는가?

그렇다면 성인이 예를 제정한 그 뜻이 무엇이겠는가? 인도(人道)로 법칙을 삼은 것이다. 난초는 먹을 수 있는 것이 아니다. 그렇지만 사람이 그것을 채취하는 것은 그 향기를 좋아하기 때문이다. 음식은 배를 채우는 데 불과할 뿐이지만, 사방 한 자나 되는 상에 음식을 차리는 것은 성찬(盛饌)을 기뻐하기 때문이다. 사람이 살아 있을 때 음식을 좋아했으니, 죽었다고 하여 어찌 빼버릴 수 있겠는가?

귀신도 그 정상은 살아 있는 사람과 대체로 비슷하다. 사람이 받들어올리는 것을 기뻐하고, 물건의 향기를 좋게 마련이다. 살아 있을 때

---

1) 제사를 지내는 이치.
2) 『논어』「선진」(先進) 제11장에 보이는데, 앞뒤의 말이 바뀌었다.

음식을 좋아하였기 때문에 죽어서도 그 마음이 있는 것이다. 다만 먹을 수 없기 때문에 흠향한다고 하는 것이다. 흠향은 귀신이 탐하는 것이 아니고, 사람의 정성에 감동하는 것이다. 그렇지 않다면 좋은 음식은 어느 집이나 날마다 차리는데, 어찌 불가함을 염려해 굳이 제사지낼 때를 기다리겠는가? 그러므로 정성이란 제물을 푸짐하게 차리는 데 있지 않고, 정결하게 마련하는 데 있는 것이다.

마름풀을 뜯고 쑥을 캐어 종실(宗室)의 사당에도 쓰고, 나라의 종묘(宗廟)에도 쓰는데, 희생(犧牲)은 그 가운데 들어 있지 않다.[3] 이는 희생을 쓰지 않은 것이 아니라, 나물을 더 소중하게 여긴 것이다. 제후의 부인이나 대부의 처가 시냇가나 연못가에서 나물을 뜯어 제기(祭器)에 담아 젯상 머리에 올려놓으니, 이와 같이 해야 귀신을 이르게 할 수 있다. 그러므로 선비가 처음 학궁(學宮)에 들어가면 선사(先師)에게 나물을 올려 제사를 지내고,[4] 신부가 시집을 가면 사당에 씀바귀를 올리는 것이니, 정성을 귀하게 여길 따름이다.

만약 '귀신도 흠향하지 않으면 굶주린다'고 한다면 효자·효손이 조상을 받들 적에 뜸하게 하거나 자주 하는 구별이 없이 날마다 제사를 올려야 할 것이다. 그렇다면 '귀신이 굶주린다'는 것은 무슨 말인가? 이 또한 인도(人道)로 미루어 말한 것이다. 귀신이 흠향하기를 기다리는데 제사를 지내지 않는다면, 굶주린다고 말해도 괜찮다.

대개 기(氣)가 정밀한 것을 신(神)이라고 한다. 기가 모여 형체를 이루면, 정신이 혼미하지 않게 된다. 죽은 뒤에도 기는 그대로 존재하기 때문에 어지러이 오르내리는 잡귀와는 다르다. 그러므로 귀신에게는 반드시 신령스러움이 있다. 신령스러우면 정신은 오히려 없어지지 않은 것이다.

공자께서 말씀하시기를 "물은 습한 데로 흐르고, 불은 마른 데로 번진다"[5]고 했으니, 같은 기운끼리 서로 따르는 것은 당연한 이치이다.

---

3) 이는 『시경』 소남(召南) 「채번」(采蘩)·「채빈」(采蘋)에 나오는 내용을 말한 것이다.

4) 성균관이나 향교에 입학한 유생이 대성전(大成殿)에 모셔놓은 공자(孔子)의 신위에 나물을 올리고 제사하는 것을 가리킨다.

조상과 자손은 기를 같이한다. 그러므로 정신이 서로 통하고, 신령이 서로 감응하는 것은 필연의 도이다. 사당에 신령을 봉안하고, 제사를 지내 정성을 바치며, 음식을 올려 귀신을 의지하게 하는 것은 의리상 지극한 것이고 예의상 극진한 것이다.

祭祀之理

祀饗之理 恐非難知也 子曰 未知生 焉知死 未能事人 焉能事鬼 因其生而推之 其死 可知 因人而推之 鬼亦可以彷彿識取矣 夫人有肉身 以食爲命 腹虛則餒 餒則體瘦 以至於死 鬼則無是也 夫人一日不再食 則餒 未有十日餒而不死者也 及無肉身 只有氣而已 氣無所不充 焉有餒哉 果使餒也 聖人之制禮 祭之疎數 與人之食 道不同 則鬼無不餒矣 是以 論祀享 不過曰歆 今有美饌在前 氣便薰身 嗅而悅之而已 鬼神之歆 亦猶是也 雖無此歆 氣無不滿 豈有取以充腹 如人之吞噬之理

然則聖人所以制禮 其義 何也 以人道爲則也 夫蘭蕙 非可食 人必取之者 悅其芳也 食不過充腹 而必設方丈者 喜其盛也 生而悅食 死何可闕 然鬼神與人情 大抵相近 喜人之尊奉 逐物之芳馨 生而悅食 故死亦有是心 但不能食 故曰歆 歆非鬼所貪 感人之誠也 不然 美食盛饌 家家日具 何恐所不可 而必待其饗祭乎 是以 誠不在豊 在乎潔淨 采蘋采蘩 用之宗室 用之公宮 牲牢不與焉 非不用也 以是爲重也 諸侯之妃 大夫之妻 取諸澗溪沼沚之間 冠於籩豆之首 如是 可以降格矣 故士始入學 釋菜於先生 新婦入門 奠菫於廟 貴誠而已

若果不歆輒餒 則孝子·孝孫之奉其先 必將日祭而無疎數之別矣 然則鬼其餒而者何也 亦以人道推言也 鬼則待歆 而闕焉不饗 雖謂之餒 可也 蓋氣之精者 曰神 氣聚成形 精神不昧 死而氣存 與升降紛綸者 不同 故鬼必有靈 靈則精神尙有未泯者 子曰 水流濕 火就燥 同氣相求 理之當然也 祖先與子孫 同氣 故精神感會 而靈明相應 必然之道也 廟以安靈 祭以伸誠 飮食以依神 義之至 禮之盡也

급량 · 잡단(及梁雜端)[1]

우리나라 사람은 문헌이 부족한 관계로 어떤 일을 고찰하는 데 그릇된 점이 많다. 역사 기록의 잘잘못은 말할 것도 없고, 자기 조상의 족보에 관한 기록까지도 잘못을 면치 못하고 있다.

---

5) 『주역』 건괘(乾卦) 문언(文言)에 보인다.
1) 신라의 급량부(及梁部)와 고려의 잡단(雜端)이라는 관직.

경주 이씨(慶州李氏)는 대대로 이름난 문벌이다. 그런데 지금 백사(白沙) 이항복(李恒福, 1556~1618)의 문집을 살펴보니, 매양 "우리 시조는 사량부(沙梁部)의 대인(大人)이었다"라고 하였다. 사량부는 곧 진한(辰韓) 육부(六部) 가운데 하나이다. 신라 혁거세(赫居世) 9년[2]에, 급량부(及梁部)에는 이씨(李氏)의 성(姓)을, 사량부에는 최씨(崔氏)의 성을 하사했으니, 지금 경주 최씨(慶州崔氏)는 곧 사량부의 후손이다. 그러므로 『삼국사기』에 "최치원은 사량부의 사람이다"[3]라고 하였다. 이씨의 선조는 곧 급량부 사람이다. 후세 사람이 『삼국사기』의 문장을 잘못 이해한 것을 그대로 답습해 이 지경에 이르렀으니, 이 무슨 일인가?

내가 근래에 남의 묘지명(墓誌銘)을 지어준 적이 있다. 그런데 그 선조 가운데 고려시대에 집단(執端)을 지낸 모(某)라는 사람이 있었다. 고려시대의 관직에는 집단이란 벼슬이 없다. 사헌부(司憲府)에 집의(執義)와 잡단(雜端)이 있는데, 오늘날의 제도에는 집의만 있고 잡단은 없어졌다. 지금의 지평(持平)이 곧 잡단에 해당된다. 내가 『고려사』「백관지」(百官志)에 의거해, 이를 개정하였다. 그들이 어떻게 생각할지 모르겠다.

及梁·雜端

東人 文獻不足 考閱多舛 史傳得失 不須論 至先系譜錄 亦不免訛誤 如慶州之李 赫世閥閱 今考白沙李相公集 每云 其先 沙梁部大人 沙梁 卽辰韓六部之一 新羅赫居世九年 賜及梁部姓李 賜沙梁部姓崔 今世 慶州之崔 卽沙梁之後 故三國史 崔致遠沙梁部人也 如李之先 卽及梁也 後人錯看文勢 襲謬至此 何也 余近又撰人墓銘 其先有高麗執端某者 高麗無此官 司憲府 有執義有雜端 今制 有執義而無雜端 今之持平 卽此職也 余據高麗史百官志 改正 未知彼以爲如何也

육경·시무(六經時務)[1]

송 인종(宋仁宗) 때 정 이천(程伊川)[2]은 18세의 나이로 글을 올려 자

---

2) 『삼국사기』에 의하면 박혁거세 9년이 아니고, 유리 이사금(儒理尼師今) 9년에 육부의 이름을 바꾸고 성(姓)을 하사했다는 기록이 보인다.

3) 『삼국사기』「최치원열전」(崔致遠列傳)에 보인다.

1) 육경(六經)과 시무(時務)를 말함.

신을 천거하였다. 그는 자신을 은근히 제갈량(諸葛亮)에 비유하면서, 임금 앞에 나아가 자기가 배운 바를 진달하길 원했다. 임금이 그를 불렀다면, 그는 평소 가슴속에 생각하고 있던 것을 반드시 말했을 것이다. 그가 학문을 하면서 실무에 힘을 쓴 것이 이와 같았다.

글을 읽는 선비들은 모두 글을 외거나 그 내용을 말할 뿐, 자신이 그 뜻을 절실하게 체득하여 사업에 적용시킬 것은 생각하지 않는다. 그러므로 육경(六經)과 시무(時務)가 판이하게 두 가지 물건이 되고 말았다.

지금 과거를 준비하는 자들은 성현의 말씀을 이리저리 인용하여 화려한 문장은 만들지만, 실제의 일에 임해서는 하나로 합치시킬 줄 모른다. 지금 떡이 앞에 있다고 하자. 떡 만드는 것을 눈으로 본 사람은, 떡을 찌고 찧는 공력과 크고 작고 모나고 둥근 모양을 잘 형용해낼 수 있다. 그러나 전에 그 떡을 먹어본 적이 있어서 그 맛을 아는 것은 아니다.

『대학』의 도는, 크게는 '천하를 평안히 다스리는'[平天下] 데까지 이른다. 유생이나 미관 말직에 있는 벼슬아치들도 모두 그 문장을 외우고 익힌다. 그렇다면 치국(治國)은 어떻게 해야 하고, 평천하는 어떻게 해야 하는지를 분명히 알아서 그 방안을 항상 준비해가지고 있어야 한다. 그래서 그 방안에 대해 묻는 사람이 있으면, 가슴속에 품고 있던 생각을 주저하지 말고 이야기할 수 있어야 한다. 그래야 바야흐로 올바른 학문이 된다.

옛날 정암(靜庵) 조광조(趙光祖, 1482~1519) 선생이 성균관 유생들을 데리고 임금 앞에 나갔을 때, 임금이 유생들에게 당면한 급선무를 묻자, 대답하는 자가 한 사람도 없었다. 선생이 옆에 있다가 재촉했으나, 끝내 입을 여는 자가 없었다. 그래서 선생은 탄식을 금치 못했다. 아, 이는 성균관 유생들만 나무랄 수 없는 일이다. 세도(世道)의 그릇됨이 그렇게 만든 것이다.

만약 성인이 다스리던 시대에 살면서 성인의 옷을 입고, 성인의 말씀을 말하고, 성인의 행실을 행하여서 조정에 있는 사람도 그와 같고 지방에 있는 사람도 그와 같으며, 일과 이치가 하나로 합하고 마음과 행동이

---

2) 송나라 학자인 정이(程頤)를 말함. 이천(伊川)은 그의 호이다.

한결같으며, 사람마다 본받고 익혀서 어진 자는 반드시 나아가고 불초한 자는 반드시 물러나는 세상이라면, 어찌 이런 걱정이 있겠는가?

그 원인을 궁구해보면, 모두 과거 공부가 사람의 마음을 병들게 한 것이다. 과거는 벼슬길에 나아가길 탐하는 사방의 무리들을 모아서, 한 가닥 요행의 길만 열어놓고 그들로 하여금 뚫고 들어가게 하는 것이나 다름없다. 따라서 실용적인 면과는 정반대의 길로 가는 것이다. 실정이 이와 같으니, 육경의 글은 단지 그들의 부화(浮華)한 문장을 꾸미는 데 쓰일 뿐이다. 그러므로 그들이 지은 문장은 모두 그럴 듯하지만, 실제의 일에 대해 하나하나 질문을 하면 제대로 답변을 하지 못한다. 이들이 시무에 대해 대답을 하지 못하는 것은, 이상한 일이 아니다.

六經·時務

宋仁宗時 程伊川年十八 上書自薦 竊比於諸葛亮 願至上前 陳其所學 若果召至 則必該說平日料量於胸中者也 其學之務實 如此 凡讀書之士 皆依文誦說 不思眞切著己 發之爲事業 故六經與時務 判爲二物 如今業學者 雜引聖賢之言 文飾爲篇 其實不能合爲一物 今有餠餌在前 見者 能形容蒸擣之功 大小方圓之狀 而初未嘗食 而知其味也 大學之道 其大 至於平天下 雖在儒生賤品 旣誦習其文 亦須理會治國當如何 平天下當如何 準備在己常 若有問者 至於攄其蘊蓄 無容囁嚅齟齬 方是爲正學也

昔靜庵先生 引諸生 至上前 問當務之急 一不能對 先生從傍促之 終莫之開口 則歎咤不已 嗚呼 不可以專責諸生 世道之訛 使之然矣 苟在聖人之世 服聖人之服 言聖人之言 行聖人之行 朝廷亦如是 鄕黨亦如是 事與理合一 心與迹同歸 人人觀效 口口習熟 賢者必進 不肖者必退 豈有此患 究厥所由 都只爲科擧之學 錮人心術也 科學者 合聚四方貪進之徒 特開一條僥倖之路 使人鑽透而入 已與實用岐 而南北矣 如是 則六經之文 只助成其浮文華藻之用 故其爲文 大抵皆近是 而詰之不能辨答 無怪耳

장상 구현(將相求賢)[1]

선비에게 자신을 낮추어 어진 이를 구하는 것은 임금뿐만 아니라, 장수나 정승도 모두 그렇게 해야 한다. 주공(周公)이 찾아온 사람을 만

---

1) 장수와 정승이 어진 이를 구함.

나기 위해 먹던 밥을 뱉고 감던 머리를 움켜쥐고 나온 데에서, 인재를 얻는 것이 나라에 도움이 될 수 있다는 사실을 알 수 있다.

소하(蕭何)와 조참(曹參)[2]은 모두 시골의 말단 관리였다. 그러나 예전과 멀지 않은 시대였기 때문에 오히려 주(周)나라 말기의 풍속을 전해들은 것이 있었다. 그러므로 소하는 소평(邵平)과 같은 자기의 잘못을 기록하는 관리를 제일 먼저 두고서 그 문하에 출입하였기 때문에 위태로운 화를 모면할 수 있었다. 조참은 개공(盖公)을 초빙하여 스승으로 섬김으로써 맑은 정치를 이룩할 수 있었다.

군사에 관한 일도 이와 같다. 삼군(三軍)을 이끌고 칼날이 번뜩이는 적진으로 쳐들어갈 적에는 면밀하게 계책을 세워야 한다. 여러 사람의 지혜를 모으지 않으면 반드시 허술한 점이 드러나게 된다. 그러므로 조사(趙奢)[3]가 장군이 되었을 적에 몸소 음식을 받들어올린 사람이 10여 명이었고, 벗으로 대우한 사람이 100여 명이었다. 또 한신(韓信)[4]은 이좌거(李左車)를 만나 스승으로 섬겼기 때문에 큰공을 이룩할 수 있었던 것이다.

장수나 정승만 그런 것이 아니라, 지방의 수령도 마찬가지이다. 자유(子游)[5]는 작은 고을의 수령이었지만[6] 공자께서 "인재를 얻었느냐?"고 물은 적이 있고,[7] 중궁(仲弓)[8]은 노(魯)나라 계씨(季氏)의 가신(家臣)[9]이었지만 공자께서 "어진 이를 천거하라"고 하였다.[10]

그러므로 자천(子賤)[11]이 선보(單父)의 수령이 되었을 때, 공자께 고하기를,

"창고를 열어 가난한 사람들을 구제했습니다."

---

2) 모두 한 고조(漢高祖)를 도와 한나라를 세운 공신들이다.
3) 전국시대 조(趙)나라 장수.
4) 한 고조(漢高祖)의 신하였던 명장(名將).
5) 공자의 제자인 언언(言偃)을 말함. 자유(子游)는 그의 자(字)이다.
6) 자유는 무성(武城)이라는 고을의 수령을 지냈다.
7) 『논어』「옹야」(雍也) 제12장에 보인다.
8) 공자의 제자인 염옹(冉雍)을 말함. 중궁은 그의 자(字)이다.
9) 노나라 대부였던 계손씨(季孫氏)의 신하를 말함.
10) 『논어』「자로」(子路) 제2장에 보인다.
11) 공자의 제자였던 복불재(宓不齋)를 말함. 자천은 그의 자이다.

라고 하자, 공자께서 말씀하기를,

"소인들이 귀에 입을 대고 소곤거리니, 아직 멀었다."

라고 하였다. 그가 또 고하기를,

"재능 있는 자에게 상을 주고, 어진 이를 등용했습니다."

라고 하자, 공자께서 말씀하시기를,

"선비들이 귀에 입을 대고 소곤거리니, 아직 멀었다."

라고 하였다. 그가 또 고하기를,

"제가 아버지와 같이 섬기는 사람이 3명 있고, 형처럼 섬기는 사람이 5명 있으며, 벗하는 사람이 12명 있고, 스승으로 섬기는 사람이 1명 있습니다."

라고 하자, 공자께서 말씀하시기를,

"아버지처럼 섬기고 형처럼 섬기니, 효도와 공경을 가르칠 수 있을 것이다. 12명의 벗이 있으니, 막힌 폐단을 뚫을 수 있을 것이다. 스승이 1명 있으니, 어떤 일을 도모하는 데 실책이 없을 것이다. 따라서 일을 시행해도 실패하지 않을 것이다"

라고 하였다.

군자가 도를 배우면 남을 사랑한다. 그러므로 그가 사랑을 베풀 적에는 애초 크고 작은 구별이 없다. 소 잡는 칼을 가지고 닭을 잡는 데 사용하면서[12] 예악(禮樂)을 가르친 사람도 있고,[13] 어질고 덕 있는 이에게 예를 극진히 하여 스승으로 높이고 가르침을 받은 사람도 있으며, 지혜가 미치지 못하고 일이 이치에 어긋날까 염려하여 오직 어진 이를 구하는 데에 급급했던 사람도 있었으니, 이는 모두 공자께서 끼친 교화이다.

비유컨대 병든 아들이 위태로운 지경에 빠졌을 때, 양의(良醫)를 두루 방문하여 한 의원의 지혜만으로 치료하려 하지 않는 것과 같다. 후세 사람들은 백성을 다스리면서 어진 이를 소홀하게 대접하니, 이 또한 무슨 마음인가?

---

12) 자유(子游)가 큰 재주를 가지고 있는데 작은 고을을 다스리는 것을 비유한 말이다.

13) 공자의 제자인 자유(子游)를 두고 한 말이다. 『논어』 「양화」(陽貨) 제4장에 보인다.

將相求賢

下士求賢 不止君國 將相皆然 周公之吐握 可見得人將有以輔益 如蕭曹 俗吏 去古未遠 故尙有周末流聞 何首置書過之吏 如邵平之徒 客於其門 所以能免危 禍 參禮聘蓋公 而師事之 得淸淨之治 用武亦如此 驅三軍之命 赴於鋒刃之間 宜 思十分完備 非衆謀之合 必致疎脫 故趙奢之爲將 親奉進食者 十數 所友者 百數 韓信得李左車 西向而師事 所以能成大功 不獨將相 雖下縣令長 亦然

子游小邑之宰 而夫子問其得人 仲弓季氏之家臣 而夫子謂之擧賢 故子賤爲單 父宰 告夫子曰 發倉賑窮 子曰 小人附耳 未也 曰賞能授賢 子曰 士附耳 未也 曰父事三人 兄事五人 友十有二人 師一人 子曰 父事兄事 足以敎弟矣 友十二人 足以袪壅蔽矣 師一人 足以慮無失策 擧無敗功矣

君子學道 則愛人 故其所施設 初無大小之別 或牛刀試鷄 載禮載樂 或盡禮賢 德 尊師受敎 或恐智有未逮 事有違理 惟求賢是急 此皆夫子之餘敎也 比如 病子 瀕危 遍訪良醫 不欲以獨智試劑也 後之治民而簡賢者 抑何心哉

구현치민(求賢治民)[1]

성왕이 나라를 다스릴 적에, 먼저 완악(頑惡)한 무리와 참소하는 말을 제거한 뒤에 교화를 펼 수 있었다. 완악한 무리를 제거하지 않으면 법이 폐지되고, 참소하는 말을 물리치지 않으면 어질고 능력 있는 이가 용납되지 않는다. 비록 요(堯)·순(舜) 같은 성인이 위에 있더라도, 이 두 부류를 제거하지 않는다면 어찌하겠는가?

그것을 제거하는 방법은 형벌이 아니고서는 어찌할 수 없다. 그 가운데 죄상이 가벼운 자는 견책하고, 무거운 자는 형벌에 처하여 모조리 제거하려고 작정을 한 뒤에야 비로소 위태로운 상황이 바뀌어 편안하게 된다. 그러므로 "세상에 어진 이를 애써 구하지 않는 임금은 있지만 구할 수 없는 어진 이는 없으며, 백성을 제대로 다스리지 못하는 관리는 있지만 다스릴 수 없는 백성은 없다"고 하는 것이다.

그런 까닭에 천하가 다스려지지 않는 것은 백성이 곤궁한 데서 연유하는 것이고, 백성이 곤궁한 것은 관리들이 직분을 다하지 않는 데서

---

1) 어진 이를 구하여 백성을 다스림.

연유하는 것이며, 관리들이 직분을 다하지 않는 것은 윗사람이 어진 이를 구하지 않는 데서 연유하는 것이다.

임금이 된 사람치고 그 누가 어진 이를 얻어 일을 맡기려고 하지 않겠는가? 다만 어진 이를 구하는 데 그 방법을 모르기 때문에 얻지 못하는 것이다. 어진 이를 구하는 본뜻을 궁구한다면, 모두 백성을 잘 다스릴 수 있을 것이다. 이른바 백성을 잘 다스린다는 것 또한 백성을 굶주리지 않고 추위에 떨지 않게 하여, 자기가 사는 고장에서 안정된 생활을 하며, 생업에 종사하게 하는 데 지나지 않는다. 이는 누구나 보고 알 수 있는 일이다. 어찌 현명한 사람을 기다려 알 수 있는 일이겠는가?

그러나 사람들이 매양 어질고 능력 있는 이를 얻기 어렵다고 걱정하는 것은 무슨 까닭인가? 이는 참소하는 말이 임금의 마음을 어지럽히고 간사한 소인이 임금의 총명을 가리거나, 임금이 애초 어진 이를 얻지 못하면 일을 제대로 할 수 없다는 생각을 갖지 않기 때문이다.

나는 일찍이 제(齊)나라 위왕(威王)은 정치의 요점을 알았다고 말한 적이 있다. 그는 좌우의 측근들이 모두 어떤 사람을 칭찬해도 그렇게 여기지 않고, 좌우의 측근들이 모두 어떤 사람을 헐뜯어도 그렇게 여기지 않았다. 그리고 반드시 사람을 시켜 민정을 살피게 하여 백성이 편안한지, 그렇지 않은지를 가지고 그 고을 수령의 어질고 어질지 못함을 판정하였다. 그래서 한 사람에게는 상을 주고, 한 사람에게는 형벌을 내렸다. 상은 1만 호(戶)의 고을을 봉해주는 데까지 이르렀고, 형벌은 삶아 죽이는 데까지 이르렀다. 또한 어질지 못한 사람을 거짓 칭찬한 자도 함께 삶아 죽였다.[2] 그러므로 내가, 그는 어진 이를 구하는 데 요령을 얻었다고 하는 것이다.

어진 이를 얻으면, 문사(文詞)를 화려하게 다듬거나, 응대를 민첩하게 하거나, 재산을 불리고 일을 주선하거나, 작은 지혜와 말단적인 재주를 가지고 벼슬을 하여, 백성 다스리는 데 별 도움이 안되는 사람들과 어찌 비유할 수 있겠는가?

---

2) 이 이야기는 『통감절요』(通鑑節要) 주 열왕(周烈王) 6년조에 보인다. 제 위왕이 상을 준 사람은 즉묵대부(卽墨大夫)이고, 삶아 죽인 사람은 아대부(阿大夫)이다.

그러나 임금이 백성의 고락을 알 수 있는 길은, 가까이 있는 신하들에게 달려 있다. 좌우의 측근들이 숨기고 말하지 않으면 어찌할 수 없다. 제 위왕은 이 점을 알았다. 그래서 별도로 사람을 보내 민정을 살피게 하였으니, 그가 밝은 임금이 된 까닭이다. 혹 수령의 잘잘못을 알게 되면, 상과 벌을 어떻게 할 것인지 면밀히 고려해야 한다. 춘추 대의(春秋大義)에 따라, 먼저 그 당여(黨與)를 다스리고, 실정을 은폐한 죄를 얼른 다스려야 후환을 면할 수 있다. 이것이 바로 순(舜)이 공공(共工)을 귀양보내고 환두(驩兜)를 내친[3] 까닭이다. 제 위왕은 그 요점을 알았다고 하겠다.

백성과 제일 가까운 관원은 곧 수령이다. 그런데 그 가운데는 어리석고 용렬하거나, 마구 재물을 거두어들여 백성에게 해를 끼치는 자가 있다. 따라서 상관은 직접 나서서 사정을 살펴보아야 하는데 그렇게 하지 않는다. 그러다 혹 대신(臺臣)[4]이나 어사(御使)에게 발각된다면, 그 당파를 처벌할 적에 자기 혼자만 벗어나는 것이 어찌 용납되겠는가? 예컨대 아대부(阿大夫)[5]만 삶아 죽이고, 그를 비호한 좌우의 측근들은 죽이지 않는다면, 이는 어진 이를 구하는 데 정성이 없는 사람이다.

주(周)나라 무왕(武王)은, 문왕(文王)이 아버지고 주공(周公)이 아우였다. 부자와 형제간에 세 성인이 함께 있었는데도, 오히려 '가까이 있는 사람을 지나치게 친애하지 않고, 멀리 있는 사람을 잊지 않았다'[6]고 하였다. 가까이 있는 사람을 지나치게 친애하지 않으면 좌우에 있는 측근들의 참소에 빠져들지 않고, 멀리 있는 사람을 잊지 않으면 백성의 질고(疾苦)를 은폐하지 않을 것이다.

주공과 같은 이는 또 삼왕(三王)[7]의 장점을 겸하여 네 가지 일[8]을 시행하려고 생각하였다. 그래서 그 뜻이 마음에 와닿지 않으면 우러러 생

---

3) 이 내용은 『서경』(書經) 「순전」(舜典)에 보인다.
4) 사헌부・사간원의 관원을 가리킴.
5) 제 위왕에게 팽형(烹刑)을 당한 사람.
6) 이 말은 『맹자』「이루 하」(離婁下) 제20장에 보인다.
7) 하(夏)나라 우왕(禹王), 은(殷)나라 탕왕(湯王), 주(周)나라 문왕(文王)・무왕(武王)을 말함. 곧 하・은・주 삼대의 성왕을 가리킨다.
8) 우(禹)・탕(湯)・문왕(文王)・무왕(武王)의 일을 말함.

각하여 밤을 새웠다. 그러다 다행히 그 뜻을 터득하게 되면 얼른 시행하고자 하여 앉아서 날이 새기를 기다렸다.[9] 그의 어진 이를 구하는 데 급급하고 백성을 보호하려는 생각은 밤에도 잠을 이루지 못할 정도로 겨를이 없었던 것이다. 이와 같이 한 뒤에야 어진 이를 모두 구할 수 있고, 백성을 잘 다스릴 수 있다.

求賢治民

聖王之治 先去庶頑讒說 然後治敎可宣 庶頑不去 則法廢 讒說不去 則賢能不容 雖堯舜在上 無如二者 何也 去之之術 捨刑 何以哉 其必輕者 責之 重者 刑之 期於去盡 而後變危爲安也 故曰 世有不能求賢之主 而無不可求之賢 有不能治民之吏 而無不可治之民 是以 天下之不治 由於民窮 民窮 由於吏不職 吏不職 由於上不求賢 凡君人者 孰不欲得賢而任之 顧求之 失其道也

苟究求賢之本意 都不越乎善治民 所謂善治 亦不過使民不飢不寒 安土樂業 愚夫愚婦 目擊可審 奚待明者而知之 然人每患賢能之難得 何哉 此則讒說亂之 宵小蔽之 而人主初無不得不措之意也 余嘗言 齊威王之知要 左右皆譽 未可也 左右皆毀 未可也 必使察之於民 以其安不安 斷吏之賢不賢 賞一人 誅一人 賞至於萬家之封 誅至於烹殺 亦並烹所嘗譽者 是謂求賢得其道矣 豈比諸文詞華彩 應對敏給 殖財辦事 小慧末技之無甚裨益者耶 然人主所以知民苦樂者 在左右 左右掩蔽 則亦無奈何 齊威知此 故別使察之 所以爲明也 苟或覺之 其賞罰宜如何 百分綢繆 春秋之義 先治黨與 亟誅掩蔽之罪 方免於後患 此舜所以流共工 而並放驩兜也 齊威可謂得其旨矣

親民之職 莫如守宰 或愚劣 或掊克 而爲民害者 其上官 宜有臨察而不擧 其或因臺臣・御史而發露 則詎容獨道於黨與之誅耶 烹阿而不戮左右 是求賢不誠者也 武王 以文王爲父 周公爲弟 父子兄弟 三聖同居 猶云 不泄邇 不忘遠 邇不泄 則不溢於左右之讒說 遠不忘 則不蔽於民事之疾苦 若周公 又兼三 施四坐 而待朝 其急賢保民之意 夜以繼日 而不遑焉 如是 然後賢無不求 民無不治

군자 존심(君子存心)[1]

도둑질했다는 사실만 가지고 도둑이라는 점을 극단적으로 주장한다면, 자기 소유가 아닌 것을 취하는 자는 모두 도둑이 된다.[2] 어리석고 천한

---

9) 여기까지의 말은 『맹자』 「이루 하」 제20장에 보인다.
1) 군자가 마음을 보존함.

사람들에 대해서는 한결같이 이처럼 다 갖추기를 요구할 수 없다고 하겠
지만, 군자의 마음가짐은 스스로 꺼림칙하게 여기는 바가 없어야 한다.

예컨대 나라에 벼슬하는 자가 의롭지 않은 재물을 백성에게서 취하
는 것은, 곧 도둑질 가운데서도 매우 나쁜 도둑질이다. 가난한 백성들
이 부지런히 일하여 거둔 수확은 온 가족의 목숨이 달려 있는 것이다.
그런데 아무 까닭도 없이 그것을 빼앗으니 도둑이 아니고 무엇이겠는
가? 근래 흉년이 들었는데, 시골의 형편을 살펴보니 가혹한 조세에 시
달려 굶주리다 죽는 사람이 줄을 잇고 있다. 참으로 애통한 일이다.

사람이 바라는 것은 사는 것보다 더한 것이 없고, 싫어하는 것은 죽
는 것보다 더한 것이 없다. 그러나 죽더라도 감히 나쁜 짓을 못하는 것
은 법을 두려워하기 때문이다. 나쁜 짓을 하면 법에 따라 죽어야 하는
데, 반드시 모두 그런 것은 아니다. 길 가는 사람을 겁박하여 물건을
빼앗고서 평생 부유하게 사는 자도 있다.

그렇다면 저 가난한 백성이 어찌 사방으로 날뛰면서 남의 재물을 마
구 약탈하여 잠시나마 생명을 연장하려고 하지 않겠는가? 그러나 그들
은 오히려 그 어려운 상황에서 그대로 굶어 죽고 만다. 나는, 이와 같
은 사람들은 그 마음이 모두 무던하다고 생각한다. 이런 마음으로 임금
을 섬기고, 백성의 재물을 차마 도둑질하지 않는다면, 나라가 어찌 다
스려지지 않겠는가?

君子存心

充類至義之盡 則非其有而取之者 皆盜也 雖曰 待愚賤 不可一向如是責備 君子
存心 不宜自視欿然也 如仕于國者 取諸民而不義 卽盜之甚者 貧氓勤勞有財 十口
之命 懸於此 無故奪之 非盜而何 近歲年荒 目見鄕井 困於苛奪 輒飢至死者 相繼
哀哉 夫所欲 莫甚於生 所惡 莫甚於死 死不敢爲非者 畏法也 爲非而死於法 未必
皆然 或有行劫 而終身富厚者 彼氓 胡不狂走亂攪 冀或少延其生 而猶辦命於萬分
地頭 余謂 如此者 其心皆賢者也 苟以此心事君 不忍賊民之財 國如何不治哉

---

2) 이 말은 정상을 참작하지 않고, 어떤 사실만을 가지고 극단적인 주장을 하는 경
   우를 가리켜 말한 것이다. 『맹자』「만장 하」(萬章下) 제4장에 보인다.

결울(決鬱)[1]

하늘과 땅의 기운이 변화하면 초목이 번성하고, 하늘과 땅의 기운이 꽉 막히면 어진 사람이 숨는다. 막힌다는 것은 기운이 엉켜 소통되지 않는 것을 말한다. 풀의 기운이 막히면 썩고, 나무의 기운이 막히면 좀이 생기며, 사람의 기운이 막히면 병이 생기고, 나라의 기운이 막히면 온갖 폐단이 함께 일어난다. 기운이 꽉 막히는 것 가운데서 군자의 도가 사라지는 것보다 더 심한 것은 없다.

하늘이 인재를 내는 데, 고금의 구별이 어찌 있겠는가? 이윤(伊尹)[2]·부열(傳說)[3]이나 관중(管仲)[4]·제갈량(諸葛亮)[5] 같은 인재가 있더라도 때를 만나지 못하면 초야에서 늙어 죽을 따름이니, 어찌 개탄할 일이 아니겠는가?

『시경』에 실린 300편의 시에는, 남녀가 서로 좋아하는 말이 많다. 그런데 나는 이것이 남녀의 일을 말한 것이 아니고, 실은 임금과 신하가 만난 것을 비유해 말한 것이라고 생각한다. 굴원(屈原)[6]은 그런 답답한 시대에 태어나, 향기로운 풀이나 나무에 자신을 비유했다. 그러므로 주자(朱子)는 술기운이 조금 돌면 문득 굴원이 지은 『이소』(離騷)를 외웠던 것이다.

이 밖에도 기운이 막혀 답답한 상태를 말한 것이 적지 않다. 고금의 시인들이 규방에 갇힌 아녀자들의 심정이나 궁녀들의 애달픈 심경을 노래한 것이 매우 많다. 부부간에 사랑을 나누는 즐거움은 사람마다 모두 원하는 것인데, 혼자 빈방을 지키거나 평생 유폐되는 경우도 있으니, 그 원한이 어떠하겠는가? 이런 내용은 모두 알아주는 임금을 만나지 못한 선비들의 표준이 된다.

지금 세상에 사람들이 답답해하는 것을 손꼽아 볼 수 있다. 습속이 인

---

1) 꽉 막힌 기운을 소통시킴.
2) 은(殷)나라 탕(湯)임금을 도왔던 어진 신하.
3) 은나라 고종(高宗)을 도왔던 어진 신하.
4) 춘추시대 제 환공(齊桓公)을 도와 패도(覇道)를 이룩한 사람.
5) 삼국시대 촉한(蜀漢)의 유비(劉備)를 도왔던 명장.
6) 전국시대 초(楚)나라의 어진 신하.

재를 천시하여 어질고 능력 있는 이들을 반드시 물리치며, 풍속이 문벌을 숭상하여 서얼(庶孽)이나 중인(中人)을 차별한다. 그래서 이들은 백세가 지나도 이름난 벼슬자리에 오르지 못한다. 또 서북의 삼도(三道)[7] 사람은 진출하지 못하도록 막아버린 지 벌써 400여 년이나 되며, 노비법은 노비의 자손은 평민이 될 수 없도록 엄격히 금지하고 있다. 나라 안의 백성 가운데 이런 근심으로 답답해하는 사람이 10분의 9나 된다.

또 오늘날에 이르러서는 당론(黨論)이 공공연히 행해져 삼삼오오 짝을 지어 각각 패거리를 이루고 있다. 한번 뜻을 얻으면 나머지 다른 당파는 모조리 쫓아내니, 하늘과 땅의 기운이 어떻게 변화할 수 있겠는가? 초목이 그 때문에 번성하지 못하는 것이다. 시골 사람들의 말에 "풀 씨도 점점 줄어들고, 나무도 크게 자라는 것이 없다"고 하니, 이것이 바로 그 증거다. 다만 그 꽉 막힌 기운을 소통시킬 사람이 없는 것이 걱정이다.

決鬱

天地變化 草木蕃 天地閉 賢人隱 閉者 鬱而不通也 草鬱則腐 木鬱則蠹 人鬱則病 國鬱則百慝並起 鬱莫甚於君子道消也 天之生才 古今何別 有伊傅管葛之賢 而與時不遇 老死於草昧之間 寧不嘅歎 詩三百 槪多男女相悅之說 余謂 非男女也 實喩君臣之際矣 屈子得之 以草木芳菲自況 此朱子所以微醺輒誦也 外此而言鬱者 不少 古今詩人 詠閨情宮怨 極多 居室之樂 人皆有之 或獨守空房 或幽閉終身 其怨恨 當如何哉 此皆士不遇之標準也

今世之人 鬱可數 其俗賤才 賢能必退 其風尙閥 有庶孽中路之別 百世而不通名宦 又西北三道枳塞 已四百有餘年 奴婢法 嚴禁其子孫不齒平人 域中之愁鬱 十分居九 又至於今日 黨論公行 三朋五儔 各成部曲 苟一得志 餘悉屛逐 天地何以變化 草木所以不蕃也 野人云 草實漸減 木圍不大 是固其證也 但患無決其鬱者

민빈(民貧)[1]

근세에 백성이 가난하게 된 것은, 오로지 과거 시험을 자주 보고 돈을 너무 많이 주조하기 때문이다. 그러므로 놀고먹는 자는 많아졌고,

---

7) 황해도·평안도·함경도를 말한다.
1) 백성의 가난.

백성들로부터 거두어들이는 길은 늘어났다. 그러나 이는 한때의 일에 지나지 않는다. 대체로 우리 조정이 들어선 뒤로, 외적의 침입이 드물었고 토지도 줄어들지 않았다. 그런데도 논밭은 날로 황폐해지고, 백성은 날로 빈곤해지니 반드시 그 이유가 있을 것이다. 따라서 지난 일을 통해 그 근원을 추구해보면, 어찌 그 원인을 알지 못할 리가 있겠는가?

"백성이 많아진 뒤에는 그들을 부유하게 해주어야 한다"[2]는 것은 성인(聖人)[3]의 가르침이다. 부유하게 해준다는 것은 재물을 나누어주는 것이 아니고, 백성들로 하여금 스스로 재물을 비축하게 하고, 나라에서 수탈하지 않는 것을 말한다. 비유컨대 하늘에 밝은 빛이 있으니, 백성의 어둠을 근심할 필요가 없다. 백성이 창문을 내어 스스로 그 밝은 빛을 취하면 된다. 또 땅에 재물이 있으니, 백성의 빈곤을 근심할 필요가 없다. 백성들이 나무를 베고 풀을 베어 스스로 그 부(富)를 취하면 된다.

한(漢)나라 조정에서는 복식(卜式)[4]만이 이런 뜻을 알았다. 그가 양을 칠 때는 "다른 양에게 해를 끼치는 놈은 제거해야 합니다"[5]라고 하였고, 가뭄이 들었을 때는 "백성에게 해를 끼치는 신하를 삶아 죽여야 합니다"[6]라고 하였다. 이와 같이 한다면 백성이 어찌 부유하지 않겠는가?

사람들은 "산과 늪지가 많아 경작할 만한 토지가 적다"고 한다. 그러나 이는 그렇지 않다. 가령 산을 깎아 늪지를 메워서 농토를 만든다면 가난을 물리치고 부유해질 것이다. 토지를 탓할 일이 아니다. 잘못은 사람들의 지모(智謀)에 있는 것이 분명하다. 그렇다면 백성이 가난한 것은, 재물은 백성으로부터 나오는데 놀고먹는 자들이 윗자리에 앉아 있는 데에서 벗어나지 않는다.

나도 백성의 한 사람으로서, 직접 눈으로 보아 익히 알고 있다. 지나치게 거두어들이거나 농사지을 시기를 빼앗는 등 온갖 가혹한 짓을 하는 것 이외에, 또 환곡(還穀)의 출납이 백성에게 가장 큰 폐해가 되고

---

2) 이 말은 『논어』「자로」(子路) 제8장에 보인다.
3) 공자를 가리킴.
4) 한 무제(漢武帝) 때의 문신.
5) 이 말은 『한서』(漢書)「복식열전」(卜式列傳)에 보인다.
6) 이 말은 『자치통감』(資治通鑑) 한 무제(漢武帝) 원년조에 보인다.

있다. 처음에는 백성을 위하여 설치한 것으로, 빌려주었다 거두어들이면서 이자를 불릴 의도는 아니었다. 그러나 뒤에 점점 폐단이 생겨, 작서(雀鼠)[7]가 축낸다고 핑계하여 모곡(耗穀)으로 10분의 1을 더 거두었다. 그리고 춘궁기에 환곡을 나누어줄 때에도, 이 모곡을 미리 받아 관청의 비용에 충당했다.

백성에게 환곡을 나누어줄 때는, 작은 말을 사용한다. 우리나라 풍속에 열다섯 말이 한 섬이 된다. 가을에 환곡을 갚을 때는 열여섯 말 닷되를 바쳐야 하고, 봄에 빌려 줄 때는 열세 말을 받아 오는 데 불과하다. 그러니 세 말 다섯 되가 축나는 것이다. 그 외에 고봉으로 말질하는 데 드는 추가분과 오가며 드는 운임은 그 가운데 들어 있지 않다. 백성은 반년 사이에 허다한 손실을 입게 된다. 옛말에 이른바 '받는 것은 넉넉하고, 주는 것은 박하게 한다'는 것이 바로 이것이니, 백성이 어찌 가난하여 굶주리지 않을 수 있겠는가?

옛날 안자(晏子)[8]가 진씨(陳氏)[9]의 죄를 논하면서 "제(齊)나라의 두량(斗量)은 네 종류가 있으니, 두(斗)·구(區)·부(釜)·종(鍾)입니다. 4승(升)이 1두(斗)이고, 4두가 1구(區)이고, 4구가 1부(釜)이며, 10부가 1종(鍾)입니다. 그런데 진씨는 곡식을 대출해줄 때, 모두 1할씩 더 올려 집에서 쓰는 큰 말로 대출해주고, 관청에서 쓰는 작은 말로 거두어들이고 있습니다. 그래서 물이 아래로 흐르는 것처럼 민심이 그에게 돌아가고 있습니다"라고 하였다.[10]

부(釜)는 부(鬴)니, 너비가 1자 깊이가 1자로 용량이 여섯 말 네 되이다. 오늘날은 도량(度量)이 일정하지 않다. 내가 한성부(漢城府)와

---

7) 이 작서를 일반적으로는 참새나 쥐로 보는데, 성호는 좀벌레의 일종으로 보았다.
8) 춘추시대 제 경공(齊景公)의 신하였던 안영(晏嬰)을 말함. 『안자춘추(晏子春秋)』를 지었다.
9) 제(齊)나라 전상(田常)을 말함. 이 전씨(田氏)는 본래 진씨(陳氏)인데, 진 여공(陳厲公)의 아들인 진완(陳完)이 제나라로 망명해온 뒤에 전(田)으로 성을 바꾸었다. 그 뒤 전상이 제 간공(齊簡公)을 시해하고 제나라의 정승이 되어 실권을 장악했으며, 전화(田和)에 이르러 제후가 되었다.
10) 이 말은 『안자춘추(晏子春秋)』 내편(內篇) 「문하(問下)」에 보이는데, 안자가 진(晉)나라 숙향(叔向)에게 한 말이다.

평시서(平市署)[11]에 부탁하여 현재 시행하는 되[升]를 얻었는데, 한 되가 옛날의 되에 비해 대략 네 배나 되니, 말[豆]과 비슷하다. 그렇다면 4승(升)이 1구(區)가 되고, 1두(斗) 6승(升)이 1부(釜)가 되고, 16두가 1종(鍾)이 되니, 지금 1석(石)은 1종에 비해 단지 1두가 적을 뿐이다.

진씨는 큰 말로 대출해주고 작은 말로 거두어들였으니, 그 혜택이 10분의 1을 줄여준 것에 불과했다. 그런데도 민심을 돌려 나라를 차지하였다. 하물며 지금처럼 거두어들이는 것이 빌려주는 것에 비해 10분의 3이나 더 많은 데 있어서랴? 작은 은혜를 베풀고서도 오히려 나라를 차지하였는데, 지금은 원망이 크니 어찌한단 말인가?

또한 차마 할 수 없는 짓을 하는 일이 있다. 옛말에 "국가의 은혜는 삼대(三代)[12]보다 후덕한데, 사가(私家)의 횡포는 망한 진(秦)나라 때보다 더 심하다"고 하였다. 이 말은 무엇을 뜻하는가? 국가에서 정당하게 받아 가는 세금은 10분의 1에도 미치지 못하는데, 토지를 겸병한 지주(地主)는 반드시 수확량의 반을 빼앗아 간다. 옛날의 지주는 수확량의 반을 받아도 국가에 내는 세금과 종자는 자신이 부담했다. 그런데 오늘날 삼남(三南)[13]에서는, 지주가 반을 받아 가고서도 세금·종자를 모두 소작인이 부담하도록 하고 있다. 심지어 볏짚까지 빼앗고, 뇌물을 징수하는 자도 있다. 그들에게 다 내주고 나면, 집안은 텅텅 비고 만다. 이런데도 폐단을 바꾸지 않으니, 그 결과를 상상해볼 수 있다.

民貧

近世之民 貧專由於設科繁而鑄錢多 故待食者衆 而揪斂路便也 然此不過一時事 大抵 國朝兵戈罕入 土地不削 然而出日荒 民日窮 必有其故 因迹推原 寧有不得之理 旣庶而富之 聖人之訓也 富之者 非擧財而與之 使民自蓄聚 而國不虐害也 如天有明 不憂民晦 民能穿戶鑿牖 自取照焉 地有財 不憂民貧 民能伐木芟草 自取富焉 漢廷惟卜式得此義 牧羊則曰 去其敗群 天旱則曰 烹害民之臣 如是豈有不富哉

人謂 山水多 而可耕之地少 此亦不然 假令劃去險阻 縮水爲界 則能變貧爲富乎 非地也 過在人謀 明矣 然則此不過貨出於民 上流在上也 余編戶之一 目擊而

熟察 其貪斂奪時 種種苛虐之外 惟糶糴爲民困之上弊 其始爲民設 非斂散牟利
之意也 後漸刀蹬 託以鼠耗 而增取什之一 及其春頒 而取其耗 爲官用 以小量與
民 國俗 以十五斗爲石 則秋納十六斗五升 而春頒不過十三斗 則朒三斗五升也
其斛上剩數 及往來脚價勞費 不在中 半年之間 民失許多 古所謂豊取刻與 民安
得不窮且餓哉

  昔者 晏子論陳氏之罪曰 齊有四量 豆・區・釜・鍾 四升爲豆 各自其四 以登
於釜 釜十則鍾 陳氏皆登一焉 以家量貸 而以公量收之 民歸如流水 釜者 鬴也
廣尺深尺 而實六斗四升也 今之時 度量無定 余託漢城及平市兩司 得時行之升
一升 準古大約四升 則與豆準矣 然則四升爲區 一斗六升爲釜 十六斗爲鍾 今之
一石比鍾 只欠一斗也 陳氏出以大量 入以小量 其惠什減其一 而身能移國 況今
入比於出 不啻什增其三耶 惠小尙然 怨大 當如何哉

  又有不忍者 古云 國家之惠 優於三代 私室之虐 甚於亡秦 此言 何謂也 惟正之制
或不及什一 而兼幷者 必奪其半 舊時田主 猶出公賦及種穀 今三南之地 皆令耕者 需
之 又或奪其藁 徵其賄者 有之 及其盡輸 則蓋藏枵然 此而不變 其終可想

일본 충의(日本忠義)[1]

  일본이 바다 가운데 있는 섬나라지만, 개국한 지 오래되었고 전적(典
籍)도 모두 갖추고 있다. 진 북계(陳北溪)[2]의 『성리자의』(性理字義) 및
『삼운통고』(三韻通考)는 우리나라 사람이 왜국으로부터 구입해 왔다.
심지어 우리나라의 『이상국집』(李相國集)[3]은 국내에 남아 있는 것이
없어서, 다시 왜국으로부터 구해다가 간행하였다. 왜국에서 찍은 책판
(册板)의 문자는 자획(字劃)이 정연하여 우리나라의 것과 비교가 되지
않으니, 그 나라 풍속을 알 수 있다.

  대마도(對馬島) 사람은 특히 간사하다. 그러나 그곳에도 두메산골에
사는 사람들의 풍속은 충신(忠信)하고 정직(正直)한 면이 있다. 비록 나
라 안의 비밀스런 일이라도 꺼리지 않는다. 생각건대 교활한 풍습은 우
리나라가 더욱 심한 듯하다. 요동(遼東)・심양(瀋陽) 사람들의 말에 "세

---

1) 일본 사람으로서 충(忠)과 의(義)를 가진 인물을 말함.
2) 송나라 때의 학자인 진순(陳淳)을 말함. 북계는 그의 호이다.
3) 고려시대 이규보(李奎報)의 문집을 말함.

상의 모든 동물은 길들일 수 없는 것이 없다. 사나운 짐승이나 새도 길들일 수 있다. 그러나 오직 고려 사람은 길들일 수 없다"고 한다.

대마도에 간사한 사람이 많은 것은, 서쪽이 가깝기 때문이다. 또 그 땅에는 오곡이 생산되지 않아 상업으로 생계를 유지하니, 어떻게 순박한 성품을 보전할 수 있겠는가? 우리나라의 풍속으로 징험해봐도 알 수 있다. 깊은 산골짜기는 풍속이 반드시 순박한데, 서울에 가까운 지역일수록 점점 야박해진다.

일본은 법이 매우 엄격하다. 우리나라의 서적은 그곳으로 들어가지 않은 것이 없는데, 그 나라의 문자는 밖으로 나갈 수 없으니, 법령이 엄하기 때문이다. 근래 듣건대, 충의(忠義)에 불타는 어떤 사람이 동무(東武)는 웅장하고 서경(西京)은 쇠약한 것에 분개하여 일을 꾸미려 하였지만, 명망과 지위가 높지 못한 필부라서 시행하지 못했다고 한다. 서경은 왜국의 천황(天皇)이 사는 곳이고, 동무는 관백(關白)[4]이 사는 곳이라고 한다.

이보다 앞 시대에 산암재(山闇齋, 1616~82)[5]와 그의 문인 천견재(淺見齋)[6]란 사람이 있다. 이들은 의논이 격앙되어, 허 노재(許魯齋, 1209~81)[7]가 원(元)나라에서 벼슬한 것을 그르다고 하였다. 이는 대체로 까닭이 있어서 한 말이다. 위 두 사람은 일찍이 제후의 부름에 응하지 않았다. 또 천견재의 문인으로 성은 약(若), 이름은 신요(新饒), 자는 중연(仲淵), 호는 수재(修齋)라는 사람이 있는데, 학문이 정밀하고 밝으며 대의에 대해 말하기를 좋아하였다. 그는 자신을 악 무목(岳武穆)[8]·방손지(方遜志, 1357~1402)[9]에게 견주면서 항상 서경(西京)을 다시 일으킬 뜻을 품고 있었으니,[10] 실로 기이한 선비이다.

---

4) 형식적으로는 천황을 보좌하는 직책이지만, 실질적인 권한을 모두 소유하고 있었다.

5) 산기암재(山崎闇齋)의 약칭. 그의 이름은 가(嘉)이고, 호는 암재이다. 산기암재는 철저한 주자학자로 알려져 있으며, 특히 군신(君臣)의 의리를 중히 여겼다고 한다.

6) 천견경재(淺見絅齋)의 약칭. 그의 이름은 안정(安正)이고, 호는 경재(絅齋)이다.

7) 원나라 때의 학자로 이름은 형(衡)이며, 노재는 그의 호이다.

8) 송나라 때의 충신인 악비(岳飛)를 말함. 무목은 그의 시호(諡號)이다.

9) 명나라 초기의 학자인 방효유(方孝儒)를 말함. 손지는 그의 호이다.

10) 서경은 천황이 사는 곳으로, 천황의 권력을 다시 회복하려 하였다는 말이다.

관백은 동쪽 끝에 위치하고 있었는데, 예전에는 '왕'(王)이라고 일컫지 않고 '정이대장군'(征夷大將軍)이라고 불렀다. 이는 대체로 동북쪽에 하이국(蝦夷國)이 있는데, 그 땅이 북쪽으로 길게 뻗어 흑룡강(黑龍江) 밖까지 이어지고, 사람들이 매우 영악하고 사나워 흑룡강 유역의 대비달자(大鼻撻子)[11]처럼 제압하기가 어려웠기 때문이다. '정이'(征夷)라고 한 것은 이런 종족을 진압하기 위해서이니, 중국이 연경(燕京)에 도읍한 것과 같다.

왜국의 천황이 권력을 상실한 지가 6, 7백 년에 불과한데, 이는 그 나라 사람들이 원하는 바가 아니다. 그래서 점차 충의를 가진 사람들이 그 사이에서 나오고 있다. 명분이 정당하고 말이 온순하니, 뒷날 반드시 한번 뜻을 펴게 될 것이다. 만약 그들이 하이국과 연대하여 천황을 양쪽에서 도우며 제후에게 호령한다면 대의를 펴지 못하리라는 법도 없다. 66주(州)의 태수들 가운데 어찌 호응하는 자가 없겠는가?

만일 이렇게 된다면, 일본은 천황(天皇)이고 우리는 왕(王)이니, 어떻게 처신할 것인가? 내 죽은 아들 맹휴(孟休)가 일찍이 말하기를 "통신사(通信使)를 보낼 때, 서신과 폐백에 쓰는 문자는 우리나라 대신(大臣)과 대등한 예로 하는 것이 옳다. 그런데 나라일을 도모하는 자가 원대한 생각 없이 목전의 미봉책만 생각하고, 또 관백이 왕이 아닌 줄 몰라 이 지경에 이르렀으니, 매우 애석한 일이다"라고 하였다.

日本忠義

日本 雖居海島 開國亦久 典籍皆具 陳北溪性理字義·三韻通考 我人從倭得之 至於我國之李相國集 國中已失 而復從倭來 刊行于世 凡倭板文字 皆字畫齊整 非我之比 其俗可見 馬島人 詐諼特甚 然深處民俗 有忠信諒直 雖國中陰事不諱 意者 巧黠之風 我國尤甚 遼藩人有云 世間百物 無不可擾 猛獸鷙禽 亦或可馴 惟高麗人 不可馴 馬島之多詐 近西故也 且地無五穀 販賣爲生 如何保得淳性 以我俗驗之 深峽必樸 近京益渝 可以見矣

立法刻深 我書 無不入者 其國中之文字 禁不得出 令嚴故也 近聞 有忠義之士 憤東武之雄剛 西京之衰弱 欲有所爲 名位不達匹夫 無所施 西京者 倭皇所居 東武者 關伯所居云 前此 有山闇齋 及其門人淺見齋者 議論激昂 以許魯齋仕元 爲非 蓋有爲而發也 未嘗應諸侯徵辟 淺見之門人 有姓若 名新饒 字仲淵 號修齋

---

11) 흑룡강 유역에 살던 종족의 이름이다.

者 學問精明 喜談大義 自比於岳武穆・方遜志 恒懷興復西京之志 實奇士也 關
伯者 最居極東 未曾稱王 號征夷大將軍 蓋其東北 有蝦夷國 其地迤北 接於黑龍
江外 其人甚獷悍 難制 如黑龍之有大鼻撻子 其曰征夷者 爲鎭壓此類 如中國之
都燕也

　倭皇之失權 亦不過六七百年 非國人所願 稍稍有忠義之士 出於其間 名正而
言順 後必有一逞 若令連結夷人 挾輔其皇 號令諸侯 則未必不伸大義 六十六州
太守 豈無同聲而應者乎 苟至於此 彼皇而我王 將如何處之 亡子孟休嘗言 信使
之時 其書幣文字 使我大臣抗禮 可矣 謀國者 無遠慮 爲目前彌縫之計 又不知關
白之非王 以至於此 甚可惜也

신생아 충정(新生兒充丁)[1]

　나라의 법에, 군역(軍役)은 16세가 되면 군적(軍籍)에 편입되고 60세
의 노인이 되면 면제되게 되어 있다. 그러나 수령들이 그 숫자를 채우
지 못할 때에는 젖먹이 어린아이까지도 나이를 늘려 모자라는 숫자를
채운다.

　남양(南陽)[2]에 한 군졸이 있었다. 그는 아직 늙지도 않았는데 군역을
면제해달라고 하였다. 그래서 그 고을의 원이 "너는 어찌 나라의 법을
기만하려 하는가?"라고 하자, 그는 대답하기를 "제가 어찌 감히 나라의
법을 기만하겠습니까? 나라에서 저를 기만한 것입니다. 저는 갓 태어
나자마자 군적에 편입되어 이제 45년이 되었습니다"라고 하였다. 군적
을 살펴보니 과연 그의 말과 같아서, 고을 원이 감히 힐난하지 못하였
다. 이 한 가지 일만 보더라도 민생이 얼마나 곤궁하고 피폐한 지를 알
수 있다. 그러므로 여기에 적어둔다.

新生兒充丁

　國法 凡軍役 十六充額 六十而老除 然守宰不能充額 則以乳哺兒 增年賠數
南陽有一卒 未老而求除 倅曰 汝何欺國 卒對曰 小民何敢欺國 國欺小民矣 民新
生而充額 今四十五年矣 考籍果然 倅不敢難 此一事 亦可見民生之困敝 故記之

---

1) 갓 태어난 어린아이를 군정(軍丁)에 충당함. 황구첨정(黃口簽丁)과 같은 뜻으로,
　당시 군정(軍政)의 문란을 말한 것이다.
2) 경기도 수원과 인천 사이에 있던 옛 지명.

이 우상 완(李右相浣)[1]

우의정을 지낸 이완(李浣, 1602~74)은 무신(武臣)이다. 그가 형조판서(刑曹判書)로 있을 때, 옥송(獄訟)을 다스리는 것이 공평하였다.

당시 이름 있는 관원이었던 이증(李增)과 송사(訟事)를 벌이는 평범한 백성이 있었다. 이완은 그 백성이 옳다고 판결하였는데, 하룻밤 사이에 그 백성이 없어졌다. 아무리 찾아도 찾을 수 없었다. 이완은, 이증이 그 백성을 죽여 물에 던져버렸을지도 모른다는 의심이 증폭되어, 많은 상금을 걸고 그 시체를 찾았다. 사람들이 다투어 달려가 강가를 오르내리며 시체를 찾았다. 쇠갈고리 같은 기구를 가지고 샅샅이 찾았지만, 열흘이 지나도록 시체를 찾지 못하였다.

그러자 이완은 별도로 사람을 보내 정황을 살피게 하면서 은밀히 그에게 이르기를 "행동이 시종일관 한결같은 자가 있거든 체포하라"고 하였다. 대부분의 사람들은 3~4일, 혹은 6~7일 동안 시체를 찾다가 지쳐서 돌아가곤 하였는데, 한 사람이 처음부터 끝까지 사람들 틈에 끼여 '찾기 어렵다'고 떠들어대는 것이었다. 그를 잡아다 심문하니, 과연 그가 살인자였다. 그래서 그 백성의 시체를 찾고, 이증은 끝내 옥중에서 죽었다.

李右相浣

李右相浣 武臣也 爲司寇 治獄平 民有與名官李增訟者 李相右民 一夕民不在 求不得 疑增殺而投之水 懸重賞 購其屍 人爭赴之 沿江上下 設械器鉤爬 經旬不得 李別使人譏察 密囑曰 有終始如一者 捕之 都民 或三四日 或六七日 意闌則去 有一人從初至終 混在衆間 倡言難獲 於是 捕以訊之 果是殺者也 得其屍 增竟死獄中

여헌 봉건질(旅軒奉巾絰)[1]

장 여헌(張旅軒, 1554~1637)[2] 선생은 정 한강(鄭寒岡, 1543~1620)[3]

---

1) 우의정을 지낸 이완.
1) 여헌이 정 한강(鄭寒岡)의 상(喪)에 건(巾)과 질(絰)을 착용하지 않고 손으로 받들고 있었다는 말.

선생의 조카사위로, 그 문하에 종유(從遊)하였다. 정 선생의 상(喪)을
당해 문인들이 성복(成服)⁴⁾할 적에, 건(巾)과 질(絰)⁵⁾을 두루 나누어주
었다. 그런데 여헌은 그것을 머리에 쓰지 않고, 손으로 받들고서 곡을
하였다. 이에 그가 제자로 자처하지 않은 것을 알게 되었다.

　근세에는 사풍(士風)이 투박해져서, 죽은 사람이 세력이나 지위가
있으면 책을 들고 가 배운 적이 없어도 자기 성명을 기록하고 제자임
을 자처한다. 이는 장 선생의 경우와 다른 것이다.

旅軒奉巾絰

　旅軒張先生 寒岡鄭先生之姪壻也 仍遊於其門 及喪 諸門人 將成服 遍授巾絰
旅軒但手奉而哭 於是 知其不處以弟子之列 近世 士風益偸 苟其勢位 則未嘗執
卷問答 而輒記姓名 倡爲弟子之目 亦異於張先生矣

양니파(揚泥耙)¹⁾

　지금 서울 안의 물줄기는 모두 동쪽으로 흘러 한강으로 들어간다.
한강의 두미(斗湄)²⁾ 이하에는 진흙이 날마다 쌓여 하류의 수심이 얕아
졌다. 그래서 장마가 질 때마다 성안의 물이 범람하여 빠지지 않는다.
근년에 이 문제에 대해 과거 시험에서 책문(策問)³⁾한 적이 있는데, 제
대로 답을 쓴 자가 없었다.

　내가 일찍이 곡응태(谷應泰)⁴⁾의 『명사기사본말』(明史紀事本末)에서
황하(黃河)를 다스리는 방법을 살펴본 적이 있다. 하류를 준설(浚渫)하
는 데 세 가지 방법이 있는데, 그 중 한 가지에 용조(龍爪)⁵⁾ 등의 도구

2) 장현광(張顯光)을 말함. 여헌은 그의 호이다.
3) 정구(鄭逑)를 말함. 한강은 그의 호이다.
4) 상복(喪服)을 입는 것.
5) 상을 당했을 때 머리에 쓰는 삼으로 만든 띠.
1) 진흙을 쳐내는 써레를 말함.
2) 한강 하류 지역의 지명.
3) 과거 시험의 한 가지. 정치에 대한 어떤 문제를 제시한 뒤, 그에 대한 대책을 답
　안으로 쓰게 하는 것.
4) 청(淸)나라 초기의 학자.

가 있으나, 그 제도에 대해 분명히 말하지는 않았다.

또 일찍이 살펴본 바에 의하면, 송나라 때 선인(選人) 이공의(李公義)가 철룡조양니거법(鐵龍爪揚泥車法)을 올려 황하를 준설했다고 하였다.[6] 그 법은, 몇 근의 무쇠로 용의 발톱처럼 만든 뒤, 밧줄로 배의 고물에 매달아 물 속에 넣은 다음, 사공이 급히 노를 저어 물결을 따라 연이어 내려가는 것이다. 이렇게 한두 번만 지나가면 수심이 몇 자씩 깊어진다.

그 뒤에, 그것이 너무 가볍다고 여겨 별도로 하천을 파내는 써레를 마련하였다. 여덟 자 길이의 큰 나무에, 요즘의 써레처럼 두 자 길이의 이[齒]를 아래에 나란히 박는다. 돌로 양쪽 옆을 누르고, 굵은 밧줄로 양쪽 끝에 닻돌을 묶는다. 큰 배는 80보(步) 간격을 유지한 채, 각각 도르래를 이용해 끌어올린다. 그런 방법으로 오가며 진흙과 모래를 파낸 뒤, 다시 배를 옮겨 준설한다.

혹자는 "수심이 얕으면 나무로 만든 이[齒]가 모래나 진흙에 걸려 아무리 끌어당겨도 움직이지 않을 것이다. 억지로 잡아당기면 그 이가 위로 뒤집혀, 끝내 성공할 수 없을 것이다"라고 하였다.

내가 살펴보건대, 나무로 만든 써레는 사용하기 어렵다고 하더라도, 쇠로 만든 날카로운 용조는 사용하기에 별 탈이 없을 것이다. 하천이 터지는 것은 예측할 수 없다. 동쪽을 막으면 서쪽이 무너지기 때문에, 이른바 상책이 없다고 하는 것이다. 지금 한강의 한 군데쯤은, 나무로 만든 써레로도 꼭 준설할 수 없는 것은 아니다. 이것을 조정에 알리는 자가 없는 것이 한스럽다.

揚泥耙

今京城中群水 皆注下東 入漢江 漢江 自斗湄以下 日漸澱淤 下流壅淺 每雨霖 城中之水 汎溢難瀉 近年 嘗策問試士 無能對者 余嘗考谷應泰明史本末 治河之 術 其淘淥下流 有三術 其一有龍爪等具 不明言其制 又嘗考之 宋時有選人李公 義者 獻鐵龍爪揚泥車法 以濬黃河 其法 用鐵數斤 爲爪形 以繩繫舟尾 而沉之 水 篙工急櫂 乘流相繼而下 一再過 水深數尺 其後 患其太輕 別置濬河川耙 以巨木

---

5) 쇠스랑과 비슷한 물건.
6) 선인(選人)은 관원의 후보로 뽑힌 사람을 말함. 『송사』(宋史) 「하거지」(河渠志)에 이 말이 보임.

長八尺 齒長二尺 列於木下 如杷狀 以石壓之兩旁 繫大繩兩端矴 大舡相距八十
步 各用滑車絞之 去來搖蕩泥沙已 又移舡而浚 或謂 水淺則木齒礙沙泥 曳之不
動 卒乃反齒向上 卒無成功云 愚按 木杷 雖曰難行 鐵爪之利 可以無害 河決無準
東治而西潰 所謂無上策也 若今漢江一曲 木杷亦未必不行 恨無以此上聞者矣

식소(食少)[1]

나는 가난한 사람이다. 가난하다는 것은 재물이 없음을 말한다. 재물
은 부지런히 힘쓰는 데서 나오고, 부지런히 힘쓰는 것은 어릴 적부터
익히지 않으면 안되는 것이다. 그러니 내가 어찌 가난하지 않을 수 있
겠는가? 오직 씀씀이를 절약할 수밖에 없다. 생활할 적에 신중히 생각
하여 더 이상 줄일 수 없는 것 이외에는 모두 하지 않는다. 만약 조금
이라도 소홀히 여겨 별 상관이 없다는 생각을 갖게 되면 생활을 영위
할 수 없다.

비록 풀이나 지푸라기 같은 하찮은 물건이라도 쓸모가 있는 것은 모
두 재물이다. 그러니 어느 물건인들 아깝지 않겠는가? 여기에 어떤 물
건이 있다고 하자. 그것이 쓸모없다고 하여 버린다면, 이는 하늘이 내
린 물건을 함부로 없애는 것이다. 따라서 어진 사람은 이를 부끄럽게
여긴다. 재물은 곡식보다 더 중요한 것이 없다. 하루 두 그릇의 밥은,
입이 있는 자는 누구나 다 먹어야 한다. 그런데 모든 사람이 다 부지런
히 농사를 지어 곡물을 생산하는 것은 아니다. 그러므로 예전부터 재물
이 부족한 것을 늘 걱정해왔다.

손은 부지런히 놀리지 않으면서 입으로는 배불리 먹으려 한다면, 벌
레나 짐승과 무엇이 다르겠는가? 옛날의 군자는 앉아서 도(道)를 논하
고 일어나 그것을 행하였으니, 이는 부지런히 노력하여 곡식을 생산하
는 사람과 공로가 같은 것이다. 따라서 많이 먹는다 하더라도 유감이
없다. 그러나 마음을 쓰지 않고 편안히 앉아 있거나 하면서 남이 부지
런히 노력하여 생산한 곡식을 빼앗기만 한다면 어찌 옳은 일이겠는가?

---

1) 적게 먹음.

나는 천성이 글을 좋아하여 온 종일 글만 읽고 있다. 따라서 한 올의 베나 한 알의 쌀도 모두 내 힘으로 생산한 것이 없다. 그러니 어찌 이 세상의 한 마리 좀벌레가 아니겠는가? 다행히도 물려받은 땅이 조금 있어 몇 섬의 쌀을 받고 있다. 그런 빠듯한 살림살이 속에서, 식량을 절약하여 많이 먹지 않는 것으로 첫번째 경륜(經綸)과 양책(良策)을 삼고 있다.

한 그릇에 한 홉의 쌀을 절약하는 것에 대해, 사람들은 아무 도움이 안된다고 말한다. 그러나 한 사람이 하루에 두 그릇을 먹으니, 두 홉이 절약된다. 한 집이 열 식구라면 하루에 두 되가 절약되고, 한 고을이 1만 집이라면 2천 말의 많은 식량을 저축할 수 있다. 더구나 한 사람이 한 끼에 한 홉 정도만 더 먹는 것이 아닌 데 있어서랴? 또 한 사람이 1년 동안 더 먹어치우는 식량이 모두 합하면 매우 많은 데 있어서랴? 헛되이 먹어치우는 것은 한 푼, 한 홉도 아까운 것이다.

우리나라 사람은 이 세상에서 음식을 가장 많이 먹는다. 최근 우리나라 사람 가운데 표류하여 유구국(琉球國)에 도착한 자가 있었다. 그 나라 사람들이 비웃으면서 그에게 말하기를 "너희 나라 풍속에 항상 큰 사발에 밥을 퍼서 쇠숟가락으로 푹푹 떠먹으니, 어찌 가난하지 않겠는가?"라고 하였다. 그 사람은 아마도 전에 우리나라에 표류해 와서 우리의 풍속을 잘 알고 있는 사람인 듯하다.

내가 일찍이 살펴보건대, 바닷가에 사는 사람들은 세 사람이 나누어 먹어도 배고프지 않을 정도의 음식을 한 사람이 먹어치운다. 그러니 나라가 어찌 가난하지 않을 수 있겠는가? 어려서부터 배불리 먹는 습관이 생겨 창자가 점점 커져서, 음식을 채우지 않으면 허기를 느끼게 된다. 습관이 굳어질수록 점점 굶주림을 느끼게 되어, 굶어 죽는 사람도 있다. 습관이 되어 창자가 커졌다면, 습관이 되어 창자가 작아질 수도 있다.

그러므로 곡식을 아예 끊고 먹지 않는 자도 있다. 산과 들에 사는 짐승들이 얼음이 얼고 눈이 쌓인 겨울에도 죽지 않는 것은, 그렇게 습관이 들었기 때문이다. 늘 굶주릴 수는 없더라도, 너무 지나친 것을 줄일 방도가 어찌 없겠는가? 굶주릴 적에 참기 어려운 것은, 마음이다. 배만 굶주림을 느끼는 것은 아니다. 승려는 채소만 먹고 살아도 파리하지 않다. 혹 상중(喪中)에 있는 사람이 고기를 먹지 못해 병이 많은 것은, 고기를 먹고 싶어하는 마음이 병을 낳는 것이다.

이런 이치로 미루어본다면, 요즘 사람들이 굶주림을 참지 못하는 것은 마음이 안정되지 못했기 때문이다. 그 이유는 무엇일까? 전쟁이 없어서 안일한 습관이 생겼기 때문이다. 삼국시대 이전 전쟁이 계속 이어질 때에는 안일하게 지내지 못하였다. 굶주린다고 해서 반드시 모두 죽는 것은 아니다. 농사 지을 겨를이 없어서 창고가 텅텅 비었으니, 항상 배불리 먹고자 해도 그럴 수 있었겠는가?

요즘 사람들은 새벽에 일찍 일어나 흰죽 먹는 것을 '조반'(早飯)이라 하고, 한낮에 배불리 먹는 것을 '점심'(點心)이라 한다. 부유하거나 귀한 집에서는 하루에 일곱 차례를 먹는데, 술과 고기가 넉넉하고 진수성찬이 가득하니, 하루에 소비하는 것이 백 사람을 먹일 수 있다. 옛날 하증(何曾)[2]처럼 집집마다 사치하니, 민생이 어찌 곤궁하지 않겠는가? 매우 탄식할 만한 일이다.

나는 이 문제에 대해 가장 빨리 효과를 볼 수 있는 것으로는, 굶주림을 참고 먹지 않는 것보다 더 좋은 방법이 없다고 생각한다. 한두 번 굶주린다 하여 꼭 병이 생기는 것은 아니며, 굶주림에 따라 한 되, 두 되의 쌀이 남게 된다. 약간의 굶주림을 참지 못하고 먹어치워 쌀이 떨어져 먼저 병드는 사람과 비교해본다면, 어느 쪽이 어리석고 어느 쪽이 지혜롭겠는가?

食少

余貧者也 貧無財之稱 財出於勤力 勤力 非小少習業 不能 余安得不貧 惟在節省 凡有作爲 十分思量 不可少者外 都不爲也 有一分輕小 無妨之意 不可 雖草芥微物 其有用者 皆財也 何物 非可惜 今有一物 不待用而棄之 便是暴殄 仁人恥之也 財莫重於穀粟 一日兩杆飯 有口皆吃 未必皆其勤力所出 故財嘗患乎乏絶 手不勤而口無饜 虫獸 何別 古之君子 或坐而論道 作而行之 是則與勤力出

---

2) 중국 진(晉)나라 때 사람으로, 하루에 1만 전(錢)의 음식을 소비했다고 한다. 『진서』(晉書) 「하증열전」(何曾列傳)에 보인다.

粟者 均其功 雖多食 無憾 若安坐不用心 而奪人之勤力出者 可乎

余性喜書 雖終日呻吟 一縷一粒 皆非吾力所出 豈非所謂天地間一蠹耶 惟幸有先業焉 些些碩斗 就其中 省其糧 不多食 爲第一經綸良策 夫一杆而省其一合之米 人謂無益 然一日兩杆 則二合矣 一家十口 則二升矣 一郡萬家 則積有二千斗之多 況一口之費 不止一合之少耶 又況一人終歲之食 積至許多 其所虛費 龠合皆可惜也

我國人 務多食 天下爲最 近有漂至琉球者 其民笑之曰 爾俗 常用大碗鐵匙抄飯健食 如何不貧 蓋前已漂到 諳悉者也 余嘗觀 邊海人 一口之食 可分三人而無飢 國安得不窶哉 幼而習飽 腸肚漸寬 不充則覺飢 漸習漸飢 有餓死者矣 習而有寬 則必有習而窄者 於是 有絶穀不食者 山野禽獸 氷凍雪積 而能不死 習之所致也 縱不能恒飢 豈無減其太過之理 飢而難忍者 心也 非特腹之爲也 山僧蔬菜而不瘵 或孝子斷肉多病者 嗜慾病之也 由是觀之 今人之不忍飢 心之未定也 其故 何也 兵戈旣遠 安逸成習故也 三國以前 戰爭相續之時 安逸不得 飢未必皆死矣 稼穡無隙 倉廩空虛 雖欲恒飽 得乎

今人 早起白粥 謂之早飯 當午頓食 謂之點心 富貴之家 或一日七食 酒肉淋漓 珍異相高 其一日之費 可食百人 何曾之驕溢 家家皆然 民生 安得不困 甚可歎也 余謂 事之效速 莫如忍飢不食 一飢二飢 未必生疾 一升二升 隨飢米羨也 與未忍少飢 而米絶先病者 愚智 何如也

제 5 장
경사문【經史門】

지행 합일(知行合一)[1]

왕 양명(王陽明)[2]의 지행합일설(知行合一說)은 또한 이유가 있다. 그러나 그의 말에 다음과 같은 내용이 있다.

'행'(行)이라고 하는 것은, 착실히 그 일을 하는 것이다. 예컨대 착실히 학(學)·문(問)·사(思)·변(辨)[3]의 공부를 한다면, 학·문·사·변이 바로 행이 된다. 학(學)은 그 일을 배우는 것이고, 문(問)은 그 일을 묻는 것이고, 사(思)는 그 일을 생각하는 것이고, 변(辨)은 그 일을 변별(辨別)하는 것이니, 행(行)[4]도 곧 학·문·사·변이 된다.

만약 '학·문·사·변을 한 뒤에 행(行)으로 나아간다'고 한다면,[5] 어떻게 허공에 매달려 먼저 학·문·사·변에 나아갈 수 있겠으며, 행할 때에도 어떻게 배움에 나아가 학·문·사·변의 일을 배울 수 있겠는가? 행할 때의 분명히 자각하고 정밀하게 살피는 것이 바로 지(知)며, 아는 것이 진실되고 독실한 것이 바로 행(行)이다.

행하면서 정밀하게 살피고 분명히 자각하지 못하면, 이는 곧 '명행'(冥行)이니, '배우기만 하고 그 이치를 생각하지 않으면 실제로 아는 것이 아무것도 없다'[6]는 것이 바로 이것이다. 그러므로 반드시 지(知)를 말해야 한다. 알면서 진실되고 독실하지 못하면 이는 곧 망상이니, '생각하기만 하고 배우지 않으면 위태롭다'[7]는 것이 바로 이것이다. 그러므로 반드시 행(行)을 말해야 한다. 원래는 지와 행이 하

---

1) 지(知)와 행(行)이 하나로 합해야 한다.
2) 명나라 때 학자인 왕수인(王守仁)으로, 양명은 그의 호이다. 주자학(朱子學)에 맞서 양명학(陽明學)을 주창하였다.
3) 『중용』에 나오는 '박학지 심문지 신사지 명변지'(博學之 審問之 愼思之 明辨之) 를 말함. 이는 학문하는 근본적인 자세로, 널리 배우고, 자세하게 묻고, 신중하게 생각하고, 밝게 분변하는 것을 가리킨다.
4) 『중용』의 '박학지 심문지 신사지 명변지' 다음에 나오는 '독행지'(篤行之)의 '행' (行)을 말함. 이는 앞의 지적 추구를 통해서 독실하게 행하는 것을 가리킨다.
5) 이는 주자학에서 주장하는 선지후행(先知後行)의 설이다.
6) 이 말은 『논어』「위정」(爲政) 제15장에 보인다.
7) 이 말은 『논어』「위정」(爲政) 제15장에 보인다.

나로 합하는 공부일 뿐이다.

나는 이렇게 생각한다. 학문에서 지(知)와 행(行)을 겸해서 말한 것
으로는, '배우고서 때때로 그것을 익힌다'[8]고 한 것 등이 그것이다. 부
모에게 효도하고 어른에게 공경하는 사람이 있어, 내가 그에게 가서 배
워 효도하고 공경하면 과연 이것이 행(行)이다. 이치를 궁구하고 글을
읽으며 지(知)를 구하는 사람을 보고서, 내가 그에게 가서 배워 이치를
궁구하고 글을 읽는다면 이 또한 어찌 학(學)이 아니겠는가?

학문에는 몸으로 배우는 것이 있고, 마음으로 배우는 것이 있다. 따
라서 학문은 모두 '행'(行)이라 할 수 있다. 그렇다면 효도하고 공경하
는 것 등은 몸이 행하는 것이고, 글을 읽고 이치를 궁구하는 것 등은
마음이 행하는 것이다. 이로 말미암아 밝게 살피는 경지에 이르게 되면
바야흐로 지(知)가 되니, 행(行)이 지(知)보다 먼저일 듯하다.

그러나 몸소 효도하고 공경하는 것으로 말하면, '먼저 그것을 알고
난 뒤에 행한다'는 사실은 참으로 의심할 만한 것이 없다. 만약 글을
읽고 이치를 궁구하는 마음을 두고 행(行)이라고 한다면, 아무것도 모
르는 무식한 사람이 어떻게 갑자기 글을 읽고 이치를 궁구할 수 있겠
는가? 사람이 스스로 글을 읽고 이치를 궁구하는 것은, 지(知)의 이치
가 먼저 통했기 때문이다. 선지자(先知者)나 선각자(先覺者)가 있어서
인도해 그렇게 하도록 하거나, 그 자신이 스스로 이와 같이 하는 것이
합당하다는 것을 깨달아서 능동적으로 글을 읽고 이치를 궁구한다면,
어찌 지(知)가 행(行)보다 먼저 있는 것이 아니겠는가?

사람들이 말하기를 "『소학』을 『대학』보다 먼저 읽는 것이, 곧 행(行)
이 지(知)보다 먼저임을 증명한다"고 한다. 나는 이렇게 생각한다. 『소
학』도 선지자에게 배운 뒤에야 터득하게 되니, 지(知)가 행(行)보다 먼
저임을 알 수 있다. 지(知)와 행(行)의 선후는 이와 서로 유사하다. 만
약 '지(知)와 행(行)은 두 가지가 아니다'라고 한다면, 사(思)와 학(學)
의 사이에 어찌 다시 태(殆)와 망(罔)의 잘못이 있겠는가?[9]

---

8) 『논어』 「학이」(學而) 제1장에 보인다.

知行合一

陽明知行合一之說 亦有由 然其言曰 凡謂之行者 只是著實去做此事 若著實做學問思辨工夫 則學問思辨 便是行矣 學是學此事 問是問此事 思辨是思辨此事 則行亦便是學問思辨矣 若謂學問思辨之 然後去行 却如何懸空先去學問思辨 得行時 又如何去學 得學問思辨之事 行之明覺精察處 便是知 知之眞切篤實處 便是行 若行而不能精察明覺 便是冥行 便是學而不思則罔 所以必須說知 知而不能眞切篤實 便是妄想 便是思而不學則殆 所以必須說行 原來只是合一工夫

愚謂 學有兼知行而言者 如學而時習之類 是也 人有孝弟 我去學 爲孝弟 果是行 見人窮理讀書 爲求知工夫 我去學 窮理讀書 亦豈非學乎 學有以身學者 有以心學者 學則皆可謂之行 然則孝弟之類 是身之行也 讀書窮理之類 是心之行也 由是而得至於明察 方是爲知 則疑若行先於知也 然自躬行孝弟而言 則先知而後行也 固無可疑 若以讀書窮理之心言行 則彼瞢然無識之人 亦何能遽讀書窮理 其能讀書窮理者 知之理先通也 或有先知·先覺者 導使爲之 或渠能自覺得合當如此 乃能去讀書窮理 豈非知先於行乎 人謂 小學先大學 便是行先於知 余謂 小學學于先知者 然後方得 便是知先於行 與此相似 若曰 知與行非二物 則思與學之間 豈復有殆罔之失

맹자 수업(孟子受業)[1]

역사에 맹자(孟子)와 자사(子思)가 문답한 말이 실려 있고,[2] 혹 맹자가 자사의 문인에게 수업하였다고도 되어 있어,[3] 두 설이 같지 않다. 주(周)나라 경왕(敬王) 41년 임술년(B.C. 479)에 공자가 세상을 떠났는데, 이때부터 위열왕(威烈王) 23년 무인년(B.C. 403)까지는 77년이 된

---

9) 이는 『논어』 「위정」(爲政) 제15장에 나오는 "배우기만 하고 생각지 않으면 실제로 아는 것이 아무것도 없고, 생각하기만 하고 배우지 않으면 위태롭다"[學而不思則罔 思而不學則殆]는 말을 두고 한 말이다. '망'(罔)은 혼미하여 제대로 아는 것이 하나도 없다는 말이고, '태'(殆)는 위태롭다는 뜻이다. 이상의 주장을 살펴볼 때, 성호는 왕 양명의 지행합일설을 따르지 않고, 주자학의 선지후행설을 지지하고 있음을 알 수 있다.

1) 맹자가 학업을 전수받은 것.

2) 조기(趙岐)의 『맹자제사』(孟子題辭)와 『한서』(漢書) 「예문지」(藝文志) 및 『공총자』(孔叢子)에 자사(子思)에게 직접 수업받은 것으로 되어 있다.

3) 사마천(司馬遷)의 『사기』(史記)에 보인다.

다. 『강목』(綱目)⁴⁾의 기록은 여기서부터 시작된다. 또 주나라 현왕(顯王) 33년 을유년(B.C. 336)에 이르면 공자가 세상을 뜬 지 144년이 되는데, 이 해에 맹자가 위(魏)나라에 갔고, 18년 뒤인 임인년(B.C. 319)에 위나라를 떠나 제(齊)나라로 갔다.⁵⁾ 맹자가 제나라에 있을 때 자신의 나이를 40세라 하였으니,⁶⁾ 그렇다면 맹자가 위나라에 갔을 때는 20여 세에 불과했다. 그런데 양 혜왕(梁惠王)은 어찌하여 맹자를 '수'(叟)라 칭하였던가?⁷⁾ 이 점이 참으로 의심스럽다.

경전에 나타난 내용으로 보면, 백어(伯魚)⁸⁾가 죽은 뒤에 안연(顏淵)⁹⁾이 죽고, 안연이 죽은 뒤에 공자가 세상을 떠났다.¹⁰⁾ 그렇다면 자사가 태어난 해는 주나라 경왕(敬王) 임술년(B.C. 479) 이전이 분명하다.¹¹⁾ 따라서 현왕(顯王) 을유년(B.C. 336)¹²⁾에 이르면, 자사의 나이는 145~146세 이하로 내려가지 않는다. 맹자가 제(齊)나라¹³⁾에 있을 때 40세라고 한 것으로 미루어본다면, 맹자가 10여 세 때의 어린 시절에 자사의 나이는 벌써 110여 세나 된다.

따라서 정자(程子)¹⁴⁾가 말한 "자사가 『중용』(中庸)을 지어 맹자에게 주었다"고 한 것이나, 주자(朱子)가 말한 "맹자가 자사에게 수업하였

4) 『자치통감강목』(資治通鑑綱目)의 약칭. 이 책은 사마광(司馬光)이 지은 『자치통감』을 주희(朱熹)가 다시 정리한 책이다.
5) 『자치통감강목』에 보인다. 『맹자집주대전』(孟子集註大全) 「맹자집주서설」(孟子集註序說)의 소주(小註)에 있는 신안 진씨(新安陳氏)의 설에도 자세히 논변해놓았다.
6) 『맹자』 「공손추 상」(公孫丑上) 제2장에 "맹자께서 말씀하시기를 '아니다. 나는 40세인지라, 마음을 움직이지 않는다'라는 말이 보인다. 그러나 이 말은 맹자가 당시에 '40세'라고 한 말인지, 아니면 40세가 넘었다고 한 말인지 불분명하다.
7) 『맹자』 「양혜왕 상」(梁惠王上) 제1장에 "노인장께서 천릿길을 멀다 않고 오셨으니……"라는 말이 보인다.
8) 공자의 아들인 공리(孔鯉)를 말함.
9) 공자의 제자인 안회(顏回)를 밀함.
10) 『논어』 「선진」(先進) 제8장에 이런 내용이 보인다.
11) 공자가 주나라 경왕 임술년에 세상을 떠났다.
12) 을유년은 맹자가 위(魏)나라로 간 해이다.
13) 『성호사설』에는 '위'(魏)로 되어 있는데, 이는 '제'(齊)의 오자이다.
14) 송나라 때의 학자인 정이(程頤)를 말함.

다"는 말은, 아마도 고증을 하지 않은 듯하다. 주자는『중용』의 서문에
서 "자사의 학문이 재전(再傳)하여 맹자를 얻었다"고 하였으니, 이것이
주자가 만년에 확정한 의논이다.

孟子受業

史載孟子與子思問答 或言受業於子思之門人 二說不同也 周敬王四十一年壬
戌 夫子沒 至威烈王二十三年戊寅 爲七十七年 而網目始此 又至顯王三十三年
乙酉 夫子沒已百四十四年 而孟子至魏 後十八年壬寅 去魏適齊 孟子在齊時 自
謂四十 則其適魏時 不過二十餘歲矣 惠王何以稱叟 此固可疑 其見於經 則伯魚
沒後 顏淵沒 顏淵沒後 夫子沒 然則子思之生 在敬王壬戌前 明矣 若至顯王乙酉
則其年不下百四十五六矣 以孟子在魏四十者推之 其幼時十餘歲 子思之年 已百
十餘歲矣 程子所謂子思著中庸 以授孟子 朱子所謂孟子受業於子思者 抑恐欠考
至中庸序云 又再傳以得孟子 此爲的實後定之論

강목(綱目)[1]

진(秦)나라가 10월로 세수(歲首)[2]를 정한 것[3]은 잘못된 사례이다. 그
렇지만 진시황(秦始皇)이 천하를 통일하여 정삭(正朔)을 고친 뒤에는,
그것을 따라 기록하는 것이 마땅하다. 그러나 주(周)나라가 망하고 진
나라가 아직 통일하지 못한 기간은 주나라의 정삭을 써야 마땅하다.[4]
진나라가 강대국이라 하여 그들이 정한 잘못된 사례를 그대로 따르는
것은 분명히 옳지 못한 듯하다.

그런데 주자의『강목』에는, 진나라 효문왕(孝文王) 원년(B.C. 255)부
터 시황(始皇) 10년(B.C. 237)까지 모두 10월을 세수로 삼아 기록하였
다. 어째서 그랬을까? 진나라가 망하고 한(漢)나라가 일어나기 전에는[5]

---

1) 주희가 지은『자치통감강목』을 말함. 여기서는『강목』의 잘못된 점을 들어 논하
   고 있다. 곧 주희의 설이 정확하지 못한 점을 비판한 것으로 볼 수 있다.
2) 한 해의 첫번째 달.
3) 주(周)나라 책력을 기준으로 할 때, 진나라 책력의 1월은 주나라 책력의 10월에
   해당한다.
4) 진나라 소양왕(昭襄王) 51년(B.C. 256)에 주나라가 망하고, 진시황 26년(B.C.
   221)에 진나라가 천하를 통일하였다.

오히려 진나라의 정삭으로 기록을 하였으니, 무엇 때문에 사례를 달리 하였을까?

『사기』「진본기」(秦本紀)[6]에 의하면, 소양왕(昭襄王) 56년 가을에 소양왕이 죽고 아들 효문왕(孝文王)이 즉위하였는데, 10월 3일 기해일에 즉위하였다가 3일 뒤인 신축일에 죽어 아들 장양왕(莊襄王)이 즉위하였다고 되어 있다. 이는 실로 소양왕 56년 10월의 일인데, 『강목』에는 10월로 세수를 삼았기 때문에 나누어 두 해의 일로 기록하였다.

또 진시황 9년 4월에 장신후(長信侯) 요애(嫪毐)가 난을 일으켜 사로잡아 죽였고, 10년에 여불위(呂不韋)가 요애의 난에 연좌되어 면직되었다고 되어 있다.[7] 『사기』(史記) 「여불위열전」(呂不韋列傳)에도 "9월에 요애의 삼족(三族)을 멸하고, 태후(太后)가 낳은 두 아들을 죽인 뒤, 태후를 별궁으로 옮겼다. 10년 10월에 여불위를 면직시켰다"고 되어 있다. 이를 보면, 요애는 4월에 죽었고, 그의 두 아들은 태후 때문에 곧바로 죽이지 않다가 9월에 이르러 삼족을 멸하는 법을 써서 그 아들을 죽이고 태후를 옮긴 것을 알 수 있다. 그런데 『강목』에서는 요애가 난을 일으킨 것을 9월의 일로 기록하였으니, 틀린 것이다.

요애가 9월에 죽었다면, '요애를 죽이고 삼족을 멸하였다'고 써야 마땅한데, 『사기』에는 그렇게 기록되어 있지 않다. 그렇다면 글의 뜻이 저절로 분명하니, 다시 살펴보아야 할 것이다.

또 『사기』에 혜성(彗星)이 서방에 나타났다가 다시 북방에 나타나, 북두성(北斗星)을 따라 남쪽으로 옮겨가는 데 80일이 걸렸다고 기록되어 있다. 이런 변고는 기록할 만한 것인데, 『강목』에서는 무엇 때문에 빼버렸는지 모르겠다.

綱目

秦之建正十月 雖是謬例 然至始皇幷天下‧改正朔之後 宜亦從而著之 若周亡而秦未統一之間 宜因周正 恐不可以盛强之故 而便從其謬例也 明矣 綱目 孝文

5) 진나라는 기원전 206년 유방(劉邦)에게 망하였고, 유방은 기원전 202년 항우(項羽)를 물리치고 황제가 되었다.
6) 『성호사설』에는 '진세가'(秦世家)로 되어 있는데, 이는 잘못이다.
7) 『사기』(史記) 「진시황본기」(秦始皇本紀)에 보인다.

王元年 及始皇十年 皆書冬十月爲歲首 何也 及秦亡而漢未興前 猶循秦正 此何
以異例 據秦世家 昭襄王五十六年秋 王卒 孝文王立 十月已亥卽位 三日辛丑卒
莊襄王立 是實昭襄王五十六年十月 而網目以十月爲首 故分爲兩年事也 又始皇
九年四月 長信侯嫪毒作亂 生得殺之 十年 呂不韋坐毒免 呂不韋傳 九月 夷嫪毒
三族 殺太后所生兩子 而遂遷太后 十年十月 免呂不韋 蓋毒死於四月 而其兩子
以太后故 不卽殺之 至九月 始正三族之法 殺其子而遷太后 網目 則以毒作亂 爲
九月事 失之矣 毒若果以九月死 則當日殺嫪毒夷三族 今旣不然 文義自分明 更
詳之 且彗星見西方 又見北方 從斗以南八十日 此亦可書 何故漏之 未可知

정복심(程復心)[1]

명나라 때에는 황돈(篁墩)[2]·복심(復心) 두 정씨(程氏)의 학문이 가
장 드러났다. 퇴계 선생도 학문을 논할 적에 『사서도장』(四書圖章)[3]을
많이 일컬었는데, 이 책이 바로 복심이 지은 것이다. 지금은 남아 있는
것이 드물어, 나는 얻어 보지 못하였다.

만력(萬歷)[4] 연간에 월정(月汀) 윤근수(尹根壽, 1537~1616)가 임금에
게 아뢰기를 "정복심이 태극(太極)을 논하면서 기(氣)를 우선하였습니
다. 그러므로 설 문청(薛文淸)[5]이 노씨(老氏)[6]의 설이라고 하였습니다.
이 점이 바로 그 설이 널리 유포되지 못한 까닭입니다"라고 하였다.

그러나 퇴계가 임금께 바친 「심학도」(心學圖)[7]도 역시 정씨가 만든
것이다. 그의 학문이 지극히 정밀하여, 나는 매번 그의 깊은 안목에
탄복하였다. 간혹 그 책에 착오가 있다고 하여, 어찌 다 버릴 수 있겠
는가?

그런데 그가 『황명통기』(皇明通紀)[8]를 논하면서, 몰밀어 바르지 못

1) 원나라 말기부터 명나라 초기까지 살았던 학자로 정주학(程朱學)을 주로 했다.
2) 명나라 초기의 학자인 정민정(程敏政)의 호임.
3) 정복심이 지은 책명임.
4) 명나라 신종(神宗)의 연호.
5) 명나라 때 학자인 설선(薛瑄)을 말함. 문청은 그의 시호(諡號)다.
6) 노자(老子)를 말함.
7) 「성학십도」(聖學十圖)를 말함.
8) 알 수 없음. 혹 『황명본기』(皇明本紀)가 아닌 듯싶다.

한 글이라고 하였으니, 이 점은 이해할 수 없다. 나는 이렇게 생각한다. 이 책은 실로 아름다운 역사서다. 취하고 버림이 모두 분명할뿐더러, 역사적 사실을 논변하고 단정한 것 가운데 10분의 8, 9는 맞는 말이다. 따라서 옛날의 일을 살펴보는 데 빼놓을 수 없는 책이다.

程復心

皇明之世 篁墩・復心 二程氏之學 最著 退溪先生論學 多稱四書圖章 此書卽復心所撰 今尙有留者 余未得見矣 萬曆間 尹月汀根壽 白上曰 其論太極 以氣爲先 故薛文淸以爲老氏說 此所以流布不廣也 退溪所進心學圖 亦程氏作 其學極精 余每歎其不易設 或時有錯誤 何可以倂棄之 至其論皇明通紀 混歸之不正之書 此則未可曉 余卽曰 此實佳史 取舍儘明 至其辨斷處 八九中歟 考古者 不可以不觀也

요·금 예악(遼金禮樂)[1]

마 귀여(馬貴與)[2]가 『통고』(通考)[3]를 만들면서 요(遼)나라와 금(金)나라의 일을 모두 빼버렸다. 뒤에 왕기(王圻)[4]가 그 잘못을 인식하고, 널리 채집하여 『속문헌통고』(續文獻通考)를 만들었다. 내가 이 책을 대략 살펴보니, 요나라나 금나라에 예악(禮樂)이 없는 것도 아니었고, 형정(刑政)이 빠진 것도 아니었다. 그렇지 않았다면 그 많은 백성을 하루아침도 다스릴 수 없었을 것이다.

내가 들은 바로는, 음악이 서방으로부터 전래되었다고 한다. 그러므로 중국에서 그것을 취하여 쓴 것이 많다. 정령(政令)을 사심 없이 믿고 시행하는 데서는, 중국이 서방에 미치지 못하는 점이 있다. 공자께서 말씀하시기를 "오랑캐 나라에 임금이 있는 것이, 중국에 임금이 없는 것보다 낫다"[5]고 하였으니, 성인의 취하고 버림이 이와 같다.

---

1) 요나라·금나라의 예(禮)와 악(樂).
2) 원나라 때의 학자인 마단림(馬端臨)을 말함. 귀여는 그의 자이다.
3) 마단림이 지은 『문헌통고』(文獻通考)를 말함.
4) 명나라 때 사람으로 『속문헌통고』를 지었다.
5) 『논어』「팔일」(八佾) 제5장에 보인다.

만약 바깥 나라의 풍속은 물리쳐야 한다는 이유만으로 좋은 점이 있는데도 버린다면, 어찌 통달한 의논이겠는가? 요나라가 망할 때, 한 부류가 서쪽으로 달아나 구자국(龜玆國)⁶⁾을 세우고 수만 리의 땅을 개척하여 100여 세대를 전했다. 이 나라의 정치는『주례』(周禮)를 숭상하여 자못 볼 만한 점이 있었다. 이런 경우를 두고 '오랑캐 나라에 임금이 있는 것이, 중국에 임금이 없는 것보다 낫다'고 하는 것이다.

遼金禮樂

馬貴與作通考 全沒遼金 至王圻病之 旁採爲續考 余略閱過 禮樂未嘗無 刑政未嘗闕 苟爲不然 兆民之廣 恐不可一朝禦也 余聞 樂從西方 故中國多所取資 以至政令之信行無私 則有華夏所不及者 子曰 夷狄之有君 不如諸夏之無也 聖人之取舍 如此 若但以外攘之故 而有善亦棄 豈通論也哉 遼之亡 一支西走 王於龜玆 闢國數萬里 傳世百餘年 治尙周禮 頗有可觀 是謂不如諸夏之無也夫

사민여제(使民如祭)¹⁾

군자(君子)²⁾는 위에 있고, 소인(小人)³⁾은 아래에 있어 형세와 지위가 서로 미칠 수 없다. 그러니 벼슬자리에 있는 사람이 오두막집에 사는 백성의 고통을 어찌 알겠는가? 겨울에 입는 두툼한 갖옷과 여름에 입는 시원한 베옷은, 한 해를 지내는 데 모두 필요한 것으로, 사람마다 다 가지고 있는 것이다. 그러나 한창 더울 때 갖옷 입은 사람을 보거나, 엄동설한에 베옷 입은 사람을 보면 오히려 자신은 견딜 수 없을 것처럼 의아하게 여길 것이다. 그런데 하물며 그런 경험을 해보지 않은 사람에게 있어서랴?

그러므로 백성을 해치는 정치가 모두 잔인한 마음이나 고의로 학정을 하는 데서 나오는 것은 아니다. 백성의 사정을 살피지 않고 대수롭지 않게 여겨 그 지경에 이른 경우가 많다. 구계(臼季)⁴⁾의 말에 "문을

---

6) 한(漢)나라 때 중국 서쪽 지방에 있던 나라 이름.
1) 백성을 부리기를 마치 제사를 받들듯이 공경하게 한다는 말.
2) 여기서는 벼슬자리에 있는 사람을 말함.
3) 여기서는 일반인을 말함.

나갈 때는 손님을 맞이할 때처럼 공손히 하고, 일을 받들어 할 때는 제사를 지내듯이 공경하게 해야 한다"[5]고 하였는데, 공자가 이 말을 부연하여 "문을 나갈 때는 큰 손님을 보는 듯이 하며, 백성을 부릴 때는 큰 제사를 받드는 것처럼 한다"[6]고 하였으니, 이는 그 상황을 잘 형용한 것이다.

제사는 신(神)을 섬기는 도리이다. 신은 보고들을 수 있는 형체나 소리가 없다. 그러므로 정성과 공경으로 받들고 재계(齋戒)하며 간절히 생각해야, 신이 내려와 흠향할 것이다. 그렇게 하지 않고 오히려 '신이 여기에 있을까, 저기에 있을까?'를 생각하면, 신이 내려와 흠향할지 모르겠다. 그러므로 『시경』에 "신이 내려올지도 알 수 없는데, 하물며 신을 싫어하겠는가?"[7]라고 한 것이다. 그런 까닭에 효자라야 조상의 신을 이르게 할 수 있고, 자애로운 어머니라야 어린아이를 보호할 수 있으니, 이는 정성으로 구하여 서로 합치되는 바가 있기 때문이다.[8]

어진 사람이 백성을 대할 때에도 이와 같다. 그러므로 두터운 이불을 덮고, 짐승의 가죽으로 따뜻한 옷을 만들어 입고, 숯을 피우며 따뜻하게 거처할 때에는 천하에 추위에 떠는 사람이 있다는 것을 알며, 좋은 집에서 맛좋은 음식을 먹을 때에는 천하에 굶주림을 참으며 사는 사람이 있다는 것을 알며, 생활이 편안할 때에는 천하에 힘든 일을 견디지 못하며 괴로워하는 사람이 있다는 것을 알며, 마음이 유쾌하여 기분이 좋을 때에는 천하에 원한이나 답답한 마음을 품고 있는 사람이 있다는 것을 안다. 이것이 이른바 '백성을 부릴 때는 큰 제사 받드는 것처럼 한다'는 말이다.

이런 뜻으로 미루어 본다면, 큰 손님이 왔을 때에는 반드시 그 사람의

---

4) 춘추시대 진(晉)나라 대부로, 진 문공(晉文公)을 따라 오랫동안 망명 생활을 했던 사람이다.

5) 『춘추좌씨전』(春秋左氏傳) 희공(僖公) 33년조에 보인다.

6) 『논어』「안연」(顏淵) 제2장에 보인다.

7) 『시경』 대아(大雅)「억」(抑)에 보인다.

8) 『대학』(大學)에 "『서경』「강고」(康誥)에 '어린아이를 보호하듯이 한다'고 하였으니, 마음으로 정성껏 구하면 비록 꼭 맞지는 않더라도 멀리 동떨어지지는 않을 것이다"라고 하였다.

말이나 용모나 행동 이외에 그 사람의 마음을 살펴야 공경히 받들 수 있다. 그러므로 문밖으로 나가서 사람을 만날 때에는 모두 이와 같이 해야 한다. 자기의 마음을 미루어서 남의 마음에까지 미치는 것[9]이, 곧 인(仁)을 행하는 방법이다. 이와 같이 보면, 그 글의 의미가 더욱 깊어진다.

使民如祭

君子居上 小人在下 勢位不相及也 其蔀屋愁苦 何從而知之 冬裘夏葛 卽一歲之用 而人人皆有也 然盛暑見裘 隆寒見葛 猶疑夫吾身之若不可堪 況不曾親歷者乎 故虐害之政 未必皆出於忍心故爲也 或多有不能察識 慢忽而至此耳 曰季之言 出門如賓 承事如祭 夫子衍之曰 出門如見大賓 使民如承大祭 此善名狀也 祭者 事神之道也 神無形聲之可以聽聞 故至誠敬承 齋戒思惟 庶幾其降歆 猶曰於此乎 於彼乎 不知神之享之也 故曰 不可度思 矧可射思 是以 惟孝子 能格其鬼神 惟慈母 能保其赤子 爲其誠求而有中也

仁人之於蒼生 亦猶是也 故重衾獸炭 知天下有受凍者矣 綺屋豐樽 知天下有忍餓者矣 起居安逸 知天下有不堪勞役者矣 快意任情 知天下有懷抱冤鬱者矣 此使民如祭之說也 因是而求之 大賓至 則必須察其意旨於言貌動作之外 方便敬承 故出門見人 皆宜如此 推己以及人 此乃爲仁之術也 如是看 其味益深

잡패(雜佩)[1]

『시경』 정풍(鄭風) 「여왈계명」(女曰鷄鳴)에 다음과 같이 노래하였다.

당신이 그분을 불러오는 줄 알면,	知子之來之
나는 그분에게 잡패를 드릴 테요.	雜佩以贈之
당신이 그분을 찾아가 섬기는 줄 알면,	知子之順之
나는 그분에게 잡패를 올릴 테요.	雜佩以問之
당신이 그분을 좋아하는 줄 알면,	知子之好之
나는 그분에게 잡패로 보답할 테요.	雜佩以報之[2]

---

9) 공자의 가르침 가운데 핵심을 이루는 '서'(恕)를 말한다. 이를 『대학』에서는 '혈구지도'(絜矩之道)라 하였다.
1) 여러 가지 패물(佩物).
2) 이 시는 「여왈계명」 제3장에 있는 내용이다.

이 시에서 '내'(來)와 '순'(順)은 서로 조응이 된다. '내'는 그를 오도록 하는 것이니, '순'은 자기가 가서 그를 섬기는 것이다. '순'(順)은 '순종하여 공경한다'[順悌]고 할 때의 '순'(順)과 같은 뜻이다. '증'(贈)과 '문'(問)도 서로 조응이 된다. '문'(問)은 자기가 그를 찾아가 선물을 주는 것이니, '증'(贈)은 그가 찾아왔을 때 선물을 주는 것이다. 여기에는 존비(尊卑)의 구별이 있다. '호'(好)와 '보'(報)는 평등한 교제의 일이다.

'잡패'(雜佩)가 형(珩)·황(璜)·거(琚)·우(瑀)[3]와 같은 물건이라면, 오리나 기러기를 사냥해 먹고 사는 천한 사람들이[4] 어디에서 그렇게 많은 패물을 구해 사람마다 선물을 하겠는가?[5] 이 '잡패'는 『이소』(離騷)[6]에 이른바 곰취[蘅]와 난초[蘭]를 섞어서 패물로 사용한다고 한 것인 듯하다. 예전 사람들은 반드시 향기로운 물건을 주머니에 담아 차고 다니며 자신을 깨끗이 하기도 하고, 남에게 선물로 주기도 하였으니, 이른바 '패물을 풀어주면서 말을 맺는다'고 한 것이 그것이다. 예컨대 '작약을 준다' '버들개지를 준다' '매화를 부친다'고 하는 것들이 그런 뜻이다. 이는 정성을 표현한 것이지, 실제로 그 물건을 주는 것은 아니다. 그러나 그 의미가 매우 좋다.

대체로 벼슬이 없는 선비가 농사를 짓고 사냥을 하는 것은, 본디 분수에 벗어난 일이 아니다. 술과 안주를 장만하고 거문고와 비파를 타면서 처·자식과 사이좋게 지내니,[7] 이는 가정이 화목하게 다스려진 것이다. 그런데 사우(師友)의 도움 또한 생각하지 아니할 수 없다. 그러므로 향기로운 풀을 뜯어 이것저것 섞어서 패물을 만들어 서로 기쁨을 나누며 진정한 마음을 전달하는 것이다. 그렇게 하기 위해서는 남편이 현명할 뿐만 아니라, 행실이 정숙한 여자의 도움이 있어야 한다.

첫 구(句)에도 '안다'[知]고 하고, 둘째 구에도 '안다'고 하였다. 이는 모든 사람에게 다 주는 것이 아니다. 그 사람이 그와 같이 훌륭하다는

---

3) 이는 모두 옥으로 민든 패물이다.
4) 위 시에 오리나 기러기를 사냥한다는 말이 나온다.
5) 이 말은 주희(朱熹)가 '잡패'(雜佩)를 형(珩)·황(璜)·거(琚)·우(瑀)로 풀이한 것을, 성호가 비판한 것이다.
6) 전국시대 굴원(屈原)이 지은 장편 서정시.
7) 위에 인용한 「여왈계명」의 제2장에 이와 같은 내용이 있다.

점을 안 뒤에 그를 위해 주는 것이다. 그가 벗을 취하는 법도 또한 칭찬할 만하다. 『시경』의 시를 읽다가 이 대목에 이르면, 세 번 반복해 읽고 나서 탄식을 하게 된다.

雜佩

鄭詩云 知子之來之 雜佩以贈之 知子之順之 雜佩以問之 知子之好之 雜佩以報之 來與順相勘 來是有以來之 則順乃往而事之也 順如順悌之順 贈與問相勘 問是往而遺之 則贈乃因其來而遺之也 有尊卑之別焉 好報 卽平等交際之事 雜佩者 若是珩璜琚瑀之物 則彼弋獵小人 從何處 得許多 每人而遺之 恐是離騷所謂 蘅蘭雜糅之佩用也 古人 必以香物 盛之囊纕 佩以自潔 亦以遺人 所謂解佩結言 是也 如贈芍・贈柳・寄梅之類 以誠 不以物 其意亦甚好

大抵 無位之士 業農事獵 自是分內 酒殽琴瑟 妻子好合 則門內之治 怡如也 師友之益 又不可不念 故採掇馨香 雜以爲佩 相與交歡 導達情衷 此不特丈夫之賢 女子淑行 有以助成 一則曰知 二則曰知 是又不必人人而遺之 必待知其如此 然後爲之 其取友之則 亦可賞也 讀至此 有足三復興歎

거저(居諸)[1]

『시경』에 '일거월저'(日居月諸)라는 말이 있는데,[2] 주석에 이 '거저'(居諸)를 어조사(語助辭)라고 하였으나,[3] 옳다고 생각되지 않는다. 일찍이 시험삼아 이에 대해 살펴본 적이 있다. '거'(居)는 필거(鵯鶋)[4]의 거(鶋)이고, '저'(諸)는 섬저(蟾蠩)[5]의 저(蠩)이다. 『이아』(爾雅)[6]를 살펴보니, '여사 필거'(鸒斯鵯鶋)[7]의 주에 "필거는 까마귀이다"라고 하였다. '거'(鶋)는 원거(鶢鶋)[8]의 거(鶋)와 같은데, 어떤 경우는 '조'(鳥)를 떼어 버리고 '거'(居)만 쓰기도 한다. 그러니 '거'(居)는 곧 까마귀를 말한다.

---

1) 『시경』 패풍(邶風) 「백주」(柏舟)에 보이는 '일거월저'(日居月諸)를 가리킴.
2) 『시경』 패풍 「백주」 제5장에 보인다.
3) 주희의 『시집전』(詩集傳)에 보인다.
4) 갈가마귀를 말함.
5) 두꺼비를 말함.
6) 십삼경(十三經)의 하나로, 중국 고대의 사전임.
7) 여사(鸒斯)・필거(鵯鶋) 모두 갈가마귀를 말함.
8) 흔히 '원거'(爰居)라고 쓰며, 바다에 사는 새라고 한다.

『이아』 '거추 섬저'(龜䶂蟾蠩)의 주에 "이는 하마(蝦蟆)와 비슷하다"고 하였다. 그런데 '저'(蠩)는 충(虫)을 떼어버리고 '저'(諸)만 쓰기도 한다. 그러니 '저'(諸)는 곧 두꺼비를 의미한다.

'해는 까마귀, 달은 두꺼비'라는 말은 예로부터 있었다. 『상위고』(象緯考)[9]를 살펴보니, "해도 하나의 별로 방성(房星)과 저성(氐星) 사이에 있는데, 태양(太陽)[10]의 정(精)이다"라고 하였다. 또 감씨(甘氏)는 말하기를 "해는 양종(陽宗)[11]의 정(精)으로 까마귀가 되는데, 발이 둘이다. 까마귀의 정영(精英)은 별이 되어 태양이 운행하는 도수를 맡는다. 해는 동쪽에서 뜨기 때문에 그곳에 있다. 달도 하나의 별로 묘성(昴星)·필성(畢星) 사이에 있다. 달은 음종(陰宗)[12]의 정(精)으로 두꺼비[蟾蜍]가 되는데, 발이 셋이다. 두꺼비의 정영은 별이 되어 태음(太陰)이 운행하는 도수를 맡는다. 달은 서쪽에서 뜨기 때문에 그곳에 있다"고 하였다.

그렇다면 울부짖으며 애처롭게 호소하는 사람들이 해와 달을 들어 말하는 것은, 일리가 있는 듯하다. 또한 해와 달이 아무리 밝아도, 이는 기(氣)의 정영일 뿐이다. 따라서 영감(靈感)과 지각(知覺)이 있는 살아 있는 생명체와는 다른 것이다. 그러므로 해와 달을 일컬을 때, 또한 까마귀[烏]·두꺼비[蟾]라고 부르는 것이다. 또한 이는 가슴속의 진실된 마음이 그렇게 부른 것이다.

요즘 사람들은 '거'(居)가 본디 '거'(鶋)이고, '저'(諸)가 본디 '저'(蠩)인 줄은 알지만, '거저'(居諸)가 본래 까마귀와 두꺼비의 이름인 줄은 모르고 있다. 대체로 육서(六書)에 맞추어보면, 처음에는 단지 '거저'(居諸)란 글자만 있었는데, 후세 사람들이 '거'(居)는 '거처'(居處)의 '거'(居)와 구별이 안될까 걱정하여 '조'(鳥)를 더해 '거'(鶋)로 만들었고, '저'(諸)는 어조사인 '저'(諸)와 구별이 안될까 걱정하여 '충'(虫)을 더해 '저'(蠩)로 만

---

9) 일월성신(日月星辰)의 운행에 관한 학설을 상수학(象數學)이라고 하는데, 이 책은 상수학에 대한 참위서(讖緯書)이다.
10) 해를 가리키는 말이 아니고, 양(陽) 가운데 음(陰)이 하나도 섞이지 않을 것을 말함.
11) 양(陽) 가운데 가장 으뜸이 되는 것. 곧 음(陰)이 하나도 섞이지 않은 양을 말한다.
12) 음(陰) 가운데 가장 으뜸이 되는 것. 곧 양(陽)이 하나도 섞이지 않은 음을 말한다.

든 것이다. 그러니 옆에 붙은 '조'(鳥)나 '충'(虫)을 빼더라도 본디 해로울 것이 없다. 연(燕)・복(服)・창(倉)・학(隺)과 같은 글자가 그런 예이다.[13] 주부자(朱夫子)[14]에게 질정(質正)하지 못하는 것이 한스럽다.[15]

居諸

詩曰 日居月諸 以居諸爲語辭 未見得是 嘗試考之 居者 鶋鶋也 諸者 蟾蠩也 按爾雅 鶞斯鶝鶋 註云 鶝鶋 鳥也 鶋如鷄鶋之鶋 而又或去鳥作居 則居乃鳥也 爾雅鼀䗪蟾諸 註云 似蝦蟆 去虫作諸 則諸乃蟾也 日鳥月蟾之說 自古有之 按 象緯考 日一星 在房氐之間 太陽之精 甘氏云 日者 陽宗之精 爲烏 二足 烏之精 爲星 以司太陽行度 日生於東 故於是在焉 月一星 在昴畢之間 月者 陰宗之精 爲蟾蜍 三足 蟾之精 爲星 以司太陰行度 月生於西 故於是在焉 號而訴哀者 舉 此爲言 理似有之 且日月雖明 只是氣之精英 異於靈覺之活物 故舉日月 而並號 烏蟾 又是誠衷之所切

今人旣知以居作鶋 以諸作蟾 不覺居諸之本爲虫鳥之名 盖據六書 其始只有居 諸字 後來人恐居與居處之居無別 故加鳥爲鶋 諸與語辭之諸無別 故加虫作蟾 雖去旁邊 固亦無害 如燕服倉隺之類 卽其例也 恨不質之朱夫子

불현・무역(不顯無射)[1]

『시경』 대아(大雅) 첫 몇 편에 '불현'(不顯)이라는 말이 많이 보이는 데, 주석에는 이를 모두 반어(反語)로 해석하였다.[2] 그러나 아래위의 문장 흐름으로 미루어보면 반드시 그렇지는 않은 듯하다.

「사제」(思齊)[3]에 '불현역림'(不顯亦臨)・'무역역보'(無射亦保)・'불문 역식'(不聞亦式)・'불간역입'(不諫亦入)이라는 말이 있는데, 이 네 개의 '역'(亦) 자는 뜻이 모두 같다.[4] 따라서 '불현'(不顯)은 반어가 아닌 것이

---

13) 연(鷰)・복(鵩)・창(鶬)・학(鶴)에서 모두 조(鳥)를 빼 버린 것을 말한다.
14) 주희(朱熹)를 가리킴.
15) 주희가 『시집전』에서 '거저'(居諸)를 어조사라고 해석한 것에 대해 직접 질문 하지 못함이 한스럽다는 말이다.
1) 『시경』에 보이는 '불현'(不顯)과 '무역'(無射)의 의미.
2) 주희의 『시집전』에 '불현'(不顯)을 '기불현'(豈不顯)의 뜻으로 해석하였다.
3) 『시경』 대아(大雅)의 편명.
4) 위 네 구는 주희의 『시집전』에 따르면, '드러난 곳에 있지 않아도 또한 그곳에

분명하다.[5]

『주역』 건괘(乾卦) 문언(文言)[6]의 '간사한 마음을 막고 성실한 마음을 보존한다[閑邪存其誠]는 문구의 주석[7]에 "이는 '무역역보'(無射亦保)의 뜻이다"라고 하였다. '이미 싫어함이 없다'고 하면, '지극하다'[至]는 뜻과 같은 의미일 것이다.[8] 그런데 성인이 거기에다 다시 '보호해 지키는 공'을 덧붙여놓은 것이다.[9]

그러나 「사제」 제4, 5장[10]과 비교해보면, 그 뜻이 크게 다르지는 않은 듯하다. 예컨대 '그 신이 강림(降臨)할 때를 알 수 없는데, 하물며 신이 어디에 있는지를 헤아려 알아맞힐 수 있겠는가?'[神之格思 不可度思 矧可射思][11]라고 한 문구에서 '신'(矧) 자만 보아도, '역'(射)은 '싫어한다'는 뜻이 아님을 알겠다. 이미 '알 수 없다'고 하였으니, 그 속에 싫어하지 않는다는 뜻이 실로 들어 있다. 그런데 무엇 때문에 굳이 '신'(矧) 자를 쓸 필요가 있겠는가?

나는 이 '역'(射) 자에 대해 세 가지 뜻이 있다고 본다. 그 일을 이름할 때는 거성(去聲)으로 읽는다.[12] 어떤 사물에 목표를 두고 화살을 쏠 때는 입성(入聲)으로 읽는다.[13] 마음속으로 헤아려서 맞히는 것도 뜻이

있는 듯하다'·'싫어함이 없지만 또한 항상 지키는 바가 있다'·'전해들은 것이 없어도 또한 법식이 되었다'·'간언을 하지 않아도 또한 선한 데로 들어갔다'는 뜻으로 해석된다. 그러나 성호는 이를 달리 해석하였다. 그 내용은 본문에 나타난다.

5) 위 네 구의 해석으로 미루어볼 때, 『시경』에 보이는 '불현'(不顯)이 '드러나지 않는다'는 뜻이지, 주희의 『시집전』의 해석처럼 '어찌 드러나지 않는가'라는 반어형의 해석은 아니라는 것이다.

6) 공자(孔子)가 『주역』의 건괘와 곤괘(坤卦)에 대해 풀이한 말.

7) 주희의 주석을 말한다.

8) 이 말은 '무역역보'의 '무역'(無射)의 뜻을 풀이한 것이다.

9) 이 말은 '무역역보'의 '역보'(亦保)의 뜻을 풀이한 것이다.

10) 위에 인용한 네 구는 「사제」 제3, 4장에 보인다.

11) 『시경』 대아(大雅) 「억」(抑) 제7장에 보인다. 이 해석은 성호의 설을 따라 번역한 것으로, 주희의 『시집전』의 해석과는 다르다.

12) 이 말은 화살을 쏘는 그 자체의 일을 두고 한 말이다. 이 경우에는 '쏜다'는 뜻으로 해석하고, '사'로 읽는다.

13) 이 말은 목표물을 마음속에 정하고 나서 화살을 쏘는 것을 말하는데, 이 경우에는 '맞힌다'는 뜻으로 해석되며, '석'으로 발음한다.

좀 다르기는 하지만 역시 입성(入聲)으로 읽는다.[14]

「억」(抑)에서 인용한 위의 구절은, '이미 그 신이 강림할 때를 알지 못하는데, 또 하물며 그 신이 어디에 있는지를 헤아려 반드시 알아맞힐 수 있겠는가?'라는 말이다. 이는 곧 『예기』에 이른바 '여기에도 있는 듯하고, 저기에도 있는 듯하다'[15]는 뜻이다.

'보'(保)는 '불보기왕'(不保其往)[16]의 보(保)와 같으니, 그것이 반드시 그렇다는 것을 안다는 뜻이다. 자신의 화락하고 공경한 정성을 다하면, 신이 어디에 있는지를 꼭 알아맞히지는 못하더라도, 그 신이 반드시 강림하리라는 것은 안다는 뜻이다.

'불현'(不顯)이라고 하는 것은, 이른바 '헤아릴 수 없다'[不可度思]는 뜻과 같다. 신이 오는 것을 명확히 볼 수는 없지만, 또한 반드시 강림함이 있을 것이라는 말이다. 제사를 지내는 사람이, 반드시 신이 그 자리에 있다고 알아맞힐 수는 없지만, 또한 신이 반드시 강림하였을 것이라고 아는 것이다.

이렇게 보면, 아래 장에 이른바 '아래에 있는 자는 윗사람의 말을 듣지 않아도 법도대로 하고, 위에 있는 자는 아래서 간하지 않아도 선한 데로 들어간다'[17]는 뜻과 꼭 들어맞는다. 그러므로 이런 의미에서 '신보'(神保)[18]·'영보'(靈保)[19]라는 말이 만들어졌는데, 이는 모두 그 신이 반드시 있다는 것을 단정한 말이다.

옛날 사람들은 글자를 통용한 것이 많다. 『시경』 국풍(國風)에 이른바 '복지무역'(服之無斁)[20]의 '역'(斁)은 '싫어한다'[厭]는 뜻이다. 그러나 소아(小雅)의 '호이무역'(好爾無射)[21]과 주송(周頌)의 '무역어인사'(無射

---

14) 이 경우는 '알아맞히다'는 뜻으로 해석하고, '석'으로 읽는다.
15) 『예기』 「예기」(禮器)에 보인다.
16) 이는 『논어』 「술이」(述而) 제28장에 보이는 말로, '지나간 일에 대해 마음속에 보존해두지 않는다'는 뜻이다.
17) 이는 「사제」(思齊) 제4장에 보이는 '불문역식'(不聞亦式)과 '불간역입'(不諫亦入)을 풀어서 설명한 것이다.
18) 『시경』 소아(小雅) 「초자」(楚茨)에 보인다.
19) 『초사』(楚辭)에 보인다.
20) 『시경』 국풍 주남(周南) 「갈담」(葛覃)에 보인다.
21) 『시경』 소아(小雅) 「거할」(車舝)에 보인다.

於人斯)[22]의 '역'(斁)은 모두 역(斁) 자와 통용되지만, '싫어한다'는 뜻과 같지 않은 듯하다. 그 뜻을 미루어 짐작할 수 없는 경우에는, 본래 글자의 뜻으로 보는 것이 불가하지 않다.

그렇다면 '유주불현 제명불시'(有周不顯 帝命不時)[23]는 무슨 뜻인가? 이는 위 문장의 '주수구방 기명유신'(周雖舊邦 其命維新)이라는 뜻과 같은데, 거듭 해설한 말이다. 주나라가 아직 천명을 받지 않았을 때로 말을 했기 때문에 '불현'(不顯)이라고 한 것이다. '구방'(舊邦)으로 말하면 드러나지 않은[顯] 듯하고, '유신'(有信)으로 말하면 바로 정해진 때가 있는 것이 아니다[不時]. '불시'(不時)는 정한 시기가 있지 않다는 뜻이다.

'범주지사 불현역세'(凡周之士 不顯亦世)[24]는, 주나라의 많은 선비가 이와 같다는 말이다. 주나라가 오래된 나라로 세상에 크게 드러나지는 않았지만, 또한 그 덕을 무너뜨리지 않고 오래도록 세대를 이어왔다는 것이다. '세지불현 궐유익익'(世之不顯 厥猶翼翼)[25]도, 위의 뜻을 거듭 해설한 말이다. 천명을 받기 전에도 이처럼 지모(智謀)를 공경하고 삼갔다는 것이다. 아래 장과 대조해보면, '불현역세'(不顯亦世)가 주나라를 가리켜 말한 것이지, 선비가 드러나지 않았다는 말은 아님을 알 수 있다.

마찬가지로 '불현불승'(不顯不承)[26] · '오호불현'(於乎不顯)[27] · '불현유덕'(不顯維德)[28]과 같은 경우도, 곧 '상경암연'(尙絅闇然)[29]의 뜻이다. 그

22) 『시경』 주송(周頌) 「유천지명」(維天之命)에 보인다.
23) 『시경』 대아(大雅) 「문왕」(文王) 제1장에 보인다.
24) 『시경』 대아 「문왕」 제2장에 보인다.
25) 『시경』 대아 「문왕」 제3장에 보인다.
26) 『시경』 주송(周頌) 「청묘」(淸廟)에 보인다.
27) 『시경』 주송 「유천지명」(維天之命)에 보인다.
28) 『시경』 주송 「열문」(烈文)에 보인다.
29) 이는 『중용』(中庸)의 "『시경』의 시에 '비단옷을 입고 겉옷을 더 입는다'고 하였으니, 이는 문채가 드러나는 것을 싫어한 것이다. 그러므로 군자의 도는 은은하지만 날로 드러나고, 소인의 도는 선명하지만 날로 없어진다"[詩曰 衣錦尙絅 惡其文之著也 故君子之道 闇然而日章 小人之道 的然而日亡]라고 한 데에서 '상경'(尙絅)과 '암연'(闇然)을 따다 합성한 말이다. 그 뜻은, 비단옷을 입고 그 위에 겉옷

렇지 않으면, '불현유덕'(不顯維德) 한 구는 끝내 해석할 수 없을 것이다. 그러나 내가 꼭 그렇다고 주장하는 것은 아니고, 하나의 설을 갖추어 놓고 싶어서 하는 말이다. 인산 김씨(仁山金氏)[30]는 말하기를 "'불'(不)은 모두 '비'(丕) 자와 통용된다. '불현불승'(不顯不承)은 '비현재 비승재'(丕顯哉丕承哉)라는 말과 같은 뜻이다"라고 하였으니, 살펴보아야 한다.

不顯・無射

大雅首數篇 多言不顯字 註皆作反語看 然以上下文勢推之 恐或不必然 其思齊云 不顯亦臨 無射亦保 不聞亦式 不諫亦入 凡四亦字 必將同義 不顯之非反語明矣 易乾文言 閑邪存其誠 註云 無射亦保之意 謂旣無厭射 則疑若至矣 而聖人必更加持守之功也 然較思齊四五章 其義不應懸殊 如所謂神之格思 不可度思矧可射思 觀一矧字 知射之非厭意也 旣不可度 則其不厭意 實當 何以云矧乎

愚謂 射有三義 凡名其事者 去聲也 志物而發矢者 入聲也 其意度而有中者雖意別 而亦入聲也 抑詩之句 盖言旣不知其降格之時 又況可以意其神之何在而必中耶 此禮所謂於此乎於彼乎之意也 保如不保其往之保 謂知其必然也 其盡雕肅之誠 則雖不能必中其何在 亦保其神格之必然也 不顯云者 如所謂不可度思之義 神之來 雖不顯現而可見 亦必有降臨也 其享祭者 雖無必中其在位 而亦保其必降也 如是看 與下章所謂在下者 不聞而亦式 在上者 不諫而亦入之義 沕合矣是故 因爲神保・靈保之語 皆斷其必有也

古人字多通用 國風所謂服之無斁 斁卽厭也 如小雅所謂好爾無射 周頌所謂無射於人斯 恐皆與斁通者 而與此不同 惟其義之不能推去者 只以本義看 未爲不可也 然則有周不顯 帝命不時者 何也 此如上文周雖舊邦 其命維新之義 此卽覆解也 以未受命時言 故曰不顯 舊邦則疑若不顯 維新則便是不時 不時者 不有定時也 凡周之士 不顯亦世者 謂周之多士 如此 周是舊邦 雖未顯見於世 亦不替其德 傳世益遠也 世之不顯 厥猶翼翼者 此又覆解也 雖是未受命之時 而謀猶之敬謹 如此也 以下章較勘 知不顯亦世 亦指周邦而言 非士之不顯也 如不顯不承 於乎不顯 不顯維德之類 卽尙絅闇然之義 不然 終解不顯維德一句 不得也 非曰必然 欲以備一說 仁山金氏云 不皆丕字之通用也 不顯不承 與丕顯哉丕承哉 同一句法 當攷

을 더 걸쳐서 비단옷의 찬란한 문채를 드러나지 않게 하였다는 말이다.
30) 명나라 초기의 학자인 김이상(金履祥)을 말함.

야합(野合)[1]

『춘추좌씨전』 정공(定公) 10년조에 다음과 같은 말이 있다.

제(齊)나라 임금이 노(魯)나라 정공에게 연회를 베풀려고 할 때, 공구(孔丘)[2]가 양구거(梁丘據)[3]에게 말하기를 "두 나라 임금의 회동하는 일이 이미 이루어졌는데 또 연회를 베풀면, 이는 집사(執事)를 수고롭게 하는 것입니다. 또한 희준(犧樽)·상준(象樽)[4]은 문 밖으로 나가지 않고, 가악(嘉樂)[5]은 들에서 연주하지[野合] 않는 법입니다. 연회를 베풀 때 이런 것들을 다 갖추면 예(禮)를 저버리는 것이고, 이런 것들을 갖추지 않으면 비패(粃粺)[6]를 쓰는 것입니다"라고 하였다.

그 뜻이 들에서 음악을 연주하는 것[野合]은 예를 저버리는 것이고, 술잔이나 경쇠 등을 갖추지 않는 것은 임금의 회동에 너무 박하게 한다는 것이다. 정자(程子)는 말하기를 "가례(嘉禮)[7]는 야합하지 않는다. 야합하면 비패(粃粺)가 된다. 그러므로 야합해서 태어난 자는 죽어도 묘제(墓祭)를 지내지 않는다"라고 하였다. 그러나 이 말은 본뜻과 맞지 않는다. '야합'(野合)이란 가악(嘉樂)을 교야(郊野)에서 베푼다는 뜻이다. 『사기』(史記)에 "숙량흘(叔梁紇)[8]이 안씨(顏氏)의 딸과 야합해서 공자(孔子)를 낳았다. 니구산(尼丘山)에 기도하여 공자를 얻었다"라고 하였다.[9] 이는 아마도 기도하면서 음악을 들에서 베풀었던 것인 듯하다.

---

1) 흔히 육례(六禮)를 갖추어 혼인하지 않고, 그냥 남녀가 결합하는 것을 말한다. 그러나 성호는 그런 뜻으로 보지 않고, '들에서 음악을 연주하는 것'으로 보았다.
2) 공자(孔子)를 말함.
3) 제나라 대부의 이름.
4) 모두 종묘의 제사에 쓰는 술잔의 이름이다.
5) 북·경쇠 등을 치며 음악을 연주하는 것을 말함.
6) 쭉정이와 돌피. 곧 제후의 잔치에 술잔이나 북 등을 갖추지 않으면 이는 쭉정이와 돌피를 쓰는 것처럼 너무 박하게 한다는 뜻이다.
7) 혼례(婚禮)를 말함.
8) 공자의 아버지임.
9) 『사기』 「공자세가」(孔子世家)에 보인다.

野合

左傳定公十年 齊侯將享公 孔某謂梁丘據曰 事旣成矣 而又享之 是勤執事也
且犧象不出門 嘉樂不野合 饗而旣具 棄禮也 若其不具 用秕稗也 其意 以野合爲
棄禮 以不具爲秕稗 程子曰 嘉禮不野合 野合則秕稗也 故生而野合 則死不墓祭
與本旨不合也 野合者 張嘉樂於郊野也 史稱叔梁紇與顔氏女 野合而生孔子 禱
於尼丘也 盖禱祀而張樂於野也

유학(儒學)

윤 유장(尹幼章, 1695~1773)[1]이 찾아와 이틀 밤을 머물렀다. 내가
그에게 다음과 같이 말하였다.

송(宋)나라 이후로 유자(儒者)의 학문이 점점 깊고 은미해져서, 한두
글자에 대한 뜻을 깊이 연구하고 끝까지 토론하여, 그것을 분변하는
설이 상자에 가득하게 되었다. 사람들이 이렇게 하는 데 골몰하였고,
또 아는 데에 급급하여 실천하는 데에는 느슨하게 되었다. 성인(聖人)[2]
은 말씀하시기를 "이런 것들[3]을 행하고 나서 남은 힘이 있거든 글을
배워라"[4]라고 하였으니, 그 기상이 서로 같지 않은 것이 이와 같다.
예컨대 「태극설」(太極說)[5]을 읽을 때, 처음에 나오는 '태극이무극'
(太極而無極)이라는 한 구가, 형체는 없고 이치만 있다는 뜻이 되는
줄은 모두 다 안다. 그런데 주자(朱子) 이후로 허다한 사람들이 이에

---

1) 성호의 제자인 윤동규(尹東奎)를 말함. 유장은 그의 자이다.
2) 공자를 가리킴.
3) 『논어』「학이」(學而) 제6장의 "이런 것들을 행하고 남은 힘이 있거든 글을 배워
   라"[行有餘力 則以學文]라는 문구 바로 앞에 나오는, "젊은이들은 가정 안에서
   는 부모에게 효도하고, 밖으로 나와서는 어른에게 공경하고, 행동을 삼가며 말
   을 신의 있게 하고, 널리 대중을 사랑하되 어진 이를 친히 하라"[弟子入則孝 出
   則弟 謹而信 汎愛衆而親仁]는 것을 가리킴. '이런 것들'이란 일상 생활의 실천
   윤리인 효도·공경·신의·사랑 등을 말한다.
4) 『논어』「학이」(學而) 제6장에 보인다.
5) 송나라 때 주돈이(周敦頤)가 지은 「태극도설」(太極圖說)을 말함.

대해 각자 허다한 해설을 하였다.

또 『대학』에는 『장구』(章句)[6]도 있고, 『혹문』(或問)[7]도 있고, 『장구어류』(章句語類)[8]도 있고, 『혹문어류』(或問語類)[9]도 있고, 『대전본』(大全本)[10]의 여러 학자들의 설도 있다. 그래서 사람마다 이에 대한 동이(同異)·득실(得失)을 끝까지 따지느라고 다른 데에 눈을 돌릴 겨를이 없다. 이런 풍습이 곧 세교(世敎)가 매양 낮아지는 이유이다. 주자는 만년에 문인들이 문자의 뜻에 너무 얽매이는 것을 걱정하였다. 이 점이 바로 우리들이 깊이 생각해보아야 할 문제이다.

『대학』한 책에 대해, 첫머리에 나오는 '격물치지'(格物致知)·'성의정심'(誠意正心)에 대해서 이해하기 어렵다고들 한다. 그러나 나는 이렇게 생각한다. 아는 것은 그것을 행하려고 하는 것이다. 그런데 행해야 할 것 가운데 효도보다 더 먼저 할 일은 없다.

시험삼아 이 효도라는 한 가지 일을 가지고 격물치지에 대해 이야기해보자. 효도를 해야 하는 점에 대해 그 이치를 충분히 알아서 미진한 점이 없은 뒤에야 마음을 정성스럽게 할 수 있다. 아름다운 여색(女色)을 좋아하듯이 마음이 정성스럽게 되면, 그것을 실천할 따름이다. 어찌 다시 정심(正心)을 말할 필요가 있겠는가?

만약 이 책에서 처음에 격물(格物)을 말하지 않고 다만 치지(致知)로 첫머리를 삼고, 또 정심(正心)을 빼버리고 다만 성의(誠意)만 말하거나 혹 성심(誠心)이라고 했다면, 의(意)도 또한 심(心)인데, 후인들이 그 가운데 나아가 '격물'·'정심' 두 조목을 빼버려려 한다고 지적하겠는가? 알 수 없는 일이다.

또 '격'(格)은 '이른다'[至]는 뜻이니, 물(物)에 이르러 궁구하면 물

---

6) 주희가 다시 편찬한 『대학장구』(大學章句)를 말함. 『대학』은 본디 『예기』(禮記)의 한 편이었는데, 주희가 경(經)과 전(傳)을 나누고, 장(章)을 구분하여 한 권의 책으로 독립시켰다.
7) 주희가 지은 『대학혹문』(大學或問)을 말함. 문답식으로 되어 있다.
8) 주희가 『대학장구』에 대해 말로 해설한 책.
9) 주희가 『대학혹문』에 대해 말로 해설한 책.
10) 명나라 초기 호광(胡廣) 등이 황제의 칙명을 받들어 전대(前代)의 주요한 설을 모아 편찬한 책을 말한다.

의 이치가 이르러 오는 것이다. 예컨대 마음을 정성스럽게 하면 마음이 정성스러워지는 것과 같다. 그 사물의 이치를 끝까지 궁구해 나가면, 그 사물의 이치가 바로 이르러 오는 것이다. 주자는 '문조(文祖)에 이른다'[格于文祖][11]는 것으로 증거를 삼았다.[12] 『서경』「순전」(舜典)에 있는 말은 니묘(禰廟)[13]에만 고하는 경우도 있고, 문조(文祖)・예조(藝祖)에까지 이르는 경우도 있다는 말이다.[14] 곧 가까운 세대로부터 먼 세대까지 이르렀다는 말이니, 또한 얕은 데로부터 깊은 데까지 들어간다는 뜻이다.

'격'(格)을 말하면 '궁'(窮)이 그 가운데 들어 있게 되니,『장구』(章句)의 해석 또한 정밀하다.[15] 몸 속에 마음이 있고, 마음속에 앎이 있다. 앎을 이르게[致知] 하고자 하면, 먼저 그 사물에 이르는 것[格物]은 또한 당연한 이치이다. 그러나 앎을 이르게 하는 것은, 다른 길이 있는 것이 아니다. 한 사물, 또 한 사물에 이르러, 어떤 사물에도 이르지 않음이 없는 데 불과할 따름이다.

성인의 말씀은 본래 간략하다. 이 한 조목[16]을 빼버려도, 앎을 이르게 하는 데[致知] 사물에 이르지[格物] 않을까를 걱정할 필요가 없다. 또 '격'(格)은 궁구하여 이른다는 뜻이니, 격물(格物)만 말하더라도 사물이 이르게 되면 치지(致知)는 그 가운데 들어 있게 된다. 이와 같이 보면, 후학들이 각자 자기의 설을 주장하여 서로 다투는 한

---

11) 『서경』「순전」(舜典)에 보인다. '문조'(文祖)는 요(堯)임금의 시조(始祖)의 묘(廟)를 말한다.
12) 『대학혹문』에 "'격'(格)은 '이른다'는 말이니, 『서경』에 나오는 '격우문조'(格于文祖)의 '격'(格)과 같은 뜻이다"[格者 格至之謂 如格于文祖之格]라고 하였다.
13) 아버지의 사당을 말함.
14) 『서경』「순전」에 '귀격우예조'(歸格于藝祖)・'격우문조'(格于文祖)라는 말이 보이는데, 이를 풀이한 말이다. '예조'(藝祖)는 『서전집주』(書傳集註)에 "곧 문조(文祖)인 듯하다"고 하였다.
15) 『대학장구』에 '격물'(格物)을 풀이하여 "'격'(格)은 이른다는 뜻이다. '물'(物)은 일과 같다. 사물의 이치를 끝까지 궁구해 가서, 그 궁극적인 지점까지 이르지 않음이 없고자 하는 것이다"[至也 物猶事也 窮至事物之理 欲其極處 無不到也]라고 한 것을 가리킨다.
16) '격물'(格物)을 가리킨다.

가지 폐단은 없앨 수 있을 것이다.

드디어 그와 더불어 한바탕 웃고 그만두었다.

儒學

尹幼章來 信宿 余謂 自宋以還 儒者之學 轉深轉隱 一字兩字之義 深究極討
辨說盈篋 人便汩汩沒沒又 不免急於知而緩於行 聖人曰 行有餘力 則以學文 其
氣像之不倅 如此矣 如讀太極說 旣知這一句 爲無形有理之義 然而後朱子許多
人 必各有許多說 又如大學 有章句 有或問 有章句語類 有或問語類 有大全諸子
說 人却去窮詰於同異得失 而無暇乎及他 亦世敎所以每下也 朱子晚年 亦以門
人之繳繞文義爲憂 此正吾輩所當深念

且大學一書 劈初頭 以格致誠正爲難曉 余謂 知者 將欲行之也 行莫先於孝
試以孝之一事 言格致 其當孝 無復餘蘊 然後誠意 而意誠如好好色 則却去行之
而已 何必復言其正心耶 如此書初不言格物 只以致知爲首 又去正心 只言誠意
或云誠心 則意亦心也 後人其能就其中 指認其闕却二條目耶 是未可知 且格 至
也 格物而物格 如誠意而意誠 窮至其物 物便窮至矣

朱子以格于文祖爲證 彼謂 有只告于禰者 有至于文祖·藝祖者 謂從近世 至
於遠世也 此亦由淺入深之義 言格則窮在其中 章句之訓 亦精矣 身中有心 心中
有知 苟欲致知 先格其物 理亦宜然 然致非有他路 不過格其一物二物 至於無不
格而已 聖人言簡 雖去此一條 不憂致知之不格物也 又格 窮至也 只言格物 而物
格則致知在其中 苟使如此 或除後學之一段爭競矣 遂相與一笑而罷

정성(鄭聲)[1]

『춘추좌씨전』에 '손을 번거롭게 놀리며 소리를 음란하게 한다'[2]고 한
것은, 정성(鄭聲)을 말한 것이다. 『예기』의 소(疏)[3]에 '손을 번거롭게
놀리고 발을 구르는 소리'라고 한 것은, 번잡하고 빠르다는 뜻인 듯하
다. 『황제소문』(黃帝素問)[4]에는 "병에 걸려 허약한 사람이 말을 반복하

---

1) 정나라의 음란한 음악을 말함.
2) 『춘추좌씨전』 소공(昭公) 원년조에 보인다.
3) 『예기』에 대한 공영달(孔穎達)의 소(疏)를 말함.
4) 중국에서 가장 오래된 의학서적. 황제(黃帝)와 기백(岐伯)이 문답한 말을 기록
   한 것이다.

는 것을 정성(鄭聲)이라 한다"고 하였으니, 그 뜻이 또한 같다.

공자께서 말씀하시기를 "정성(鄭聲)은 음란하고, 영인(佞人)은 위태롭다"[5]고 하였는데, 이때의 '정성'은 음성(淫聲)을 가리킨 것이지, 반드시 나라 이름과 연관된 것은 아닌 듯하다. 『예기』「악기」(樂記)에 "정(鄭)·위(衛)의 음악은 난세(亂世)의 소리이고, 상간(桑間)·복상(濮上)[6]의 음악은 망국(亡國)의 소리이다"라고 하였다. 여기서 알 수 있듯이, '망국'과 '난세'는 같은 과목이 아니다. 그런데 지금 『시집전』에는 '상중(桑中)'[7]을 상간(桑間)으로 보았으니,[8] 이는 실제가 아닌 듯하다.

지금 여러 나라의 풍(風)을 살펴보건대, 진(陳)나라만이 태희(太姬)[9]가 무당을 좋아함으로부터 점점 음탕해져, 「주림」(株林)[10]에 이르러 극에 달하였다. 정풍(正風)은 문왕(文王)에게서 일어나고, 변풍(變風)은 진 영공(陳靈公)에게서 끝났다. 정풍의 시대에는 후비(后妃)[11]의 덕이 여러 첩들을 질투하지 않았고, 변풍의 시대에는 임금과 신하가 함께 한 부인과 음란한 짓을 하였다.[12]

그런데 성인[13]이 정풍(鄭風)만 거론하고[14] 진풍(陳風)을 빠뜨린 것은, 무슨 까닭일까? 진풍(陳風)은 모두 10편인데, 그 가운데 남녀가 서로 좋아하는 내용이 5분의 4나 되니, 정풍(鄭風)보다 많을 뿐만이 아니다. 『오경통의』(五經通義)[15]에 "정중(鄭重)한 소리는 사람을 음탕하게 만

5) 『논어』「위령공」(衛靈公) 제10장에 보인다.
6) 춘추시대 음란한 소리가 유행하던 곳이다.
7) 『시경』 용풍(鄘風) 「상중」(桑中)에 보이는 지명이다.
8) 주희의 『시집전』 용풍(鄘風) 「상중」(桑中)에 보인다.
9) 주나라 무왕(武王)의 큰딸임. 무왕이 순(舜)임금의 후손인 우만(虞滿)에게 태희(太姬)를 시집보내고, 우만을 진(陳)나라에 봉해주었다.
10) 진풍(陳風)의 편명임. 이 편은 진 영공(陳靈公)이 하징서(夏徵舒)의 어머니와 음란한 짓을 하는 것을 풍자한 시이다.
11) 주나라 문왕(文王)의 부인을 말함.
12) 진 영공(陳靈公)이 신하인 공녕(孔寧)·의행보(儀行父)와 함께 대부(大夫) 하어숙(夏御叔)의 부인 하희(夏姬)를 간통하였다. 『춘추좌씨전』 선공(宣公) 9년 조에 보인다.
13) 공자를 가리킴.
14) 『논어』「위령공」(衛靈公) 제10장에 '방정성'(放鄭聲)이라고 한 것을 가리킨다.
15) 한(漢)나라 때 유향(劉向)이 지은 오경(五經)에 대한 해설서.

든다"고 하였다. 이 때문에 정나라 음악을 난세의 소리로 돌려버린 듯
하다. 그러나 성인이 자주 내치고자 하신 것[16]은, 모두 세속의 손을 번
거롭게 놀리고 발을 구르는 음악을 가리킨 것일 것이다.

鄭聲

左傳 煩手淫聲 謂之鄭聲 禮疏謂 煩手蠅蠋之聲 似是繁複促數之意 黃帝素問
病虛而言語重複 謂之鄭聲 其意亦同 子曰 鄭聲淫 佞人殆 此或指淫聲 未必是國
號也 樂記云 鄭衛之音 亂世之音也 桑間·濮上之音 亡國之音也 亡國·亂世 不
同科 而今詩集傳 以桑中當桑間 恐非其實 今按列國之風 惟陳自太姬好巫 轉成
淫佚 至於株林而極矣 正風起於文王 變風終於陳靈 其正也 后德不妬衆妾 其變
也 君臣同嬌一婦人 然聖人擧鄭而漏陳 何哉 陳風十篇 男女相悅 五之四 不啻過
於鄭矣 五經通義云 鄭重之音 使人嬌也 以是 疑鄭國之音 雖爲亂世之歸 而聖人
之亟欲放之者 總指世俗煩手蹢躅之樂也歟

고사 선악(古史善惡)[1]

나는 역사서를 읽을 때마다 늘 의심이 생긴다. 착한 자는 착한 쪽으
로만 기록되어 있고, 악한 자는 악한 쪽으로만 묘사되어 있다. 그러나
그들이 살아 있을 때는 반드시 그렇지 않았을 것이다. 이는 역사를 서
술할 때, 악한 것을 징계하고 착한 것을 권장하는 지극한 뜻에서 그렇
게 기술되었을 것이다. 그러나 오늘날 사람들의 객관적인 입장에서 보
면, 착한 자는 참으로 그렇더라도, 악한 자는 어찌 그토록 악하기만 하
였단 말인가?

실제로는 착한 가운데도 악함이 있고, 악한 가운데도 착함이 있다.
당시 사람들 가운데 실제로 옳고 그름을 제대로 판단하지 못한 까닭에
취사 선택을 분명히 하지 못하여, 후세 사람들로부터 비난을 받고 죄를
얻은 자도 있다. 따라서 역사서를 읽을 적에는 이런 점을 알지 않아서
는 안된다.

주자가 말하기를 "진 영공(晉靈公)[2]은 조순(趙盾)[3]을 죽이려고 했지

---

16) 『논어』 「위령공」 제10장에 '방정성'이라고 한 것을 가리킨다.
 1) 고사(古史)에 기록된 선과 악.

만, 그렇게 할 수 없었다. 이는 그가 매우 강했기 때문이다. 오늘날에 전하는 허다한 이야기는[4] 삼진(三晉)[5]이 정권을 잡고 나서 없는 사실을 거짓으로 꾸며 그들의 잘못을 은폐한 것이다. 이는 당 태종(唐太宗)이 건성(建成)·원길(元吉)[6] 형제를 죽여 화란을 일으킨 것과 같다. 이처럼 지극히 어지러운 상황에서, 아비된 자는 무슨 까닭으로 그와 같이 태연하게 무사한 척하며 해지(海池)[7]에서 배를 띄우고 놀았을까?[8] 이는 분명 태종이 형을 죽이고 아비를 위협하여 천자의 자리를 차지하려 한 것이다. 예컨대, '날이 밝으면 조회(朝會)에 참석하겠다'는 등의 말은 모두 사신(史臣)이 꾸며낸 것이다"라고 하였다.

또 말하기를 "주량(朱梁)[9]은 오래지 않아 멸망되었다. 그래서 그들을

---

2) 춘추시대 진(晉)나라 임금.

3) 춘추시대 진(晉)나라의 대부.

4) 이는 대체로 『춘추좌씨전』 선공(宣公) 2년조에 기록되어 있는 "진나라 조순이 그의 임금 이고를 시해하였다"[晉趙盾弑其君夷皐]와 관련된 이야기를 말한다. 조순이 진 영공에게 간언을 하다가 미움을 받고 망명길에 올라 국경 근처까지 이르렀는데, 조천(趙穿)이 진 영공을 시해하고 조순을 맞이하였다. 이때 태사(太史)였던 동호(董狐)가 "조순이 그 임금을 시해했다"고 써서 조정에 보였다. 조순은 자기가 영공을 시해하지 않았다고 하였다. 그러자 동호는 "그대가 정경(正卿)으로서 망명하다가 국경을 넘지 않고, 돌아와서는 임금을 시해한 적을 토벌하지 않았으니, 그대가 시해한 것이 아니고 누가 시해한 것인가?"라고 하였다. 이에 대해 공자는 "동호는 옛날의 훌륭한 사관(史官)이다. 서법(書法)을 숨기지 않았다"라고 칭찬하였다. 대체로 후세에 전하는 이야기는, 조순이 영공을 직접 시해한 것은 아니지만 망명을 하다 국경을 넘지 않았고, 또 임금을 시해한 적을 토벌하지도 않았기 때문에 역사에 오명을 남겼다는 것이다.

5) 진(晉)나라의 대부였던 이사(魏斯)·조적(趙籍)·한건(韓虔)이 진나라를 나누어 차지하고 각각 위(魏)나라·조(趙)나라·한(韓)나라를 세워 제후가 된 것을 말한다. 이로부터 진나라는 없어지고 이 세 나라가 들어섰으며, 이 시점부터 전국시대라고 일컫는다.

6) 건성은 당 고조(唐高祖)의 장자(長子)로 황태자에 봉해졌는데, 아우 세민(世民: 唐 太宗)의 세력이 커지자, 아우 원길과 함께 그를 제거하려다 발각되어 모두 처형되었다.

7) 중국 절강성(浙江省) 해인(海印)에 있는 연못.

8) 『구당서』(舊唐書) 제68권 「위지경덕열전」(尉遲敬德列傳)에 이런 기록이 보인다.

9) 중국 오대(五代) 시대의 후량(後梁)을 말함. 이 나라를 주황(朱晃)이 세웠기 때문에 주량(朱梁)이라고 한 것이다.

위해 나쁜 점을 숨기고 덮어줄 사람이 없었기 때문에, 그들의 모든 악행이 모조리 드러났다. 조금 더 오래 지속되었다면 그들의 나쁜 점이 반은 은폐되었을 것이다"라고 하였다.

이는 모두 군자로서 시비의 진실을 꿰뚫어본 말이니, 법도로 삼을 수 있다. 자공(子貢)[10]이 말하기를 "주(紂)[11]의 악도 애초 그와 같이 심하지는 않았을 것이다. 모든 악이 그에게 다 돌아간 것이다"라고 하였다.[12] 주량과 같은 자도 그 악행이 반드시 그와 같이 크지는 않았을 것이다. 마음과 일이 모두 그와 같이 매우 사특하면서도 천하를 얻을 수 있는 자는 아마 없을 것이다.

착한 경우도 마찬가지이다. 『송조명신록』(宋朝名臣錄)[13] 같은 것도 개개인의 어진 점은 『주자어류』(朱子語類)에서 논한 바를 따른 것이다. 한결같이 깨끗하기만 하고 한 점 흠이 없는 사람이 어찌 있겠는가?

古史善惡

常時讀史 每疑 善者偏善 惡者偏惡 在當時 未必然 作史 雖因懲惡勸善之至意 今人平地上看過 以爲善者固當 彼惡者 胡此至極 其實 善中有惡 惡中有善 當時之人 實有是非之眩 故有去取不審 貽譏得罪也 讀史 不可不知此意 朱子曰 晉靈公欲殺趙盾 不得 是他大段强了 今許多說話 自是後來 三晉旣得政 撰造掩覆 如唐太宗殺建成・元吉兄弟 搆禍 如此之極 爲父者 何故恁地恬然無事 泛舟海地 分明是殺兄劫父代位 明當早參之語 皆是史之潤飾 又曰 朱梁 不久而滅 無人爲他藏掩得 故諸惡一切發見 若更稍久 必掩得一半

此皆君子看得是非之眞 可以取法也 子貢曰 紂之惡 不如是之甚也 衆惡歸焉 如朱梁者 其惡 却未必如此之大 恐未有心心事事 若是之鉅惡 而能得天下者矣 善亦如此 如宋朝名臣錄 箇箇仁賢 據語類所論 何嘗一向潔淨無瑕類耶

---

10) 공자의 제자인 단목사(端木賜)의 자.
11) 은(殷)나라의 마지막 임금.
12) 『논어』「자장」(子張) 제20장에 이와 유사한 말이 보인다.
13) 『송명신언행록』(宋名臣言行錄)을 말함. 이 책의 전집(前集)은 주희(朱熹)가 지었고, 후집(後集)・속집(續集)・별집(別集)・외집(外集)은 송나라 때 사람 이유무(李幼武)가 지었다.

독사료성패(讀史料成敗)¹⁾

　천하의 일이 대개 10분의 8, 9는 요행으로 이루어진다. 역사서에 나타난 바로는, 고금을 막론하고 성공과 실패, 날카로움과 둔함은 그 때의 우연에 따른 것이 참으로 많다. 심지어 선·악이나 어질고 불초한 것에 대한 분별도 반드시 그 실상이라고만 믿을 수 없다.

　옛날의 역사를 살펴볼 적에, 여러 서적에서 널리 증거를 찾아 이리저리 대조하고 비교해보면, 참으로 한 서적만 믿고 단정할 수 없다는 생각이 든다. 옛날 정자(程子)²⁾는 역사를 읽다가 절반쯤에 이르러서 문득 책을 덮고 생각에 잠겨 그 사실의 성패를 헤아려본 뒤에 다시 읽었고, 자신의 생각과 합치되지 않는 점이 있으면 다시 정밀하게 생각해보았다고 한다.

　그 사이에는 다행히 성공한 경우도 있고, 불행히 실패한 경우도 있다. 그런데 대체로 자신의 생각과 합치되지 않는 점이 많고, 자신의 생각과 합치되는 것도 그대로 믿을 수 없다. 역사는 성패가 결정된 뒤에 만들어진 것이다. 그러므로 그 성패에 따라 꾸미기 때문에, 그것만 보면 참으로 타당한 것처럼 여겨진다.

　게다가 선(善)에 대해서는 잘못을 숨긴 것이 많은 반면, 악(惡)에 대해서는 반드시 장점을 없애버린다. 그러므로 어리석고 지혜로운 점에 대한 판단이나 선악에 대한 보답을 징험해볼 수 있을 듯하지만, 전혀 알 수 없다. 당시에는 아름다운 계책도 이루어지지 않은 것이 있고, 졸렬한 계획도 우연히 들어맞게 된 것이 있으며, 선한 가운데도 악이 있고, 악한 가운데도 선이 있었을 것이다. 그런데 천 년 뒤에 어떻게 시비의 진상을 알 수 있겠는가?

　그러므로 역사서에 있는 대로 그 일의 성패를 헤아리면 자신의 생각과 합치되는 점이 많은 반면, 오늘날 나타나는 현상을 목격한 바에 따라 생각하면 10분의 8, 9는 자신의 생각과 합치되지 않는다. 이는 나의

---

1) 역사를 읽으면 그 성패(成敗)를 짐작할 수 있다.
2) 송나라 때 학자인 정이(程頤)를 가리킴.

지혜가 밝지 못해서일 뿐만이 아니고, 요행으로 이루어진 일이 많기 때문이다. 그리고 오늘날의 일이 잘못된 점이 많아서일 뿐만이 아니고, 역사서가 진실되게 씌어지기 어려웠던 때문이기도 하다.

그러므로 나는 "천하의 일은, 만나는 바의 형세가 최상이고, 행(幸)·불행(不幸)은 그 다음이며, 시비(是非)는 최하이다"라고 생각한다.

讀史料成敗

天下事 大抵八九是幸會也 其史書所見 古今成敗利鈍 固多因時之偶 然至於善惡賢不肖之別 亦未必得其實也 歷考前史 旁證諸書 參驗而較勘之 誠未可以專信一書而爲已定也 昔程子讀史 到一半 便掩卷思量 料其成敗 然後却看 有不合處 又更精思 其間 多有幸而成 不幸而敗 蓋其不合處 固多 而合處 亦未可準信 史者 作於成敗已定之後 故隨其成與敗而粧點 就之若固當然者 且善多諱過 惡必棄長 故愚智之判 善惡之報 疑若有可徵 殊不知 當時 自有嘉謀不成 拙計偶道 善中有惡 惡中有善也 千載之下 何從而知其是非之眞耶 是以 據史書 料其成敗 則合處多 從今日目擊顯見者而思量 則八九是不合 此非但吾智之不明 卽幸會之占多也 非但今事之多戾 亦史書之難眞也 余故曰 天下之事 所値之勢 爲上幸不幸 次之 是非 爲下

뇌재기중(餒在其中)[1]

하루는 내가 잠자리에 들었는데 잠이 오지 않았다. 그래서 이것저것 생각하다가 우연히 깨달은 것이 있다. 『논어』 「위령공」(衛靈公)의 "농사를 지어도 굶주림이 그 가운데 있고, 글을 배워도 녹봉이 그 가운데 있다"[耕也 餒在其中矣 學也 祿在其中矣]는 대목에 대해, 그 문세(文勢)가 끝내 온당하지 않은 듯하다.

살펴보건대, '위'(餧) 자는 '먹인다'는 뜻인데, '뇌'(餒) 자와 서로 비슷하다. 이는 전해 내려오며 기록할 때 잘못 쓴 것인 듯하다. 옛날 사람도 '위'(餧) 자와 '뇌'(餒) 자를 통용한 예가 있다. 공자의 말씀은, '배우

---

1) 『논어』 「위령공」 제31장에 있는 '경야 뇌재기중'(耕也 餒在其中)을 가리키는 말로, 농사를 지어도 굶주림이 그 가운데 있다는 뜻이다. 성호는 '뇌'(餒)를 '위'(餧) 자로 보아, 농사를 지으면 먹는 것이 그 안에 들어 있다는 뜻으로 보았다.

면 반드시 녹봉을 얻게 되니, 이는 농사를 지으면 반드시 먹을 것을 얻
는 것과 같다'는 의미인 듯하다. 곧 '어려운 일을 먼저 하고 얻는 것을
뒤에 한다'[先難後獲][2]는 뜻으로, 학문에 힘쓰지 않고 벼슬하는 데 먼저
뜻을 둔 것을 경계해서 하신 말씀이다.

餒在其中

一日 余枕上無寐 偶思得之 論語 耕也 餒在其中 學也 祿在其中 其文勢 終似
未安 按 餒者 飼也 而與餒字相近 或者 傳錄之誤 古人亦有餒餒通用之例 夫子
之意 盖謂 學則必得祿 如耕則必得餒 先難後獲之義 戒其不力學而先志於穀也

구거작소(鳩居鵲巢)[1]

「작소」(鵲巢)[2]의 시(詩)에 이해할 수 없는 점이 있다. 비둘기의 성질
이 졸렬하기는 하지만, 까치집에 깃들이어 사는 것을 나는 아직 보지
못했다.[3] 생각건대 이는 반드시 속국(屬國)의 여자가 큰 나라에 시집가
는 것을 가리키는 것인데, 이와 같이 비유를 취한 듯하다.

아내는 남편을 따르는 사람이다. 부귀도 한결같이 시가(媤家)를 따
라 시집가는 날 문득 바뀌니, 마치 비둘기가 까치집에 깃들이는 것과
같다. 저 성대한 100대의 수레[4]는 여자가 본디 가지고 있는 것이 아니
다. 하루아침에 이런 성대한 예로 맞이하기 때문에 시인이 찬탄한 것이
지, 비둘기의 성질이 본래 그런 것은 아니다.

鳩居鵲巢

鵲巢之詩 有未可曉者 鳩性雖拙 未見或居于鵲巢也 意者 此必指屬國之女 嫁于
大邦 而取比如此也 婦 從夫者也 富貴一從所嫁 而頓換於于歸之日 如鳩之居鵲巢

---

2) 『논어』 「옹야」(雍也) 제20장에 보인다.
1) 비둘기가 까치집에 산다는 뜻으로, 『시경』 소남(召南) 「작소」(鵲巢)의 '까치가
  집을 지었는데, 비둘기가 거기에 산다'[維鵲有巢 維鳩居之]는 것을 말한다.
2) 『시경』 소남의 편명.
3) 주희의 『시집전』에 "비둘기는 성품이 졸렬하여 집을 짓지 못한다. 그래서 까치
  가 지어놓은 집에 사는 경우가 있다"고 하였다.
4) 「작소」에 "그녀가 시집가는데, 100대의 수레로 맞이한다"[之子于歸 百兩御之]고
  하였다.

也 彼百兩之盛 非女之固有者 一朝以此迎之 故詩人所以興歎 非謂鳩性本然也

박혁(博奕)[1]

성인[2]께서 "배불리 먹고 하루 종일 마음을 쓰는 바가 없으면 그런 사람은 어렵다. 장기나 바둑을 두는 것이 있지 않은가? 그런 것이라도 하는 것이 아무 일도 하지 않는 것보다는 차라리 낫다"[3]고 하신 말씀이 있다. 이에 대해, 나는 사람들을 잡기(雜技)로 인도하는 듯한 점이 있다고 의심한 적이 있다. 이 장기나 바둑에 온통 정신을 쏟는 자는 거의 미친 사람이나 다름없다. 그러니 도리어 배불리 먹고 따뜻하게 입고서 마음 쓰는 일 없이 빈둥거리며 노는 것만 못하다.

그러나 우연히 생각하다가 그 이유를 깨달았다. 공자께서 말씀하신 요점은, '어렵다'[難]는 한 글자에 있다. 이 '어렵다'는 말은 교화를 위해 말씀하신 것이다. 저들이 장기와 바둑에 정신을 쏟는다 할지라도 잘 달래서 머리를 돌리게 하면 오히려 진보하여 향상할 수 있지만, 게으름을 피우며 자포자기하는 자는 성인도 어찌할 수 없기 때문에 '어렵다'고 말씀하신 것이다.

성인께서 사람들을 인도해 이끌어주실 적에 장기와 바둑에 빠진 자들이 아무 일도 하지 않고 놀기만 하는 자보다 나은 점을 발견하신 까닭에 그렇게 말씀하신 것이다. 경서(經書)를 볼 적에, 한 글자를 잘못 보아 성인의 가르침에 어긋나는 해석을 할 수 있으니, 삼가지 않을 수 있겠는가?

博奕

聖人有博奕賢乎已之敎 余嘗有疑於導人雜技也 世之淫貪于此者 殆若狂易 反不若飽煖無所用矣 然偶思得之 其要在一難字 難者 爲敎化發也 彼雖如此 若善誘而回頭 則猶可以進步向上 其怠惰自棄 聖人亦無奈何也 聖人之導掖人也 見

---

1) 장기와 바둑.
2) 공자를 가리킴.
3) 『논어』「양화」(陽貨) 제22장에 보인다.

其彼反勝此 故云爾 看經 一字之誤 或致敗敎 可不愼哉

고경 반어(古經反語)[1]

옛날 경전에는 반어가 많다. 예컨대 '오호불현'(嗚呼不顯)[2]은 '어찌 드러나지 않는가?'라는 말이다. 또 '도어불경 대포불영'(徒御不驚 大庖 不盈)[3]이라고 한 것은 모두 반어로, '사수(射手)와 마부가 어찌 놀라지 않고, 임금의 큰 푸줏간에 사냥해 잡은 짐승이 어찌 가득 차지 않는 가?'[4]라는 뜻이다.

『소학』에, 만석군(萬石君) 석분(石奮)[5]이 아들 석경(石慶)을 꾸짖어 말하기를 "내사(內史)[6]는 귀인(貴人)인지라, 마을에 들어오면 마을의 노인들이 모두 피하는데, 내사는 태연한 모습으로 수레에 앉아 있었으 니, 참으로 온당한 처사가 아니겠는가?"[7]라고 하였는데, '참으로 온당한 처사가 아니겠는가'[固當]라고 한 것도 반어이다. 주석에 있는 말[8]이 본 래 옳다. 그런데 우리말로 해석하는 자들이 궤변으로 '고당'(固當)을 '부당'(不當)의 뜻으로 풀이하니, 이는 잘못이다.

『서경』「반경」(盤庚)의 '비우벌'(比于罰)과 「홍범」(洪範)의 '불리우구' (不罹于咎)와 「금등」(金縢)의 '미가이척아선왕'(未可以戚我先王)과 「경명」 (冏命)의 '비인기길 유화기길'(非人其吉 惟貨其吉)은 모두 반어로, '어

---

1) 옛날 경전에 보이는 반어(反語).
2) 『시경』 주송(周頌) 「유천지명」(維天之命)에 보이는 '오호불현'(於乎不顯)을 가리 킨다.
3) 『시경』 소아(小雅) 「거공」(車攻)에 보인다.
4) 이 해석은 주희의 『시집전』에 있는 해석과 다르다. 주희는 "사수와 마부가 놀라지 않고, 임금의 큰 푸줏간에 사냥해 잡은 짐승이 가득 차지 않는다"라고 하였다.
5) 한(漢)나라 때 사람으로, 자신과 아들 4형제가 모두 이천석(二千石)의 벼슬에 올라 '만석군'이라 불렸다고 한다.
6) 석경(石慶)을 가리킴. 석경이 당시 내사(內史)의 벼슬자리에 있었다.
7) 『소학』「선행」(善行)에 보인다. 이는 내사 석경이 술에 취해 집으로 돌아올 적 에 외문(外門)에 들어와서도 수레에서 내리지 않자, 석분이 꾸짖은 말이다.
8) 정유(程愈)의 『소학집설』(小學集說)에 보이는 진씨(陳氏)의 설을 가리킨다.

찌 벌에 미치랴?'·'허물에 걸리지 않으랴?'·'우리 선왕(先王)의 마음을 슬프게 할 수 있지 않으랴?'·'사람을 길하게 여겨야 하지 않겠는가? 그런데 재물만을 길하게 여기는구나'라는 뜻이다. 그런데 채침(蔡沈)의 『서집전』(書集傳)에는 그렇게 해석하지 않아, 본뜻이 드러나지 않은 점이 있다.

우연히 아이들을 가르치다가 『시경』의 국풍(國風)을 보니, '아사불원'(我思不遠)·'아사불비'(我思不閟)[9]도 반어인 듯하다. 이는 '(네가 비록 잘 돌봐주지 않는다고 생각할지라도) 내가 너를 생각하는 마음, 어찌 멀리 미치지 않겠으며, 어찌 답답하지 않겠는가?'라는 말이다.[10] 이 '비'(閟) 자는 마음이 답답하다는 뜻이다.[11] 그렇게 보면, 맹(蝱)[12]을 캐어 답답한 마음을 푼다[13]는 뜻에 더욱 잘 맞는다.

그리고 '능불아지'(能不我知)·'능불아갑'(能不我甲)[14]도 반어이다. 이는 '그의 재능이 어찌 나보다 낫지 않은가?'라는 말이니,[15] 아마도 어릴 적부터 노인이 되었을 때까지 서로 잘 아는 사이를 가리키는 듯하다.

古經反語

古經 盖多反語 如所謂嗚呼不顯 乃豈不顯也 又如所謂徒御不驚·大庖不盈之類 皆如此也 小學 萬石君言 內史坐車中自如 固當 此亦反語 註說本是 而諺釋者 謂詭言以不當爲固當 則誤矣 如書盤庚比于罰 洪範不罹于咎 金藤未可以戚我先王 凡命非人其吉 惟貨其吉 莫非反語 而蔡傳不然 義有未著也 偶因課兒 閱國風 我思不遠 我思不閟 亦恐如此 言爾雖以爲不臧 我之所思 豈不遠且閟乎 閟卽菀結之義 於採蝱散菀 尤恜 至於能不我知 能不我甲 卽謂其才能 豈不優於我乎 盖指童子而老成也

---

9) 『시경』용풍(鄘風) 「재치」(載馳) 제2장에 '시이부장 아사불원……시이부장 아사불비'(視爾不臧 我思不遠 …… 視爾不臧 我思不閟)라고 한 것을 가리킨다.

10) 주희의 『시집전』에는 "너희들이 나를 좋지 않게 생각하지만, 나의 생각은 멀리하지 않으며, 그치지 않는다"라는 뜻으로 해석하였다.

11) 주희의 『시집전』에는 이 '비'(閟) 자를 '지'(止) 자의 뜻으로 해석하였다.

12) 패모(貝母)라고 하는 백합과에 속한 다년초.

13) 「재치」(載馳) 제3장에 '언채기맹'(言采其蝱)이라는 말이 보이는데, 주희의 『시집전』에 "맹(蝱)은 패모(貝母)니, 주로 마음의 답답한 병을 치료한다"고 하였다.

14) 『시경』 위풍(衛風) 「환란」(芄蘭)에 보인다.

15) 주희의 『시집전』에는 "그의 재능이 나보다 지혜롭지 못하고, 그의 재능이 나보다 길지 못하다"는 뜻으로 해석하였다.

성인지언(聖人之言)

『논어』 20편은 모두 성인[1]의 말씀과 행실을 적은 것이니, 털끝만큼도 의심할 만한 것이 없어야 마땅하다. 그러나 어떤 경우는 그 당시 무슨 이유가 있어 그렇게 말씀하신 경우가 있다. 따라서 다 알 수 없는 점에 대해서는, 그 당시에 어떤 일 때문에 그런 말씀을 하시게 되었는지를 상상해보아야 한다. 그래서 반드시 그 일을 터득한 뒤에야 그렇게 말씀하신 뜻을 알 수 있다.

그리고 다른 서적에도 성인의 말씀이 여기저기 보이니, 어찌 『논어』에 실린 것뿐이겠는가? 예컨대 『맹자』에 보이는 '마음은 잡으면 보존되고, 놓으면 없어진다[操存舍亡][2]'는 한 구절은, 마음을 다스리는 긴요한 말인데 『논어』에는 보이지 않는다. 이와 같은 것이 얼마나 많겠는가?

다른 전기(傳記)에 실려 있는 것으로 이해할 수 없는 대목에 대해서는, 문득 『논어』에 실려 있지 않다는 이유로 후대에 지어낸 말이라고 여겨 다시 생각해보지 않으니, 어찌 옳은 일이겠는가?

예컨대 『춘추좌씨전』에 실린 몇몇 말씀도 원래 의의(意義)가 없는 것은 꼭 아닐 것이다. 공자께서 조순(趙盾)에 대해 "조선자(趙宣子)[3]는 옛날의 어진 대부였지만, 서법(書法)[4] 때문에 임금을 시해했다는 오명을 뒤집어썼구나"[5]라고 말씀하셨는데, 성인이 마음속으로 그를 어질게 여긴 것만은 아니다. 조씨(趙氏)는 진(晉)나라의 권신(權臣)이었으니, 어떻게 곧바로 그를 배척해 칼날을 받겠는가? 이는 곧 그 법을 말하고, 그의 악을 말한 것이다. 말씀은 비록 부드럽지만, 그 뜻은 엄하게 꾸짖은 것이다. 이는 실로 밝고 지혜로운 말씀이다.

또 진항(陳恒)의 일[6]에 대해 말씀하시기를 "노(魯)나라 군사로써 제

---

1) 공자를 가리킴.
2) 이는 『맹자』 「고자 상」(告子上) 제8장에 보이는 말로, 공자의 말씀이다.
3) 춘추시대 진(晉)나라의 조순을 가리킴.
4) 사관(史官)이 역사를 기술하는 직필법(直筆法).
5) 『춘추좌씨전』 선공(宣公) 2년조에 보인다.
6) 진항은 제 간공(齊簡公)의 신하로, 시호는 성자(成子)이다. '진항의 일'이란 진항이 제 간공을 시해한 일을 말한다.

(齊)나라 군사의 반과 합세하면 진항을 물리칠 수 있습니다"[7]라고 하였다. 이에 대해 정자(程子)[8]가 이해(利害)를 따져 분변해놓기는 하였지만,[9] 그때 노나라는 이웃 나라로서 제나라에 비해 훨씬 약하였다. 역적을 치기가 아무리 급하다 하더라도 깊이 생각해본 다음에 군사를 일으켜야 할 것이다. 만약 군사의 많고 적음을 헤아리지 않고, 나라의 존망(存亡)도 걱정하지 않고서 경솔하게 군사를 일으켜서 큰 전쟁을 벌인다면, 저들의 혼란을 안정시키기도 전에 자기 나라의 종묘·사직이 먼저 망하고 말 것이다. 성인은 이런 일을 하지 않을 듯하다. 그러니 어찌 이기고 지는 것은 그 다음의 일이 된다[10]고 말할 수 있겠는가?

이른바 성인의 말씀이라고 하는 것에 대해서, 배우는 자로서는 이치에 어긋나는 얼마쯤은 빼버리고, 나머지에 대해 충분히 익히고 깊이 생각하여 주석을 붙인 뒤 외우고 익혀 자기 것으로 만든다면 어찌 유익함이 있지 않겠는가? 나는 이렇게 공부한 것들을 모아 『논어익』(論語翼)이라는 책을 만들고 싶다는 생각을 늘 하면서도, 아직 겨를이 없어 하지 못하고 있다.

聖人之言

論語二十篇 皆聖人之言行 宜無一毫可疑 其或有一時有爲而發者 其於未盡曉處 亦宜像想當時緣何等事端而發此言句乎 必得其事 然後方得其言也 其他聖言之散見者 奚止此哉 如孟子書所著 操存舍亡一節 卽治心之喫緊 而却不見於論語 如此類 又何限 其在他傳記者 或有未曉處 輒以非論語所載 歸之贗說 而不復致思 奚可哉

如左氏傳數說 未必元無意義 如於趙盾則曰 爲法受惡 聖人未必心賢之也 趙氏卽晉之權柄 如之何直斥而受其鋒刃耶 卽謂之法 又謂之惡 語雖婉順 而意在

---

7) 『춘추좌씨전』 애공(哀公) 14년조에 보인다.

8) 송나라 때 학자 정이(程頤)를 가리킴.

9) 『논어』 「헌문」(憲問) 제22장 집주에 정자의 다음과 같은 말이 보인다. "이는 공자의 말씀이 아니다. 참으로 이 말씀과 같이 한다면, 이는 힘으로써 하는 것이지, 의(義)로써 하는 것이 아니다. 공자의 뜻은 반드시 그 죄에 대한 명분을 바르게 하려 한 것일 것이다. 그래서 위로는 천자에게 고하고, 아래로는 방백(方伯)에게 고해서 동맹국의 군사를 거느리고 가서 그를 토벌하려는 것이니, 제나라 진항의 군사를 물리치는 일은 공자의 그 다음 일이다. 어찌 노나라 군사가 적은 것을 계산했겠는가?"라고 하였다.

10) 『논어』 「헌문」 제22장 주석에 보이는 정자의 말을 가리킨다.

嚴誅 此實爲聖智之言也 又如陳恒事云 以魯之衆 加齊之半 程子雖以計較利害
辨之 然魯是隣國 而彼强此弱 雖急於討賊 宜更有十分商量 然後發也 若不度衆
寡 不恤存亡 輕發而大血＋刃 則彼亂未靖 而吾之宗社 先墟矣 聖人恐不爲此矣
何可曰勝負爲餘事乎

凡其所謂聖人之言者 學者宜去其違悖若干 餘悉溫繹而註釋 誦習服膺 豈不有
益 余每欲聚以成書 命曰論語翼 姑未暇

송시(誦詩)[1]

경서(經書)를 연구하는 것은, 세상에 쓰이기 위해서이다. 경서에 있는
내용을 입으로 말하면서도 천하의 온갖 일에 아무런 조처를 하지 못한
다면, 이는 단지 외우기만 잘하는 것일 뿐이다. 『논어』에 "공자께서 평
소 말씀하신 것은 『시경』·『서경』과 예(禮)를 지키는 것이었다"[2]라고
하였다. 『시경』은 그 시를 가지고 자기의 뜻을 말하고, 『서경』은 그 내
용을 가지고 자기 시대의 일을 말하고, 예는 그 예를 가지고 자기의 행
동을 말하기 때문에 모두 서로 쓸모가 있어서 빼버릴 수 없는 것이다.

그런데 후세의 학자들은, 시를 읽는 데 오로지 외우기만 하고, 예를
행하는 데 오로지 겸손하기만 할 뿐, 국가의 정사를 물어보면 깜깜하니
어찌 옳겠는가? 공자께서 말씀하기를 "『시경』에 있는 300편의 시를 다
외워도, 그에게 정사를 맡겼을 때 제대로 해내지 못하고, 사방으로 사
신 가서 사신의 임무를 제대로 수행하지 못한다면, 아무리 많이 외운다
고 한들 또한 무엇하겠는가?"[3]라고 하였으니, 이는 대체로 이런 학문의
폐단을 바로잡으려 하신 것이다.

정사는 백성을 다스리는 것으로 요점을 삼는다. 그런데 백성을 다스
리는 데는 백성의 실정을 잘 파악하는 것보다 더 나은 것이 없다. 그러
므로 시(詩)는 민간의 은밀한 실정을 살펴서 그들을 편안하게 해줄 수
있는 것이다. 예(禮)는 규문(閨門)[4] 안에만 베푸는 것이 아니다. 밖으로

---

1) 시를 암송하기만 하는 것.
2) 『논어』「술이」(述而) 제17장에 보인다.
3) 『논어』「자로」(子路) 제5장에 보인다.

나가 일을 할 적에, 예를 따르지 않으면 불가능하다. 그런데 하물며 임금의 명을 받들고 다른 나라로 가서 중대한 예를 집행하는 데 있어서이겠는가?

예컨대 『춘추전』(春秋傳)에 연향(宴享)을 할 때 시를 읊조린 경우, 모두 일에 따라 임금의 명을 욕되게 하지 않는 절도에 밝았으니, 옛날 사람들이 실무에 힘쓴 것이 이와 같다. 그런데 오늘날에는 경술(經術)과 사무(事務)가 갈라져 두 갈래의 길이 되었다. 그래서 처지가 바뀌면 깜깜하게 아무것도 모르니, 어찌된 일인가?

誦詩

窮經 將以致用也 說經而不措於天下萬事 是徒能讀耳 子所雅言 詩書執禮 詩以道志 書以道事 禮以道行 皆相爲用而不可闕者也 後之學者 讀詩 專於諷誦 行禮 專於揖遜 叩之政事 則蔑如 奚可哉 子曰 誦詩三百 授之以政 不達 使於四方 不能專對 雖多 亦奚以爲 盖矯其弊也

政以治民爲要 治民又莫過於下情之達 故詩可以察其隱而安之也 禮不獨施於閨門之內 出而應事 非禮不可 況奉命出疆 又執禮之大者 如春秋傳 宴享賦詩 皆審於接物 不辱命之節度 古人之務實 如此 在今日 經術事務 判爲二道 易地則霧然 何哉

주례(周禮)[1]

『주례』라는 한 책에 대해, 임효존(林孝存)[2]은 "한 무제(漢武帝)는, 주관(周官)[3]이 말세의 혼란한 시대에 나온 믿을 수 없는[4] 책이라는 점을 알고서, 십론(十論)과 칠난(七難)을 지어 배척하였다"[5]고 하였고, 하휴(何休)[6]

---

4) 부녀자들이 거처하는 곳.

1) 주나라의 문물 제도를 기록한 책으로, 주공(周公)이 지었다고 전한다.

2) 후한(後漢) 때의 학자. 『성호사설』에는 '임존효'(林存孝)로 되어 있는데, 이는 '임효존'(林孝存)의 잘못이다.

3) 여기서는 『주례』를 말함. 『주례』는 주나라 관제(官制)에 대한 기록이므로 『주관』이라고도 한다. 『서경』(書經)에 「주관」(周官)이라는 편이 있는데, 이는 성왕(成王)이 백관(百官)에게 훈시한 말이라고 전한다.

4) 『성호사설』에는 '불경'(不經)으로 되어 있으나, 이는 '불험'(不驗)의 오자이다.

5) 가공언(賈公彦)의 『주례정의』(周禮正義) 「서주례폐흥」(序周禮廢興)에 보인다.

는 "『주례』는 육국(六國)[7]에서 몰래 만든 책이다"라고 하였고, 어떤 사람은 "유흠(劉歆)[8]이 덧붙여 왕망(王莽)[9]을 도운 것이다"라고 하였다.

나는 이렇게 생각한다. 『주례』가 세상에 나타난 것은 유흠에게서 비롯되었다. 영빈(潁濱)[10]과 오봉(五峯)[11]의 의논도 근거가 없는 것은 아니다. 그러나 의심스러운 부분은 스스로 의심하여 설을 펴면 된다. 『주례』의 육관(六官)[12]은 그 규모가 원대하니, 옛날의 성인(聖人)이 아니면 그렇게 만들 수 없다. 그러므로 정현(鄭玄)[13] 등 여러 유학자들은 믿을 만한 것만 취하고, 의심스러운 것은 생략하였다. 그런데 저 소씨(蘇氏)와 호씨(胡氏)의 의논은 의심스러운 것만 거론하고 믿을 만한 것을 생략해버렸으니, 모두 통론이 될 수 없다.

생각건대 주나라의 전례(典禮)는, 모두 주공(周公)이 손수 적어놓은 것은 아닐 것이다. 헌장(憲章)이 만들어져도 여러 세대 동안 쓰다 보면, 세월이 오래될수록 점점 더 번잡하고 조밀해지게 마련이다. 그렇게 변천되어 말기까지 이르렀으니, 강령(綱領)·조목(條目) 및 보탠 것과 빼버린 것이 궁중에 보관되어 있고, 또 살펴볼 수 있는 다른 책도 있었을 것이다. 예컨대 오늘날 관청에서 시행하는 법령이, 어찌 모두 건국 초기에 만들어진 것이겠는가? 『주례』 육관에 실려 있는 것도 이와 같다. 그렇다면 『주례』가 「주관」(周官)[14]과 다른 것은 변천해온 내력이 혹 같지 않기 때문이다.

그 가운데 세세한 용관(冗官) 및 산직(散職)은 후대에 첨가된 것이

---

6) 후한(後漢) 때의 학자임.

7) 전국시대 제(齊)·초(楚)·연(燕)·한(韓)·위(魏)·조(趙)를 말함.

8) 전한(前漢) 말기의 학자.

9) 전한을 무너뜨리고 신(新)나라를 세운 사람.

10) 송나라 때 문장가인 소철(蘇轍)의 호임.

11) 송나라 때 학자인 호굉(胡宏)의 호임.

12) 『주례』에 실린 주나라의 관제는 크게 천관(天官)·지관(地官)·춘관(春官)·하관(夏官)·추관(秋官)·동관(冬官)으로 되어 있다. 이는 후대의 이(吏)·호(戶)·예(禮)·병(兵)·형(刑)·공(工)과 유사하다.

13) 후한(後漢) 때의 학자.

14) 『서경』(書經)의 편명으로, 주나라 초기 성왕(成王)이 백관(百官)에게 훈시한 것을 사관이 기록한 것이라고 전한다.

다. 한 가지 예를 들어보면, 토규법(土圭法)[15]은 분명히 이치에 맞지 않는다. 성인이 어찌 이런 것을 만들었겠는가? 이에 대해서는 별도로 변론해 놓은 것이 있어 군더더기 말을 하지 않겠다.

또 복불씨(服不氏)[16]는 사나운 짐승을 가르쳐 길들이고, 석조씨(射鳥氏)[17]는 까마귀와 솔개를 몰고, 이예(夷隷)와 낙예(貉隷)[18]는 새와 짐승의 소리를 맡고, 명씨(冥氏)[19]는 활과 함정을 설치하고, 시씨(翨氏)[20]는 사나운 새를 잡고, 척주씨(𧎚蔟氏)[21]는 요사스런 새집을 뒤엎고, 괵씨(蟈氏)[22]는 개구리와 맹꽁이를 없애고, 호탁씨(壺涿氏)[23]는 연못의 귀신을 죽이는데, 간지(干支)·열수(列宿)의 이름을 쓰기도 하고,[24] '모고오관'(牡橭午貫)[25]이라고도 하였으니, 떳떳하지 못한 말을 쓴 것이 심하다. 만약 이런 것들을 모두 주공(周公)이 태평한 세상을 이룩한 자취라고 한다면, 결코 그렇지 않을 것이다.

『의례』(儀禮)는 실로 주공이 제정한 것인데 간혹 공자(孔子)의 말씀이 끼어 있으니, 이것도 후대에 첨가된 것이 분명하다. 이렇게 보면, 『주례』 속에 가끔 번잡한 말이 섞여 있는 것이 『의례』와 무엇이 다르겠는가? 그러므로 한 무제(漢武帝) 때부터 『주례』를 믿을 수 없다는

---

15) 해그림자에 따라 땅의 깊이를 측량하는 법.『주례』지관(地官)「대사도」(大司徒)에 "토규의 법으로 땅의 깊이를 측량한다"[以土圭之法 測土深]고 하였다.
16) 『주례』 하관(夏官)에 보이는 관직명(官職名)이다.
17) 『주례』 하관의 관직명이다.
18) 둘 다『주례』 추관(秋官)의 관직명이다.
19) 『주례』 추관의 관직명이다.
20) 『주례』 추관의 관직명이다.
21) 『주례』 추관의 관직명이다.
22) 『주례』 추관의 관직명이다.
23) 『주례』 추관의 관직명이다.
24) 『주례』 추관「척주씨」에 "판(版)에다 십일(十日)의 이름을 쓰고, 십이진(十二辰)의 이름을 쓰고, 십이월(十二月)의 이름을 쓰고, 십이세(十二歲)의 이름을 쓰고, 십팔성(十八星)의 이름을 쓴다"고 한 것을 말한다.
25) 『주례』 추관「호탁씨」에 "만약 물귀신을 죽이려고 하면, 느릅나무 줄기에 구멍을 뚫은 다음 거기에다 상아를 끼워 십자 모양으로 만들어서 물에 담근다"[若欲殺其神 則以牡橭午貫 象齒而沈之]고 하였다. 여기서 '모고'(牡橭)는 느릅나무 가운데 숫나무를 말하고, '오관'(午貫)은 가운데 구멍을 뚫는다는 뜻이며, '상치'(象齒)는 상아(象牙)를 가리킨다.

설이 있었던 것이다. 그런데 지금 전하는『주례』는 또한 옛날 한 무제 때 보던 옛 글이 아닌 듯하다. 왜냐하면 지금 남아 있는 시(詩)·서(書) 등 육예(六藝)[26]가 적지 않으나, 기문(奇文)과 고자(古字)가 이『주례』 처럼 유독 많은 경우는 없기 때문이다.

전한(前漢) 말기에 양웅(楊雄)이 고문(古文)에 가장 박학했던 것은 그의『태현경』(太玄經)에서 징험할 수 있다. 처음에는 양웅을 모두 업 신여겼는데, 오직 유흠만이 그를 공경하였다. 유흠의 아들 유분(劉棻) 이 양웅에게 기이한 문자를 배웠는데,『주례』의 문자와 흡사하게 서로 같다. 생각건대 이는 유흠 부자가 주나라의 옛 기록에다 자기의 견해를 덧붙인 것이 아닐까? 이런 문자가 전무후무한데『태현경』만이 어찌 서 로 비슷할까? 옛것에 대해 논하는 후세 사람 가운데 반드시 나와 의견 을 같이하는 사람이 있을 것이다.

그러나『주례』동관(冬官) 고공기(考工記)는 한(漢)나라 때의 유학들 이 보충해넣은 것인데, 문자가 앞부분과 같다. 그렇다면 주나라에서 예 전부터 보관해온 것이나 후세에 보충해넣은 것이나 모두 원래 이런 기 이한 문자가 있었던 것 같다.

周禮

周禮一書 林存孝以爲 武帝知周官末世瀆亂不經之書 作十論七難 以排棄之 何休亦以爲 六國陰謀之書 或謂 劉歆附益 以佐王莽者也 愚謂 周禮之顯 自劉歆 始 穎濱·五峯之論 亦不爲無據 然其疑處 自可疑而排陳 六官 規模宏遠 有非先 聖 不能制者 故鄭玄諸儒 執其可信 而略其疑 蘇胡之論 執其可疑 而略其信 俱 不得爲通論也

意者 周之典禮 未必皆周公手筆 憲章旣成 歷世遵用 其勢必將逾久而逾繫且 密矣 以至衰晩 其綱條增删 藏在王府 亦必有方册可考 如今時官司施行法例 豈 皆國初所定耶 周之六官所載 亦猶是也 然則與周官異同者 乃沿革或不同也 其 細末冗散者 卽後來所添也 姑擧其一 土圭之法 分明有不通者 聖人寧有是耶 別 有辨不贅 又如服不氏敎擾猛獸 射鳥氏毆烏鳶 夷隸及貉隸 掌鳥獸言 冥氏設弧 張 翨氏揜猛鳥 䓈蔟氏覆鳥巢 蝈氏去蛙龜 壺涿氏殺淵神 或書支干列宿之名 或 牡樺午貫 其不經 甚矣 若謂悉皆周公致太平之迹 斷不然也

夫儀禮 實周公所制 而間有孔子之言 則分明是後來所添 周禮之間 以繁冗 何以

異是 故自武帝時 已有不信 而若今所傳者 抑恐非復武帝之舊矣 何也 今之詩書六藝存者 亦不少 而其奇文古字 未有若此書之獨多 西京之末 揚雄最博古文 於太玄可驗也 始雄人皆忽之 惟劉歆敬焉 歆之子棻 從雄學奇字 而周禮之文 恰與相類意者 歆之父子 因周舊錄 以意增飾之耶 是何前無後無 而獨太玄之倅稱耶 後之尙論者 必有同我矣 然冬官考工記 即漢儒補入 而文字同然 然則周家舊藏 後來添益者 亦或元有此奇字耳

이아(爾雅)[1]

『시경』을 읽는 사람은 『이아』에 익숙하지 않으면 안된다. 지금 그 가운데 한두 가지를 들어보겠다. 『이아』에 "개제(愷悌)[2]는 발(發)의 뜻이다"[3]라고 하였는데, '발'(發)은 원래 '개제'(愷悌)와 상관이 없다. 이는 제풍(齊風) 「재구」(載驅)의 시를 가리킨 것[4]으로, 문강(文姜)[5]을 풍자한 것이다. 「재구」 첫 장에 '제(齊)나라 여자가 저녁에 출발한다'[齊子發夕]고 하였다. 자정 이전은 저녁에 속하고, 자정 이후는 아침에 속한다. 문강은 제 양공(齊襄公)이 만나자는 말만 들으면 새벽닭이 울기를 기다리지 않고 한밤중이라도 곧바로 떠난다는 뜻이다. 심부름꾼이 가서 그녀를 부르면 기뻐서 잠시도 머물러 있지 못하기 때문에 시인이 심하게 기롱한 것이다.

이런 의미로 본다면, '개제'(豈弟)는 덕에 순응한다는 뜻이다.[6] 당시 사람들이 또 기롱하기를 "임금의 자매는 이웃 나라에 시집갔다"고 했으니, 본국에서 감히 부를 수 없다는 뜻이다. 그런데 문강은 조금도 지체하지 않고 심부름꾼이 오면 바로 출발하였으니, 그녀는 본국에 대해

---

1) 십삼경(十三經)의 하나로, 주공(周公)이 지었다고 하는 고대의 사전류이다.
2) 『성호사설』에는 '개제'(豈弟)로 되어 있는데, 서로 통용된다.
3) 『이아』 「식언」(釋言)에 보인다.
4) 「재구」 제2장에 '제자개제'(齊子豈弟)라고 한 것을 가리킨다.
5) 제 양공(齊襄公)의 누이로 노 환공(魯桓公)에게 시집갔는데, 뒤에 제 양공과 사통하였다.
6) 주희의 『시집전』에는 '개제'(豈弟)를, 즐거워한다는 '락이'(樂易)의 뜻으로 풀이하였다.

참으로 개제(豈弟)했다. 이는 이처럼 부당한 짓이 너무 지나쳤다는 말이다. 아래 장에 '제나라 여자가 나는 듯이 달려간다'[齊子翱翔]·'제나라 여자가 마음껏 노닌다'[齊子遊敖]고 하였으니, 그녀가 떠나갈 때의 서두르는 모습과 만나서 놀 때의 기뻐하는 정상을 짐작할 수 있다.

또 『이아』에 "정정(丁丁)과 영영(嚶嚶)은 서로 절차탁마하여 정직해지는 것이다"[7]라고 하였다. 이 '정정'은 나무를 한번 찍는 소리가 아니고, '영영'은 새가 한번 우는 소리가 아니다. 정정하게 들리는 나무 찍는 소리는 재목을 취해 어떤 물건을 만들려고 하는 것이며, 영영하게 들리는 새의 울음소리는 서로 도와 무리를 지으려고 하는 것이다. 군자가 이런 뜻을 취한 것이니, 절차탁마하여 정직해지는 유익함이 있는 듯하다.

爾雅

讀詩者 不可以不熟爾雅 今擧一二 爾雅云 豈弟 發也 發非有涉於豈弟也 此指齊風載驅之詩 刺文姜也 上章云 齊子發夕 凡半夜以前 屬夕 以後屬朝 聞命卽發不待鷄鳴也 使往召之 悅不耐住 故譏之之甚也 豈弟 順德也 時人又譏之云君之姊妹 嫁于隣國 非本國所敢招呼 文姜則無少遲留 使至便發 其於本國 信乎豈弟矣 謂不當如是之太過也 下云 翱翔·遊敖 則其忙急·歡喜之情 可見 爾雅又云 丁丁·嚶嚶 相切直也 丁丁則非一伐 嚶嚶則非一鳴 丁丁伐木 冀其有取材而成用 嚶嚶鳥鳴 求其有相助爲羣 君子有取 則宜有切直之益也

논어 수장(論語首章)[1]

경서(經書)를 볼 적에, 선유(先儒)들이 정해놓은 해석을 그대로 따르는 것이 합당하지만, 이리저리 생각하고 널리 구해서 결국 바른 데로 돌아가야 그 뜻을 깊이 터득하게 된다. 그렇지 않으면 입으로 외우고 귀로 듣기만 하는 거친 학문을 면치 못한다.

예컨대 『논어』첫 장은 첫머리에 '학'(學)이라는 한 글자에 대해 말하였다. 이 '학'이란 글자는 이치에 통달하지 못한 점에 근거해서 말한 것이다. 처음부터 이치에 밝다면 학문할 필요가 없을 것이다. 그러므로

---

7) 『이아』「석훈」(釋訓)에 보인다.
1) 『논어』의 첫 장.

경전의 말씀을 통해 깨닫기도 하고, 선각자들의 말씀을 통해 깨닫기도 하니, 이런 것들이 모두 '학'이다.

모든 일은 도(道)를 통해 드러나고, 도는 학문을 통해 밝게 된다. 이 것이 『논어』 첫머리의 첫번째 뜻이다. '학'은 지(知)에 속하고, '습'(習) 은 행(行)에 속한다.[2] 배우기만 하고 실천하지 않으면, 오히려 기뻐하 는 경지[3]에 이르지 못한다. 이는 마치 고기가 먹을 수 있다는 것을 알 지만, 씹어 먹은 뒤에야 맛있다는 것을 터득하는 것과 같다.

벗이 먼 곳으로부터 찾아오는 것에 대해, 왜 '즐겁다'[樂]고 했을까?[4] 벗이 찾아오는 것에 대해 즐겁다고 한 까닭은, 자신의 인(仁)을 도와주 는 데에 벗만한 존재가 없기 때문이다. 도의(道義)를 강론하며, 선(善) 으로 인도하고 잘못을 구제해주는 것이 바로 그 일이다. 자신이 배우고 실천하여 그 기쁨을 알더라도, 좋은 벗들이 모여서 그에 관한 자료를 널리 구하고 널리 채집해서 깊이 있게 그 기미(幾微)를 연마한 뒤에야, 내가 터득한 것이 하늘에 한 점 부끄럽지 않고, 다른 사람에게도 한 점 부끄럽지 않을 것이다. 그래서 마음이 넓어져 그 덕이 겉으로 드러날 것이니, 그 즐거움을 알 수 있다.

'열'(說)[5]은 고기를 먹는 것처럼 그것을 좋아한다는 뜻이고, '낙'(樂) 은 배불리 먹고 나서 기운이 충만한 것이다. '열'은 대상에 속한 것이어 서 오히려 둘이 되지만, '낙'은 자신에 속한 것으로 하나가 된다. 공자 께서 말씀하시기를 "알기만 하는 것은 좋아하는 것만 못하고, 좋아하는 것은 즐거워하는 것만 못하다"[知之者不如好之者 好之者不如樂之者][6] 고 하였으니, 이와 서로 같은 뜻이다. '학'(學)은 '지'(知)에 속하고, '열' (說)은 '호'(好)에 속하고, 두 '낙'(樂) 자[7]는 서로 합치된다. 배워서 아는

---

2) 『논어』 「학이」(學而) 제1장의 '학이시습지'(學而時習之)의 '학'과 '습'을 두고 말한 것이다.
3) 『논어』 「학이」 제1장의 '학이시습지 불역열호'(學而時習之 不亦說乎)의 '열'(說) 을 두고 한 말이다.
4) 이는 『논어』 「학이」 제1장의 '유붕이자원방래 불역락호'(有朋自遠方來 不亦樂 乎)에 대해 말한 것이다.
5) 『성호사설』에는 모두 '열'(悅)로 되어 있다.
6) 『논어』 「옹야」(雍也) 제18장에 보인다.

것은 그것을 기뻐하는 것만 못하고, 그것을 기뻐하는 것은 스스로 즐거워하는 것만 못하다.

'온'(慍)[8]은 '민(憫)'과 같은 뜻이 아니다. '온'은 대상에 속하고, '민'은 자신에 속한다. 남이 나를 알아주지 않는다고 성을 내게 되면, 이는 천장부(賤丈夫)[9]이다. 그러나 남이 나를 알아주지 않더라도 성내지 않는 것은, 평범한 사람에 지나지 않는다. 그런데 어찌 '군자'(君子)라고 할 수 있겠는가?[10]

내 생각으로는, '남이 나를 알아주지 않는다'[人不知]는 말은 『시경』에 이른 '나를 모르는 자는 나에게 무엇을 구하느냐고 한다'[不知我者謂我何求][11]는 말과 같은 듯하다. 나를 알아주지 않는 것은, 그가 나에 대해서 반드시 알아주지 않는 이유가 있을 것이니, 그가 나를 대우할 적에도 인정 밖의 이치에 어긋난 점이 있을 것이다. 그러나 나로서는 자신에게 있는 것을 스스로 극진히 할 뿐, 이른바 '남이 침범해 와도 그와 따지지 않는다'[犯而不校][12]는 말처럼 그에게 노여워하지 말아야 한다. 유유하게 길을 가는 나그네처럼 나와는 아무 상관이 없는 사람이라면, 그가 나를 알아주든 알아주지 않든 어찌 따질 필요가 있겠는가?

옛말은 간결하면서도 질박하다. 벗이 찾아오는 것이 즐거운 일임을 말하면서도, 그 즐거운 바가 어떤 일인지는 말하지 않았다. 또 남이 나를 알아주지 않더라도 성내지 않는다고 하면서도, 나를 알아주지 않는 것이 어떤 일인지는 말하지 않았다. 모두 이런 예에 따라 미루어볼 수 있다.

『맹자』에 "천하의 선사(善士)라야 천하의 선사를 벗할 수 있다"[13]고 하였으니, 이는 '벗이 찾아오면 또한 즐겁지 않겠는가'[有朋自遠方來 不

---

7) 『논어』 「학이」 제1장의 '불역락호'(不亦樂乎)의 '락'(樂)과 「옹야」(雍也) 제18장의 '불여락지자'(不如樂之者)의 '락'(樂)을 가리킨다.

8) 이는 『논어』 「학이」 제1장의 '인부지이불온 불역군자호'(人不知而不慍 不亦君子乎)의 '온'(慍)을 가리킨다.

9) 『맹자』에 보이는 말로, 행실이 비루한 사람을 말한다.

10) 이 말은 『논어』 「학이」 제1장의 '인부지이불온 불역군자호'(人不知而不慍 不亦君子乎)를 두고 한 말이다.

11) 『시경』 왕풍(王風) 「서리」(黍離)에 보인다.

12) 『논어』 「태백」(泰伯) 제5장에 보인다.

13) 『맹자』 「만장 하」(萬章下) 제8장에 보인다.

亦樂乎]의 주석이다. 그리고 『중용』에 "너그럽고 온순함으로써 가르치고, 무도(無道)함에 대해 보복하지 않는다"고 하였으니, 이는 '남이 나를 알아주지 않더라도 성내지 않는다'[人不知而不慍]의 주석이다. 이 글의 뜻이 꼭 이와 같다고 말하는 것이 아니라, 그 요점을 깊이 탐구하여 어느 경우인들 그런 경지에 이르지 않음이 없고자 하는 것일 뿐이다.

論語首章

看經 雖合牢守定訓 亦須遞換旁求 卒歸于正 方是深得 不然 或不免口耳之粗耳 如論語首章 首言一學字 學據未通而言 若始無不明 學無所措 故或因經訓而得之 或賁先覺而得之 皆學也 凡事因道著 道因學明 此開卷第一義 學屬知 智屬行 學而未智 猶未至於悅 如篘豢雖知可食 至嗛嚼 然後方得其悅口矣 朋自遠來 何謂之樂 其所以樂於朋友者 莫如輔仁 講討道義 導善救過 卽其事也 雖學智而知悅 又須良朋畢集 旁求博採 極深研幾 然後吾所得者 仰不愧 俯不怍 心廣體胖 其樂 可知

悅如食肉而好之 樂如旣飽而浩然 悅屬於彼 猶是二也 樂屬於己 則一也 子曰 知之者 不如好之 好之者 不如樂之者也 與此相似 學屬知 悅屬好 兩樂字 相帖也 學知不如悅彼 悅彼不如自樂也 慍與憫不同 慍屬於彼 憫屬於己也 若不見是而慍 則賤丈夫也 然猶不慍 不過尋常人也 何謂君子 愚疑人不知者 如詩所謂不知我者 謂何我求之類 不知我 則其在我也 必將有所不知之故 而其待我也 有情外違理者 然亦須自盡在己 而不加慍怒 如所謂犯而不校也 若悠悠行路 不與我相干 奚論其知與不知耶

古語簡質 樂有朋 而不言其所樂何事 不慍不知 而不言所不知何事 皆可例推 孟子曰 天下之善士 斯友天下之善士 此樂朋友之註脚 中庸曰 寬裕以教 不報無道 不慍不知之註脚也 非敢謂義必如此 只欲探討蹊經 無所不至耳

관저(關雎)[1]

공자(孔子)께서 말씀하시기를 "「관저」(關雎)는 즐거워하되 음탕한 데까지 나아가지 않고, 슬퍼하되 상심하는 데까지 나아가지 않은 것이다"[關雎 樂而不淫 哀而不傷]라고 하였다.[2]

---

1) 『시경』 국풍(國風) 주남(周南) 첫 편의 편명임.
2) 『논어』 「팔일」(八佾) 제20장에 보인다.

왜 '음탕한 데까지 나아가지 않는다'[不淫]고 했을까? '거문고와 비파로 벗한다'[琴瑟友之]³⁾는 따위가 바로 그것이다. 『춘추좌씨전』을 살펴보건대, 진 평공(晉平公)이 병이 났을 때 진(秦)나라 의원(醫員)인 화(和)가 말하기를,

"이 병은 치료할 수 없습니다. 이는 여자를 가까이해서 생긴 병으로, 마음을 어지럽힌 듯합니다."

라고 하니, 진 평공이 말하기를,

"여자를 가까이해서는 안되는가?"

라고 하자, 화(和)가 대답하기를,

"가까이하더라도 절제해야 합니다. 선왕(先王)의 음악은, 온갖 일을 절제한 것입니다. 그러므로 거기에는 다섯 가지 절주(節奏)⁴⁾가 있습니다. 더디기도 하고 빠르기도 하며 근본도 있고 말단도 있어서, 서로 조화되어 중화(中和)의 소리로 이어 내려갑니다. 그렇게 해서 오성(五聲)⁵⁾이 다 연주되면, 다시 연주하지 않고 그칩니다. 다시 연주하게 되면, 중화의 소리를 잃어 번잡한 손놀림과 음탕한 소리가 있게 되어, 마음을 음란하게 하고 귀를 멍하게 합니다. 그래서 화평(和平)을 잊게 되므로 군자는 듣지 않았습니다. 군자가 거문고와 비파를 가까이할 적에는 의식과 절차에 맞게 하지, 마음을 어지럽히지는 않습니다."

라고 하였다.⁶⁾

국가의 큰 일에 종과 북을 치는 것은 연향(宴享)의 음악이고, 거문고와 비파를 타는 것은 방안에서 날마다 시중드는 사람[日御]의 음악이다. 음악은 기운과 마음을 화평하게 하는 것으로, 중화의 소리로 절제하여 지나친 욕심을 금하는 것이다. 육기(六氣)⁷⁾ 가운데, 오직 '회'(晦)가 음탕하여 억제하기 어렵다. 은밀한 곳에 혼자 있게 되면, 마음이 방

---

3) 『시경』 주남(周南) 「관저」(關雎) 제3장에 보인다.
4) 궁(宮)·상(商)·각(角)·치(徵)·우(羽) 오성(五聲)에 각각 더디기도 하고 빠르기도 하며, 근본도 있고 말단도 있는 절도가 있다는 말이다.
5) 궁·상·각·치·우를 말한다.
6) 『춘추좌씨전』 소공(昭公) 원년조에 보인다.
7) 하늘에 있는 여섯 가지 기상, 곧 음(陰)·양(陽)·풍(風)·우(雨)·회(晦)·명(明)을 말한다.

398

자해져서 제멋대로 생각이 미쳐 더욱 미혹하게 되니, 누가 그것을 막을
수 있겠는가? 그러므로 군자는 거문고와 비파 타는 것을 폐지하지 않
는다. 아침과 낮에는 그 소리를 들으며 마음을 온전하게 기르고, 저녁
이 되면 그 소리를 들으며 편안히 쉰다. 이는 절도에서 벗어나는 것을
막으려는 것이다.

그러므로 그 음악을 들으면 그 사람됨을 알 수 있다. 정(鄭)·위(衛)
의 손을 번거롭게 움직이는 음란한 소리를 기뻐하면, 그가 음탕하고 미
혹되어 중도를 잃은 자인 줄 알게 된다. 반대로 중화의 소리를 기뻐하
면, 그가 신중하여 법도에 맞는 사람인 줄 알게 된다. 그 때문에 '처·
자식과 화락하게 지내는 것이, 마치 거문고와 비파를 타는 것 같다'[妻
子好合 如鼓瑟琴][8]고 하였으니, 이는 규문(閨門)의 온갖 법도가 합당하
지 않음이 없다는 말이다.

왜 '상심하는 데까지 나아가지 않는다'[不傷][9]고 했을까? 짝을 구하
는 절실한 마음만을 가리켜 말한 것이라면, '슬퍼한다'[哀]고 말하는 것
은 맞지 않는다. 마름풀을 뜯어다 삶는 것[10]은 종묘(宗廟)에 올리려는
것이고, 장가를 드는 것은 돌아가신 어머니의 뒤를 잇는 것이다. 신랑
이 신부를 친히 맞이해 폐백을 가지고 서로 예를 갖춘 뒤 돌아가, 대
(代)를 잇고 제사 음식을 주관한다. 그러므로 혼례에는 축하하지도 않
고, 음악을 쓰지도 않는다[11]고 하는 것이다.

슬픔[哀]은 즐거움[樂]의 반대이다. 크고 작은 마름풀을 보고서, 어
진 아내를 얻어 선조의 사당에 올리고 싶은 생각을 하니, 어찌 슬프
지 않겠는가? 군자는 발을 한번 옮겨놓을 때에도 부모를 잊지 않는
다. 그러니 아내를 맞이하는 소중함이 어찌 집안을 잘 꾸려나가는 데
도움이 될 뿐이겠는가? 이런 관점으로 「관저」를 보면, 더욱 의미가

---

8) 『시경』 소아(小雅) 「상체」(常棣)에 보인다.
9) 『성호사설』에는 '불에'(不哀)로 되어 있으나, 이는 '불상'(不傷)의 오자인 듯하
다.
10) 이는 「관저」 제2장의 '참치행채 좌우유지'(參差荇菜 左右流之)와 제3장의 '참치
행채 좌우모지'(參差荇菜 左右芼之)를 풀이한 말이다.
11) 『예기』 「교특생」(郊特牲)에 '혼례불용악'(昏禮不用樂)·'혼례불하'(昏禮不賀)라
고 하였다.

있다.

關雎

子曰 關雎 樂而不淫 哀而不傷 何謂不淫 琴瑟友之之類 是也 按左氏傳 晉平公有疾 秦醫和曰 疾不可爲也 是謂近女室疾 如蠱 公曰 女不可近乎 對曰 節之先王之樂 所以節百事也 故有五節 遲速本末 以相及中聲 以降五降之後 不用彈矣 於是 有煩手淫聲 慆堙心耳 乃忘平和 君子不聽也 君子之近琴瑟 以儀節也 非以慆心也 夫大事鐘鼓 宴亨之樂 琴瑟房中 日御之樂 樂所以和氣平心 節以中聲 禁其逸欲

夫六氣之中 惟晦淫難制 幽獨得肆 駿尋滋惑 誰得以遏之 是以 君子不廢琴瑟 完養於朝晝 向晦而宴息 所以防閑其踰節也 故聽其樂 可以知其人 悅鄭衛煩手之聲 則知淫惑敗壞者也 悅其中聲 則知愼重合度者也 故曰 妻子好合 如鼓瑟琴 謂閨門百度 無不適宜也

何謂不哀 若但指其求之之切 則不應曰哀爾 荇菜流芼 所以薦之宗廟 娶婦 所以嗣先妣 迎相而歸 著代主饋 故曰不賀不樂 哀者 樂之反 見參差之荇 則思得淑女薦諸先廟 寧不哀乎 君子一擧足 而未嘗忘父母 妃匹之重 豈遽爲內治之佐而已 以此觀 尤有味

유문 금망(儒門禁網)[1]

경서(經書)를 보기가 어찌 어렵지 않겠는가? 주자(朱子) 이후로 주석이 갖춰진 것으로는 『중용』과 『대학』 두 책만한 것이 없다. 그 가운데 심오한 뜻에 대해서는 여기서 의논하지 않겠다.

『중용』 제19장 주석의 '빈제자형제지자'(賓弟子兄弟之子)[2]에서 '지'(之) 자는 '제'(弟) 자의 잘못이다.[3]

『대학』 경(經) 1장 주석의 '지어지선지지이불천'(止於至善之地而不

---

1) 유문(儒門)의 금망(禁網)이란 뜻으로, 성호 당시 유학을 공부하는 사람들에게 금기 사항으로 인식된 것을 말한다.
2) 주희(朱熹)의 『중용장구』(中庸章句) 제19장 '여수 하위상'(旅酬 下爲上)의 주석에 이 말이 보인다. 그런데 이는 『예기』 「중용」(中庸)의 정현(鄭玄)의 주에도 그렇게 되어 있다.
3) 성호의 이 설은, 『의례』(儀禮) 「특생궤식례」(特牲饋食禮)의 '빈제자'(賓弟子)·'형제제자'(兄弟弟子)에 근거한 것이다.

遷)[4]에서 '지'(止) 자는 '지'(至) 자를 잘못 쓴 것이다. 그런데 예전부터 지금까지 학자들이 모두 그 잘못을 발견하지 못하고 있다. 그리고 다만 "한 글자라도 의심하면 망령된 짓이고, 이것저것 참고하여 대조하면 선유(先儒)에게 죄를 짓는 것이다"라고 말한다. 주자의 글도 이와 같은데, 하물며 고경(古經)에 있어서랴?

우리나라 사람의 학문은 노망(魯莽)[5]을 면하기 어렵다. 중세[6]에 이회재(李晦齋, 1491~1553)[7]는 주자의 『대학장구』(大學章句)를 고치고 바꿔 보유서(補遺書)를 만들었고, 이 율곡(李栗谷, 1536~84)[8]은 『중용장구』의 '기이성형이리역부'(氣以成形而理亦賦)[9]가 병통이 있다고 『성학집요』(聖學輯要)[10]에서 말하였다. 이런 내용을 담은 책들이 모두 간행되었고, 경연(經筵)[11]에서 진강(進講)하기까지 하였다. 그렇다면 유문(儒門)의 금망(禁網)은 후대로 내려올수록 점점 더 심해진 것이다.

儒門禁網

看經 豈不難乎 朱子以後 箋釋之備具 莫如庸學二書 其深義奧訣 置不論 中庸十九章註 賓弟子兄弟之子 此之字 卽弟字之誤 大學經一章註 止於至善之地而不遷 此止字 卽至字之誤 今古諸儒 皆不能看得出也 但曰 一字致疑 則妄也 考校參互 則罪也 朱子之文 尙如此 況古經乎

東人之學 難免魯莽矣 中世 李晦齋改換大學章句 有補遺書 李栗谷謂 中庸章句 氣已成形而理亦賦 有病 有聖學輯要 皆已刊行 或爲進講 然則儒門禁網 後來轉急矣

---

4) 주희의 『대학장구』(大學章句) 경(經) 1장의 주석에 보인다.
5) 노둔하고 거칠다는 뜻임.
6) 이조(李朝) 중기를 말함.
7) 이언적(李彦迪)을 말함. 회재는 그의 호이다.
8) 이이(李珥)를 말함. 율곡은 그의 호이다.
9) 『중용』 첫 장의 '천명지위성'(天命之謂性)을 주해한 말이다. 『성호사설』에는 '이'(以)가 '이'(已)로 되어 있는데, 이는 오자이다.
10) 이이가 『대학』의 본뜻에 따라 성현의 말씀을 인용하고 설명을 붙인 책. 통설(統說)·수기(修己)·정가(正家)·위정(爲政)·성학 도통(聖學道通) 5편으로 되어 있다.
11) 임금 앞에서 경서를 강론하는 것.

불치하문(不恥下問)¹⁾

문(文)은 도(道)가 깃들여 있는 것이다. 위에 나타나는 일월(日月)·성신(星辰)을 천문(天文)이라 하고, 아래에 나타나는 산천(山川)·초목(草木)을 지문(地文)이라 하며, 이 하늘과 땅 사이에 나타나는 예악(禮樂)·형정(刑政)·의장(儀章)·도수(度數)를 인문(人文)이라 한다. 『주역』(周易)에 "인문을 살펴서 천하를 교화해 풍속을 이룩한다"²⁾고 한 것이 그것이다.

성인(聖人)은 여러 가지 절도를 중도에 맞게 하여 천하 사람들을 바른 데로 나아가게 하였다. 그러므로 '문교'(文敎)라고 하는 것이니, 문왕(文王)³⁾이 바로 그런 사람이다. 공자는 그런 지위를 얻지는 못했지만, 오히려 목탁(木鐸)⁴⁾이 되어 천하를 돌아다니면서 도가 이 세상에서 다 없어지지 않기를 바랐다. 그러므로 '문왕이 돌아가신 뒤에, 문(文)이 나한테 있지 않은가?'[文王旣沒 文不在玆乎]⁵⁾라고 하였으니, 그 마음이 또한 슬프고도 절실하셨던 것이다.

그러나 가까운 시기에는 직접 가리켜 보이며 깨우칠 수 있지만, 시기가 멀어지면 오히려 말로 전할 수밖에 없다. 그러나 오랜 뒤에는 그 뜻마저도 없어지게 될 것이다. 이 때문에 옛날 사람들이 문자를 만들어 거듭거듭 자세하게 후세 사람들에게 일러주어, 이를 통해 깨닫도록 하였다. 이 역시 문(文)이니, 문은 바로 도(道)의 그림이다.⁶⁾

그렇지만 하늘과 땅은 저절로 그렇게 만들어진 것이고, 사람의 일은 인위적으로 만들어지는 것이기 때문에, 고금의 풍속이 다르고 언어가

---

1) 아랫사람에게 묻는 것을 부끄럽게 여기지 않는다는 말.
2) 『주역』비괘(賁卦) 단사(彖辭)에 보인다.
3) 은(殷)나라 말기에 주(周)나라를 크게 일으킨 성왕(聖王).
4) 중국 고대에 법령을 민간에게 알릴 때, 사람들을 불러모으기 위해 치던 종의 일종이다. 그런 의미에서 백성들을 널리 교화하는 도구 또는 그런 사람이란 뜻으로 쓰인다. 『논어』「팔일」(八佾) 제24장에 "하늘이 선생님을 목탁으로 삼으려는 것이다"[天將以夫子爲木鐸]라는 말이 보인다.
5) 『논어』「자한」(子罕) 제5장에 보인다.
6) 문은 도를 그린 그림이라는 뜻이다.

맥락을 달리한다. 오늘날의 생각으로, 좀먹은 책과 먹으로 그린 그림 사이에서 옛날 성인의 마음을 상상하니, 그 속에 담긴 깊은 뜻을 다 알 아내기를 어찌 바랄 수 있겠는가?

그러므로 군자는 마음과 힘을 다해 정성껏 구하고 널리 방문하여 본 뜻을 터득하려고 한다. 여러 설을 모아 취사선택하되, 농담과 망언일지 라도 자세히 살피지 않음이 없으며, 이치에 어긋나는 터무니없는 말일 지라도 용납하여 허물하지 않는다. 이것이, 바로 아랫사람에게 묻기를 부끄럽게 여기지 않은[不恥下問] 공어(孔圉)가 문(文)이라는 시호(諡 號)를 받게 된 까닭이다.[7]

비유컨대 어진 임금이 새로 즉위하여, 잘 다스리고자 하는 절실한 마음이 배고프고 목마른 것보다 더 심해서, 조서(詔書)를 내려 직언(直 言)을 구하자, 사방에서 의논이 답지(遝至)하였는데, 그 가운데 선한 말을 한 사람에게는 상을 주고 불선한 말을 한 사람도 벌을 주지 않는 것과 같다.

또한 병신이 의원을 찾다가 용한 의술을 가진 사람이 있다는 소문 을 들으면, 반드시 먼길도 꺼리지 않고 찾아가 물으며 혹시라도 도움 이 있기를 바라는 것과 같다. 또한 나그네가 길을 물을 때, 해는 지고 갈 길은 먼데 갈림길이 많아 어디로 가야 할지 모를 경우, 속이거나 잘못 일러주는 것을 모두 따지지 않고 꼴을 베고 땔나무를 하는 사람 이나 어리석은 부인·어린이에게까지 일일이 찾아가 길을 묻는 것과 같다. 이른바 '꼴 베는 아이에게 묻는다'[詢于芻蕘][8]는 말이 바로 그것 이다.

선유(先儒)들은 경서를 강론하면서 그 본뜻을 꿰뚫어보는 데, 마음 가짐이 이와 같았다. 그러므로 10분의 7~8은 능히 그 본뜻을 터득하

---

7) 이는 춘추시대 위(衛)나라 대부 공어(孔圉)가 죽은 뒤 '문자'(文子)라는 시호를 받게 된 이유를 설명한 말이다. 『논어』「공야장」(公冶長) 제14장에 "자공이 묻 기를 '공문자를 무엇 때문에 문(文)이라고 부릅니까?'라고 하자, 공자께서 말씀 하시기를 '민첩하여 배우기를 좋아하였고, 아랫사람에게 묻기를 부끄러워하지 않았다. 그러므로 문이라고 하게 된 것이다'라고 하였다" 하였다.
8) 『시경』 대아(大雅)「판」(板) 제3장에 보인다.

였다. 그런데도 오히려 10분의 2~3은 의심스럽고 깨닫기 어려운 곳이 없지 않아서, 그대로 두어 후세의 아는 자를 기다렸다. 이것이 바로 마음은 천지(天地)와 같이 공정하고, 사업은 성인(聖人)과 같이 넓어서, 하나의 큰 법을 세워 후대 사람과 영원히 그 마음을 함께한 것이다.

그런데 오늘날의 학자들은 그렇지 않아, 금망(禁網)을 설치해놓고서 칼과 톱을 가지고 이설(異說)을 펴는 사람을 기다린다. 이들은 조금 아는 것 이외에는 입을 열지도 못한다. 마치 통째로 대추를 삼키는 것처럼, 겉모습만 보고 오이를 그리는 것처럼 아무 맛도 모르면서, 억지로 말하고 억측으로 대답하며 고상한 경지에 이르렀다고 여긴다. 뼈와 살이 어디에 붙어 있는지도 전혀 알지 못한다. 그러므로 이른바 유자(儒者)라고 자처하는 사람들이 소의 털처럼 많은데, 그 가운데 경서의 본뜻을 깨달은 사람은 기린의 뿔처럼 드물다. 아, 슬픈 일이다.

不恥下問

文者 道之所寓也 著於上 則日月星辰 謂之天文 著於下 則山川草木 謂之地文 著於兩間 則禮樂刑政 儀章度數 謂之人文 易曰 觀乎人文 化成天下 是也 聖人品節得中 率天下而歸正 故曰文教 文王 是也 孔子不得其位 而猶木鐸徇路 或庶幾不盡喪於世 故曰 文不在玆乎 其意 亦悲且切矣 然近則可以指喻 遠猶可以言傳 百世之下 其意將泯 故古之人作爲書字 諄諄反覆 以告未來生靈 庶幾因此而有得 亦謂之文 文者 道之畫也

然天地自然 而人事有爲 故古今殊俗 言語異脉 從今日意度 響想於竹簡墨畫之間 寧有望於悉發其所蘊乎 故君子盡心殫力 誠求博訪 冀得其本旨 集衆說而揀別之 雖諢言妄談 莫不詳審 苟使乖舛倍理 容焉而不罪 此不恥下問之所以爲文也 如仁主御極 求治之切 劇於飢渴 下詔求言 論議選至 惟賞其善 而不罰其不善也 又如病身得醫 苟有術 必就而詰之 不憚遠近 冀或有裨 又如行子問路 日暮途遠 歧歧皆疑 刈草取柴 愚蠢婦孺 一一探訪 其或紿或錯 皆不計 所謂詢于芻蕘是也

先儒之於講 貫其意 如此 所以能得七分八分之域 尙不無二三可疑難曉處 在而留 待後之知者也 此則意與天地同公 事與聖人同恢 建立一箇大門法 與百世共其心也 今之學者 不然 設爲禁網 刀鋸以待人 尺寸之外 開吻不得 昆侖吞棗 依樣畫葫 强說臆對 以爲高致 其於帖骨帖肉處 却未必有得 是以 標榜爲儒者 其衆如牛毛 其得如麟角 噫

무아(毋我)[1]

사(私)와 공(公)은 상대적인 말인데, 그 명칭이 또한 많다. '기'(己)라고 하거나 '아'(我)라고 하는 말은, 모두 나 자신이 스스로 가지고 있는 것으로, 다른 사람에 관계된 것이 아니기 때문에 분별하기가 어렵지 않다. 모든 말이나 행동에 있어 결국 그 원인을 자기 자신에게 돌리는 사람이, 반드시 힘써 그 폐단을 제거하는 것을 '극기'(克己)라고 하며, 그런 폐단을 금지해서 아예 없애버리는 것을 '무아'(毋我)라고 한다. '인'은 남과 나의 간격이 없는 것이다. 자기의 사욕을 극복하면 바로 인(仁)이 된다.[2] 그리고 무아(毋我)에 이르면, 그 공이 온전해진다.

그런데 이욕(利慾)에 빠진 사람은 그의 의도와 말하는 것을 살펴보면, 그 궁극적인 목적이 반드시 기(己)와 아(我)에서 벗어나지 않는다. 그런 사람을 두고 어떤 사람이 꾸짖기를 "일이란 옳고 그름이 있는 법인데, 너는 어찌 굳이 '나'만을 말하는가?"라고 한다면, 그것이 바로 '무아'(毋我)의 설이다.

나만을 내세우는 이 '아'(我)는 반드시 의(意)에서 일어나는데, 이 의(意)는 마음이 발동한 것이다.[3] 이는 성인(聖人)이나 어리석은 사람이나 다같이 가지고 있는 것이다. '필'(必)은 정성껏 구한다는 뜻이고, '고'(固)는 움직이지 않는다는 뜻이다.[4] 군자에게는, 『대학』의 '성의'(誠意)[5]와 '정안'(靜安)[6]이 바로 그것이다. 오직 '아'(我)라고 하는 이 한 글

---

1) 『논어』「자한」(子罕) 제4장에 "공자께서는 네 가지를 끊으셨으니, 사의(私意)가 없으셨고, 기필함이 없으셨고, 고집이 없으셨고, 나라고 하는 아집이 없으셨다"[子絶四 毋意毋必毋固毋我]고 하였는데, 이 가운데 '무아'(毋我)를 말한다.

2) 『논어』「안연」(顏淵) 제1장의 "안연이 인(仁)에 대해서 묻자, 공자께서 말씀하시기를 '극기복례하는 것이 인을 하는 것이니……'"[顏淵問仁 子曰 克己復禮爲仁……]라고 말한 것을 가리킨다.

3) 여기서 말하는 '의'(意)는 『논어』「자한」 제4장 '무의 무필 무고 무아'(毋意毋必毋固毋我)에서 '무의'(毋意)의 '의'(意)를 가리킨다.

4) 이는 『논어』「자한」 제4장 '무의 무필 무고 무아'(毋意毋必毋固毋我)의 '무필'(毋必)의 '필'(必)과 '무고'(毋固)의 '고'(固)를 가리킨다.

5) 『대학』 팔조목(八條目)의 하나인 '성의'(誠意)를 말한다.

6) 『대학』 첫머리의 '정이후능정 정이후능안'(定而后能靜 靜而后能安)에서 '정'(靜)

자를 떼어버릴 수가 없다.

그러므로 '의'(意)는 사의(私意)를 말하고, '필'(必)은 사필(私必)을 말하고, '고'(固)는 사고(私固)를 말하는데, 결국 '아'(我)에 귀착된다. 그렇게 되면 본색이 탄로난다. 세상 사람들이 "의논이 당당하고, 의리가 이리저리 다 맞는다"고 하더라도, 그에게 '아'가 있는지 없는지를 살펴보고서 조처해야 할 것이다.

毋我

私與公對 其名亦多 曰己曰我 皆吾身之自有 而非與於他人也 其分 不難知也 凡言凡行 畢竟其歸在吾身者 必用力而除去 曰克己 禁止而減去其迹 曰毋我 仁者 無物我之間 旣克其己 便是爲仁 至於毋我 其功全矣 利慾之人 觀其意態辭旨 其結梢則必不離於己與我 其或有誚之者之言 曰 事有是非 何必曰我乎 此毋我之說也 我必起於意 意者 心之發也 聖愚同有 必者 誠求也 固者 不動也 在君子則大學之誠意與靜安 是也 惟其一我字 捨離不得 故意是私意 必是私必 固是私固 而終歸於我 於是乎 本色露矣 世之人或言 議堂堂 理義縱橫 須觀其有我無我間 而處之

일관(一貫)[1]

공자(孔子)・증자(曾子)・자사(子思)・맹자(孟子)는 도(道)를 이어 전하였다. 공자가 증자에게 전해준 것은 '일관'(一貫)에 지나지 않으니, 자사가 맹자에게 전해 준 것도 이와 같은 데 불과하다.

공자는 '일'(一)이 무엇인지에 대해서는 말한 적이 없으니, 자사에게서 미루어 찾아야 할 것이다. 『중용』에는[2] 또한 구경(九經)[3]보다 큰 것

과 '안'(安)을 가리킨다.

1) 『논어』「이인」(里仁) 제15장의 "증삼아, 나의 도는 하나로 꿰뚫었다"[參乎 吾道 一以貫之]고 한 말에서 '일이관지'(一以貫之)를 가리킨다.

2) 여기서 『중용』을 말한 것은 자사가 『중용』을 지었기 때문이다.

3) 천하를 다스리는 아홉 가지 떳떳한 도리를 말함. 『중용』에 "천하 국가를 다스리는 데에는 구경(九經)이 있다. 자신을 닦고, 어진 이를 높이고, 친한 이를 친히하고, 대신을 공경하고, 뭇 신하의 마음을 자기가 그 자리에 있는 것처럼 살피고, 서민을 자식처럼 사랑하고, 모든 공인(工人)들을 오게 하고, 먼 곳에 있는 사람들을 부드럽게 대하고, 제후들을 감싸안는 것이다"라고 하였다.

이 없다. 구경은 오도(五道)[4]에 근본하니, 윤상(倫常)[5]이 바로 그것이다. 이 오도는 삼덕(三德)[6]에 근본하니, 지(智)·인(仁)·용(勇)이 바로 그것이다. 삼덕은 하나의 성(誠)에 근본한다.[7] 마치 모든 나뭇잎은 가지에 근본하고, 모든 가지는 줄기에 근본하고, 모든 줄기는 하나의 뿌리에 근본하는 것과 같다. 일(一)이 아니면, 그것을 꿰뚫어 통할 수 있겠는가?

자사는 또 달도(達道)[8]와 달덕(達德)[9]을 말하면서 결론적으로 "그것을 행하는 것은 일(一)이다"라고 하였다.[10] 그리고 구경(九經)을 말하고서도 결론적으로 "그것을 행하는 것은 일(一)이다"라고 하였다.[11] 처음에는 '일'(一)이 무엇인지에 대해 말하지 않았다. 그러나 이 말을 받아들이는 자가 반드시 증자처럼 '예, 알았습니다'[12]라고 대답하지 못한다면, 끝내 반복해서 자세히 말해 그로 하여금 '성(誠)이 모든 것을 꿰뚫지 않음이 없다'는 것을 분명히 알도록 해야 한다. 그렇게 하는 것이 곧 '분발하는 자를 계발(啓發)시켜준다'는 뜻이다.[13] 이 두 조항을 서로

---

4) 오륜(五倫)을 말함.『중용』에 "천하에 두루 통하는 도가 다섯 가지 있는데, 그것을 행하는 것은 세 가지이다. 군신 관계와 부자 관계와 부부 관계와 형제 관계와 붕우 관계이다. 이 다섯 가지는 천하에 두루 통하는 도이다"라고 하였다.

5) 인륜의 떳떳한 도리, 곧 부자유친(父子有親)·군신유의(君臣有義)·부부유별(夫婦有別)·장유유서(長幼有序)·붕우유신(朋友有信)을 말한다.

6)『중용』에 다섯 가지 달도(達道)를 말하고 이어 "지(智)·인(仁)·용(勇) 세 가지는 천하의 두루 통하는 덕이다"라고 하였다.

7)『중용』에서 궁극적으로 내세운 것이 바로 이 성(誠)이다. 그 가운데 주요한 몇 대목을 들어보면 다음과 같다. '성자 천지도야 성지자 인지도야'(誠者天之道也 誠之者人之道也)·'성자 불면이중'(誠者 不勉而中)·'성자 자성야'(誠者自成也)·'성자 물지종시'(誠者物之終始)·'불성무물'(不誠無物)·'지성무식'(至誠無息).

8) 이 세상에 다 통할 수 있는 도, 곧 위의 오도(五道)를 말한다.

9) 이 세상에 다 통할 수 있는 덕, 곧 위의 삼덕(三德)을 말한다.

10)『중용』에 달도와 달덕에 대해 말한 뒤, '그것을 행하는 것은 하나이다'[所以行之者 一也]라고 하였다.

11)『중용』에 구경(九經)에 대해 말한 뒤, '천하 국가를 다스리는 데에는 구경이 있으니, 그것을 행하는 것은 하나이다'[凡爲天下國家 有九經 所以行之者 一也]라고 하였다.

12) 이는『논어』「이인」(里仁) 제15장에 "공자께서 말씀하시기를 '증삼아, 나의 도는 하나로써 꿰뚫었다'라고 하자, 증자가 대답하기를 '예'라고 하였다"고 하였다.

참조해보아야, 공자가 전한 것과 증자가 받은 것에 대해 그 핵심을 찾아 의심이 없게 될 것이다.

그런데 증자는 무슨 이유로 '충서'(忠恕)[14]라고만 말하였을까?[15] 성(誠)은 잠시도 쉼이 없는 것이다.[16] 충서는 성(誠)한 바의 터전이다. 충서로써 하지 않으면 성은 빈자리가 된다. 일상 생활에서 인륜의 도리를 충서로써 행하면서 지성(至誠)을 잠시도 끊어지지 않게 하는 것이, 바로 성인의 지극한 공부이다. 이런 경지에 이르지 못한 자는, 우선 힘을 기울여 충서로부터 시작해야 할 것이다. 증자는 그 길을 가르쳐준 데 불과하니, 그 경지에 이르거나 이르지 못하는 것은 배우는 사람에게 달려 있는 것이다.

그런데 자사는 또 지(智)·인(仁)·용(勇) 한 대목을 덧붙여 더욱 자세히 갖추어놓았다.[17] 이는 지혜[智]가 아니면 알지 못하고, 인(仁)이 아니면 본받지 못하고, 용(勇)이 아니면 강하지 못하기 때문이다. 그렇게 되면 충서는 그 속에 포함된다. 그렇지 않으면 일이 혹 급박할 때 도리어 도(道)를 해치게 된다.

대체로 천도(天道)는 강건(强健)하여 끊임이 없다. 사계절이 거기서 운행하며, 만물이 거기서 생겨난다. 하늘이 어찌 이런 데에 마음을 쓴 적이 있던가? 성인이 하나의 이치로 모든 일에 적응하는 것도 이와 같다. 이것을 제자들이 어찌 다 알 수 있겠는가?

성인이 제자들을 가르칠 적에는, 반드시 그 사람이 할 수 있는 면

---

13) 『논어』 「술이」(述而) 제8장의 '불분불계 불비불발'(不憤不啓 不悱不發)을 가리킨다.
14) 충(忠)은 마음에 중심을 잃지 않는 것으로, 자기 자신을 극진히 하는 것을 말한다. 서(恕)는 내 마음을 미루어 남의 마음도 헤아리는 것으로, '추기급인'(推己及人)·'혈구지도'(絜矩之道)·'기소불욕 물시어인'(己所不欲 勿施於人) 등을 가리킨다.
15) 『논어』 「이인」 제15장에 보인다. 공자가 '증삼아, 나의 도는 일이관지(一以貫之)이니라'고 하자, 증자가 '예'라고 하였다. 공자가 나가시자, 문인들이 무슨 말이냐고 증자에게 물었다. 그러자 증자가 말하기를 "선생님의 도는 충서(忠恕)일 뿐이다"[夫子之道 忠恕而已矣]라고 말하였다.
16) 『중용』에 '지성무식'(至誠無息)이라고 하였다.
17) 『중용』에 달도(達道), 곧 오륜(五倫)을 말한 뒤에 "지·인·용 세 가지는 천하에 두루 통하는 덕이다"[知仁勇 三者 天下之達德也]라고 한 것을 가리킨다.

408

을 헤아려서 말씀하였다. 그러므로 공자가 자장(子張)의 물음에 답하기를 "마음가짐을 게을리하지 말고, 충실한 마음으로 그 일을 행하라"[18]고 하였고, 자로(子路)의 물음에 답하기를 "자신이 솔선하고 수고하며, 게을리하지 말라"[19]고 하였다.[20] 이 말이 '일관'(一貫)이나 '충서'(忠恕)에 비해 얕은 점이 있기는 하지만, 그런 맥락의 말씀이다. 산에 오르는 것에 비유하면, 제자들이 땀을 흘리며 중턱을 오를 때, 공자는 벌써 정상에 올라 사방의 아래를 둘러보며 마음대로 응대하는 것과 같다.

주석에 보이는 말은 여기서 거론하지 않겠다.

一貫

孔曾思孟 道統有傳也 孔子之傳于曾子 莫過乎一貫 則子思之傳孟子 亦不過如此 孔子不曾言一之爲何物 宜於子思推尋也 中庸之書 亦莫大乎九經 九經本於五道 倫常 是也 五道本於三德 知仁勇 是也 三德本於一誠 如衆葉本於枝 衆枝本於幹 衆幹本於一根 非一而貫之乎 子思又言達道・達德 而結之曰 行之者一也 言九經而結之曰 一也 始不言一之爲何物 然受之者 未必如曾子之答唯 則卒乃反覆詳言 使人曉然知誠之無不該貫 即愼悱啓發之義也 兩相參較

孔傳曾受 可以發鑰而無疑耳 然曾子何以只道忠恕也 誠者 無息也 忠恕 所以誠之地也 苟不忠恕 誠爲虛位 凡日用倫常 行以忠恕 而至誠無息 即聖人之極功 未至於此者 姑當著力 自忠恕始 曾子不過指其路脈 其至不至 則存乎其人也

乃子思 則又增知仁勇一段 而尤備 非智不知 非仁不體 非勇不强 忠恕則包之 不然 事或急迫 而反傷於道矣 蓋天道 健而無息而已 四時行焉 百物生焉 天何嘗有意 聖人一理泛應 亦猶是也 此豈諸子所能喩哉 聖門敎人 必度其可及 而言之故夫子答子張曰 居之無倦 行之以忠 答子路曰 先之勞之 無倦而已 與一貫忠恕 雖有淺深之別 此便是這話 比如登山 諸子用力於中阿 夫子則身到冢頂 通見四下 應接如意 其見註中者 不擧

---

18) 이 말은 『논어』「안연」(顏淵) 제14장에 보인다.
19) 이 말은 『논어』「자로」(子路) 제1장에 보인다.
20) 자장과 자로는 모두 정치에 대해 물었는데, 공자는 각자의 자질에 맞게 달리 대답하였다.

도불행장(道不行章)¹⁾

『중용』의 '도가 행해지지 않는구나'[道其不行矣夫]라는 한 구절에는, 도가 행해지지 못하는 이유에 대해 말하지 않았다. 이 대목은 아마도 바로 앞의 '사람이 음식을 먹고 마시지 않는 자가 없지만, 그 맛을 제대로 아는 자는 드물다'[人莫不飲食也 鮮能知味也]²⁾는 한 구절과 합쳐서 한 장(章)을 만들어야 할 듯하다.

『논어』에도 이런 사례가 있는데, 이는 예전 사람의 말에 따라 그런 말을 한 것이다. 예컨대, "조상에게 제사를 지낼 때에는 조상이 살아 계신 듯이 하고, 신에게 제사를 지낼 때에는 신이 앞에 있는 듯이 한다"³⁾는 말이 있는데, 이는 옛말이다.⁴⁾ 이 말을 통해, 공자께서 말씀하시기를 "자신이 직접 제사에 참석하지 않으면 제사를 지내지 않은 것과 같다"고 하신 것이다.⁵⁾

"당체(唐棣) 꽃이여, 펄럭펄럭 나부끼는구나. 어찌 그대를 생각하지 않겠는가마는, 집이 너무도 멀리 떨어져 있구나"라는 대목도 옛말인데,

---

1) 『중용』에 보이는 '자왈 도기불행의부'(子曰 道其不行矣夫)를 가리킨다. 주희의 『중용장구』(中庸章句)에는 이 한 구절을 별도의 장으로 처리하여, 제5장으로 삼았다. 성호의 이 설은 주희의 이런 설에 대해 다른 견해를 표명한 것이다.

2) 주희의 『중용장구』에는 이 구절을 제4장에 붙여놓았다.

3) 『논어』 「팔일」(八佾) 제12장에 보인다.

4) 주희의 『논어집주』(論語集註)에는 "이는 문인들이 공자께서 제사지내는 성의를 기록해놓은 것이라고 나는 생각한다"[愚謂 此門人記孔子祭祀之誠意]고 하여, 공자의 행실로 보았다. 그런데 성호는 이 말을 옛말로 본 것이다.

5) 이 설은 성호의 탁견이 아닐 수 없다. 『논어』 「팔일」 제12장에 "제여재 제신여 신재 자왈 오불여제 불여제"(祭如在 祭神如神在 子曰 吾不與祭 不如祭)라고 하였는데, 주희의 『논어집주』에 따라 해석하면 "공자께서는 조상에게 제사를 지낼 때에는 그 조상이 앞에 살아 있는 듯이 하셨고, 신에게 제사를 지낼 때에는 그 신이 앞에 있는 듯이 하였다. 공자께서 말씀하시기를 '자신이 직접 제사에 참석하지 않으면 제사를 지내지 않은 것과 같다'고 하셨다"라는 뜻이고, 성호의 설에 따라 해석하면 "옛말에 '조상에게 제사를 지낼 때에는 그 조상이 앞에 살아 있는 듯이 하고, 신에게 제사를 지낼 때에는 그 신이 앞에 있는 듯이 한다'고 하였는데, 공자께서 말씀하시기를 '자신이 직접 제사에 참석하지 않으면 제사를 지내지 않은 것과 같다'고 하셨다"는 뜻이 된다.

이에 대해 공자께서 말씀하시기를 "생각하지 않는 것이지, 절실히 그리워한다면 어찌 집이 멀리 떨어져 있다는 이유로 만나지 않겠는가?"라고 하였다.[6]

또 "그 덕을 일정하게 하지 않으면, 혹 수치를 당할 때도 있다"[7]고 하였는데, 이에 대해 공자께서 말씀하시기를 "그렇게 되는 것은 점을 치지 않아도 알 수 있다"고 하였다.[8]

『중용』에 이른바 '사람이 음식을 먹고 마시지 않는 자가 없지만, 그 맛을 제대로 아는 자는 드물다'[人莫不飮食也 鮮能知味也]는 말은, 세상 사람이 도를 알지 못하는 것을, 음식을 먹고 마시면서 그 맛을 모르는 것에 비유한 것이다. 그러므로 공자가 그 뜻을 밝혀 "도가 행해지지 않는구나"라고 한 것이다. 자사(子思)가 공자의 말씀을 수집해놓다 보니, 이렇게 된 것이다.

『중용』은 10장이 1편으로 되어 있다.[9] 그러므로 이 두 구절[10]도 그 속에 들어 있다. '사람이 음식을 먹고 마시지 않는 자가 없지만……'[人莫不飮食也……]이라고 한 대목은, 공자가 한 말이 아니기 때문에 그 문세(文勢)가 부득이 이와 같이 된 것이다. 장(章)의 첫머리에 '자왈'(子曰)이라는 두 글자가 없다고 해서 의심해서는 안될 듯하다.

---

6) 이는 『논어』 「자한」(子罕) 제30장의 "당체지화 편기번이 기불이사 실시원이 자왈 미지사야 부하원지유"(唐棣之華 偏其反而 豈不爾思 室是遠而 子曰 未之思也 夫何遠之有)를 두고 한 말이다. 앞부분은 지금 『시경』에 남아 있지 않고 없어진 일시(逸詩)로 알려진 것인데, 이 시에 대해 공자가 그 뜻이 좋지 않다고 반박한 것이다.

7) 이는 『주역』(周易) 항괘(恒卦) 구삼효(九三爻) 효사(爻辭)에 있는 말이다.

8) 이는 『논어』 「자로」(子路) 제22장의 "불항기덕 혹승지수 자왈 불점이이의"(不恒其德 或承之羞 子曰 不占而已矣)를 두고 한 말이다.

9) 이 말은 『중용장구』를 가지고 볼 때, 제2장 '중니왈 군자 중용……'(仲尼曰 君子 中庸……)부터 제11장 '자왈 색은행괴……'(子曰 素隱行怪……)까지 10장이 1편이 된다는 뜻이다. 이 10장은 모두 공자의 말을 인용해놓은 것이다. 쌍봉요씨(雙峰饒氏)는 이 10장을 『중용』의 제이대절(第二大節)이라고 하였다.

10) 주희의 『중용장구』 제4장 마지막의 '인막불음식야 선능지미야'(人莫不飮食也 鮮能知味也)와 제5장의 '자왈 도기불행의부'(子曰 道其不行矣夫)를 가리킨다.

道不行章

中庸 道其不行一節 不言所以不行之由 疑與人莫不飲食一節 合爲一章 凡論語
中 有此例 因古語而爲之說也 如祭如在 祭神如神在 此古語也 子曰 吾不與祭 如
不祭 唐棣之華 偏其反而 豈不爾思 室是遠而 子曰 未之思也 夫何遠之有 不恒其
德 或承之羞 子曰 不占而已矣 此所謂人莫不飲食 鮮能知味者 盖以世之不知道
取比於飲食 而不知味 故夫子明之曰 道其不行矣 夫子思哀集夫子之言 中庸者
十章爲篇 故此兩節 亦在其中 飲食一節 旣非夫子自言 其勢不得已如此 恐不可
以章首無子曰字疑之也

증점지대(曾點之對)[1]

　내가 어느 날 잠자리에서, 증점(曾點)이 '기수(沂水)에 가서 목욕하
고 무우(舞雩)에서 바람을 쐬고……'라고 대답한 것에 대해 곰곰이 생
각하게 되었는데, 아무리 생각해도 동문서답처럼 들렸다. 그때 공자께
서 제자들에게 물으신 내용은, '만일 임금이 너희들의 재능을 알아서
등용한다면 너희들은 무엇을 가지고 뜻을 펴보겠는가?'라는 것이었다.
그러므로 다른 사람들은, 임금이 자기를 알아주어 등용한 뒤의 일을 가
지고 대답하였다.

　그런데 증점은 "늦은 봄날 봄옷이 만들어지면, 관을 쓴 사람 5~6명,
어린이 6~7명과 함께 기수에 가서 목욕하고, 무우에 가서 바람을 쐬고
시를 읊조리며 돌아오겠습니다"라고 대답하였다. 이런 일은 누구나 할
수 있는 것이니, 남이 나를 알아주든, 알아주지 않든 무슨 관계가 있단

---

1) 『논어』「선진」(先進) 제25장에 보이는 증점(曾點)의 대답을 말한다. 공자가 어
　느 날 자로(子路)・증점・염유(冉有)・공서화(公西華)와 함께 앉아 있다가, 각
　자 자신을 알아주는 사람을 만나면 어떻게 하겠는지를 말해보라고 하였다. 그
　때 자로・염유・공서화가 각각 자기 재능에 따라 정치적 포부를 말했는데, 증
　점은 "늦은 봄날 봄옷이 완성되거든 관을 쓴 어른 5, 6명과 어린이 6, 7명과 함
　께 기수(沂水)에 가서 목욕하고 무우(舞雩)에 가서 바람을 쐬고 시를 읊조리며
　돌아오겠습니다"라고 하였다. 그러자 공자가 탄식하면서 "나는 너의 뜻을 허락
　한다"고 하였다. 여기서는 증점의 말에 대해 성호가 그 뜻을 밝힌 것으로, 종래
　의 주석에서 찾아볼 수 없는 설이다.

말인가? 이는 단지 그의 뜻을 말한 것일 뿐, 공자의 물음에 대한 대답은 아니다. 그런데 공자가 곧바로 그의 뜻을 허여해준 것은, 무슨 까닭일까?

그 말의 의미를 곰곰이 생각해보니, 모두 성인이 나라를 다스려 태평성대가 된 뒤에 만물이 다 제자리를 얻어 노래하고 읊조리며 자기 삶을 마음껏 즐긴다는 말이었다. 만약 그 당시에 공자를 알아주는 임금이 있어서 공자에게 정사를 맡겼다면, 반드시 태평시대를 만들어 천하 사람들로 하여금 노소를 막론하고 모두 큰 교화 속에 들어와 누가 그렇게 만들어주는지도 모르면서 넉넉하게 잘 살도록 하였을 것이다. 증점의 기대한 바는, 이와 같은 데서 벗어나지 않는다.

공자께서 일찍이 말씀하시기를 "만약 나를 등용하는 사람이 있다면, 1년뿐일지라도 가능하다. 3년이 되면 공을 이룩함이 있을 것이다"[2]라고 하였다. 문인들도 평소 공자를 알아주지 않는 것에 대해 은근히 탄식하였다. 증점의 생각은 "저 자로(子路) 등이 말한 것은, 남이 자신을 알아주어 등용되었을 때의 일에 불과하다. 만약 어진 이를 깊이 알아주어 정사를 맡기는 임금이 있다면 우리 선생 같은 분이 계신데, 어찌 자로 등이 말한 것과 같은 소소한 일을 굳이 하겠는가? 그와 같이 된다면 나와 같은 무리는 화창한 봄날과 같은 세계에서 서로 더불어 즐기며 육성되기에 충분할 것이다"라고 말한 것과 같다.

자공(子貢)이 말하기를 "우리 선생님이 나라를 다스리게 되면, 이른바 백성들의 살 방도를 세워주면 그들이 자립하게 되고, 백성들을 인도하면 그들이 따르게 되고, 백성들을 편안하게 해주면 그들이 모여들게 되고, 백성들을 고무시키면 그들이 화목하게 된다는 것처럼 될 것이다. 그래서 선생님이 살아계실 때에는 백성들이 선생님을 존중하고, 돌아가셨을 때에는 백성들이 슬퍼할 것이다"[3]라고 하였다. 증점의 생각도 이와 같은 것이다.

그러므로 성인이 이런 탄식을 하신 것이다. 이 탄식은 증점의 말에 대해서 탄식한 것이 아니고, 도를 펼 수 없는 세상에 대해 탄식한 것이

---

2) 『논어』 「자로」 제10장에 보인다.
3) 『논어』 「자장」(子張) 제25장에 보인다.

다. 증점의 말에 대해 허여한 것은, 그가 이런 뜻을 안 것에 대해 허여
한 것이다. 이와 같이 보면, 자못 남은 맛이 있다.

曾點之對

余一日 睡間思得曾點舞雩之對 殆於問東答西矣 夫子之問 不過曰如或知爾
則何以哉 故各對以人知擧用以後事 冠童浴風 人人可爲 何與乎知與不知耶 此
特言志 非對問也 而夫子亟許 何也 商其意 皆聖世治平之後 物各得所 歌詠而樂
其生之語也 若使當時 有知夫子者出 而授之以政 則必將陶鑄熙皥 使天下之人
無長無少 咸囿於大化之中 優遊自得 不知爲之者 點之所期 不過如此

夫子嘗曰 苟有用我者 期月可也 三年有成 門人居常竊歎 只在於夫子之不見
知也 其意若曰 彼子路等 卽不過身爲人知也 苟有深知而任之者 則夫子而在 何
必區區諸子之爲也 如此 則如點之徒 相與樂育於太和春風世界 足矣 子貢曰 夫
子之得邦家者 所謂立之斯立 道之斯行 綏之斯來 動之斯和 其生也榮 其死也哀
點之意 亦猶是也 是以 聖人喟然而歎 斯歎也 非歎點之言也 歎世之不可有爲也
與之者 亦與其知此意也 如此看 亦頗有餘味

요산 · 요수(樂山樂水)[1]

'요산요수'에 대해, 정자(程子)[2]가 이끌어내기만 하고 그 뜻을 드러내
지는 않았으니, 인(仁)·지(智)를 체득한 깊은 면을 어떻게 볼 수 있겠
는가?[3] 인·지는 인심(人心)으로 말하면, 인(仁)은 체(體)고 의(義)는
용(用)이기 때문에 지(智)는 인으로부터 나오게 된다. 그 인·지가 되
는 바의 도리는, 근본이 천지(天地)에 갖추어져 있다. 그것이 사물에
나타날 경우, 정(靜)한 것은 산이 되고, 동(動)하는 것은 물이 된다.

정(靜)하기 때문에 산은 만물을 감싸 낳아주고 길러주며, 동(動)하기
때문에 물은 쉬지 않고 두루 흘러가는데, 물은 산으로부터 나온다. 산

---

1) 『논어』 「옹야」(雍也) 제21장에 나오는 "지혜로운 자는 물을 좋아하고, 어진 자
   는 산을 좋아한다"[知者樂水 仁者樂山]는 말을 가리킨다.
2) 송대 학자인 정이(程頤)를 가리킴.
3) 『논어집주』(論語集註) 「옹야」 제21장의 주석에 "정자(程子)가 말하기를 '인(仁)
   과 지(智)를 체득한 것이 깊지 않으면 이와 같이 형용할 수 없다'고 하였다"는
   말이 있는데, 이를 두고 한 말이다.

의 체(體)됨은 조용하여 조짐이 나타나지 않기 때문에 질(質)로써 말한
것이다. 물의 용(用)됨은 감발(感發)하여 어느 곳인들 이르지 않음이
없기 때문에 성(性)으로써 말한 것이다. 질(質)은 조용하여 훼손되지
않으니 오래갈 따름이고, 기(氣)는 움직여 거두어들일 수 없으니 두루
통할 따름이다.

성인이 오래 사는 것[壽]은 타고난 바를 체득하여 온전한 상태로 돌아
가는 것으로, 반드시 타고난 분수를 터득하기 때문에 산처럼 조용한 것이
다. 성인이 즐거워하는 것[樂]은 도를 행해 가는 것으로, 힘써 부지런히
행하면서 햇수가 부족한 줄 모르기 때문에 물처럼 움직이는 것이다.[4] 물
을 먼저 말하고 산을 뒤에 말한 것은, 물건을 가지고 사람에게 비유할 적
에 반드시 깨닫기 쉬운 곳으로부터 시작해야 들어갈 수 있기 때문이다.

그러나 인(仁)을 체득한 것이 깊은 사람이라야 산의 본질에 자신의
정해진 운명과 같은 점이 있는 것을 알게 되고, 지(智)를 체득한 것이
깊은 사람이라야 물의 본성에 도를 행하기를 즐거워하는 것과 같은 점
이 있는 것을 알게 된다.

樂山·樂水

樂山樂水 程子引而不發 又何以見得體其仁智之深乎 仁智者 以人心言 仁體
而義用 故智從仁出也 其所以爲仁智之道 則本具於天地 其著見於物 則靜者爲
山 動者爲水 靜故包涵生育 動故周流不息 而水從山出也 山之爲體 寂而不見兆
眹 故以質言 水之爲用 感而無所不達 故以性言 質靜不毀 則久而已矣 氣動不括
則通而已矣 聖人之壽 體受歸全 必得所稟之限 故如山 聖人之樂 嚮道而行勉焉
孜孜不知年數之不足 故如水 其先水後山者 以物喩人 必從易曉處 可入故也 惟
體仁之深者 方知山質之有似乎定命 體智之深者 方知水性之有似乎樂行

토저(兎罝)[1]

풍시(風詩)[2]의 뜻은 자세히 살펴볼수록 더욱 그 의미가 깊게 느껴진

---

4) 이 대목은 『논어』 「옹야」 제21장에 "지혜로운 자는 즐겁고, 어진 자는 오래 산
　다"[知者樂 仁者壽]라고 한 것을 풀이한 말이다.
1) 『시경』 국풍(國風) 주남(周南)의 편명으로, '토끼 그물'이라는 뜻이다.

다. 「토저」와 같은 시를 매번 대수롭지 않게 보아 넘겼는데, 『춘추좌씨전』 성공(成公) 12년조를 살펴보니, 다음과 같은 말이 있었다.

정사는 예로써 이루어지니, 백성은 그렇게 함으로써 쉴 수 있게 됩니다. 이는 공후(公侯)[3]가 방패나 성처럼 백성을 보호해주는 것입니다. 그러므로 『시경』에 '씩씩한 무인들이여, 공후의 간성(干城)이로다'[赳赳武夫 公侯干城][4]라고 한 것입니다. 그런데 세상이 어지러워지자, 제후들이 탐욕스러워져 남을 침략할 욕심을 꺼리지 않음으로써 조그만 땅을 다투며 백성을 전쟁에 내몰아 죽이고, 무인들을 취하여 자기의 복심(腹心)·고굉(股肱)·조아(爪牙)[5]로 만들었습니다. 그러므로 『시경』에 '씩씩한 무인들이여, 공후의 복심이로다'[赳赳武夫 公侯腹心][6]라고 한 것입니다. 천하에 도가 있으면 공후가 백성의 간성이 되어 복심을 제재하지만, 천하가 어지러워지면 이와 반대가 됩니다.[7]

대체로 공후가 무인을 거느리는 것은 백성을 위한 것이니, 간성이나 복심은 자신을 위한 것이 아니다. 공후는 관직이고, 자기[己]는 한 개체이다. 관직은 공(公)에 속하고, 자기는 사(私)에 속한다. 하나의 '기'(己) 자를 첨가하면, 공과 사가 확연히 갈라지게 된다. 간성(干城)은 걱정을

---

2) 『시경』의 시는 체제 면에서 풍(風)·아(雅)·송(頌)으로 구분된다. 풍은 민간 가요이고, 아는 천자나 제후가 연회할 때 사용하던 음악이며, 송은 천자나 제후의 종묘 제사에 쓰던 음악이다.
3) 제후를 가리킴. 주(周)나라 때에는 공(公)·후(侯)·백(伯)·자(子)·남(男) 다섯 등급의 제후가 있었다.
4) 『시경』 주남(周南) 「토저」(兎罝) 제1장에 보인다.
5) 복심은 배와 심장, 고굉은 팔과 다리, 조아는 손톱과 어금니를 말함.
6) 『시경』 주남 「토저」 제3장에 보인다.
7) 「토저」에 '규규무부 공후간성'(赳赳武夫 公侯干城)·'규규무부 공후호구'(赳赳武夫 公侯好仇)·'규규무부 공후복심'(赳赳武夫 公侯腹心)이라는 구절이 있는데, 대체로 역대의 해석은 씩씩한 무인들이 공후의 간성이 되고, 좋은 짝이 되고, 복심이 된다는 뜻으로 풀이하였다. 그런데 『춘추좌씨전』의 이 말은 '간성'과 '복심'을 상대적인 뜻으로 보고 있다. 성호는 이 점에 착안하여 이 편의 의미를 다르게 해석한 것이다.

함께하고, 좋은 짝[好仇]은 일을 함께하며, 복심(腹心)은 뜻을 함께한다.[8] 공(公)이나 후(侯)가 되는 원인을 따져보면, 모두 하나의 '민'(民)자를 버리고서는 존재할 수 없다. 만약 백성을 떠나서 말한다면 이는 필부로서 하는 일이지, 공후로서 뜻한 일은 아니다. 그냥 범범하게 보아도 아래와 위의 뜻이 모순되는 듯하다.

좌씨(左氏)[9]가 어찌 이 편이 문세(文勢)가 어긋나 이치에 맞지 않는다는 것을 생각하지 않았겠는가? 그가 『춘추좌씨전』에서 위와 같이 말한 데에는 반드시 가리키는 바가 있을 것이다. 위 구절[10]을 인용하여 마땅히 이와 같이 해야 한다는 것을 증명하고, 아래 구절[11]을 인용하여 이와 반대로 하는 것을 경계한 것이다. 이와 같이 보지 않으면, 시의 뜻에 어긋남은 말할 것도 없고 말의 맥락도 이어지지 않으니, 반드시 그럴 리는 없다. 자세히 살펴보아야 한다.

兎罝

風詩之義 考究愈詳 意味愈深 如兎罝之詩 每尋常看 按左傳成公十二年 政以禮成 民是以息 此公侯之所以扞城其民也 故詩曰 赳赳武夫 公侯扞城 及其亂也 諸侯貪冒 侵欲不忘 爭尋常 以盡其民 略其武夫 以爲己腹心·股肱·爪牙 故詩曰 赳赳武夫 公侯腹心 天下有道 則公侯能爲民扞城 而制其腹心 亂則反之 盖公侯之有武夫 爲民 扞城·腹心 非爲己也 公侯者 官也 己者 身也 官公而身私 添一己字 公與私 判矣 扞城則同患也 好仇則同事也 腹心則同志也 原其所以爲公爲侯 則皆捨一民字 不得也 若外其民而言己 是匹夫之爲 而非公侯之志事也 汎看 疑若上下矛盾 左氏 亦豈不顧文勢乖錯胡說者乎 渠必有所指也 引上節 以證其當如此 引下節 以戒其反是 不如此 無論詩意之違誤 卽語脉不著 必無是矣 宜細辨

---

8)『시경』 주남 「토저」에 '공후간성'·'공후호구'·'공후복심'이란 말이 보인다.

9)『춘추좌씨전』을 지었다고 하는 좌구명(左丘明)을 가리킴.

10)『시경』 주남 「토저」 제1장에 보이는 '규규무부 공후간성'(赳赳武夫 公侯干城)을 가리킴.

11)『시경』 주남 「토저」 제3장에 보이는 '규규무부 공후복심'(赳赳武夫 公侯腹心)을 가리킴.

인심(因心)¹⁾

『시경』에 '이 왕계가, 본연의 마음을 따라 우애하여'[維此王季 因心則友]²⁾라고 하였으니, 이는 양지(良知)·양능(良能)³⁾에 대한 말이다. 자애로운 어미가 자식을 사랑하는 것과 어린 자식이 어미를 사랑하는 것은, 사랑을 생각하지 않아도 친애하는 마음이 저절로 생기게 되는 것이니, 이것이 이른바 '인심'(因心)이다.

그러나 형제간에는 반드시 모두 이와 같은 것은 아니다. 대부분 가르치고 배워서 그런 마음을 갖게 되는 것이지, 저절로 생기는 것이 아니다. 그런데 왕계(王季)⁴⁾는 천리(天理)가 마음에 근원하여 배워 넓히기를 기다리지 않고 그렇게 되었다는 것이다.

새와 짐승도 이와 마찬가지의 이치가 있겠지만, 우애만은 그런 자취를 찾아볼 수가 없다. 내가 집에서 닭을 길러본 적이 있다. 암탉이 병아리를 두 차례 깠는데, 먼저 깐 병아리 가운데 암놈 한 마리가 늘 어미를 따라다니며 떨어지지 않았다. 나는 처음에, 그 놈이 제 자신을 이롭게 하기 위해서 저러지 제 어미를 사랑해서 그러는 것은 아닐 것이라고 생각했다. 그런데 어느 날 밤 산짐승이 닭장에 들어와 다 잡아가고, 오직 첫 번째 깐 그 암평아리와 다른 두 마리 병아리만 살아남았다.

그 암평아리는 목을 다쳐서 오랫동안 고생을 하다가 조금 나아졌다. 두 마리 병아리는 의지할 곳이 없어 이 암평아리에게 와 의지하였는데, 두 병아리를 날개로 덮어주기도 하고, 불러 먹이를 쪼아먹이기도 하기를 한결같이 그 어미처럼 하였다. 밤이 되면 양쪽 날개로 두 병아리를 각각 덮어주는데, 몸뚱이가 작아서 밤이 새도록 서 있었다. 이토록 환난을 막아 보호해주는 것이 어미닭보다 나은 점이 있었다. 쫓아내도 문

---

1) 『시경』 대아(大雅) 「황의」(皇矣)에 나오는 말로, 본연의 마음을 따른다는 뜻이다.
2) 『시경』 대아 「황의」 제3장에 보인다.
3) 양지는 생각하지 않고도 아는 것이고, 양능은 배우지 않고도 능한 것이다. 『맹자』 「진심 상」(盡心上) 제15장에 "사람이 배우지 않고서도 능한 것이 양능이고, 생각하지 않고서도 아는 것이 양지이다"[人之所不學而能者 其良能也 所不慮而知者 其良知也]라고 하였다.
4) 주나라 태왕(太王)의 셋째 아들이며, 문왕(文王)의 아버지이다.

밖으로 나가지 않고, 사람을 가까이하여도 피하지 않았다. 그러므로 사람들이 기이하게 여겨 와서 보는 이가 많았다.

이것이 이른바 본연의 마음에서 우러나온 우애이니, 누가 가르치고 누가 시킨 것이겠는가? 나는 이런 모습을 보고, 그 암평아리가 늘 어미를 따라다닌 것이 어미를 친애하기 때문에 그런 것이지, 자신의 사리(私利)를 위한 것이 아님을 알게 되었다. 이 이야기는 '인심'이라는 두 글자에 서로 발명하는 점이 있기 때문에 기록해 둔다.

因心

詩曰 維此王季 因心則友 此良知・良能之說也 慈母之於子 幼子之於母 不待思量 而親愛之心 藹然自發 此所謂因心也 至於兄弟 未必皆如此 多爲敎學而得 非自然發者也 惟王季 天理根心 不待擴而然矣 禽獸或通一路 而惟友不見其迹 余家曾畜鷄 鷄再乳 前乳一雌 隨母不離 始謂其利己而非慈母也 山獸夜入籠攫盡 惟初乳一雌與二雄 不死 雌則頸傷 久而稍蘇 二雄無所依 來歸 而雌乃覆抱呼哺 一如其母 夜則以兩翼 各覆一雄 體小 故立而達宵 其勤斯防患 有愈於母鷄 雖驅之 不出門 近人不避 人皆異之 來觀者多 此所謂因心之友 誰敎而誰爲也 於是 知其隨母 乃親愛之也 非私利也 此於因心字 有相發 故記之

곽망우(郭忘憂)[1]

망우당(忘憂堂) 곽재우(郭再祐, 1552~1617)의 물러나기를 구하는 상소에 다음과 같이 말하였다.

성지(城池)[2]와 주사(舟師)[3]는 어느 한 쪽도 폐지해서는 안됩니다. 그런데 지금은 주사에만 전력하고 성지는 내버려두니, 신은 이 점을 실로 우려합니다. 우려하기만 하고 아무런 도움도 되지 못하니, 벼슬을 그만두고 물러가야 하는 첫번째 이유입니다.

---

1) 남명(南冥) 조식(曺植)의 제자이자 외손서(外孫壻)인 망우당 곽재우를 말함.
2) 성(城)과 성 주위에 적의 침입을 막기 위해 파 놓은 수로(水路)를 말함. 여기서는 육지에서의 적의 침입을 막는다는 뜻으로 쓰였다.
3) 수군(水軍), 즉 해군(海軍)을 말함.

적국을 얽어매는 데에는 강화(講和)보다 나은 게 없고, 분(忿)을 풀고 화(禍)를 늦추는 데에도 강화보다 나은 것이 없고, 적을 나태하게 하여 침입을 못하게 하는 데에도 강화보다 나은 것이 없고, 군사와 백성을 쉬게 하는 데에도 강화보다 나은 것이 없습니다. 적국과 대치할 때에는 사신이 그 사이에 있어야 합니다. 그런데 지금 왜국의 사신을 잡아 가두어, 침입을 부추기고 화를 불러들이고 있습니다. 신은 이 점을 실로 애통하게 생각합니다. 애통해 하기만 하고 아무런 도움도 되지 못하니, 벼슬을 그만두고 물러가야 하는 두번째 이유입니다.

나라가 어지러우면 어진 정승을 생각한다고 합니다. 정승이 참으로 어질면 화란(禍亂)을 돌려 선치(善治)를 이룩할 수 있습니다. 이원익(李元翼, 1547~1634)을 영의정으로 삼았다가 얼마 되지 않아 바꿈으로써 조정에서 안심하고 일할 수 없게 하였습니다. 신은 이 점을 실로 민망하게 생각합니다. 민망해 하기만 하고 아무런 도움도 되지 못하니, 벼슬을 그만두고 물러가야 하는 세번째 이유입니다.[4]

그는 이 상소를 올리고서, 벼슬을 버리고 고향으로 돌아가버렸다. 임금이 그를 국문(鞫問)[5]하라고 명하여, 임금을 비방했다는 것으로 논죄해서 전라도 영암군(靈巖郡)으로 귀양보냈다. 그는 1년 뒤에 풀려났는데, 벼슬을 그만두고 벽곡(辟穀)[6]과 도인(導引)[7]으로 숨어 살았다.

이와 같은 사람은, 절의(節義)를 극진히 하고 자족할 줄 알아서 초연히 사물에 얽매이지 않는 사람이라고 할 수 있겠다. 이른바 '영웅이 머리를 돌리면 곧 신선이 된다[英雄回首卽神仙]'는 것이 아니겠는가? 그가 논한 어진 정승에 대한 한 단락은 더욱 탁월한 생각이라고 할 수

---

4) 이 글은 망우당이 경상좌도 병마절도사로 재직하다 물러날 때 올린 상소의 일부이다. 『망우당전서』(忘憂堂全書, 1987, 곽망우당기념사업회)에는 「기관소」(棄官疏)라는 제목으로 실려 있다.
5) 중대한 죄인을 왕명으로 신문하는 것.
6) 곡식을 먹지 않고 솔잎 등만 먹고 사는 것을 말함. 도가(道家) 양생술(養生術)의 하나이다.
7) 호흡을 조절하거나 몸을 폈다 굽혔다 하는 도가 양생술의 하나이다.

있다. 우리나라 사람들은 안목이 좁아서 이렇게 생각하는 사람이 없다.

郭忘憂

忘憂堂郭再祐 求退疏云 城池・舟師 不可偏廢 今欲專舟師而廢城池 臣實憂
之 憂之無益 其可去者 一也 羈縻敵國 莫過於和 舒忿緩禍 莫過於和 怠敵誤寇
莫過於和 休兵息民 莫過於和 兵交而使在其間 今拘囚倭使 挑寇速禍 臣實痛之
痛之無補 其可去者 二也 國亂思良相 相苟良矣 則可以轉禍爲治 旣以李元翼爲
領相 未幾遽遞 使不得安於朝廷 臣實憫之 憫之無補 其可去者 三也

遂棄官歸 命鞫之 論以誹訪 竄靈巖郡 一年放還 遂不仕 辟穀導引 若人者 可
謂盡節知足 迢然不累於物 所謂英雄回首卽神仙者 非耶 其論良相一段 尤其卓
異 東人眼孔小 無有及此者

진헌 상상(進賢上賞)[1]

전한(前漢) 때에 인재를 가장 많이 얻었다고 하는데, 그 기미는 위무
지(魏無知)[2]에게 먼저 상을 준 데에서 비롯되었다. 나라를 잘 다스리는
사람은 어질거나 재능이 있어야 한다. 그런데 어질거나 재능이 있는 사
람이 어디로 말미암아 진출하겠는가? 그런 사람이 조정에 나아가도 인
재를 계속해서 천거하지 않으면, 또한 인재가 없어서 정사도 제대로 이
루어지지 않는다. 그 요점은 모두 인재를 발탁하는 길을 크게 열어놓아
세상에 불우한 탄식을 하는 사람이 없도록 하는 데 달려 있다.

옛날 관중(管仲)[3]이 제(齊)나라를 다스리고 자산(子產)[4]이 정(鄭)나
라를 다스릴 때, 거의 정치를 잘했다고 할 수 있다. 그러나 성인(聖人)[5]
은 그들을 나무랐다.[6] 이 두 사람의 정치는 그들 자신들이 죽음으로써

---

1) 어진 이를 천거한 사람은 상등의 상을 받음.
2) 한 고조(漢高祖)의 신하로, 진평(陳平)을 천거하였다.
3) 춘추시대 제나라의 대부. 제 환공(齊桓公)을 도와 패자(霸者)가 되게 하였다.
4) 춘추시대 정나라의 대부. 강대국들 사이에 끼여 있는 정나라를 잘 보전할 수 있
   게 하였다.
5) 공자(孔子)를 가리킴.
6) 공자가 관중에 대해서 좋게 평가한 부분도 있고, 나쁘게 평가한 부분도 있다.
   나쁘게 평가한 것으로는 『논어』 「팔일」(八佾) 제22장에 '관중의 그릇은 작다[管
   仲之器 小哉]고 한 것을 들 수 있다. 자산에 대해서도 좋게 평가한 경우와 나쁘

끝났는데, 이 점이 바로 이들을 추천한 포숙아(鮑叔牙)[7]나 자피(子皮)[8]가 이들보다 더 훌륭하게 된 까닭이다.

어진 이를 천거한 사람에게 상등의 상을 주는 것이, 바로 옛날의 법이었다. 그런 말을 듣고 마음으로 그 뜻을 깨달은 사람은, 한 고조(漢高祖) 한 사람뿐이다. 저 위무지가 과연 무슨 공이 있었던가? 그러나 위무지가 없었다면 진평(陳平)도 없었을 것이고, 진평이 없었다면 한 고조는 여섯 번의 기이한 계책에 힘입어 성공할 수 없었을 것이다.

지금 꿩을 사냥하려는 자가 있다고 하자. 그는 반드시 좋은 매부터 먼저 구할 것이다. 그때 매를 잘 알아보는 어떤 사람이 말하기를 "어느 지역 수풀 속에 백발백중의 좋은 매가 있기에 그물로 잡아 바치는 것입니다"라고 하였다. 그가 그 매를 가지고 사냥을 해서 꿩을 많이 잡았을 경우, 그 매를 잡아 바친 사람에게 공을 돌리고, 반드시 후한 재물로 사례할 것이다. 그리고 그런 매를 다시 얻지 못할까 걱정할 것이다. 그렇게 하지 않으면, 그 사람은 자기를 박하게 대접한다고 여겨, 다시는 그런 매를 잡아다주지 않을 것이다.

그러므로 어진 이를 구하면서 천거한 사람에게 보답하지 않는 것은, 매를 잡아 바친 사람에게 보상하지 않는 것과 같다. 그리고 어진 이를 천거했는데도 그에게 일을 맡기지 않는 것은, 매의 날개를 잘라 새장 속에 가두어 두는 것과 같다.

한 고조는 몸소 온갖 험난한 경험을 한 사람으로, 선비에게 의지하는 것을 매우 다행으로 여겼다. 그래서 선비를 얻으면 그를 얻게 해준 사람에게 상이 미쳤으니, 이해(利害)의 기미가 분명하다. 한 문제(漢文

게 평가한 경우가 있는데, 나쁘게 평한 것으로는 『논어』「헌문」(憲問) 제10장의 '자산은 은혜로운 사람이다[惠人也]'라고 한 것을 들 수 있다. 이는 『맹자』「이루 하」(離婁下) 제2장의 '그는 은혜롭지만 정치를 할 줄 몰랐다'[惠而不知爲政]라는 맹자의 말과 연관시켜볼 때, 은혜로운 사람이긴 하지만 정치의 대체를 모른다는 의미가 들어 있다. 곧 드러내놓고 나쁜 점을 말하지는 않았지만, 은혜로운 사람일 뿐이라는 뜻이 들어 있다.

7) 제나라의 대부. 관중을 제 환공에게 추천한 사람이다.
8) 춘추시대 정나라의 대부. 자피는 정나라의 실권자였으나, 자산이 훌륭하다는 점을 알고 그에게 정사를 맡겼다.

帝)[9] 때에 이르러 한 고조가 이룩한 공을 잘 지킨 것은, 그런 풍화에 순응해 다스린 것이다.

進賢上賞

漢之西京 最稱得人 其幾 自先賞魏無知始 夫善爲國者 賢能 而賢能 從何而進乎 進而無繼 又人亡而政息矣 其要都繫於大開拔擢之路 世無幽滯之歎 昔管仲・子産之於齊・鄭 殆其庶幾焉 聖人譏之 彼二子者之爲政 身沒而已 此鮑叔・子皮所以爲優也 進賢上賞 自是古道 而聲入心通者 惟漢祖 是已 彼無知 果何功哉 無無知 無陳平 無陳平 則六出之奇 漢不得賴而成矣

今夫獵雉者 必先求良鷹 人有善相鷹者曰 某地藪澤間 有百中之材 爲之罝以致之 獵遂以厚獲 於是 歸功於罝鷹 必重賄而謝之 惟恐其不復得也 不然 彼將薄之 而不余罝矣 是以 求賢而不報擧者 不賄罝鷹者也 擧賢而不任者 剪翅而籠鷹者也 漢祖躬歷險艱 惟士之爲賴 深幸 其得之 而推及於所以得 則利害之幾 判矣 至文帝 守成 順風而治者也

안연 진지(顔淵進止)[1]

공자께서 안연(顔淵)[2]에 대해 말씀하시기를 "나는 그가 나아가는 것은 보았지만, 그가 그만두는 것은 보지 못했다"[吾見其進也 未見其止也][3]고 하였는데, 공자께서는 무엇을 가지고 그의 나아감과 그만둠을 징험했을까? 이른바 '진'(進)이란 '먼저 알고 뒤에 행하는 것'[先知後行]을 말한다. 따라서 아는 것이 부진하면 행하는 것도 부진하다는 것을 알 수 있다.

안다는 것으로 말하면, 오늘 한 가지 일을 깨닫고, 내일 한 가지 일을 깨달아 깨달은 것이 많아지면 아는 것이 진보된다. 공자께서 말씀하시기를 "내가 일찍이 하루 종일 아무것도 먹지 않고, 밤이 새도록 잠을

---

9) 한 고조의 아들로, 한나라 제5대 황제. 한 고조가 죽은 뒤 여태후(呂太后)의 여씨(呂氏) 일가가 정권을 잡고 전횡하여 한나라 왕실이 위태롭게 되자, 진평 등이 한 문제를 옹립하여 한나라 왕실을 안정시켰다.
1) 안연의 학문에 있어 나아감과 중도에서 그만두지 않음.『논어』「자한」(子罕) 제20장에 "공자께서 안연에 대해 말씀하시기를 '애석하다. 나는 그가 학문에 나아가는 것은 보았지만, 그가 중도에서 그치는 것은 아직 보지 못했다'고 하셨다"라고 하였다.
2) 공자 문하의 수제자.
3)『논어』「자한」제20장에 보인다.

자지 않으면서 생각을 해보았지만, 유익함이 없었다. 생각하기만 하는 것은 배우는 것만 못하다"[4]라고 하였으니, 문인들로 하여금 학문을 하여 진보하게 하신 말씀이다. 이는 대체로 성인의 문하에 있으면서 그때 그때 배우기를 생각하지 않고, 스스로 한계를 그어 나아가지 않는 것[5]을 가련하게 여겼기 때문이다.

마치 풍속이 전혀 다른 동떨어진 지역에 대해서는, 그곳의 풍습이나 산물 등을 억측으로 알아낼 수 없는 것과 같다. 따라서 그 지역 사람을 다행히 만나기라도 하면, 반드시 굶주린 사람이 밥을 만나고, 목마른 사람이 물을 만난 것처럼 기뻐하여, 그 사람이 오래 머물지 않을까를 걱정할 것이다. 그리하여 서둘러 모르는 것을 자세히 물어서 유감이 없도록 할 것이다. 공부하는 사람이 스승의 문하에 거처할 적에도 이와 같다.

공자께서 제자들을 가르칠 때 귀를 잡아당겨 일러주고, 옆에다 두고 이끌어주었지만, 끝내 분발하여 깊이 터득하는 자가 드물었다. 안씨(顔氏)의 아들[6]만이 날마다 더 배우기를 청하여, 오늘 한 가지 일을 터득하고 내일 한 가지 일을 터득하였다.

배우지 않음이 있을지언정 배울 경우에는 능하지 못하거든 그만두지 않으며, 묻지 않음이 있을지언정 물을 경우에는 알지 못하거든 그만두지 않으며, 생각하지 않음이 있을지언정 생각할 경우에는 터득하지 못하거든 그만두지 않으며, 분변하지 않음이 있을지언정 분변할 경우에는 분명하지 않거든 그만두지 않으며, 행하지 않음이 있을지언정 행할 경우에는 독실하지 않거든 그만두지 않는 것,[7] 이것이 바로 '진'(進)이다.

자기보다 나은 사람이 있어도 그를 따라 배우지 않으며, 들어보지 못한 말을 하면 하품이나 기지개를 하며 딴전을 피우고, 깊고 은미한 뜻을 물으면 대답을 하지 못하고, 분명히 알지도 못하면서 억지로 변론을 하

---

4) 『논어』, 「위령공」(衛靈公) 제30장에 보인다.
5) 공자의 제자인 염구(冉求)와 같은 사람을 가리킨다. 『논어』 「옹야」(雍也) 제10장에 "염구가 말하기를 '선생님의 도를 기뻐하지 않는 것은 아니지만, 힘이 부족합니다'라고 하자, 공자께서 말씀하시기를 '힘이 부족한 자는 중도에서 그만두게 되니, 지금 너는 스스로 한계를 긋는구나'라고 하셨다"라고 하였다.
6) 안연을 말함.
7) 이 말은 『중용』(中庸)에 보인다.

고, 잡된 무리와 더불어 놀기를 좋아하는 것, 이것이 이른바 '지'(止)이다.

옛날 배우기를 잘했던 사람은, 알면서도 모르는 자에게 묻고, 많은 지식을 갖고도 지식이 적은 자에게 물었다.[8] 아랫사람에게 묻는 것도 부끄럽게 여기지 않는데, 하물며 스승될 만한 사람이 있는 데 있어서랴? 천리 길도 멀게 여기지 않고 스승을 찾아갔는데, 하물며 가까운 거리에 스승이 있는 데 있어서랴?

어떤 자는 무슨 사고가 있다고 하기도 하고, 어떤 자는 타고 갈 말이 없다고 하기도 하고, 어떤 자는 힘이 부족하고 병이 많다고 한다. 이런 것들이 모두 학문에 나아가지 않는 이유이다.

요즘 학문한다고 이름을 내건 자들은, 선각자를 만나면 "다시 어진 이를 찾아보아야겠다"고 한다. 이는 그 사람이 죽고 나면 곧 후회하게 될 것을 모르고 하는 말이다. 또 스승을 찾아다닐 만한 여유를 얻어도 "일이 끝나기를 기다려야 한다"고 하니, 이는 그 일이 끝나면 또 다른 일이 생긴다는 것을 알지 못하기 때문이다. 심지어 장기·바둑을 두거나 분주히 놀러 다니면서 마음을 쓰는 바가 없으니, 학문이 날로 퇴보할 따름이다. 아, 애석하도다.

顔淵進止

子謂顔淵 余見其進也 未見其止也 夫子何以驗其進止也 所謂進者 先知後行 知不進 則行不進 可知 以知言 則今日格一物 明日格一物 格多則知進 子曰 吾嘗終日不食 終夜不寢 無益 不如學 欲門人之問學而進也 盖憫其居聖人之門 不思及時而學 自畫者也 比若 絶域殊俗 其風習物産 非臆度可審 苟或幸値其人 則必如飢渴之於飮食 惟恐其人之不久留 必急急詳辨 無有遺憾也 學子之居師門 亦猶是也

夫子雖常提耳導掖 終鮮憤悱而深得 惟顔氏之子 日日請益 今日得一事 明日得一事 有不學 學之不能 不措也 有不問 問之不知 不措也 有不思 思之不得 不措也 有不辨 辨之不明 不措也 有不行 行之不篤 不措也 此之謂進也 若有勝己而不從聽 未聞則欠伸而顧他 深微則不答 不曉則强辨 好與雜類處 此所謂止也

---

8) 안연과 같은 사람이 그렇게 하였다. 『논어』 「태백」(泰伯) 제5장에 "증자가 말하기를 '자기가 능하면서도 불능한 이에게 묻고, 자기가 많이 알고 있으면서도 적게 알고 있는 사람에게 묻고, 있으면서도 없는 듯이 하고, 가득찼으면서도 없는 듯이 하고, 남이 덤벼들어도 따지지 않는 경우를, 옛날 나의 벗이 일찍이 이런 일에 종사했다'고 하였다"라고 하였다.

古之善學者 以知問於不知 以多問於寡 下問而不恥 況有可師乎 就師 不遠千里 況邇者乎 或謂有事故 或謂無騎來 或謂力不足 多疾恙 皆不進之題目 今名爲學問 而遇先覺則曰 更求其賢 殊不知人亡而便悔 得暇則曰 只待事了 殊不知了後事又生 甚至博奕遊走 無所用心 日退而已 哀哉

도문학(道問學)[1]

『중용』에 "군자는 덕성(德性)을 높이고 문학(問學)을 말미암는다. 광대(廣大)함을 이루되 정미(精微)함을 다하며, 고명(高明)함을 극진히 하되 중용(中庸)을 말미암으며, 옛것을 익히되 새로운 것을 알아서, 돈후(敦厚)한 마음으로 예(禮)를 숭상한다"[君子 尊德性而道問學 致廣大而盡精微 極高明而道中庸 溫故而知新 敦厚以崇禮][2]고 하였는데, 주자는 이를 존심(存心)과 치지(致知)로 나누어 해설하였다.[3] 그러나 끝내 그 말을 분명히 터득할 수 없다.

문세(文勢)로 보면, '치광대'(致廣大) 이하는 모두 문학(問學)을 말미암는 일이고, 마지막의 '돈후이숭례'(敦厚以崇禮)에 이르러서는 행(行)으로써 말한 것이다. 대체로 존덕성(尊德性)은 다시 공부의 차례를 말할 필요가 없다. 도문학(道問學)하는 것만이 그 안에 허다한 조리가 있는 것이다.

'치광대'는 널리 배우는 것이다. 널리 배우면 지식이 범람하여 정밀하게 살피지 못할까 걱정이 되고, 고명함을 극진히 하면 지나치게 고명하여 중용을 잃을까 걱정이 된다. 그래서 광대함을 이루되 정미함을 다

---

1) 묻고 배우는 것을 말미암는다는 뜻. 이는 『중용』(中庸)에 보이는 말로, 존덕성(尊德性)과 함께 예전 학문의 양대 지표였다. 존덕성은 존심양성(存心養性)하는 것을 말하고, 도문학은 학문을 강구하여 이치를 분변하는 것을 말한다. 즉 존덕성은 거경(居敬)에 해당되고, 도문학은 궁리(窮理)에 해당된다.
2) 이 번역은 성호의 설에 따라 해석한 것이다.
3) 주희는 『중용장구』에서 각 구의 앞에 있는 '치광대'(致廣大)·'극고명'(極高明)·'온고(溫故)·'돈후'(敦厚)를 존덕성의 존심으로 보고, 뒤에 있는 '진정미'(盡精微)·'도중용'(道中庸)·'지신'(知新)·'숭례'(崇禮)를 도문학의 치지로 보았다.

하며, 고명함을 극진히 하되 중용을 말미암는다고 한 것이다. 문득 깨달았다가 바로 잃어버리거나 조금 터득하고서 만족하게 여기는 것은 모두 경계해야 할 일이다.

이렇게 한 뒤에도 중후한 자가 모호한 데 빠지기도 하고, 바른 것을 지키는 자가 각박한 데 빠지기도 한다. 따라서 일을 행할 적에는 광명정대하게 해야 한다. 이와 같이 공부한다면, 본뜻과 조금 차이가 있을지라도 공효가 있을 듯하다. 그러므로 여기에 기록해 둔다.

道問學

中庸 尊德性而道問學 致廣大而盡精微 極高明而道中庸 溫古而知新 敦厚以崇禮 朱子以存心·致知分開說 然終不得其曉然也 以文勢看 則致廣大以下 皆道問學之事 至敦厚崇禮 則以行言 盖尊德性 更不須言功夫次第 惟道問學 有許多條理也 致廣大 博學也 博則恐泛濫而不能精察 極高則恐過高而失中 其旋得旋失 或得少爲足 皆可戒也 然後重厚者 或涉糢糊 守正者 或涉刻薄 行事 宜光明正大也 如是用功 雖於本義差訛 亦似有功 故姑識之

사륙 가금(四六可禁)[1]

나는 『고려사』를 볼 때마다, 긴요하지 않은 사람들의 성명을 모두 나열해놓은 것에 대해 지루함을 견딜 수 없다. 게다가 왕명을 반포하는 조서(詔書)나 주문(奏文)[2]·표문(表文)[3]도 모두 사륙문(四六文)으로 되어 있다. 번다한 말을 줄이지 않고 썼으니, 이것이 무슨 필법이란 말인가? 그런 풍습이 전해져 후세의 폐단만 조장시켰을 뿐이다. 하동부원군(河東府院君) 정인지(鄭麟趾, 1396~1478)는 역사를 기술할 만한 재주를 가진 사람이 아니다.

---

1) 사륙문(四六文)은 금해야 한다. 사륙문은 변려문(騈儷文)이라고도 하는데, 1구(句)의 글자 수를 4자·6자로 맞추어 대구(對句)를 이루도록 짓는 글을 말한다. 이는 중국 위진(魏晉) 시대부터 유행하기 시작한 것으로, 형식미를 극도로 추구하는 산문체의 글이다.
2) 신하가 임금에게 어떤 일을 아뢰는 글.
3) 국가에 경사가 있을 때 신하가 임금에게 올리는 글.

사륙문은 반드시 금지해야 할 문체이다. 사륙문은 서릉(徐陵)·유신(庾信)[4]이 쓰기 시작하여, 왕발(王勃)·양형(楊炯)[5]에 이르러 극성하였다. 이들은 모두 천고의 죄인이다. 명 태조(明太祖)가 조서를 반포하여 이를 금지하려고 하였으나, 끝내 금지하지 못하였다. 그 이유는 무엇일까? 글을 제대로 읽지 않은 자들이 그 투식을 사용하여 세속인들에게 과시하려고 하였기 때문이다.

옛날 사람들은 문장을 작은 기예(技藝)로 여겼다. 더구나 사륙문은 노비나 천한 첩(妾)처럼 하찮게 보았다. 사람들은 매양 사대(事大)하는 데 필요하다고 핑계를 대지만, 사륙문이 아니면 사대를 할 수 없다는 말은 들어보지 못했다. 사륙문으로 사대 문서를 쓰지 않는다면 대국이 죄를 준단 말인가?

사마공(司馬公)[6]이 사륙문에 능하지 못하다는 이유로 한림학사(翰林學士)의 자리를 사양하자, 황제가 말하기를 "전한(前漢)·후한(後漢) 때의 지제고(知制誥)[7]처럼 하면 된다"고 하였다. 사마공은 일찍이 진사 시험에서 우수한 성적으로 합격한 사람이다. 그런데도 사륙문에 능하지 못하다고 하였으니, 이는 대체로 풍자한 말이다.

四六可禁

余觀麗史 其沒緊要人姓名 不憚排列 每見不耐支離矣 又頒詔及奏表 四六之文 繁而不殺 此何筆法 將流爲後弊之助矣 鄭河東 非史才也 四六 決是可禁之技 徐庾作俑 王楊鷗張 皆千古罪人 明太祖頒詔布示 而終亦不能禁 其故 何也 只緣不讀書者 用其彙套 能誇耀俗目故也 古人 以文章爲小技 而四六 又其奴役便嬖焉耳 人每以事大爲諉 未聞無四六而未能事大者也 苟不以此 則大國其罪之耶 司馬公 以不能四六 辭翰林學士 帝曰 如兩漢制誥 可也 公曾進士取高第 而曰不能者 盖諷之也

---

4) 모두 남북조 시대 북주(北周) 때 사람들이다.
5) 모두 당(唐)나라 때 사람들이다.
6) 송(宋)나라 때의 사마광(司馬光)을 가리킴.
7) 국가의 문서를 작성하던 관직 이름.

군신 상구(君臣相求)[1]

　나는『시경』국풍(國風)의 시를 읽을 때마다, 남녀가 서로 좋아하는 말이 많은 것은 그렇다고 하더라도, 시를 읽는 방법에서는 단장취의(斷章取義)하여 어진 이를 구하고 임금을 사모하는 뜻으로 파악해도 옳지 않을 것이 없다고 생각한다. 예컨대, 굴원(屈原)[2]의 시에 보이는 '황혼'(黃昏)·'미인'(美人)·'복비'(虙妃)·'융녀'(娀女)[3] 등을, 어찌 모두 음탕한 것을 좋아한 것으로만 볼 수 있겠는가? 또한 시인의 본래 생각은 어떻든 간에, 그 시가 임금과 신하 관계에서 절실히 모두 들어맞는다. 그래서 나는 그런 음란한 시를 읊조릴 때마다, 실로 감격하여 탄식하곤 한다.

　예로부터 세상이 잘 다스려지느냐 어지러워지느냐 하는 것은, 인재에 달려 있다. 밝은 임금이라야 밤낮으로 정성껏 구하여 초야에 묻혀 있는 어진 이를 불러올 수 있으며, 군자라야 자신의 영화와 이익을 버리고 도를 따라 다른 사람들을 모두 선(善)하게 만들 수 있다. 이런 경우가 바로 하늘과 땅의 도가 잘 어우러져 크게 형통하는[4] 때이다.

　공자께서 말씀하시기를 "나는 덕을 좋아하기를 여색을 좋아하는 것처럼 하는 자를 아직 보지 못했다"[5]라고 하였다. 인정의 지극한 것으로는 남녀가 서로 좋아하는 것과 같은 것이 없다. 그러므로 굳이 여색을 가지고 비유를 든 것인데, 그 뜻이 더욱 절실하다. 만약『시경』에 초목이나 짐승에 의탁해서 시상(詩想)을 일으킨 경우, 실제로 그런 생물을 표현한 것일 뿐이라고 말한다면, 이는 시를 해석하는 방법이 너무 고루한 것이다.

　대체로 어진 선비를 능히 구하지 못하는 임금은 있어도 얻을 수 없는 선비는 없으며, 백성을 제대로 다스리지 못하는 관리는 있어도 다스

---

1) 임금과 신하가 서로 구함.
2) 전국시대 초(楚)나라의 대부.
3) 굴원의『이소』(離騷)에 보이는 말로, 복비(虙妃)는 복희씨(伏羲氏)의 딸로 낙수(洛水)에 빠져 수신(水神)이 되었다고 하며, 융녀(娀女)는 유융씨(有娀氏)의 딸 간적(簡狄)을 가리킨다.
4)『주역』태괘(泰卦) 상사(象辭)에 "하늘과 땅의 도가 교류하여 만물이 화창하게 피어난다"[天地交泰]는 말이 보인다.
5)『논어』「자한」(子罕) 제17장에 보인다.

릴 수 없는 백성은 없다. 임금이 신하를 구할 뿐 아니라, 신하도 임금을 구한다. 그러나 선비는 스스로 임금에게 나아갈 수 없는 경우가 있다. 그러므로 국사(國士)[6]의 실력이 있더라도 스스로 자신을 천거할 수 없는 것은, 그 형세가 불편하기 때문이다.

무엇을 형세라고 하는가? 궁궐의 섬돌은 백 리보다 멀고, 궁궐의 대청은 천 리보다 멀며, 높은 담장을 쌓아 막아놓았고, 발[簾]을 드리워 가려놓았으니, 어떻게 자기의 뜻을 전달할 수 있겠는가? 그러므로 버드나무는 바로 심어도 살고, 거꾸로 심어도 살고, 꺾어다 심어도 살지만, 열 사람이 심어도 한 사람이 뽑아버리면 살아날 버드나무가 없다고 하는 것이다.

그런 까닭에 임금이 어진 선비를 구하지 않는 것은 아니지만, 좌우의 질투하는 신하들 때문에 어찌할 수 없는 것이다. 시야를 가리는 이런 무리를 임금이 왜 물리치지 못하는 것일까? 지혜가 밝지 못하기 때문이다. 아첨하는 자들이 임금의 좌우를 먼저 차지하고서, 임금의 기호(嗜好)를 알아서 그쪽으로 유도하고, 임금의 싫어하고 좋아하는 것을 알아서 그쪽으로 비위를 맞추며, 교묘한 말과 아첨하는 얼굴로 굽실거리며 임금의 뜻에 영합한다. 그러니 물이 스며들 듯이 은근히 다가오는 참소와 피부에 닿을 듯한 절실한 하소연[7]이, 어찌 받아들여지지 않겠는가?

그러므로 날개가 아름답고 부리가 갈고리 같은 새는 다른 새들이 두려워하고, 입이 크고 아랫배가 퉁퉁한 고기는 다른 물고기들이 두려워한다. 마찬가지로 말을 잘하는 사람은, 다른 사람들이 두려워하는 법이다. 대중은 그런 사람을 두렵게 여기고, 임금은 그런 사람을 좋게 여긴다. 이런 점이 후세에 군자는 있어도 선치(善治)는 없는 까닭이며, 시인이 구구절절 탄식을 그치지 않은 이유이다.

나는 『시경』의 「유녀동거」(有女同車)·「건상」(褰裳)·「자금」(子衿)[8]

6) 온 나라 사람들에게 추앙받을 만한 선비.
7) 『논어』「안연」(顏淵) 제6장에 보인다.
8) 모두 『시경』 정풍(鄭風)의 편명이다. 겉으로 보면 모두 남녀가 서로 좋아하는 말이지만, 성호는 임금과 신하가 서로 구하는 뜻을 비유한 것으로 풀이하였다.

등을 읽을 때마다 치소(徵招)·각소(角招)[9]의 음악에 대해 생각하지 않은 적이 없고, 「하인사」(何人斯)·「교언」(巧言)·「항백」(巷伯)[10] 등을 읽을 때마다 구가(九歌)·구장(九章)[11]의 원망에 상심하지 않은 적이 없다.

君臣相求

余讀風詩 多男女相悅之語 縱使然矣 讀詩之道 或斷章取義 把作求賢慕君之義 未爲可 如屈原黃昏·美人·處妃·娥女之類 豈皆好婬樂媚之歸哉 且置詩人之本意 其於君臣之際 委曲皆合 余每諷誦淫泆 實有感激嗟歎者矣 自古天下之治亂 繫乎人材 惟明君 能寤寐誠求 延聘草澤 惟君子 能捨其榮利 殉道兼善 此天地交泰之會也 子曰 吾未見好德如好色者也 人情之至 莫有如男女之相求 故必用此取況 其義尤切 若曰 凡草木飛走之託言起興者 不離於此物而已 則其爲詩 固矣夫

蓋有不能求士之君 而無不可得之士 有不能治民之吏 而無不可治之民 不獨君求臣 臣亦求君 而有或不能自進 故曰 雖有國士之力 不能自擧其身 勢不便也 何謂勢 軒陛遠於百里 堂序遠於千里 崇墉以隔之 簾箔以蔽之 如何得達 故曰 楊之爲木 橫樹亦生 倒樹亦生 折以樹之亦生 然十人樹之 一人拔之 即無生楊矣 是以君非不求士 無奈左右之妬媚也 人主何以不去此蒙蔽也 智不明也 彼先居左右知其嗜好而導之 探其好惡而中之 巧言令色 委曲逢迎 浸潤膚訴 如何不行

故鳥之美羽·鉤喙 鳥畏之 魚之侈口·垂腹 魚畏之 人之利口·瞻辭 人畏之 衆情之所畏 人主之所悅也 此後世所以有君子而無善治也 此詩人所以節節興歎之不已也 余每讀有女同車·褰裳·子衿等篇 未嘗不永懷於徵招·角招之樂 讀何人斯·巧言·巷伯等篇 未嘗不傷痛於九歌·九章之怨

---

9) 춘추시대 제 경공(齊景公)이 안영(晏嬰)의 말을 듣고 악관(樂官)에게 명해 지은 음악의 이름으로, 임금과 신하가 서로 기뻐하는 내용이다. 『예기』「악기」(樂記)에 의하면, 오성(五聲) 가운데 각(角)은 백성에 해당하고, 치(徵)는 정사(政事)에 해당한다. 따라서 치소·각소는 임금이 백성을 위하여 정사를 펴는 내용의 음악임을 알 수 있다.

10) 모두 『시경』 소아(小雅)의 편명이다. 「하인사」는 주(周)나라 때 소공(蘇公)이 포공(暴公)의 참소를 풍자한 내용이고, 「교언」은 주나라 유왕(幽王)이 참소를 듣는 것을 풍자한 내용이며, 「항백」은 참소를 받고 궁형(宮刑)을 당한 사람이 상심하는 내용이다. 세 편 모두 참소에 관한 내용을 담고 있다.

11) 모두 초사(楚辭)의 편명이다. 전국 시대 초(楚)나라 대부 굴원(屈原)이 귀양가서 답답한 마음과 임금을 생각하고 나라를 걱정한 내용을 노래한 것이다.

경해(經解)[1]

유교에서는 경전(經典)을 존숭하는 것만한 것이 없다. 경전의 가르침은 결국 같은 데로 돌아가지만, 경유하는 길은 각기 다르다. 성인이 법도를 세운 데에는 본뜻이 있다. 이를 모르는 사람이 그 글을 가르치게 되면 폐단이 뒤따르게 마련이다. 경전에 대한 주해(註解)는 그런 폐단을 없애고 바른 데로 돌아가도록 하기 위한 것이다.

옛날에 반드시 이런 잘못이 있어서, 경전에 대한 주해를 지어 후세의 경계를 삼은 것이다. 경전을 배우는 자가 어찌 그 본뜻을 궁구하지 않을 수 있겠는가? 그런데 경전을 해석하는 자가 경전에 실린 말에서 그 뜻을 터득하지 못하면, 도리어 성인의 말씀이 아닐 것이라고 의심하니, 이는 반드시 그렇지 않다. 경전에는 여섯 가지가 있는데, '교'(敎) 한 글자로 다 포괄할 수 있다. 이 '교'란 악을 버리고 선으로 나아가는 것을 말한다.

『시경』의 가르침은, 형벌로 금하지 않고 풍유(諷諭)해 깨우쳐서 스스로 터득하게 하고자 한 것이다. 그러므로 온유돈후(溫柔敦厚)한 것으로 주를 삼았다. 그러나 사람 가운데는 착한 자도 있고, 착하지 않은 자도 있다. 사람 가운데 풍유해 깨우쳐서 겉으로라도 순종하게 할 수 없는 자가 있다는 것을 모른다면, 가르침 또한 이루어지지 않을 것이니, 그 잘못이 어리석은 데 있다.

『서경』의 가르침은, 치란(治亂)의 분명한 징험에 통달하여 미래의 잘잘못을 먼저 깨달아, 이로움을 구하고 해로움을 멀리하게 하고자 한 것이다. 그러므로 예전의 일에 널리 통하여 미래의 일을 아는 것으로 주를 삼았다. 그러나 시대가 같지 않고, 일에도 다른 점이 있어서 한결같이 몰밀어 판단할 수 없는 경우가 있다. 그런데 옛날 것만 고수하다가 죄를 얻게 됨을 면치 못한다면, 가르침 또한 이루어지지 않을 것이니, 그 잘못이 속이는 데 있다.

『악경』(樂經)의 가르침은, 막힌 것을 뚫어 대중과 마음을 합해서 화

---

[1] 유교 경전에 대한 해석.

순(和順)한 데로 함께 돌아가게 하고자 한 것이다. 그러므로 넓고 평이하고 선량한 것으로 주를 삼았다. 그러나 거기에 푹 빠져 안일한 자세로 마음대로 하게 되면, 그 잘못이 사치한 데 있다.

『역경』(易經)의 가르침은, 우주의 근원을 미루어 상수(象數)[2]를 강구해서 음양(陰陽)·성쇠(盛衰)의 이치와 진퇴(進退)·존망(存亡)의 뜻을 터득하게 하고자 한 것이다. 그것은 지극히 미묘하여 그르치기 쉽다. 그러므로 깨끗하고 고요하고 정미한 것으로 주를 삼았다. 그러나 길흉(吉凶)을 점치는 것으로 단정하여 사람들이 이익을 추구하고 해로움을 피하려고만 한다면, 결국 술수(術數)·참위(讖緯)[3]에 빠지게 될 것이다. 그렇게 되면 가르침 또한 이루어지지 않을 것이고, 도리어 도를 해치는 것이 심하게 될 것이다.

『예경』(禮經)의 가르침은, 겸손하고 절약하며 온갖 착한 일을 행하는 데 긍지를 갖고서 각자 제 위치를 얻게 하고자 한 것이다. 그러므로 공손하고 검소하고 엄숙하고 공경한 것으로 주를 삼았다. 그러나 경례(經禮)[4] 3백 가지와 곡례(曲禮)[5] 3천 가지가 있는데, 그 방향은 같지만 세부 절목은 다르다. 그래서 혐의를 결단하고 의혹을 분변하는 데 너무 번다 하니, 그 잘못이 번거로운 데 있다.

『춘추』의 가르침은, 은근히 경(經)을 높이고 하나하나 비교해서 말 한 마디, 행동 하나하나에도 끌어다 증거를 삼지 않은 것이 없어, 사람들로 하여금 감히 본분을 넘지 못하도록 하고자 한 것이다. 그러므로 의미 있는 말을 붙이고 다른 일에 비유하는 것으로 주를 삼았다. 그러나 삼가(三家)의 해설[6]이 다르고 사례를 드는 것이 각기 달라서 경중(輕重)과 대소(大小) 사이에 서로 다투는 풍습이 생겼으니, 그 잘못이 혼란스러운 데 있다.

---

2) 역(易)의 변화하는 상(象)과 그 수(數).
3) 길흉화복(吉凶禍福)을 점치는 것.
4) 근본이 되는 예를 말함.
5) 세세한 세부적인 예를 말함.
6) 『춘추』에 대한 삼가의 설을 말함. 곧 좌씨(左氏)의 『춘추좌씨전』(春秋左氏傳), 곡량씨(穀梁氏)의 『춘추곡량전』(春秋穀梁傳), 공양씨(公羊氏)의 『춘추공양전』(春秋公羊傳)을 가리킨다.

　잘못이 있는데도 그 폐단을 구제하지 않으면, 나라를 다스릴 방도가 없게 된다. 이러한 폐단은 대체로 예(禮)가 근본을 잃는 데서 생기는 것이다.　그러므로　혼인(婚姻)·향음(鄕飮)·상제(喪祭)·빙근(聘覲)[7]으로 끝을 맺었다.[8] 예(禮)란 저울로 물건의 무게를 달고, 먹줄로 굽고 곧은 것을 맞추고, 규구(規矩)[9]로 원과 직각을 그리는 것과 같은 것이다. 한번 예를 바르게 하면, 이 여섯 가지의 가르침이 모두 제대로 될 것이다.

經解

　儒敎莫如尊經 經之爲敎 同歸而殊塗 聖人立法 本旨有在 昧者爲之 則弊亦隨之 經解 所以去弊而反正也 古者 必有如此之失 而著爲後戒 學經者 何可以不究其旨 釋者 不得於言 而反疑不出於聖人 則未必然矣 凡經有六 包之以一敎字 敎是去惡就善之名

　詩之爲敎 不以刑禁 欲使之諷曉自得 故以溫柔敦厚爲主 然人有善·不善 不知人之有不可以諷曉而革面者 則敎亦不成 其失愚也

　書之爲敎 通達治亂之明驗 必先覺未來之得失 欲使求利而遠害 故以疏通知遠爲主 然時有不同 事或有別 不可以一槪裁之 而或不免膠守而得罪 則敎亦不成 其失誣也

　樂之爲敎 刲厓窒竅 與衆合同 一歸於和順 故以廣博易良爲主 然易於流蕩 放逸恣欲 則其失奢也

　易之爲敎 推本天元 講究象數 得乎陰陽盛衰之理 進退存亡之義 至妙至微 易以差舛 故以絜靜精微爲主 然斷之以吉凶 欲人之趨利避害 則其終必入於數術讖緯 而敎亦不成 反爲賊道之甚也

　禮之爲敎 謙遜節約 矜持乎百行萬善之間 欲其各得其所 故以恭儉莊敬爲主 然三百三千 同方異曲 決嫌辨疑 不勝其繁多 則其失煩也

　春秋之爲敎 竊竊尊經 一一比勘 一言一行 莫不援以爲證 欲人之無敢越厥 故以屬辭比事爲主 然三家異說 照例各殊 輕重小大之間 爭競成風 則其失亂也

　失而不救 無以爲治 凡此率由於禮失其本 故以昏姻·鄕飮·喪祭·聘覲終之禮者 如輕重之於權衡 曲直之於繩墨 方圓之於規矩 一正禮而 六敎皆得矣

---

7) 빙문(聘問)하고 조근(朝覲)하는 것.
8) 이는 『예기』를 두고 한 말인 듯하다. 『예기』 49편 가운데 제44편이 「혼의」(昏義)이고, 제45편이 「향음주의」(鄕飮酒義)이고, 제48편이 「빙의」(聘義)이고, 제49편이 「상복사제」(喪服四制)이다.
9) 규(規)는 동그라미를 그리는 컴퍼스이고, 구(矩)는 직각을 그리는 자를 말한다.

문도(聞道)¹⁾

　성인께서 "아침에 도를 들으면 저녁에 죽더라도 괜찮다"²⁾는 말씀을 남기셨다. 그러므로 유가(儒家)에서 귀하게 여기는 것은, 도를 듣는 데 있다. 자공(子貢)³⁾이 말하기를 "선생님께서 성(性)과 천도(天道)에 대해 말씀하시는 것은 들을 수 없었다"⁴⁾라고 하였으니, 이는 자공이 처음으로 이에 대한 말을 듣고 탄식한 것이다. 뒤에 증자(曾子)⁵⁾가 '예'[唯]라고 대답한 한 마디 말⁶⁾도, 이 도에 불과하다. 공자께서 어찌 이 도에 대한 말을 아껴서 말씀을 않으셨겠는가? 반드시 배우는 자의 성취한 정도에 따라 일러주셨기 때문에 이에 대해 드물게 말씀하신 것이다.

　공자께서 말씀하시기를 "이치를 궁구하고 본성(本性)을 극진히 해서 천명(天命)에 이르러야 한다"[窮理盡性 以至於命]⁷⁾고 하였는데, 자사(子思)는 이를 조술(祖述)하여 "하늘이 명한 것을 성(性)이라 하고, 성을 따르는 것을 도라 한다"[天命之謂性 率性之謂道]⁸⁾고 하였고, 맹자는 이를 조술하여 "자기의 마음을 극진히 하는 자는 자기의 본성을 아니, 자기의 본성을 알면 천명을 안다"[盡其心者 知其性 知其性 則知天矣]⁹⁾고 하였다. 이것이 바로 도에 대한 말이다. 들어서 알고 나면 쉽지만, 그런 말을 얻어듣기는 실로 어려운 것이다. 그러므로 자공이 위와 같이 말한 것이다.

　주자(朱子)는 이에 대해 낱낱이 분석하고 끝까지 캐들어가서, 오직 사람들이 이를 알지 못할까 염려하였다. 배우는 자가 마음을 오로지 하

---

1) 도를 들음.
2) 『논어』「이인」(里仁) 제8장에 보인다.
3) 공자 제자인 단목사(端木賜)를 말함.
4) 『논어』「공야장」(公冶長) 제12장에 보인다.
5) 공자의 제자인 증삼(曾參)을 말함.
6) 『논어』「이인」(里仁) 제15장에 보이는 "공자께서 말씀하시기를 '증삼아, 나의 도는 하나로써 그것을 꿰뚫었다'고 하자, 증자가 답하기를 '예'라고 하였다"[子曰 參乎 吾道一以貫之 曾子曰唯]라고 한 것을 가리킨다. 여기서 '유'(唯)는 '알았습니다'라는 말이다.
7) 『주역』(周易)「설괘」(說卦)에 보인다.
8) 『중용』 첫머리에 보인다.
9) 『맹자』「진심 상」(盡心上) 제1장에 보인다.

여 자세히 궁구한다면 어찌 대략 짐작하지 못하겠는가마는, 성인이 참
되게 안 것과는 같을 수 없다. 그러나 '도를 듣는다'[聞道]고만 하였으
니, '하고 싶은 대로 해도 법도를 벗어나지 않는다'[從心所欲不踰矩]¹⁰⁾
는 것과는 구별된다. 이는 결국 배우는 자의 일이다.

　유문(儒門)에서는 이를 매우 깊고 지극히 높은 하나의 물건이 있는
것처럼 한결같이 어렵다고들 말한다. 그리하여 사람들로 하여금 거듭
겁을 먹고 미리 의욕을 잃어 감히 손을 쓰지 못하게 하니, 어진 사람이
남들을 가르치고 인도하는 마음은 아닌 듯하다.

　그러나 도에 대해 들은 뒤에, 그것을 알기가 더 어렵다. 그러므로 안
자(顔子)¹¹⁾ 같이 명철한 이도 오히려 "선생님의 도는 우러러볼수록 더
욱 높고, 뚫을수록 더욱 견고하고, 바라보면 앞에 있다가 갑자기 뒤에
있다"¹²⁾는 탄식을 면치 못하였다. 그래서 힘을 다해 공부한 뒤에야 우
뚝하게 서 있는 공자의 도를 볼 수 있었다. 그리고 그것을 보고 난 뒤
에 따라가기가 더욱 어렵다고 하였다.¹³⁾

　이른바 '이치의 신묘함을 궁구해 변화를 안다'[窮神知化]¹⁴⁾는 것은,
생각하고 힘써서 미칠 수 있는 경지가 아니니, 이는 모두 도를 들은 뒤
의 일이다. 만약 '도는 배우는 자가 들을 수 있는 것이 아니다'라고 한
다면, 선(善)을 행하는 데 태만한 것이 아니겠는가? '아침에 도를 들으
면 저녁에 죽더라도 괜찮다'는 이 교훈은, 속유(俗儒)들이 이욕(利欲)에
골몰해 도를 등지고 달려가니, 사는 것이 죽는 것보다 낫지 않다는 것
을 경계한 것에 불과할 따름이다.

聞道

聖人有朝聞道夕死可矣之訓 故儒家所貴 必在乎聞道 子貢曰 夫子之言性與天

---

10) 『논어』 「위정」(爲政) 제4장에 보인다.
11) 공자의 제자인 안회(顔回)를 말함.
12) 『논어』 「자한」(子罕) 제10장에 보인다.
13) 이는 『논어』 「자한」 제10장의 "그만두려고 해도 그럴 수가 없어서 나의 재주
　　를 다하였더니, 우뚝하게 선 바가 있는 듯하였다. 그래서 그것을 좇아가고자
　　하였지만 말미암을 수 없었다"[欲罷不能 旣竭吾才 如有所立卓爾 雖欲從之 末
　　由也已]라고 한 것을 풀이한 말이다.
14) 『주역』 「계사 하」(繫辭下)에 보인다.

道 不可得以聞 子貢始聞而歎之也 後曾子之一唯 不過此道 夫子亦豈靳此而不
言哉 必就其所至而說與 故特罕言之也 子曰 窮理盡性 以至於命 子思述之曰 天
命・率性 孟子述之曰 知性・知天 此便是這話 然聽則易 而聞實難 故子貢云爾
朱夫子 毫分縷析 直窮到底 惟恐人之不曉 學者 苟專心細究 豈不能彷彿億揣耶
但不能如聖人之眞知 然旣但云聞 則與從心所欲 有別 畢竟學者事 儒門 一向言
難 似若有一般窮深極高之物 使人十怕九惴 先自沮而不敢下手 則恐非仁人敎導
之意 但旣聞之後 見之更難 以顏子之明 猶不免仰鑽瞻忽 竭力而後 方有卓然之
立 旣見之後 從之尤難 所謂窮神知化 非思勉之可及 此皆聞道以後事 若曰 道
非學者之可聞 則不幾乎怠於爲善乎 夕死之訓 不過誡世儒之汩汩擾擾 與道背馳
生不愈於死耳

성현 전도(聖賢傳道)[1]

맹자의 문하에, 맹자와 문답한 사람은 17명에 불과한데, 이들이 다
제자의 대열에 있었던 것은 아니다. 대체로 모두들 학문이 보잘것없어
칭찬할 만한 사람이 없기 때문에 "천하의 영재를 얻어 교육하는 것이
하나의 즐거움[樂]이다"[2]라고 하였으니, 이는 대체로 그런 영재를 얻지
못해서 탄식한 말이다. 무엇을 '낙'(樂)이라고 하는가? 낙은 도가 행해
지는 것이다.

성현(聖賢)은 바로 도를 싣고 있는 몸이다. 도를 싣고 있는 것은, 세
상에 쓰이기를 기다리는 것이다. 남에게 도를 가르치게 되면, 그 또한
그와 같이 되어 나와 남의 구별이 없게 될 것이다. 인간의 몸은 반드시
한번 죽지만, 도는 계속 전해져 없어지지 않을 것이니, 쓰이기를 기다
리는 것도 전과 같을 것이다. 공자께서 안연에 대해 그렇게 생각하였
다. 그러므로 그가 죽자 통곡하시기를 "하늘이 나를 버리셨다"[3]고 한
것이다. 여기서 '버렸다'는 말은, 도를 두고 한 말이지, 자신을 두고 한
말이 아니다. 공자께서는, 자신이 도를 가지고 있지만 도를 전해줄 사

---

1) 성현이 도를 전함.
2) 『맹자』 「진심 상」(盡心上) 제20장에 보인다.
3) 『논어』 「선진」(先進) 제8장에 보인다.

람이 없었으니, 죽은 것과 무엇이 다르겠는가? 그러니 애통해하신 것이 당연하다.

다른 날 "어떤 벗이 먼 곳으로부터 찾아오면 또한 즐겁지 않겠는가?"[4]라고 하신 것도, 그 뜻이 이와 같다. 성인이 어찌 많은 사람들이 배우러 모여드는 것으로 즐거움을 삼으셨겠는가? 맹자에 이르러서 '지금 도를 보고서 아는 자가 없으니, 뒤에 도를 들어서 아는 자도 없을 것이다'[無有乎爾 則亦無有乎爾][5]라고 하였으니, 이 말도 세상의 운수가 말세가 되었다는 것뿐만이 아니라, 도를 전할 만한 문인이 없음을 슬퍼한 것이다.

聖賢傳道

孟子之門 問答人不過十七 未必皆在弟子之列 而率皆空疎 無可稱 故曰 得英才而教育之 一樂也 盖不得而歎之也 何謂樂 樂 道之行也 聖賢 乃載道之身 載之 將以待用 以道教人 人亦如之 己與人 無別 身必一死 道傳而不亡 其待用猶前也 孔子之於顏淵 其庶乎此 故及其死 孔子慟之曰 天喪予 所喪 在道 非身也 孔子雖身存道 旣無託 則與死何異 其慟也 宜矣 他日 又曰 有朋自遠方來 不亦樂乎 其意 亦猶是矣 聖人 豈以衆人之集會爲樂哉 至孟子則曰 無有乎已 卽亦無有乎已 不獨世運降末 悼門人之無其傳也

거이소지(擧爾所知)[1]

양마(良馬)를 많이 얻으려면, 백락(伯樂)[2]과 같은 사람 한 명을 얻은 것보다 더 나은 것이 없다. 왜냐하면 좋은 말이 죽어도 그런 말을 다시 구할 수 있기 때문이다. 예리한 칼을 많이 얻으려면, 구야(歐冶)[3]와 같

---

4) 『논어』「학이」(學而) 제1장에 보인다.
5) 『맹자』「진심 하」(盡心下) 제38장에 보인다. 『성호사설』에는 '무유호이 즉역무유호이'(無有乎已 卽亦無有乎已)로 되어 있는데, '이'(已)는 '이'(爾)의 오자이다.
1) 『논어』「자로」(子路) 제2장에 보이는 말이다. 중궁(仲弓)이 "어떻게 어질고 재능 있는 사람인 줄을 알아서 등용합니까?"라고 하자, 공자가 말하기를 "네가 알고 있는 어질고 재능 있는 이를 등용하면, 네가 모르는 어질고 재능 있는 이들을 다른 사람들이 그냥 봐두겠는가?"라고 하였다.
2) 주(周)나라 때 말을 잘 감별하였던 사람의 별명으로 본명은 손양(孫陽)이다.

은 사람 한 명을 얻은 것보다 더 나은 것이 없다. 왜냐하면 명검을 잃어버려도 다시 만들 수 있기 때문이다. 그러므로 관중(管仲)[4]이 제(齊)나라를 다스려 공을 세우자, 환공(桓公)은 포숙아(鮑叔牙)[5]에게 먼저 상을 주었고, 한 고조(漢高祖)도 그런 인재를 얻자 위무지(魏無知)[6]에게 먼저 상을 주었다.

나라를 다스리는 데, 인재를 구하는 것보다 더 중요한 일이 어디 있겠는가? 그러므로 요(堯)·순(舜) 시대는 팔·다리처럼 보좌하는 신하들 때문에 나라가 잘 다스려졌고, 주나라 문왕(文王) 때에도 많은 선비를 얻었기 때문에 나라가 편안하게 되었다. 저 요·순 시대의 팔·다리처럼 보좌하던 신하와 문왕 때의 많은 선비들이 그런 인재가 되었던 것은, 그 임금들이 천거를 통해 천하의 어진 이들을 능히 등용했기 때문이다. 그렇지 않다면 주공(周公)[7]처럼 아름다운 재주를 가진 사람이 있을지라도, 교만하여 선비에게 자신을 낮추지 않고, 인색하여 어진 이에게 일을 맡기지 않아서 볼 만한 치적(治績)이 없었을 것이다.

'어떻게 어질고 재능 있는 이를 알아서 등용합니까?'라는 중궁(仲弓)[8]의 질문에, 공자께서 대답하시기를 "네가 알고 있는 어질고 재능 있는 이들을 등용한다면, 네가 모르는 어질고 재능 있는 이들을 다른 사람들이 그냥 놔두겠느냐?"[9]라고 하였다. 이 말씀의 의미를 생각해보자. 이른바 '다른 사람들'이란 바로 천거하는 사람들이다. '네가 알고 있는 어질고 재능 있는 이들'이란, 재주가 많고 일을 잘 주선하는 것을 가리키는 말이 아니다. 이는 곧 어질고 덕이 있는 인재를 천거해 등용해야 한다는 말이니, 하나의 '현'(賢) 자를 빼버리면 말이 성립되지 않는다.

옛 사람의 말에 "어질지 않으면서 재주만 많은 사람은, 국가의 걱정

---

3) 춘추시대 월(越)나라 사람으로, 칼을 잘 만들었다고 한다.
4) 전국시대 제 환공을 도와 패도(覇道)를 이룩한 사람이다.
5) 제 환공에게 관중을 천거한 사람이다.
6) 한나라 초기 사람으로, 한 고조에게 진평(陳平)을 천거한 사람이다.
7) 주나라 문왕(文王)의 아들로 문왕·무왕(武王)·성왕(成王)을 도와 예악 문물을 집성한 사람이다.
8) 공자 제자인 염옹(冉雍)의 자이다.
9) 『논어』「자로」제2장에 보인다.

거리가 된다"고 하였다. 사람이 충신(忠信)하고 중후(重厚)하지 않으면서 지식과 재능만 많은 경우는, 마치 이리나 승냥이와 같아서 가까이 다가갈 수 없다. 그러므로 마음이 어질지 않은 사람은, 재주만 많아서 나라를 해치는 것이 더욱 심할까 염려스럽다. 성인의 가르침에 어찌 빈틈이 있겠는가? 이로써 미루어본다면, '실무 담당자에게 일을 먼저 맡기고, 관리의 작은 잘못은 용서해준다'[10]는 이 두 가지는, 어진 이를 구하는 절도이다.

정치를 하는 사람이, 자신의 재능을 뽐내며 자기의 주장을 앞세운다면, 군자는 반드시 그런 사람에게 등용되는 것을 즐겁게 여기지 않을 것이다. 따라서 정치를 하는 사람은 아랫사람에게 먼저 일을 맡겨, 그로 하여금 그 일을 처리하게 해야 한다. 그에게 맡겨 시킨 뒤에, 자신이 그의 잘잘못을 살펴야 한다. 또 한 사람에게 모든 재능을 다 갖추기를 요구해도 안된다. 그러므로 작은 잘못도 용서하지 않고 일마다 허물을 잡아 죄를 주면, 군자는 마음을 굽히고 뜻을 꺾어가면서 그 일을 하려고 하지 않을 것이다.

임금이 너그럽고 온화한 마음으로 편안하게 대해 모여들게 해야, 먼 지방에서 절조를 지키던 선비들이 고개를 들고 머리를 돌려 조정에 나아가기를 바랄 것이다. 이 문장은, 이와 같이 보아야 그 뜻을 터득할 수 있다.

擧爾所知

多得良馬 不如得一伯樂 馬死而復求也 多得利劍 不如得一歐冶 劍失而復求也 故管仲治齊 有功 則桓公必先賞鮑叔 漢祖得之 先賞魏無知 治國 豈有加於求才 故曰 唐虞以股肱而康 文王以多士而寧 彼股肱·多士 所以爲才 則以其能薦達天下之賢也 不然 雖有周公之才之美 驕不能下士 吝不能任賢 而不足觀也 聖人答擧賢之問曰 擧爾所知 爾所不知人 其舍諸 商其意 所謂人者 卽所擧之身也 爾所知之才 非謂多技善辨事 卽薦達賢德之才者 去一賢字 不得

古人有言曰 不仁而多才 國之患也 人不忠信重厚 而多知能 比猶豺狼 不可以身近之也 故心或不仁 惟恐才多而賊國之愈甚 聖人之訓 豈間然乎 以此推之 先有司 赦小過 二者 亦求賢之節度 凡爲政者 若矜能而先自主張 則君子未必樂爲

之用 須先付其人 使之綱理 任使 然後我方去察能否也 人不可以求備 故若不容
過差 隨事罪咎 則君子又不欲屈心抑志 屑爲驅策也 須寬裕溫柔 綏之來之 遠方
守貞之士 方是翹首嚮風 待價於席上 如是看 亦得

제연좌법(除連坐法)[1]

연좌(連坐)하는 형벌은 성인(聖人)의 뜻이 아닌 듯하다. 삼족(三族)[2]
을 죽이는 것도 너무 심한데, 오족(五族)[3]·칠족(七族)[4]·구족(九族)[5]을
죽이는 것이 모두 이 연좌법으로부터 시작되었다. 부자·형제라 할지
라도 모두 죄악이 같은 것은 아니다. 자기 자신의 죄가 아니어도 벌을
받게 되니, 그 원통하고 억울함이 어떠하겠는가?

성인은 선을 좋아하는 마음이 악을 미워하는 마음보다 더 크다. 그
러므로 상은 대대로 이어지지만, 벌은 자식에게 미치지 않았다.[6] 후세
에는, 상은 형제에게도 미치지 않으면서 벌은 따로 사는 먼 친척에까지
미치게 되었으니, 어찌 옳은 일이겠는가? 그런데 해설자들은 말하기를
"극에 달한 죄악은, 그의 지친(至親)으로서 반드시 모를 리 없다. 그러
므로 이와 같이 하지 않으면 통렬히 징계할 방법이 없다"고 한다. 그러
나 '반드시 모를 리 없다'는 말은, 의심하는 말이다. '죄가 의심스러울
경우에는 벌을 가볍게 한다'[7]고 했는데, 어찌 미래의 해로움을 미리 염
려하여 애매한 형벌을 함부로 시행할 수 있겠는가? 사람이 크게 바라

---

1) 연좌법을 없애야 함.
2) 부족(父族)·모족(母族)·처족(妻族)을 말함.
3) 한(漢)나라 때 왕온서(王溫舒)의 경우를 두고 한 말로, 부족·모족과 처족 둘,
   동생의 처족을 합해서 오족이라 하였다.
4) 부족, 고모의 아들, 누나나 여동생의 아들, 딸의 아들, 모족, 조카, 처의 부모를
   말한다.
5) 부족, 고모의 아들, 누나나 여동생의 아들, 딸의 아들, 어머니의 부모, 어머니의
   형제, 어머니 형제의 아들, 처의 아버지, 처의 어머니를 말한다.
6) 이 말은『서경』「대우모」(大禹謨)에 보인다. 고요(皐陶)가 순(舜)의 덕을 칭송한
   것이다.
7)『서경』「대우모」에 보인다.

는 바는 죽기를 싫어하는 것보다 더한 것이 없다. 그런데 사람 죽이는 것을 꺼려하지 않으니, 다른 것을 걱정해줄 리가 있겠는가?

고려 공양왕(恭讓王) 때 사헌부(司憲府)에서 상소하기를 "순(舜)임금은 곤(鯀)[8]을 죽였어도 그의 아들 우(禹)를 정승으로 삼았고, 무왕(武王)은 주(紂)[9]를 죽였어도 그의 아들 무경(武庚)을 봉해주었습니다. 이는 천지가 만물을 생성(生成)하는 마음입니다. 그런데 요즘 세상에는 사람 죽이기를 밥먹듯이 하여, 남의 친족을 멸하고도 오히려 그의 자손이 남아 있을까 염려하니, 어질지 않음이 너무 심합니다. 지금부터는 처와 자식에게 연좌법을 쓰지 말도록 하소서"라고 하였다.

옛날 한 문제(漢文帝) 원년(元年, 기원전 179)에 수노법(收孥法)[10]과 연좌법을 맨 먼저 없앴다. 한 문제 이후로 이런 뜻을 터득한 경우는, 오직 이뿐이었다. 이는 세상에 드러내보일 만한 일이다.

除連坐法

連坐之刑 恐非聖人之意 三族已甚 五族・七族・九族之殘 皆從此作俑 雖父子・兄弟 未必皆同惡 苟非其罪 冤憤 當如何 聖人好善 大於惡惡 賞延于世 而罰不及嗣 後世 賞不延于同產 而罰必及于異居之親屬 可乎 說者謂 惡逆之極 其至親 未必不知 不如此 無以痛懲 然未必者 疑辭也 罪疑惟輕 豈可因未來之害 冒施曖昧之刑哉 人之大欲 莫如惡死 死且不憚 其他 又可恤乎

高麗恭讓王時 憲司上疏曰 舜殛鯀而相禹 武誅紂而封庚 天地生物之心也 近世殺人 如飮食 滅人之族 猶恐其有後 不仁 甚矣 願自今 妻子無隨坐 昔漢文元年 首除收孥相坐之法 後文帝而得其意者 惟此也 可以表出

복식(卜式)[1]

전한(前漢) 시대에 정치의 요점을 안 사람은, 복식밖에 없다. 복식은 양을 길러 부자가 되었다. 그는 양을 다스리는 방법으로 백성을 다스리

---

8) 하(夏)나라를 세운 우(禹)의 아버지. 순임금 때에 산과 물을 다스렸는데, 잘못하여 순에게 처형을 당했다.
9) 은(殷)나라 마지막 임금의 시호(諡號).
10) 죄인의 처와 자식을 잡아다 관청의 노비로 만드는 법.
1) 한 무제(漢武帝) 때 어사대부(御史大夫)를 지냈던 사람이다.

고자 하였는데, 뜻을 얻지 못하였다. 그가 말하기를 "백성을 다스리는 것도 이와 마찬가지이다. 때론 나쁜 놈은 가려 물리쳐서 다수의 무리를 해치지 못하게 해야 한다"고 하였다. 이 말은 다수의 무리를 해치는 자를 제거해야 한다는 뜻이다.

백성을 해치는 것으로는, 포학한 관리보다 더한 것이 없다. 백성을 해치는 자를 제거하여, 백성으로 하여금 각자 자기의 삶을 도모하도록 한다면, 어찌 잘 다스려지지 않을 리가 있겠는가? 복식은 선박에 대한 세금이 불편하였을 때에 임금에게 아뢰었고, 물가가 평준화되지 않았을 때에는 "상홍양(桑弘羊)²⁾을 삶아 죽여야 하늘이 비를 내릴 것입니다"라고 하였다.

상홍양은 곧 백성을 극도로 해친 자이다. 모리(牟利)하는 자들을 제거하면 백성이 편하게 된다. 상홍양은 당시 임금의 총애를 받고 있었고, 복식은 이전에 이미 천자의 노여움을 받았던 터였다. 그런데도 바로 직간(直諫)을 하며 숨기지 않았으니, 어찌 재물을 팔아 현달을 구한 자이겠는가?

민생은 죽음을 싫어하고 살기를 바라지 않는 자가 없다. 그런데 그들을 살리는 방법은 재물을 넉넉히 하는 데에서 벗어나지 않는다. 백성의 재물을 넉넉히 하는 것은, 또한 백성이 일할 시간을 뺏지 않는 데 달려 있다. 사람은 저마다 지혜와 능력이 있기 때문에, 재물을 모을 수 있으면 그 일을 하지 않을 자가 없고, 또 남이 권유하기를 기다리지 않고 재빨리 그 일을 한다.

여기에 어떤 이로운 길이 있어 두 사람이 다툰다고 가정할 경우, 결국은 힘있는 자가 이기게 될 것이다. 힘이 있는 것으로는, 나라보다 더 강한 것이 없다. 그러니 백성이 어찌 감히 나라와 다툴 수 있겠는가? 힘으로 빼앗는 경우에는 그래도 눈으로 확인할 수 있는 자취가 있다. 그런데 하물며 교묘한 꾀를 써서 빼앗는 데 있어서랴? 마치 생쥐가 은밀히 살을 갉아먹어 기름기와 피가 다 없어져도 사람이 오히려 깨닫지 못하는 것과 같다. 상홍양 등이 행한 온갖 일은, 임금에게 부(富)를 더

---

2) 한 무제(漢武帝) 때의 신하로, 염철(鹽鐵)과 물가 조절을 담당하였다.

해주는 하나의 길에서 벗어나지 않으니, 밑에 있는 백성이 어찌 손상을 입지 않겠는가?

복식 혼자서 그런 폐단을 깨닫고 그를 몹시 미워하여, 심지어 그를 삶아 죽여 하늘의 뜻에 보답하자고까지 하였다. 당시 공손홍(公孫弘)[3] 이하는 이렇게까지 하는 데 미치지 못했다. 참으로 한 무제로 하여금 마음을 뉘우치게 한 뒤에, 복식 같은 사람 몇 명을 더 얻어 의심하지 않고 정사를 맡겨서 양을 기르던 방법으로 천하를 다스리게 했다면, 천하가 거의 잘 다스려졌을 것이다.

卜式

西京之世 識治要者 卜式 是已 式牧羊致富 將以治羊之術治民 而不得者也 其言曰 治民亦 猶是也 以時起居惡者 輒斥去 毋令敗羣 此去其害馬之意也 害民 莫如虐吏 去其害民者 使民各自謀生 何不遂之有 式般賦不便 則言之 平準不便 則乃謂烹弘羊 天乃雨 弘羊 卽害民之惡者也 牟利之徒去 則斯民安矣 弘羊方寵 任 而式前旣遭天子之不悅 今又正諫不諱 是豈售財求顯者耶

民生莫不惡死欲生 生之之術 不外於饒財 饒財又在於無所撓奪 人各有智能 凡所以致財者 無不爲之 伶俐不待乎導誘也 此有利寶 兩人爭之 將有力者勝 有 力莫强乎國 民敢與爭乎哉 力奪 猶有迹可見 況其用智巧而奪之乎 此如甘鼠齕 肌 陰銷密鑠 膏血竭 而人猶不覺也 弘羊等 百種施爲 不離乎益上一路 下安得不 損 式獨覺而深嫉之 至欲烹滅以答天 當時 公孫以下 未有及此也 誠使武帝悔心 之後 得如式者數輩 任之不疑 以治羊之術 治天下 其有庶幾乎

가례(家禮)[1]

후인들이 『주자가례』(朱子家禮)를 따르며 받들기를 거의 삼례(三禮)[2]와 같이 한다. 심지어 『가례』가 만들어진 뒤에는 삼례를 잊어버려도 괜찮다고까지 말한다. 그러나 『가례』가 만들어진 뒤에도 주자는 30년이나 더 살았다. 주자가 남긴 글에 『주자대전』(朱子大全)과 『주자어류』(朱子語類)가 있는데, 이 둘을 서로 대조해보면 다른 설이 매우 많

---

3) 한 무제(漢武帝) 때의 청렴한 신하임.
1) 『주자가례』의 약칭.
2) 『주례』(周禮)·『의례』(儀禮)·『예기』(禮記)를 말함.

다. 그러니 그 뜻은 나중에 정한 의논을 따르는 것이 마땅하다. 그런데 도 『가례』만 고수하며 꼼짝도 하지 않는 것은 어째서인가?

『가례』는 주자가 상(喪)을 당해 한천정사(寒泉精舍)에서 잠시 머무를 때 지은 것에 불과하다. 그리고 완성되기도 전에 어떤 아이에게 도난을 당했다가, 장사지내는 날 우연히 찾은 것이다. 그러니 그 가운데 는 반드시 빼버려야 할 것도 있을 것이고, 보충해 넣어야 할 것도 있을 것이다. 그리고 뒤에 정한 의논과 다른 경우도 여러 곳에서 지적할 수 있다. 그 뒤에 주자가 벗이나 문하생과 문답한 내용 가운데도 '가례' 두 자에 대해 언급한 것이 한 마디도 없다. 어째서 그럴까? 주자가 이 책을 금석(金石)처럼 소중하게 여기지 않았음을 미루어 알 수 있다.

그의 유서(遺書)와 어류(語類) 안에서 두루 찾아보아도 이에 대해 언급한 것은 단지 세 군데만 보일 뿐이다. 그는 "내가 일찍이 제의(祭儀)를 편찬할 때, 중간에 예를 행하는 부분에 대해서만 5~6단계로 나누어 만들어 놓았을 뿐이다. 매우 간략하여 알기 쉬웠는데, 뒤에 어떤 사람이 훔쳐가 없어졌다"고 하였고, 또 "나는 제례(祭禮)에 대해 책을 완성하지 못했다. 단지 사마공(司馬公)[3]이 지은 설을 가지고 몇 군데를 뺐을 뿐, 고친 곳은 없다"고 하였다. 이는 『가례』를 가리켜 말한 듯한 데, 이미 책을 완성하지 않았다고 하였다. 또 주자의 행장(行狀)에 "『가례』를 세상에서 많이 쓰게 된 뒤에 줄이기도 하고 보태기도 한 것이 많았다. 그러나 다시 확정해 만들 겨를이 없었다"고 하였다.

만약 『가례』가 일찍 발견되었다면, 주자는 분명히 수정해 고쳐서 완성했을 것이다. 그렇게 하지 못한 것이 천고에 한스러운 일이다. 시의(時宜)에 맞고 고의(古義)에 위배되지 않는 것만 뽑아 전례(典禮)를 만든다면, 의심할 만한 점이 없을 것이다. 그러나 다시 허다한 세대를 지나게 되면, 세속에서 숭상하는 풍속도 옛날과 같지 않게 된다. 그리고 경례(經禮)[4]와 어긋나거나 다른 점이 있게 되면, 다시 뒤에 정하는 설이 있어야 한다. 그런데도 오히려 취하고 버리는 것을 용납하지 않는다면,

---

3) 송나라 때 재상을 지낸 사마광(司馬光)을 말함.
4) 근본이 되는 예란 뜻임.

수주대토(守株待兎)[5]하고 각주구검(刻舟求劍)[6]하는 데 가깝지 않겠는가?

과연 『가례』를 하나하나 다 따를 만한 것이라고 한다면, 주자가 뒤에 다시 생각해 보태 것은 보태고 뺄 것은 뺐을 것이다. 그렇게 하는 것이 무엇이 어려워서, 매번 '늙고 병들어서 어찌할 수 없다'고 하였겠는가? 장방(長房)[7]에 대한 한 가지 일을 가지고 말하더라도, 『주자대전』에 보이는 이 요경(李堯卿)[8]과 호 백량(胡伯量)[9]에게 답한 편지와 『주자어류』에 보이는 심한(沈僩)에게 답한 말이 서로 똑같다. 이는 모두 한때의 말로, 장방의 신주(神主)를 폐출하는 것에 대해 결코 허락하지 않은 듯하다.

『주자어류』의 목록을 살펴보니, 심한의 기록은 모두 무오년(1198년) 이후에 들은 말이다. 2년 뒤에 주자가 세상을 떠났으니, 이것이 뒤에 정한 의논이라는 점은 의심할 여지가 없다. 그 외의 장방에 대한 설은 『주자어류』에 단지 한 조항만 보일 뿐이다. 그런데 거기에 단지 "지금 세상에는 대종법(大宗法)[10]이 세워지지 않았기 때문에 소종법(小宗法)[11]에 대해 말을 한다……"고 하였다. 더구나 오늘날에는 지손(支孫)으로서도 종통(宗統)을 세우는 것이 허락되어, 사당에 불천위(不遷位)[12]를 모실 수 있게 되었다. 그런데 장방의 예가 대종법과 함께 행해지고 있으니, 무슨 이유일까? 이는 예를 잘 아는 사람과 의논해보아야 할 문제이다.

家禮

後人遵奉朱子家禮 殆與三禮竝 至云 家禮以後 三禮可忘也 然家禮成後 朱子享壽三十餘年 有大全 有語類 兩相較勘 異說甚多 其義宜從後定之論 猶守家禮而不動 何哉 家禮不過居憂寒泉一時所著 未及完成 而旋爲童行所儷 至葬日 偶出者 必有可刪可補 其與後來定論 不同者 亦可指數 其後 朱子與朋友門生問答 更無一言及家禮二字者 何也 其非把作金石看 可以推知 遍考遺書・語類中 只

---

5) 그루터기에 부딪혀 죽은 토끼를 보고서 다시 똑같은 일이 일어나기만을 기다린다는 뜻으로, 융통성이 없음을 말한다.

6) 칼을 강물에 떨어뜨리자 뱃전에 표시를 했다가 나중에 그 칼을 찾으려 한다는 뜻으로, 시세의 흐름에 따른 변통을 모르는 고집스러움을 말한다.

7) 팔촌(八寸) 이내의 항렬이 높고 나이가 많은 사람을 말함.

8) 주자의 제자인 이군자(李君咨)를 말함. 요경은 그의 자이다.

9) 주자의 제자인 호영(胡泳)을 말함. 백량은 그의 자이다.

10) 맏이로 이어온 종통(宗統)을 따지는 법.

11) 대종(大宗)에서 갈려나간 종통을 따지는 법.

12) 사당에서 폐출하지 않고 영구히 모시는 조상의 신위를 말함.

有三條 云某嘗修祭儀 只就中間行禮處 分作五六段 甚簡易曉 後被人竊去 亡之
矣 又云 某之祭禮 不成書 只將司馬公者 減去幾處 無修改處 此似指此書 而旣
云不成書 行狀云 家禮 世多用之 然後多損益 未暇更定 若使早出 則朱子之修改
完成 必矣 此千古之恨也

其合於時宜 不違於古義者 定作典禮 無可疑者 然復歷許多時世 俗尙不同 又
或與經禮乖別處 及更有後定之說 而猶不容取舍 則不幾於守株刻劍之歸耶 若果
以家禮爲一一可遵 則朱子追憶而略加增刪 何難而每云 衰病而不能 何耶 以長房
一事言之 大全之答李堯卿・胡伯量 語類之答沈僩 恰與相符 恐皆一時之言 而
斷斷然不許遷奉 按語類目錄 則沈錄 乃戊午以後所聞 後二年 先生易簀 其爲後
定之論 無疑 其他長房之說 見於語類者 只一條 而只云 今世大宗法 不立 故方
言小宗法云云 況今日 旣許立宗 而有不祧之廟 然而長房之禮 與大宗法竝行 何
也 此當與知禮者論

육생시(六笙詩)[1]

『문슬신화』(捫蝨新話)[2]에 다음과 같이 말하였다.

시가 없어진 것이 6편이다. 살펴보건대, 「향음주례」(鄕飮酒禮)[3]와
「연례」(燕禮)[4]에 "생(笙)이 들어와 「남해」(南陔)・「백화」(白華)・「화
서」(華黍)[5]를 연주한다"고 하였고, 또 "「어리」(魚麗)[6]를 노래하면 생
으로 「유경」(由庚)[7]을 연주하고, 「남유가어」(南有嘉魚)[8]를 노래하면
생으로 「숭구」(崇丘)[9]를 연주하고, 「남산유대」(南山有臺)[10]를 노래하

---

1) 『시경』에 제목만 남아 있고 본시(本詩)가 없는 「남해」(南陔)・「백화」(白華)・「
   화서」(華黍)・「유경」(由庚)・「숭구」(崇丘)・「유의」(由儀) 6편을 말한다. 이 편
   들은 본래 생(笙)으로 연주되어 생시라고 한다.
2) 송(宋)나라 때 진선(陳善)이 지은 책.
3) 『의례』의 편명임.
4) 『의례』의 편명임.
5) 모두 육생시의 편명이다.
6) 『시경』 소아(小雅)의 편명임.
7) 육생시의 편명임.
8) 『시경』 소아의 편명임.
9) 육생시의 편명임.
10) 『시경』 소아의 편명임.

면 생으로 「유의」(由儀)[11]를 연주한다. 이 6편은 모두 생으로 연주한
다. 그 음악은 있지만, 시사는 없다"고 하였다. 「연례」에 또 '당(堂)
아래서 관(管)으로 「신궁」(新宮)[12]을 연주한다'는 말이 있는데, 이에
대해 모씨(毛氏)[13]는 "신궁도 역시 시(詩)의 편명인데, 시사(詩辭)와
그 뜻이 다 없어져 어느 곳에 들어 있었는지 알 길이 없다"고 하였
다. 상빈(商份)[14]은 말하기를 "관과 생은 같은 유형이니, 음악만 있을
뿐이다. 그러므로 「신궁」의 시도 없는 것이다"라고 하였다.

그러나 내가 살펴본 바에 의하면, 『춘추좌씨전』 소공(昭公) 25년
조에 "송(宋)나라 임금이 소자(昭子)를 위해 잔치를 베풀 때, 「신궁」
을 노래[賦]했다"고 하였다. '노래했다'고 하였으니, 노랫말이 없는
것이 아니다. 대체로 시가 있는데 시사가 없는 경우는 없다. 『시경』
에 빠진 시로서 다른 경전에 보이는 것으로는, 「이수」(貍首)와 「려구
」(驪駒)가 있다. 『예기』「사의」(射義)에 "활을 쏠 때, 제후는 「이수」
를 노래하는 것으로 절도를 삼는다"고 하였다. 그리고 그 아래에 "그
시에 '증손(曾孫) 후씨(侯氏)가, 사정(四正)의 예[15]를 갖추어 거행하
네. 대부와 군자, 그리고 여러 사(士)들, 크고 작은 관리를 막론하고,
임금의 처소에 모이네. 연회를 베풀고 활을 쏘네. 나라가 편안하니,
명예가 있구나'라고 하였다"는 말이 있다. 정씨(鄭氏)[16]는 이것을 「이
수」의 시사라고 하였다.

전한(前漢) 때 강공(江公)[17]이 학생들에게 술자리에서 노래를 부르
게 하면서 "「려구」를 노래하라"고 하였다.[18] 그 주(註)에 "그 시에
'검은 말이 문에 있을 때, 마부가 함께 있도다. 검은 말이 길에 있을

---

11) 육생시의 편명임.
12) 본래 『시경』에 들어 있었으나, 후대에 없어진 시의 편명이다.
13) 모시(毛詩)를 전한 모형(毛亨)・모장(毛萇)을 말함.
14) 미상.
15) 활을 쏘기 전에 빈(賓)・공(公)・경(卿)・대부(大夫)에게 정작(正爵)을 네 번
거행하는 예를 말한다.
16) 한(漢)나라 때 경학가 정현(鄭玄)을 가리킨다.
17) 전한 때 사람 강옹(江翁)을 말함.
18) 『한서』(漢書) 제88권 「왕식열전」(王式列傳)에 보인다.

때, 마부가 멍에를 정돈한다'고 하였다."라는 말이 있다.[19] 그렇다면
「려구」또한 시사(詩辭)가 없는 것이 아니다. 이로써 본다면, 육생시
도 분명히 시사가 있었는데 없어진 것을 알 수 있다.

나의 생각으로는, 이 설이 그럴듯하다. 모씨의 '어느 곳에 들어 있었
는지 알 길이 없다'는 말을 살펴보면, 아마도 모씨가 『시경』을 주석할
때 『의례』에 따라[20] 6편의 생시를 3백 편 속에 편입한 것인 듯하다. 그
렇지 않다면 모씨가 무슨 까닭으로 어느 곳에 들어 있었는지를 알 길
이 없다고 한탄하였겠는가?

살펴보건대, 『의례』「연례」에 "마루 위에 올라 「녹명」(鹿鳴)[21]을 노
래하고, 마루 아래에서 관으로 「신궁」(新宮)을 연주하면, 생이 들어와
세 가지 음악이 이루어진다"고 하였다. 「신궁」은 생시와 구별되는 것으
로, 「녹명」 아래에 있어야 한다. 그러나 「녹명」·「사모」(四牡)·「황황
자화」(皇皇者華)[22] 3편은 『예기』·『춘추좌씨전』 등 여러 서적에 의거하
건대, 대아(大雅)의 첫머리 3편[23]과 마찬가지로 떼어놓을 수 없는 시이
니, 「신궁」을 「녹명」 바로 뒤에 편입시킬 수는 없다.

주자의 『시집전』에는 혹자의 설을 인용하여 「신궁」을 「사간」(斯干)[24]
일 것이라고 하였다.[25] 「사간」에 집을 짓는다는 말이 있기는 하지만, 이
편 안에 '신궁'(新宮)이란 두 글자가 없으니, 무슨 연유로 그와 같음을
입증하겠는가? 만약 「신궁」이 어느 곳에 들어 있었는지를 알았다면,
모씨가 반드시 3백 편 가운데 편입시켰으리라는 것을 미루어 알 수 있

19) 『한서』 제88권 「왕식열전」 주(註)에 보인다.
20) 『의례』「연례」에 "생이 연주장으로 들어가 「남해」·「백화」·「화서」를 연주한
  다. ……이에 중간에 「어리」를 노래하면 생으로 「유경」을 연주하고, 「남유가어」
  를 노래하면 생으로 「숭구」를 연주하고 「남산유대」를 노래하면 생으로 「유의」
  를 연주한다"[笙入于縣中 奏南陔白華華黍……乃間歌魚麗笙由庚 歌南有嘉魚笙崇丘
  歌南山有臺笙由儀]고 하였다.
21) 『시경』 소아의 편명임.
22) 『시경』 소아 첫머리에 나오는 3편의 편명이다.
23) 「문왕」(文王)·「대명」(大明)·「면」(緜)을 말함.
24) 『시경』 소아의 편명임.
25) 『시집전』 소아 「사간」(斯干)의 주석에 보인다.

다. 또 "시(詩)는 뜻을 말하고, 노래[歌]는 말을 길게 읊조리는 것이다"[26]라고 하였으니, 음악만 있고 시사가 없다면, 어떻게 시를 편집한 『시경』안에 들어갈 수 있겠는가?

그렇다면 6편의 생시 및 「신궁」・「이수」・「려구」와 같은 시는, 공자께서 시를 편집할 때 빼고 편입하지 않은 것이다. 후대 사람들이 그 편차를 억측하여 추가로 편입한 것인데, 파악할 수 없는 것은 감히 끼워넣지 않았다. 지금 전하는 것은 단지 옛날부터 전해 내려오는 편명(篇名)[27]에 따라 시편을 합쳐놓은 것일 뿐인데, 주자는 모두 그 설에 따라 편명을 바꾸어놓았으니, 무슨 까닭인가? 모씨는 6편의 생시를 편입시키고서도 편명은 바꾸지 않았다. 그러므로 일십(一什)에 10편이 넘는 것도 있다. 그렇다면 어떻게 십(什)이 되었겠는가? 처음에는 이 편들이 편입되지 않았던 것이 더욱 분명하다.

『사기』(史記) 「공자세가」(孔子世家)에 '시삼백오편'(詩三百五篇)이란 말이 보이니, 공자 때에 어찌 311편이 있었단 말인가? 나는 그러므로 "구하(九夏)[28]는 금시(金詩)이고, 「신궁」은 관시(管詩)이고, 빈아(豳雅)・빈송(豳頌)은 약시(籥詩)이고, 「유경」(由庚)・「유의」(由儀)의 유(類)는 생시(笙詩)이다. 그 예(例)가 같다"고 생각한다. 상세한 것은『시경질서』(詩經疾書)[29]에 있다.

六笙詩

挹蒐新話云 詩之亡者 六篇 按鄉飲酒・燕禮 笙入奏南陔・白華・華黍 又曰 歌魚麗 笙由庚 歌南有嘉魚 笙崇丘 歌南山有臺 笙由儀 此六者 皆於笙奏之 雖有其聲 木無辭句 燕禮 又有下管新宮 毛氏云 新宮亦詩篇名 辭意皆亡 無以知其篇第之處 商份曰 管與笙 一類也 有聲而已 故新宮詩 亦亡 然以余考之 左傳昭二十五年 宋公享昭子 賦新宮 謂之賦 則非無辭矣 盖未有有詩 而無辭者 今逸詩 見於經者 又有貍首・騶駒焉 射義 諸侯以貍首爲節 其下文云 詩曰曾孫侯氏 四

---

26) 『서경』「순전」(舜典)에 보인다.
27) 여기서 말하는 '편명'(篇名)은 소아(小雅)의 시를 10편씩 묶어놓은 명칭, 곧 십명(什名)을 말한다. 아래도 마찬가지이다.
28) 주나라 때 조정에서 연주하던 9종의 음악. 곧 왕하(王夏)・사하(肆夏)・소하(昭夏)・납하(納夏)・장하(章夏)・제하(齊夏)・족하(族夏)・계하(祴夏)・오하(驁夏)를 말함.
29) 성호가 지은 『시경』의 주석서.

正具擧 大夫君子 凡以庶士 小大莫處 御于君所 以燕以射 則燕則譽 鄭氏 以此
爲貍首之詩辭也 前漢江公 謂皷吹生曰 歌驪駒 註云 其詩曰 **驪駒**在門 僕夫具存
驪駒在路 僕夫整駕 **驪駒** 亦非無辭也 以此 知六笙詩 亦必有辭 而亡之

愚謂 此說似然 以毛氏所謂無以知其篇第處者 考之 意者 毛氏註詩時 準於儀
禮 以六笙詩 編入於三百篇之中也 不然 何故 以不知篇第處 爲歎耶 按燕禮 升
歌鹿鳴 下管新宮 笙入 三成云 新宮者 又與笙詩有別 而當在鹿鳴之下 然鹿鳴・
四牡・皇皇者華三篇 据禮記・左氏傳諸書 自是離不得之詩 如大雅之首三篇 則
不可編入於此矣 今詩集傳 引或說 以斯干當之 斯干縱有築室之語 篇內亦無新
宮二字 則何由知其如此也 若使新宮 知其篇第處 則毛氏之必編於三百篇之中
可以推知矣 且詩言志 歌永言 若有聲無辭 則又何入於編詩中乎

然則六笙詩及新宮・貍首・**驪駒**之類 皆孔子置而不編者也 後人 臆度其篇第 輒
加編入 而惟不能捉摸者 不敢在 今只合因舊傳篇名 而朱子盡依其說 易其名 何也
毛氏雖編入六詩 而篇名不易 故一什過於十篇 若然 則何以爲什耶 其始之不入 尤
明 史記孔子世家曰 詩三百五篇 孔子時 何嘗有三百十一篇耶 余故曰 九夏 金詩也
新宮 管詩也 邠雅頌 篇詩也 由庚・由儀之類 笙詩也 其例同也 詳在詩經疾書

충서(忠恕)[1]

중(中)과 심(心)이 합한 것이 충(忠)이고, 여(如)와 심(心)이 합한 것
이 서(恕)이다. 이 두 말은 서로 대조해보아야 한다. 충・서는 모두 해
성(諧聲)[2]으로, 심(心)을 따르며 중(中)이 소리가 되고, 심(心)을 따르며
여(如)가 소리가 된 것이다. 중은 치우치지 않는다는 뜻이니 이치로써
말한 것이고, 여는 대동(大同)의 뜻이니 일로써 말한 것이다.

어버이를 섬기는 데에는 애(愛)가 주가 되고, 임금을 섬기는 데에는
정(正)이 주가 된다. 그러므로 충(忠)은 반드시 임금을 섬기는 데 연관
된다. 중심(中心)이 충(忠)이 되는 것은, '덕으로써 남을 사랑하라'고 말
하는 것과 같다. 인정(人情)은 다 마찬가지이다. 내가 사랑하고 미워하
는 것은, 다른 사람도 사랑하고 미워한다. 뭇 사람과 보편적으로 함께

---

1) 『논어』「이인」(里仁) 제15장에 보인다.
2) 한자의 육서(六書) 중의 하나로, 음(音)에 해당되는 글자와 뜻에 해당되는 글자
　 가 합쳐 한 글자가 된 것을 말한다.

하는 마음이 바로 서(恕)이다.

忠恕

中心爲忠 如心爲恕 此兩句 宜相勘 忠恕 皆諧聲 從心中聲 從心如聲 中者 不偏 以理言也 如者 大同 以事言也 事親 愛爲主 事君 正爲主 故忠必繫乎事君 中心爲忠 如曰愛人以德也 人情皆同 吾所愛惡 人亦愛惡 其與衆普同之心 卽恕也

작무각(雀無角)[1]

참새는 뿔이 없고 쥐는 어금니가 없는데 지붕을 뚫고 담장을 뚫으니, 뿔이 있고 어금니가 있는 것과 구별이 없다. 너는 가(家)[2]가 없는데도 나를 옥송(獄訟)에 끌어넣으니, 가가 있는 것과 구별이 없다. 이 시(詩)[3]의 뜻은 아마도 당시에 가를 소유하지 않은 자가 함부로 가를 소유한 자처럼 위세를 부려 남을 협박하여 옥송에 끌어넣었기 때문에 그렇게 말한 듯하다.

이 시에 보이는 '무가'(無家)는 유가(有家)와 대(對)가 된다. 옛날에는 처음 벼슬하는 자는 큰 집을 지을 수 없었고, 신첩(臣妾)을 둘 수도 없었다. 상당한 지위에 오르고 나서야 그런 것들이 허용되었다. 그러므로 가(家)를 소유했다는 말은 부부가 사는 서인(庶人)의 집을 가리키는 것이 아니다.

자서(字書)에 "대부(大夫)의 읍(邑)을 가(家)라고 한다"고 하였고, "대부에게 벼슬하는 자를 가신(家臣)이라 한다"고 하였다. 또 『대학』에 처음 벼슬하는 사람에 대해 '마승(馬乘)을 기른다'고만 하였고, 얼음을 저장해두었다가 여름에 쓰는 데 이르러서야 비로소 '가'라고 일컬었으니,[4] 모두 증거가 될 수 있다. 『주역』 손괘(損卦)의 상구효(上九爻)에

---

1) 『시경』 소남(召南) 「행로」(行露)에 보이는 '수위작무각'(誰謂雀無角)을 말한다.
2) 주나라 때 대부(大夫)의 살림 규모를 가리킨다. 즉 한 가정을 뜻하는 것이 아니고, 대부가 소유한 세력을 의미하는 말이다.
3) 『시경』 소남 「행로」를 말한다.
4) 『대학』에 "맹헌자가 말하기를 '말을 기르는 자는 닭과 돼지를 살피지 않고, 여름에 저장해둔 얼음을 쓰는 가(家)에서는 소와 양을 기르지 않는다'고 하였다"

"신(臣)을 얻음이 가가 없을 것이다"라고 하였으니, 신하는 있어도 가
는 없는 자가 있었던 듯하다.

이 시는 이런 뜻이다. 사람들이 모두 네가 가를 소유하지 못한 것을
알고 있는데, 무슨 까닭으로 먼저 신첩을 두고자 하여 나를 옥송으로
위협하기까지 하는가? 그러나 나는 네가 실상이 없음을 알았으니, 맹
세코 너를 따라 부인이 되지 않으리라. 우선 이런 뜻을 기록하여 다시
살펴보기를 기다린다.

雀無角

雀無角 鼠無牙 而穿屋穿墉 則與有角有牙 無別矣 汝無家 而速我獄訟 與有
家 無別矣 詩之意 疑若如此 或者當時無家者 擅作有家之威 脅人速獄 故云爾也
無家 與有家對 古者 始仕者 不立第宅 不畜臣妾 至有位 然後方許 故凡言有家
非指庶人一夫一婦之室也 字書曰 大夫之邑 曰家 仕于大夫者 曰家臣 大學 初仕
但稱畜馬乘 至伐氷 始稱家 皆可證 易損之上九曰 得臣 無家 蓋有有臣而無家者
矣 此詩謂 人皆知汝之猶未有家 何故先畜臣妾 至於脅之以獄訟 然我旣知其無
實 誓不從汝 爲家室矣 姑識此 以待更效

기여이(其如台)[1]

『서경』상서(商書)[2]에 나[我]를 '이'(台)라고 하였다. 이른바 '내[台] 소자
(小子)가 감히 난(亂)을 일으키는 것이 아니다[3]'라고 한 것과, '내[台]로써
사방을 바로잡게 했다[4]'고 한 것과, '내[台]의 덕을 보좌하라[5]'고 한 것과
'내[台] 소자는 예전에 감반(甘盤)에게 배웠다[6]'고 한 것 등이 그것이다.

'나[予]'는 후세 사람들이 나[台]로써 구실(口實)을 삼을까 두렵다[7]'고

[孟獻子曰 畜馬乘 不察於鷄豚 伐氷之家 不畜牛羊]라고 하였다. '말을 기르는
자'는 처음 대부가 된 자이고, '얼음을 쓰는 자'는 경대부를 가리킨다.
1) 『서경』 「탕서」(湯誓)에 보이는 말이다.
2) 싱(商)나라, 곧 은(殷)나라 때 글을 말한다.
3) 『서경』 「탕서」(湯誓)에 보인다.
4) 『서경』 「열명 상」(說命上)에 보인다.
5) 『서경』 「열명 상」에 보인다.
6) 『서경』 「열명 하」(說命下)에 보인다.
7) 『서경』 「중훼지고」(仲虺之誥)에 보인다.

한 것은, 앞에서 '나'[予]라고 했는데 뒤에 또 '나'[台]라고 하였으니, 아마도 다른 뜻이 있는 듯하다.

「반경」(盤庚)[8]에 '기여이(其如台)'라고 한 것과, 「탕서」(湯誓)에 '하죄기여이'(夏罪其如台)라고 한 것과, 「고종융일」(高宗肜日)[9]에 '기여이'(其如台)라고 한 것과, 「서백감려」(西伯戡黎)에 '기여이'(其如台)라고 한 이 '이'(台) 자는 아마도 '차'(此) 자의 뜻인 듯하다.

나[我]는 저 사람[彼人]에 상대적인 말이다. 남[人]을 대할 때는 나[我]라고 일컫고, 저[彼]를 대할 때는 이[此]라고 일컫는다. 그 뜻이 대략 같다. 『상서』(尙書)[10] 가운데 한 글자가 다른 뜻으로 쓰인 경우가 많다. 이를테면, '적(迪)' 자는 세 가지 뜻이 있다.[11] 이 '이'(台) 자도 이와 무엇이 다르겠는가? 그렇지 않으면, 이 '기여이'(其如台)는 끝내 해석할 길이 없다.

其如台

商書 以我爲台 其曰非台小子 敢行稱亂 曰以台正于四方 曰以輔台德 曰台小子 舊學于甘盤 是也 其曰予恐來世以台爲口實 旣云予 又曰台 恐有別義也 盤庚曰 其如台 湯誓曰 夏罪其如台 肜日曰 其如台 戡黎曰 其如台 此台字 恐當訓此 凡我者 對彼人之辭 對人則稱我 對彼則稱此 其義略似 書中一字異訓者 亦多 如一迪 有三訓 此何以異例 不然 終解其如台 不得

정성·영인(鄭聲佞人)[1]

옛날에는 사람을 가르칠 적에 반드시 음악으로써 하였다. 그러므로

---

8) 『서경』의 편명임.
9) 『서경』의 편명임.
10) 『서경』(書經)을 말함.
11) 『서경』「대우모」(大禹謨)의 '혜적길'(惠迪吉)은 '도'(道)의 뜻으로 쓰였고, 「태갑상」(太甲上)의 '계적후인'(啓迪後人)은 '도'(導)의 뜻으로 쓰였으며, 「고요모」(皋陶謨)의 '윤적궐덕'(允迪厥德)은 '도'(蹈)의 뜻으로 쓰였다.
1) 『논어』「위령공」(衛靈公) 제10장의 "정성을 내치고 영인을 멀리 해야 하니, 정성은 음란하고, 영인은 위태롭기 때문이다"[放鄭聲 遠佞人 鄭聲淫 佞人殆]라고 한 구절의 '정성'(鄭聲)과 '영인'(佞人)을 말한다. 정성은 정나라의 음란한 음악을 말하고, 영인은 말 잘하는 사람을 말한다.

군자는 특별한 이유가 없으면 거문고와 비파의 연주를 폐하지 않았다. 임금은 하루 세 번 식사를 할 때 음악을 연주하여 식사를 도왔으니, 이는 그르칠 수 있는 마음을 먼저 바로잡겠다는 뜻이다. 의승보필(疑丞輔弼)[2]이 임금의 일을 살펴 바로잡아줄 수는 있지만, 임금의 마음은 어찌할 수 없다. 그러므로 날마다 아악(雅樂)을 연주하여 귀에 쟁쟁하고 골수에 스며들게 하여 그릇되고 편벽한 마음이 끼여들지 못하게 하였으니, 본원을 위한 공부가 지극했던 것이다.

아악을 어지럽히는 것이 정성(鄭聲)이다. 정성이 나오면 아악이 물러가니, 마음을 다시 기르지 못하게 된다. 그러나 군자가 조정에 있으면서 임금을 보도(輔導)하는 데 기술이 있으면 태평한 정치를 이룩할 수 있으니, 정성이 끼여드는 것을 걱정할 필요가 없다. 군자는 영인(佞人)과 서로 반대가 된다. 영인이 나오면 군자가 물러가니, 정사를 다시 바로잡을 수 없게 된다.

공자께서 말씀하시기를 "정성은 음란하고, 영인은 위태하다"[3]고 하였으니, 이는 임금을 음란하고 위태하게 한다는 뜻이다. 정성을 먼저 말하고 영인을 뒤에 말한 것은, 그 순서가 당연하다. 즉 음란하면 그의 마음을 방탕하게 하고, 위태하면 그 정사를 무너뜨리게 된다. 다른 날 공자께서 또 말씀하시기를 "정성이 아악을 어지럽히는 것을 미워하고, 말 잘하는 사람이 나라를 무너뜨리는 것을 미워한다"고 하였으니, 이 문장과 서로 드러내주는 점이 있다.

그러나 정성은 분별하기 쉽지만, 영인은 알기가 어렵다. 정성은 분별하기가 쉽기 때문에 사람들이 다 싫어하니, 곧바로 물리치는 것이 마땅하다. 그러나 영인은 알기가 어렵기 때문에 취하고 버리는 데 미혹되기도 하니, 아예 멀리하는 것이 좋다.

鄭聲・佞人

古者 教人必以樂 故君子無故 不廢琴瑟 君日三擧 以樂佐食 此先格非心之義

---

2) 『예기』「문왕세자」(文王世子)에 보이는 말로, 천자의 허물을 살펴 바로잡아주는 사린(四隣)을 말한다. 의(疑)는 앞에서, 승(丞)은 뒤에서, 보(輔)는 왼쪽에서, 필(弼)은 오른쪽에서 그 일을 담당했다.
3) 『논어』「위령공」 제10장에 보인다.

也 疑丞輔弼 事可規正 而無奈其心何也 故曰以雅樂 盈耳淪髓 使非辟之不得干
其爲本源之功 至矣 其亂雅樂者 鄭聲也 鄭聲進 則雅樂退 心不可復養矣 然君子
在朝 輔導有術 可以平治 無憂其間 君子 與佞人相反 佞人進 則君子退 政不可
復匡矣 子曰 鄭聲淫 佞人殆 謂使人主淫而殆也 其先鄭而後佞 其序當然 而淫則
蕩其心 殆則危其政 他日 夫子又曰 惡鄭聲之亂雅樂也 惡利口之覆邦家者 與此
互發也 然鄭聲易辨 佞人難知 易辨 故衆所共惡 直放之 宜矣 難知 故取舍或迷
遠之 可也

유교무류(有敎無類)[1]

공자의 말씀에 "사람을 가르칠 적에는 유(類)가 없어야 한다"고 하
였으니, 성인이 까닭 없이 이런 말씀을 하신 것은 아니고, 시속(時俗)
을 깨우치기 위해서 하신 말씀이다. 시속이 모두 이와 같이 해야 되는
줄 알고 있다면, 성인도 반드시 이런 말씀을 하지 않았을 것이다. 그렇
다면 족성(族姓)을 구별하는 것이 예전에도 그런 일이 있었던가?

상상해보건대, 주(周)나라 말기에 문(文)이 질(質)보다 우세했으니, 문
이 우세하면 질이 줄어들고, 질이 줄어들면 허위가 자라나 실질적인 일
이 묻히게 된다. 가르치는 데 유가 있는 것은 문의 말단적인 폐습이다.

은(殷)나라 사람들은 질을 숭상하여 문이 오히려 성하지 못했다. 그
런 풍습은 실로 탕(湯)임금으로부터 비롯되었다. 『서경』에 "성탕(成湯)
이 등용한 삼유택(三有宅)[2]이 능히 자기 지위에 나아가서 말하기를 '삼
유준(三有俊)이 능히 준걸한 덕에 나아가서 엄히 생각하고 크게 법이
되어서 삼택(三宅)과 삼준(三俊)을 능히 쓰신 뒤로, 상(商)나라 도읍에
서는 백성들을 잘 화협(和協)하며, 사방에서는 크게 법이 되어 덕을 드

---

1) 『논어』 「위령공」(衛靈公) 제38장에 보인다. 주희의 『논어집주』에는 "사람의 본
   성은 다 선하지만, 그 유에 선악의 다름이 있는 것은 기습(氣習)에 물들었기 때
   문이다. 그러므로 군자가 가르치게 되면 누구나 선을 회복할 수 있으니, 다시
   그 유의 악을 논하지 말아야 한다"고 하였다. 그러나 구주(舊註)의 설은 대체로
   귀천(貴賤)·부귀(富貴)·지역적 차별 등을 유(類)로 보고 있다. 성호의 설도
   구주와 유사하다.
2) 상백(常伯)·상임(常任)·준인(準人)의 지위를 말함.

러내고 있습니다'라고 하였다"³⁾고 하였다.

삼준은 삼택에 맞는 인재를 미리 육성하여 차례대로 올려 보직시키는 것이다. 철의(綴衣)⁴⁾·호분(虎賁)⁵⁾·취마(趣馬)⁶⁾·휴복(携僕)⁷⁾에 이르기까지 가려 쓰지 않음이 없었다. 그 의도는, 그들의 공적과 재능을 살펴서 순서대로 승진 임용하려고 한 것이다. 그렇게 되면 어질고 어리석음이 당장에 판별되고, 쓰고 버리는 데 도가 있게 될 것이다. 그러므로 일이 잘 행해지고, 세상이 잘 다스려지게 된 것이다. 어찌 다시 출신 성분의 구별이 있었던가?

한(漢)나라가 천하를 얻자, 다스리는 이치도 돌고 돌아 문(文)을 버리고 충(忠)으로 돌아와, 인재로써 다스리길 구하고 재능에 따라 사람을 뽑았다. 그래서 공을 세우고 이름난 대신(大臣)들 가운데는 간리(幹吏)⁸⁾나 서좌(書佐)⁹⁾로부터 승진한 사람들이 많았으니, 그 뜻이 또한 위대하다.

문(文)이란 무엇인가? 질(質)이 밖으로 드러난 것이니, 볼 만한 위의(威儀)·도수(度數)가 이것이다. 문이 우세했던 주나라 때에는 그래도 자기 일신의 일로써 말을 했는데, 진(晉)·송(宋)·제(齊)·양(梁)·진(陳)·수(隋)를 거쳐 당(唐)에 이르러서는 문에 치중한 폐습이 극도에 달했다. 처음에는 문을 도를 싣는 그릇이라 일컬었다. 그러나 이윽고 그 그릇만을 취하고, 그 속에 담는 내용물은 잊어버렸다. 그래서 나중에는 그 그릇만을 쓰고, 그 속에 담는 것은 여러 가지가 되었다. 박잡(駁雜)·음예(淫穢)·황탄(荒誕)·괴기(怪奇)한 것을 담아놓고 그것을 문이라고 속였다. 또 간혹 오언(五言)·칠언(七言)으로 된 장편·단편의 시나 성률(聲律)이 있는 사(詞) 따위로써 세상을 현란하게 하였다.

---

3) 『서경』「입정」(立政)에 보인다.
4) 임금의 의복을 담당하는 관리.
5) 임금의 호위를 담당하는 관리.
6) 궁궐의 말을 담당하는 관리.
7) 임금의 수레를 끄는 마부. 이상의 관직은 하급 관리직으로, 『서경』「입정」(立政)에 보인다.
8) 실무를 담당하는 하급 관리.
9) 서기(書記)를 담당하는 하급 관리.

이 때에 이르러 천하의 어지러움이 극에 달했다.

그럼으로써 파도가 넘실거리고 바람이 요란하듯이 그런 풍조가 만연하여, 실(實)의 자취는 씻은 듯이 없어졌다. 그리하여 날로 위의·도수와는 천리나 멀리 떨어지게 되었다. 드디어 이런 것을 가지고 인재를 전형하는 척도를 삼아, 그 속에 들어가는 자는 주인이 되고, 벗어나는 자는 종이 되었다. 이 길을 통해 귀하게 되기도 하고 천하게 되기도 하여, 한쪽은 나아가고 한쪽은 물러가게 되었다. 그래서 좋아하고 미워함이 대대로 이어져, 점점 다른 유형의 씨족(氏族)이 생겨났다.

만약 천한 부류에 속하게 되면 안연(顔淵)[10]·백기(伯奇)[11]와 같은 사람도 아름다운 행실이 되지 못하고, 관중(管仲)[12]·제갈량(諸葛亮) 같은 사람도 지혜로운 사람이 되지 못한다. 재능이나 덕이 있는 이가 다시는 국사를 의논하는 데 참여하지 못하였으니, 이는 모두 문만을 숭상한 해독이다. 주나라 때 제도에, 부사(府史)·서도(胥徒)[13]는 모두 서인(庶人)들이 등용되던 벼슬자리였다. 벼슬이 있으면 직임이 있고, 직임이 있으면 그 일을 잘하고 잘못하는지를 분변하게 되고, 잘하고 잘못하는지를 알게 되면 일에 어두운 자를 내치고 밝은 자를 올려줄 수 있다. 무조건 올려주기만 한다면, 공경(公卿)·대부(大夫)·사(士)에 어찌 구분이 필요하겠는가? 이는 우(虞)나라[14]·하(夏)나라 이래로 변치 않고 내려온 법이다.

나라를 다스리는 것은 어진 이에게 달려 있다. 어진 이를 구하는 데 재능으로써 하고, 재능을 분변하는 데 직책으로써 하면, 하사(下士)의 소임일지라도 시험하지 않고 먼저 맡길 수 없다. 부사·서도는 아마도 처음 시험하는 단계인 듯하다. 이것을 버리고서는 다른 길이 없다.

그러므로 삼택의 시험은 삼준에 있고, 삼준의 시험은 반드시 호분·철의·취마·휴복 등에 있었던 것이다. 예컨대, 품계(品階)에는 아홉 등급이 있어, 그 등급을 뛰어넘어 올라갈 수 없었다. 이는 구명하기 어

---

10) 공자 문하의 수제자.
11) 주나라 때 윤길보(尹吉甫)의 아들로 효자였다고 함.
12) 춘추 시대 제 환공(齊桓公)을 도왔던 재상.
13) 후대의 아전이나 서리와 같은 관청의 하급 관리를 말함.
14) 순(舜)임금이 다스리던 나라를 말함.

려운 것이 아니다.

그런데 오늘날에는, 부류가 확연히 구별되고 지혜와 생각도 국한되어, 그 일이 마치 다른 지역의 낯선 풍속처럼 되었다. 다른 사람이 자기를 천대할 뿐만 아니라, 자신도 스스로를 대단치 않게 본다. 그리하여 견문과 행위가 마치 초목이 각기 다른 지역에 심어져 서로 통할 수 없는 것과 같다. 갑자기 자가당착에 빠지기라도 하면 일을 주선할 길이 없을 것이다.

사람들은 이와 같은 모습을 보고서, "사람의 타고난 성품으로 볼 때, 저 사람은 풍부하게 부여받았고, 이 사람은 부족하게 부여받아서 일정한 구분이 있으니 어지럽힐 수 없다"고 반드시 말한다. 아, 어찌 그렇겠는가? 이는 습속이 고질이 되었기 때문이다. 공자께서 말씀하시기를 "이 백성은 삼대(三代)[15]의 곧은 도를 행하던 사람들이다"[16]라고 하였다. 옛날의 성왕(聖王)은 백성을 바꿔서 다스리지 않았다. 만약 백성을 교도(教導)하는 데 방법이 있어서, 점점 나아갈 수 있는 길을 먼저 열어놓으면, 삼대에 행하던 바가 곧 여기에 있을 것이다. 성인이 어찌 우리를 속였겠는가?

有教無類

子曰 有教無類 聖人非無端發此言 警時俗也 時俗皆知如此 則聖人亦必無此矣 然則義別族姓 古亦有然者乎 想周末文勝 文勝則質削 質削則虛僞長 而實功堙也 教之有類 文之末弊也 殷人尙質 文猶未熾也 其風之所自 實成湯爲之 書云 亦越成湯 乃用三有宅 克卽宅曰 三有俊 克卽俊 嚴惟丕式 克用三宅・三俊 其在商邑 用協于厥邑 其在四方 用丕式 見德 三俊者 預養三宅之才 以次升補也 至於綴衣・虎賁・趣馬・携僕 莫不擇任 其意 將欲審其功能 循序遞升 賢愚立判 用捨有道 故事所以辦 世所以治也 寧復有品類之別哉

漢之得天下 治理循環 袪文反忠 求治以人 擇人以能 其功名大臣 多自幹吏・書佐 其義亦偉矣 文者 何也 質之見於外 凡威儀・度數之可見者 是也 周之文勝 猶以身己事言 歷晉・宋・齊・梁・陳・隋 至唐 弊極矣 始謂以載道之器 俄而取其器而忘其載 終焉 用其器而貳其載 駁雜・淫穢・荒誕・怪奇之物 而誣之爲文 又間以五七言長短篇詞律之類 眩耀之 於是 天下之亂 極矣

是以 水滔而風耽 實迹瘞盡 日與威儀・度數者 千里謬矣 遂乃以此爲銓人之欛柄 入者主之 出者奴之 貴與賤以之 一進一退 好惡延世 轉成氏族之異類 苟在

---

15) 하(夏)나라・은(殷)나라・주(周)나라 시대를 말함.
16) 『논어』「위령공」(衛靈公) 제24장에 보인다.

賤品 顏奇非行 管葛非智 而才德 不復與論也 此皆尙文之流毒也 周之制 府吏·胥徒 皆庶人在官者 在官則有職任 有職任則辨其能否 能否見而黜陟幽明 陟之不已 其公卿·大夫·士 寧有關津之阻限 此虞夏以來 未之變也

夫治國在賢 求賢以能 辨能以職 雖下士之任 不可不試而先任 府史·胥徒 恐爲初試之階梯 舍此 無他道也 故三宅之試 在於三俊 三俊之試 又必在於虎賁·綴衣·趣馬·携僕之屬 如階有九級 未有徑越捷登者 此非難究也

今也 輩類迥別 智思有局 其事 若異域殊俗 不但他人之賤待 己亦自視猥瑣 見聞猷爲 比草木之有別區 不能相通 雖使猝然撞著 將無以辨也 人見其如此 必曰 人之賦性 彼豈此儔 有定分而不可亂 嗚呼 豈其然哉 習俗已痼也 子曰 斯民也 三代之所以直道而行者也 古之聖王 不易民而治 若敎導有方 先開漸透之路 三代之所行 卽此而在 聖人 豈欺哉

책비현자(責備賢者)[1]

군자는 한 사람에게 모든 선(善)이 다 갖추어지기를 요구하지 않는다. 그러므로 관중(管仲)이 인(仁)하지 못하고 경(敬)하지 못했지만, 성인이 그의 공을 덮어두지 않았다.[2] 이것이 인물을 평론하는 절도이다. 연릉(延陵)·내주(來州)[3]에 봉을 받았던 계자(季子)[4]는, 나라를 사양한 지극한 행실이 있어서, 성인이 인정했던 사람이다. 그런데 어찌 다시 나라 사양한 것을 죄로 삼을 리가 있겠는가? 그렇다면 무엇 때문에 계찰(季札)을 폄하(貶下)했을까?[5] 계찰은 참으로 죄가 있다. 그 당시 오나라는 계찰이 차지했어야 했다. 요(僚)[6]는 본래 임금이 되기에는 적

---

1) 어진 이에게 모든 것이 다 갖추어지기를 요구하는 것.
2) 성인은 공자를 가리킴. 『논어』「헌문」(憲問) 제17장에 "공자께서 말씀하시기를 '제 환공이 제후들을 규합할 적에 무력으로써 하지 않은 것은 관중의 힘이었다. 그러니 누가 그의 어짊과 같겠는가? 누가 그의 어짊과 같겠는가?'라고 하셨다"고 하였다.
3) 춘추시대 오(吳)나라 지역임.
4) 춘추시대 오나라 왕 수몽(壽夢)의 막내아들인 계찰(季札)을 말함.
5) 공자는 『춘추』에 "오나라 임금의 사신 찰(札)이 와서 빙문하였다"[吳子使札來聘]고 썼다. 춘추필법에, 어진 이에 대해서는 이름을 곧바로 쓰지 않는다. 그런데 계찰(季札)의 이름인 '찰'(札)을 곧바로 쓴 것은, 폄하하는 뜻을 드러낸 것이다. 『춘추』 양공(襄公) 29년조에 보인다.

당치 않은 인물이었다. 그것은 나라 사람들이 다 아는 바였는데, 합려(闔廬)[7]가 그를 시해하였으니, 그것은 자기가 왕이 되어야 한다고 생각했기 때문이다. 그런데 그가 나라를 계찰에게 돌린 것은, 단지 인심이 자기에게 돌아오지 않기 때문이었다. 합려의 속셈은 계찰을 통해서 나라를 차지하고자 한 것이다.

그런데 계찰이 그에게 말하기를 "내가 네 나라를 받으면, 이는 내가 너와 더불어 시해한 것이 된다"[8]고 하였다. 이 말은 참으로 당연하다. 그러나 임금을 시해한 죄는 반드시 토벌해야 한다. 계찰이 허락하지 않았다면 합려가 어찌 자기 몸을 보전할 수 있었겠는가? 계찰이 또 말하기를 "나는 난을 일으키지 않았으니, 왕이 된 자를 따르겠다"[9]고 하였으니, 그 의도가 죄를 피하고 화를 면하자는 데 지나지 않는다. 자기 자신을 위하여 꾀한 것은 잘했다고 하겠지만, 역적을 토벌하지 않은 것은 계찰로부터 비롯된 것이다.

『춘추』에서 죄를 토벌할 것으로는, 임금을 죽이고 나라를 찬탈하는 것보다 더 무거운 것이 없다. 그러므로 공자께서 그를 '공자'(公子)라고 쓰지 않고, '오자사찰래빙'(吳子使札來聘)이라고 써서 은근히 폄하한 것이다. 계찰의 입장에서는, 나라 사람들의 마음에 따라 임금을 시해한 죄를 바로잡고, 공자들 가운데 어진 자를 뽑아 임금으로 세워서 그에게 나라를 양보하는 것이 마땅하다. 그렇게 하지 않으면 당시의 임금자리는, 오직 지혜와 힘이 있는 자가 차지하게 될 것이니, 그 죄를 어찌 모면할 수 있겠는가?

그러나 호씨(胡氏)는 말하기를 "어진 이에게 모든 선이 다 갖추어지기를 요구하는 것이, 어린아이에게 억지로 일을 이해시키려고 하는 것

---

6) 계찰은 4형제 중 막내였다. 계찰의 아버지 수몽이 왕위를 계찰에게 물려주려 하였으나 사양하여, 맏형인 제번(諸樊)이 이어받았고, 그 다음에는 둘째형인 여제(餘祭)가 이어받았고, 그 다음에는 셋째형인 여매(餘昧)가 이어받았다. 요(僚)는 셋째형 여매의 아들이다. 여매가 죽은 뒤, 다시 계찰에게 왕위를 잇게 했으나 사양하여 요가 이어받았다.
7) 계찰의 큰형인 제번의 아들이다.
8) 『춘추공양전』(春秋公羊傳) 양공 29년조에 보인다.
9) 『사기』(史記) 「오태백세가」(吳泰伯世家)에 보인다.

과 무엇이 다르겠는가?”라고 하였고, 진계유(陳繼儒)[10]는 말하기를 “어진 이에게 모든 선이 다 갖추어지기를 요구하는 것은, 결코 장자(長者)의 말이 아니다”라고 하였으니, 그 뜻은 당연하다.

責備賢者

君子 無求備於一人 故管仲不仁不敬 而聖人不掩其功 此論人之節度也 延州來季子 有讓國之至行 聖人之所許也 豈復有以讓爲罪之理 然則何以貶乎 札固有罪 國是季子之應有也 僚本不當立 國人之所共知 而闔廬之弑也 以爲我宜立也 其致國於季子 徒以人心不附也 其實欲因季子而得之也 季子謂 吾受爾國 是吾與爾 爲弑也 斯言固當 而其弑君之罪 必討乃已者也 非季子之許之 則闔廬 烏能保其身哉 季子則曰 非我生亂 立者從之 其意不過逃罪而免禍也 其自爲計 則得矣 賊之不討 自季子始矣

春秋之討罪也 莫重於篡弑 故不書公子 以貶之 在季子 則宜因國人之心 正弑君之罪 擇立諸公子之賢者 讓以遜之 當矣 不爾 則當時君位 惟智力者 有之 罪其可已乎 胡氏所謂 責備賢者 何異小兒强作解事 陳繼儒云 責備賢者 定非長者言 其義當然

변화(變化)

경전 가운데 변화(變化)에 대해 말한 것을 보면, 반드시 변(變)을 먼저하고 화(化)를 뒤로 하였으니, 변은 화에 미치지 못하는 것이다. 예컨대, ‘가욕’(可欲)으로부터 ‘성’(聖)에 이르기까지 그 사이의 ‘미’(美)·‘대’(大)의 유가 바로 변(變)이다.[1]

그러나 『주역』「계사 상」(繫辭上)의 마지막 장에 “자연의 화(化)를 인하여 재제(裁制)하는 것을 변(變)이라 한다”[化而裁之 謂之變]고 하

---

10) 명(明)나라 때 학자로, 동기창(董其昌)과 이름을 나란히 하던 인물이다.
 1) 『맹자』「진심 하」(盡心下) 제25장에 “인간이 추구할 만한 것을 선(善)이라 하고, 그것을 자기에게 소유하는 것을 신(信)이라 하고, 그것을 꽉 채우는 것을 미(美)라 하고, 꽉 채워서 빛이 있는 것을 대(大)라 하고, 커서 변화시키는 것을 성(聖)이라 하고, 성하면서도 그것을 알 수 없는 것을 신(神)이라 한다”[可欲之謂善 有諸己之謂信 充實之謂美 充實而有光輝之謂大 大而化之之謂聖 聖而不可知之之謂神]고 하였다. 성호는 ‘가욕지위선’(可欲之謂善)으로부터 ‘신’(信)·‘미’(美)·‘대’(大)까지를 변(變)으로 본 것이다.

였고, 또 "자연의 화(化)를 인하여 재제하는 것은 변에 보존되어 있다" [化而裁之 存乎變]고 하였다. 그러므로 주자는 이에 대하여 두 가지 설을 폈다.[2] 혹자가 두 문장이 다른 점에 대해 질문하자, 주자가 답하기를 "통해 보아야 한다"고 하였다.[3]

나는 이렇게 생각한다. 변(變)이 없으면 화(化)가 없다. 그러므로 '화하여 재제하는 것'은, 그 공이 변에 보존되어 있는 것이니, 변한 뒤에 화한다는 말이다. 두 단락이 서로 다른 뜻이 아니다. 위 문장은, 화하여 재제하는 것은 모두 변이 이루어지게 한다는 말이다. 그러므로 또한 변이라고 말한 것이다. 예컨대, 밤으로부터 변하여 낮이 되는 것과 같다.

처음 1분(分)이 변한 것은 화라고 할 수 없다. 그 다음 계속해서 2분, 3분, 4분이 변하여 9분, 10분에 이르기까지 다 변해야, 이에 화가 이루어지는 것이다. 『중용』에 "동(動)하면 변하고, 변하면 화한다"고 하였으니, 이로써 단정할 수 있다.

變化

經中言變化 必先變而後化 變是未及化 如自可欲 至於聖 其間美·大之類 是變也 然繫辭上傳末章云 化而裁之 謂之變 又曰 化而裁之 存乎變 故朱子有兩說 或問其不同 朱子答云 須通看 愚按 無變則無化 故化而裁之 其功存乎變也 謂變而後化也 兩段不應異義 上段謂 其化而裁之 都是變之所遂 故亦謂之變 如自夜而變晝 先一分變 不可謂化 次二分變 三分四分 以至九分十分 皆變 於是 方成化矣 中庸云 動則變 變則化 此可以斷之也

여추방돈(如追放豚)[1]

『맹자』에 "오늘날 양주(楊朱)·묵적(墨翟)과 변론하는 자들은, 도망

---

2) 『주역대전』(周易大全)의 소주(小註)에서 주희는, 위 문장은 변(變)을 말한 것이고, 아래 문장은 변처(變處)에 나아가서 '화이재지'(化而裁之)를 본 것이라고 하였다.

3) 『주역대전』 소주에 보인다. 주희는 변과 화를 상대적인 설로 보았다.

1) 『맹자』「진심 하」(盡心下) 제26장에 보이는 말로, '도망친 돼지를 좇는 것과 같다'는 뜻이다.

친 돼지를 쫓는 것과 같아서, 돼지우리[苙]로 들어가게 한 뒤에, 또 그로 인해 초(招)한다"[2]고 하였는데, 주자의 『논어집주』에 '초'(招) 자를 풀이한 것이 온당치 않다.[3] 혹자는 말하기를 "'입'(苙)은 백지(白芷)[4]와 같은 것으로, 돼지가 즐겨 먹는 풀이다. 돼지로 하여금 살 곳을 얻게 해주고, 다시 부르는 것이다. 이는 사설(邪說)에 대한 선처가 아니다" 라고 하였으니, 이 또한 크게 그릇된 해석이다.

인(仁)한 사람은 선(善)을 남과 함께하니, 어찌 사악한 것을 그대로 내버려두겠는가? 우리로 들어온 뒤에 구속하는 것도 옳지 않지만, 쫓아가 몰아넣기만 하고 유도하지 않는 것이 옳겠는가? 본문에 이른바 '오늘날 양주·묵적과 논변하는'이란, '오늘날의 방법으로는 마땅히 이와 같이 해야 한다'는 것을 말한 것이다.[5]

쫓아가서 우리로 들어가게 하는 것은, 그의 사심(邪心)을 금지하여 함부로 행동하지 못하게 하는 것이다. 그러나 그 마음은 변한 것이 아니다. 이런 법을 가지고 금지한 뒤에, 달래서 선으로 들어가도록 인도하기를 마치 어떤 물건을 가지고 돼지를 부르듯이 해야 한다는 뜻이다.

如追放豚

孟子云 今之與楊墨辨者 如追放豚 旣入其苙 又從而招之 集註解招字 未穩 或謂苙如白芷之類 豚之所嗜 旣使之得所 又召之 非善處邪說也 此又大誤 仁者 兼善 豈任其邪惡而已乎 旣入而拘牽之 不可 但追以入之 不加誘導 可乎 所謂與 楊墨辨者 謂爲今之道 當如此也 追而入柵 則禁其邪心 使不得肆行也 然心未嘗 變也 以此法禁言 然後誘掖之 必導以入善 如以物招豚也

---

2) 『맹자』「진심 하」제26장에 보인다.
3) 성호는 '초'(招) 자를 '부른다'는 뜻으로 보아, '우리에 들어온 뒤에, 또 어떤 물건으로 돼지를 부르듯이 한다'는 뜻으로 풀이하였다.
4) 우리말로 '구리때뿌리'라고 하는 식물의 이름임.
5) 『논어집주』에는 "오늘날 양주·묵적과 변론하는 자들은 ……하는 것처럼 잘못하고 있다"는 의미로 보았는데, 성호는 "오늘날 양주·묵적과 변론하는 자들은 ……하는 것처럼 해야 한다"는 뜻으로 보아야 한다는 말이다.

과학 해도(科學害道)[1]

『중용장구』(中庸章句)[2]에 타고난 자품(資稟)이 다른 점에 대해서 논하였는데,[3] 이는 혹 타고난 자품이 지나치게 높은 사람이 그에 해당된다.[4] 『대학장구』(大學章句) 서문에, 기품(氣稟)이 구애되고 물욕이 본성을 가리는 점에 대해 말하였는데,[5] 이는 덕이 밝지 못해 인욕(人欲)이 끼여든 것을 가리킨 것이다. 이 밖에도 몇 가지 단서가 더 있으니, 학술의 차이와 이단(異端)의 해로움과 같은 것들이 그것이다.

그러나 이런 점은 오늘날 근심할 바가 아니다. 가장 해로운 것은, 습속이 과거(科擧)의 학문에 물든 것이다. 온 천하 사람들이 도도한 형세를 이루어, 어려서부터 늙을 때까지 귀로 듣고 눈으로 본 것에 익숙해져서, 거기서 벗어날 수가 없다. 이는 물욕 때문에 생긴 것만은 아니다.

나는 이런 풍조에 대해, 크게 한탄할 만한 점이 있다고 생각한다. 낳은 자식이 총명하면, 선(善)에 종사할 수도 있고, 군자가 될 수도 있고, 세상이 잘 다스려지도록 보좌하여 백성을 잘 길러줄 수도 있다. 그런데 이런 일들은 다 버려두고 하지 않는다. 7, 8세가 지나면 반드시 전(箋)·표(表)·시(詩)·부(賦) 같은 성품을 해치는 쓸모 없는 문자를 먼저 익혀서, 그들의 심술(心術)을 굳혀버리고 만다. 나는 이런 점을 알지만, 어찌할 방법이 없다.

科學害道

中庸章句 論生稟之異 此或過高者 當之 大學序 言氣稟之拘 物欲之蔽 此指

---

1) 과거를 위한 학문이 도를 해친다는 말.
2) 주희가 『중용』에 대해 장(章)을 나누고 주석을 해놓은 책.
3) 『중용장구』 제1장에 "성과 도가 비록 같지만 기품이 혹 다르기 때문에 지나치고 미치지 못하는 차이가 없을 수 없다"[性道雖同 而氣稟或異 故不能無過不及之差]고 하였고, 제4장에 "지혜롭고 어리석음과 어질고 불초함의 지나치고 미치지 못함은 타고난 기품이 달라 중용의 도를 잃은 것이다"[智愚賢不肖之過不及 則生稟之異而失其中也]라고 하였다.
4) 과(過)·불급(不及)이 없는 중용(中庸)의 도를 가진 자를 두고 한 말이다.
5) 「대학장구서」(大學章句序)에 "기질을 품부받은 것이 혹 같지 않기 때문에, 모두 본성이 소유한 것을 알아서 온전히 함이 있을 수 없는 것이다"[其氣質之稟 或不能齊 是以 不能皆有以知其性之所有而全之也]라고 한 말을 가리키는 듯하다.

德之不明 人欲間之也 外此 又有數端 學術之差 異端之害之類 是也 此於今 非
所可憂 最妙者 習俗之染科學 是也 天下滔滔 從幼至老 耳目旣慣 無能脫出 此
不獨物欲之爲機括也 余謂 有大可恨者在 生子慧悟 可以從善 可以爲君子 可以
輔世長民 而却捨此不爲 鬐齔才免 則必先去學箋表詩賦害性無用文字 任錮其心
術 余知此 而亦無奈何

산시(删詩)[1]

성인(聖人)[2]이 시(詩)를 산삭(删削)할 적에는, 반드시 산삭할 만한
것만 산삭한 것이다. 이를테면, '흰 바탕 위에 채색을 한다'[素以爲絢][3]
는 한 구절이 『논어』에 보이는데 폄하(貶下)하는 말이 없어서, 사람들
은 혹시 별도로 그 시가 있는 것이 아닌가 하고 의심한다.[4] 그러나 그
렇지 않은 듯하다. 공자께서 특별히 이 한 구만 산삭한 것이다.[5]

채색을 먼저 하고 바탕을 희게 하는 것은, 이치상 있을 수 없는 것이
다. 자하(子夏)의 지혜로, 어찌 이것을 의심했겠는가?[6] 채색을 하는 것
이 흰 바탕을 마련한 뒤에 한다는 사실[7]을, 어찌 공자의 가르침을 기다
려서 깨우쳤겠는가? 이는 반드시 그런 뜻이 아니다.

---

1) 시(詩)를 산삭(删削)함.
2) 공자를 가리킨다.
3) 『논어』「팔일」(八佾) 제8장에 보인다.
4) 『논어집주대전』(論語集註大全)「팔일」 제8장 소주(小註)에 보이는 주자의 설에
   그런 말이 보인다.
5) 『논어』「팔일」 제8장에 "보조개 짓는 예쁜 웃음, 흑백이 분명한 아름다운 눈, 흰
   바탕 위에 채색을 했네"[巧笑倩兮 美目盼兮 素以爲絢兮]라는 말이 보이는데,
   이 가운데서 '소이위현혜'(素以爲絢兮)만 시를 정리하면서 공자가 산삭했다는
   주장이다. '교소천혜 미목반혜'(巧笑倩兮 美目盼兮)는 『시경』위풍(衛風)「석인」
   (碩人) 제2장에 보인다.
6) 『논어』「팔일」 제8장에 "자하가 묻기를, 시(詩)에 '보조개 짓는 예쁜 웃음, 흑백
   이 분명한 아름다운 눈, 흰 바탕 위에 채색을 했네'라고 하였는데, 무엇을 말한
   것입니까?"라고 하였다. 곧 자하가 이 시구의 뜻을 물은 것이다.
7) 위와 같은 자하의 질문에, 공자가 "그림 그리는 일은 흰 바탕을 마련한 뒤에 한
   다"[繪事後素]고 하였다.

　시인의 생각은, 예쁜 미소와 맑은 눈이 아름다운 것이 된다는 점을 강조해서 말한 것이니, 이는 꾸미지 않더라도 그렇다는 것이다. 그러므로 '흰 바탕 위에 채색을 한다'고 읊은 것이다. 그 뜻이, "흰 바탕만으로도 지극하다. 이것이 바로 채색이니, 어찌 굳이 꾸민 뒤에 채색이 되겠는가?"라고 말하는 것과 같다. 이는 아마도 흰 바탕[素]을 주로 하고, 꾸미는 것을 버리고자 하는 말인 듯하다.

　바탕이 문채보다 우세한 것이, 문채가 바탕보다 우세한 것보다는 낫지만, 끝내 문채와 바탕이 적절히 조화되는 것만 못하다. 자하가 질문한 것이 바로 이것이다. 그런데 공자께서 말씀하시기를 "채색을 하는 일은 흰 바탕을 만든 뒤에 한다"고 하였다. 이 말씀은, 흰 바탕이 마련되더라도 채색하는 일을 하지 않아서는 안되니, 그렇게 해야 조화를 이룬다는 뜻이다. 자하는 이 말씀을 듣고 '타고난 바탕이 아름답더라도 다시 예로써 자신을 닦는 공력을 기울이지 않으면 안된다'는 것을 문득 깨달았다. 그러므로 공자께서 그의 말을 인정해준 것이다.[8]

　공자께서 시를 산삭하신 뜻을 여기서 발견할 수 있다.[9] 만약 『논어집주』의 설과 같다면 그대로 두는 것이 참으로 마땅하다.[10] 또 「당체」(棠棣)[11]와 같은 경우, "당체꽃이여, 펄럭펄럭 뒤치는구나. 어찌 너를 생각

　8) 『논어』「팔일」제8장 '회사후소'(繪事後素) 다음에, "자하가 그 말을 듣고 말하기를 '예는 뒤에 하는 것이로군요'라고 하자, 공자께서 말씀하시기를 '나를 일으켜주는 자는 상(商)이로구나. 비로소 더불어 시를 말할 수 있겠구나'라고 하였다"[曰禮後乎 子曰 起予者 商也 始可與言詩已矣]고 한 말을 가리킨다.

　9) 성호의 생각은, 『시경』 위풍(衛風) 「석인」(碩人) 제2장의 '교소천혜 미목반혜 소이위현혜'(巧笑倩兮 美目盼兮 素以爲絢兮)에서 뒤의 '소이위현혜'(素以爲絢兮)가 문제의 소지가 있으므로, 공자가 산시할 적에 이 구만 산삭했다는 주장이다.

　10) 주희는 『시경』 위풍 「석인」은 1장(章)이 7구(句)씩 되어 있기 때문에 『논어』「팔일」제8장에 보이는 '교소천혜 미목반혜 소이위현혜'(巧笑倩兮 美目盼兮 素以爲絢兮)는 「석인」의 시구가 아니고, 별도의 시가 있었는데 없어진 것으로 보고 있다. 주희는 또 '소이위현혜'(素以爲絢兮)가 중요한 내용인데, 이 구를 산삭했을 리 없다는 견해를 피력하였다. 『논어집주대전』「팔일」제8장 소주에 보인다.

　11) 『논어』「자한」(子罕) 제30장에 보이는 "당체지화 편기번이 기불이사 실시원이"(唐棣之華 偏其反而 豈不爾思 室是遠而)를 말한다. 주희는 이 시도 없어진 일시(逸詩)로 보았다. 그러나 성호는 이 시를 『시경』 소아(小雅) 「상체」(常棣)

지 않겠는가마는, 너의 집이 너무 멀어서"[12]라는 한 구절은, 그 뜻이 좋지 않다. 그러므로 공자께서 그 병통을 드러내고[13] 산삭해버린 것이다. '소이위현'(素以爲絢)도 이와 서로 같다. '당체'(棠棣)[14]는 '상체'(常棣)이다.

刪詩

聖人刪詩 必將可刪而刪之 如素以爲絢一句 見乎論語 而無貶辭 人疑或別有其詩 殆非也 夫子特刪此一句耳 先絢後素 理之所無 子夏之智 寧以此爲疑乎 繪畵之後素功 奚待夫子之訓而方喩哉 是必不然矣 詩人之意 極言巧笑美目之爲佳麗 此不待增飾而然者 故曰 以素爲絢 其意若曰 素亦至矣 此便是絢 何必增飾然後爲絢 蓋欲主於素 而去其飾也 質之勝文 雖逾於文之勝質 終不若文質之適均 此子夏所以發問也 夫子曰 繪事後素 謂雖素 而又不可不加繪事 是爲彬彬也 子夏因此而便覺 生質雖美 又不可不更加修禮之功 故夫子許之也 刪之之意 可見 若如註說 存之固宜耳 又如棠棣章 室遠一節 其義非也 故夫子發其病而刪之 與此相類 棠棣 常棣也

선유 서명(先儒書名)[1)]

아비 앞에서는 자식의 이름을 부르고, 임금 앞에서는 신하의 이름을 부르는 것이 예이다. 사람은 세 분에 의해 살아가니, 섬기기를 한결같이 한다.[2)] 문하생이 선생에 대해서도 이와 같은데, 하물며 공자·맹자 같은 만세의 스승이 되는 분에게 있어서이겠는가? 공자와 맹자에 대해서는, 어느 사람이나 임금처럼 존중하고, 아비처럼 친히 여기지 않는 사람이 없다. 따라서 경전(經典)을 주석(註釋)하는 문자에는, 그 사람의 이름을 바로 써야지, 자(字)나 벼슬 따위를 써서는 안되는 것이 분명하다.

의 한 장(章)이었는데, 뜻이 좋지 않아 공자가 산삭한 것으로 보고 있다.

12) 『논어』 「자한」 제30장에 보이는 내용이다.

13) 『논어』 「자한」 제30장에 이 시를 인용한 뒤, "공자께서 말씀하시기를 '생각하지 않아서이지, 생각한다면 어찌 집이 멀다고 함이 있겠는가?'라고 하셨다"[子曰 未之思也 夫何遠之有]고 하였다. 곧 이 시의 병통을 지적한 것이다.

14) 『논어』 「자한」 제30장에 보이는 '당체지화……'(唐棣之華……)를 말한다.

1) 선유(先儒)의 이름을 그대로 쓰는 문제.

2) 이 말은 『국어』(國語) 「진어」(晉語)에 보인다. 아버지는 낳아주고, 스승은 가르쳐주고, 임금은 먹여주기 때문에, 이 세 분에 의해 살아간다는 것이다.

주자의 집전(集傳)에 '유 빙군'(劉聘君)[3]·'장 경부'(張敬夫)[4] 등의 말이 있기 때문에 지금 대전본(大全本)[5]의 세주(細註)[6]에 호(號)나 씨(氏)로 일컬은 경우가 있다. 그러나 나는, 모두 고쳐 바로잡아야 하고, 호나 씨는 별도로 기록하여 참고할 수 있도록 하는 것이 옳다고 생각한다.

『주자어류』(朱子語類)에는 문인들의 경우, 이름만 쓰고 성(姓)은 쓰지 않았다. 이는 대체로 선생님 앞에서 문답하는 말인 듯하다. 마치 『논어』에 '유야'(由也)[7]·'점야'(點也)[8]라고 한 예와 같다. 이렇게 이름을 쓰게 되면, 스승을 높이는 데에 더욱 친근함을 깨닫게 되니, 바꾸어서는 안된다.

先儒書名

父前子名 君前臣名 禮也 人生於三 事之如一 門生之於先生 亦猶是也 況孔孟爲萬世師範 人莫不尊之如君 親之如父 則註經文字 宜名 而不宜字與爵 明矣 朱子集傳 有劉聘君·張敬夫等語 故今大全細註 稱號·氏 愚謂 宜悉加更定 而其號·氏 別爲錄 備考 可也 朱子語類 諸門人 名之而不書姓 盖謂其問答之辭 如在函席 如論語中由也·點也之例 其於尊師之 尤覺襯帖 不可易也

해망(偕亡)[1]

『서경』에 "백성은 오직 나라의 근본이니, 근본이 튼튼해야 나라가 편안하다"[2]고 하였다. 이는 군자가 힘써야 할 바일 뿐만 아니라, 소인도 이치가 그래야 한다는 것을 알아야 한다. 그러므로 「탕서」(湯誓)[3]에 하

---

3) 주희의 장인인 유면지(劉勉之)를 가리킴.
4) 송나라 때 학자인 장식(張栻)을 말함. 경부는 그의 자이다.
5) 명나라 초기 호광(胡廣) 등이 황제의 칙명으로 편찬한 책을 말함. 사서(四書)는 주희의 주석 이외에 당시까지의 주요한 설을 소주(小註)에 싣고 있다.
6) 작은 글씨로 된 소주를 말한다.
7) 공자의 제자인 중유(仲由)를 말함.
8) 공자의 제자인 증점(曾點)을 말함.
1) 백성이 임금의 포학한 정치를 원망하여 차라리 함께 망하고 싶다는 말. 『서경』 「탕서」에 "이 해는 언제나 망할까? 나는 너와 함께 망할 것이다"[時日曷喪 予及汝偕亡]라고 하였다.
2) 『서경』 「오자지가」(五子之歌)에 보인다.

(夏)나라 백성의 말을 기술하면서 말하기를 "하나라 왕[4]이 민중의 힘을 곤궁하게 하고, 도읍의 백성에게 착취하여 민중이 게으름을 피우며 협력하지 않게 되었다. 그래서 그들이 말하기를 '저 해는 언제나 없어질까? 나도 너와 더불어 함께 망하리라'고 했다"[5]라고 하였다.

'민중의 힘을 곤궁하게 했다'는 것은, 백성이 농사지을 시기를 빼앗아서 농사에 힘쓰지 못하게 한 것을 말한다. '도읍의 백성에게 착취한다'는 것은, 정상적인 세금 외에 더 빼앗아가서 부모와 처자를 양육할 수 없게 한다는 말이다. 힘을 다해도 먹고 살 수가 없으므로, 백성이 본업에 충실하지 않고 원망하면서 협력하지 않은 것이다. 그러므로 그들이 말하기를 "저 해는 언제나 망할까? 내가 망하면 반드시 나라도 함께 망하고 말 것이다"라고 한 것이다. 백성이 망하는 것은 부역에 내몰아 힘을 다하게 하고, 세금을 지나치게 거두어 못살게 하는 데서 말미암는다. 그리고 나라가 망하는 것은, 백성이 삶을 영위할 수 없어 스스로 망하는 것을 탄식하는 데서 말미암는다.

「중훼지고」(仲虺之誥)[6]에 "임금이 오시니, 우리는 이제 살아날 수 있겠구나"라고 하였으니, 이는 백성이 망하기 직전에 다행히 소생한 것이다. 우연히 생각이 여기에 미쳐, 문득 적어놓는다.

偕亡

民惟邦本 本固邦寧 此不但君子所勉 小人亦知理所宜然 故湯誓述夏民之言曰 夏王 率遏衆力 率割夏邑 有衆率怠不協 曰是日曷喪 予及汝偕亡 遏衆力 謂奪其農時 使不得力作也 割夏邑 謂割取常賦之外 無以養其父母妻子也 盡力而不得食 則民又怠於常業 怨怒而不協也 故曰 此日 何時而喪乎 吾亡 必國與之同亡 民亡 由於遏力割邑 而國亡 由於民不聊生 歎其自亡也 仲虺之誥云 后來 其蘇 乃民之將亡 而幸蘇也 偶思及 輒書

---

3) 『서경』의 편명임.
4) 하나라 마지막 왕인 걸(桀)을 가리킴.
5) 이 말은 은(殷)나라를 세운 탕(湯)의 말이다.
6) 『서경』의 편명임.

식진호인(識盡好人)[1]

　　조 계인(趙季仁)[2]이 말하기를 "나는 평생 세 가지 소원이 있다. 첫 번째 소원은 세상의 좋은 사람을 다 아는 것이고, 두 번째 소원은 세간의 좋은 글을 다 읽는 것이고, 세 번째 소원은 세상의 좋은 산수(山水)를 다 구경하는 것이다"라고 하였다. 대체로 이 세 가지 가운데 한 가지도 하기가 어려우니, 다 해보기란 실로 쉽지 않은 일이다. 글을 읽고 산수를 구경하는 경우는, 고금을 통하여 혹 그런 사람이 있기도 하겠지만, 좋은 사람을 다 알기란 예로부터 드문 일이다.

　　나는 『춘추』에서 그런 인물을 한 사람 발견했는데, 바로 계찰(季札)[3]이다. 노양공(魯襄公) 29년에 계찰이 노나라에 이르러 주악(周樂)[4]을 들었다. 그 뒤에 제(齊)나라에 사신으로 가서 안 평중(晏平仲)[5]을 만나보았고, 정(鄭)나라에 사신으로 가서 자산(子產)을 만나보았고, 위(衛)나라에 가서 거백옥(蘧伯玉)을 만나보았고, 진(晉)나라에 가서 숙향(叔向)을 만나 보았다. 영(嬴)·박(博)[6] 사이에 이르러 아들을 장사지낼 적에, 공자(孔子)가 찾아가 그를 만났다.[7] 이상의 여러 사람들은 다 성인(聖人)의 무리들이다. 계찰은 네 사람을 만나고, 또 공자를 만났으니, 한 번 걸음에 좋은 사람을 다 만난 것이다. 참으로 한때의 지극한 즐거움이고, 천고에 이름난 좋은 일이라고 할 만하다.

識盡好人

　　趙季仁曰 平生有三願 一願 識盡世間好人 二願 讀盡世間好書 三願 看盡世間好山水 盖三者 一之爲難 實未易兼也 讀書·看山水 古今或有能者 其識盡好人 終古鮮有 余於春秋 得一人 季札 是也 襄公二十九年 札至魯 觀周樂 然後聘于齊 見晏平仲 聘于鄭 見子產 適衛 見蘧伯玉 適晉 見叔向 至嬴·博 葬子 孔

---

1) 좋은 사람을 모두 안다는 말.
2) 송나라 때 사람 조사서(趙師恕)를 말함. 계인은 그의 자이다.
3) 춘추시대 오(吳)나라 공자(公子)임.
4) 주나라 조정에서 정리한 음악을 말함. 대체로 지금 전하는 『시경』에 들어 있는 것들이다. 『춘추좌씨전』 양공(襄公) 29년조에 자세한 것이 보인다.
5) 춘추시대 제나라의 대부인 안영(晏嬰)을 말함.
6) 모두 춘추시대 제(齊)나라에 속했던 지명임.
7) 『예기』 「단궁 하」(檀弓下)에 보인다.

子往觀焉 彼數子者 皆聖人之徒也 札旣見四子 又逢孔子 一行而識盡 可謂一時
之極樂 千古之名勝也

전당(錢唐)[1]

　명 태조(明太祖)가 맹자(孟子)의 '토개'(土芥)에 관한 말[2]을 못마땅하
게 여겨, 맹자의 신위(神位)를 철거하고자 하였다. 그래서 "감히 이에
대해 간언하는 자가 있으면 활을 쏘아라"라고 명령하였다. 그때 형부
상서(刑部尙書) 전당(錢唐)이 항쟁하는 상소를 올리고, 웃통을 벗고 화
살을 받을 자세로 아뢰기를 "신이 맹가(孟軻)[3]를 위해 죽는다면, 신 또
한 영광입니다"라고 하였다. 황제가 그의 간곡한 정성을 보고서, 상소
를 받아들여 드디어 맹자의 신위를 폐출하지 않았다.
　살펴보건대, 전당의 일은 참으로 정당했다. 그러나 성현(聖賢)의 출
처(出處)[4]에 비하면, 반드시 중도(中道)를 얻은 것은 아니다. 맹자가 백
리해(百里奚)의 지혜로움을 인정했으니,[5] 간언할 수 없는 경우는 그만

---

1) 명나라 때의 현신(賢臣).
2) 『맹자』「이루 하」(離婁下) 제3장에 "임금이 신하 보기를 흙이나 지푸라기처럼
　하면, 신하가 임금 보기를 원수처럼 한다"[君之視臣 如土芥 則臣視君 如寇讐]
　고 한 것을 가리킨다.
3) 맹자의 성명임.
4) 출(出)은 벼슬길에 나아가는 것이고, 처(處)는 은거하는 것이다.
5) 『맹자』「만장 상」(萬章上) 제9장에 "백리해는 우(虞)나라 사람이다. 진(晉)나라
　사람이 수극(垂棘)에서 생산된 구슬과 굴(屈)에서 생산된 말을 가지고 우나라에
　길을 빌려 괵(虢)나라를 치려고 하자, 궁지기(宮之奇)는 빌려주지 말라고 간하
　였고, 백리해는 간하지 않았다. 그는 우나라 임금이 간언을 할 수 없는 임금임
　을 알고 떠나 진(秦)나라로 갔으니, 그때 나이가 이미 70세였다. 그가 소를 먹여
　진 목공(秦穆公)에게 벼슬을 구하는 것이 더러운 것이 되는 줄을 몰랐다면, 지
　혜롭다고 할 수 있겠는가? 간할 수 없는 인물임을 알고 간하지 않았으니, 지혜
　롭지 않다고 할 수 있겠는가? 우나라 임금이 망할 줄 알고 그 나라를 먼저 떠
　났으니, 지혜롭지 않다고 말할 수 없다. 당시에 진(秦)나라에 등용되어 목공이
　더불어 일할 만한 인물임을 알고 그를 도왔으니, 지혜롭지 않다고 할 수 있겠는
　가? 진나라를 도와 그 임금을 천하에 드러내 후세에 전할 수 있게 하였으니, 어

두고 간언하지 않는 것이 마땅하다. 웃통을 벗고 화살을 받으려 한 것
은 반드시 죽는 길이었고, 맹자의 신위가 폐출되지 않은 것은 단지 우
연한 일일 뿐이다. 죽고 사는 일은 또한 큰 일이다. 범과 승냥이가 입
을 벌리고 있는데, 자기의 목숨을 버리고 굳이 달려든다면 어찌 옳은
일이겠는가?

군자가 이런 때를 당해서는, 자신을 지키며 자취를 멀리하는 것만
못하다. 후세의 명예롭게 죽는 데 급급한 열사(烈士)들이 왕왕 이와 같
았다. 이는 결코 본받아 배울 수 있는 일이 아니다.

錢唐

明太祖不取孟子土芥之語 欲去配享 令敢諫者 射之 刑部尙書錢唐 抗疏入 袒
胸受箭曰 臣爲孟軻死 亦榮矣 帝見其誠懇 取疏以入 遂不廢配享 按錢事 固正矣
然比之聖賢出處 未必得中 孟子已許百里奚之爲智 其不可諫 則宜止而不諫矣 袒
胸受箭 必死之道 從祀之不罷 特偶然事 死生亦大矣 如豺虎之噉 捨命必赴 可乎
君子當此之時 不若奉身遠迹而已 後來烈士急於殉名 往往如此 要非可以師法

안수유(顔讐由)

맹자께서 말씀하시기를 "공자께서 위(衛)나라에 계실 때, 안수유의
집에 머물렀다"[1]고 했는데, 『사기』(史記)에는 안탁추(顔濁鄒)로 되어
있다.[2] 주자의 『맹자집주』에는 "안수유는 위(衛)나라의 어진 대부이다"
라고 하였다. 『회남자』(淮南子)에는 "안탁취(顔啄聚)는 양보(梁父)의
큰 도적이었는데, 제(齊)나라 충신이 되었다"고 하였다.

살펴보건대, 『춘추좌씨전』 애공(哀公) 23년조에 "진(晉)나라 지백(智
伯)이 친히 안유(顔庚)를 사로잡았다"고 하였는데, 그 주(註)에 "제나
라 대부 안탁취(顔啄聚)이다"라고 하였다. 또 애공 27년조에 "제나라에

질지 않고서야 그렇게 할 수 있겠는가? 자신을 팔아 그 임금을 성공하게 하는
것을, 시골의 지조를 지키는 자도 하지 않는 것인데, 어진 이가 그런 짓을 했다
고 하겠는가?"라고 하였다.
1) 『맹자』 「만장 상」(萬章上) 제8장에 보인다.
2) 『사기』 「공자세가」(孔子世家)에 보인다.

서 군사를 일으키려 할 적에 안탁취의 아들을 불렀다"고 하였다. 이 점이 바로 안탁취가 제나라 충신이 되었던 까닭인데, 이 사람을 안유라고도 하였다. 양보는 제나라와 위나라 사이에 있던 지역이다.

안탁추는 처음에 행실이 좋지 않았는데, 뒤에 잘못을 고치고 선(善)을 따라, 제나라에서 벼슬해 충신이 된 사람인 듯하다. 『사기』「공자세가」(孔子世家)에 "안탁추(顏濁鄒)와 같은 무리로 수업한 자가 매우 많았다"고 하였으니, 이것이 그 증험이다. 그가 위나라의 대부가 되었다고 하는 점은, 고증할 만한 것이 없다. 다만 성인이 그의 집에 주인을 정했다고 하였으니, 반드시 근거할 만한 사실이 있었을 것이다.

顏讐由

孟子曰 孔子主於顏讐由 史記作顏濁鄒 集註云 衛之賢大夫也 淮南子曰 顏啄聚 梁父之大盜也 爲齊忠臣 按左傳哀公二十三年 晉智伯親擒顏庚 註云 齊大夫 涿聚 二十七年 齊師將興 召顏涿聚之子 此則涿聚所以爲齊忠臣 而或稱爲顏庚也 梁父在齊衛境 或者 始以無行 後能改以從善 仕於齊 爲忠臣耶 孔子世家云 如顏濁鄒之徒 頗受業者 甚衆 是其驗也 其爲衛大夫 則無所考 但聖人旣主於其家 亦必有事實可據乎

일본도가(日本刀歌)[1]

구양공(歐陽公)[2]의 「일본도가」(日本刀歌)에 이런 말이 있다.

듣자니, 그 나라는 큰 바닷속에 있다는데,
토지도 비옥하고, 풍속도 좋다 하네.
전 왕조 때는 공물을 바치고 왕래도 잦아,
그 고장 선비들 이따금씩 시문도 보내왔네.
서복(徐福)[3]이 갈 적에는 서책이 타기 전,
일서(逸書)[4] 백 편이 아직 남아 있다네.[5]

---

1) 송나라 때 구양수(歐陽修)가 지은 노래.
2) 송나라 때 구양수를 말함.
3) 진시황(秦始皇) 때의 술사(術士).

나라 안에 전하지 말라고 엄한 명령을 내려,
세상에 고문을 아는 사람 하나도 없네.[6]
선왕의 큰 법전, 오랑캐 땅에 남아 있지만,
거친 파도 넘실대 찾아갈 길 없구나.
그 생각에 감격해 눈물짓고 앉았으니,
서슬 퍼런 짧은 칼, 어찌 말하리.

이는 아마도 잘못 전해들은 말인 듯하다. 우리나라는 일본과 근접해 있어서, 그 나라에서 간행된 서적을 가끔 얻어본다. 예컨대, 진 북계(陳北溪)[7]의 『성리자의』(性理字義)는 중국에서도 얻어볼 수 없는데, 일본에서 구했다. 또 우리나라의 『이상국집』(李相國集)[8]도 본국에서는 없어졌는데, 일본에 전해오고 있다.

그러나 그 나라 풍속은 무비(武備)[9]를 숭상하고, 문예(文藝)를 뒤로 한다. 근래에 문사(文詞)를 매우 과장하고자 하지만, 오히려 고경(古經)이 보존되어 있다는 말은 들어보지 못했다. 만약 그런 경전이 남아 있다면, 그들은 반드시 오래 전에 남이 구하러 오기를 기다리지 않고 스스로 자랑하였을 것이다. 세상에 전하지 말라고 내린 명령이 어떤 정책이었는데, 그처럼 주도면밀하게 싸가지고 갔단 말인가?[10] 중국 사람들이 동떨어진 지역에서 흘러들어온 말에 대해 쉽게 현혹된 것이 이와 같으니, 매우 가소로운 일이다.

한무구(韓無咎)의 말에 "고려에서 분서(焚書)를 당하지 않은 육경(六經)을 진상하자, 신종(神宗)[11]이 곧 발간하여 반포하려고 했다. 그때 왕개보(王介甫)[12]가 새로 복원된 경전이 없어질 것을 두려워하여, 신종에

---

4) 중국에서 없어진 책을 말함.
5) 분서갱유가 있기 전에 서복이 가지고 간 서적이 일본에 남아 있다는 말이다.
6) 진시황의 분서갱유(焚書坑儒)를 말함.
7) 주희의 제자인 진순(陳淳)을 말함. 북계는 그의 호이다.
8) 고려 때 문인인 이규보(李奎報)의 문집.
9) 무력을 갖추는 것.
10) 진시황 때 서복이 고경(古經)을 싸가지고 일본으로 건너갔다는 말이다.
11) 송나라 신종을 말함.
12) 송나라 때 왕안석(王安石)을 말함. 개보는 그의 자이다.

게 아뢰어 그 일을 중지시켰다. 그래서 그 판본도 전해지지 못하였다"
라고 하였다.

주자는 이에 대해, 반드시 그런 책이 있지 않았을 것이라고 하였다.
그러나 우연지(尤延之)[13]는 "『맹자』의 '인(仁)이란 인(人)이다'[仁也者人
也] 아래에, 고려본(高麗本)에는 '의(義)란 의(宜)이고, 예(禮)란 이(履)
이며, 지(智)란 지(知)이고, 신(信)이란 실(實)이다. 합하여 말하면 도
(道)이다'라고 하였다"고 했다.[14] 주자는 이에 대해 도리어 "이 설이 옳
은 데 가깝다"고 하였다.[15] 지금의 주석[16]에는 이 설을 채택해 기록해
놓았다.

이런 사실을 가지고 보면, 고려의 진본(眞本)에 반드시 그런 책이 있
지 않았다고 할 수 없다. 지금 볼 수 없으니, 매우 안타까운 일이다.

日本刀歌

歐陽公日本刀歌曰 傳聞其國居大海 土壤沃饒風俗好 前朝貢獻屢往來 士人往
往貢詞藻 徐福行時書未焚 逸書百篇今尙存 令嚴不許傳中國 擧世無人識古文
先王大典藏夷貊 蒼波浩蕩無通津 令人感激坐流涕 鏽澁短刀何足云 此盖傳聞之
誤也 我國壤地 與日本接近 其國所行之書 往往得之 如陳北溪性理字義 不得於
中國 而得於彼 又如我國李相國集 失於本國 而傳於彼 然其俗 崇武備而後文藝
至近時 極欲誇張詞藻 猶不見有古經之存焉 若或有之 則彼必不待求而衒售者
久矣 其令嚴不傳 是甚謀計 而若此之綢繆乎 中國 與之絶域 流傳易惑 如此 甚
可笑也

韓無咎云 高麗進六經不曾焚者 神宗卽欲頒行 王介甫恐壞他新經 奏止之 本
亦不傳 朱子以爲 未必有此 然尤延之云 孟子 仁也者人也章下 高麗本云 義也
者宜也 禮也者履也 智也者知也 信也者實也 合以言之 道也 朱子於此 却云 此
說近是 今註中 採而錄之 以此觀之 高麗眞本 未必不有其書也 今不可得見 可
勝歎哉

---

13) 남송(南宋) 때의 학자인 우무(尤袤)를 말함. 연지는 그의 자이다.
14) 『맹자집주대전』(孟子集註大全) 「진심 하」(盡心下) 제16장 소주(小註)에 보인다.
15) 『맹자집주대전』 「진심 하」 제16장 소주에 보인다.
16) 『맹자집주대전』을 말한다.

성우(城隅)¹⁾

『시경』패풍(邶風) 「정녀」(靜女)에 "정숙한 고운 아가씨, 성우에서 나를 기다리네"[靜女其姝 俟我於城隅]라고 하였는데, 주자의 주(註)에 "'성우'(城隅)는 깊숙하고 외진 곳이다"라고 하였다. 그러나 이 주석은 자세하지 못한 듯하다.

살펴보건대, 『주례』(周禮) 고공기(考工記)에 "왕궁(王宮) 문아(門阿)²⁾의 제도는 5치(雉)이고, 궁우(宮隅)의 제도는 7치이고, 성우의 제도는 9치이다"³⁾라고 하였다. 그 주(註)에 "'궁우'와 '성우'는 각부사(角浮思)를 말한다. '치'는 길이가 3장(丈), 높이가 1장이다"라고 하였고, 소(疏)에는 "궁우의 제도는 높이가 7장이고, 궁장(宮墻)은 높이가 5장이다. 성우의 제도는 높이가 9장이고, 성신(城身)은 7장⁴⁾이다. 한(漢)나라 때에 '동궐(東闕)의 부사가 불탔다'고 했으니, 불탔다고 한 것을 보면 '부사'(浮思)는 작은 누대[小樓]이다. 『예기』「명당위」(明堂位)의 '소병'(疏屛)에 대한 주에도 '지금의 부사(桴思)⁵⁾이다. 거기에 운기(雲氣)·벌레·짐승 등을 새기는데, 요즘 대궐에 새기는 것과 같다'고 하였으니, 부사는 문병(門屛)에 지붕처럼 덮어씌우는 것이다"라고 하였다

그렇다면 성각(城角) 위에 다시 두어 길을 더 쌓아 단(壇)을 만들고, 단 위에 작은 누대를 만든 것을 성우라고 한 것이니, 지금의 문루(門樓)와 같다. 유향(劉向)⁶⁾의 『설원』(說苑)에 "기량(杞梁)이 싸우다 죽었는데, 그의 아내가 그 소식을 듣고 곡(哭)을 하자, 성(城)이 내려앉고 우(隅)가 무너졌다"고 하였으니, 이것도 증거가 될 수 있다. 또 당(唐)

---

1) 『시경』패풍 「정녀」에 나오는 말임. 주자는 '성의 모퉁이'라는 뜻으로 풀었는데, 성호는 성곽 위에 세운 누대(樓臺)로 보았다. 이 글에는 성호의 고증적 태도가 잘 드러나 있다.
2) 문의 기둥을 말함. 『성호사설』에는 '우'(隅)로 되이 있는데, 이는 '아'(阿)의 오자이다.
3) 『주례』고공기 「장인」(匠人)에 보인다.
4) 『성호사설』에는 '오장'(五丈)으로 되어 있는데, 이는 '칠장'(七丈)의 오류이다.
5) 『성호사설』에는 '부사'(浮思)로 되어 있다.
6) 한(漢)나라 때의 학자.

나라 사람의 시에 "성우에서 한 번 이별한 뒤로, 어느 날 다시 만나보리"라고 하였다. 이는 성각의 누대 위에서 송별한 것인 듯하다.『시경』당풍(唐風)「주규」(綢繆)에 '세 별이 우(隅)에 있다'고 하였으니, 또한 이런 뜻인 듯하다.

城隅

詩邶風云 靜女其姝 俟我於城隅 朱子註云 幽僻之處 此恐未詳 按考工記 王宮門隅之制 五雉 宮隅之制 七雉 城隅之制 九雉 註云 宮隅・城隅 謂角浮思也 雉 長三丈 高一丈 疏云 宮隅之制 高七丈 宮墻 高五丈也 城隅之制 九丈 城身五丈也 漢時 云東闕浮思災 言災 則浮思者 小樓也 明堂位 疏屛註亦云 今浮思也 刻之爲雲氣・蟲・獸 如今闕上爲之然 則門屛有屋覆之者也 然則城角上 更築數丈 爲壇 壇上爲小樓 謂之城隅 若今之門樓也 劉向說苑云 杞梁鬪死 妻聞而哭 城爲之陁 而隅爲之崩 可以爲證 唐人詩云 城隅一分手 幾日還相見 盖送別於城角樓上也 唐風云 三里在隅 恐亦此意

사과(四科)[1]

사과(四科)는, 진(陳)나라・채(蔡)나라 사이에서 공자를 모시고 있던 제자에 국한해서 말한 것이다. 그렇지 않고 공자가 어려웠을 때 따르던 제자들을 잊지 않은 것이라고 한다면,[2] 공자를 모시고 있던 여러 제자들을 모두 생각할 수 있는데, 어찌 유독 재주와 덕이 있는 사람만 가려서 말씀하셨단 말인가?

나는 이렇게 생각한다. 공자가 노(魯)나라에서 벼슬할 적에 정승의 일을 대행하여 거의 정치의 대체(大體)를 베풀어놓았는데, 제(齊)나라

---

[1] 공자 문하의 제자들이 가지고 있던 네 가지 과목(科目)의 장점. 곧 덕행(德行)・언어(言語)・정사(政事)・문학(文學)을 말한다. 『논어』「선진」(先進) 제2장에 "진나라・채나라 사이에서 나를 따르던 제자들이 지금은 모두 문하에 없구나. 덕행에는 안연(顏淵)・민자건(閔子騫)・염백우(冉伯牛)・중궁(仲弓)이고, 언어에는 재아(宰我)・자공(子貢)이고, 정사에는 염유(冉有)・계로(季路)이고, 문학에는 자유(子游)・자하(子夏)이다"라고 하였다.

[2] 주희의 『논어집주』「선진」 제2장의 주석에 "이는 대체로 어려웠던 때에 상종하던 사람들을 잊지 않으신 것이다"라고 한 것을 말한다.

에서 보낸 여악(女樂)[3]으로 인하여 노나라를 떠나게 되었다.[4] 그래서 위(衛)나라에 갔으나 위나라에서도 쓰이지 못하여, 진나라·채나라 사이를 지나다 곤궁함을 당하였다.

공자가 노나라를 떠난 것은, 노나라를 다스리던 도를 가지고 다른 제후 나라에서 정치를 펴고자 한 것이다. 만약 여러 명의 제자들이 없다면, 제후가 공자를 등용하여 쓴다고 할지라도, 공자 혼자 어떻게 모든 일을 조처할 수 있겠는가? 공자가 뜻을 펴려고 한다면 덕행(德行)이 근본이 되고, 정사(政事)가 그 다음이 되고, 언어(言語)로써 사방의 제후에게 응대하고, 문학으로써 예악을 문채나게 꾸며야 할 것이다. 그 완급과 선후를 여기에서 알 수 있다. 제후들이 끝내 공자를 등용하지 못한 것은 운명이다.

그러나 공자는 이 세상에 다스릴 수 없는 때는 없다고 보았으니, 마음으로는 일찍이 포기하지 않은 것이다. 여러 제자들이 사방으로 흩어져 진나라·채나라 사이에서 수행할 때처럼 다 모일 수 없기 때문에 공자가 그들을 생각한 것이다. 이런 말씀을 한 것은, 다시 그들을 거느리고서 어지러운 나라를 떠나 다스릴 수 있는 나라로 가서 뜻을 펴볼 수 있기를 바란 것인 듯하다. 그런 생각은 천하의 공의(公義)에 있었던 것이지, 일시의 사호(私好)에서 나온 것이 아니다.

四科

四科 謂從夫子於陳蔡者 是已 然不忘相從於患難之間 則凡扶護諸子 皆可思也 何獨擇其才德而云爾 愚謂 夫子仕魯 攝行相事 幾乎有所設置 因女樂而行 適衛 衛不用 過陳·蔡而阨困 是行也 將欲以治魯者 治於諸侯也 若無數子之徒 雖擧以用之 夫子又何以措其手足 使其有爲 則德行爲本 政事次之 言語以應對四方 文學以賁飾禮樂 其緩急先後 於斯 可悉 至諸侯終不能用 則命也 然夫子視天下無不可爲之時 心未嘗已也 諸子或散之四方 不復完聚 如陳·蔡之從行 故夫子思之 蓋復欲相率而去亂適治 庶幾有爲也 其思也 在天下之公 非一時之私好也

---

3) 노래하고 춤추는 미녀들을 말함.
4) 노나라의 실권자인 계씨(季氏)가 노나라의 정치를 방해하기 위해 제나라에서 보내온 여악을 받고 3일 동안 정사를 돌보지 않자, 공자가 노나라를 떠났다. 『논어』「미자」(微子) 제4장 및 『사기』(史記) 「공자세가」(孔子世家)에 보인다.

대학출어역(大學出於易)[1]

성인이 『주역』의 총론을 지으면서 천하를 평안하게 다스리는 요점에 대해 말씀하시기를 "천지의 큰 덕을 생(生)이라 하고, 성인의 큰 보배를 자리[位]라고 한다. 무엇으로써 자리를 지킬 것인가? 인(仁)이 그것이다. 무엇으로써 사람을 모을 것인가? 재(財)가 그것이다. 재물을 다스리고 말을 바르게 하며, 백성의 잘못을 금지하는 것을 의(義)라고 한다"[2]고 하였다.

증자(曾子)[3]가 이 점을 터득하고, 부연해서 『대학』의 전(傳) 제10장을 지었다.[4] 이 장은 처음부터 끝까지 사람[人]과 재물[財] 두 가지를 말한 데서 벗어나지 않는다. 재물로써 사람을 모으고, 사람으로써 자리를 지킨다. 그러므로 나라에는 재물이 없어서는 안된다. 그러나 재물만 다스리면 그릇된 짓을 하는 데 빠지기 쉽다. 그러므로 의(義)로써 끝을 맺은 것이니,[5] 그 요점은 혈구(絜矩)에 있다.[6]

사람으로서 자리를 지키려면 어진 이를 구하는 것이 급선무가 된다. 어진 이란 재능과 기예(才藝)가 있는 사람을 말하는 것이 아니다. 임금이 아름답게 여겨 용납하는 바가 있으면, 천하의 재능과 기예를 가진 사람과 아름답고 훌륭한 사람 모두 등용하지 못할 사람이 없다. 이와 반대로 하면, 반드시 망한다.

그러므로 「진서」(秦誓)[7]의 한 구절[8]은 잘잘못의 요점이 되고, 생재

---

1) 『대학』(大學)은 『주역』(周易)에서 나왔다.
2) 『주역』 「계사 하」(繫辭下)에 보인다.
3) 공자의 제자인 증삼(曾參)으로, 공자의 도를 전한 사람이다.
4) 주희의 『대학』은 경(經) 1장과 전(傳) 10장으로 되어 있는데, '소위평천하재치기국자 상노노이민흥효'(所謂平天下在治其國者 上老老而民興孝)부터 끝까지가 전(傳) 10장에 해당된다.
5) 『대학장구』 전(傳) 제10장 맨 끝에 "이는, 나라는 이익으로 이로움을 삼지 않고, 의리로 이로움을 삼는다는 말이다"[此謂 國 不以利爲利 以義爲利也]라고 하였다.
6) 『대학장구』 전 제10장 첫머리에 '혈구지도'(絜矩之道)란 말이 있다. 혈구지도는 나의 마음을 헤아려 남의 마음을 이해하는 것을 말한다.
7) 『서경』의 편명임.
8) 『대학장구』 전 제10장에 보이는 다음과 같은 말을 가리킨다. "「진서」(秦誓)에

(生財)의 한 구절[9]은 재물 모으는 요점이 된다. 이것이 모두 '혈구'한 구에 모이니, 구구절절이 『주역』의 문구에서 나오지 않은 것이 없다. 독자들은 자세히 맞추어보아야 유익함이 있을 것이다.

大學出於易

聖人作易總論 平天下之要道曰 天地之大德曰生 聖人之大寶曰位 何以守位 曰仁 何以聚人 曰財 理財正辭 禁民爲非 曰義 曾子得之 演爲大學傳第十章 首 尾不出於人與財二段 以財聚人 以人守位 故國不可以無財 理財 易陷於爲非 故 以義終之 其要在於絜矩也 以人守位 則求賢爲急 賢非才技之謂也 休休有容 則 合天下之才技彦聖 無不舉 反是必亡 故秦誓一節 爲得失之要 生財一節 又聚財 之要 總會于絜矩一句 節節句句 莫非從易文中流出 讀者 須仔細勘合 方有益

편언 절옥(片言折獄)[1]

구양첨(歐陽詹)[2]의 「편언절옥론」(片言折獄論)에 "옛날 형벌을 집행할 적에는 삼괴(三槐)[3]에 돌리고, 구극(九棘)[4]을 거치고, 뭇 신하에게 묻고, 뭇 이속(吏屬)에게 묻고, 만백성에게 물었다. 따라서 편언(片言)

이렇게 말하였다. 어떤 한 신하가 성실하기만 하고 다른 재주는 없으나, 그 마음은 아름다워 남을 용납함이 있는 듯하여, 남이 가지고 있는 기예(技藝)를 자기가 가지고 있는 것처럼 여기며, 남의 아름답고 훌륭한 점을 진심으로 좋아하여 입으로 말하는 것과 같을 뿐만이 아니라면, 이는 남을 능히 포용하는 것인지라, 나의 자손과 백성을 능히 보전할 것이니, 거의 이로움이 있을 것이다. 그러나 남이 가지고 있는 기예를 시기하고 미워하며, 남의 아름답고 훌륭한 점을 거슬러 통달하지 못하게 하면, 이는 남을 능히 포용하지 못하는 것인지라, 나의 자손과 백성을 보전하지 못할 것이니, 또한 위태로울 것이다."

9) 『대학장구』전 제10장에 "재물을 생산하는 데에는 큰 도가 있으니, 생산하는 자는 많고 먹는 자는 적으며, 일을 하기는 빨리 하고 쓰는 것은 느리게 하면, 재물이 항상 풍족할 것이다"라고 한 것을 가리킨다.

1) 반 마디 말로써 옥송(獄訟)을 판결함.『논어』「안연」(顏淵) 제12장에 "공자께서 말씀하시기를 '반 마디 말로써 옥송을 판결할 수 있는 자는 자로(子路)일 것이다'라고 하셨다"고 하였다.

2) 당(唐)나라 때 사람임.

3) 삼공(三公), 곧 삼 정승을 말함.

4) 구경(九卿)을 말함.

으로써 옥송(獄訟)을 결정할 수 없는 것이 분명하다"고 하였다. 이 설은 참으로 맞다. 그러나 성인이 자로(子路)의 세밀하지 못한 점을 그르게 여겨 배척한 말이라고 한다면,[5] 이는 그릇된 해석이다.

　나는 이렇게 생각한다. 이 문장에서 말한 '언'(言)은 소송하는 자의 말을 가리키는 것이지, 소송을 판결하는 사람의 말은 아닌 듯하다.[6] 『대학』에 "공자께서 말씀하시기를 '송사(訟事)를 판결하는 데는 나도 남만큼 할 수 있지만, 나는 반드시 송사가 없게 할 것이다'[7]라고 하였으니, 실정이 없는 자가 변명을 다하지 못하게 하는 것은 백성의 마음을 크게 두렵게 하기 때문이다"라고 하였다. '편언'(片言)은 반언(半言)이다. 그에게 실정이 없는 것을 환히 안다면, 어찌 그가 변명을 다하도록 기다리겠는가? 「여형」(呂刑)[8]에 이른바 '단사(單辭)[9]에 밝고 맑게 듣는다'고 한 것과 같다.

　이 '편언'(片言)이 자로를 가리켜 말한 것이라면 어맥(語脈)이 제대로 연결되지 않는다. 자로가 아무리 어질다 할지라도, 옥송을 판결할 적에는 반드시 잘잘못을 상세히 말해서, 당사자들로 하여금 각자 분명히 깨달아 의심이 없게 한 뒤에 끝냈을 것이다. 어찌 반쯤만 말을 하고 그만두어 양쪽의 문제를 다 분변하지 않았겠는가? 만약 반 마디 말로써 옥송을 판결할 수 있다고 말한다면, 처음을 삼가고 끝맺음을 잘한다는 뜻에 흠이 있어서, 반드시 일을 해치는 경우가 있을 것이다.

片言折獄

　歐陽詹片言折獄論曰 古者將刑 循三槐 歷九棘 訊羣臣 訊羣吏 訊萬民 片言不可以折獄者 明矣 其說固然 然以爲聖人非斥子路之不審 則誤矣 愚謂 此所謂言 指訟者之言 恐非聽訟者也 子曰 聽訟 吾猶人也 必也使無訟乎 無情者 不得盡其辭 大畏民志 片言 半言也 若燭其無情 何待盡其辭乎 猶呂刑所謂明淸乎單辭 若曰指子路 則語脉不著 子路雖賢 其折獄 必詳言其曲直 使人各自曉然無疑而後止 何必半吐半吞 不竭其兩端耶 若但曰 片言而可折獄 則殊欠愼克之義 而

---

5) 『논어』 「안연」 제12장의 '자왈 편언가이절옥자 기유야여'(子曰 片言可以折獄者 其由也與)를 구양첨과 같이 해석하는 것을 말한다.
6) 주희는 소송을 판결하는 사람의 말로 보았다.
7) 이 말은 『논어』 「안연」 제13장에 보인다.
8) 『서경』의 편명임.
9) 증거가 없는 한쪽의 말.

必有害事者矣

우인(虞人)[1]

사람에게 귀중한 것으로는, 재덕(才德)과 충효(忠孝)의 행실보다 더 숭상할 것이 없다. 지극한 성품을 가진 사람으로서 출중한 면모를 보여 금석(金石)을 꿰뚫고 귀신을 감동시키는 이가 있어도, 드러나지 않고 묻혀버리는 경우가 많으니, 또한 애석한 일이다.

제 경공(齊景公)이 사냥을 하다가 정(旌)[2]으로써 우인(虞人)을 불렀는데, 우인은 자기를 부르는 것이 아니라고 하여 달려가지 않았다.[3] 우인은 지극히 천한 직책이다. 자기를 부르는 것이 아닌 것으로 여긴 것은, 작은 절도이다. 그런데도 예를 실천하고 바른 것을 지켜 죽음으로써 굽히지 않았다. 그러므로 공자께서 "지사(志士)는 의(義)를 지키다 죽어 구렁에 나뒹굴 각오를 하고 있고, 용사(勇士)는 의를 지키다 죽어 목숨을 잃을 각오를 한다"[4]고 칭찬하였다.

그의 역량과 식견은 우뚝한 태산(泰山)과 높이를 다툴 만큼 높았을 것이다. 그런데 우연히 이 한 가지 일로 인하여 후세에 알려졌을 뿐, 그의 성명조차 기록되지 않았다. 당시에 안영(晏嬰)[5] 같은 어진 재상이 있었는데, 조정에 끌어들여 함께 나라를 다스리지 않았다. 무슨 까닭일까? 이 사람은 반드시 성인의 무리였을 것이니, 안영이 자기와 견해를 달리한다고 하여 배척한 것이다.

이 밖에도 도덕을 품고서도 초야에서 태어나 초야에서 죽은 사람이 얼마나 많겠는가? 또한 전쟁을 하다가 잘못해 수많은 목숨이 함께 쓰러질 때, 그 가운데는 고충(孤忠)을 드러내지 못하고, 지혜와 용맹도 써보

---

1) 옛날 임금의 원유(苑囿)를 관리하던 하급관리.
2) 깃발의 일종.
3) 『맹자』「등문공 하」(滕文公下) 제1장에 보인다.
4) 『맹자』「등문공 하」 제1장에 보인다.
5) 제나라 경공 때의 명신.

지도 못한 채 대중과 함께 칼날 아래서 죽은 자가 반드시 적지 않을 것이다. 그러나 지위가 낮고 세력에 눌리는데 어찌하겠는가? 이는 천하 사람들이 알지 못할 뿐만 아니라, 하늘도 그 원한을 씻어주지 못할 것이다.

虞人

所貴乎人者 莫尙於才德忠孝之行矣 人有至性 或出類拔萃 貫金石而感鬼神 多湮滅不顯 亦可惜也 齊景公 招虞人以旌 而非其招 則不至 虞人 至賤也 非其招 小節也 猶且蹈禮守正 待殺不屈 故聖人贊之 以溝壑喪元 其力量見識 直與喬泰爭高 偶因一事 而見於後世 猶不記其姓名 當時有晏嬰之賢 不能挽引登朝 與共治理 何哉 此必聖人之徒 而爲異己者 排去也 外此 懷抱道德 生且死於蔓草之間者 亦何限 又如行師失宜 萬命同坑 其中孤忠不暴 智勇無施 騈首死於鋒刃者 必不少 奈地卑勢壓何哉 此不獨天下人不知 天亦不能洗其冤恨也

상민력(傷民力)[1]

경전에 "맹헌자(孟獻子)가 말하기를 '백성의 재물을 마구 거두어들이는 신하를 둘 바에는, 차라리 도둑질하는 신하를 두라'고 하였으니, 나라는 이(利)로 이로움을 삼지 않고, 의(義)로 이로움을 삼는다는 말이다"[2]라고 하였다. 주자(朱子)는 이를 풀이하여 "군자는 차라리 자기 재물을 잃을지언정 차마 백성의 힘을 상하게 하지 않는다"[3]라고 하였다.

백성의 재물을 마구 거두어들여 위정자에게 보태주는 것이 나라의 이익이 될 듯하다. 그러나 백성을 박해하면 백성이 흩어질 것이니, 그런 뒤에는 어느 곳에서 세금을 거둘 것인가? 이롭지 못하고 해가 되는 것이, 이보다 더 심한 것이 없다. 백승지가(百乘之家)[4]에도 오히려 그런데, 하물며 나라를 다스리는 데 있어서이겠는가?

무엇 때문에 백성의 힘을 상하게 한다고 말했는가? 재용(財用)은 백

---

1) 백성의 힘을 손상시킴.
2) 『대학』(大學)에 보인다.
3) 『대학장구』(大學章句) 전(傳) 제10장 주석에 보인다.
4) 전거(戰車) 100대를 낼 수 있는 가문, 곧 경·대부의 가문을 말한다. 여기서는 맹헌자를 두고 한 말이다.

성의 힘에서 나온다. 백성이 오히려 살아갈 수 없는데, 힘쓸 것을 어느 겨를에 논하겠는가? 그러므로 재물을 마구 거두어들이는 것은, 백성의 힘을 상하게 하는 원인이 된다. 재물을 주로 하여 말한 것이기 때문에, 재물이 생겨나는 이유를 미루어 말한 것이다.

내가 살펴보건대, 요즘 관리들이 백성을 돌보지 않아서 황폐해진 농토가 많다. 재물은 줄어드는데 세금은 정해진 수량대로 다 거두어간다. 백성의 힘이 손상될수록 백성은 더욱더 흩어질 뿐이다. 옛날의 훈계가 지극하다.

傷民力

經曰 與其有聚斂之臣 寧有盜臣 此謂國不以利爲利 以義爲利也 朱子釋之曰 寧亡己之財 不忍傷民之力 聚斂以附益之 疑若爲國之利 剝民而民散 聚斂於何 地 其不利而爲害 莫甚 百乘之家 尙然 況爲國乎 何謂傷力 財用出於民力 民尙 不能料生 用力何論 故聚斂 所以爲傷民力也 主於財而言 故推財之所以生而云 爾 余觀 近時吏不恤民 農地多荒 財縮而取盈 力益傷而民益散 古訓至矣

궁경(窮經)[1]

옛날 경전을 궁구할 적에 대략 『시경』·『서경』·『논어』 등 몇 종의 책에 지나지 않았음을 전기(傳記)나 사책(史策)에 의해 알 수 있다. 공부하는 서책이 적었기 때문에 터득하는 것은 더욱 깊었다. 그래서 성현의 말씀 하나 하나를 모두 다 발휘해 현실에 쓸 수가 있었다.

경서를 연구하는 자는 반드시 본뜻을 추구하고, 널리 증명하는 데까지 이르러 자신을 닦고 남을 편안히 하는 기본이 되게 하였다. 그 이유는, 한 구절이라도 밝지 못하면 한 가지 일에 결함이 있기 때문이다.

그런데 후세에는 전적(典籍)이 날로 많아지고, 사람에게 책임지우는 것도 더욱 주밀해졌다. 국가에서는 과거 시험으로 사람들을 독려하고 핍박한다. 과거 시험은 오직 남보다 나은 점으로 뽑는데, 남보다 나은 점은 널리 책을 보는 데 있다. 그러므로 한 사람의 몸으로 칠경(七經)

---

1) 경전을 궁구함.

을 다 외우고, 자(子)·사(史)[2]까지 더한다. 그러니 성현처럼 총명한 사람일지라도 어떻게 다 능통할 수 있겠는가?

맹자가 정전법(井田法)의 경계에 대해 말하되 자세하게 언급하지 못하였고,[3] 맹헌자(孟獻子)의 친구 다섯 사람에 대해 말하면서 세 사람은 성명을 기억하지 못한 데[4]서도 알 수 있다. 그러므로 가지만 잡고 뿌리는 놓치며, 하류만 섭렵하고 근원은 잃어버린다. 기억하는 것이 넓을수록 지혜는 더욱 어두워져서 끝내 쓸모 없는 학문이 되고 만다. 이는 세교(世敎)가 그렇게 만드는 것이다.

옛날 한 가지 경전 이상에 밝은 사람을 취한 것은, 그가 그 경전에만 전력하여 이해가 깊어서 실용에 이바지할 수 있었기 때문이다. 나는 늦게야 독서하는 법을 깨달았다. 마음속에 이해되는 점이 있는 듯하였지만, 오래 완미할수록 더욱더 그 의취(意趣)를 깨닫게 된다. 오늘 터득하지 못하였으나 다음날 깨닫게 되기도 하고, 목전에서 터득하지 못하였으나 뒷날 깨닫게 되는 경우도 있다.

전주(箋註)[5]는 인도하여 그 노맥(路脈)을 가리켜 보여주는 것에 불과하다. 그 경지에 이르러 마음으로 통하는 것은 독자에게 달려 있다. 예컨대, 자로(子路)가 "제가 그런 나라를 다스린다면, 3년 만에 백성들로 하여금 용기를 갖게 하고, 의로운 데로 향할 줄 알게 할 수 있습니다"[6]라고 한 말은, 먼저 용기를 갖게 한 뒤에 의로운 데로 향할 줄 알게 한다는 것이니, 부유하게 한 다음에 가르친다[7]는 뜻이다.

백성을 부유하게 해주면, 염구(冉求)가 재용(財用)을 넉넉하게 할 수

---

2) 자(子)는 사상가들의 설을 말하고, 사(史)는 역사를 말한다.
3) 『맹자』 「등문공 상」(滕文公上) 제3장에 보인다.
4) 『맹자』 「만장 하」(萬章下) 제3장에 보인다.
5) 본문의 뜻을 풀이한 주석.
6) 『논어』 「선진」(先進) 제25장에 보인다.
7) 『논어』 「자로」(子路) 제9장에 "공자가 위(衛)나라로 가실 적에 염유가 말을 몰았다. 공자께서 말씀하시기를 '사람들이 많구나'라고 하자, 염유가 말하기를 '사람들이 많은 뒤에는 무엇을 더해야 합니까?'라고 하니, 공자께서 말씀하시기를 '부유하게 해주는 것이다'라고 하였다. 그러자 염유가 또 말하기를 '부유하게 해준 뒤에는 또 무엇을 더해야 합니까?'라고 하자, 공자께서 말씀하시기를 '그들을 가르쳐야 한다'고 하였다"고 한 것을 가리킨다.

있다고 한 것[8]도, 그 가운데 들어 있게 된다. 백성의 부유함은 거저 되는 것이 아니다. 그것은 오직 세금을 적게 거두는 데 달려 있다. 세금을 적게 거두는 것은 위의 용도를 줄여 아래를 유익하게 하는 데 달려 있으며, 위의 용도를 줄이는 것은 검소한 데 달려 있으며, 검소함은 비용을 절약하고 백성을 사랑하는 데 달려 있으며, 비용을 절약하는 것은 욕심과 안일을 금지하는 데 달려 있다.

용기를 갖는 것은 무비(武備)를 갖추는 데 달려 있다. 그러나 무비가 갖추어졌더라도 군사를 자주 일으킨다면, 백성들이 어떻게 생업을 즐길 수 있겠는가? 이웃 나라와 우호 관계를 앞세우고, 전쟁을 뒤로 해야 한다. 이웃 나라와 우호를 맺는 것은 일을 공경히 하고 신중히 처신하는 데 달려 있다.

그러나 백성들로 하여금 용기를 갖게 하고, 의로운 데로 향할 줄 알게 하는 것은, 모두 먼저 부유하게 해준 뒤의 일이다. 백성이 부유하지 않으면 교화를 베풀 데가 없다. 그 근본은, 백성들을 제때에 부려 그들이 농사짓고 누에치는 데 힘쓸 수 있도록 하는 데 달려 있다.

그 근본을 미루어보면, 대체로 공자의 말씀에서 터득해 전쟁이나 기근이 들었을 때 그것을 행하여 백성을 보호하는 정사를 펼 수 있는 것은, 한마디로 말하여 절약과 검소뿐이다. 성인의 글을 읽어보면 구절구절 이와 같으니, 어찌 유익함이 있지 않겠는가?

그러나 이는 모두 위에서 인도하기에 달려 있다. 그리고 인도하는 것은 과거 제도에서 비롯된다. 반드시 의리를 앞세우고 외우는 것을 뒤로 하며, 칠서(七書)를 모두 시험하는 법을 폐지한다면, 글 읽는 사람들이 점차 여러 경전에 통달하게 되어 박식한 선비가 나오게 될 것이다.

窮經

古者 窮經大要 不過詩·書·論語數書 據傳記及史策 可見 其所治者約 故見得益深 聖賢之言 一一皆可以發揮致用 窮經者 必能推究本旨 到底旁證 爲修己安人之基 一句不明 一事有闕也 後世 典籍日廣 責人益密 國以科場督迫之 科場

---

8) 『논어』 「선진」 제25장에 "사방 60리 내지 70리, 혹은 50리 내지 60리 되는 작은 나라에서 제가 다스릴 경우, 3년이면 백성을 풍족하게 할 수 있습니다"라고 한 것을 가리킨다.

惟取勝人 勝人存乎博覽 故一人之身 而兼誦七經 益之以子·史 雖聖賢聰明 何以該通耶 孟子談經界而不詳 說孟獻子之五友而忘三人 亦可以見矣 是以 攀枝遺根 涉流失源 記弥博而智弥昏 卒歸無用之學 世敎使之也

古者 取明一經以上 爲其力專而見深 資于實用也 余晩曉讀書法 心中雖若有見 玩味滋久 益覺意趣 或今日不得 而明日有覺 目前不得 而異日有得 箋註者 不過導而指示其路脉 及足到心通 則在讀者矣

如子路曰 可使有勇且知方也 先有勇而後知方 則富而後敎也 富則冉求之足用 在其中 富不可以徒得 只在乎薄斂 薄斂在乎損上益下 損上在乎儉 儉在乎節用 而愛人 節用在乎禁絶嗜欲安逸也 有勇則在乎修武備 武備雖修 師旅數起 民何以樂業 必須先交隣而後戰爭 交隣在乎敬事而愼也 然有勇知方 都在乎先富以後 事 不富 敎亦無所施 其本在乎使民以時 民得以致力於農桑也

推其本 則盖得之於夫子之訓 行之於師旅飢饉之際 能辦保民之政者 一言而蔽 之曰 節儉而已矣 讀聖人之書 節節如此 豈不有益 此皆在上之所導 所導由於科 規 必須先理義而後誦習 廢遍課七書之式 則讀者 必能漸通於諸經 而博洽之士 於是出矣

애일고(愛一袴)[1]

임금은 높은 자리에 있어, 아랫사람들이 목소리나 안색을 엿보지 않음이 없다. 그러므로 한번 기뻐하고 한번 노여워하는 것에 따라, 아랫사람들의 기색이 펴지기도 하고 위축되기도 한다. 이것이 바로 한 소후(韓昭侯)가 찡그리고 웃는 것을 아꼈던 이유이다. 찡그리고 웃는 것은 자취가 없지만, 오히려 그렇게 하는 것을 아꼈다. 그런데 하물며 쓸모 있는 저고리나 바지에 있어서랴?

바지는, 여공(女工)이 여러 날 동안 겨우 한 필을 짜서 자기 옷을 해

---

1) 바지 한 벌을 아낌. 전국시대 한 소후(韓昭侯)가 자기가 입던 낡은 바지를 보관해두라고 하였다. 그러자 시자(侍者)가 말하기를 "임금님은 어질지 못하십니다. 가까이 모시는 신하에게 주지 않고 보관해두라고 하십니다"라고 하니, 한 소후가 말하기를 "나는 듣건대, 밝은 임금은 한번 찡그리고 한번 웃는 것도 아낀다고 하더라. 지금 이 바지가 어찌 웃고 찡그리는 정도일 뿐이겠는가? 나는 반드시 공이 있는 자를 기다려서 그에게 주겠다"라고 하였다. 『통감절요』(通鑑節要) 현왕(顯王) 18년조에 보인다.

입지 못하고 위에 바친 천으로 만든 것이다. 임금은 재물을 쓸 적에 그
것을 만드는 어려움을 생각해야 한다. 그래서 손발이 얼어 터져도 추위
를 면치 못하는 사람이 이 세상에 있다는 것을 알게 되면, 반드시 백성
을 구제하는 바가 있을 것이다.

愛一袴

人主處崇高之位 聲音顔色 莫不爲輩下之窺伺 故一喜一怒 舒慘繫焉 此韓侯
所以愛其嚬笑也 嚬笑無迹 而猶且愛惜 况衣袴之有用哉 袴者 工女織之 積日成
匹 不自厚而貢之上 人主凡於用物 須念造作之難 而天下有凍瘃不禁寒者 則於
民 必有所濟

작소 · 치효(鵲巢鴟鴞)[1]

『시경』 소남(召南)의 「작소」(鵲巢)는, 문왕(文王)의 후비(后妃)가 가
정을 세우고 자식을 기르는 데에 덕으로 교화한 것을 나타낸 시이다.
즉 주(周)나라 창업의 터전이 되는 시이다. 이 시에 ‘까치집에 비둘기
가 가득하다’[維鳩盈之]고 한 것은, 관숙(管叔) · 채숙(蔡叔)[2]의 무리도
그 속에 들어 있음을 말한 것이다.

뒤에 주공(周公)[3]이 「치효」(鴟鴞)를 지어 솔개와 올빼미로써 무경(武
庚)[4]에 비유하였다. 그 시에 ‘나의 아들이다’[我子]라고 한 것은, 관숙과
채숙에 비유한 것이다. 그런데 ‘우리 집이다’[我室]라고 한 것은, 과연
무엇을 가리킨 것일까? 바로 까치집[鵲巢]을 가리킨 것이다.

까치는 정결(貞潔)한 새다. 매우 높은 데 집을 짓는데, 아주 튼튼하게
만든다. 또 새끼를 치지만 사람들이 교미하는 것을 볼 수 없다. 시인이

---

1) 작소는 『시경』 소남의 편명이고, 치효는 『시경』 빈풍(豳風)의 편명이다.
2) 문왕의 아들들로 무왕(武王)이 죽고 어린 성왕(成王)이 즉위했을 때, 반란을 일
   으켰던 사람들이다.
3) 문왕의 아들로 문왕 · 무왕 · 성왕을 도와 주나라 예악(禮樂)과 형정(刑政)을 완
   성한 사람이다.
4) 은나라 마지막 왕 주(紂)의 아들로, 무왕이 은나라를 무너뜨린 뒤 옛땅에 봉하
   여 뒤를 잇게 하였는데, 뒤에 반란을 일으켜 주공에게 토벌당하였다.

이런 점을 취한 것이다.[5] 삼숙(三叔)[6]이 난을 일으키자, 주공이 상심하여 까치를 들어 비유한 것이다. 이 시[7]에서 까치를 말하지 않은 것은, 바로 「작소」를 이어서 말했기 때문이다. 실로 다른 뜻이 있는 것이 아니다. 마치 후세 작문(作文)의 제목과 같다. 이렇게 보면 아주 분명하다.[8]

鵲巢 · 鴟鴞

召南鵲巢一篇 文王后妃 立家育子 德化之詩也 爲周室創業之基 所謂維鳩盈之者 管 · 蔡之徒 亦在其中也 後周公作鴟鴞之詩 鴟鴞比諸武庚 其曰我子 亦喩管 · 蔡 而所謂我室者 果指何物也 卽鵲巢也 鵲貞鳥也 作巢甚高 而結構極牢 有子而人不見其交接 詩人有取焉 至三叔之亂 而周公傷之 擧以取譬 不言其物 承彼而言 實非他意 如後世作文之題目也 推此看 無不明

조수초목명(鳥獸草木名)[1)]

『시경』을 읽으면, 새 · 짐승 · 풀 · 나무의 이름을 많이 알게 된다. 그러므로 주남(周南) · 소남(召南)의 시 25편 가운데 물류(物類)의 이름이 42종에 달한다. 맹자께서 말씀하시기를 "사람을 인애(仁愛)한 뒤에 생물을 사랑한다"[仁民而愛物][2)]고 하였다. '민'(民)은 동포와 같고, '생물' [物]도 우리 인간과 함께 사는 것이다. 새와 짐승은, 지각(知覺)의 마음이 있는 것은 사람과 같지만 의리(義理)의 마음이 없을 뿐이다. 초목은, 생장(生長)의 마음이 있는 것은 사람이나 새 · 짐승과 같지만 지각의 마음이 없을 뿐이다. 사람은 이 세 가지를 다 갖추고 있기 때문에 만물의 주인이 된 것이다.

그러나 이 세 가지는 모두 하늘과 땅이 부여한 것으로, 하늘과 땅 사

---

5) 이는 「작소」를 두고 한 말이다.
6) 문왕의 아들인 관숙 · 채숙 · 곽숙(霍叔)을 말함.
7) 『시경』 빈풍 「치효」를 말한다.
8) 주희는 「치효」를 해석하면서 단지 새가 집을 짓는 것을 들어 말한 것이라고 하였을 뿐인데, 성호는 「작소」와 연관지어 해석함으로써 까치집이라고 본 것이 특징이다. 성호의 설처럼 보면, 그 의미가 분명해진다.
1) 『시경』에 나타나는 새 · 짐승 · 풀 · 나무의 이름.
2) 『맹자』 「진심 상」(盡心上) 제45장에 보인다.

이에서 함께 생육(生育)하는 것인데, 다만 부여받은 바가 온전하거나 그렇지 못한 차이가 있을 뿐이다. 그러니 사람이 어찌 다른 생명체를 소원하게 대해 잊을 수 있겠는가? 잊지 않는다면 그 이름을 알아야 할 것이다. 비유컨대, 식구가 아무리 많더라도 가장(家長)이 그들을 어루만져 사랑한다면, 반드시 그 이름을 먼저 알아야 하는 것과 같다.

『시경』의 시는 비(比)·흥(興)[3]을 귀하게 여기는데, 반드시 그에 상응하는 물건으로써 하였다. 그 이름을 거론하지 않는다면 무엇으로 비유를 취하겠는가? 나는 이렇게 생각한다. 물건이 있으면 법칙이 있게 마련인데, 법칙이 있은 뒤에는 이름이 있다. 그 상(象)이 없으면서 그 뜻을 취하는 것은 없을 듯하다. 『시경』의 시 가운데 다른 사물을 먼저 말하였는데 그 상을 취한 것이 없다고 한다면, 이는 반드시 지금 사람이 자세히 살피지 않기 때문이다. 어찌 아무 상관도 없는 사물을 공공연히 끌어다 썼겠는가?

취하여 쓴 사물의 이름을 알면, 그 사물의 성품과 기질이 어떠한지도 알게 될 것이니, 이것이 어찌 시를 읽는 요결(要訣)이 아니겠는가?

鳥獸草木名

詩之緒餘 多識鳥獸草木之名 故二南二十五篇中 物類之名 已四十二種 孟子曰 仁民而愛物 民如同胞 物亦吾與也 鳥獸有知覺之心 與人同 但無義理之心 草木有生長之心 與人及鳥獸同 而但無知覺之心 人則三者俱有 所以爲羣物之主者 皆天地之所賦 而同育於覆載之間 特有偏全之殊也 人豈可以其疎遠而遺忘之哉 不忘則須識其名 比如 家衆雖多 撫而愛之 則必先識其名也

詩貴比興 必以其物 苟不擧名 何以取況 余謂 有物則有則 有則而後有名 恐無無其象而取義 詩中先言他物 而無所取象云者 必以今人之不盡詳也 夫豈公然攬取不干 之物 若識其名 知其性氣之如何 豈非讀詩之要訣耶

---

3) 비(比)는 비유법이고, 흥(興)은 어떤 일을 말하기 전에 그와 연관된 다른 사물을 먼저 말하여 말하고자 하는 것을 연상시키는 수법을 말한다.

제 6 장
시문문【詩文門】

비단유백(鼻端有白)[1]

　　주자(朱子)의 「조식잠」(調息箴)에 "코끝에 흰 것이 있으니, 나는 그것을 본다"[鼻端有白 我其觀之]고 하였다. 이는 불서(佛書) 『능엄경』(楞嚴經)의 "마음이 항상 흩어지고 움직여, 새지 않는 경지를 얻지 못하였다. 세존(世尊)이 나에게 '코끝의 흰 것을 보라'고 가르쳤다. 내가 처음에 마음을 가다듬고 살펴보니, 21일이 지난 뒤에야 콧속의 기운이 연기처럼 드나드는 것이 보였다. 몸과 마음이 안으로 밝아져서, 원만하게 움직이는 세계가 두루 허정(虛淨)을 이루어 유리와 같았다. 연기가 차츰 사라지고 콧김이 하얗게 되었다. 마음이 열리고 새던 것이 다 사라졌다. 드나들던 숨이 변화해 광명(光明)이 되어, 시방 세계(十方世界)를 비추었다"는 말에서 나온 것이다.

　　살펴보건대, 이 말은 결코 우리 유가(儒家)의 법문(法門)의 일이 아니다. 그런데 주자가 이를 인용해 잠(箴)을 지은 것은 무슨 까닭일까? 이 말은, 그가 다른 날 "눈으로 코끝을 보고, 마음은 배꼽 밑에 모은다"[目視鼻端 注心臍腹]고 한 설과 같은 것이다. 모두 한때 양생(養生)의 비결에 불과한 것이니, 후학이 따라 기술할 것이 못된다.

　　「조식잠」의 끝에 "일(一)을 지키고 화(和)에 처하여 1천 2백 살을 살았다[守一處和 千二百歲]"고 하였는데, 이는 또 『장자』(莊子)의 광성자(廣成子)의 말에서 나온 것이다.[2] 선도(仙道)는 이단(異端)인데, 주자는 무엇 때문에 도리어 이처럼 희구하고 그리워했던가?

　　『능엄경』에 또 "아무리 많이 들어 알고 있더라도, 수행을 하지 않으면 듣지 않은 것과 마찬가지이다. 마치 사람이 밥에 대한 말만 하고 먹지 않으면 끝내 배부를 수 없는 것과 같다"고 하였는데, 정자(程子)가 문득 이 말을 인용하여 "다른 사람이 배불리 먹으면, 그대는 굶주림이 없겠는가?"라고 하였다. 이는 곧 실제의 일이니, 서로 같다 하여 혐의

---

1) 코끝에 흰 것이 있다는 말.
2) 『장자』「재유」(在宥)에 "나는 그 일(一)을 지켜 그 화(和)에 처하기 때문에, 나는 몸을 닦아 1천2백 살을 살았다"[我守其一 以處其和 故我修身 千二百歲矣]라고 하였다.

될 것이 없다.

鼻端有白

朱子調息箴云 鼻端有白 我其觀之 此出佛書楞嚴輕 心常散動 未獲無漏 世尊
教我 觀鼻端白 我初諦觀 經三七日 見鼻中氣出入如烟 身心內明 圓動世界 遍成
虛淨 猶如琉璃 烟相漸銷 鼻息成白 心開漏盡 諸出入息 化爲光明 照十方界 詳
此語 斷非吾儒法門事 朱子擧以爲箴 何也 此與他日 目視鼻端 注心臍腹之說 皆
不過一時養生之訣 未必爲後學之遵述 其篇末云 守一處和 千二百歲 此又出莊
子廣成子語 仙道異端 而朱子顧希慕之若是耶 楞嚴又云 雖有多聞 若不修行 與
不聞等 如人說食 終不能飽 程子却用此語云 他人食飽 公無餒乎 此卽是實事 不
嫌相同

정인홍 시(鄭仁弘詩)

　정인홍(鄭仁弘, 1535~1623)이 어릴 때 산사(山寺)에서 글을 읽고 있
었다. 마침 감사(監司)가 그 절에 당도하여, 밤에 글 외우는 소리를 듣
고 찾아갔더니, 과붓집 어린아이였다. 그래서 기이하게 여기고 데려다
묻기를 "너는 시를 지을 줄 아느냐?"고 하였다. 그러자 정인홍은 잘 짓
지 못한다고 겸손하게 사양했다. 감사가 탑(塔)가의 왜송(矮松)으로 제
목을 삼고 운자(韻字)를 불러주며 지어보라고 하였더니, 정인홍이 즉석
에서 다음과 같이 읊었다.

　　짧고 짧은 외로운 솔, 탑 서쪽에 서 있는데,
　　탑은 높고 솔은 낮아서 가지런하지 않네.
　　오늘 외로운 솔을 짧다고 말하지 마오,
　　솔이 자란 뒷날엔 탑이 도리어 짧으리니.

　감사는 그의 재주를 깨닫고 감탄해 마지않으며 "뒷날 반드시 귀하고
현달한 사람이 될 것이다. 그러나 뜻이 참람하니, 부디 경계하여라"라
고 하였다.

　그 뒤에 정인홍은 남명(南冥)[3]의 문하에서 수학하여, 세상 사람에게

존경을 받았다. 그가 패배하여 죽음을 당하자, 그의 문생들이 번성했는
데도 오히려 비분강개하여 나아가 벼슬하는 것을 한결같이 수치로 여
겼다. 이 때문에 합천(陜川) 등지의 여러 고을에는 벼슬하는 사람이 대
대로 끊어지고 사풍(士風)을 떨치지 못했다. 이는 정인홍으로부터 비롯
되었다고 한다.

鄭仁弘詩

鄭仁弘, 幼少時 讀書於山寺 有方伯適到 夜聞誦聲 訪之 則是寡家稚兒 異之
邀至問 汝能詩乎 仁弘遜謝 方伯以塔邊矮松命題 呼韻使作 仁弘應聲日 短短孤
松在塔西 塔高松下不相齊 莫言今日孤松短 松長他時塔反低 方伯覺之嗟歎云
他日必貴顯 然志則濫矣 戒之哉 後遊南冥之門 爲世所尊 及其敗戮 其徒寔繁 猶
悲歌慷慨 一以進取爲恥 是故 陜川等數郡 冠冕世絕 士風不振 自仁弘始云

초당 시성(草堂詩聖)[1]

『신당서』(新唐書) 「예문지」(藝文志)에 이백(李白)의 시집을 『초당집』
(草堂集)이라고 하였으며, 두보(杜甫)의 시집을 『두공부집』(杜工部集)
이라고 하였다. 그런데 지금 세상에서는 도리어 『두공부집』을 『초당
집』이라고 하니, 이는 잘못이다. 그리고 주자는 말하기를 "이백의 시
는 법도에서 벗어나지 않았으니, 시(詩)에 있어 성인(聖人)이다"라고
하였다. 오늘날 두보만을 시성이라고 하는 것은 살펴보지 않고서 하는
말이다.

草堂詩聖

唐志 以李白集爲草堂集 杜甫集爲杜工部集 今世 却以杜集爲草堂集者 誤矣
朱子日 白詩從容於法度中 聖於詩者也 今世 但以杜甫爲詩聖者 不考矣

---

3) 조선 중기의 유학자인 조식(曺植)의 호임.
1) 당나라 때 시인 이백(李白)이 시성(詩聖)이라는 말. 초당(草堂)은 이백을 가리
   킴. 흔히 이백을 시선(詩仙)이라고 하고, 두보(杜甫)를 시성(詩聖)이라고 하는
   데, 이백도 시성이라고 본 것이다.

해성(諧聲)[1]

 자학(字學)[2]이 없어져서 글의 뜻이 묻히게 되었다. 육서(六書)[3]의 학문을 다 궁구할 수는 없지만, 해성 하나만 가지고서도 그 뜻을 찾을 수 있는 것이 많다. 왼쪽은 뜻을 나타내고 오른쪽은 음을 나타내는 것도 있으며, 오른쪽은 뜻을 나타내고 왼쪽은 음을 나타내는 것도 있으며, 위쪽은 뜻을 나타내고 아래쪽은 음을 나타내는 것도 있으며, 아래쪽은 뜻을 나타내고 위쪽은 음을 나타내는 것도 있으며, 안쪽은 뜻을 나타내고 바깥쪽은 음을 나타내는 것도 있으며, 바깥쪽은 뜻을 나타내고 안쪽은 음을 나타내는 것도 있어서 모두 조리가 있다.

 그러므로 간혹 억측으로 그 뜻을 이해할 수 있는 것이 있으니, 소홀히 여겨서는 안된다. 정 어중(鄭漁仲)[4]의 『육서략』(六書略)[5]에 모두 2만 4천2백35자가 들어 있는데, 그 가운데 해성이 2만1천3백41자나 되니, 해성이 10분의 9를 차지한 셈이다.

諧聲

 字學已廢 文義逡埋 六書之學 雖不可盡究 其諧聲一段 多有可尋者 或左體右聲 或右體左聲 或上體下聲 或下體上聲 或內體外聲 或外體內聲 皆有條貫 間有可以臆解者 不可忽也 鄭漁仲六書略 凡二萬四千二百三十五字 而諧聲者 二萬一千三百四十一字 則諧聲居十分之九矣

---

1) 한자(漢字) 육서(六書) 가운데 하나인 형성자(形聲字)를 말함. 이 글자는 두 글자를 합하여 한 글자를 만든 것으로, 한쪽은 뜻을 나타내고, 한쪽은 음을 나타낸다.
2) 글자의 원리를 구명하는 학문.
3) 한자(漢字)의 구성과 운용에 관한 여섯 가지 기본 방법. 곧 추상적으로 사물의 뜻을 나타낸 지사(指事), 물체의 모양을 본뜬 상형(象形), 이미 만들어진 두 개의 글자를 합쳐 뜻을 나타낸 회의(會意), 이미 만들어진 글자에서 한쪽은 음을 취하고 한쪽은 뜻을 취한 형성(形聲), 문자의 모양을 전환하여 쓴 전주(轉注), 다른 글자를 차음(借音)하여 쓴 가차(假借)를 말한다.
4) 송나라 때 학자인 정초(鄭樵)를 가리킴. 어중(漁仲)은 그의 자이다.
5) 송나라 때 정초가 지은 육서(六書)에 관한 책.

삼창시(三昌詩)[1]

광해군(光海君) 때 문창부원군(文昌府院君) 유희분(柳希奮, 1564~1623)은 중전의 오빠였고, 밀창부원군(密昌府院君) 박승종(朴承宗, 1562~1623)은 폐세자빈(廢世子嬪)의 조부였다. 이들은 광창군(廣昌君) 이이첨(李爾瞻, 1560~1623)과 물과 불보다 더 심한 원수 사이였는데, 당시에 이들을 '삼창'(三昌)이라 불렀다.

하루는 이 세 사람이 모여 잔치를 벌이고, 서로 마음을 함께 하기로 맹세하자고 하였다. 이이첨의 시에는

봄을 찾는 즐거운 일 황망하지 않으니,
서로 모여 심장을 의탁하려는 것일 뿐.
매화 역시 우리들 마음 알아채고서,
조화를 먼저 알고 은은한 향기를 보내네.

라고 하였고, 박승종의 시에는

열흘을 서로 찾아 아흐레가 바빴어라,
지난날의 쌓인 심사 얼마나 애태웠나.
찬 매화 여윈 대는 깨끗하기 매한가지,
향기로운 궁중 술에 다 함께 취해보세.

라고 하였으며, 유희분의 시에는

한가하고 바쁜 것이 다르다고 말 마오,
철석같은 심장 더욱 굳건하길 바란다네.

---

1) 광해군 때 문창부원군(文昌府院君) 유희분(柳希奮), 밀창부원군(密昌府院君) 박승종(朴承宗), 광창군(廣昌君) 이이첨(李爾瞻)을 가리킴. 이들의 봉호(封號)에 모두 '창'(昌)이 들어가 '삼창'(三昌)이라 불렀다고 한다.

　　흰 오얏꽃, 붉은 복사꽃 모두 상관 말고,
　　향기로운 성명을 오래오래 보전하세.

라고 하였다. 그러나 세력과 지위가 서로 기울자, 끝내 그 화합을 보전
하지 못하여 패망에 이르고 말았다. 이 가운데 박승종만이 죄가 가벼웠
고, 죽으면서도 그 마음을 저버리지 않았으니, 숭상할 만한 점이 있다.
그의 시 역시 유희분·이이첨의 시에 비해 낫다고 하겠다.

　　三昌詩
　　光海時 文昌府院君柳希奮 中宮之兄也 密昌府院君朴承宗 廢世子嬪之祖也 與
廣昌君李爾瞻 互爲仇敵 甚於水火 時稱三昌 一日 三人集宴 欲相與信誓同心 爾瞻
詩曰 不是尋春樂事忙 只要相會託心腸 梅花亦解吾人意 先占天和送暗香 承宗詩
曰 十日相尋九日忙 向來懷抱幾回腸 梅寒竹瘦同淸標 盡醉芳樽內醞香 希奮詩曰
憑君休道異間忙 但願彌堅鐵石腸 李白桃紅都不管 歲寒期保姓名香 然勢位相傾
終不得以保合 以至於敗 惟承宗罪薄 而死不負心 爲可尙也 其詩亦比柳·李 更勝

이두석두(以杜釋杜)[1]

　　두보의 시에 "집 생각에 달 아래 거닐다 맑은 밤에 우뚝 서고, 아우 그
려 구름을 바라보다 대낮에 조노라"[思家步月淸宵立　憶弟看雲白日眠][2]라
고 하였다. 대체로 '맑은 밤에 우뚝 선다'[淸宵立]·'대낮에 존다'[白日眠]
고 한 것은, 밤에는 잠을 이루지 못하다가 낮에 졸기도 한다는 말이다. 그
리고 '집을 생각한다'[思家]·'아우를 그린다'[憶弟]고 한 것은, 호언(互言)
이다. '아우를 그릴 때'[憶弟]에 '밤에 우뚝 서 있다'[淸宵立]고 하면 안되
고, '집을 생각할 때'[思家]에 '대낮에 존다'[白日眠]고 하면 안되겠는가?
　　그 뜻이 '집을 생각하고 아우를 그리는 까닭에, 밤에 서 있기도 하고
낮에 졸기도 한다'는 것이다. 그러므로 시를 논할 적에는 반드시 그 작
자에 대해 궁구해야 비로소 무슨 뜻으로 지었는지를 알 수 있다.

----

1) 두보(杜甫)로 두보의 시를 해석함.
2) 두보의 시 「한별」(恨別)에 보인다.

예를 들면, "전에는 옥어(玉魚)가 장지(葬地)에 묻혔더니, 일찌감치 금완(金盌)이 세상에 나왔구나"[昨日玉魚蒙葬地 早時金盌出人間][3]라고 하였는데, 이는 옥어와 금완이 처음에는 장지에 묻혀 있다가 마침내 인간 세상에 나왔다는 말이다.

그리고 "등에 쬐는 따뜻한 햇볕 천자에게 드릴 수 있으니, 미나리를 좋게 여겨 가져오매 야인인 줄 알겠네"[炙背可以獻天子 美芹由來知野人][4]라고 하였고, "평생 지녔던 흰 깃털 부채, 교룡검을 넣은 상자에 깃털이 떨어지네"[平生白羽扇 零落蛟龍匣][5]라고 하였다. 이런 것들이 매우 많으니, 독자는 두보로 두보의 시를 해석해야 한다.

以杜釋杜

杜詩 思家步月淸宵立 憶弟看雲白日眠 蓋淸宵立·白日眠 謂夜不能寐 而晝或惰睡也 思家·憶弟 卽互言也 憶弟 獨不可以宵立 思家 獨不可以日眠耶 其意若曰思家憶弟之故 而或夜立 或晝眠也 論詩 必於其人究之 方見造意之如何 又如昨日玉魚蒙葬地 早時金盌出人間 謂玉魚·金椀 始蒙葬地 終出人間也 又如炙背可以獻天子 美芹由來知野人 平生白羽扇 零落蛟龍匣 此類甚多 讀者 宜以杜釋杜

맹학사·왕장군(孟學士王將軍)[1]

신안인(新安人) 진력(陳櫟)[2]이 「등왕각서」(滕王閣序)에 주석을 달면

---

3) 두보의 시 「제장」(諸將) 5수 중 첫번째 시에 보인다. 옥어(玉魚)와 금완(金盌)은 시체를 염하여 장사지내는 데 쓰는 물건이다.

4) 두보의 시 「적갑」(赤甲)에 보인다. 『열자』(列子) 「양주」(楊朱)에 다음과 같은 고사가 실려 있다. 송나라의 어느 가난한 농부가 봄날 등에 쪼이는 따뜻한 햇볕을 임금에게 바쳐 후한 상을 받으려고 하였다. 그러자 그 마을 사람이 "예전에 어느 사람이 콩과 미나리가 맛이 좋다고 향리의 호족에게 바쳤는데, 그것을 먹은 호족은 배가 아파서 견디지 못하였다. 그대도 그와 같구나"라고 하였다.

5) 두보의 시 「고사도이공광필」(故司徒李公光弼)에 보인다. 이 시에 나오는 '백우선'(白羽扇)은 제갈량(諸葛亮)이 삼군을 지휘할 때 쓰던 부채라고 한다.

1) 왕발의 「등왕각서」에 "등교기봉 맹학사지사종 자전청상 왕장군지무고"(騰蛟起鳳 孟學士之詞宗 紫電淸霜 王將軍之武庫)라고 하였는데, 그 주에 "맹호연야"(孟浩然也)·"진왕준금오장군"(晉王濬金吾將軍)이라고 하였다. 성호는 '맹 학사'를 '맹호연'으로 보는 것은 잘못이라고 하여, 이에 대한 고증을 하고 있다.

서, 맹학사(孟學士)를 맹호연(孟浩然)[3]으로, 왕장군(王將軍)을 왕준(王
濬)[4]으로 보았다. 그러나 이는 너무도 타당치 않다. 맹호연이 언제 학
사가 된 적이 있던가? 더구나 그는 왕발(王勃)[5]과 같은 시대 사람인데,
왕준과 나란히 일컬었으니, 어찌 그럴 리가 있겠는가?

양신(楊愼)[6]은, 『삼국전략』(三國典略)에 실린 소명태자(昭明太子)가
왕승변(王僧辯)[7]에게 보낸 편지의 "여러 부곡(部曲)에 있는 사람들을
모두 불러내어 출정(出征)하는 대열에 투입하였다. 사람들이 앞뒤로
구름 같이 모였는데, 서릿발 같은 창과 번쩍거리는 창, 무고(武庫)의
빛 아닌 것이 없었다. 용을 새긴 갑옷과 무소의 가죽으로 만든 방패,
모두 운대(雲臺)[8]의 의장이었다"라고 한 말을 인용하여, 「등왕각서」의
'왕장군무고'(王將軍武庫)의 증거로 삼았으니, 참으로 적실(的實)하다고
하겠다.

그러나 양신은 오히려 '맹학사'가 누구를 가리키는지 알지 못하였다.
『고사첩록』(古事捷錄)에 "진(晉)나라 때 맹창(孟昶)과 그의 아우 맹의
(孟顗)는 모두 글재주가 있었다. 그들이 글자를 쓰고 글을 지으면, '교
룡(蛟龍)이 날아오르고 봉황이 깃을 치는'[騰蛟起鳳][9] 형세가 있었다"
고 하였으니, 이 설이 분명하다고 생각한다. 용수(用修)[10]의 해박한 지
식으로도 그 가운데 하나만을 해득했을 뿐인데, 오늘에 이르러서야 비
로소 유감이 없게 되었다.

孟學士·王將軍

新安陳櫟註滕閣序 以孟浩然·王濬 當孟學士·王將軍之目 此甚魯莽 孟浩然
何嘗爲學士 而況與勃同時 與濬並稱 豈有此理 楊愼引三國典略昭明與王僧辯書
云 凡諸部曲 並使招携 赴投戎行 前後雲集 霜戈電戟 無非武庫之色 龍甲犀渠

---

2) 원나라 때의 학자.
3) 당나라 때의 시인.
4) 위진(魏晉) 때 진나라의 장군.
5) 당나라 때의 시인.
6) 명나라 때 학자임.
7) 남북조 시대 양(梁)나라의 장군.
8) 후한(後漢) 명제(明帝) 때 공신 28명의 초상을 걸어둔 곳.
9) 이 구절이 「등왕각서」에 보인다.
10) 명나라 때 양신(楊愼)의 자임.

皆是雲臺之仗 以此爲王將軍武庫之證 眞爲的實 然猶未識孟學士之爲何指 古事
捷錄云 晉孟昶與弟顗 並有文才 作字行文 有騰蛟起鳳之勢 此說更覺曉然 以用
修之博 只得其一 待今日 方始無憾

음선(飮仙)[1]

당나라 때 이백(李白)이 신선과 술에 대해 말하길 좋아했던 것은, 굴
원(屈原)이 전혜(荃蕙)·균계(菌桂)[2]를 말한 것과 같다. 곧 자기의 뜻을
의탁한 것이 들어 있는 것이다.

두보는 「음중팔선가」(飮中八仙歌)를 지었다. 신선은 목숨을 기르는
데 술을 마셔 수명을 재촉했고, 신선은 기호(嗜好)를 끊는데 술을 마셔
욕심을 부추겼다. 그러니 저 몇 사람들[3]이 신선과 무슨 상관이 있단 말
인가? 이백이 신선을 말한 것은, 시로써 말한 것이지, 술로써 말한 것
이 아니다.

대체로 자기가 좋아하는 바를 따를 뿐, 세상의 맛을 마음에 두지 않는
사람은 오직 신선이 있을 뿐이다. 두보는 나라를 근심해도 도울 길이 없
자 차라리 까마득하게 잊어버리고자 하였지만, 그렇게 할 수도 없었다.
그러므로 마침내 술 마시는 것을 가리켜 신선이라고 한 것이다. 옛날 속
담에 "웃으면서 성내는 것이 눈을 부릅뜨는 것보다 더하고, 긴 노래의
슬픔이 통곡하는 것보다 심하다"고 하는데, 두보에게 이런 점이 있다.

飮仙

李白喜言仙言酒 如屈原之荃蕙菌桂 卽有託意者 在耳 杜甫作飮中八仙歌 夫仙
者養壽 而飮促命 仙者斷嗜 而飮傷饕 彼數人者 與仙何涉 李白稱仙 以詩 非以酒
也 蓋從其所好 不以世味經心者 惟仙是已 甫也 憂國無裨 寧欲漠然相忘 而不可
得 故乃指飮者 爲仙 古諺云 嬉笑之怒 過於裂眥 長歌之哀 甚於慟哭 杜甫有之

---

1) 술을 잘 마시는 사람을 일컫는 말.
2) 전혜는 향기로운 풀이고, 균계는 향기로운 나무이다.
3) 두보의 「음중팔선가」에 나오는 8명, 곧 하지장(賀知章)·이진(李璡)·이적지(李
  適之)·최성보(崔成輔)·소향(蘇瑜)·이백(李白)·장욱(張旭)·초수(焦遂)를
  말한다.

동파 시(東坡詩)[1]

소 동파(蘇東坡)의 시에 아래와 같은 말이 있다.

풀이 무성한 문 앞의 길을 나서,
녹음이 짙은 길을 뚫고 나아가네.
찾아와 마루 위에 앉으니,
바위·골짜기에 끝없는 생각이 이네.

이 시는 도(道)에 비유할 만하다. 모름지기 높고 밝은 지역을 실지로 밟아보아야, 하나 하나의 바위나 골짜기의 생김새를 바야흐로 알 수 있다. 그래서 지난날 찾아다녔던 어려움이 모두 진실이 아니라는 것을 저절로 분별하게 된다.

그러나 이는 단지 산 속에 나아가서 마음으로 느끼고 눈으로 본 것을 들어 말한 것일 따름이다. 마루가 아무리 높은 곳에 있더라도, 그 위에는 여러 봉우리들이 첩첩으로 에워싸고 있고, 또 한쪽에서 전체를 다 볼 수 있는 것이 아니다.

또 그의 시에 다음과 같이 말하였다.

가로 보면 고개이고, 곁으로 보면 봉우리,
멀고 가깝고 높고 낮아 하나도 같지 않네.
여산(廬山)의 진면목 알지 못하는 것,
몸이 이 산 속에 얽매여 있는 탓이로세.

이 시는, 의리(義理)가 무궁하여 한때의 소견에 따라 통쾌하게 여기며 더 이상의 경지가 없다고 해서는 안된다는 점을 깨닫게 한다. 그래서 정자(程子)는 이 시에 대해 평하기를 "학문은 그 경지에 이르지 못했으나, 말은 그 경지에 이른 점이 있다. 동파가 이 경지에 이르지는

―――――――――
1) 송나라 때 소식(蘇軾)의 시. 동파는 소식의 호이다.

못했지만, 비유를 취한 것은 유감이 없으니, 학자들은 살펴보아야 한다"고 하였다.

나는 이렇게 생각한다. 근세에 사론(士論)이 분열되어 각기 붕당을 만들었다. 저쪽에서 옳다고 하면 이쪽에서 그르다고 하면서, 서로 다투고 겨룬다. 붕당에 들어 있는 자는, 자손에게까지 전하여 시비를 혼동하지 않음이 없다. 이는 억지 소리가 아니고, 그들 마음이 실지로 그렇다.

굴원이 "사람의 좋아하고 미워함이 각기 다른데, 오직 당파에 속한 사람만 그와 다르네"[民好惡其不同兮 惟此黨人其獨異]라고 하였다. 인심이 같지 않은 것은 마치 얼굴이 각자 다른 것과 같아서 천만 가지로 같지 않은데, 오직 당파에 속한 사람들은 이와 다르다. 한 사람이 외치면 만 사람이 부화뇌동하니, 괴이하고도 탄식할 만한 일이다. 소동파의 이 두 편의 시를, 어찌 취해서 스스로 경계하지 않을 것인가?

東坡詩

東坡詩云 葱蒨門前路 行穿翠密中 却來堂上坐 巖谷意無窮 此可喩道 須脚踏高明之地 一巖一谷 儀刑意態 方可以見得 自別向之探討艱難 皆非眞實也 然只就山中 擧心目所到而言也 堂雖處高 上有群巒疊擁簇臨 又非一方之可盡也 其詩曰 橫看成嶺側成峯 遠近高低各不同 不識廬山眞面目 只緣身在此山中 是則覺得義理無窮 不可據其一時之見 以爲通快 無餘蘊也 程子曰 有學未到而言至者 東坡未到此地位 而取比無憾 宜學者之省覽

余見 近世士論分裂 各成黨類 彼是而此非 相爭互角 其在黨中者 傳子傳孫 莫不混同 非强言 其心實然也 屈原謂 民好惡其不同 惟此黨人其獨異 人心不同 有如其面 宜千萬之不同 而惟黨人 則獨異於是 一人倡之 萬口和附 可怪亦可歎也 東坡兩詩 胡不取以自箴

율시 노정(律詩路程)[1]

율시(律詩)는, 오언(五言)은 육조(六朝) 시대에 생기고, 칠언(七言)은

---

1) 율시를 익히는 과정. 율시는 당나라 때부터 유행하기 시작한 근체시(近體詩)를 말한다. 한 편의 시는 8구(句)로 되어 있으며, 운(韻)을 달고 평측(平仄)을 맞추고 3, 4구와 5, 6구는 대구(對句)로 하는 정형시(定型詩)이다.

심전기(沈佺期)·송지문(宋之問)[2]으로부터 비롯되었다. 이로부터 시를 짓는 방법이 크게 변했다. 율시에서 문채를 드러내는 것으로는 가운데 두 연(聯)[3]과 같은 것이 없다. 그러므로 반드시 여기에 전심하게 되어, 수련(首聯)과 미련(尾聯)은 구차하게 메워서 한 편을 만들 따름이다. 오직 대(對)를 맞추고 평측(平仄)을 맞추는 데 힘을 다하다 보니, 지취(旨趣)는 잃어버리고 만다.

나는 일찍이 이렇게 생각했다. 이백(李白)은 고심하며 시구 다듬는 것을 달갑게 여기지 않았으니 쌍대(雙對)[4]에 능하지 못한 것은 당연한 일이다. 간혹 그런 경우가 있기는 하지만, 그 '호조'(好鳥)·'비화'(飛花)[5] 등은 비루하고 졸렬하여 볼 만한 것이 못된다.

두보(杜甫)는 쌍대에 전심했고, 왕왕 미련(尾聯)에 마음을 기울였으니, 절구(絶句)[6]에도 뛰어난 기량을 보였을 법하다. 그런데 절구를 짓지 않았으니, 어째서일까? 이는 기량에 국한된 점이 있어 그런 것이다.

대개 시는 풍아(風雅)[7]에 근본하여, 모두 1구(句)가 4자(字)로 되어 있다. 글자가 적으면 생각을 제대로 드러내지 못할 경우가 있다. 그러므로 1구가 5자로 변하게 된 것이다. 그리고 5자도 오히려 부족해 다시 7자로 변하였다. 지금 남아 있는『시경』의 풍(風) 가운데도 이런 예가 있다. 예컨대, '나의 수건을 건드리지 마오'[無感我帨兮][8]라고 한 것과, '노산(猫山)의 사이에서 나를 만나다'[遭我乎猫之間兮][9]라고 한 따위가

2) 두 사람 모두 당나라 초기의 시인들이다.
3) 율시는 1, 2구가 수련(首聯)이고, 3, 4구가 함련(頷聯)이고, 5, 6구가 경련(頸聯)이고, 7, 8구가 미련(尾聯)이다. 가운데 두 연은 함련과 경련을 말한다. 이 함련과 경련은 대구를 맞추는 것이 원칙이다.
4) 율시에서 3, 4구와 5, 6구를 대구로 하는 것.
5) 이백의 시에 "호조영춘가후원 비화송주무전첨"(好鳥迎春歌後院 飛花送酒舞前簷)이라고 한 것을 말한다.
6) 율시의 형식을 따르되 4구로 된 짧은 형식의 시이다. 흔히 율시의 절반이라고도 한다.
7) 『시경』의 시는 풍(風)·아(雅)·송(頌)으로 되어 있는데, 풍은 민간 가요이고, 아는 연회의 음악이고, 송은 종묘 제례악이다. 여기서의 풍아는『시경』의 시를 가리키는 말이다.
8) 『시경』 소남(召南)「야유사균」(野有死麕)에 보인다.
9) 『시경』 제풍(齊風)「선」(還)에 보인다.

바로 그런 경우이다.

그러나 고시(古詩)는 위·아래의 맥락이 서로 조응되게 구(句)를 만들기도 하고, 절구의 미련도 10자 혹은 14자가 서로 조응되게 구를 만들어 시인의 생각을 담을 수 있다. 그러나 율시에서 쌍대로 해야 하는 함련과 경련은, 장식하는 데 구속되어 생각을 운용할 여지가 넓지 못하다. 그러므로 외형적인 형태만 힘쓰게 된다. 비유컨대, 연지와 분을 섞어 발라서 혈색이 윤택하게 피어나지 못하는 것과 같다. 그래서 대구를 맞추는 데 신경을 쓰고 성운(聲韻)을 배치하다 보니, 버선을 찢어 터진 데를 깁고 가지를 꺾어 잎을 덮는 격이 되어, 그 기상이 시들하게 된다.

사언(四言)[10]을 칠언(七言)으로 만든 것은, 본디 생각을 자유롭게 펴기 위한 것인데, 지금 사람들은 단지 4자에 한 자를 더하여 오언(五言)을 만들고, 5자에 두 자를 더하여 칠언을 만들 뿐이니, 매양 격이 떨어진다.

대체로 『시경』300편 이후에 제일 먼저 고시가 있었고, 그 다음에 절구가 있었고, 그 다음에 쌍대의 단율(短律)[11]이 있었다. 지금 율시를 짓는 사람들은 먼저 절구를 익힌 다음에 단율을 지어야 할 것이다. 이것이 그 노정(路程)이다.

律詩路程

律詩 五言生於六朝 七言生於沈·宋 自此 詩道大變 其文彩雕鏤 莫有如中二聯 故必專心於此 而起·尾二聯 則不免苟賠成篇而已 惟其盡力於抽配平仄之間 而旨趣則汨喪矣 余嘗謂 太白不屑爲搯琢之苦 則不能雙對 固也 雖或有之 其好鳥·飛花之語 鄙劣 無足觀 子美專於雙對 又往往致意于尾聯 則其於絶句 宜優優 而亦絶不作 何也 此局於技而然也

蓋詩本於風雅 皆四字爲句 字少則意或未暢 故變爲五字 五字猶欠少 變爲七字 今風詩中 有此例 如無感我帨兮·遭我乎猫之間兮之類 是也 然古詩 上下脉絡 或相照爲句 絶句尾聯 或十字 或十四字 相照爲句 可以容其思議 惟雙對二聯 局促粧飾 餘地不恢 故但務色態 比如 朱粉錯施 而氣血尪瘠也 於是 習於苦澁 舍置聲韻 圻襪補綻 扳枝拉葉 氣像薾然矣

變四爲七 本爲寬展用意 而今人只就四字 加一爲五 就五字 加二爲七 則又每下矣 蓋三百篇後 先有古詩 次絶句 次雙對短律 今之爲律者 宜先習絶句 然後方

---

10) 1구(句)가 4자로 된 것을 말함. 언(言)은 글자를 뜻하는 말이다. 사언(四言)은 『시경』의 시를 말한다.

11) 율시를 말함.

及短律 此其路程

시가 조회(詩家藻繪)[1]

시(詩)는, 뜻[志]이 표현된 것이다. 말이 있고 생각이 있는데, 생각은 깊고 말은 얕기 때문에 말은 다 드러낼 수 있지만 생각은 다 표현할 수 없다. 『시경』 300편은 대체로 모두 1구가 사언(四言)으로 되어 있다. 따라서 읽으면 그 말이 쉽게 이해된다. 그런데 사람들은 그 말이 너무 국한된 것을 혐의하여 글자를 더해 오언(五言)을 만들었다. 오언의 근원은 사부(辭賦)[2]에서 비롯되었다. 사부는 사언(四言)의 위에다 한 자를 더 보탠 것이고, 오언은 중간에다 한 자를 더 보탠 것이다. 생각을 운용하는 데 좀더 여유가 있기 때문에, 세상에서 점점 쓰이기 시작하여, 시를 구성하고 다듬는 데에는 어디든 쓰이지 않는 곳이 없게 되었다.

후인들은 이 오언에다 더 보태서 칠언을 만들었으니, 더욱 예전의 시와 멀어지게 되었다. 그리고 성률(聲律)을 맞추고 대구(對句)를 맞추는 법이 나오게 됨으로써 시의 도가 다 깎이고 말았다. 사언의 경우, 심전기(沈佺期) · 송지문(宋之問)[3]이나 소식(蘇軾) · 황정견(黃庭堅)[4] 같은 사람들의 능숙한 솜씨일지라도 어찌 그 재간을 마음대로 펼 수 있겠는가? 이로 말미암아 온 천하의 선비들이 이 미련한 길로 빠져들어 일생의 정신과 기력을 다 허비하게 되었다. 그래서 늙어 죽을 때까지 스스로 깨닫지 못하였다.

동중서(董仲舒)[5]는 말하기를 "육예(六藝)의 교과(敎科)나 공자(孔子)의 학술이 아닌 것은 모두 그 도를 없애버린 뒤에야, 기강이 하나로 확립되고 법도가 밝아져서 백성들이 따를 바를 알게 될 것이다"라고 하

---

1) 시를 짓는 사람들의 문채.
2) 사(辭)와 부(賦). 사는 전국 시대 초(楚)나라의 굴원(屈原)으로부터 비롯되었고, 부는 한(漢)나라 때부터 쓰이기 시작하였다.
3) 이들은 모두 당나라 초기의 시인들로서, 칠언시를 즐겨 지은 사람들이다.
4) 이들은 모두 송나라 때의 시인들이다.
5) 한(漢)나라 때의 학자.

였다. 나는 이렇게 생각한다. 왕도정치를 펼 분이 나온다면, 반드시 소무(蘇武)·이릉(李陵)⁶⁾ 이후의 시풍(詩風)을 엄중한 법으로 금지할 것이니, 그런 뒤에 사람들의 풍습이 조금 변할 것이다.

어째서 그런가? 오늘날 젊은이로서 볼 만한 행실은 전혀 없어도 단편(短篇)·장률(長律)을 잘 지으면, 시론(時論)이 흡족하게 여겨 아름다운 선비라고 한다. 그리고 행실이 질박한 선인(善人)에 대해서는 도리어 천하게 여기니, 습속이 어찌 투박하지 않을 수 있겠는가? 그런 줄 분명히 알면서도 자식을 낳으면 그런 풍속에서 벗어나지 못한다. 그리하여 반드시 먼저 오언시를 외우게 하고, 여러 대가들의 시를 두루 보게 하며, 심지어 원나라·명나라 때의 이름난 사람들의 시까지 보게 한다. 그렇게 익히지 않으면 기롱을 받게 되니, 실로 남은 힘이 경(經)·사(史)에 미칠 겨를이 없다.

나는 역사책이나 옛날 문장을 볼 적에, 『시경』300편을 인용한 것을 만나면 늘 읊조리고 감탄하며 마음이 격앙되지만, 오언시나 칠언시를 만나게 되면 해괴하게 보일 뿐만이 아니다. 따라서 시의 도가 시대를 내려올수록 점점 잘못되었다는 것을 더욱 절실히 깨닫게 된다.

詩家藻繪

詩者 志之發也 有語有意 意深而語淺 故語可了而意不可窮 三百篇 大抵皆四言 讀之 其語易解 人嫌其語局 增字爲五言 五言之源 自詞賦始 詞賦 上增一字 五言 中增一字也 惟其用意 恢如 故世漸巧細 組織藻繪 無所不至 後人又增爲七言 則益與古背馳 至聲律·配儷之出 詩之道 斁盡 若四言 則雖沈·宋·蘇·黃輩之工緻 安得以容才思耶 由是 天下之士 莫不沾沾騖迹 殫一生之精神氣力 老死而不自覺

董仲舒曰 諸不在六藝之科·孔子之術者 皆絶其道 然後統紀於一 法度可明 民知所從矣 余謂 有王者作 必自蘇·李以下 嚴法禁抑 然後人風少變矣 何也 今人家子弟 全無拘撿 能作短篇長律 時論翕翕 稱佳士 其於質行善人 則賤穢之 俗安得不偸 雖明知其然 然生子不能免俗 必使先誦五言 遍及諸大家 至於元·明聞人 不習則取譏 實無餘力暇及於經史也 余觀史第若古文詞 其引三百篇 莫不詠歎激切 其或及五七言 則不啻駭矣 益覺詩道之漸謬矣

율부(律賦)[1]

오늘날 과거 시험에 뽑히는 글은 태반이 미리 지은 것이거나 남이 대신 지은 것이다. 한 사람이 세 사람, 혹은 다섯 사람의 것을 겸하여 짓기 때문에 요행을 바라는 자들이 떼지어 모여든다. 그래서 10에 7, 8은 글을 지을 실력이 없으면서도 왕왕 합격하는 경우가 있다. 그 때문에 과거 시험장은 어지러이 질서가 없고, 조정은 용렬한 사람들이 많아 예전만 못한 것이다.

옛날 사람은 생각이 주밀하였으니, 매사에 요즘 풍속보다 나은 듯하다. 당(唐)나라로부터 송(宋)나라에 이르기까지 모두 율부로써 선비들을 시험하였다. 그 문체는 구(句)마다 장단(長短)이 틀려서 지금의 사륙문(四六文)과 같으면서도 운(韻)이 있고, 짝[儷][2]이 있고, 염(廉)[3]이 있다. 여덟 개의 운으로 짓는데, 넷은 평성(平聲)을 쓰고, 넷은 측성(仄聲)을 쓴다. 운을 달아 차례로 써내려 가는데, 24구를 쓰기도 하고, 32구를 쓰기도 한다. 지금 유주(柳州)[4]와 향산(香山)[5]의 문집 가운데 과거시험 때 쓴 몇 편의 글이 있는데, 법으로 삼을 만하다.

오늘날의 제도는 시(詩)·부(賦)·표(表)·잠(箴)·명(銘)을 각각 시험하는데, 율부에는 이런 여러 문체가 다 갖추어져 있다. 그러니 미리 지어오거나 대신 지어주는 글이 모두 소용이 없게 되면, 요행을 바라는 자들이 물러가고 어지러운 것도 줄어들 것이며, 재능이 있는 자는 진출하고 용렬한 자는 물러갈 것이다. 그러나 이를 시행하지 않는 것은 재상의 자제들이 대부분 글을 읽지 않아 졸렬해서 원하지 않기 때문이다.

오늘날의 반나절의 시험으로 급제를 결정하는 법은, 아동들이 모래밭에 고리를 묻어놓고 막대기로 쿡쿡 찔러 그것을 찾는 놀이와 흡사하

---

1) 부(賦)의 한 양식으로, 율시(律詩)처럼 운(韻)을 달고, 평측(平仄)을 맞추고, 대구(對句)를 맞추는 것을 말한다.
2) 대구(對句)를 말함.
3) 평측(平仄)을 말함.
4) 당나라 때 유종원(柳宗元)의 별호임. 유종원이 유주 자사(柳州刺史)를 지냈기 때문에 그런 별호가 붙었다.
5) 당나라 때 백거이(白居易)의 호.

다. 아이들이 작은 고리를 모래 속에 묻어놓고 막대기를 가지고 그것을 찾는데, 짐작으로 맞추어 우연히 꿰어내는 자가 이긴다. 이것이 어찌 인재를 뽑는 방법이겠는가? 화랑(花郎)의 제도만도 못한 듯하다.

律賦

今世 科場克捷者 太半宿構或代述 一人兼三五 故倖望群聚 無文七八 而往往得之 此場圍 所以雜亂無別 朝著所以儌穴＋辱多不肖也 古人 意思周密 每每勝似今俗 自唐至宋 皆律賦試士 其體 句錯長短 如今四六體 而有韻有儷有廉 而以八韻 四平四側 爲韻脚 次第排押 或二十四句 或三十二句 今柳州·香山集中 有科程數篇 可以取法

今制 各試詩·賦·表·箴·銘 而律賦 則衆體具焉 宿構代述 皆無所售 則倖望者退 而雜亂殺矣 才能者逞 而儌穴＋辱屈矣 然而不行者 宰相子弟 槪多不讀書 下劣而不願故也 今之半日唱第之法 恰同兒童藏環之戲 兒童用小環 埋之沙土中 以枚臆中 偶爾得貫者勝 此豈選才之術 殆花郎之不如也

유여(猶與)[1)]

『사기』「이사열전」(李斯列傳)에 "호의(狐疑)하고 유예(猶豫)하면 뒤에 반드시 후회가 있게 된다"고 하였다. 양(梁)나라 황문시랑(黃門侍郎)을 지낸 명소하(明少遐)는 말하기를 "여우의 성질은 의심이 많고, 족제비[鼬]의 성질은 미리 대비하는 것이 많다. '호의'(狐疑)·'유예'(鼬豫)란 말은 이로 인하여 전해진 것이다"라고 하였다. 양신(楊愼)은 이에 의거해 '유'(猶)를 '유'(鼬)로 썼다.

그러나 『예기』「곡례」(曲禮)에 "혐의(嫌疑)를 결단하고, 유여(猶與)를 정한다"라고 하였다. 그 소(疏)에 『설문해자』를 인용하여 "'유'(猶)는 짐승 이름이니 원숭이[玃] 종류이고, '여'(與)도 짐승이니 코끼리[象] 종류이다. 이 두 짐승은 다 나아가고 물러가는 데 의심이 많으니, 의심이 많은 사람이 이와 같다. 그러므로 그런 사람을 유여(猶與)라고 하는 것이다"라고 하였다. 『고금운회』(古今韻會)[2)]에는 '유예'(猶豫)로 되어 있다.

---

1) 이러지도 못하고 저러지도 못하면서 결정을 내리지 못하는 모양.
2) 원나라 때 황공소(黃公紹)가 편찬한 운서(韻書).

510

혹자는 말하기를 "유(猶)란 짐승은 의심이 많다. 산 속에 사는데, 갑자기 무슨 소리가 들리면 미리 나무에 올라가 계속 오르락 내리락 한다. 그러므로 결단하지 못하는 것을 유예라고 한다"고 하였고, 혹자는 말하기를 "유(猶)는 개[犬]다. 개는 길을 갈 때 항상 사람보다 앞서 간다. 그러나 갈림길에 이르면 어디로 갈지를 모른다. 그러므로 유예(猶豫)라고 한다"고 하였다.

살펴보건대, 『노자』에 "여(與)함이여! 겨울에 내를 건너는 것과 같고, 유(猶)함이여! 사방의 이웃을 두려워하는 것과 같다"고 하였으니, 옛말에 이와 같은 것이 있다. '여'(與)는 단지 겨울에 내를 건너는 모양이고, '유'(猶)는 단지 사방의 이웃을 두려워하는 모양이다. 갈 데가 있는데 내를 건너고 싶어도 건너지 못하고 주춤거리며 결단을 못하는 것을 여(與)라 하고, 일이 있는데 하고 싶어도 하지 못하면서 누가 와서 겁을 주는 것처럼 하는 것을 유(猶)라 한다. 유여(猶與)는 여유(與猶)라고 쓸 수 있으니, 『노자』의 설로 결단해야 마땅하다.

『회남자』(淮南子)「병략훈」(兵略訓)에는 "그 유유(猶猶)를 공격하고, 그 여여(與與)를 능멸한다"고 하였고, 『논어』에는 "여여(與與)하듯이 한다"[3]고 하였으니, 역시 이 뜻과 같은 듯하다. 그 주석에 "위의(威儀)가 적합한 모양이다"[4]라고 하였는데, 반드시 그렇지는 않은 듯하다.

猶與

李斯傳云 狐疑猶豫 後必有悔 梁黃門侍郎明少遲曰 狐性多疑 狌性多預 狐疑狌預 因此而傳耳 楊愼據此 以猶作狌 然曲禮云 決嫌疑 定猶與也 疏引說文云 猶 獸名 玃屬 與 亦獸名 象屬 此二獸 皆進退多疑 人之多疑者 似之 故謂之猶與 韻會作猶豫 或云 猶性多疑 居山中 忽聞有聲 則豫上樹 下上不一 故不決者 言猶豫 或云 猶 犬也 犬行 常先於人 至歧路 則不知所向 故曰猶豫也 按老子 與兮 若冬涉川 猶兮 若畏四隣 古語 有如此者 與 只是冬涉川之貌 猶 只是畏四隣之貌 凡有行欲涉不涉 瞿瞿然不斷 曰與 凡有事 欲作不作 如有人來劫 曰猶 猶與 亦可作與猶 當以老子說爲斷 淮南子兵略訓 擊其猶猶 陵其與與 論語 與與如也 亦恐與此義同 註云 威儀中適之貌 未必然

---

3)『논어』「향당」(鄕黨) 제2장에 보인다.
4) 주자의 『논어집주』(論語集註)「향당」제2장에 보인다.

생애(生涯)

당시(唐詩)에 "생애는 한 조각 청산이네"[生涯一片靑山]라고 하였고, 또 "생애는 거울 가운데 있다"[生涯在鏡中]고 하였는데, 사람들은 이런 것을 활계(活計)나 생리(生理)의 뜻으로 보고 있다. 그러나 활계가 거울 속의 물건이 아니라는 사실은 모른 것이다.

『장자』에 "우리의 생(生)에는 애(涯)가 있다"[1]고 하였다. 애(涯)란 한계라는 뜻으로, 생이 있으면 반드시 죽음이 있다는 말이다. 죽으면 당연히 구산(丘山)으로 돌아가기 때문에 '한 조각 청산이네'라고 한 것이며, 죽는 기약은 얼굴과 귀 밑에 나타나기 때문에 '거울 가운데 있다'고 한 것이다.

生涯

唐詩云 生涯一片靑山·生涯在鏡中之類 人看作活計·生理之義 殊不知活計非鏡中之物也 莊子云 吾生也 有涯 涯 限也 謂有生 必有死也 死則當歸丘山 故曰一片靑山 死期 見於容鬢 故曰在鏡中

묘계질서(妙契疾書)[1]

「장횡거화상찬」(張橫渠畵像贊)[2]에 '묘계질서'(妙契疾書)라는 말이 있다. '묘계'도 능하기 어려운 것이지만, '질서'가 바로 그의 단점이었던 것이다. 장횡거가 『정몽』(正蒙)을 지을 적에, 거처하는 곳마다 붓과 벼루를 준비해두고, 밤중이라도 터득한 것이 있으면 일어나 촛불을 켜고 기록해두었다. 그렇게 얼른 써두지 않으면 바로 잊어버릴까 염려해서였다. 그러므로 정자(程子)는 "자후(子厚)[3]는 이와 같이 익숙하지 못하였다"고 기롱하였다. 이는 대체로 생각이 익숙하면 빨리 써놓지 않더라도 저절로 잊어버리지 않을 것이기 때문에 그렇게 말한 것이다.

---

1) 『장자』 「양생주」(養生主)에 보인다.
1) 글을 읽다가 묘하게 마음에 와닿는 것이 있으면 빨리 적어둔다는 뜻임.
2) 주희(朱熹)가 쓴 육선생화상찬(六先生畵像贊)에 들어 있는 장재(張載)의 화상에 대한 찬이다.
3) 장재의 자(字)임.

나는 경(經)을 보다가 생각나는 바가 있으면, 바로 의문이 드는 점을 기록해두었다. 그리고 제목을 '질서'(疾書)라고 했다. 그런데 사람들은 '묘계(妙契)'라는 말까지 합해보면서 겸손하지 못한 태도라고 의심하니, 지나친 듯하다. 윤 유장(尹幼章)[4]이 그런 말을 듣고 말하기를 "호자(胡子)[5]의 『지언』(知言)[6]은 겸손한 뜻이 아니다. 그러나 주자(朱子)는 이것을 그르다고 하지 않았다. 하물며 '질서'에는 '묘계'의 마음이 없는 데 있어서이겠는가?"라고 하였다.

妙契疾書

橫渠贊云 妙契疾書 妙契難能 而疾書乃其所短也 橫渠之作正蒙 隨處置筆硯 又或夜中有得 起而取燭書之 恐其不疾則旋遺也 故程子譏之曰 子厚如此不熟 蓋熟則不必疾其書而不自忘也 余看經有見 便卽箚疑 題曰疾書 人和妙契字看 疑其不謙 抑過矣 尹幼章聞之曰 胡子知言 非謙也 朱子不以是爲非 況疾書之中 無妙契意思耶

순자 해폐편(荀子解蔽篇)[1]

『순자』「해폐」(解蔽)에 "『도경』(道經)에 '인심(人心)은 위태롭고, 도심(道心)은 미약하다'고 하였다. 위태롭고 미약한 기미는 오직[2] 밝은 군자라야 능히 알 수 있다. 그러므로 인심은 비유하자면, 소반 위의 물과 같다. 물이 바로 놓여 흔들리지 않으면 혼탁한 것이 밑에 있고, 청명(清明)한 것이 위에 있어 수염과 눈썹을 볼 수 있고, 살결을 살펴볼 수 있다. 그러나 미세한 바람이라도 물 위를 스쳐서 혼탁한 것이 아래서 움직이고, 청명한 것이 위에서 어지러우면 형체의 바른 모습을 볼

---

4) 성호의 문인인 윤동규(尹東奎)를 말함. 유장은 그의 자이다.
5) 송나라 때 호안국(胡安國)의 아들인 호굉(胡宏)을 말함.
6) 호굉이 『맹자』「공손추 상」(公孫丑上) 제2장의 '아지언'(我知言)이라고 한 문구에서 '지언'(知言)을 취해 자신이 지은 책의 제목을 삼았다. 주희는 「지언의의」(知言疑義)를 지어 그 잘못을 지적하였는데, '지언'이라고 제목을 붙인 것에 대해서는 비판하지 않고, 오로지 내용이 잘못된 부분에 대해서만 지적하였다.
1) 『순자』(荀子)의 「해폐편」(解蔽篇)을 말함.
2) 『성호사설』에는 '성'(性)으로 되어 있는데, 이는 '유'(惟) 자의 오자인 듯하다.

수 없다. 마음도 이와 같다"고 하였다.

『도경』이 무엇을 가리켜 말한 것인지는 모르겠지만, 그 역시 대략 마음을 보존하는 요점임을 알 수 있다. 그러나 마음을 고요하게 하여 모두 없애버림으로써 도리어 바람이 지나가도 움직이지 아니하는 일에 가깝기 때문에 『도경』이 된 것이다. 순경(荀卿)[3]도 안목이 여기에까지는 이르지 못했다. 이런 자는 한번 어떤 일을 만나게 되면 곧 마음이 혼란하게 되니, 어찌 성인의 깊은 뜻을 알겠는가?

그러나 「왕제」(王制)[4]에 "수화(水火)는 기(氣)만 있고 생(生)이 없으며, 초목(草木)은 생(生)만 있고 지(知)가 없으며, 금수(禽獸)는 지(知)만 있고 의(義)가 없다. 그런데 인간은 기도 있고 생도 있고 지도 있고 그리고 의도 있다. 그러므로 천하의 가장 존귀한 존재가 되는 것이다"라고 하였으니, 이 한 가지 말은 탁견(卓見)이 아닐 수 없다.

지가 있고 의가 있다는 말은, 곧 인심(人心)·도심(道心)과 합치되는 말로, 근원과 실마리를 궁구하는 데 다시 미진한 점이 없다. 따라서 천지 사이에 이 한 말이 없어서는 안된다. 다만 그가 일찍이 성악설(性惡說)을 주장했다 하여, 유가(儒家)에서 이것조차 채택하지 않고 배척하는 것은 잘못이다. 진 서산(眞西山)[5]만이 이 점을 드러냈으니, 지금 『성리대전』(性理大全)에서 살펴볼 수 있다.

荀子解蔽篇

荀子解蔽篇 引道經云 人心之危 道心之微 危微之幾 惟明君子 而後能知之 故人心比如槃水 正錯而勿動 則湛濁在下 而淸明在上 足以見鬚眉而察理矣 微風過之 湛濁動乎下 淸明亂於上 則不可以得大形之正 心亦如是矣 所謂道經 未知何指 而其亦略知存心之要者也 然幾於寂滅都闕 却風過而不動一段事 所以爲道經 而荀卿亦看未到此也 如是者 一撞着事端 便汩亂 何知聖人之旨意耶

其王制篇曰 水火有氣而無生 草木有生而無知 禽獸有知而無義 人有氣有生有知 亦且有義 故最爲天下之貴也 此一段卓然 該說其有知有義 卽與人心·道心合 而窮源究緒 無復餘蘊 天地間 不可無此一轉語 只緣其嘗有性惡之論 儒家等 擲不採 則過矣 惟眞西山 表以出之 今見於性理大全者 可攷也

3) 『순자』(荀子)를 지은 사람.
4) 『순자』의 편명임.
5) 송나라 때의 학자인 진덕수(眞德秀)를 말함. 서산은 그의 호이다.

겸개선(謙開善)[1]

퇴계(退溪)가 오자강(吳子强)[2]에게 답한 편지에 "겸개선은 승명(僧名)이다. 주자(朱子)가 선학(禪學)을 이 중에게 배웠다"고 하였다. 살펴보건대, 그 사람의 승명은 도겸(道謙)이고, 호는 개선암(開善庵)이다. 그러므로 '겸개선'이라고 한 것이다. 퇴계 선생이 겸개선을 승명이라고 한 것은 잘못이다. 퇴계 선생이 기 고봉(奇高峯)[3]에게 준 편지에 "왕원택(王元澤)[4]은 어떤 사람인가?"라고 하였으니, 이 또한 왕안석(王安石)의 아들 왕방(王雱)임을 몰랐던 모양이다.

이는 대체로 선생이 위기지학(爲己之學)[5]에만 전심하고, 잡서를 보지 않았기 때문이다. 전기(傳記)에 보이는 것을 어찌 일일이 다 알 수 있겠는가? 저 '계극빈상'(啓棘賓商)[6]은, 주자와 같은 분도 양 성재(楊誠齋)[7]에게 물었고, 양 성재도 몰라 다시 주 익공(周益公)[8]에게 물었던 것이다. 그러므로 학문이란 근본을 힘쓰는 것을 귀하게 여기니, 해박하지 못한 것은 해롭지 않다.

謙開善

退溪答吳子强書 謙開善 僧名 朱子得禪學於此僧 按 僧名道謙 而號開善庵 故曰 謙開善 先生以爲名 誤矣 先生與高峰書云 王元澤 何人 又不知安石之子雱也 蓋先生專心爲己 不觀雜書故也 凡傳記所見 何可一一盡識 如啓棘賓商 雖朱子 訪之誠齋 誠齋轉訪周益公 是以 學貴務本 不害其不能該

---

1) 송나라 때의 승려.
2) 오건(吳健)을 말함. 자강의 그의 자이다.
3) 호남의 선비 기대승(奇大升)을 말함. 고봉의 그의 호이다.
4) 송나라 때 왕안석(王安石)의 아들인 왕방(王雱)을 말함. 원택은 그의 자이다.
5) 남에게 보이기 위한 학문을 위인지학(爲人之學)이라고 하고, 자기 자신을 위한 공부를 위기지학이라고 한다.
6) 하(夏)나라 우왕(王王)의 아들 계(啓)가 빈려(賓旅)와 상고(商賈)의 어려움을 겪었다는 말. 『초사』(楚辭) 「천문」(天問)에 보인다.
7) 송나라 때 사람 양만리(楊萬里)를 가리킴. 성재는 그의 호이다.
8) 송나라 때 사람 주필대(周必大)를 가리킴. 주필대가 익국공(益國公)에 봉해졌으므로, 후대에 익공이라 불렸다.

조고전장문(弔古戰場文)[1]

이화(李華)[2]의 「조고전장문」은 읽는 사람으로 하여금 처절한 마음을 불러일으키게 한다. 이 글의 의장(意匠)은 가연지(賈捐之)[3]에게서 근본한 것이다. 그가 주애현(珠厓縣)[4]을 치지 말자고 간청한 말에 "아비는 앞에서 싸우다 죽고, 아들은 뒤에서 싸우다 부상당하고, 여자는 정장(亭鄣)[5]에 오르고, 고아는 길에서 부르짖고 있습니다. 노모와 과부가 눈물을 삼키며 마을 입구에서 곡을 하며, 허제(虛祭)[6]를 차려놓고 만리 밖의 혼을 추모하고 있습니다"[7]라고 하였다.

이화는 이것을 부연하여 한 편의 글을 지었는데, 새롭게 드러낸 것이 또한 아름답다. 나는 이렇게 생각한다. 후세의 시문(詩文)은 대개 세교(世敎)에 도움이 못된다. 「조고전장문」과 같은 글을 임금이 보면, 찡한 감동과 쓰라린 슬픔을 갖지 않을 수 있겠는가?

또 당(唐)나라 사람의 시에 "가련타, 무정하(無定河) 가의 백골들, 아낙들이 꿈속에서 만나는 사람이 되었네"[可憐無定河邊骨 猶是春閨夢裏人][8]라고 하였다. 이런 시는 채록하여 『시경』 300편 끝에 붙여둘 수 있다.

弔古戰場文

李華弔戰場文 令人悽咽 其意 本於賈捐之 其請棄珠崖說曰 父戰死於前 子鬪傷於後 女子乘亭鄣 孤兒號於道 老母寡婦 飲泣巷哭 遙設虛祭 想魂于萬里之外 華卽演爲一篇 點化亦佳 余謂 後世詩文之類 率皆無裨於世敎 如弔戰場者 人主聽之 有不惕然感 怛然悲也乎 又如唐人詩云 可憐無定河邊骨 猶是春閨夢裏人 可採以附三百篇之末

---

1) 옛날 전쟁터를 조문하는 글. 당나라 때 이화가 지은 것으로, 전쟁의 참상에 대해 기술한 글이다.
2) 당나라 때의 문인.
3) 한 문제(漢文帝) 때의 신하로, 주애현(珠崖縣)이 반란을 일으키자, 조정에서 이를 토벌할 것을 의논할 때, 가연지가 그 부당함을 주장하였다.
4) 『성호사설』에는 '주애'(珠崖)로 되어 있는데, '애'(崖)는 '애'(厓)의 오자이다.
5) 변방의 요새에 설치하여 사람의 출입을 검사하던 관문을 말한다.
6) 시신(屍身)을 수습하지 못해 허위(虛位)를 만들어놓고 지내는 제사.
7) 『한서』(漢書) 제64권 하 「가연지열전」(賈捐之列傳)에 보인다.
8) 이 시구는 진도(陳陶)의 「농서행」(隴西行)에 보인다.

516

안주(安酒)

왕세정(王世貞)[1]은 말하기를 "육기(陸機)[2]의 「초목소」(草木疏)[3]에 '안
주(按酒)할 만하다'고 하였고, 매 완릉(梅宛陵)[4]의 시에도 '안주'(按酒)란
글자를 많이 썼다. 오늘날의 풍속에 '첨안'(添按)이라고 하는 것이 대체
로 여기서 나온 것이다"라고 하였다. 『지봉유설』(芝峯類說)[5]에 이 설을
인용하여 증거로 삼았는데, 이는 모두 깊이 살펴보지 못한 것이다.

『의례』「사혼례」(士昏禮)의 친영부지조(親迎婦至條)에 "찬(贊)이 간
(肝)을 가지고 따라가 모두 진제(振祭)[6]를 하고 간을 맛본다"고 하였는
데, 정현(鄭玄)의 주에 "간(肝)은 간적(肝炙)이다. 술을 마실 때는 안주
(安酒)가 있어서 속을 편하게 해야 한다"고 하였다.

오늘날의 풍속에 주효(酒肴)를 안주(安酒)라고 하는데, 한(漢)나라
때부터 이런 말이 있었다. 왕세정의 박식함으로도 이런 것을 미처 알지
못했다.

安酒

王世貞云 陸機草木疏 若可按酒 梅宛陵詩 多用按酒字 今俗云 添按 蓋出於
此 芝峰類說 亦引以爲證 皆未有深攷 士昏禮 親迎婦至條 贊以肝從 皆振祭 嚌
肝 鄭玄註 肝 肝炙也 飮酒 宜有肴以安之 今俗 謂酒肴爲安酒 自漢時 已有此語
王之博 尙未及此耶

비조·이손(鼻祖耳孫)[1]

비조·이손의 뜻에 대해, 사람들은 "짐승은 코가 먼저 생긴다. 잉태

---

1) 명나라 때의 학자.
2) 오(吳)나라 때의 학자.
3) 육기가 지은 『모시초목조수충어소』(毛詩草木鳥獸蟲魚疏)를 말함.
4) 송나라 때의 시인 매요신(梅堯臣)을 말함. 완릉은 그의 호이다.
5) 조선 중기 학자 이수광(李晬光)이 지은 책.
6) 음식을 대할 적에 지내는 제사.
1) 비조는 시조를 말하고, 이손은 후손을 말한다.

를 했을 때 코가 먼저 형체를 받는다"고 한다. 그러나 나는 이렇게 생각한다. 어떤 그릇을 두고 말할 때, 칼의 머리를 '칼코'[劍鼻]라 하고, 신의 머리를 '신코'[鞋鼻]라 하니, 비조(鼻祖)는 '두조'(頭祖)라고 말하는 것과 같다.

그릇의 옆에 붙어 있는 것은 작은 그릇이 되는데, 이를 '귀'[耳]라 하니, '솥귀'[鬴耳]·'섬귀'[斛耳]라고 하는 것이 그것이다. 그렇다면 이손(耳孫)은 멀리 떨어진 후손이라는 말이다.

『주자어록』(朱子語錄)에 '몰파비'(沒巴鼻)라는 글자가 있는데, 역시 알기 어렵다. 송나라 사람이 지은 사(詞)에도 '몰비'(沒鼻)·'몰파'(沒巴)란 말이 있는데, '파'(巴)는 뜻이 없다. 이는 본래 뱀이 서려 있는 모양으로, 머리는 감추고 꼬리만 드러낸다는 뜻이다. 이 역시 속어에 "머리도 없고 꼬리도 없다"는 말과 같은 듯하다.

鼻祖·耳孫

鼻祖·耳孫 釋者謂 獸先生鼻 懷胎 鼻先受形 余謂 凡造器 劍頭 謂之劍鼻 鞋頭 謂之鞋鼻 鼻祖者 若曰頭祖也 凡器之旁屬 爲小器 謂之耳 如鬴耳·斛耳 是也 耳孫者 謂遠屬之孫也 語錄有沒巴鼻字 亦難曉 宋人詞 有沒鼻·沒巴之語 巴無義 此本蛇盤之形 藏頭露尾也 恐亦如俗語無頭·無尾也

사륙(四六)[1]

사륙문(四六文)이 성행하게 된 것은, 당(唐)나라 때 왕발(王勃)·양형(楊炯)으로부터 시작되어 송(宋)나라 때 이유(李劉)에 이르러 극에 달했다.

우리나라의 습속도 고려 중반부터 다투어 이 문체를 숭상하였다. 이는 대체로 율부(律賦)가 선비를 시험하는 정식(程式)이 되었기 때문이다. 율부의 시험 역시 당나라·송나라 때부터 비롯된 것이다. 이는 나

---

1) 중국 위진 남북조 시대부터 발달하기 시작한 변려문(駢儷文)을 말함. 변려문은 1구(句)가 4자·6자의 기본 문형을 가지고 있기 때문에 사륙문(四六文)이라고도 한다.

라에서 만든 제도인지라, 선비들이 다투어 그 길로 나아가서, 그 말류(末流)의 폐단을 수습할 수 없게 되었다.

요즘 사람들은 매양 이 문체가 사대(事大)하는 데 필요하다고 핑계를 하고 있다. 그러나 명나라에서는 이 사륙문을 금하는 법을 제정하였다. 홍무(洪武) 6년(1373년) 6월에, 당나라 때 유종원(劉宗元)이 유공작(劉公綽)을 대신하여 지은 사표(謝表)[2]와 한유(韓愈)의 희우표(喜雨表)[3]를 천하에 반포하였다. 명나라 황제는 문장이나 화려하게 다듬으며 정신을 허비하는 해로움을 깊이 알고서, 그런 폐단을 혁신하려 한 것이다.

지금 이런 문체를 사용하여 상국(上國)에 올린다면, 반드시 따르지 않을 리가 없을 것이다. 비록 그렇지 않다고 하더라도, 독서하는 선비라면 어찌 한때 구차하게나마 성취할 도리가 없어, 변통할 줄 모르고 예전의 투식만을 굳게 지키겠는가?

四六

四六之文盛 自唐之王·楊 至宋李劉 而極焉 我俗 自高麗之中世 爭尙此 蓋由律賦爲試士之程故也 律賦試 亦自唐·宋作俑 國之所造 士必爭趨 其末弊 不可收拾 今人 每以事大爲諉 然明制禁四六文 洪武六年六月 以唐柳宗元代柳公綽謝表 及韓愈喜雨表 頒示天下 明皇帝深燭雕虫斲喪之害 將有以革新也 今若用此 奏聞上國 必無不從之理 縱曰不然 讀書之士 豈無一時苟就之理 而膠守刻舟之故套耶

고금 문장(古今文章)[1]

고금의 문장을 수목(樹木)에 비유하면 다음과 같다. 당우(唐虞)[2]·삼대(三代)[3]의 문장은, 초여름에 꽃과 잎이 지극히 무성하여 한 가지도 마른 것이 없이 찬란하게 피어나 볼 만한 것과 같다. 진(秦)·한(漢)

---

2) 유종원(柳宗元)이 지은 「대유공작사상표」(代柳公綽謝上表)를 말함.
3) 한유(韓愈)가 지은 「하우표」(賀雨表)를 말함.
1) 옛날과 오늘날의 문장.
2) 요(堯)와 순(舜)이 다스리던 나라의 이름으로, 요·순 시대를 말한다.
3) 하(夏)나라·은(殷)나라·주(周)나라 시대를 말한다.

시대의 문장은, 가을과 겨울이 지난 뒤에 꽃도 지고 열매도 떨어져 줄기와 가지만 그대로 남아 있는 것과 같다. 후세의 문장은, 단청(丹靑)을 하고 그림을 그려넣어 모양은 근사하지만 생기가 없이 무미건조한 것과 같다.

우리나라의 문장은, 시골에서 그림 그리는 사람이 실물을 보지 못하고 모사(摸寫)해 전하는 것만 보고서, 그와 비슷하게 그리는 것과 같다. 마치 복숭아나무에 버드나무 가지, 살구나무 잎과 아가위나무 꽃을 그리는 것과 같다. 모양이 실물과 다르고 단청도 표준이 없어서, 결국 무슨 물건인지 알 수 없게 되고 만다.

古今文章

古今文章 以樹木取比 唐虞·三代之文 如方夏花葉極盛 無一條枯枿 而燦然可觀也 秦·漢之文 如秋冬以後 華實摧落 而眞形自在也 後世之文 如丹靑繪畫 摸狀雖逼 而生意颯爾也 我東之文 如鄕社畫師 不見其物 但憑傳摸 依俙彷彿 桃身柳枝 杏葉棠花 圓楕違眞 丹碧無準 不審其何物也

남명 선생 시(南冥先生詩)[1]

남명(南冥) 조 선생(曹先生, 1501~72)은 과거를 치르지 않고 벼슬에 제수되었으나 곧 사퇴하고 나아가지 않았다. 제수된 벼슬자리는 한낱 낮은 벼슬에 지나지 않았다. 그러나 병이 깊어지자, 감사가 장계(狀啓)를 올려 임금에게 아뢰었고, 임금은 어의(御醫)와 약을 보내 가서 간호하게 하였다. 그리고 선생이 세상을 뜨자, 특별히 대사간(大司諫)에 추증하였다. 나라에서 선생을 예우하고 숭상함이 이토록 극진하였으니, 한 세상을 풍동(風動)하기에 충분하였다.

진실로 그런 분이 아니었다면, 또 어찌 이와 같은 일이 있었겠는가? 선생의 덕을 논하는 자들이 벽립만인(壁立萬仞)[2]으로 제목을 삼지 않음이 없으니, 공은 바로 그런 분이었다. 내가 선생의 뇌룡명(雷龍銘)·

---

1) 남명은 조선 중기 학자였던 조식(曹植)의 호임.
2) 만 길이나 우뚝하게 솟은 절벽처럼 높은 덕과 기상이 있다는 말이다.

계부명(鷄伏銘)³⁾을 보고서, 그 분의 사람됨에 대해 상상을 해보았다. 또 다음과 같은 시가 있다.

청컨대, 천 석들이 종을 보게나,
크게 치지 않으면 소리가 안 난다네.
만고에 우뚝한 천왕봉은,
하늘이 울어도 울지 않는다네.⁴⁾

이 얼마나 놀라운 역량과 기백인가? 퇴계(退溪)의 일월춘풍(一月春風)과 같은 경지에 비교해서 논할 수는 없지만, 읽는 사람의 마음이 이 때문에 장대하게 물결친다.

南冥先生詩

曹南冥先生 不由科目 拜官而辭退 不過一卑位也 然病劇 道臣啓聞 遣御醫 齎藥物 往護 及卒 特贈大司諫 其禮崇重至此 足以風動一世也 苟非其人 又豈有 是哉 尙論者 莫不以壁立萬仞爲題目 公是也 余見其雷龍・鷄伏之銘 想見其爲 人 又嘗有詩云 請看千石鍾 非大叩無聲 萬古天王峰 天鳴猶不鳴 此何等力量氣 魄 雖不可比論於退溪之一月春風 令人心膽 爲之壯浪

백사 시(白沙詩)

백사(白沙)¹⁾이 정승(李政丞)이 광해군(光海君) 때에 임금의 뜻에 거

---

3) 남명은 48세 때부터 61세 때까지 경남 합천의 삼가(三嘉) 토동(兎洞)에 뇌룡정 (雷龍亭)과 계부당(鷄伏堂)을 지어놓고 거처하였다. '뇌룡'(雷龍)이란 당호(堂 號)는 『장자』(莊子)의 '시거이용현 연묵이뇌성'(尸居而龍見 淵默而雷聲)에서 따 다 쓴 말로, 초야에 깊숙이 묻혀 있지만 도덕을 부지해 용처럼 신묘한 조화를 드러내고 우레처럼 소리를 낸다는 뜻이다. '계부'(鷄伏)라는 당호는 닭이 알을 품고 있는 것처럼 깊숙이 은거한다는 뜻이다.
4) 이 시의 제목은 「제덕산계정주」(題德山溪亭柱)인데, 문집에는 "청컨대 천 석들 이 종을 보게나, 크게 치지 않으면 소리가 안 난다네. 어찌하면 두류산처럼, 하 늘이 울어도 울지 않을 수 있을까?"[請看千石鍾 非大扣無聲 爭似頭流山 天鳴 猶不鳴]로 되어 있다. 성호가 인용한 것은 『상촌잡록』(象村雜錄)에 들어 있다.

슬리는 상소를 올렸다가, 함경도 북청(北靑) 땅으로 귀양을 가게 되었
다. 그때 길을 떠나면서 다음과 같은 시를 지었다.

　　밝은 해가 가리워 대낮에도 깜깜한데,
　　북녘 바람 불어와 길손의 옷을 찢네.
　　요동 땅의 성곽은 예전과 같겠지만,
　　정영위(丁令威)가 돌아오지 않을까 걱정이네.[2]

　이 정승은 과연 북쪽 변방에서 작고하고 말았다. 이 시를 읊조릴 때
마다, 사람으로 하여금 눈물을 흘리게 한다.

白沙詩

白沙李相 當光海君時 抗疏 謫於北靑 臨行賦詩曰 白日陰陰晝晦微 北風吹裂
遠征衣 遼東城郭應依舊 只恐令威去不歸 果殁於北塞 誦之 令人隕淚

시가 증광(詩家增光)[1]

　청(靑)·적(赤)·백(白)·흑(黑)은 동서남북 사방의 정색(正色)으로,
빛나고 찬란하여 눈을 현란하게 한다. 그러므로 시인들이 이를 써서 광
채를 더한다. 예컨대, 이백(李白)은 여러 작품에서 반드시 금옥(金玉)·
화조(花鳥)·금수(錦繡)·운설(雲雪) 등의 물건들을 사용하여 생태(生
態)를 돋보이게 하였다. 그러므로 그 시를 읽으면 그 때문에 마음이 명
랑해지고 눈이 즐거워진다. 「이소」(離騷)[2]의 남은 뜻을 얻은 사람은 이
백뿐이다.

---

1) 백사는 이항복(李恒福, 1556~1618)의 호임.
2) 정영위(丁令威)가……걱정이네. : 정영위는 한(漢)나라 때 요동 사람으로, 영허
　산(靈虛山)에 가서 도술을 배워 학(鶴)이 되어 천년 만에 요동으로 돌아왔다고
　한다. 곧 한번 떠나간 정영위처럼 자신이 고향으로 돌아가지 못할까 걱정이라
　는 말이다.
1) 시인들이 광채를 더함.
2) 전국시대 초나라의 굴원이 지은 시.

두보(杜甫)의 시에 "강물이 새파라니 새는 더욱 하얗고, 산이 푸르니 꽃은 불타는 듯하네"[江碧鳥逾白 山靑花欲燃]라고 한 것은, 홍(紅)·백(白)을 청(靑)·벽(碧) 사이에 두었기 때문에 그 광채가 더욱 선명하게 드러났으니, 말을 만든 것이 묘하다. 또 '석양의 어지러운 갈가마귀'[斜陽亂鴉]·'푸른 솔에 흰 학'[靑松白鶴]·'푸른 산에 흰 상복'[靑山白練]·'푸른 하늘에 붉은 무지개'[靑天綵虹]·'푸른 풀에 백로'[靑草白鷺] 등은 모두 두 가지 물건을 겸하여 말한 것이다.

범성대(范成大)[3]의 시에 "청산은 꽃의 안색을 표나게 드러내고, 녹수는 해오라기 모습을 돋보이게 하네"[靑山表出花顔色 綠水增添鷺羽儀]라고 하였는데, 이는 두보의 뜻에서 벗어나지 못했다. 소 동파(蘇東坡)의 시에 "봄 물가 갈대밭에 학이 홀로 서 있고, 석양의 단풍잎에 갈가마귀 번득이네"[春水蘆根看鶴立 夕陽楓葉見鴉翻]라고 하였는데, 여섯 가지 물건[4]을 합했으나 그 색태(色態)를 드러내지 않았으니, 더욱 정밀하게 다듬은 것을 볼 수 있다. 이것이 바로 겉으로 드러내지 않고 숨기는 경우이다.

詩家增光

靑赤白黑 四方之正色 輝映眩目 詩家以之增光 如李白 諸作必用金玉·花鳥·錦繡·雲雪等物 粧點生態 故讀之 爲之心明眠悅 其得離騷餘意者 惟白也 杜甫詩 江碧鳥逾白 山靑花欲燃 以其紅白在靑碧之間 故其光色益鮮 造語之妙也 又如斜陽亂鴉·靑松白鶴·靑山白練·靑天綵虹·靑草白鷺之類 皆兼二物言之 范成大詩 靑山表出花顔色 綠水增添鷺羽儀 不出杜甫之意也 至東坡則曰 春水蘆根看鶴立 夕陽楓葉見雅飜 合六物 而不露其色 尤見精琢 卽暗謎之類也

한 석봉(韓石峰)

우리나라의 서예(書藝)는, 고려시대에는 김생(金生, 711~791)·문공유(文公裕)·설경수(偰慶壽) 등이 가장 저명하였고, 조선조에 들어와서

---

3) 송나라 때의 시인.
4) 춘수(春水)·노근(蘆根)·학(鶴)·석양(夕陽)·풍엽(楓葉)·아(鴉)를 가리킴.

는 안평대군 용(安平大君瑢, 1418~53)·양사언(楊士彦, 1517~84)·황기로(黃耆老)[1]·한호(韓濩, 1543~1605)와 우리 종조(從祖) 청선당(聽蟬堂, 1588~?)[2]이 모두 절예(絶藝)라 일컬어졌다.

살펴보건대, 『송도지』(松都志)에 "한호의 자는 경홍(景洪)인데 정묘년(1567년)에 진사(進士)가 되었고, 호는 석봉(石峰)이다. 임진년(1592년)에 명나라 장수 이여송(李如松)·마귀(麻貴)와 북해(北海)의 등계달(滕季達) 및 유구국(琉球國)의 양찬(梁粲) 등이 모두 한호의 글씨를 구해 가지고 갔다"고 하였다.

왕세정(王世貞)[3]은 말하기를 "동국에 한 석봉이라는 이가 있는데, 그의 글씨는 성난 사자가 돌을 깨뜨리는 것과 같다"고 하였고, 주지번(朱之蕃)[4]은 말하기를 "그의 글씨는 왕 우군(王右軍)[5]·안 평원(顔平原)[6]과 우열을 다툰다"고 하였다.

선조(宣祖)는 그로 하여금 한가한 곳에 나아가 서예를 익히게 하고자 해서, 특별히 가평군수(嘉平郡守)에 제수하였다. 그리고 "게을리하지도 말고, 급박하게 하지도 말라. 기운이 피곤한 때에는 억지로 쓰지 말라"고 교서를 내렸다. 또 '붓이 조화를 빼앗는다'[筆奪造化]는 글을 써서 내렸다.

그는 63세에 세상을 떠났다. 지금까지도 '한석봉체'(韓石峰體)라고 일컬어지는 것이 있어 세상에 행해지고 있다. 그러나 사대부들 사이에는 그 체를 익히는 이가 적다. 그의 아들 한민정(韓敏政)이 그 체를 익혀 아비의 기풍이 있어서, 사람들이 얼른 구별하지 못했다고 한다.

이것이 조그만 기예(技藝)이긴 하지만, 그의 성대했던 이름은 없앨 수 없는 것이다. 오늘날과 그리 멀지도 않은데, 사람들은 까마득하게

---

1) 조선 선조대의 사람으로 자는 태수(駘叟), 호는 고산(孤山), 본관은 덕산(德山)이다.
2) 성호의 종조(從祖)인 이지정(李志定)의 호임.
3) 명나라 초기의 문인.
4) 명나라 때의 서화가.
5) 중국 진(晉)나라 때의 서예가인 왕희지(王羲之)를 말함. 우군(右軍)은 그가 우군 장군(右軍將軍)을 지냈기 때문에 붙여진 이름이다.
6) 당나라 때의 서예가인 안진경(顔眞卿)을 말함. 평원(平原)은 그가 평원 태수(平原太守)를 역임했기 때문에 붙여진 이름이다.

그것이 어떤 것인 줄도 모르니, 이 또한 이 나라 풍속이 재주 있는 이를 천하게 보는 한 가지 단서이다. 그러므로 채록하여 기록해둔다.

韓石峰

我東筆藝 麗時 金生・文公裕・偰慶壽之類 最著 入聖朝 安平君瑢・楊士彦・黃耆老・韓濩 及我從祖聽蟬堂 皆稱絶藝 按松都志 濩 字景洪 丁卯進士 號石峰 壬辰 天將李如松・麻貴 北海滕季達 及琉球梁燦之徒 皆求書帶去 王世貞云 東國有韓石峰者 其書 如怒猊決石 朱之蕃亦云 當與右軍・平原 爭其優劣 宣廟 欲其就閒習藝 特除嘉平郡守 敎曰 勿怠勿迫 氣倦時 勿强作 宣賜筆奪造化字 年六十三卒 至今 有韓體之稱 行於閭巷間 士大夫 鮮有習者 子敏政 世其學 有父風 人不能別云 此雖小技 盛名不可泯也 距今未遠 茫不知如何 亦國俗賤才之一端 故採以錄之

간용병서(諫用兵書)[1]

사물의 진경(眞境)은, 생각하는 것이 듣는 것만 못하고, 듣는 것이 직접 보는 것만 못하다. 그러나 백세 전이나 천리 밖의 일이라면, 어떻게 그 실상을 눈으로 직접 볼 수 있겠는가? 오직 문자로 담아둘 수밖에 없기 때문에 글을 심화(心畵)라고 하는 것이다. 그 상황이나 모습을 그려내는 데 거의 비슷하게 하기 때문에 그것을 보면 일에 유익함이 있게 된다. 그런데 혹 거짓으로 꾸며서 진실을 그대로 형용하거나 말하지 못한다면, 무슨 보탬이 있겠는가?

소식(蘇軾)의 「대장방평간용병서」(代張方平諫用兵書)는 전쟁에 대한 화상(畵像)이라고 할 수 있다. 이 글을 보고서 슬픈 감정을 일으키지 않는 자는 사람이 아니다. 그 글에 다음과 같이 말하였다.

싸워 이긴 뒤에, 폐하께서 알 수 있는 것은, 개선하여 승리를 보고하는 것과 표(表)를 올려 경하하는 따위로서, 빛나는 이목(耳目)의 구경거리뿐입니다. 먼 지방의 백성이, 흰 칼날에 간과 뇌가 묻어나고, 군사들을 먹이느라 근육과 뼈가 끊어지며, 파산하여 유리 걸식하

---

1) 용병(用兵)을 간하는 글.

며, 아들과 딸을 팔아먹고, 눈이 빠지고 어깨가 으스러지고 스스로 목을 매어 죽는 상황에 대해서는, 폐하가 반드시 볼 수 없을 것입니다. 그리고 자부(慈父)·효자·고신(孤臣)·과부들의 통곡하는 소리도 반드시 들을 수 없을 것입니다.

이는 마치 소와 양을 도살하고, 물고기와 자라를 회쳐서 음식을 만들어놓았을 때, 먹는 자는 매우 아름답지만, 죽는 자는 매우 고통스러운 것과 같습니다. 만약 폐하께서 몽둥이와 칼날 아래서 부르짖고, 도마와 칼 사이에서 꿈틀대는 모양을 보신다면, 비록 팔진미(八珍味)의 아름다운 음식일지라도 반드시 젓가락을 던지며 차마 들지 못하실 것입니다. 그런데 하물며 사람의 목숨을 이용하여 이목의 구경거리를 삼는 데 있어서이겠습니까?

이는 참모습을 잃지 않고 그린 그림이라 할 수 있다. 이 뜻이 이화(李華)[2]의 「조고전장문」(吊古戰場文)[3]에서 근본한 것임은, 사람들이 읽어보면 도두 안다. 이화 역시 근본한 바가 있다. 한(漢)나라 때 가연지(賈捐之)가 주애현(珠厓縣)을 토벌하지 말자고 간청한 글에 "군사를 자주 징발하여, 아비는 앞에서 싸우다 죽고, 아들은 뒤에서 싸우다 부상당하고, 여자는 높은 관문에 오르고, 고아는 길에서 부르짖고 있습니다. 노모와 과부가 눈물을 삼키며 마을 입구에서 곡을 하면서, 허제(虛祭)[4] 차려놓고 만리 밖의 혼을 부르고 있습니다"[5]라고 하였다. 진실로 정신을 가다듬고 한번 읊조려볼 만한 글이다.

諫用兵書

凡事物之眞境 思不如聞 聞不如見 或百世之前 千里之外 何得以目覩其實哉 惟付在文字 故曰 書 心畵也 畵出狀貌 庶幾其彷彿 見之而有益於事也 或虛文飾彩 不能形容說出於十分眞實 何補之有 蘇軾 代張方平諫用兵書 可謂征戰之畵像 見之而不興感悲咤者 非人也

其言曰 戰勝之後 陛下 可得知者 拜表稱賀 赫然耳目之觀耳 至於遠方之民 肝

腦塗於白刃　筋骨絶於饋餉　流離破產　鬻賣男女　薰眼折臂　自經之狀　必不得見也
慈父・孝子・孤臣・寡婦之哭聲　必不得聞也　此猶屠殺牛羊　刲臠魚鼈　以爲羞膳
食者甚美　死者甚苦　使陛下見其號呼於挺刃之下　宛轉於刀几之間　雖八珍之美
必將投筯而不能食　況用人之命　以爲耳目之觀乎

　是可謂畫不失其眞也　此意本於李華弔戰場文　人皆讀而知之也　華亦有所本　漢
賈捐之　罷珠厓對云　軍旅數發　父戰死於前　子鬪傷於後　女子乘高障　孤兒呼於道
老母寡婦　飮泣巷哭　遙設虛祭　招魂於萬里之外　儘合莊誦

사시사(四時詞)[1]

　나는 도 연명(陶淵明)의 「사시」(四時)[2]를 읽고서, 조화(造化)가 유행
하는 기상을 눈으로 보는 것 같음을 느꼈다. 성인(聖人)은 물이 흘러가
는 것에서 그 이치를 보았는데.　이 시에서는 4절(節)로 나누어 보았다.
　수(水)・화(火)・금(金)・목(木)은 서로 번갈아 대체하여 그 이치를
보기 어렵다. 사물에 나타나야 바야흐로 드러난다. 수(水)는 생화(生化)
의 근원이 되지만 그 자취는 조짐이 없다. 봄에 이르러 목(木)이 왕성
해서 얼음이 풀리고, 물이 사방에 가득 찬 뒤에야 비로소 생발(生發)하
는 기상을 볼 수 있다. 화(火)가 왕성하여 여름이 되면, 생기가 충만하
여 만물을 양성하는데, 그 기운은 구름이 된다. 엉키기도 하고 흩어지
기도 하면서 산봉우리에 피어올라 하늘로 올라간다.
　달은 금(金)의 정기(精氣)이다. 가을이 되면 청명하여 만물이 무르익
으니, 달을 보면 알 수 있다. 겨울이 되면 갈무리하지만 생양(生養)의
기운은 쉬지 않는다. 목(木)은 수(水)로 돌아와 정고(貞固)하여 변치 않
으니, 이른바 "한 해가 저문 뒤에 소나무・잣나무가 늦게 시드는 줄

1) 진(晉)나라 때 도잠(陶潛)이 사계절의 특징을 읊은 시.
2) 도잠이 지은 「사시사」의 내용은 다음과 같다. "봄철 물은 사방 연못에 가득하고,
　여름 구름은 기이한 봉우리에 많다. 가을 달은 밝은 빛을 뿌리고, 겨울 마루엔
　한 그루 소나무가 빼어나다."[春水滿四澤 夏雲多奇峯 秋月揚明暉 冬嶺秀孤松]
3) 『논어』「자한」(子罕) 제16장에 "공자께서 물가에 서 계실 적에 '흘러가는 것은
　이와 같구나. 밤낮으로 쉬지 않는구나.'라고 하셨다"[子在川上曰 逝者如斯夫 不
　舍晝夜]라고 한 것을 가리킨다.

안다"[4]는 것이다. 이것이 아니면 조물주가 거의 쉴 수 있을 것이다. 볼 수 있는 것은 이뿐이다. 두세 번 되풀해 읽어보면, 맛이 난다.

四時詞

余讀陶淵明四時詞 覺造化流行之氣像 如目覩 聖人必觀水 而此又分爲四節看 夫水火金水 相與遞代 其理難見 著於物而方顯也 水爲生化之源 其迹未眹 至春 木旺而氷解 水滿四澤 始可見生發氣像 火旺爲夏 生意充溢 養成庶物 其氣爲雲 鬱勃飛揚 蒸爲峰巒 弥亘寰宇也 月是金精 遇秋晴明 萬物收成 見月則可知也 至 冬閉藏 而生養之氣 未嘗息 木反於水 貞固不變 所謂松栢之後凋也 非此 造物幾 乎息矣 其可見者 此也 三復有味矣

이백 고풍(李白古風)[1]

공자(孔子)께서 말씀하시기를 "『시경』을 읽으면 초목(草木)·금수 (禽獸)의 이름을 많이 알게 된다."[2]고 하였는데, 풍시(風詩)[3]가 그렇다. 인사(人事)의 잘잘못은 생물에 비유할 수 있다. 그것의 형태와 빛깔, 영화와 초췌함을 보면, 온갖 것이 다 구비되어 있다. 사람의 어질고 어리석음, 귀하고 천함은 만 가지로 다르지만, 조화에 의해 생성(生成)하는 점은 같다. 그러니 그 이치야 어찌 다르겠는가? 다만 명(名)과 색 (色)이 유(類)를 달리할 뿐이다. 그러므로 범범하게 말하면서 어떤 생물에 의탁해 일으킨 말에도 친절하게 가리켜 주지 않는 것이 없는데, 후인들이 깨닫지 못하는 것이다.

오직 굴원(屈原)만은 그 뜻을 터득하여 「이소」(離騷)를 지었으니, 그 뜻이 비로소 나타나게 되었다. 뒤에 이백(李白)이 고풍(古風) 59편을 지었다. 고풍이란 옛날의 풍시(風詩)를 표준으로 한 것이다. 위로는 풍시처럼 되기를 바라고, 아래로는 「이소」를 거두어 잡고서 한 세상을 풍

---

4) 『논어』「자한」(子罕) 제27장에 보인다.
1) 이백의 고풍(古風). 고풍은 흔히 고시(古詩)라고도 하는데, 여기서는 『시경』의 풍시(風詩)와 같은 체를 말한다.
2) 『논어』「양화」(陽貨) 제9장에 보인다.
3) 『시경』의 풍(風)에 있는 시를 말한다.

자(諷刺)하고자 한 것이니, 천근(淺近)하게 보아넘겨서는 안된다.

李白古風

子曰 多識於鳥獸草木之名 風詩爲然 人事之得失 惟物可喩也 觀其形色榮悴
衆態俱備 人之賢愚貴賤 萬般不同 均是造化之生成 其理何別 特名色異類耳 故
其泛言託興者 莫不有所指摘親切 而後人不覺也 惟屈原得之 爲離騷 其義 始見
矣 後有李白者 爲古風五十九篇 古風者 準古之風詩也 上希於風 下挹于騷 欲以
諷刺于世 不可以淺近看

연명 책자(淵明責子)[1]

도 연명(陶淵明)의 「책자」(責子)[2]에 대해, 사람들은 그 말이 너무 박
절하고 잔인함을 이상하게 생각한다. 내가 우연히 그 마지막 구에 보이
는 '하늘의 운수가 참으로 이러할진대[天運苟如此]라는 말을 읊조리다
가, 그 뜻이 자기 집안에 있지 않다는 것을 알았다. 의희(義熙)[3] 이후로
세상의 도가 달라져서 도 연명이 스스로 은거한 지가 오래되었다. 자식
을 가르치는 것도 마음이 없는데, 문자를 어찌 논하겠는가? 다섯 아들
이 지필(紙筆)에 익숙하지 못한 것은 당연한 일이다.

당시에 사마씨(司馬氏)[4]의 쇠잔한 후손들은 일반 백성이나 다름없는
처지였으니, 중흥의 희망은 영영 끊어지고 말았다. 이 시는 이런 시대

---

1) 도 연명이 아들을 나무람.
2) 도 연명의 「책자」는 다음과 같다. "백발은 양쪽 귀밑머리를 덮고, 피부도 이제
   는 탄탄하지 못하다. 내 비록 다섯 명의 아들을 두었으나, 하나 같이 종이와 붓
   을 좋아하지 않는다. 큰 아들 서(舒)는 열여섯 살이나 되었는데, 게으르기가 짝
   이 없다. 둘째 아들 선(宣)은 열다섯 살이지만, 학문에 뜻을 두지 않는다. 그 다
   음 옹(雍)과 단(端)은 열세 살인데, 여섯과 일곱을 구별하지 못한다. 막내 아들
   통(通)은 아홉 살이 다 되었건만, 배와 밤을 찾을 뿐이다. 하늘의 운수가 참으로
   이러할진대, 우선 술이나 들자."[白髮被兩鬢 肌膚不復實 雖有五男兒 總不好紙
   筆 阿舒已二八 懶惰故無匹 阿宣行志學 而不愛文術 雍端年十三 不識六與七 通
   子垂九齡 但覓梨與栗 天運苟如此 且進盃中物]
3) 도 연명이 살았던 동진(東晉) 안제(安帝)의 연호임.
4) 도 연명이 살던 진(晉)나라의 왕족.

를 비분한 마음으로 탄식하여 격발한 것이다. 소식(蘇軾)은 이 시를 "어리석은 사람 앞에서 꿈 얘기를 하는 격이다."라고 비유하였으니, 어찌 도 연명의 마음을 안 것이겠는가?

淵明責子

陶淵明責子詩 人怪其迫切太忍 偶誦其末一句天運苟如此 知其意不在私室也 義熙以後 世道已判 自廢已久 敎子無心 文字何論 五男之不閑紙筆 固也 當時 司馬孱孫 僅比編戶 永絶興復之望 此詩 忿歎而激發也 蘇氏 以癡人前說夢爲喩 何足以知淵明哉

백사 만인시(白沙挽人詩)[1]

기축옥사(己丑獄事)[2]에 정승 정언신(鄭彦信, 1527~91)이 조정에서 곤장을 맞고 갑산(甲山)으로 귀양을 갔다. 그의 아들 정율(鄭慄)이 단식(斷食) 끝에 피를 토하고 죽었다. 이 때는 연루(連累)가 파급되고 있었으므로 사람들이 모두 두려워하였다. 심지어 집안사람들이 장사지내는 것조차 감히 예에 따라 하지 못하였다.

백사(白沙) 이항복(李恒福, 1556~1618)이 당시에 문사랑(問事郞)[3]으로 있었는데, 그의 원통함을 잘 알고 있었다. 그래서 관(棺)을 덮을 적에 몰래 만시(挽詩) 한 수를 지어 관속에 넣었다. 집안사람들도 그것을 몰랐다. 그의 아들이 장성하여 천장(遷葬)을 할 때 관을 열어보니, 30년의 세월이 지났는데도 만시를 쓴 종이와 글씨가 그대로였다. 그 시는 다음과 같다.

> 입이 있어도 감히 말을 못하고,
> 눈물이 있어도 감히 울지 못하네.
> 베개를 어루만져도 남이 볼까 두렵고,

---

1) 백사 이항복이 정율(鄭慄)을 위해 지은 만시(挽詩).
2) 1589년 정여립(鄭汝立)의 모반 사건으로 일어난 옥사.
3) 죄인의 심문서를 작성하여 읽어주는 일을 맡던 벼슬.

소리를 못 내고 몰래 눈물만 삼키네.

그 누가 통쾌한 칼을 휘둘러,

굽이굽이 맺힌 한을 통렬히 잘라줄까?

이 말을 듣는 자치고, 코끝이 시큰하지 않는 자가 없을 것이다. 이 시는 처음에 본집(本集) 속에 실렸었는데, 요즘 판본(板本)에는 삭제되었다. 예전에 간행한 문집이 세상에 간혹 있지만, 요즘 크게 꺼려하는 바가 되었다. 나는, 광주(廣州)에 사는 송씨(宋氏)의 집에 이 문집이 있다는 말을 듣고, 사람을 시켜 기록해두었다. 세상의 변괴에 이와 같은 경우가 허다하다.

白沙挽人詩

己丑之獄 鄭相彦信 廷杖安置甲山 其子憬 不食歐血死 時株連波及 人皆懍懍 家人葬 不敢以禮 李白沙恒福 時爲問郞 知其冤 方閉棺時 密以挽詩一紙 納於棺 中 家人不覺也 及子長遷唐 啓棺 則歲已三紀 而紙墨宛然 其詩曰 有口不敢言 有淚不敢哭 撫枕畏人窺 呑聲潛飮泣 誰將快剪刀 痛割吾心曲 聞者 莫不酸鼻 此 詩 始載於集中 今本去之 舊集 世或有之 大爲時諱 余聞廣州宋姓家有藏 倩人錄 出 世變 多類此

성호 이익 선생의 연보

1681년(1세) 음력 10월 18일 평안도 운산(雲山)에서 태어남. 자(字)는 자신(子新), 호(號)는 성호(星湖), 본관은 여주(驪州). 아버지는 이하진(李夏鎭)이며, 어머니는 권대후(權大後)의 따님임. 1680년(숙종 6년) 남인(南人)을 몰아내고 서인(西人)이 집권한 이른바 경신대출척(庚申大黜陟)으로, 아버지가 대사간(大司諫)에서 진주목사(晉州牧使)로 좌천되었다가, 다시 평안도 운산으로 유배되었음.

1682년(2세) 음력 6월 14일 부친 이하진 별세. 고향인 경기도 안산군(安山郡) 성촌(星村)으로 돌아옴. 어려서 체질이 허약하고 병이 많아 글을 배우지 못함.

1691년(10세) 10여 세가 지나서야 비로소 글을 배우기 시작. 둘째형 이잠(李潛)에게 글을 배웠는데, 스스로 분발하여 종일 책을 손에서 놓지 않았다고 전함.

1705년(25세) 증광시(增廣試) 초시(初試)에 나아가 대책(對策)으로 뽑혔으나, 이름을 쓰는 것이 격식에 맞지 않는다는 이유로 탈락되어 회시(會試)에 나아가지 못함.

1706년(26세) 9월 둘째형 이잠이 상소를 올렸다가 역적으로 몰려 장살(杖殺) 당함. 이때부터 세상에 나아갈 뜻을 버리고, 과거 공부를 그만 둠. 셋째형 이서(李漵) 및 사촌형 이진(李濃)과 종유(從遊)하며 학문에 전념하여 도를 구하겠다는 뜻을 세움.

1707년(27세) 삼각산(三角山)·관악산(冠岳山) 유람.

1709년(29세) 10월 백운동서원(白雲洞書院)·도산서원(陶山書院)을 둘러봄. 11월 청량산(淸凉山) 유람.

1712년(32세) 북한산(北漢山) 유람.

1713년(33세) 11월 아들 맹휴(孟休) 출생. 당시 『맹자질서』(孟子疾書)를 저술하고 있었는데, 마침 기다리던 아들을 얻어 '맹자가 아름다운 재산을 내려주었다'[孟錫嘉用]는 뜻으로, 맹휴라고 이름을 지음.

1714년(34세)	천마산(天磨山) 유람.
1715년(35세)	모친 별세.
1718년(38세)	박호(朴浩)의 편지에 답함. 정상기(鄭尙驥)의 『가례』(家禮) 문목 (問目)에 답함.
1719년(39세)	윤동규(尹東奎)의 문목에 답함.
1720년(40세)	정상기의 편지에 답함.
1721년(41세)	이희(李憙)의 편지에 답함.
1723년(43세)	윤덕근(尹德根)에게 편지. 신필혼(申必混)·이을휴(李乙休)의 편지에 답함. 윤동규·윤학하(尹學河)의 문목에 답함.
1724년(44세)	이만부(李萬敷)·권신경(權信經)·이성환(李星煥)·이을휴의 편지에 답함. 윤학하의 문목에 답함.
1725년(45세)	신후담(愼後聃)의 편지에 답함.
1726년(46세)	신후담의 『소학』 문목에 답함. 이구휴(李龜休)·이봉환(李鳳煥) 의 편지에 답함.
1727년(47세)	명성이 조정에 들려 선공감 가감역(繕工監 假監役)에 제수되었 으나, 나아가지 않음. 이한보(李漢輔)의 편지에 답함.
1729년(49세)	정상기·목시경(睦時敬)·최명서(崔明瑞)·정희기(鄭熙夔)· 황현(黃晛)·이구휴·이경환(李景煥)의 편지에 답함. 윤동진(尹 東軫)의 문목에 답함.
1730년(50세)	정상기·홍중달(洪重達)·목시경의 편지에 답함. 윤동기(尹東 箕)의 문목에 답함.
1731년(51세)	2월 『가례질서』(家禮疾書) 완성. 정상기·이맹휴(李孟休)의 편 지에 답함. 윤동규·한서흠(韓敍欽)의 문목에 답함.
1732년(52세)	이승환(李昇煥)의 편지에 답함.
1733년(53세)	한서흠·이맹휴의 편지에 답함.
1734년(54세)	권상일(權相一)·심일희(沈一義)·신후담·황운대(黃運大)·이 광환(李匡煥)·이병휴(李秉休)·홍상조(洪相朝)의 편지에 답함.
1735년(55세)	최 도명(崔道鳴)·목시경·신후담·황운대의 편지에 답함. 이재 화(李載華)의 『논어』 문목에 답함. 윤동규·이병휴의 문목에 답함.
1736년(56세)	정상기·황익재(黃翼再)·오광운(吳光運)·강박(姜樸)·이지억 (李之億)·신후담·남하행(南夏行)·한세유(韓世裕)·우정삼(禹 鼎三)·목시경의 편지에 답함. 윤동규·황운대의 문목에 답함.
1737년(57세)	신후담의 편지에 답함.
1738년(58세)	신후담·황운대의 편지에 답함.

1739년(59세) 권시경(權始經)에게 편지. 심득행(沈得行)·신후담·황운대·이익희(李益熙)·신복태(申復泰)·이병휴의 편지에 답함.

1740년(60세) 윤동규·윤동기·김부경(金溥慶)·권태언(權泰彦)·곽만한(郭萬翰)·이익희의 편지에 답함. 남하행의 문목에 답함.

1741년(61세) 김화윤(金華潤)에게 편지. 권상일·황익재·홍상조(洪相朝)·이국춘(李國春)·윤동기·신후담·이혁주(李赫冑)·이제완(李齊莞)·이맹휴·이익희의 편지에 답함. 윤동규·이병휴의 문목에 답함.

1742년(62세) 아들 맹휴 장원 급제. 신후담·남하행·조중진(趙重晉)·한광도(韓光道)·이맹휴·윤동기의 편지에 답함. 윤동규·이병휴의 문목에 답함.

1743년(63세) 오광운·조중진·홍규한(洪奎漢)·이재혁(李載奕)·이병휴·황운대의 편지에 답함. 윤동규·남하행의 문목에 답함.

1744년(64세) 정상기·심득행·이영주(李永冑)·권상일(權相一)·홍유한(洪儒漢)의 편지에 답함.

1745년(65세) 아들 맹휴 만경현령(萬頃縣令)으로 부임. 이휘진(李彙晉)·신후담에게 편지. 정상기·이병휴·박사정(朴思正)·홍유한의 편지에 답함. 윤동규의 문목에 답함.

1746년(66세) 윤동규·윤동기·황운대·한세장(韓世章)·박사정(朴思正)·황덕길(黃德吉)·홍유한의 편지에 답함. 이병휴의 문목에 답함.

1747년(67세) 심득성(沈得成)·홍성원(洪聖源)·최종화(崔宗華)·심즙(沈檝)·이재혁·이병휴·권상일·홍유한의 편지에 답함. 안정복(安鼎福)의 문목에 답함.

1748년(68세) 심득성·최수의(崔守誼)·홍상조·윤동규·안정복·홍유한의 편지에 답함. 신후담·이병휴의 문목에 답함.

1749년(69세) 권상일·목천수(睦天壽)·신후담·정도재(鄭道載)·이경익(李景翼)·윤동기·홍유한의 편지에 답함. 이병휴의 문목에 답함.

1750년(70세) 홍중인(洪重寅)·윤동규·이명겸(李命謙)·홍유한의 편지에 답함. 안정복의 『소학』 문목에 답함.

1751년(71세) 여름에 아들 맹휴 죽음. 채응(蔡膺)·목건중(睦建中)·한숙(韓潚)·정도재·우정태·이재원(李載遠)·홍유한의 편지에 답함.

1752년(72세) 조 정숙(趙正叔)·안정복·홍우(洪釪)·이병휴·홍유한의 편지에 답함.

1753년(73세) 권상일·안경점(安景漸)·조 정숙·윤동규·안정복·정도재·우징태(禹徵泰)·이병휴·조수의(趙守誼)·홍유한의 편지에 답함. 남하행의 문목에 답함.

1754년(74세) 권상일·홍중징(洪重徵)·조 정숙·안정복·정항령(鄭恒齡)·
최서(崔瑞)·우징태·이병휴·홍유한의 편지에 답함.

1755년(75세) 권정웅(權正雄)에게 편지. 홍중휘·윤취일(尹就一)·조 정숙·
윤동기·안정복·남하행·송익조(宋翊朝)·홍옥보(洪沃輔)·정
항령·이상규(李相奎)·이재원(李載遠)·홍유한의 편지에 답함.

1756년(76세) 윤동규·안정복·변순(邊栒)·이극성(李克誠)·우징태·정연경
(鄭延慶)·우징태·홍유한의 편지에 답함.

1757년(77세) 안경점에게 편지. 윤동규·남하행·정항령·우징태·권상일·
홍중징·정우세(鄭于世)·홍유한의 편지에 답함.

1758년(78세) 유 판관(柳判官)·이지회(李之晦)·조 정숙·신근(申近)·홍성
원·안정복·안윤혁(安允赫)·정항령·허필(許佖)·정연경·
정우세·이용휴(李用休)·이병휴·홍중징·조수의·윤동규·
우징태·홍유한의 편지에 답함.

1759년(79세) 윤동규·안정복·정항령·윤구상(尹龜相)·이병휴·이극성(李
克誠)의 편지에 답함.

1760년(80세) 신사석(申思奭)·권암(權巖)에게 편지. 남하행·정항령·홍중
징·윤동규의 편지에 답함.

1761년(81세) 이지승(李祉承)에게 편지. 이만회(李萬恢)·윤동규·안정복·홍
유한의 편지에 답함.

1762년(82세) 안경현(安景賢)·윤동규·안정복·정혁기(鄭赫基)의 편지에 답
함. 윤기(尹愭)의 『소학』 문목에 답함.

1763년(83세) 홍유한의 편지에 답함. 나라에서 노인을 우대하는 은전을 베풀
어, 첨지중추부사(僉知中樞府事)에 제수됨. 음력 12월 17일 83
세를 일기로 별세.

1764년 음력 2월 27일 선영(先塋)에 안장(安葬).

1867년(고종 4년) 우의정 류후조(柳厚祚)의 건의로 이조 판서(吏曹判書)에 추
증됨.

1917년 『성호선생문집』(星湖先生文集) 출간.

옮긴이의 말

1970년대 들어 실학 연구의 붐이 일어, 성호(星湖)·연암(燕巖)·다산(茶山) 등 주요 실학자들의 실학 사상이 본격적으로 밝혀지기 시작하였다. 초기에는 토지·조세·신분·과거 등 정치·경제·사회 제도의 개혁안에 대한 연구가 주류를 이루다가, 뒤에는 문학·철학의 영역으로까지 연구의 폭이 확대되었다. 그리고 지금은 실학 사상의 기반이라 할 수 있는 경학(經學)에 대한 연구가 부분적으로 이루어지고 있다.

조선 후기의 실학은, 우리 민족사가 근대로 이행하는 과정에 나타난 시대적 산물이다. 이처럼 중요한 학문과 사상이 기왕의 연구에 의해 어느 정도 밝혀졌지만, 아직 대중화되지 못하고 있는 것도 사실이다. 예를 들어보자. 다산 정약용(丁若鏞) 선생에 대해서는 그간 학계의 상당한 연구와 언론계의 집중적 조명에 의해 널리 알려져, 이제는 일반인들에게도 그 이름이 낯설지 않다. 그러나 전문적으로 공부를 해보지 않은 사람에게 다산 선생에 대해 물어보면, 제대로 답변하는 사람이 거의 없다. 기껏해야, '백성을 사랑하고 나라를 걱정한 실학자'거나, '『목민심서』·『경세유표』 등을 지은 실학자'라고 말하는 것이 고작이다. 다산 선생이 당시 사회를 어떻게 들여다보고, 민중의 삶에 대해 어떤 생각을 가지고 있었는지에 대한 구체적인 지식은 거의 없다.

강진에 있는 다산 초당에 들를 때마다, 관광버스를 타고온 학생들이나 일반인들을 만나게 된다. 그러나 정작 그들의 문화 유적지를 둘러보

는 자세를 유심히 살펴보면, 한심하기 그지없다. 안내자의 자질도 문제
거니와, 당사자들도 강진에 18년간 유배와 있던 다산 선생이 어떤 사람
이었는지, 유배와서는 무엇을 생각하고 어떤 작업을 했는지, 그 시대는
어떤 시대였는지 등의 문제들에 대해 생각해볼 마음의 여유가 없다. 한
마디로 우리 민족이 자랑스럽게 내세우는 위대한 학자의 학문과 사상
에 대해, 우리는 구체적으로 알고 있는 것이 너무 없다.

왜 그럴까? 교육이 잘못된 탓도 있겠지만, 전문 연구자의 연구가 대
중화되지 못하고 있기 때문이라는 사실을 직시할 필요가 있다. 예컨대,
다산 선생이 강진에서 지은 「애절양」(哀絶陽)이라는 시는 당시 사회적
모순을 가장 사실적으로 그려낸 빼어난 시이다. 이런 시들이 번역되어
있지만, 일반 지식층의 교양물로서 아직 친숙하지 않다. 만약 다산 초
당에 가서 이 시를 읽으며 당시 사회상을 돌이켜본다면, 얼마나 의미있
는 여행이 될까? 강진이 새롭게 보이고, 다산 선생이 새롭게 보이고,
지난 역사가 새롭게 보일 것이다.

성호 선생의 실학 사상에 대해서도 마찬가지이다. 성호 선생은 실학
제1기의 경세치용(經世致用)의 학문을 주도한 큰 학자이다. 이 분이 제
시한 다양한 사회제도 개혁안은 사실 학자적 시각에서 씌어진 것이므
로, 일반인들이 흥미있게 읽을 수 있는 내용은 아니다. 그러나 『성호사
설』에 실린 글은 단편적인 이야기임에도 불구하고 성호 선생의 실학
사상을 이해하는 데 밑바탕이 될 수 있는 것들이 많다.

나는 그 동안 성호 선생의 경학에 대한 몇 편의 논문을 준비하는 과
정에서 두세 차례 이 책을 통독할 기회가 있었다. 그때마다 일반인들에
게 쉽게 읽힐 수 있는 글을 뽑아 한 권의 책으로 만들고 싶은 생각이
간절하였다. 민족문화추진회에서 1977년 『성호사설』을 완역해낸 것이
있지만, 일반 대중들에게는 역시 거리가 먼 책이 되고 말았다. 특히 고
전 번역에 대한 인식이 제고되고 있는 이 시점에서, 『성호사설』 가운데
성호 선생의 학문과 사상을 엿볼 수 있는 주요한 글을 뽑아 한 권의
책으로 만들어낸다는 것은 상당히 뜻깊은 일이 될 것이다. 일반 대중들
이 성호 선생에 대해 피상적으로 알고 있던 수준에서 벗어나, '아, 이

분이 이런 생각을 하였기에 그와 같은 실학을 전개했구나' 하는 생각을 갖도록 하는 것은, 매우 중요한 일이 아닐 수 없다. 이 책에 실린 내용은 역자의 주관이 개입되긴 했지만, 가능한 한 그런 시각에서 가려 뽑은 것들이다.

기실 고전 번역은 쉬운 일이 아니다. 불과 2백여 년 전에 씌어진 글이지만, 종래 한문 문화권에 깊숙이 젖어 있던 학자와 오늘날 우리의 사고 체계는 엄청나게 다르기 때문에, 그 뜻을 다 전달할 수 없는 것이 사실이다. 번역하는 사람이 그 내용을 충분히 소화해서 오늘날의 문체로 능숙하게 표현해내야 하는데, 이 점은 불가능에 가까운 일인지도 모른다. 나는 이런 능력이 부족하지만, 이런 책을 만들고 싶은 간절함이 더 앞섰기에, 선뜻 번역 작업에 착수하였다. 그리고 가능한 한 현대어로 쉽게 해석하고 주석을 많이 달아, 그 뜻이 일반 대중에게 무난히 전달되게 하려고 애썼다. 또한 터무니없이 의역(意譯)을 하지 않고, 원전의 문체를 충실히 살리려고 노력하였다. 그렇지만 잘못된 번역이나 껄끄러운 문장이 적지 않을 것이다. 이는 모두 이 책을 번역한 나의 책임이다. 눈 밝은 이들의 아낌없는 질정을 바란다.

나는 중요한 고전일수록 거듭해서 번역이 이루어져야 하며, 전문 지식이 없는 일반인들도 쉽게 접할 수 있는 책자가 다양하게 엮여나와야 한다고 생각한다. 그런 의미에서, 이 책이 고전의 대중화에 조그만 도움이라도 되었으면 하는 마음 간절하다.

1999년 10월
옮긴이 최석기

찾아보기

■ ㄱ

가야국 75
가연지(賈捐之) 515, 525
가의(賈誼) 103, 189, 201
『간모』 55
간서(簡書) 96
감여가(堪輿家) 143
강도왕 건(江都王建) 215, 216
강왕(康王) 137
강회계(姜淮季) 198
개공(盖公) 326
거전(車戰) 239
격물치지 263
견훤 76
결부법 228
『경국대전』 185, 207
경모(駉牡) 100
경묘법(頃畝法) 228
계강자(季康子) 279
『계곡만필』 91
계로(季路) 477
계부당 179, 180, 520
계찰(季札, 계자) 459, 460, 470
고공기(考工記) 113, 115, 391, 476
『고려사』 59, 74, 79, 141, 323, 426

고령 75
고령가야 75
고성 75
고죽국(孤竹國) 58, 59
『곡산필주』 295
곡응태(谷應泰) 343
곤번(閫藩) 135
공리(孔鯉, 백어) 354
공서화(公西華) 411
공손성(公孫聖) 219, 220
공손홍(公孫弘) 443
공안(貢案) 229
공영달(孔穎達) 93
공자 148, 157, 196, 335, 354, 370,
    371, 382, 396, 405~409, 411, 412,
    420, 422, 423, 428, 436, 439, 455,
    465, 466, 467, 470, 472, 478
『공자가어』 121, 263, 311
공험진 73
과거 시험 133~135, 210, 225, 226,
    235, 308, 336, 343, 508
과하마(果下馬) 100, 107, 119
곽박(郭璞) 118
곽수경(郭守敬) 69
『곽우록』 88, 153, 173, 297

곽재우(郭再祐, 망우당) 418
관백(關白) 82, 339, 340
관숙(管叔) 488, 489
관중(管仲) 160, 161, 188, 189, 214,
　227, 242, 282, 298, 333, 420, 438,
　457, 459
광해군 223
교노(校奴) 142
「교언」(巧言) 430
교제(郊祭) 52
구계(臼季) 359
구봉령(具鳳齡) 307
구야(歐冶) 437
구양수(歐陽修) 473
구자국(龜玆國) 359
구종직(丘從直) 140, 318
구하(九夏) 449
『국어』 181, 205, 206, 467
『국조인물고』 265
굴원(屈原) 333, 362, 428, 430, 501,
　503, 521, 527
궁예 76
궁지기(宮之奇) 471
권덕여(權德輿) 283
궤식(饋食) 205
균전론(均田論) 88, 153
극결(郤缺) 282
극곡(郤縠) 231
극기(克己) 404
극기복례 212
급량부(及梁部) 323
기대승(奇大升, 고봉) 514
기인(其人) 176
기자(箕子, 기서여) 49, 56~58, 163
김생(金生) 522
김시양(金時讓, 하담) 71

김시진(金始振) 72
김식(金湜) 304
김우굉(金宇宏, 개암) 177
김육(金堉) 175
김응조(金應祖) 115, 116
김제 66, 67
김종서(金宗瑞) 73
김해 75

■ ㄴ

낙당(洛黨) 173
남건(男建) 267
남교대사(南郊大祀) 286
남구만(南九萬) 83
남극관(南克寬) 72
남영주(南榮趎) 277
남초 91
납제(臘祭) 104
내노(內奴) 142
내빈(騋牝) 100
내정농칙(內政農則) 216
노비법 250
노비환천법 166
노수신(盧守愼, 소재) 306
『논어』 98, 120, 167, 194, 224, 227,
　231, 238, 248, 249, 259, 263, 270,
　275, 279, 280, 286, 308, 320, 327,
　335, 351, 352, 358, 360, 367, 371,
　375, 380, 382, 385, 387, 393, 394,
　396, 401, 402, 404~406, 409, 410,
　412~416, 420, 422, 426, 428, 429,
　435, 437, 439, 450, 453~455, 458,
　459, 465, 468, 477, 478, 510, 526, 527
『논어집주』 477, 510
뇌룡정 179, 180, 520
누제(膢祭) 106

눌제 78
『능엄경』 493

■ ㄷ

다벌국(多伐國) 75
단목사(端木賜, 자공) 378, 436
달덕(達德) 406
달도(達道) 406, 407
당 무후 295, 296
당체(棠棣) 466, 467
대가야 75
『대대례』 205
대동법 175, 185
대마도 82~85, 338
대완국(大宛國) 100, 101, 119
대우전(大羽箭) 116
대종법(大宗法) 445
대통력(大統曆) 69
『대학』 157, 179, 288, 352, 360, 372,
    399, 406, 451
『도경』 512, 513
도수(度數) 456, 457
도인(導引) 419
도잠(陶潛, 연명) 242, 526, 528
도평의사사 268
『독단』 303
동기창(董其昌) 461
동무 339
동야필(東野畢) 261
동옥저 76
동중서(董仲舒) 87, 506
두보(杜甫) 106, 253, 495, 498, 501,
    504, 522
『두부공집』 495
둔전(屯田) 315, 316

■ ㅁ

마단림(馬端臨, 귀여) 358
『만국전도』 70
매요신(梅堯臣, 완릉) 516
맹자 49, 50, 126, 353, 395, 471, 472
『맹자』 50, 126, 181, 226, 227, 237, 248,
    289, 291, 330, 331, 354, 395, 405,
    421, 434, 436, 437, 461, 462, 471
맹휴(孟休) 316, 340
『명사기사본말』 343
명소하(明少遐) 509
모곡(耗穀) 201, 202, 336
목극등(穆克登) 73
몽염(蒙恬) 96
묘제(廟祭) 52
무아(毋我) 406
무정(武丁) 49
묵적(墨翟) 126, 316, 462, 463
문공유(文公裕) 522
문교(文敎) 401
문묘 221
『문슬신화』(捫蝨新話) 446
문익점(文益漸) 128, 192
『문헌통고』 95, 358
민자건(閔子騫) 208, 477

■ ㅂ

박순(朴淳, 사암) 251, 252
박승종(朴承宗, 밀창부원군) 497, 498
박인수(朴仁壽) 149
『반계수록』 67, 141, 229
반좌(反坐) 296
발해 76
방관(房琯) 239
방백(方伯) 83, 116
방성도 60~62

방술 143
배행(輩行) 312
백거이(白居易, 향산) 508
백기(伯奇) 457
백기주도 81~83
백대붕(白大鵬) 148, 149
백두산 54
백락(伯樂) 437
백리해(百里奚) 471
백우선(白羽扇) 499
백운동서원 220
백이(伯夷) 58, 59
범금팔조 163
범성대(范成大) 522
벽곡(辟穀) 419
벽골제 66, 67, 77
벽진가야 75
복서(卜筮) 143
복식(卜式) 335, 441, 436
복주(福州) 51
복희씨(伏羲氏) 61
『본정서』(本政書) 154
『본초강목』 97
봉비(封彌) 198
봉황성 60
분서갱유 474
분홍방(紛紅榜) 300
불천위 207, 445
「붕당론」 173, 174
비변사 268, 296
비자(非子) 107
비지국(比只國) 75

■ 人
사과(詞科) 213, 214
『사기』 49, 53, 112, 117, 163, 223,

240, 353, 356, 370, 449, 472, 473,
509
사량부(沙梁部) 322
사륙문(四六文) 426, 427, 508, 517,
518
사마과(司馬科) 133
사마광(司馬光, 사마공) 427, 444
사마안(司馬安) 223
사마천 49, 112, 353
사부(詞賦) 213, 231
사부(辭賦) 506
사역원제조 139
「사원행」 106
사현정(四賢井) 165
삭당(朔黨) 173
산암재(山闇齋) 339
『삼국사기』 79, 160, 219, 267
『삼국지』 102
삼수량(三手粮) 175
삼유(유협·유세·유행) 266
삼장(三章)의 법 163, 240
삼준(三俊) 455, 457
삼진(三晉) 377
삼창(三昌) 497
삼택(三宅) 455, 457
상술(相術) 143
상앙(商鞅) 126, 152
『상자』 126
상정법 186
상진(尙震) 319
상평법 202
상홍양(桑弘羊) 103, 442
생시(笙詩) 446
생원과 133
서경(署經) 198, 339
『서경』 57, 61, 68, 138, 148, 174, 187,

188, 196, 216, 274, 275, 305, 330, 360, 373, 383, 387, 431, 440, 452, 453, 455, 456, 468, 469

서기(徐起, 고청) 149

서릉(徐陵) 427

서법(書法) 385

서희(徐熙) 59, 73

석분(石奮) 383

석전(釋奠) 221

선음(先蔭) 133

선춘령 72, 73

설경수(偰慶壽) 622

설선(薛瑄, 문청) 357

설재 상인(雪齋上人) 156

섭적(葉適) 203

섭향고(葉向高) 184

성삼문(成三問) 139

성충(成忠) 219, 220

『성학집요』 400

세수(歲首) 355

소가야 75

소뢰(小牢) 205

소명태자(소통) 166

소손녕(蕭遜寧) 59, 73

소수서원 165, 221

소식(蘇軾, 동파) 173, 200, 201, 214, 502, 503, 506, 522, 524, 529

소열제(昭烈帝, 유비) 100, 310

소종법(小宗法) 445

소철(蘇轍) 111, 389

소평(邵平) 326

소하(蕭何) 95, 326

속오군 142

손안도(孫安道) 300

손양(孫陽) 437

송경(宋璟) 107

송지문(宋之問) 504, 506

수곡정사 181

수노법(收孥法) 441

수로왕 75

『수서』 59

수시력(授時曆) 69

수차(무자위) 66

수포장 82

숙량흘(叔梁紇) 370

숙제(叔齊) 58, 59

순(舜)임금 57, 58, 174, 238, 309, 440, 442, 457

순수(巡狩) 109

순열(洵悅) 266, 270

순흥(順興) 306

『시경』 93, 96, 100, 101, 150, 172, 182, 185, 192, 206, 215, 222, 237, 257, 260, 302, 321, 333, 360, 361, 363, 365~368, 381, 384, 387, 392, 395, 396, 398, 402, 410, 414~417, 428~431, 448, 449, 451, 466, 476, 477, 504~507, 515, 527

『시경질서』(詩經疾書) 449

시과미(柴科米) 289

시노(寺奴) 142

『시집전』 93, 183, 365, 366, 375, 381, 383, 384, 448

시헌력(時憲曆) 69

식년시 134

신농씨(神農氏) 68

『신당서』 102

신불해(申不害)의 법 240

『신서』 189, 276

신숙주(申叔舟) 139, 140

실질국(悉直國) 76

심양 57, 58, 338

심전기(沈佺期) 504, 506

■ ○

아나가야 75
아대부(阿大夫) 329, 330
아악(雅樂) 454
『악경』(樂經) 431
안류(晏留) 160, 161, 189, 282
안보(安輔) 165
안순(安純) 198
안시성 60
안연(顔淵, 안회) 208, 238, 354, 420~
    424, 436, 457, 477
안영(晏嬰, 안자, 안평중) 227, 240,
    336, 430, 435, 470
안용복(安龍福) 80~85
안진경(顔眞卿, 평원) 523
안축(安軸) 164
안탁추(顔濁鄒, 안수유, 안유) 470, 473
안향(安珦) 165, 221
알성시(謁聖試) 134
양구거(梁丘據) 370
양대홍(楊大洪) 184
양렴(楊廉) 191
양만리(楊萬里, 성재) 514
양명학 351
양신(楊愼, 용수) 500, 509
양웅(楊雄) 391
양주(楊朱) 124, 314, 462, 463
양형(楊炯) 427, 517
어린도(魚鱗圖) 155
언언(言偃, 자유) 326, 327, 477
에도막부(江戶幕府) 81~83
『여씨춘추』 239
여태후 422
『역경』(易經) 432

역노(驛奴) 142
역전(力田) 213
역전과(力田科) 197
연경 102
연산군 216, 295, 296
연좌법 281, 440, 441
연참(鉛槧) 99
연향(宴享) 397
염구(冉求) 423
염백우(冉伯牛) 477
염옹(冉雍, 중궁) 280, 326, 438, 439,
    477
염유(冉有) 411, 477
염제(厭祭) 205
염철론(鹽鐵論) 103~105
염흥방(廉興邦, 동정) 114
영업전(永業田) 87, 89, 153, 154
『예기』 60, 66, 92, 93, 95, 199, 200,
    256, 293, 303, 311, 312, 367, 374,
    375, 398, 399, 430, 433, 447, 448,
    454, 470, 476, 509
『오경통의』 375
오자사찰래빙(吳子使札來聘) 460
왕기(王圻) 358
왕량(王良) 260
왕망(王莽) 152, 153, 250, 389, 514
왕모중(王毛仲) 106~108
왕발(王勃) 427, 499, 500, 517
왕세정(王世貞) 523
왕수인(王守仁) 351
왕안석(王安石, 개보) 227, 239, 474,
    514
왕온서(王溫舒) 440
왕우칭(王禹偁) 287
왕장(王章) 167
왕희지(王羲之, 우군) 523

요(堯) 60, 68, 189, 238
요동 59, 338
요양 57, 58
용미차(龍尾車) 66
「용비어천가」 114
우무(尤袤, 연지) 475
우산국 78
우신행(于慎行) 295
우족(右族) 259
울릉도 79, 81, 83
원통(元統) 69
월지국(月氐國) 107
위무지(魏無知) 160, 161, 189, 420, 421, 438
위앙(衛鞅) 227
위의(威儀) 456, 457
유관(柳寬) 253
유구국(琉球國) 346
유기(劉基) 69
유면지(劉勉之, 유빙군) 468
유몽인(柳夢寅) 149
유성룡(柳成龍, 서애) 116, 254, 258
유신(庾信) 427
유약(有若) 120
유엽시(柳葉矢) 114
유종원(柳宗元, 유주) 293, 294, 508, 518
유품(流品) 133
유향(劉向) 476
유협(劉勰) 238
유형원(柳馨遠, 반계) 67, 77, 141, 195, 228, 229
유흠(劉歆) 389, 391
유희경(劉希慶) 149
유희분(柳希奮, 문창부원군) 497, 498
육기(陸機) 118

육기(陸機) 516
『육서략』 496
육성 73
육지(陸贄) 281, 283
윤관(尹瓘) 72
윤근수(尹根壽, 월정) 357
윤돈(尹惇, 언명) 273
윤동규(尹東奎, 유장) 371, 512
윤상(倫常) 406
윤지완(尹趾完) 83
율시(律詩) 503, 505
을파소(乙巴素) 160, 161, 189, 241, 282
음죽(陰竹) 315
『의례』 94, 167, 206, 390, 399, 446, 448, 516
의승보필(疑丞輔弼) 454
의죽도 80
이강(李綱) 51
이경석(李景奭) 139
이공의(李公義) 344
이규보(李奎報) 338, 474
이덕형(李德馨, 한음) 171, 173
이백(李白) 495, 501, 504, 521, 527
이사부(異斯夫) 79
『이상국집』 338, 474
이서국(伊西國) 75
이성계 114
『이소』(離騷) 333, 362, 428, 521, 527
이수광(李晬光) 79, 516
이시언(李時言) 71
이시진(李時珍) 97
『이아』(爾雅) 93, 117, 118, 169, 363, 364, 392, 393
이야(李冶) 187
이언적(李彦迪, 회재) 400

546

이여송(李如松) 172

이예(李芮) 140

이완(李浣) 342

이원익(李元翼) 139, 223, 419

이윤(李尹) 248

이이(李珥, 율곡) 175, 179, 228, 229, 271, 299, 400

이이첨(李爾瞻, 광창군) 497, 498

이익한(李翊漢) 97

이일(李鎰) 149

『이정유서』(二程遺書) 65

이지안(李志安) 116

이지정(李志定, 청선당) 523

이진(李濃, 양계) 156

이첨(李詹) 59

이항복(李恒福, 백사) 172, 322, 520, 529

이허중(李虛中) 143

이화(李華) 515, 525

이황(李滉, 퇴계) 54, 57, 145, 177~ 179, 221, 250, 256, 299, 306, 307, 514, 520

인정국(人情國) 162

일월거저 363

일진(日進) 176

임사홍(任士洪) 265

임언(林彦) 73

임의백(任義伯) 183

임제(林悌, 백호) 171

임해군 옥사 223

잉여곡 202

■ ㅈ

자로(子路) 408, 411, 412

자사(子思) 353, 405, 434

자산(子産) 194, 426, 427, 476

자장(子張) 414

『자치통감강목』 341, 360~362

자피(子皮) 194, 427

자하(子夏) 471, 472, 483

작서모 23, 174, 341

잡단(雜端) 329

잡역미 186

잡역상정법(雜役常定法) 176

장간지(張柬之) 102

장기도 82

장만세(張萬歲, 경순) 106, 108

장식(張栻, 경부) 468

장유(張維) 91

『장자』 511, 520

장재(張載, 횡거) 191, 240, 511

장한상(張漢相) 80

장현광(張顯光, 여헌) 116, 166, 173, 258, 342, 343

전당(錢唐) 471

전림(田霖) 265

전함사 148

절구(絶句) 504, 505

정개부(鄭介夫) 87

정경세(鄭經世, 우복) 257

정구(鄭逑, 한강) 179, 258, 340

정민정(程敏政, 황돈) 357

정성(鄭聲) 454

정언신(鄭彦信) 529

정원석(鄭元奭) 174

정유일(鄭惟一, 자중) 307

정이(程頤, 이천) 65, 173, 191, 272, 273, 323, 354, 379, 386, 413

정인지(鄭麟趾) 114, 426

정인홍(鄭仁弘) 494, 495

정전론(井田論) 87

정전법 152, 153

정초(鄭樵, 어중) 496

정현(鄭玄) 92~94, 117, 389, 399, 447, 516

정호(程顥) 65

제갈량(諸葛亮) 102, 231, 333, 457, 499

제곡(帝嚳) 60

조갑(祖甲) 196

조광조(趙光祖, 정암) 304, 324

조목(趙穆, 사경) 307

조사(趙奢) 326

조사서(趙師恕, 계인) 470

『조선부』 207, 209

『조선서학사연구』 61

조순(趙盾, 선자) 376, 385

조식(曹植, 남명) 55, 57, 177~181, 258, 418, 494, 519

조위한(趙緯韓, 현곡) 222

조적(糶糴) 168, 202, 204

조참(曹參) 95, 326

좌구명(左丘明) 416

주공(周公) 108, 438

주광정(朱光庭) 173

주돈이(周敦頤) 191

『주례』(周禮) 93, 111, 151, 192, 388, 389, 476

주루정공 199

주세붕(周世鵬) 165, 220

주악(周樂) 470

주애현(珠厓縣) 515, 525

『주역』 92, 110, 137, 310, 322, 366, 410, 428, 434, 435, 451, 461, 462, 479

주자(朱子, 주희) 64, 65, 93, 154, 183, 191, 205, 333, 354, 365, 378, 409, 425, 434, 448, 462, 466, 477, 493, 512

『주자가례』 167, 205, 206, 287, 443~

445

『주자대전』 443, 445

『주자어류』 378, 443, 445, 468

주필대(周必大, 익공) 514

주행기(周行己) 272

죽도 84

『중용』 121, 351, 354, 368, 396, 399, 405, 407, 409, 410, 423, 425, 462

즉묵대부 329

증광시(增廣試) 134

증자(曾子, 증삼) 301, 305, 405~407, 434

증점(曾點) 411, 413

『증헌문헌비고』 79

『지봉유설』 79, 80, 516

지심론(地心論) 72

지제고(知制誥) 427

지증왕 78, 80

지평(持平) 323

직궤(稷饋) 205

진 이세(秦 二世, 胡亥) 55

진가유(陳嘉猷) 60

진계유(陳繼儒) 461

진덕수(眞德秀, 서산) 513

진사과 133

진순(陳淳, 북계) 338, 474

진평(陳平) 161, 189, 420~422

진항(陳恒) 385, 386

집의(執義) 323

■ ㅊ

차천추(車千秋) 103

찰방(察訪) 142

채숙(蔡叔) 488, 489

채옹(蔡邕) 303

채청(蔡淸, 허재) 190

548

천견재(淺見齋)　339
천문(薦聞)　133
천부(泉府)　239
철룡조양니거법(鐵龍爪揚泥車法)　344
청춘경로회　255
『초당집』495
초명적(哨鳴鏑)　114
초팔국(草八國)　75
촉당(蜀黨)　173
『촉지』102
최식(崔寔)　309
최후량(崔後亮)　254
『춘추』140, 318, 432, 459, 460
『춘추공양전』161, 432, 460
『춘추좌씨전』188　252, 360, 374,
　375, 377, 385, 386, 397, 415, 416,
　432, 447, 448, 472
충사도　51
충서　407, 408, 450
칠금(七擒)의 노고　102
칠언(七言)　503, 505
칠지(七枝)　212

■ ㅌ

『탐라지』97
탕약망(湯若望, 아담 샬)　69
탕평　173
태보(太保)　137
태복시(太僕寺)　120
태부(太傅)　137
태사(太師)　137
『태현경』391
토개(土芥)에 관한 말　471
토규법(土圭法)　390
『통감절요』283, 329

■ ㅍ

팔마비(八馬碑)　141
포숙아(鮑叔牙, 포자)　160, 161, 188,
　189, 282, 298, 421, 438
풍기(馮琦)　279
풍시(風詩)　414

■ ㅎ

하륜(河崙)　70
하수일(河受一, 송정)　180, 181
하슬라주　78
하육(夏育)　159
하이(蝦夷)　218
「하인사」(何人斯)　430
하증(何曾)　347
하항(河沆, 각재)　180, 181
하홍도(河弘度, 겸재)　181, 183
하휴(何休)　388
한명회(韓明澮)　265
한무구(韓無咎)　474
한민정(韓敏政)　523
『한비자』239, 309
한비(韓非)의 법　240
『한서』57, 67, 68, 163, 188, 215, 237,
　239, 335, 353, 447, 448, 525
한수(韓修, 영숙)　307
『한시외전』61, 301
한유(韓愈, 퇴지)　50, 518
합려(闔廬)　460
향음주례　104
허목(許穆)　315
허성(許筬)　148, 149
허억건(許億健)　149
허형(許衡, 노재)　187, 339
헌원씨(軒轅氏)　67
혈구지도　361

형병(邢昺) 118
호굉(胡宏, 오봉) 389, 512
호인(胡寅, 치당) 240
호창(虎昶) 114
홍문관(옥서) 140
홍문록(관록) 135
홍윤성(洪允成) 223
홍흥(洪興) 265
화랑(花郎) 214, 509
『화엄경』 70
환공(桓公) 160

황구첨정 341
황등제 77
황산대첩 114
황시(皇始) 128, 192
황정견(黃庭堅) 506
『황제소문』(黃帝素問) 374
황준량(黃俊良, 금계) 177, 306, 307
황희(黃喜, 익성) 255
『회남자』 92, 510
흘해왕(訖解王) 66, 77
흠천감 69

HANGIL GREAT BOOKS 039

성호사설

지은이 이익
옮긴이 최석기
펴낸이 김언호

펴낸곳 (주)도서출판 한길사
등록 1976년 12월 24일
주소 10881 경기도 파주시 광인사길 37
홈페이지 www.hangilsa.co.kr
전자우편 hangilsa@hangilsa.co.kr
전화 031-955-2000~3 **팩스** 031-955-2005

인쇄 오색프린팅 **제책** 경일제책사

제1판 제 1쇄 1999년 11월 15일
제1판 제10쇄 2023년 5월 30일

값 30,000원

ISBN 978-89-356-1009-9 94900

● 잘못 만들어진 책은 구입하신 서점에서 바꿔드립니다.

한길그레이트북스 인류의 위대한 지적 유산을 집대성한다

1 관념의 모험
앨프레드 노스 화이트헤드 | 오영환

2 종교형태론
미르치아 엘리아데 | 이은봉

3·4·5·6 인도철학사
라다크리슈난 | 이거룡
2005 『타임스』 선정 세상을 움직인 100권의 책
『출판저널』 선정 21세기에도 남을 20세기의 빛나는 책들

7 야생의 사고
클로드 레비-스트로스 | 안정남
2005 『타임스』 선정 세상을 움직인 100권의 책
2008 『중앙일보』 선정 신고전 50선

8 성서의 구조인류학
에드먼드 리치 | 신인철

9 문명화과정 1
노르베르트 엘리아스 | 박미애
2005 연세대학교 권장도서 200선
2012 인터넷 교보문고 명사 추천도서
2012 알라딘 명사 추천도서

10 역사를 위한 변명
마르크 블로크 | 고봉만
2008 『한국일보』 오늘의 책
2009 『동아일보』 대학신입생 추천도서
2013 yes24 역사서 고전

11 인간의 조건
한나 아렌트 | 이진우
2012 인터넷 교보문고 MD의 선택
2012 네이버 지식인의 서재

12 혁명의 시대
에릭 홉스봄 | 정도영·차명수
2005 서울대학교 권장도서 100선
2005 『타임스』 선정 세상을 움직인 100권의 책
2005 연세대학교 권장도서 200선
1999 『출판저널』 선정 21세기에도 남을 20세기의 빛나는 책들
2012 알라딘 블로거 베스트셀러
2013 『조선일보』 불멸의 저자들

13 자본의 시대
에릭 홉스봄 | 정도영
2005 서울대학교 권장도서 100선
1999 『출판저널』 선정 21세기에도 남을 20세기의 빛나는 책들
2012 알라딘 블로거 베스트셀러
2013 『조선일보』 불멸의 저자들

14 제국의 시대
에릭 홉스봄 | 김동택
2005 서울대학교 권장도서 100선
1999 『출판저널』 선정 21세기에도 남을 20세기의 빛나는 책들
2012 알라딘 블로거 베스트셀러
2013 『조선일보』 불멸의 저자들

15·16·17 경세유표
정약용 | 이익성
2012 인터넷 교보문고 필독고전 100선

18 바가바드 기타
함석헌 주석 | 이거룡 해제
2007 서울대학교 추천도서

19 시간의식
에드문트 후설 | 이종훈

20·21 우파니샤드
이재숙
2005 서울대학교 권장도서 100선

22 현대정치의 사상과 행동
마루야마 마사오 | 김석근
2005 『타임스』 선정 세상을 움직인 100권의 책
2007 도쿄대학교 권장도서

23 인간현상
테야르 드 샤르댕 | 양명수
2007 서울대학교 추천도서

24·25 미국의 민주주의
알렉시스 드 토크빌 | 임효선·박지동
2005 서울대학교 권장도서 100선
2012 인터넷 교보문고 MD의 선택
2012 인터넷 교보문고 MD의 선택
2013 문화비평가 기 소르망 추천도서

26 유럽학문의 위기와 선험적 현상학
에드문트 후설 | 이종훈
2005 서울대학교 논술출제

27·28 삼국사기
김부식 | 이강래
2005 연세대학교 권장도서 200선
2012 인터넷 교보문고 필독고전 100선
2013 yes24 다시 읽는 고전

29 원본 삼국사기
김부식 | 이강래 교감

30 성과 속
미르치아 엘리아데 | 이은봉
2005 『타임스』 선정 세상을 움직인 100권의 책
2012 인터넷 교보문고 명사 추천도서
『출판저널』 선정 21세기에도 남을 20세기의 빛나는 책들

31 슬픈 열대
클로드 레비-스트로스 | 박옥줄
2005 서울대학교 권장도서 100선
2005 연세대학교 권장도서 200선
2008 홍익대학교 논술출제
2012 인터넷 교보문고 명사 추천도서
2013 yes24 역사서 고전
『출판저널』 선정 21세기에도 남을 20세기의 빛나는 책들

32 증여론
마르셀 모스 | 이상률
2003 문화관광부 우수학술도서
2012 네이버 지식인의 서재

33 부정변증법
테오도르 아도르노 | 홍승용

34 문명화과정 2
노르베르트 엘리아스 | 박미애
2005 연세대학교 권장도서 200선
2012 인터넷 교보문고 명사 추천도서
2012 알라딘 명사 추천도서

35 불안의 개념
쇠렌 키르케고르 | 임규정
2012 인터넷 교보문고 필독고전 100선

36 마누법전
이재숙·이광수

37 사회주의의 전제와 사민당의 과제
에두아르트 베른슈타인 | 강신준

38 의미의 논리
질 들뢰즈 | 이정우
2000 교보문고 선정 대학생 권장도서

39 성호사설
이익 | 최석기
2005 연세대학교 권장도서 200선
2008 서울대학교 논술출제
2012 인터넷 교보문고 필독고전 100선

40 종교적 경험의 다양성
윌리엄 제임스 | 김재영
2000 대한민국학술원 우수학술도서

41 명이대방록
황종희 | 김덕균
2000 한국출판문화상

42 소피스테스
플라톤 | 김태경

43 정치가
플라톤 | 김태경

44 지식과 사회의 상
데이비드 블루어 | 김경만
2002 대한민국학술원 우수학술도서

45 비평의 해부
노스럽 프라이 | 임철규
2001 『교수신문』 우리 시대의 고전

46 인간적 자유의 본질·철학과 종교
프리드리히 W.J. 셸링 | 최신한

47 무한자와 우주와 세계·원인과 원리와 일자
조르다노 브루노 | 강영계
2001 한국출판인회의 이달의 책

48 후기 마르크스주의
프레드릭 제임슨 | 김유동
2001 한국출판인회의 이달의 책

49·50 봉건사회
마르크 블로크 | 한정숙
2002 대한민국학술원 우수학술도서
2012 『한국일보』 다시 읽고 싶은 책

51 칸트와 형이상학의 문제
마르틴 하이데거 | 이선일
2003 대한민국학술원 우수학술도서

52 남명집
조식 | 경상대 남명학연구소
2012 인터넷 교보문고 필독고전 100선

53 낭만적 거짓과 소설적 진실
르네 지라르 | 김치수·송의경
2002 대한민국학술원 우수학술도서
2013 『한국경제』 한 문장의 교양

54·55 한비자
한비 | 이운구
한국간행물윤리위원회 추천도서
2007 서울대학교 추천도서
2012 인터넷 교보문고 필독고전 100선

56 궁정사회
노르베르트 엘리아스 | 박여성

57 에밀
장 자크 루소 | 김중현
2005 서울대학교 권장도서 100선
2000·2006 서울대학교 논술출제

58 이탈리아 르네상스의 문화
야코프 부르크하르트 | 이기숙
2004 한국간행물윤리위원회 추천도서
2005 연세대학교 권장도서 200선
2009 『동아일보』 대학신입생 추천도서

59·60 분서
이지 | 김혜진
2004 문화관광부 우수학술도서
2012 인터넷 교보문고 필독고전 100선

61 혁명론
한나 아렌트 | 홍원표
2005 대한민국학술원 우수학술도서

62 표해록
최부 | 서인범·주성지
2005 대한민국학술원 우수학술도서

63·64 정신현상학
G.W.F. 헤겔 | 임석진
2006 대한민국학술원 우수학술도서
2005 연세대학교 권장도서 200선
2005 프랑크푸르트도서전 한국의 아름다운 책100
2008 서우철학상
2012 인터넷 교보문고 필독고전 100선

65·66 이정표
마르틴 하이데거 | 신상희·이선일

67 왕필의 노자주
왕필 | 임채우
2006 문화관광부 우수학술도서

68 신화학 1
클로드 레비-스트로스 | 임봉길
2007 대한민국학술원 우수학술도서
2008 『동아일보』 인문과 자연의 경계를 넘어 30선

69 유랑시인
타라스 셰브첸코 | 한정숙

70 중국고대사상사론
리쩌허우 | 정병석
2005 『한겨레』 올해의 책
2006 문화관광부 우수학술도서

71 중국근대사상사론
리쩌허우 | 임춘성
2005 『한겨레』 올해의 책
2006 문화관광부 우수학술도서

72 중국현대사상사론
리쩌허우 | 김형종
2005 『한겨레』 올해의 책
2006 문화관광부 우수학술도서

73 자유주의적 평등
로널드 드워킨 | 염수균
2006 문화관광부 우수학술도서
2010 동아일보 '정의에 관하여' 20선

74·75·76 춘추좌전
좌구명 | 신동준

77 종교의 본질에 대하여
루트비히 포이어바흐 | 강대석

78 삼국유사
일연 | 이가원·허경진
2007 서울대학교 추천도서

79·80 순자
순자 | 이운구
2007 서울대학교 추천도서

81 예루살렘의 아이히만
한나 아렌트 | 김선욱
2006 『한겨레』 올해의 책
2006 한국간행물윤리위원회 추천도서
2007 『한국일보』 오늘의 책
2007 대한민국학술원 우수학술도서
2012 yes24 리뷰 영웅대전

82 기독교 신앙
프리드리히 슐라이어마허 | 최신한
2008 대한민국학술원 우수학술도서

83·84 전체주의의 기원
한나 아렌트 | 이진우·박미애
2005 『타임스』 선정 세상을 움직인 책
『출판저널』 선정 21세기에도 남을 20세기의 빛나는 책들

85 소피스트적 논박
아리스토텔레스 | 김재홍

86·87 사회체계이론
니클라스 루만 | 박여성
2008 문화체육관광부 우수학술도서

88 헤겔의 체계 1
비토리오 회슬레 | 권대중

89 속분서
이지 | 김혜경
2008 대한민국학술원 우수학술도서

90 죽음에 이르는 병
쇠렌 키르케고르 | 임규정
『한겨레』 고전 다시 읽기 선정
2006 서강대학교 논술출제

91 고독한 산책자의 몽상
장 자크 루소 | 김중현

92 학문과 예술에 대하여·산에서 쓴 편지
장 자크 루소 | 김중현

93 사모아의 청소년
마거릿 미드 | 박자영
20세기 미국대학생 필독 교양도서

94 자본주의와 현대사회이론
앤서니 기든스 | 박노영·임영일
1999 서울대학교 논술출제
2009 대한민국학술원 우수학술도서

95 인간과 자연
조지 마시 | 홍금수

96 법철학
G.W.F. 헤겔 | 임석진

97 문명과 질병
헨리 지거리스트 | 황상익
2009 대한민국학술원 우수학술도서

98 기독교의 본질
루트비히 포이어바흐 | 강대석

99 신화학 2
클로드 레비-스트로스 | 임봉길
2008 『동아일보』 인문과 자연의 경계를 넘어 30선
2009 대한민국학술원 우수학술도서

100 일상적인 것의 변용
아서 단토 | 김혜련
2009 대한민국학술원 우수학술도서

101 독일 비극의 원천
발터 벤야민 | 최성만·김유동

**102·103·104 순수현상학과
현상학적 철학의 이념들**
에드문트 후설 | 이종훈
2010 대한민국학술원 우수학술도서

105 수사고신록
최술 | 이재하 외
2010 대한민국학술원 우수학술도서

106 수사고신여록
최술 | 이재하
2010 대한민국학술원 우수학술도서

107 국가권력의 이념사
프리드리히 마이네케 | 이광주

108 법과 권리
로널드 드워킨 | 염수균

109·110·111·112 고야
홋타 요시에 | 김석희
2010 12월 한국간행물윤리위원회 추천도서

113 왕양명실기
박은식 | 이종란

114 신화와 현실
미르치아 엘리아데 | 이은봉

115 사회변동과 사회학
레이몽 부동 | 민문홍

116 자본주의·사회주의·민주주의
조지프 슘페터 | 변상진
2012 대한민국학술원 우수학술도서
2012 인터파크 이 시대 교양 명저

117 공화국의 위기
한나 아렌트 | 김선욱

118 차라투스트라는 이렇게 말했다
프리드리히 니체 | 강대석

119 지중해의 기억
페르낭 브로델 | 강주헌

120 해석의 갈등
폴 리쾨르 | 양명수

121 로마제국의 위기
램지 맥멀렌 | 김창성
2012 인터파크 추천도서

122·123 윌리엄 모리스
에드워드 파머 톰슨 | 윤효녕 외
2012 인터파크 추천도서

124 공제격치
알폰소 바뇨니 | 이종란

125 현상학적 심리학
에드문트 후설 | 이종훈
2013 인터넷 교보문고 눈에 띄는 새 책
2014 대한민국학술원 우수학술도서

126 시각예술의 의미
에르빈 파노프스키 | 임산

127·128 시민사회와 정치이론
진 L. 코헨·앤드루 아라토 | 박형신·이혜경

129 운화측험
최한기 | 이종란
2015 대한민국학술원 우수학술도서

130 예술체계이론
니클라스 루만 | 박여성·이철

131 대학
주희 | 최석기

132 중용
주희 | 최석기

133 종의 기원
찰스 다윈 | 김관선

134 기적을 행하는 왕
마르크 블로크 | 박용진

135 키루스의 교육
크세노폰 | 이동수

136 정당론
로베르트 미헬스 | 김학이
2003 기담학술상 번역상
2004 대한민국학술원 우수학술도서

137 법사회학
니클라스 루만 | 강희원
2016 세종도서 우수학술도서

138 중국사유
마르셀 그라네 | 유병태
2011 대한민국학술원 우수학술도서

139 자연법
G.W.F 헤겔 | 김준수
2004 기담학술상 번역상

140 기독교와 자본주의의 발흥
R.H. 토니 | 고세훈

141 고딕건축과 스콜라철학
에르빈 파노프스키 | 김율
2016 세종도서 우수학술도서

142 도덕감정론
애덤스미스 | 김광수

143 신기관
프랜시스 베이컨 | 진석용
2001 9월 한국출판인회의 이달의 책
2005 서울대학교 권장도서 100선

144 관용론
볼테르 | 송기형·임미경

145 교양과 무질서
매슈 아널드 | 윤지관

146 명등도고록
이지 | 김혜경

147 데카르트적 성찰
에드문트 후설·오이겐 핑크 | 이종훈
2003 대한민국학술원 우수학술도서

148·149·150 함석헌선집 1·2·3
함석헌 | 함석헌편집위원회
2017 대한민국학술원 우수학술도서

151 프랑스혁명에 관한 성찰
에드먼드 버크 | 이태숙

152 사회사상사
루이스 코저 | 신용하·박명규

153 수동적 종합
에드문트 후설 | 이종훈
2019 대한민국학술원 우수학술도서

154 로마사 논고
니콜로 마키아벨리 | 강정인·김경희
2005 대한민국학술원 우수학술도서

155 르네상스 미술가평전 1
조르조 바사리 | 이근배

156 르네상스 미술가평전 2
조르조 바사리 | 이근배

157 르네상스 미술가평전 3
조르조 바사리 | 이근배

158 르네상스 미술가평전 4
조르조 바사리 | 이근배

159 르네상스 미술가평전 5
조르조 바사리 | 이근배

160 르네상스 미술가평전 6
조르조 바사리 | 이근배

161 어두운 시대의 사람들
한나 아렌트 | 홍원표

162 형식논리학과 선험논리학
에드문트 후설 | 이종훈
2011 대한민국학술원 우수학술도서

163 러일전쟁 1
와다 하루키 | 이웅현

164 러일전쟁 2
와다 하루키 | 이웅현

165 종교생활의 원초적 형태
에밀 뒤르켐 | 민혜숙 · 노치준

166 서양의 장원제
마르크 블로크 | 이기영

167 제일철학 1
에드문트 후설 | 이종훈
2021 대한민국학술원 우수학술도서

168 제일철학 2
에드문트 후설 | 이종훈
2021 대한민국학술원 우수학술도서

169 사회적 체계들
니클라스 루만 | 이철 · 박여성 | 노진철 감수

170 모랄리아
플루타르코스 | 윤진

171 국가론
마르쿠스 툴리우스 키케로 | 김창성

172 법률론
마르쿠스 툴리우스 키케로 | 성염

173 자본주의의 문화적 모순
다니엘 벨 | 박형신
2022 대한민국학술원 우수학술도서

174 신화학 3
클로드 레비스트로스 | 임봉길
2022 대한민국학술원 우수학술도서

175 상호주관성
에드문트 후설 | 이종훈

176 대변혁 1
위르겐 오스터함멜 | 박종일

177 대변혁 2
위르겐 오스터함멜 | 박종일

178 대변혁 3
위르겐 오스터함멜 | 박종일

179 유대인 문제와 정치적 사유
한나 아렌트 | 홍원표

180 장담의 열자주
장담 | 임채우

181 질문의 책
에드몽 자베스 | 이주환

182 과거와 미래 사이
한나 아렌트 | 서유경

183 영웅숭배론
토마스 칼라일 | 박상익

184 역사를 바꾼 권력자들
이언 커쇼 | 박종일

● 한길그레이트북스는 계속 간행됩니다.